国家出版基金项目
NATIONAL PUBLICATION FOUNDATION

当代中国心理科学文库
总主编 杨玉芳

"十三五"国家重点出版物出版规划项目

Language Production:
Perspective of Psycholinguistics

语言产生：心理语言学的视角

张清芳 著

华东师范大学出版社

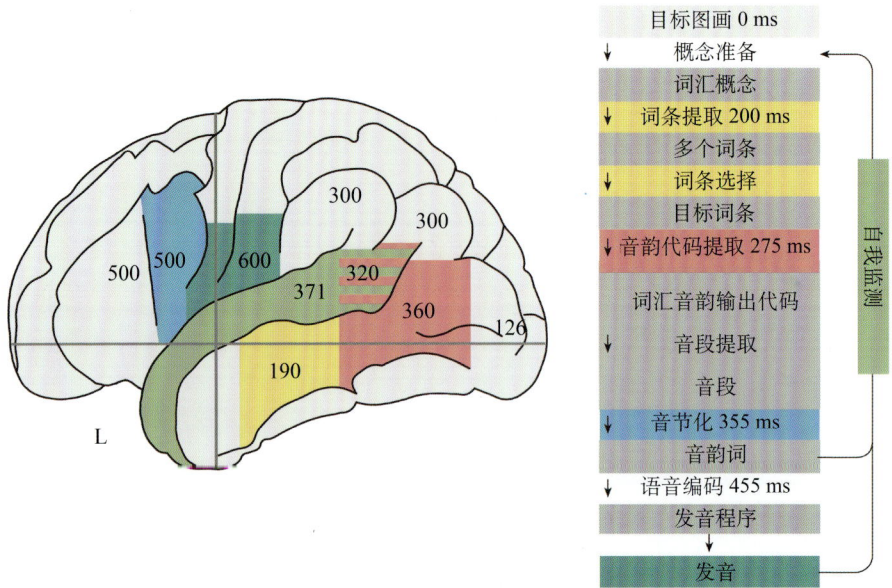

图 6.1 口语词汇产生过程中各个阶段的时间基础及其神经定位(Indefrey, 2011)

（－参见本书第 151 页）

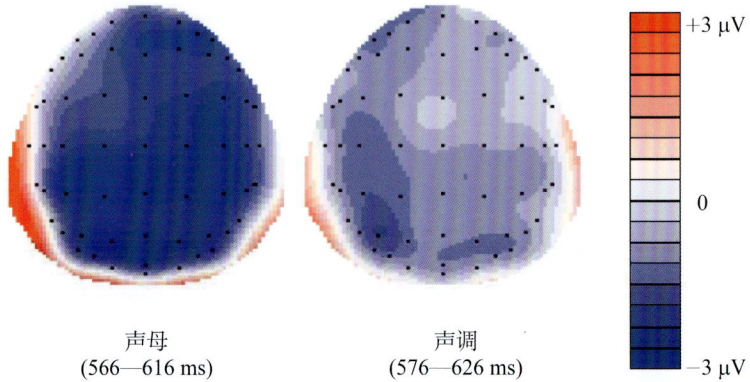

声母
(566—616 ms)

声调
(576—626 ms)

图 6.7 声母判断和声调判断条件下 N200 的头皮分布图(Zhang & Damian, 2009b)

（参见本书第 163 页）

(a)

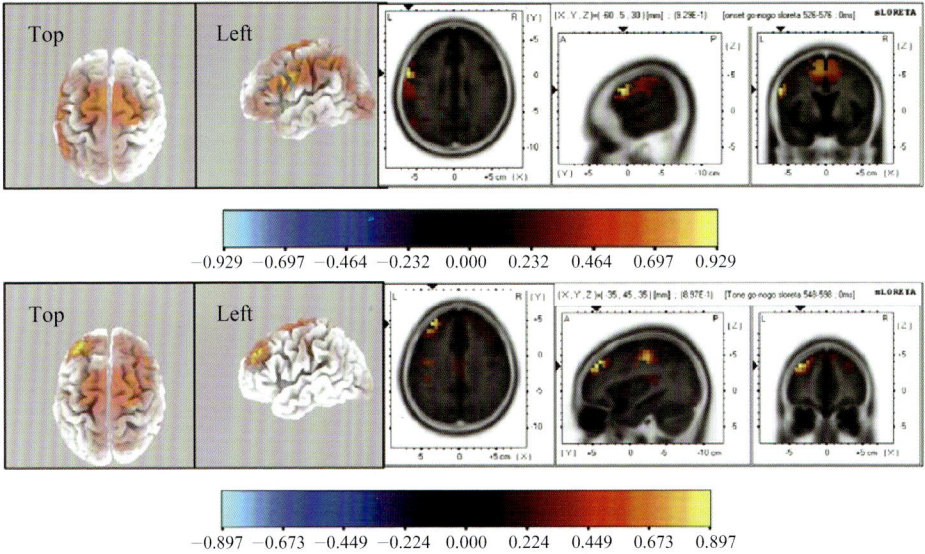

(b)

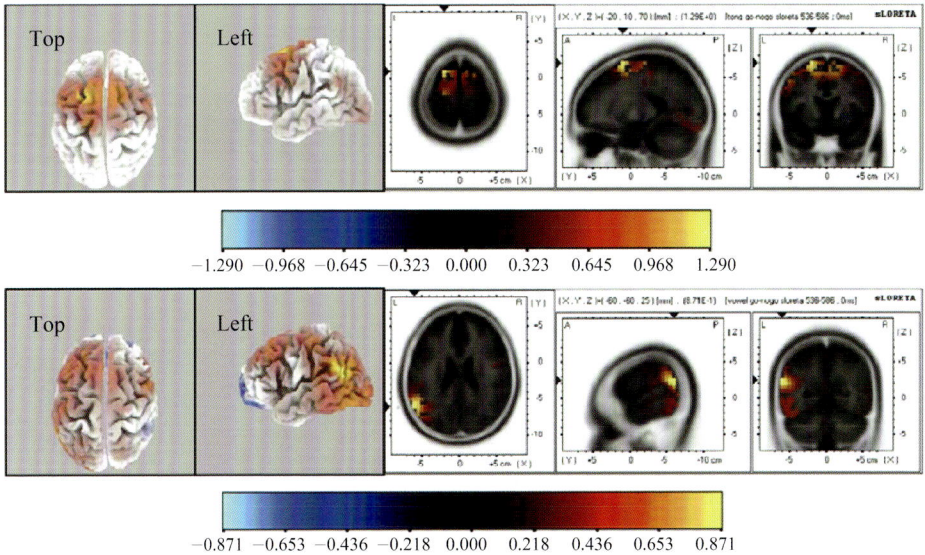

图 6.8 sLORETA 源分析的三维结果图(Zhang & Zhu, 2011)

注:(a) 实验 1 中声母判断(526—576 ms)和声调判断(548—598 ms)的结果;(b)实验 2 中声调判断(536—586 ms)和元音判断(536—586 ms)的结果。图中标尺蓝色表示负,红色表示正。

(参见本书第 164—165 页)

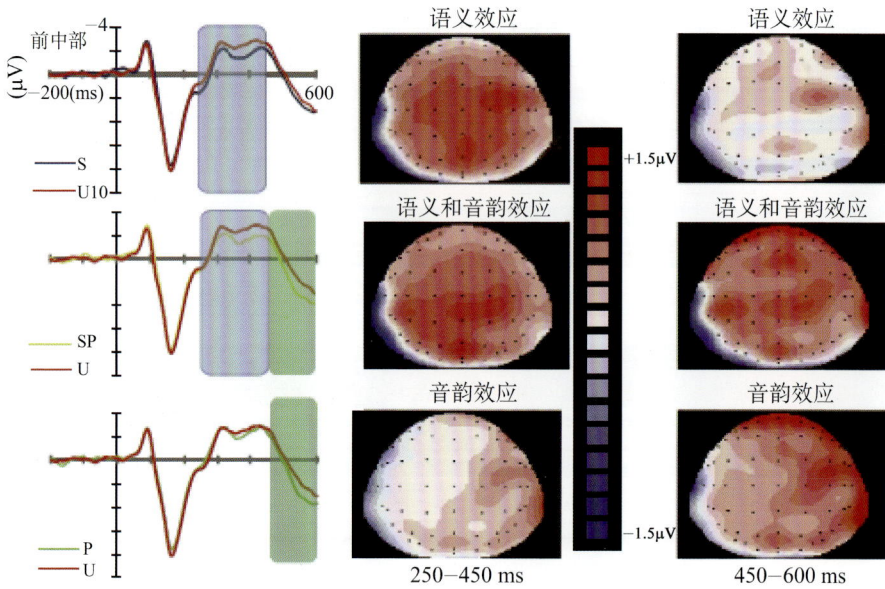

图 6.9 图画—词汇干扰实验范式中的总平均波形及效应(相关条件减无关条件)的头皮分布图(Zhu, Damian, & Zhang, 2015)

注：蓝色阴影表示语义效应，绿色阴影表示音韵效应。

(参见本书第 168 页)

《当代中国心理科学文库》编委会

总主编序言

《当代中国心理科学文库》(下文简称《文库》)的出版,是中国心理学界的一件有重要意义的事情。

《文库》编撰工作的启动,是由多方面因素促成的。应《中国科学院院刊》之邀,中国心理学会组织国内部分优秀专家,编撰了"心理学学科体系与方法论"专辑(2012)。专辑发表之后,受到学界同仁的高度认可,特别是青年学者和研究生的热烈欢迎。部分作者在欣喜之余,提出应以此为契机,编撰一套反映心理学学科前沿与应用成果的书系。华东师范大学出版社教育心理分社彭呈军社长闻讯,当即表示愿意负责这套书系的出版,建议将书系定名为"当代中国心理科学文库",邀请我作为《文库》的总主编。

中国心理学在近几十年获得快速发展。至今我国已经拥有三百多个心理学研究和教学机构,遍布全国各省市。研究内容几乎涵盖了心理学所有传统和新兴分支领域。在某些基础研究领域,已经达到或者接近国际领先水平;心理学应用研究也越来越彰显其在社会生活各个领域中的重要作用。学科建设和人才培养也都取得了很大成就,出版发行了多套应用和基础心理学教材系列。尽管如此,中国心理学在整体上与国际水平还有相当的距离,它的发展依然任重道远。在这样的背景下,组织学界力量,编撰和出版一套心理科学系列丛书,反映中国心理学学科发展的概貌,是可能的,也是必要的。

要完成这项宏大的工作,中国心理学会的支持和学界各领域优秀学者的参与,是极为重要的前提和条件。为此,成立了《文库》编委会,其职责是在写作质量和关键节点上把关,对编撰过程进行督导。编委会首先确定了编撰工作的指导思想:《文库》应有别于普通教科书系列,着重反映当代心理科学的学科体系、方法论和发展趋势;反映近年来心理学基础研究领域的国际前沿和进展,以及应用研究领域的重要成果;反映和集成中国学者在不同领域所作的贡献。其目标是引领中国心理科学的发展,推动学科建设,促进人才培养;展示心理学在现代科学系统中的重要地位,及其在我国社会建设和经济发展中不可或缺的作用；为心理科学在中国的发展争取更好的社会文化环境和支撑条件。

根据这些考虑，确定书目的遴选原则是，尽可能涵盖当代心理科学的重要分支领域，特别是那些有重要科学价值的理论学派和前沿问题，以及富有成果的应用领域。作者应当是在科研和教学一线工作，在相关领域具有深厚学术造诣，学识广博、治学严谨的科研工作者和教师。以这样的标准选择书目和作者，我们的邀请获得多数学者的积极响应。当然也有个别重要领域，虽有学者已具备比较深厚的研究积累，但由于种种原因，他们未能参与《文库》的编撰工作。可以说这是一种缺憾。

编委会对编撰工作的学术水准提出了明确要求：首先是主题突出、特色鲜明，要求在写作计划确定之前，对已有的相关著作进行查询和阅读，比较其优缺点；在总体结构上体现系统规划和原创性思考。第二是系统性与前沿性，涵盖相关领域主要方面，包括重要理论和实验事实，强调资料的系统性和权威性；在把握核心问题和主要发展脉络的基础上，突出反映最新进展，指出前沿问题和发展趋势。第三是理论与方法学，在阐述理论的同时，介绍主要研究方法和实验范式，使理论与方法紧密结合、相得益彰。

编委会对于撰写风格没有作统一要求。这给了作者们自由选择和充分利用已有资源的空间。有的作者以专著形式，对自己多年的研究成果进行梳理和总结，系统阐述自己的理论创见，在自己的学术道路上立下了一个新的里程碑。有的作者则着重介绍和阐述某一新兴研究领域的重要概念、重要发现和理论体系，同时嵌入自己的一些独到贡献，犹如在读者面前展示了一条新的地平线。还有的作者组织了壮观的撰写队伍，围绕本领域的重要理论和实践问题，以手册（handbook）的形式组织编撰工作。这种全景式介绍，使其最终成为一部"鸿篇大作"，成为本领域相关知识的完整信息来源，具有重要参考价值。尽管风格不一，但这些著作在总体上都体现了《文库》编撰的指导思想和要求。

在《文库》的编撰过程中，实行了"编撰工作会议"制度。会议有编委会成员、作者和出版社责任编辑出席，每半年召开一次。由作者报告著作的写作进度，提出在编撰中遇到的问题和困惑等，编委和其他作者会坦诚地给出评论和建议。会议中那些热烈讨论和激烈辩论的生动场面，那种既严谨又活泼的氛围，至今令人难以忘怀。编撰工作会议对保证著作的学术水准和工作进度起到了不可估量的作用。它同时又是一个学术论坛，使每一位与会者获益匪浅。可以说，《文库》的每一部著作，都在不同程度上凝结了集体的智慧和贡献。

《文库》的出版工作得到华东师范大学出版社的领导和编辑的极大支持。王焰社长曾亲临中国科学院心理研究所，表达对书系出版工作的关注。出版社决定将本《文库》作为今后几年的重点图书,争取得到国家级和上海市级的支持;投入优秀编辑团队,将本文库做成中国心理学发展史上的一个里程碑。彭呈军社长是责任编辑。他活跃机敏、富有经验,与作者保持良好的沟通和互动,从编辑技术角度进行指导和把关,帮助作者少走弯路。

在作者、编委和出版社责任编辑的共同努力下,《文库》已初见成果。从今年初开始,有一批作者陆续向出版社提交书稿。《文库》已逐步进入出版程序,相信不久便将会在读者面前"集体亮相"。希望它能得到学界和社会的积极评价,并能经受时间的考验,在中国心理学学科发展进程中产生深刻而久远的影响。

杨玉芳

2015 年 10 月 8 日

目　录

前 言

　　语言是人类重要的交流工具之一，是区分人与其他动物的重要标志。语言的出现使得人类文明社会的组织和发展成为可能。2014年世界语言大会形成的《苏州共识》指出："语言是人类文明世代相传的载体，是相互沟通理解的钥匙，是文明交流互鉴的纽带。"在《科学》(Science)创刊125周年之际所提出的125个重要科学问题中，第86个问题"语言学习为什么存在关键期"，第112个问题"语言和音乐演化的根源是什么"，均与语言研究有关，由此可见语言研究的重要理论意义。心理语言学是心理学、语言学和认知神经科学三大学科交叉研究的热点研究方向，语言产生是心理语言学研究领域的重要研究内容之一。本书从心理语言学的研究视角出发，系统地阐述了国际上对语言产生研究的理论模型、研究思路、最新进展以及发展趋势，并重点介绍了国内研究者在此领域的成果和贡献。

　　本书共分为十一章，下面简要叙述一下各章内容以及全书的框架。语言产生包括口语产生和书写产生，多数研究关注的是口语产生过程。本书的第一章阐述了心理语言学的研究方向和内容；第二章至第八章阐述了口语产生方面的研究，第九章和第十章阐述了书写产生方面的研究；第十一章阐述了心理语言学领域的研究趋势，与第一章的内容呼应。在每一章的撰写中，强调研究理论、研究方法，以及实验现象与其理论发展之间的关系。

　　第一章是"心理语言学概述"。本章主要介绍心理语言学领域的主要研究主题、语言加工过程的特点以及语言加工的认知神经机制，阐述了心理语言学研究领域的全貌，明确语言产生的心理学研究在心理学、语言学和认知神经科学研究领域中的地位。

　　第二章是"口语产生过程及其理论"。本章主要介绍了口语词汇产生的研究传统和研究历史；言语产生过程中包括的各个阶段以及每个阶段关注的研究问题；早期的言语产生理论；口语词汇产生中的词汇通达理论，包括独立两阶段理论和两步交互激活理论，重点介绍了两类理论的基本观点以及所争论的重要问题，阐述了两类理论在词汇通达的时间进程、通达单词形式的机制,以及是否存在从单词形式层到词条层的反馈这三个方面的争论和研究。这一章的内容是口语产生研究的重点,通过本章内容的阐述,希望读者对口语词汇产生过程的研究有全面深入的了解。

第三章是"汉语口语词汇产生过程:词汇选择与音韵编码之间的关系"。本章从理论争论最为激烈的三个方面总结了汉语口语词汇产生中词汇选择和音韵编码之间的关系:第一,是否存在音韵层到语义层的反馈;第二,词汇选择和音韵编码信息激活的时间进程;第三,是否存在多重音韵激活。已有研究结果表明,汉语的口语词汇产生认知机制与字母语言的不同,总体呈现出独立两阶段模式的特点:词汇选择与音韵编码过程之间信息激活的时间进程是分离的,而且非目标项不会产生音韵激活。通过本章的介绍,读者能够深入了解汉语和其他语言产生过程之间的共性和差异。

第四章是"口语词汇产生:概念激活和词汇选择"。本章以语义抑制效应和语义促进效应现象为切入点,系统地阐述了口语产生过程中的概念准备和词汇选择阶段的发生机制,重点介绍了竞争说和非竞争说的各类理论观点。在进一步研究中,应该考虑如何结合行为实验、ERP 和 fMRI 等技术,深入探索语义效应的行为和神经机制。

第五章是"口语词汇产生:音韵编码和语音编码"。本章针对口语产生过程中的音韵编码和语音编码过程,系统地阐述了三方面内容:第一,音韵编码过程的特点及其机制;第二,音节在音韵编码过程中的作用及其机制;第三,汉语口语词汇产生的音韵编码和语音编码。研究者在印欧语系语言和汉语中发现了不同的结果。相比而言,汉语口语产生的研究仍然很少,亟待深入系统的研究。

第六章是"言语产生的认知神经机制"。本章内容阐述的是口语词汇产生过程的认知神经机制,主要包括:第一,言语产生的神经心理学研究;第二,脑成像研究的结果,分为时间进程和空间定位两个方面,以及这两个方面最新的研究进展;第三,汉语口语词汇产生过程的认知神经机制研究。比较印欧语系语言和汉语口语词汇产生过程的认知神经机制,发现两类语言存在较多截然不同的特点,这与第二章(印欧语系语言)和第三章(汉语)所呈现的行为研究的结果是一致的。

第七章是"口语句子产生"。本章主要阐述了口语句子产生过程的研究问题及其现状,主要包括句子产生中语法编码、音韵编码、韵律编码过程的研究,以及句子产生中词汇间信息提取方式的研究,并在每一部分强调了国内学者对汉语句子产生过程的研究成果。汉语句子在语法和韵律方面与印欧语系语言有较大差异,因此汉语句子产生过程的研究具有独特价值,其与印欧语系语言的对比将为句子产生的理论模型作出重要贡献。

第八章是"口语产生中的认知年老化"。口语产生中的认知年老化是语言产生领域新的研究主题,具有重要的理论意义和实践价值。本章主要阐述了影响口语产生年老化的因素及主要的理论假设,并简要介绍了汉语口语产生中的认知年老化的研究,最后针对研究现状进行了总结与展望,指出了认知年老化研究的新方向。

第九章是"书写产生"。本章主要阐述了书写产生过程的研究,主要包括:第一,书写产生的心理运动模型,重点关注书写运动过程中的计划单元和信息加工,以及计划阶段和实时运动两个阶段之间的关系;第二,书写产生的神经心理学研究,关注词汇通路和亚词汇通路是否存在,以及两个通路之间的交互作用,还有字形输出缓冲器等;第三,书写产生的心理语言学研究,主要关注书写产生过程中是否存在语音中介、拼写编码的加工单元、认知编码阶段与运动执行阶段之间的关系,以及书写产生与其他语言加工过程之间的关系;第四,阐述了汉语书写产生过程的研究成果,汉语书写产生研究所关注的问题与印欧语系语言的研究类似。

第十章是"书写产生过程的认知神经机制"。本章阐述了书写产生过程的认知神经机制,主要包括:第一,失写症的认知神经机制。第二,脑成像研究的结果,阐述了书写产生中的中央加工过程和外周执行过程的认知神经机制。正常人的书写产生过程与脑损伤病人的(第九章)形成对比,涉及的过程也类似。第三,阐述了汉语书写产生过程的研究结果。与印欧语系语言和日语等书写产生过程的研究相比,对汉语的研究甚少。

第十一章是"心理语言学的研究趋势"。本章主要阐述以下内容:第一,语言理解过程中具身认知的观点及其研究证据;第二,基于运动和运动知觉之间的关系,阐述了语言产生与语言理解之间的关系,语言产生和语言理解的统一模型中强调了模仿和预期在语言产生、语言理解和交流中的作用;第三,叙述了认知语言学领域内语言的首要功能是什么的争论,研究者开始重视语言的交流功能和社会功能。未来的心理语言学研究将采用各种脑成像技术,不仅仅局限于语言学单元本身的加工,而且会考察语言的交流和社会功能的认知神经机制。

本书在撰写过程中得到了来自各方面的帮助。首先,我要感谢的是《当代中国心理科学文库》的总主编——中国科学院心理研究所的杨玉芳研究员,她邀请我加入这一重大丛书的写作,并一直鼓励和支持我对自己的研究领域作出系统的阐述和总结。如果没有杨老师,我也不会有机会加入本套丛书的撰写,感谢杨老师的邀请。第二,我要感谢华东师范大学出版社的彭呈军老师和各位参加丛书座谈会的各位老师。在心理所召开的三次有关丛书的座谈会中,各位老师对本书的组织框架和书名提出了专业性的修改意见和建议,感谢各位老师的指导。这本书比原来预计的时间推迟了两年才成稿,感谢彭老师在写作过程中的耐心等待。第三,我要感谢华东师范大学出版社的白锋宇编辑和其他相关工作人员,他们阅读了本书的初稿并提出了很多修改意见和建议,我根据这些意见和建议对本书做了大量修改,这无疑对提高本书的质量起了很大的作用。第四,本书中呈现的我们课题组有关汉语语言产生的系列研究,得到了下列项目的资助支持:国家自然科学基金面上项目(31471074、31170977、70870761、30400134)、国家社会科学基金项目(04CYY002)、北京市社科基金重点项目(16YYA006)、中国科学院心理所资助项目(09CX232023),以及中国人民大学预研委托(团队基金)人才培育类项目(18XNLG28),在此一并致谢。

  在撰写本书的过程中,我阅读了大量的文献并将其整合到了各章的内容中,这同时也让我意识到语言产生研究的复杂和困难,以及自己知识结构框架的局限性。读者在阅读的过程中如果发现书中的疏漏和错误之处,请务必来信指正,我会在以后的版本中进行修正。最后,我衷心地期待本书能对国内语言领域的研究产生积极的推动作用。

张清芳

中国人民大学

2019 年 3 月 30 日

1　心理语言学概述

　　语言对人类来说至关重要，它是区分人与其他动物的重要标志(Miller, 1991)。语言的出现使得人类文明社会的组织和发展成为可能。2014 年世界语言大会上形成的《苏州共识》就指出："语言是人类文明世代相传的载体，是相互沟通理解的钥匙，是文明交流互鉴的纽带。"在《科学》(Science)创刊 125 周年之际所提出的 125 个重要科学问题中，第 86 个问题"语言学习为什么存在关键期"，第 112 个问题"语言和音乐演化的根源是什么"，均与语言研究有关，由此可见语言研究的重要性。

　　随着认知心理学和认知科学的兴起，研究者越来越关注人类的高级认知过程，如思维和问题解决等，对语言的研究也呈现出交叉多样化的态势。心理语言学属于认知科学(cognitive science)的研究领域。认知科学是一门交叉学科，心理学、语言学、计算机科学、神经科学和哲学等领域的研究者都关注认知科学研究领域的主题，比如问题解决、记忆、表象和语言等。心理语言学与心理学和语言学密切相关，是在心理学和语言学结合的基础上形成的一门交叉学科。语言学是研究语言起源、语言结构以及语言运用的一门学科。心理语言学是研究人类如何进行语言加工过程的一门学科。具体来说，心理语言学研究语言运用的各个方面，包括语言理解、语言产生、语言获得和发展，以及语言与认知之间的关系。可见，心理语言学以人类语言加工过程为研究对象，吸收了认知心理学、语言学、认知科学、人工智能、神经科学等领域的研究技术,从多个角度、多个层面探索人类语言加工的奥秘。

1.1 心理语言学的诞生和发展

1.1.1 早期孕育阶段

心理语言学与心理学的发展历史密切相关。1879 年,冯特(W. Wundt)在德国的莱比锡大学建立了第一个心理学实验室,标志着心理学作为一门独立学科的正式诞生。心理学是研究人的心理(mind)和行为(behavior)的科学,更为重要的是,冯特认为对语言的研究是探索人类心理奥秘的重要途径。冯特的研究涉及语言加工的多个方面,诸如语法、音韵、语言理解、儿童的语言获得、手势语、阅读,以及其他语言加工过程等。冯特对心理语言学的贡献之一是提出了语言产生的理论,他认为句子是语言产生的重要单元,口语产生是将要表达的思想转换为按照一定序列排序的音段后进行口语输出的过程。作为结构主义的代表人物,冯特强调了构成口语产生的子过程以及所包含的具体信息。

20 世纪 20 年代,在美国兴起了以华生(J. B. Watson)为代表人物的行为主义思潮,他们反对冯特将意识作为心理学研究对象,否定意识和心理活动,赞成对可观察到的客观行为进行研究。华生主张应该用客观的测量方法来研究有机体对刺激的反应或行为,奉行"刺激—反应"原则,不考察内部的心理机制。从 20 世纪 20 年代到 50年代,心理学家对语言加工的研究寥寥无几。行为主义学家喜欢"言语行为"(verbal behavior)概念,他们认为讲话这种行为是受环境制约的结果,当儿童产生错误时,成人会使用正确的语言模型对其进行纠正,进而产生强化效果(Skinner, 1957),促使儿童学会正确的表达方式。

与此同时所进行的是有关"意义"(meaning)的研究。很多行为主义学者强调单词之间的联系。Noble 和 McNeely(1957)测量了人们在指定时间内产生指示某个特定意义的词的个数。Underwood(1966)的研究发现,意义丰富的词语比意义贫乏的词语能被更快习得。Osgood、Suci 和 Tannenbaum(1957)发展出了一套测验来测量单词的语义区分度,要求人们对单词的一些维度,比如好/坏、强壮/虚弱进行评价。

语言学领域在 20 世纪 20 年代至 50 年代期间强调语言的行为治疗,在研究中语言学家小心谨慎地避免使用"心理状态"等词语。可以看出,语言学和心理学两个研究领域关注的问题是相似的,但两个领域的研究在此期间一直是独立、平行地进行的,互不干扰,互不交流。

1.1.2 发展阶段：心理学和语言学的融合

直到 20 世纪 50 年代，心理学家和语言学家才开始对话交流。1951 年，美国社会科学研究委员会(简称 SSRC)召开了一次会议，邀请了三位心理学家和三位语言学家，共同讨论对语言行为的研究。在此次会议上，来自两个领域的研究者发现心理学和语言学对语言现象及其研究有很多共同的兴趣，两个领域内的研究应该相互借鉴。Tanenhaus 在 1965 年对此次会议作了如下描述：

> ……会议总结了心理语言学研究的主题，与会者达成共识：心理学家所使用的客观的研究方法和理论工具能够为探索和解释语言学结构带来突破性的发现。

1952 年，美国社会科学研究委员会成立了语言与心理学工作委员会，成员包括心理学家米勒(G. Miller)、奥斯古德(C. Osgood)、卡罗尔(J. Carroll)和詹金斯(J. Jenkins)，语言学家格林伯格(J. Greenberg)、朗斯伯里(F. Lounsbury)和西比奥克(T. Sebeok)。两年之后，研究者组织了一次更大的会议，这次会议除了心理学和语言学领域的工作者之外，更是吸引了人类学和工程学领域的研究者前来参加。在多学科的交流和对话中产生了"心理语言学"(Psycholinguistics)这一词汇，代表了一个新的研究领域。但一些研究者，比如心理学家布朗(Brown, 1958)反对使用这一词汇，因为从字面意义来讲，很容易被误解为"神经错乱的、会说多种语言的人"，另一方面可能会使得研究局限于传统语言学领域的主题，很难有所突破。事实证明，这种担心是多余的。心理学家和语言学家在"心理语言学"这一领域进行了杰出的研究工作。

1954 年，美国社会科学研究委员会在印第安纳大学召开的会议上发表了题为《心理语言学：理论和研究问题概述》的论述，后被迪博尔德(A. Diebold)认为是心理语言学领域的"宪章"。在随后的几年里，委员会连续召开多次会议，针对诸如内容分析、言语行为、失语症、双语等问题展开了交流和探讨。

语言学家对于推进心理语言学领域的发展作出了杰出贡献。语言学家乔姆斯基(N. Chomsky, 1957, 1959)指出行为主义思潮对于语言的解释是不充分的。

与此同时，对于语言的研究也是认知心理学领域的重要主题。1967 年奈萨尔(U. Neisser)的专著《认知心理学》中有专门的章节讨论有关"语言"的研究。针对语言的获得，行为主义学家提出了所谓的"联系链理论"(associative chain theory)，认为句子是由一个个分离的个体单词组成的联系链构成的。也就是说，句子中每一个单词都是为下一个单词的出现作准备的，因此，整个句子的产生是从左至右进行的。而

Lashley(1951)指出句子不仅仅包括了单词之间的联系,而且包括了其他更为复杂的结构。乔姆斯基对 Lashley 提出的想法作了进一步的阐述(Chomsky, 1957),以下面的英文句子为例来说明。

(1) Colorless green ideas sleep furiously.

(2) Furiously sleep ideas green colorless.

(3) George picked up the baby.

(4) George picked the baby up.

第 1 个句子中单词之间毫无联系,但这样的句子在语法上是正确的。第 2 个句子与第 1 个句子的单词相同,但顺序完全相反,不能构成一个句子。第 3 句和第 4 句则是完全同义的,但是第 4 句中"picked"和"up"之间的联系显然要比第 3 句复杂,联系链理论无法对此作出解释。为了理解整个句子,须知道这些单词是语言学单元的构成部分或构成成分,语言学家称之为分离的单元(separate units 或 discontinuous constituents),这些单词之间有一种长程依存关系(long-range dependency)。因此,仅仅强调相邻单词之间的联系对于句子理解是远远不够的。

乔姆斯基提出语言的获得不能仅仅用儿童的语言经验来解释,其主要观点是刺激的贫乏性(poverty of stimulus argument),即儿童所处的环境中提供的语言刺激不足以解释儿童语言的丰富性和复杂性。乔姆斯基认为语言是人类智慧的重要组成部分,儿童天生就有一套抽象的普遍语法,能使其建构世界上任何一种语言。语言的习得分为两步:第一,习得所学语言的所有单词、习惯用语和特殊结构;第二,把所学到的特定语言的核心结构与普遍语法联系起来(Chomsky, 1980)。这一理论被称为"普遍语法理论"(universal grammar theory)。与斯金纳提出的"强化理论"不同,乔姆斯基学派认为,尽管父母亲能够在一定程度上影响儿童语言发展的速度,但是其发展模式不由父母控制,而是由先天的语言学知识决定的。

乔姆斯基的观点对心理学家思考语言加工的研究产生了深远影响。20 世纪 60 年代,乔姆斯基指出,"语言的研究为探索人类的心理加工机制提供了不可替代的角度"(Chomsky, 1968),心理语言学可以被看作是认知心理学的分支。心理学家米勒为弥合心理学和语言学之间的鸿沟作出了卓越贡献,他将乔姆斯基的思想传播给心理学家。他在文章中整合了乔姆斯基的思想观点(参见 Miller & Chomsky, 1963),并借鉴乔姆斯基的观点考察了语言学规则的心理现实性(Miller & Isard, 1963)。

在这一时期,研究者特别关注"语言的发展"问题,涌现出了很多有关儿童语言的纵向研究(Braine, 1963; Miller & Ervin, 1964)。研究者模仿成人语言的语法规则,为儿童语言写出了各种各样的语法(Bloom, 1970; Brown, 1973)。研究儿童语言获得的研究者主要关注儿童语言发展的语法规则是什么,以及何时发展出这套语法规则。

语言发展的理论分析强调先天因素。与乔姆斯基具备同样影响力的是列宁伯格(Eric Lenneberg),他的著作《语言的生物学基础》(*Biological Foundations of Language*)综合了失语症、语言发展迟缓以及神经生理方面的研究成果,对语言发展的先天因素作了综合性的阐述。麦克尼尔(D. McNeill)同样坚定地指出语言获得与发展的先天性观点,提出了语言通用性理论(McNeill, 1966,1970)。

20世纪70年代和80年代,研究者持续关注儿童的语言获得,但是心理学家对语言学理论的研究兴趣显示出衰退迹象。Reber(1987)总结了所发表文章中引用乔姆斯基文章的次数,发现60年代文章数量快速上升,70年代达到顶峰,80年代早期出现下降趋势。Reber指出可能的原因是:60、70年代语言学理论出现了快速变化,一度处于混乱状态。由于这些变化和混乱,心理学家很难将语言学理论引入心理语言学的研究中,有些心理学研究者独立发展出了语言加工的心理学模型。正如Blumenthal(1987)指出的,语言学界在这一时期在一定程度上远离了心理学研究领域。Reber(1987)同时指出,心理学和语言学领域所采取的研究方法截然不同,存在理性主义(rationalism)与经验主义(empiricism)之分。理性主义方法强调人类行为中的先天因素,而经验主义方法强调行为中经验的作用;理性主义方法强调使用论据,而经验主义方法强调用数据对理论假设提供支持或反对的证据。大部分语言学家采取理性主义方法,而大部分心理学家采取经验主义方法。因此,将心理学和语言学的研究方法进行融合不是一件容易的事情。

综上,心理语言学经历了早期孕育阶段,以冯特和行为主义学派的斯金纳为代表人物;发展阶段以生成语法学派的乔姆斯基为代表人物,强调了语言发展的先天因素,出现了心理学和语言学的融合态势。

1.2 心理语言学的研究内容

1.2.1 研究主题

通过心理学和语言学融合而产生的这门交叉学科——心理语言学,必然会汲取各个研究领域的方法和技术,吸引各个领域的研究者。心理语言学家关注在语言加工中的心理结构和过程,同时他们也关注为什么语言之间具有共性,不同语言之间的差异表现在哪些方面,以及这些共性和差异如何影响语言加工过程。Carroll(2008)指出心理语言学研究主要关注两大问题:第一,在语言的运用中包括哪些心理加工过程?第二,在语言的运用中涉及哪些语言学知识?这两大问题都涉及对语言学知识和语言加工之间如何发生交互作用的探讨。心理语言学研究会考虑语言的结构层次,比如字词、句子和语篇水平的加工特点,所涉及的重要的语言学概念包括:语义(semantics)指的是单词和句子的意义;句法(syntax)指的是句子中单词的语法排列次序;音韵(phonology)指的是语言中的声音体系;语用(pragmatics)指的是使用语言的社会规则。心理语言学的研究内容主要包括:语言理解、语言产生以及语言的获得与发展这三大主题。下面分别通过具体研究来说明,在各个研究主题中研究者都关注的是语言学知识如何在语言加工中起作用,以及语言学知识与各类语言加工过程之间的交互作用。在研究层次上,研究者区分了语音、音素、词汇、短语、句子和语篇水平。在这里并不会对所有的研究层次进行阐述,仅仅举例进行说明。

语言理解

语言理解指的是人们对所呈现的语言材料(包括视觉形式、听觉形式或者手语形式等)建构其意义的过程。句子理解和语篇理解是在字词理解的基础上,通过对句子的句法、语义以及语境的分析,通达其意义的过程。

在词汇水平上的句法加工集中于对功能词和内容词差异的研究。功能词包括冠词、连词和介词等,内容词包括名词、动词和形容词等。从广义上来讲,功能词和内容词之间的差异反映了语义和句法之间的分离,因为内容词主要承载了语言的意义,而功能词对于形成句法关系非常重要。一系列研究表明,在单词呈现 280 ms 之后,功能词和内容词引发的波形出现差异,功能词在脑区左前电极点上表现出的负波最为明显(King & Kutas, 1998; Osterhout, Bersick, & McKinnon, 1997)。也有研究发现,功能词呈现时会引发 N280,而内容词在脑后部引发 N400。两个波形的头皮分布不同,反映了不同的加工过程,具有不同的神经机制(Neville, Millis, & Lawson, 1992; Nobre & McCarthy, 1994)。但有一些研究(King & Kutas, 1998; Osterhout, Bersick, & McKinnon, 1997)未发现这种差异,两类词引发的成分相同,只是内容词引发的负波潜伏期比功能词引发的要长。通常功能词和内容词的词长与词频不同,相较于内容词,功能词一般词长短、词频高。研究中很难分离词长、词频和两类词的差异。关于词长和词频是否会影响 N280 的获得,其研究结果也不一致。而且,单词类别提取的时间进程能否泛化到其他类型的词条信息,比如名词的语法性别或动词的句法结构,仍然有待研究。

关于句子理解过程,研究者所争论的一个焦点是:究竟是句法知识首先被加工,还是句法、语义和语用知识同时起作用。针对此问题,研究者分别提出了模块化理论和交互作用理论。模块化理论认为在句子加工过程中,句法和语义信息之间的加工是独立的,分别由大脑不同的功能性模块负责完成。Frazier 和 Fodor(1978)提出的有关句子理解的花园路径模型(garden path model)是模块化理论的典型代表。花园路径模型假设最初的阶段是构建句法结构进行分析,之后才进入语义加工,确定最初的句法结构是否有意义;如果句法结构和语义分析结果存在矛盾,则会再次进行句法分析和语义分析。交互作用理论则认为在句子加工过程中,句法加工和语义加工存在交互作用。作为交互作用理论的典型代表,约束—满足模型(constraint-satisfaction model)假设在最初进行语法分析时,人们就会利用所有可以利用的信息,包括语义信息、句法信息,以及各种非语言信息和情景信息。

采用反应时、事件相关电位(event-related potential, ERP)和眼动技术的研究分别为上述两类模型提供了支持证据。研究一般采用句法违反和语义违反的句子作为刺激材料,句子的结构是完整的,违反情况一般出现在某个词或短语上。这样的操纵可以改变句法加工和语法加工的难度,进而通过对反应时或者 ERP 波形的分析考察句法和语义加工的时间进程以及两者之间是否具有交互作用。例如,Hahne 和Friederici(2002)采用 ERP 技术,在德语中操纵语义是否违反和句法是否违反两个自变量,实验中所使用的德语句子(括号内为英文翻译)如下所示。

正确句: Das Brot wurde gegessen. (The bread was eaten.)

语义违反句: Der Vulkan wurde gegessen. (The volcano was eaten.)

句法违反句: Das Eis wurde im gegessen. (The ice cream was in-the eaten.)

语义和句法双重违反句: Das Türschloß wurde im gegessen. (The door lock was in-the eaten.)

实验时以听觉方式给被试呈现上述句子,要求被试判断句子的句法是否正确。实验之前对句子意义的可接受度(semantic acceptability)进行了测量,四组句子中正确句和句法违反句之间的语义可接受度无显著差异,语义违反句和双重违反句之间的语义可接受度无显著差异。实验结果发现,语义违反条件诱发了经典的与语义加工有关的 N400 波,句法违反条件和双重违反条件下出现了与句法加工相关的ELAN (early left anterior negativity,早期的左前额负波)和 P600 波。更为关键的是,在语义和句法双重违反条件下未出现 N400,这表明句法加工未受到语义违反的影响,而句法违反情况阻碍了语义的加工。这一研究表明:早期的句法加工是独立的,且在时间上早于语义加工,并对后面的语义加工产生了影响。实验结果支持了模块化理论。

也有研究结果支持句子理解的交互作用理论。Kim 和 Osterhout(2005)在研究中选择违反句作为刺激材料,例如:

动词违反句: The hearty meal was devouring the kids.

被动句控制条件: The hearty meal was devoured by the kids.

主动句控制条件: The hungry boy was devouring the cookies.

在动词违反句中,"devouring"造成了违反,但属于语义违反还是属于句法违反,这依赖于被试对句子中句法和语义知识的理解。依据模块化理论的观点,句法信息优先加工并控制了语义加工过程。在这一句子中,句法信息清晰地表明名词"meal"是动词"devouring"的施事主体,那"devouring"所造成的就是语义违反。因此,模块化理论的预测是动词"devouring"应该引发经典的语义违反波形——N400。如果是语义加工优先,虽然"meal"对"devouring"来说是一个引发歧义的施事主体,但是语义合理性(plausibility)很高。虽然其句法结构与语义合理性存在矛盾之处,但人容易被语义合理性吸引。这一解释要求被试将主动形式(devouring)转化为被动形式(was devoured)。因此,如果被试遵循语义上的解释,那么句法结构线索的违反应该引发P600效应。研究结果发现,与控制条件相比,关键词"devouring"引发了一个强烈的P600效应,而没有出现N400效应。N400的缺失表明被试并不是首先进行句法加工,而是进行了语义加工。该研究结果并未支持模块化理论的观点。

综合已有研究结果(Friederici & Kotz, 2003; Friederici & Weissenborn, 2007; Friederici, Rüschemeyer, Hahne, & Fiebach, 2003; Friederici, Kotz, Werheid, Hein, & von Cramon, 2003),以Friederici为代表的研究者提出了句子理解的三阶段模型。该模型的基本观点为:第一,在句子理解的最初阶段,人们根据词汇类别信息进行句法建构。ELAN成分的出现即表明了快速的基于词汇句法信息进行的加工。第二,在句子理解的第二阶段,进行语义水平上的加工,表现为N400波形的出现。第三,在句子理解的第三阶段,对整个句子的句法结构进行再分析,以及对句法信息和语义信息进行整合,表现为P600或者后期正向负波的出现。在听觉呈现的句子中,韵律信息起着重要作用,在上述三个阶段都会与句法信息和语义信息产生交互作用(Friederici, 2002, 2011, 2012)。

针对句子加工过程,以Hagoort为代表的研究组则提出了记忆—整合—控制(memory-unification-control, MUC)模型。主要的观点包括:第一,记忆指的是长时记忆结构中存储的各类信息,包括词汇的句法、语义和音系等表征;第二,整合指的是在句子理解过程中将提取出来的各类信息进行整合,包括句法、语义和语音等信息的整合;第三,控制指的是语言系统将目标与行动联系起来以达到对句子的理解(Hagoort, 2003, 2005, 2013)。MUC模型并未强调是句法加工优先还是语义加工优先,这一模型假设哪一类信息先出现就对哪一类信息先进行加工。两类理论对句子理解的角度不同,MUC理论基于大量脑成像的研究结果,主要强调句子理解的生物学基础,而三阶段理论则强调各类信息加工的先后顺序。

在语篇理解的水平上,研究者主要关注的是新信息如何与原有的信息整合,达到对更复杂结构的理解。语篇理解的一个重要任务是针对复杂信息,建立完整的心理表征,比如指代、因果等复杂结构是如何保持语篇理解的连续性的。针对语篇理解的早期理论包括建构—整合理论(construction-integration theory)、建构主义理论(constructionist theory)以及心理理论(theory of mind)。考虑到语篇加工的认知基础和认知特点,研究者提出了记忆基础理论和双加工理论、事件标记模型以及风景模型等。受到第二次认知科学浪潮的影响,Zwaan(2004)提出了语篇理解的浸入式经历者理论框架(immersed experiencer framework, IEF)。关于这些模型的具体介绍,本书不一一赘述,杨玉芳主编的《心理语言学》(科学出版社)一书的第八章"语篇理解"对上述理论作了详细的阐述,有兴趣的读者可以去阅读。

语言产生

语言产生(language production),指的是人们利用语言表达思想的心理过程,包括从思想代码转换成语言代码,再转换成生理和运动代码,即利用发音器官发出表达某种意义的声音或者采用视觉形式输出文字。语言产生主要包括三个过程:首先是概念化过程(conceptualization process),即讲话者明确要用言语表达什么概念。在概念化过程中,讲话者选择相关的信息,传达特定的目的。概念化过程的输出结果是前言语化的信息(preverbal message)。第二是言语组织过程(formulation process),即为所表达的概念选择适当的词汇,建立词汇的语法结构和发音结构。在言语组织过程中,将概念上的表征转译成语言形式,包括词汇化过程(讲话者选择词汇)、句法计划过程(将单词联结起来形成句子)、音韵编码过程。第三是发音阶段(articulation process)或者书写执行阶段,即将选择的词汇通过一定的肌肉运动程序用外显的声音或者文字形式表达出来,包含内部言语组块的提取以及运动的执行。语言产生包括口头语言的产生(speech production)和书面语言的产生(writing production)。与语言理解的研究相比,针对语言产生的研究起步较晚。其中对口语产生的研究较多,对书写产生的研究较少;在研究层次上,对词汇层级上的口语产生研究较多,对句子层级上的口语产生研究较少。

在词汇产生的水平上,研究者主要关注的是各类信息之间的关系,比如语言产生中词汇选择阶段和音韵编码阶段之间的关系,语义信息和音韵信息之间是独立分离加工的还是存在交互作用。在句子产生的水平上,研究者关注的是句子产生中语法编码和音韵编码的计划单元。本书的主旨是介绍心理语言学中有关语言产生的研究及其成果,并在此基础上关注汉语词汇产生和书写产生的研究,在本书的每一章节将逐一进行介绍。

语言的获得与发展

语言的获得与发展指的是人类婴儿习得母语或第二语言的过程,获得语言的过程包括获得理解语言和产生语言的能力。这一研究主题从心理语言学诞生起就得到了研究者的重视。与语言理解和语言产生的研究类似,语言获得与发展的研究同样涉及语言学知识在语言加工中的作用，以及两者之间是如何交互作用、共同发展的。研究中被试的范围从胎儿期一直到成人，采用纵向研究和横向研究相结合的方法，对语音知觉(元音、辅音、音段、韵律)的发展，语音意识和正字法意识的发展，词汇、语义和句法的发展等进行研究。

在语言获得与发展的研究中，一直存在着先天与后天之间的激烈争论。儿童的语言获得与发展受到哪些因素的影响？研究者认为语言的获得与发展是人与环境相互作用的结果，儿童的先天条件和后天环境都在其中起着重要的作用。根据生物进化论的观点，个体的发展会重演整个动物系统从低级到高级的发展过程，因此研究儿童语言获得与发展的过程可能会发现人类创造语言的过程。在语言获得方面，一直存在两类截然不同的理论趋向：一种是以乔姆斯基学派的生成语法理论为出发点，从语言形式的角度研究语言及语言习得；另一种是认知功能语言学(cognitive-functional linguistics)，注重发展变化空间的儿童中心方法，倾向于从功能和应用的角度来研究语言习得。

生成语法理论假设儿童天生就具有一套普遍的抽象的语法，使得儿童可以建构世界上任何一种语言。语言的习得包括两个过程：学习语言的所有单词、习惯用语和特殊结构，再将所学到的特定语言与普遍抽象的语法联系起来。普遍语法具有先天性，不会随着个体的发育而发展，而是终生保持不变，即连续性假设(Pinker，1999)。在描述儿童的语言时，利用的就是成人的语法结构模式。与之相对，认知功能语言学认为语言结构来自于语言的使用(Bybee，1985，1995；Croft，1991，2001；Givon，1995；Goldberg，1995；Langacker，1987，1991；Tomasello，1998，2003)，语言的本质是符号维度，同时在语言发展的历史进程中派生出各种各样的语法规则和语法结构。语言是通过学习而获得的，包括习得常规的基于规则的语言结构和任意的特殊抽象的语言结构。习得语言的过程与学习所有复杂认知的过程一样，需要从具体事物中构建抽象的类别和图式。儿童语言发展的早期阶段尚未建立起类似成人语法的抽象概念和图式，只能以渐进的方式逐步建立起这些抽象的语言结构和图式。在此过程中，儿童会使用两种认知加工方式：一种是通过注意的参与理解他人的交流意图以及相应话语的意义；另一种是通过归类、图式建构、统计学习和类比等方式，发现语言中的固定模式，从而建立起语言的抽象语法结构。

生成语法理论认为儿童所具有的通用语法是与生俱来的，但对于其如何作用却不得而知，而认知功能语言学则认为语法结构是后天习得的。在两类语言获得理论的争论中，并未涉及儿童如何将话语或语句与交流情境联系在一起等问题。对于儿童如何理解别人的意图及产生相应的句子有待深入研究。

行为遗传学研究发现，7号染色体上的FOXP2(forkhead box P2，叉头框P2)基因与语言遗传缺陷有关。KE 家族中大约有一半的家庭成员表现出语言上的障碍，主要表现为不能获得形态句法学(morphosyntactic)规则(Gopnik，1990)，研究发现，这是由于 FOX P2 基因发生了突变。乔姆斯基学派中有理论认为 FOXP2 可能是"语法基因"(Pinker，1994)；同时，该遗传缺陷与发音和非言语运用有关(Vargha-Khadem，Watkins，Alcock，Fletcher，& Passingham，1995)。一项研究发现，能够区分 KE 家族中有缺陷与无缺陷成员的最佳任务是对有复杂发音模式非词的重复，因此研究者认为 KE 家族语言障碍的核心是音韵单元的序列发音(Watkins，Dronkers，& Vargha-Khadem，2002)。根据这种观点，句法缺陷在 KE 家族中排第二位，次于发音上所表现出的缺陷。

1.2.2 语言加工过程的特点

认知心理学研究中所关注的加工特点，在心理语言学领域同样得到关注。

系列加工与平行加工

如果一系列加工存在先后顺序，一次只进行一个加工过程，这样的加工模式为系列加工(serial processing，也称为序列加工)。如果其中两个或多个过程是同时发生的，这样的加工模式为平行加工(parallel processing)。系列加工的观点影响了语言和认知研究大约四分之一个世纪，部分原因是认知心理学是建立在计算机科学的信息加工观点基础上的，该观点认为执行加工过程是以系列方式进行的。语言产生过程从概念通达开始，最后以声音或以书面语的形式将思想表达出来，在此过程中发生了哪些认知加工过程？语言产生的系列加工模型认为句子产生包括三个阶段：第一阶段构建句子的短语结构，第二阶段提取词汇并将其插入句子结构，第三阶段则是确定单词的正确发音。这些阶段是序列发生的，在时间上不存在重叠(Fromkin，1971)。Dell(1986)则认为这些阶段是平行进行的，提出了语言产生的平行加工模型。

Rumelhart、McClelland 和平行分布加工假设研究组(McClelland，Rumelhart，& The PDP Research Group，1986)提出了平行分布式加工(parallel distributed processing，PDP)的观点，认为人的认知加工系统可以同时加工大量信息。阅读过程的核心是词汇通达(lexical access)，指的是人们看到单词后通达其意义的过程。词汇通达包括对字母特征、字母以及包含这些字母的单词的提取。Rumelhart 和 McClelland(1981，1982)提出了交互作用激活模型(如图 1.1 所示)，认为单词的词汇通达同时发生在多个水平上，包括字母特征水平、字母水平和单词水平，三个水平之间存在交互作用。各个水平的信息在记忆中是分开表征的，各个水平之间存在双向的激活传递。也就是说，同时存在自上而下和自下而上两种加工方式，人们不仅使用了字母的特征,而且使用了已有的单词知识来帮助自己辨别字母,确认单词。交互作用激活模型认为单词阅读中存在信息的平行加工。

平行分布式加工模型借鉴了大脑的工作方式。大脑中有大量的神经活动同时进行工作,相邻神经元之间能以兴奋性或者抑制性的方式影响彼此。在交互作用激活模型中也存在"激活"和"抑制"两种作用方式:如图1.1中,在字母特征水平,字母顶部一条实心的线条会激活字母"T",但会抑制字母"P"。在字母水平,首字母为"T"的刺激会激活单词"TRAP"、"TRIP"、"TAKE"和"TIME",但会抑制"ABLE"的激活。在自上而下的过程中,单词"TAKE"的激活会对以"A"、"N"、"G"、"S"等为首字母的单词加以抑制。

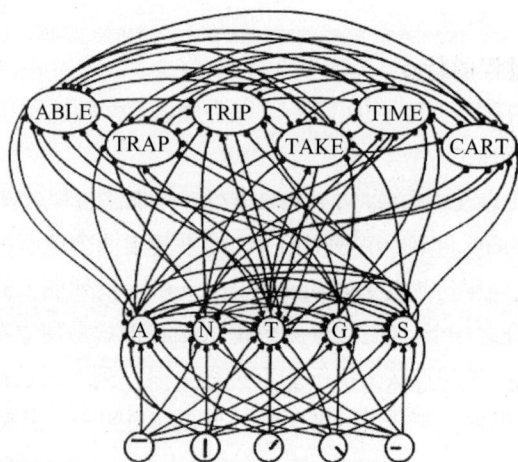

图1.1 单词阅读的交互作用激活模型(Rumelhart & McClelland, 1981,1982)

自下而上的加工和自上而下的加工

语言加工包括了一系列认知过程,例如当你与朋友正在交谈时,需要理解对方所说的话,即理解听觉语言从语音信息的输入开始,你首先需要从连续的语流中辨认出音素、音节和单词;在词汇水平,利用所获得信息从语义记忆中提取出对应的单词;在句法水平,组织单词形成句子中的短语结构;在语篇水平,将句子组织成更复杂的单元以理解谈话者所传达的意义。

自下而上的加工(bottom-up processing)指的是由外部刺激开始的加工,从最底层最小的单元(音素)开始,一直到最高层的单元(语篇)结束。最初的加工过程不受到高层级信息的影响,即对于音素的辨认不会受到单词水平、句法水平和语篇水平信息的影响。自上而下的加工(top-down processing)指的是由有关知觉对象开始的加工,是高层级加工对低层级加工的影响,例如,语篇水平的信息对于句子水平或音素水平信息加工的影响。自上而下的加工并不总是产生促进作用,已有的知识、经验或者预期可能会产生抑制性的影响。以图1.1所示的单词阅读为例,当看到一个英文单词时,在自下而上的加工中,视觉系统会确认组成各个字母的线条特征,如垂直线、水平线等,然后将这些特征组合成一些字母,再将字母组合成单词加以识别;在自上而下的加工中,包括了可能来自知觉对象的期望或假设,对后面的加工阶段或水平产生了制约,例如调整对组成单词的线条特征的觉察。Lindsay和Norman(1977)也将自下而上的加工称为数据驱动加工(data-driven processing),而将自上而下的加工称为概念驱动加工(concept-driven processing)。在一个复杂的认知加工过程中,会同时包含着两个加工过程,两者结合而形成统一的认知加工过程。

在不同的情况下,认知加工对上述两个过程有不同的侧重。Eysenck(1984)指出在刺激呈现条件良好、刺激清晰的情况下,自下而上的加工占主导地位。随着刺激的模糊化情况越来越严重,自上而下的加工成分会越来越多。Tulving、Mandler和Baumal(1964)的实验考察了字词识别过程,研究中操纵了字词呈现的时间和字词呈现的上下文两个自变量,实验中呈现句子作为刺激材料,句子中的最后一个词语为目标词,被试要识别目标词。给被试呈现的上下文条件分为无上下文、5个单词的上下文和8个单词的上下文三种,即被试看到的句子和目标词分别如下所示。

无上下文:

musician.

5个单词的上下文:　　　　　　　　　　　violinist eventually became a professional

musician.

8个单词的上下文:The talented young violinist eventually became a professional

musician.

目标词的呈现时间从0 ms到140 ms,变化梯度为20 ms。

实验结果如图1.2所示,随着呈现时间的增加,目标词的识别正确率提高;随着上下文字数的增加,即外界线索越多,识别正确率越高。在8个单词的上下文条件下,即使目标词未呈现,被试甚至也可以猜测出目标词。呈现时间和上下文线索之间存在交互作用,在目标词呈现时间为60—80 ms时,与无上下文条件相比,在有上下文线索的情况下,识别的正确率增加得更多。随着呈现时间的进一步增加,有无上下文线索之间的识别正确率差异缩小了。这表明在目标词呈现时间短时,主要是自上而下的加工在起作用;随着呈现时间的增加,自下而上的加工开始起作用,而自上而下的加工的作用减弱了。

自下而上和自上而下两个加工过程与系列和平行加工是有关联的。一般来说,自下而上的加工以系列的方式进行,自上而下的加工以平行的方式进行,但是并不总

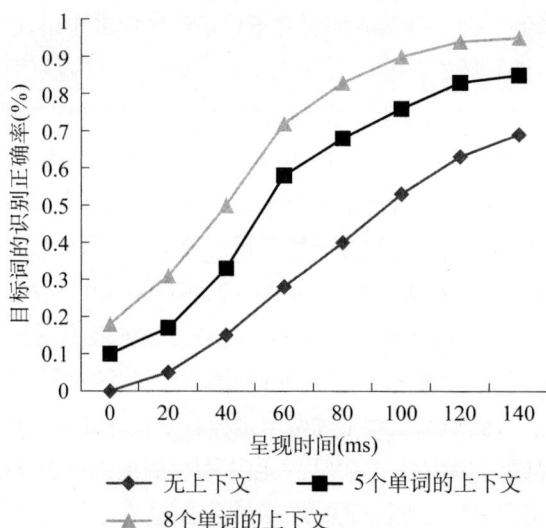

图1.2 字词的识别正确率是呈现时间和上下文线索的函数

(Tulving, Mandler, & Baumal, 1964)

是这样,自上而下的加工也可以系列的方式进行。例如,当人们对句子中的单词进行再认时,在短语结构不完整的情况下,对于单词水平和句法水平这两个加工层级,尽管以句子加工为出发点的过程是自上而下的加工,但是对这两个水平的加工过程能以系列的方式进行。

控制加工和自动加工

人脑是资源存在限制的加工系统,例如人类的工作记忆容量平均仅为4个单元。在完成复杂的任务时,人们会感觉到困难,尽管付出了很多努力,但成绩可能会下降。不过,随着练习次数的增加,人们感觉到难度降低,需要付出的努力减少,任务成绩提高。Schneider 和 Shiffrin(1977)提出了两种加工过程的理论,区分出控制加工(controlled processing)和自动加工(automatic processing)。控制加工是一种需要应用注意资源的加工,容量有限,但是可以适用于任何环境,人能够有意识地进行控制,非常灵活;自动加工是不受人控制的加工,不用使用注意资源,无容量限制,一旦形成很难改变,不能灵活地用于各种不同的环境。各种认知过程的控制加工和自动加工的程度是一个连续体上的变化,从高度控制加工到完全自动加工。

在认知心理学研究领域,研究者对控制加工和自动加工进行了大量研究,但是认知心理学家对于自动化的解释千差万别。一般来说,自动化(automaticity)是无意识的、不加控制的、高效的、快速的。尽管这些对自动化的描述词语之间存在紧密的联系,但是研究者采用了各种方法对其分别进行了研究(Moors & De Houwer, 2006)。

语言加工的自动化表现在：人们再认一般词的过程是自动地、无意识地完成的，这是因为人对单词的识别做了大量练习的必然结果；相比而言，构建句子的句法结构为控制加工过程，个体可以清楚地意识到这个过程是如何完成的。

模块化

在认知心理学研究领域，模块化(modularity)包含了两层含义：第一，语言加工过程的独立性程度。Fodor(1983)指出语言加工系统的模块化具备独一无二的特征，不能被看作是认知的一般原则。Chomsky(1975)也提出了类似观点。语言的模块化理论认为语言是一系列独立分离的模块。其他的认知加工，比如面孔加工、非言语交流以及心理理论，也是模块化的(Geary & Huffman, 2002)。言语知觉(speech perception)过程比较好地体现了语言加工的模块性。人类对口语的知觉具有特定特征，表现出领域特异性。也就是说，人类对语音的知觉与对音乐或其他刺激的知觉是截然不同的。认知语言加工具备模块化特点并不表明研究者认为语言是人类天生的能力，语言加工的先天性是讨论模块化的一种方式，但并不是必须具备的特征之一。语言能力的"先天性"和"后天性"与语言加工的模块化是两个不同的研究主题。第二，模块化表明语言学的子系统，比如语义和句法，是独立分离地在语言加工过程中起作用的，这些子系统之间并不存在交互作用。

1.2.3　语言加工的神经机制

对人类语言加工脑机制的研究必须考虑哪些核心计算(core computation)成分是普遍适用的，哪些成分是随着不同个体表现出差异的(Berwick, Friederici, Chomsky, & Bolhuis, 2013)。在语言加工中，个体的工作记忆、推理以及概念化能力都在发挥作用。在神经水平上，核心计算成分可能在感觉运动水平和概念系统中就发生了分化。在语言加工的神经网络中，包括背侧通路和腹侧通路。背侧通路有两条：一条通路负责核心句法的计算，包括布罗德曼44区(BA44)和颞上回后部(posterior superior temporal cortex, pSTC)(Friederici, Bahlmann, Heim, Schubotz, & Anwander, 2006)；另一条通路负责语言与感觉运动皮质之间的交互，包括前运动皮质和STC (Saur等,2008)。腹侧通路所包括的脑区与语义加工和理解概念信息密切相关，具体涉及额下皮质的BA45和颞叶皮质(Friederici, 2012)。

背侧通路中的第二条通路联结STC中的听觉感觉区域与中央前回中的前运动皮质。与其他背侧通路相比，这条通路在婴儿出生时就存在，而且终生保持不变(Perani等,2011)。成人的这条背侧通路与言语的口语重复密切相关(Saur等,2008)，婴儿大脑中感觉到运动皮质之间的联结与出生后几个月内的语音学习密切相关(Friederici, 2011)。婴儿依赖这条通路觉察音韵编码规则，但是其不足以加工人类复杂的语法结构。BA44 和 STC 的背侧联结在儿童 7 岁时完全发展成熟,从而为加工复杂的语言句法结构奠定了脑基础。成人所具备的背侧通路和腹侧通路分别在语言加工中起着至关重要的作用,至于这两个系统之间如何交互作用是下一步研究的重点(Berwick 等,2012)。

　　研究者对于布洛卡区在语言进化中的作用与 FOXP2 基因之间的关系存在争论(Corballis, 2004a, 2004b)。语言是起源于有声呼叫(vocal calls)还是手势姿势(manual gestures),一直是语言进化研究存在争议的热点问题。镜像神经元系统为语言的进化提供了一个自然的平台,在非人灵长类中语言进化的前起源阶段,镜像神经元系统为动物之间互相理解其运动目的以及模仿行为提供了基础。Corballis(2010)认为语言是从手部姿势进化而来的。对聋人手势语(signed language)的研究发现手势语具备语言复杂精巧的结构(Emmorey, 2002;Neidle, Kegl, MacLaughlin, Bahan, & Lee, 2000)。布洛卡区在口语和手势语中都有激活,这与认为语言是从手部姿势发展而来,而不是从有声交流中发展而来的观点是一致的(Arbib, 2005a, 2005b;Armstrong & Wilcox, 2007;Corballis, 2002, 2004a;Fogassi & Ferrari, 2007;Rizzolatti & Arbib, 1998;Rizzolatti & Sinigaglia, 2008)。脑成像研究发现,FOXP2 和非人灵长类的布洛卡区的镜像神经元系统有联系(Liégeois 等,2003),表明布洛卡区在语言进化中可能起了一定的作用。据此,研究者进一步认为,在人类进化的 20 万年内的基因选择,包括布洛卡区的增大,主要是为了加工复杂的句法结构。另一种可能性是,KE 家族表现出的发音障碍与布洛卡区负责发音功能有密切关系。研究者试图教会大猩猩讲话的尝试未能获得成功,可能是由于大猩猩的皮质不能控制发音器官(Ploog, 2002)。如果使用视觉信息,无论是利用手势(Gardner & Gardner, 1969)还是符号(Savage-Rumbaugh, Shanker, & Taylor, 1998),大猩猩都可以学会一些简单的句法,虽然与人类的复杂句法结构相距甚远(Pinker, 1994)。因此,句法可能比声音更早地在进化历程中产生,而 FOXP2 基因可能是负责语言表达中的言语功能的。

本章总结

　　本章主要介绍了心理语言学领域的主要研究主题、语言加工过程的特点以及语言加工的认知神经机制,希望给读者呈现心理语言学研究领域的全貌,明确语言产生的心理学研究在心理学和语言学领域的地位。

参考文献

Arbib, M. A. (2005a). From monkey-like action recognition to human language: An evolutionary framework for neurolinguistics. *Behavioral and Brain Sciences*, 28, 105 - 167.

Arbib, M. A. (2005b). Interweaving protosign and protospeech: Further developments beyond the mirror. *Interaction Studies*, 6, 145 - 171.

Armstrong, D. F., & Wilcox, S. E. (2007). *The gestural origin of language*. Oxford: Oxford University Press.

Berwick, R. C., Friederici, A. S., Chomsky, N., & Bolhuis, J. J. (2013). Evolution, brain, and the nature of language. *Trends in Cognitive Sciences*, 17, 89 - 98.

Bloom, L. (1970). Language development: Form and function in emerging grammars. MIT Research Monograph, No59. Cambridge, MA: MIT press.

Blumenthal, A. L. (1987). The emergence of psycholinguistics. *Synthese*, 72, 313 - 323.

Braine, M. D. S. (1963). The ontogeny of English phrase structure: The first phase. *Language*, 39, 1 - 13.

Brown, R. (1958). *Words and things*. Glencoe, IL: Free Press.

Brown, R. (1973). *A first language: The early stages*. Cambridge, MA: Harvard University Press.

Bybee, J. (1985). *Morphology: A study of the relation between meaning and form*. Amsterdam: John Benjamins.

Bybee, J. (1995). Regular morphology and the lexicon. *Language and Cognitive Processes*, 10, 425 - 455.

Carroll, D. W. (2008). *Psychology of language*. Foreign Language Teaching and Research Press.

Chomsky, N. (1957). *Syntactic structure*. The Hague: Mouton.

Chomsky, N. (1959). Review of Verbal Behavior by B. F. Skinner. *Language*, 35, 26 - 58.

Chomsky, N. (1968). *Language and mind*. New York: Harcourt Brace Jovanovich.

Chomsky, N. (1975). *Reflections on language*. New York: Pantheon.

Chomsky, N. (1980). *Rules and representations*. New York: Columbia University Press.

Corballis, M. C. (2002). *From hand to mouth: The origins of language*. Princeton, NJ: Princeton University Press.

Corballis, M. C. (2004a). The origins of modernity: Was autonomous speech the critical factor? *Psychological Review*, 111, 522 - 543.

Corballis, M. C. (2004b). FOXP2 and the mirror system. *Trends in Cognitive Sciences*, 8, 95 - 96.

Corballis, M. C. (2010). Mirror neurons and the evolution of language. *Brain and Language*, 112, 25 - 35.

Croft, W. (1991). *Syntactic categories and grammatical relations: The cognitive organization of information*. Chicago: University of Chicago Press.

Croft, W. (2001). *Radical construction grammar*. Oxford, England: Oxford University Press.

Dell, G. S. (1986). A spreading-activation theory of retrieval in sentence production. *Psychological Review*, 93, 283 - 321.

Emmorey, K. (2002). *Language, cognition, and brain: Insights from sign language research*. Hillsdale, NJ: Erlbaum.

Eysenck, M. W. (1984). *A handbook of cognitive psychology*. London: Lawrence Erlbaum Associates.

Fodor, J. A. (1983). *The modularity of mind: An essay on faculty psychology*. Cambridge, MA: MIT Press.

Fogassi, L., & Ferrari, P. F. (2007). Mirror neurons and the evolution of embodied language. *Current Directions in Psychological Science*, 16, 136 - 141.

Frazier, L., & Fodor, J. D. (1978). The sausage machine: A new two-stage parsing model. *Cognition*, 6, 291 - 335.

Friederici, A. D. (2002). Towards a neural basis of auditory sentence processing. *Trends in Cognitive Sciences*, 6(2), 78 - 84.

Friederici, A. D. (2011). The neural basis of language processing: From structure to functions. *Psychological Reviews*, 91(4), 1357 - 1392.

Friederici, A. D. (2012). The cortical language circuit: From auditory perception to sentence comprehension. *Trends in Cognitive Sciences*, 16(5), 262 - 268.

Friederici, A. D., Bahlmann, J., Heim, S., Schubotz, R. I., & Anwander, A. (2006). The brain differentiates human and nonhuman grammars: Functional localization and structural connectivity. *Proceedings of the National Academy of Sciences of the United States of America*, 103, 2458 - 2463.

Friederici, A. D., & Kotz, S. A. (2003). The brain basis of syntactic processes: Functional imaging and lesion studies. *NeuroImage*, 20, S8 - S17.

Friederici, A. D., Kotz, S. A., Werheid, K., Hein, G., & von Cramon, D. Y. (2003). Syntactic comprehension in Parkinson's disease: Investigating early automatic and late integrational processes using event-related brain potentials. *Neuropsychology*, 17(1), 133 - 142.

Friederici, A. D., Rüschemeyer, S.-A., Hahne, A., & Fiebach, C. J. (2003). The role of left inferior frontal and superior temporal cortex in sentence comprehension: Localizing syntactic and semantic processes. *Cerebral Cortex*, 13(2), 170 - 177.

Friederici, A. D., & Weissenborn, J. (2007). Mapping sentence from onto meaning: The syntax-semantic interface. *Brain Research*, 1146, 50 - 58.

Fromkin, V. A. (1971). The non-anomalous nature of anomalous utterances. *Language*, 47, 27 - 52.

Gardner, R. A., & Gardner, B. T. (1969). Teaching sign language to a chimpanzee. *Science*, 165, 664 - 672.

Geary, D. C. , & Huffman, K. J. (2002). Brain and cognitive evolution: Forms of modularity and functions of mind. *Psychological Bulletin* , *128* ,667 – 698.

Givon, T. (1995). *Functionalism and Grammar*. Amsterdam: John Benjamins.

Goldberg, A. (1995). *Constructions: A construction grammar approach to argument structure*. Chicago: University of Chicago Press.

Gopnik, M. (1990). Feature-blind grammar and dysphasia. *Nature* , *344* (6268), 715.

Hagoort, P. (2003). Interplay between syntax and sentence during sentence comprehension: ERP effects of combining syntactic and semantic violations. *Journal of Cognitive Neuroscience* , *15* (6) ,883 – 899.

Hagoort, P. (2005). On Broca, brain and binding: A new framework. *Trends in Cognitive Sciences* , *9* (9) ,416 – 423.

Hagoort, P. (2013). MUC (Memory, Unification, Control) and beyond. *Frontiers in Psychology* , *4* ,41.

Hahne, A. , & Friederici, A. D. (2002). Differential task effects on semantic and syntactic processes as revealed by ERPs. *Cognitive Brain Research* , *13* ,339 – 356.

Kim, A. , & Osterhout, L. (2005). The independence of combinatory semantic processing: Evidence from event-related potentials. *Journal of Memory and Language* , *52* ,205 – 225.

King, J. W. , & Kutas, M. (1998). Neural plasticity in the dynamics of human visual word recognition. *Neuroscience Letters* , *244* (2) ,61 – 64.

Langacker, R. (1987). *Foundations of cognitive grammar* (*Vol*. 1). Stanford CA: Stanford University Press.

Langacker, R. (1991). *Foundations of cognitive grammar* (*Vol*. 2). Stanford CA: Stanford University Press.

Lashley, K. S. (1951). The problem of serial order in behavior. In L. A. Jeffress (Ed.), *Cerebral mechanisms in behavior* (pp. 112 – 136). New York: Wiley.

Liégeois, F. , Baldeweg, T. , Connelly, A. , Gadian, D. , Mishkin, M. , & Vargha-Khadem, F. (2003). Language fMRI abnormalities associated with FOXP2 gene mutation. *Nature Neuroscience* , *6* ,1230 – 1237.

Lindsay, P. H. , & Norman, D. A. (1977). *Human information processing: An introduction to psychology*. New York: Academic Press.

McClelland, J. L. , Rumelhart, D. E. , & The PDP Research Group (1986). *Parallel distributed processing: Explorations in the micorstructure of cognition* , *Vol*. 2: *Psychological and biological models*. Cambridge, MA: MIT Press.

McNeill, D. (1966). Developmental psycholinguistics. In F. Smith & G. A. Miller (Eds.), *The genesis of language: A psycholinguistic approach* (pp. 15 – 84). Cambridge, MA: MIT Press.

McNeill, D. (1970). *The acquisition of language: The study of developmental psycholinguistics*. New York: Harper & Row.

Miller, G. A. (1991). *The science of words*. New York: Scientific American.

Miller, G. A. , & Chomsky, N. (1963). Finitary models of language users. In R. D. Luce, R. R. Bush, & E. Galanter (Eds.), *Handbook of mathematical psychology* (Vol. 2, pp. 419 – 491). New York: Wiley.

Miller, G. A. , & Isard, S. (1963). Some perceptual consequences of linguistic rules. *Journal of Verbal Learning and Verbal Behavior* , *2* ,217 – 228.

Miller, W. , & Ervin, S. (1964). The development of grammar in child language. *Monographs of the society for Research in Child Development* , *29* (1), 9 – 34.

Moors, A. , & De Houwer, J. (2006). Automaticity: A theoretical and conceptual analysis. *Psychological Bulletin* , *132* (2) ,297 – 326.

Neidle, C. , Kegl, J. , MacLaughlin, D. , Bahan, B. , & Lee, R. G. (2000). *The syntax of American sign language*. Cambridge, MA: The MIT Press.

Neville, H. J. , Millis, D. L. , & Lawson, D. S. (1992). Fractionating language: Different neural subsystems with different sensitive periods. *Cerebral Cortex* , *2* (3) ,244 – 258.

Noble, C. E. , & McNeely, D. A. (1957). The role of meaningfulness (m) in paired-associate verbal learning. *Journal of Experimental Psychology* , *53* (1), 16 – 22.

Nobre, A. C. , & McCarthy, G. (1994). Language-related ERPs: Scalp distributions and modulations by word type and semantic priming. *Journal of Cognitive Neuroscience* , *6* (3) ,233 – 255.

Osgood, C. E. , Suci, G. I. , & Tannenbaum, P. H. (1957). *The measurement of meaning*. Urbana: University of Illinois Press.

Osterhout, L. , Bersick, M. , & McKinnon, R. (1997). Brain potentials elicited by words: Word length and frequency predict the latency of an early negativity. *Biological Psychology* , *46* (2) ,143 – 168.

Perani, D. , Saccuman, M. C. , Scifo, P. , Awander, A. , Spada, D. , Baldoli, C. , et al. (2011). Neural language networks at birth. *Proceedings of the National Academy of Sciences of the United States of America* , *108* ,16056 – 16061.

Pinker, S. (1994). *The Language Instinct*. Allen Lane, London, UK.

Pinker, S. (1999). *Words and rules*. New York: Morrow Press.

Ploog, D. (2002). Is the neural basis of vocalization different in nonhuman primates and Homo sapiens? In T. J. Crow (Ed.), *The Speciation of Modern Homo Sapiens* (pp. 121 – 135). Oxford University Press.

Reber, A. S. (1987). The rise and (surprisingly rapid) fall of psycholinguistics. *Synthese* , *72* ,325 – 339.

Rizzolatti, G. , & Arbib, M. A. (1998). Language within our grasp. *Trends in Neuroscience* , *21* ,188 – 194.

Rizzolatti, G. , & Sinigaglia, C. (2008). *Mirrors in the brain: How our minds share actions and emotions*. Oxford:

Oxford University Press (originally published in Italian in 2006).

Rumelhart, D. E. , & McClelland, J. L. (1981). Interactive processing through spreading activation. In C. Perfetti & A. Lesgold (Eds.), *Interactive processes in reading*. Hillsdale NJ: Erlbaum.

Rumelhart, D. E. , & McClelland, J. L. (1982). An interactive activation model of context effects in letter perception: Part 2. The contextual enhancement effect and some tests and extensions of the model. *Psychological Review*, *89*,60 - 94.

Rumelhart, D. E. , & McClelland, J. L. (1986). On learning the past tenses of English Verbs. In J. L. McClelland, D. E. Rumelhart, & PDP Research Group (Eds.) *Parallel distributed processing*, *Vol.* 2: *Psychological and biological models* (pp. 216 - 271). Cambridge, MA: MIT Press.

Saur, D. , Kreher, B. W. , Schnell, S. , Kümmerer, D. , Kellmeyer, P. , Vry, M. -S. , et al. (2008). Ventral and dorsal pathways for language. *Proceedings of the National Academy of Sciences of the United States of America*, *105*, 18035 - 18040.

Savage-Rumbaugh, S. , Shanker, S. G. , & Taylor, T. J. (1998). *Apes*, *Language*, *and the Human Mind*. Oxford: Oxford University Press.

Schneider, W. , & Shiffrin, R. M. (1977). Controlled and automatic human information processing: Detection, search and attention. *Psychological Review*, *84*,1 - 66.

Skinner, B. F. (1957). *Verbal behavior* (*The century psychology series*) . East Norwalk, CT, US: Appleton-Century-Crofts.

Tomasello, M. (1998). Reference: Intending that others jointly attend. *Pragmatics and Cognition*, *6*,229 - 244.

Tomasello, M. (2003). On the different origins of symbols and grammar. In M. H. Christiansen, S. Kirby (Eds.), *Language Evolution*. Oxford University Press

Tulving, E. , Mandler, G. , & Baumal, R. (1964). Interaction of two sources of information in tachistoscopic word recognition. *Canadian Journal of Psychology*, *18*(1),62 - 71.

Underwood, B. J. (1966). *Experimental Psychology* (2nd ed.). New York: Appleton-Century-Crofts.

Vargha-Khadem, F. , Watkins, K. , Alcock, K. , Fletcher, P. , & Passingham, R. (1995). Praxic and nonverbal deficits in a large family with a genetically transmitted speech and language disorder. *Proceedings of the National Academy of Sciences of the United States of America*, *92*,930 - 933.

Watkins, K. E. , Dronkers, N. F. , & Vargha-Khadem, F. (2002). Behavioural analysis of an inherited speech and language disorder: Comparison with acquired aphasia. *Brain*, *125*,452 - 464.

Zwaan, R. A. (2004). The immersed experiencer: Toward an embodied theory of language comprehension. In B. H. Ross(Ed.), *The psychology of learning and motivation*: *Advances in research and theory* (Vol. 44, pp. 35 - 62). New York, NY, US: Elsevier Science.

2　口语产生过程及其理论

　　人类是如何流畅地用口头语言(简称口语,也称言语)表达复杂的思想的？一般来说,人们能够在一秒中产生 2—3 个单词,大约为 4 个音节,10—12 个音素。连续语流中的单词是从一个巨大的知识库中选择并进行提取的,正常成人的心理词典包括至少 50 000—100 000 个单词。言语产生中单词产生的速度和复杂性的增加会导致人们产生更多的错误,尽管如此,通常 1 000 个单词中仅仅产生 1 或 2 个错误。这表明人类可能具备了语言产生的生物基础,使得我们成为天生的健谈者。在日常生活中,没有任何一种技能的练习像言语产生的练习那么多：如果一个人在一天中交谈 40 分钟,那么将产生大约 5 千万个词汇代码。由此可见,言语产生过程是一个快速的、几乎自动化的过程。同时,人类需经思考才可以产生语言进行交流,因此言语产生又是一个涉及复杂认知加工的过程。不言而喻,运用语言进行交流对于人类来说具有极其重要的作用。

由于言语产生的快速性和复杂性,人类对言语产生过程的研究极其困难,至今仍了解甚少。20 世纪 60 年代以来,认知心理学的兴起使得人们对语言产生的过程有了较为深入的了解。90 年代,认知神经科学的诞生和先进的技术手段的运用,使得人们对语言产生的脑机制有了初步的了解。

目前,关于言语产生过程的研究大多集中于词汇产生过程。这是因为:第一,词汇产生是言语产生中的重要阶段。无论人类表达多么复杂的句子,都要经历选择词汇这一阶段。第二,研究句子产生的难度较大,目前的实验技术还不能控制句子产生中的各种影响因素。尽管如此,已经有很多研究者开始关注更为复杂的句子产生过程。言语产生经历了三四十年的研究之后,形成了两大研究体系,下文将沿着两大研究体系的历史轨迹来看一看关于词汇产生过程的研究历程。

2.1 研究历史

言语产生中词汇产生的研究方式有两类: 言语错误分析和命名反应时分析。

2.1.1 言语错误分析

对于言语错误(speech errors)分析,最一般的方法就是尽可能地搜集大量的错误,建构错误语料库。通常是研究者在探测到讲话者的言语错误时打断他们,并询问他们本来要表达的目标词语、为什么会犯这样的错误等。在比较言语错误和目标词语关系的基础上来分析口语产生过程的特点。还有一种方法是在实验室引发言语错误。研究发现,大量实验室的结果与自然观察的结果是一致的。通过分析言语错误能了解言语产生中的句法计划和词汇提取的特点。

1895 年,Meringer 和 Mayer 发表了德语的言语错误语料库,并对语料库进行了分析,建立了言语错误分析的研究传统。他们区分了以意义为基础的替换错误(语义错误),比如将 Ihre (your)说为 meine (my);以形式为基础的替换错误(音韵形式错误),比如将 studien (studies)说为 stunden (hours);同时发现发生语义错误的两个单词之间常常伴有音韵上的联系,这是一种语义和音韵都出现错误的混合错误。Meringer 和 Mayer 还介绍了交换错误(比如 mell wade—well made)、期望错误(比如 taddle tennis—paddle tennis)、保留错误(比如 been abay—been away)、混合错误(比如 evoid—avoid, evade)。弗洛依德认为,形式错误其实是受语义驱动的,说错话是因为在潜意识中压抑了内心真实的想法,言语错误都是压抑真实想法时的结果(见Levelt, 1999)。

20世纪60年代后期,许多语言学家和心理学家承袭了言语错误分析的传统,开始对语言产生过程进行研究。1973年,Fromkin发表了他对言语错误的研究成果。20世纪70年代中期,有研究者建立了另一个基础性的言语错误语料库: MIT-CU,这直接促进了早期两个最有影响的言语产生模型的提出。第一,Garrett(1975,1976)的序列独立两阶段模型。Garrett发现单词交换能够跨越一定的距离,比如he *left* it and *forgot* it behind,并且能够保留其语法功能和语法类别;而声音/形式(sound/form)的交换,比如rack pat—pack rat,则忽略了其语法类别,发生在两个邻近的单词之间。这表明在句子产生中存在两个模块水平的加工,一个水平为句法功能的分配,另一个水平为形式(词素和音素)顺序的组织。第二,Shattuck-Hufnagel(1979)的扫描—复制模型(scan-copier model)。这一模型针对的是言语产生中的音韵编码。理论的核心思想是存在一个音韵结构,尤其是音节结构。声音错误倾向于保留音素的位置,比如pope smiker—pipe smoker。该模型认为一个单词从心理词典中提取音素时,它的音节位置是特定的。

Brown和McNeill(1966)在实验室条件下引发了舌尖现象(tip-of-the-tongue phenomenon, 简称TOT)。这是日常生活中每个人都可能经历过的一种现象,主要表现为: 说话者不能说出某个单词,但是认为自己肯定知道那个单词,觉得它就在自己的舌头边上,只是说不出来。几乎所有年龄段的人都会经历TOT,但老年人更多地报告他们不能说出自己熟悉的词语。Baars、Motley和Mackay(1975)发展了在实验条件下引发言语错误的方法。研究者们建立的语料库包括英语(Stemberger, 1985)、荷兰语(Cohen, 1966)、德语(Berg, 1998)、西班牙语(García-Albea, del Viso, & Igoa, 1989)和法语(Rossi & Peter-Defare, 1998)等。

在言语错误分析的基础上,Dell(1986)提出了一个有关言语产生的重要模型,并在此基础上提出了第一个言语产生的计算模型,解释了言语错误类型在统计上的分布。

2.1.2 命名反应时分析

1885年,Cattell发现当呈现有关客体的图画时,其命名潜伏期比相应名字阅读的潜伏期长一倍,由此开创了测量命名图画和命名单词潜伏期的研究传统。起初,人们的注意力集中在解释命名图画和命名单词潜伏期的差异上。它们之间的差异不能归结于练习,也不能解释为图画和单词在视觉上的差别。Fraisse(1967)发现把一个小的"〇"命名为"圆形"的时间为619 ms,命名为"oh"的时间为453 ms。视觉上无差别,但命名潜伏期显著不同,这是由于不同任务导致了不同代码的通达。Potter 等人(Potter, So, von Eckardt, & Feldman, 1984)在汉语中同样发现了图画命名和词汇命名之间的差异,这表明两者之间的差异也可由字形上的编码所导致。目前的主流观点是:从单词到音韵有一个直接通达的路线,而线条画首先要激活客体概念,然后再引发音韵的激活,这就比单词的命名增加了一个步骤。在图画命名任务中,另一个经典的发现是图画命名中的单词频率效应(Oldfield & Wingfield, 1965),指的是单词名称对应的频率越高,其命名潜伏期越短。

1935 年,Stroop 引进了一种新的实验范式,现在被称为"Stroop 任务"(Stroop, 1935)。对被试呈现不同颜色的单词,要求被试命名颜色词的字体颜色。在实验中,对颜色词意义和颜色词字体颜色是否一致进行操纵变化。研究的主要发现是:与颜色词意义和颜色词字体颜色一致条件相比,不一致时的反应时显著延长。另外,研究者发现命名颜色词字体颜色的潜伏期长于仅仅简单地说出颜色词。例如,对于单词 green,当它的字体颜色为红色时,说出字体颜色的时间将延长,但单词命名时不受字体颜色的影响。也就是说,发现了词的意义对颜色命名的干扰,但未发现颜色对单词命名任务的干扰,存在干扰的不对称性。

Rosinski、Golinkoff 和 Kukish(1975)利用 Stroop 任务研究了儿童单词阅读的技能,他们将 Stroop 任务加以变化,发展出了图画—词汇干扰任务(picture-word interference task,简称 PWI 任务)。在呈现图画时出现一个单词,要求儿童忽略单词说出图画的名称,或者忽略图画对单词进行命名。图画命名受到语义相关单词的影响要大于单词命名受到语义相关图画的影响,与 Stroop 任务中的发现类似。Lupker (1979)研究了图画—词汇干扰任务中语义干扰效应的特性。他用单个测试声音潜伏期的方法代替了传统的单词列表(word list)程序,现在这种方法已经成为标准的范式。Lupker 发现是干扰词和图画名称之间存在的语义联系在起作用,而不是通过联想在起作用。当干扰词可能是图画的名称时,特别是干扰词属于目标反应集中的单词时,其干扰效应最强。同样,Lupker(1982)首先运用了与图画名称在字形上相关的书写单词作为干扰项进行研究。当干扰词与图画名称有韵律形式上的联系时,与无关干扰词相比,缩短了图画命名的时间。这同样适合于与图画名称有头韵关联(alliterative relation)的干扰词,也就是说,韵律关联词对图画命名产生了促进作用。Glaser 和 Düngelhoff(1984)首先对图画—词汇干扰任务中意义干扰效应的时间进程进行了研究。他们变化干扰项和图画呈现之间的时间间隔(stimulus onset asynchrony, SOA),获得了不同于图画命名、图画分类和单词命名的特征性曲线。Roelofs(1992a, 1992b)在建立言语产生中的词汇通达理论时考虑了上述实验结果。Schriefers、Meyer 和 Levelt(1990)对实验范式作了一些变化,用听觉方式呈现干扰词,与视觉呈现的目标图画之间有不同的时间距离。干扰词与目标词或者语义相关,或者音韵相关,或者无关。这个范式和它以后的许多变式为更进一步详细地研究命名中词汇通达的时间进程提供了多种可供选择的方法。

在言语产生的命名反应时研究中,研究者用得最多的方法是图画—词汇干扰实验范式,即在图画命名过程中,通过设置不同词汇干扰类型,分析不同类型的词汇对图画命名的反应时间和正确率的影响,探索言语产生的过程。其他一些方法如词汇命名、单词产生、翻译等,使用的材料打破了只用图形作材料的各种限制,可以在特定的字词和音韵之间建立直接联系。但是,这些方法不能包含词汇产生的整个过程,而且对于这些任务反映的是否为语言产生过程存在争论。

综上,在言语产生过程的研究中,言语错误分析和命名反应时分析两条路线平行发展,由此产生的两大理论也一直在争论中发展完善。

2.2 言语产生过程

言语产生包括了概念化、言语组织和发音三个阶段,目前多数研究关注的是口语词汇产生过程。Levelt、Roelofs和Meyer(1999)总结了拉丁语系的研究结果,认为词汇产生要经历以下加工阶段(如图2.1所示),包括概念准备、词汇选择、音韵编码、语音编码和发音。每一阶段都要完成一定的任务,为下一阶段作准备。下面分别描述各个加工阶段,同时叙述每个阶段中所关注的研究问题。

概念准备(conceptual preparation)

要产生某个有意义的词汇,比如"cat",首先要激活词汇的概念,对词汇概念的激活过程就是概念准备,有多种途径可以表达词汇的概念。在日常语言运用中,外在的词汇只表达了部分所要传达的信息(Levelt, 1989)。例如,说话者要表达的概念是"一匹母马",说英语者说出的词语是"mare"(母马)。如果要表达的概念是"一头母象",说英语者就会说出"female elephant"(雌性的大象),因为在英语中没有单一的词汇来表示这个概念,只能用短语来表达。

概念准备的一个核心问题是:讲话者如何从要表达的信息过渡到包含词汇概念的信息?这个问题被称为言语化问题。同一客体可以用多种不同的方式来表达。在图画命名时,对于同一客体,每个人选择的角度不同(观点采择),任务不同,就可能产生不同的结果,比如"母马"可以被命名为"动物"、"马"或"母马"等。概念和词汇之间的联系常常受到实际语境的影响。简单的客体命名实验发现,使用哪一个词汇来表达概念依赖于语境所提供的线索,取决于词汇是否能有效表达概念。Rosch、Mervis、Gray、Johnson和Boyes-Braem(1976)证明了"基本水平"(basic level)的概

```
                    ┌──────────────┐
          ┌─────────│   概念准备    │
          │         └──────────────┘
          │                │
          │              词汇概念
          │                │
          │         ┌──────────────┐
          │         │   词汇选择    │──────────┐
          │         └──────────────┘          │
自我监测   │            词条(lemma)          ╱      ╲
          │                │              │  词条   │
          │     ┌────────────────────┐    │ 心理词典 │
          │     │ 词素音韵编码和音节化 │────│  词形   │
          │     └────────────────────┘     ╲      ╱
          │              音韵词
          │                │
          │         ┌──────────────┐        ╱    ╲
          │         │   语音编码    │───────│ 音节 │
          │         └──────────────┘        ╲    ╱
          │              运动指令
          │                │
          │         ┌──────────────┐
          └─────────│    发音      │
                    └──────────────┘
                         │
                        声波
```

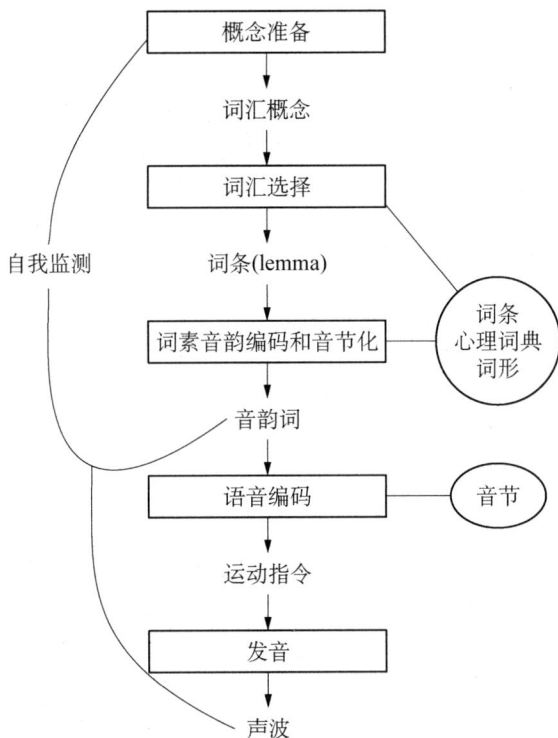

图 2.1 词汇产生过程(Levelt, Roelofs, & Meyer, 1999)

念对应于实际客体水平的概念,比如"猫",而不是上一层概念"动物",也不是下一层概念"波斯猫"。

词汇产生模型开始于观点采择结束之时,这时已激活了要表达的目标概念。目标概念的表征在各个模型中不同,概念或者是分解表达,或者是非分解表达(整体表达)。把思想表达成词汇的过程是分解进行的还是完整表达的? 即分解的问题。例如,"父亲"一词的概念是用"双亲中的男性"分解表征的,还是用"父亲"整体表征的?

概念准备阶段所争论的另一个问题是"上位范畴词汇问题"(hyperonym problem)。例如,"动物"是"猫"的上位范畴词汇,如果"猫"这个概念的一些语义特征得到激活,而"动物"概念也包括了这些语义特征,那么应该用哪一级概念水平来表达呢? 在言语产生中,上位范畴词汇问题很少发生,研究者认为人类可能存在一个特别的机制阻止了对上一级概念水平的选择。

除上述原因引起词汇概念的激活之外,Roelofs(1992a)通过概念网络结构(conceptual network)解释了概念激活的机制。例如,动词"escort"(陪同,护送),在其节点上可能联结了其他语义相关的概念节点,比如"accompany"(陪同,伴随)等。在该网络中,概念通过各个节点之间的联结来传递激活,激活从一个节点扩散传递到另一个语义相关的节点上。这一理论最基本的观点是非分解特征,词汇概念不是由一套语义特征来表征的。如果词汇概念是分解表征的,那么当一个词汇的语义特征被激活时,与之联系的上级概念也会被激活,我们就会产生其上级概念对应的词汇,但是目前没有证据表明讲话者倾向于产生上级概念词汇。另外,如果词汇概念是分解表征的,那么就应该存在语义复杂度效应,但是 Levelt、Schreuder 和 Hoenkamp (1978)并未发现越复杂的特征越难以通达或提取。利用图画—词汇干扰实验范式,研究者发现概念网络的激活状态对于讲话者的声音输入或者视觉输入的刺激比较敏感(Levelt & Kelter, 1982; Damian & Bowers, 2010)。

词汇选择(lexical selection)

词汇选择指从心理词典中选择并提取出对应于词汇概念的词语,具体而言,就是提取词条(lemma),包含了词语的语义和句法信息。心理词典中包含了成千上万的词语,要从众多词汇中快速地选择恰当的词来表达思想,且极少犯错误,这必定是一个高速有效的认知加工过程。

关于词汇选择阶段,争论的问题是:第一,在词汇选择阶段,词条的位置及其存在的必要性。"词条"表示了词汇的意义和句法特点。Levelt 等人(1999)特别强调词条所具备的句法特点,Dell(1986)和 Levelt 等人(1999)的理论都认为存在词条水平。Roelofs(1992b)在有关词汇产生的模型中增加了一层词条节点,一个词条对应一个词汇概念,概念激活后扩散至词条节点。对某个词条的选择是依据计算原则,优先选择激活程度最高的词条。一旦选择合适的词汇后即驱动语法编码,比如动词促进动词短语的构建,名词激发名词短语的构建。第二,词汇选择阶段中各种信息的激活与音韵编码阶段中各种信息的激活之间的关系,包括信息激活的时间关系以及各种信息之间的交互作用。第三,句法信息的加工属于哪个阶段,以及句法编码与音韵编码之间的关系。词汇选择和音韵编码两个阶段可以是独立分离的(Levelt 等,1999),也可以是存在交互作用的(Dell, 1986)。

词素音韵编码和音节化(morphophonological encoding and syllabification)

选择了词汇或词条后,言语产生过程就从概念/句法编码阶段进入了音韵编码阶段,即词素音韵编码和音节化过程。第一步是从心理词典中提取词的音韵形式。舌尖现象(TOT)表明有的时候我们在选择词条后不能成功地提取出词的音韵表征。在 TOT 发生时,讲话者已经提取了目标词的句法和语义信息,但不能通达到目标词的音韵形式。Vigliocco、Antonini 和 Garrett(1997)在意大利语的研究中证实了这一假设。Badecker、Miozzo 和 Zanuttini(1995)的研究中有一名意大利失语症病人,他几乎不能命名任何图画的名称,却知道图画名称的句法性别。另外,目标词汇的频率会对命名图画的潜伏期产生影响,高频词汇比低频词汇在命名上快50—100 ms (Oldfield & Wingfield, 1965)。Jescheniak和Levelt(1994)的研究认为词汇频率效应发生在口语产生中的单词形式编码阶段,同音词的研究也支持了这一结论(Stemberger & MacWhitney, 1986; Dell, 1990; La Heij, Puerta-Melguizo, van Oostrum, & Starreveld, 1999; Jescheniak, Meyer, & Levelt, 2003)。

Levelt等人(1999)认为这一过程包含了三种信息的激活:单词的形态学成分(morphology)、单词的节律(metrical)和单词的音段(segment)信息。例如,单词"escorting",首先是词素"escort"和"ing"的通达,然后是这些词素的节律和音段特征的通达。节律是短长格的,重音在后面,成分是/e/、/s/、/k/、/a/、/r/、/t/。在从心理词典中提取单词的词素音位时不存在音节化的问题,音节化的信息不是储存在心理词典中的。Levelt等人(1999)认为音节化是一个晚期发生的过程,因为它常常需要依赖单词所处的语境才能确定。在音节化过程中,节律信息为音段信息提供了一个模板,音段信息逐个地从左至右插入模板中,形成音韵音节,完成音节化过程。

值得注意的是,Levelt等人(1999)提出的音韵编码过程是基于字母语言如英语或者荷兰语的研究结果,非字母语言如汉语的音韵编码过程与此不同,第四章将基于已有研究详细描述汉语音韵编码过程的特点,并进行跨语言的比较。

词素音韵编码和音节化阶段研究的核心问题是:第一,在词汇选择阶段被激活的词语中,哪些词会产生音韵上的激活?即目标词的语义相关词是否会产生音韵激活?第二,音韵的激活能反馈回词条水平即语义水平吗?第三,音韵是如何编码以为声音的表达作准备的?即音节化的问题。

语音编码(phonetic encoding)

语音编码阶段主要为词汇的发音准备运动指令(gesture score)。运动指令在不同的语境中是不同的,相同的语音如果前后音节不同,其运动指令就不同。例如,英文中/t/在/s/后的发音与其他情况下完全不同。人们经常使用的语音相应的运动指令储存在一个心理音节表(mental syllabary)中。Levelt等人(1999)假设在语音编码中利用音节的频率信息提取发音程序。英语和荷兰语经常使用的音节不超过几百个,很多音节编码由于经常在一起使用而存在内在的关联,这些音节的通达相对来说比较容易,花费时间较少。

在提取了词汇表征之后到清晰地表达这个词汇之间还有一系列的过程。目前有关口语产生中的词汇通达理论都认为讲话者不能直接提取音韵表征进行发音。普遍被接受的语音编码方法是槽填充(slots-filler)机制。储存的节律信息保存了一系列的(音素的)槽,将音素顺序地插入这些槽中,插入过程中可能会发生音素交换、替换、遗漏等错误。所储存的节律信息包括音节数、内部结构和重音模式。

Levelt 等人(1999)对上述理论作了一些变化。对于常规重音词汇,不存在节律结构储存情况。对于常规词汇,节律结构依据规则实时产生。音节规则包括首音最大化(maximization of onset)和响亮度等级(sonority gradation)。首音最大化指的是一系列被分割的音段整合在一起时所进行的音节化过程,辅音会被尽可能地整合进第二个音节的第一个位置,而不是前一个音节的尾音位置。例如,"hotel"中的/t/被分配到第二个音节的开始,而不是第一个音节的末尾。当使一系列储存的信息音节化时,每一元音被分配到不同音节节点的核心位置,然后插入辅音,如果没有不合法的首音串出现的话,辅音被看作首音;反之,它们将被分配到尾音位置。例如,"contract"有音节/ˈkɑn/和/ˈtrækt/,如果音节的末尾/n/被分配到/ˈtrækt/的开头,那么将形成非法的音节/ntr-/。Levelt 认为这些是为复杂的发音动作所作的运动计划。经常使用的单词音节将被整体储存,而很少使用的单词音节将通过实时的计算获得。因此,储存的/ˈkɑn/和/ˈtrækt/被提取。最后通过发音系统执行运动计划。

研究者试图通过正常人的启动实验,比如形式启动和节奏结构启动,还有言语错误以及失语症病人等各方面证据考察语音是如何编码的问题。提取音节的过程是依靠通过检查的捆绑机制(binding-by-checking mechanism)完成的。

上述有关语音编码过程的描述与一些研究结果并不一致。首先,我们讲话时能够创造出一个全新的音节,比如非词中的音节,这些音节在日常生活中并不经常用到。第二,单词内相邻的音节之间通常会产生相互影响,而单词间发生相互影响的情况比较少。为了解释这一语言现象,需要假设存在大量的以单词为存储单元的发音程序,或者假设语音编码过程需要一个附加的机制。

发音(articulation)

由发音系统来执行语音词。发音系统不仅仅由肌肉控制的肺、喉和声带组成的系统构成,还包括能计算执行复杂运动指令的神经系统。心理语言学领域的语言产生理论没有涵盖发音系统的机能。

自我监测(self-monitoring)

人们能够监测自己的讲话,发现讲话过程中存在的错误并加以纠正。通过自我修正能力,人们能自主地监测"内部言语",自我监测还会影响编码的持续时间。在实验中,如果呈现目标刺激时给被试一些干扰,那么自我监测的作用更加明显。我们可以通过在言语产生过程中监测不同时间点上的不同反应,以及监测系统对不同干扰刺激的反应来探索言语产生过程的表征水平。

综合以上言语产生过程及各个阶段所争论的焦点问题,其中最为核心的阶段为词汇通达过程,包括词汇选择和音韵编码阶段。词汇通达过程包含哪些信息的通达,以及各种信息之间是否具有交互作用等问题,是目前言语产生中的争论焦点。

2.3 早期的言语产生理论

2.3.1 Fromkin 的言语产生模型

Fromkin(1971,1973)和 Garrett(1975,1976,1980,1988)指出计划言语的过程是系列进行的。表 2.1 呈现的是 Fromkin(1971,1973)所提出的 6 阶段模型,描述了句子产生的过程:首先讲话者确定想要表达的意义;接着确定句子的句法结构,确定哪些单词需要重读,哪些地方插入内容词,哪些地方插入功能词;之后将内容词、功能词和后缀逐个插入句子结构;最后讲话者基于语言学结构确定正确的发音特征。Fromkin 的模型描述了言语产生的 6 个阶段,但并未涉及言语产生的内在机制。

表 2.1　Fromkin 的言语产生模型

阶段	加工过程
1	确定需要表达的意义是什么。
2	选择句法结构:利用特定的词汇构建句子。
3	产生句子的语调:将重音分配到不同单词上。
4	插入内容词:从心理词典中提取名词、动词、形容词并插入对应位置。
5	添加功能词:添加功能词(冠词、连接词和介词)、前缀和后缀。
6	指定音段信息:根据音韵规则表达句子中的音段信息。

(来源: Fromkin, 1971)

以 Garrett(1975)所提到的句子为例来说明言语产生的过程:

She has already trunked two packs (packed two trunks).

阶段 1,确定句子的意义。阶段 2,确定句子的句法结构,为名词、人称代词、副词、动词、形容词和客体名词确定各个位置。阶段 3,产生句子的语调。阶段 4,内容词 she、has、already、trunk、two 和 pack 被插入句子结构。在这一阶段发生了单词交换错误,trunk 和 pack 互换了位置。阶段 5,后缀"-ed"和"-s"加到相应的单词后面和正确的位置。阶段 6,将完整的发音整合到音韵形式中。

Fromkin 的言语产生模型说明了加工阶段和单元的独立性。最明显的证据是大多数错误仅仅涉及口语计划的一个水平,例如下面的错误:

singing sewer machine (singer sewing machine)

该错误发生在阶段 5——添加后缀的阶段,发生错误单词的内容、重音以及句法结构都未发生变化。

另一个口语产生的错误:

Stop beating your brick against a head wall.

(Stop beating your head against a brick wall.)

该错误发生在阶段 4——插入内容词的阶段,两个内容词发生了交换,句子内容则保持完整,交换的单词以原来单词的重音模式进行了发音。这一错误表明阶段 4 和阶段 5 是独立的。

语音错误证明了阶段 6 是独立于其他阶段的。有一些口语产生错误表现为辅音串的分割出现了问题,比如"frish gotto"(fish grotto)和"blake fruid"(brake fluid),这两个错误的特点都是辅音串出现了问题,前者表现为辅音串被分开后添加到了错误的位置,后者表现为两个单词中的两个辅音进行了错误的交换。研究证据表明,语音特征是发音的计划单元。Fromkin(1971)发现讲话者本来想表达"clear blue sky",但是错误地说出了"glear plue sky"。这个错误不仅仅是一个简单的音素的交换,Fromkin 认为该口语错误是音韵特征的移动:blue 中/b/的发音特征移动到了 clear 中的/k/上,当/b/中的浊音特征丢失时就变成了/p/,当/k/被增加了浊音特征时就变成了/g/。尽管如此,Shattuck-Hufnagel(1979)指出这类错误比较稀少,在 70 个语音错误中仅仅发现了 3 例类似上述情况的错误。

2.3.2　Garrett 的言语产生模型

Garrett(1975,1976)在言语错误分析的基础上提出了言语产生模型(如图 2.2 所示),认为言语产生经历了一系列分离的独立的阶段,这些阶段是系列进行的。在任一个阶段上只进行一种加工,在不同的加工水平上允许多种加工进行,但这些加工水平之间没有交互作用。该模型区分了句法计划的两个重要阶段: 功能水平(functional level)和位置水平(positional level)。在功能水平上,将具有特定语义内容的单词分配到句法角色(比如主语和宾语)中,对单词的顺序不进行表征。在位置水平上,单词的顺序得到了清楚的表征。Garrett 认为内容词和功能词在语言产生中起着不同的作用。内容词指的是名词、动词、形容词、副词和语言中具有语义的词语,而功能词指的是担当句法作用的一小部分词语。在功能水平上选择内容词,在位置水平上选择功能词。

言语错误分析为 Garrett 的模型提供了重要的实验证据。例如言语错误:

a *weekend* for MANIACS — a *maniac* for WEEKENDS

大写的字母表示短语的重音部分,斜体表示短语的次重音部分。首先,短语的重音部分并没有随着单词的交换错误而发生转移,这表明短语的重音与特定的单词是独立

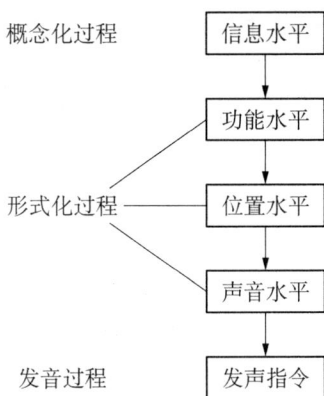

图2.2 Garrett的言语产生模型(Garrett, 1975,1976)

分离的。复数词素"-s"被遗留在原来的位置上,而没有与单词一起发生交换。这种现象被称为搁浅错误(stranded error)。而且,复数词素被读/z/,而不是/s/。言语错误中词素的交换清楚地表明词根或源词素是独立通达的。复数后缀没有按照原来的计划发音,这种对音韵环境的适应表明语法成分的音韵化发生在言语产生的后期,至少是在提取了内容词的音韵形式之后。内容词的发音和语法成分之间的分离对于言语产生理论具有十分重要的意义。在单词交换错误中,句子的重音被保留在原来的位置,这表明重音部位与特定的单词是无关的。言语错误分析表明,当表达一个具备特定的句法计划或句法框架的句子时,会将内容词插入一系列已经固定的位置。单词交换错误就是因为内容词放错了位置。语法成分是句法框架的一部分,但是其音韵形式的计划发生在产生过程的后期。

该模型的一个重要预测是:当句子的一部分交换产生言语错误时,其交换肯定发生在同一加工阶段。这是因为不同加工阶段之间的交互作用是不存在的。同样,Garrett(1975,1976)的模型对音韵交换错误和单词交换错误提出了不同的限制。音韵交换只能发生在短距离内,而单词可以跨短语进行交换。因此,音韵交换受距离的限制,而单词交换受句法因素的限制。

Garrett(1975,1976)的模型考虑到了大量的言语错误现象,但是也有许多发现与Garrett的理论模型不一致。第一,言语产生过程肯定是一个系列的加工过程吗? 有一些证据表明至少存在局部的平行加工过程。混合错误(mixed errors)的存在表明,同时从心理词典中提取了至少2个或更多的单词。而且,还存在一些短语混合或句子混合的错误,这些错误的核心可能是音韵形式决定的。第二,存在两种认知性的侵入错误。有一些信息侵入了发音阶段和低水平的加工过程,产生了非计划的内部错误,经常表现为音韵促进,这使得错误更容易发生。外部环境中客体或单词的名称同样可能侵入言语产生过程,表现出环境因素对语言产生过程的影响。认知性的侵入错误清楚地表明存在一个高水平或信息水平的来源,因此言语产生可能包括平行的加工。高水平加工受到低水平加工(比如语音相似性)的限制,表明各个水平之间可能存在交互作用。第三,内容词和功能词之间的区别可能是由于频率的不同引起的,功能词包括一些常用的单词,比如"the"、"a"等。加工过程上的差异可能反映了词频上的差异,而不是由于不同的加工系统引起的。

上述两类理论主要针对的是口语句子产生过程,围绕语义水平和音韵水平的加工及其关系来阐述口语句子产生过程所包含的加工阶段及其认知机制。

2.3.3 Shattuck-Hufnagel 的扫描—复制模型

在分析各种言语错误(包括交换、替换、添加、遗漏等)的基础上,Shattuck-Hufnagel(1979)提出了扫描—复制模型,描述了口语产生中的音韵编码过程。具体而言,Shattuck-Hufnagel 首次提出了框架—填充的加工机制,将音韵编码和表征分为两个层面:序列槽(serial order slots)及相应的音段。音韵编码过程是将音段填充到对应的序列槽中,填充过程是以序列加工的方式完成的,即从左至右进行。扫描—复制模型认为存在两个监测器:一个是检查关闭监测器,用于目标音段被复制到相应的目标槽时对其进行标记;另一个是错误监测器,用于监测、删除或编辑计划语音中可能的错误顺序。音韵错误是在加工过程中发生了填充错误,而错误监测器又没有发现引起的。Levelt(1989)后来在此基础上提出了音韵编码的槽填充模型(slots-filler model)。

所有经典的音韵编码理论都采用了框架(frame)和填充(filler)这两个概念(Dell, 1986,1988; Fromkin, 1971; Garrett, 1975; Shattuck-Hufnagel, 1979)。框架是节律单元,包括单词或音节框架;填充物是音素或音素串,在音韵编码过程中音素串被插入节律框架。在语言学中结构和内容是区分开的,而且言语错误的类型为此提供了证据。例如,"well made"被错误地说成了"mell wade",两个单词的首音发生了交换;"gone to seed"被错误地说成了"god to seen",这里两个单词的尾音发生了交换。这类错误的特征表明,单词形式不是整体从心理词典中提取出来的,而是以子词汇或子音节单元提取的。

2.4 口语产生中的词汇通达理论

目前关于口语产生的两大主要理论都是网络模型,而且一般都是局部的、非分布式的网络模型。网络中的节点表征的是整体的语言学单元,比如语义特征、音节或者是音段等。所有这些模型均为符号模型,都与口语错误的分析传统存在较深的渊源,有一些模型已经得到了计算模型的验证。

口语产生的网络模型一般包括两个阶段或两个步骤,即从语义水平到音韵水平的加工经历了两步。语义特征节点将激活传递至相应的单词或词条节点,其激活进一步传递至音素节点。词汇产生中的词汇通达阶段指的就是把要表达的内容词转化为音韵形式的过程,即从词汇语义到音韵的词汇化(lexicalization)过程。很多理论集中探讨了词汇化过程的特点。多数研究者认为词汇通达包括两个阶段(例如,Garrett, 1980; Kempen & Huijbers, 1983; Dell, 1986; Bock, 1996):第一阶段为语义激活和特定词汇选择过程,心理词典中的语义和句法表征被激活,然后激活传至中介的词条水平,即词条提取(lemma retrieval)或词汇选择(lexical selection)阶段。第二阶段是音韵编码(phonological encoding)阶段。词条水平的激活进一步扩散到特定词汇的音韵表征上,为语音计划作好准备,使得说话者能够提取词汇的音韵形式。

词汇通达过程中包含了三个重要的问题:第一,词汇通达过程包含哪些信息的通达?第二,词汇通达过程的时间进程是怎么样的?第三,这些阶段是独立的还是交互作用的?这三个问题是紧密联系在一起的,目前存在的词汇通达理论都要考虑这三个问题。言语产生中的词汇通达理论或者建立在言语错误分析的基础上,或者建立在命名反应时分析的基础上。围绕着这三个主要问题,下文将论述一下言语产生理论中占据主导地位的两类词汇通达理论:独立两阶段理论和两步交互激活理论。

2.4.1　独立两阶段理论

Levelt 等人(1999)提出的 WEAVER 模型 (Word-form Encoding by Activation and VERification)建立在命名反应时分析的基础上。模型假设言语产生和言语知觉共享概念层和词条层,因此它们之间的联系是双向的,但是只有被选择的目标词汇产生音韵激活,而且音韵激活不会反馈回词条层。WEAVER 是独立两阶段模型(discrete two-stage theory)。如图 2.3 所示,最上层表征词汇概念,箭头表示概念之间的联结,概念层之间的联结是双向的。中间为词条层,节点表征词条,表示句法词及其特征,句法特征包括其形态变化、词性等,词条表征与其特征节点之间的联结是单向的。词条层与概念层之间的联结表征了单词的意义,这一联结是双向的。词条层与形式层之间存在单向联结,激活只能从词条层传递至形式层。同时,目标词汇的选择是在词条选择过程中完成的,只有目标项才会产生形式层上的激活。最后一层表明了词素阶段及其与节律阶段和音位阶段之间的单向联结。

WEAVER 模型认为言语产生中的词汇通达经历了两个分离的阶段,没有互相重叠,也就是说,在词汇选择之后再进行音韵编码。激活的扩散是单向的,不存在音

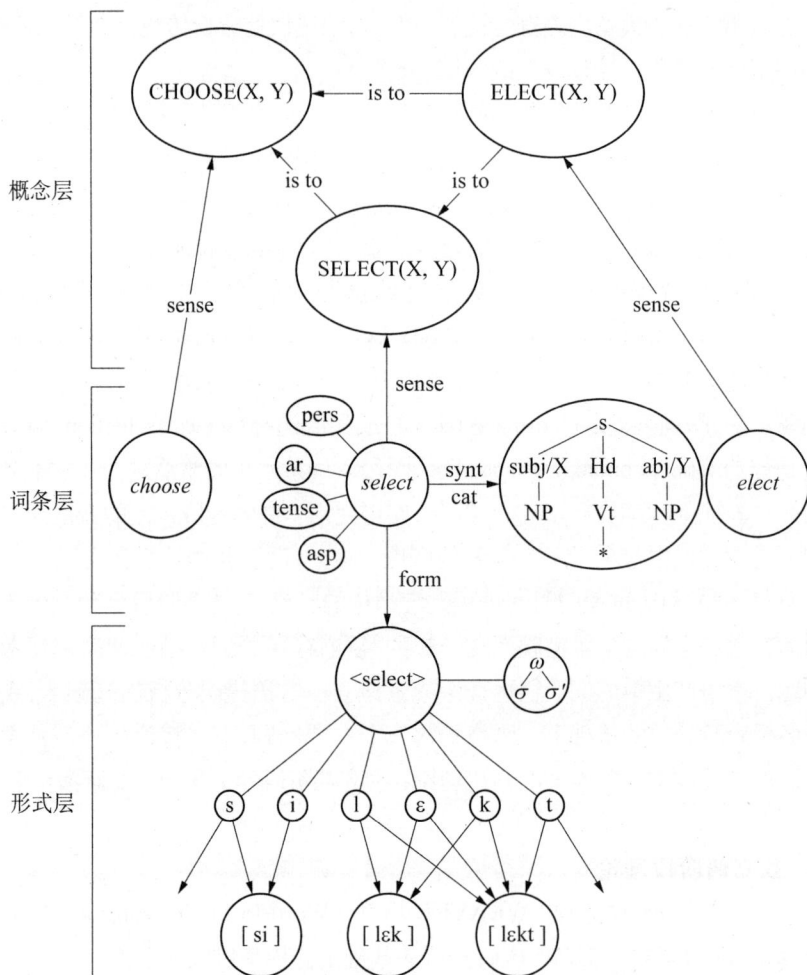

图 2.3 WEAVER 模型中概念层、词条层和形式层之间的关系(Levelt, Roelofs, & Meyer,1999)

韵编码阶段的激活向词汇选择阶段的扩散。在词汇选择阶段,存在一套词条的语义驱动的激活,被称为语义群。有一个或多个与语义相关的项目从输入的概念处接受激活,最终只有一个"项目"经过选择过程"幸存"下来,这个项目就是目标项。在音韵编码阶段,只有目标项能得到音韵上的编码。也就是说,音韵编码是针对目标项而进行的(如图 2.4 所示)。

　　Levelt 等人用后词汇水平(post-lexical)的观点来解释混合错误。讲话者能够运用策略监测内部语音的输出,打断可能的错误。有一些音韵错误可能碰巧属于目标词的语义范畴,这些词比其他词更可能通过监测系统的检验。类似地,一个真词错误比非词错误更容易通过监测系统。有实验证明监测处于策略控制之下。混合错误的

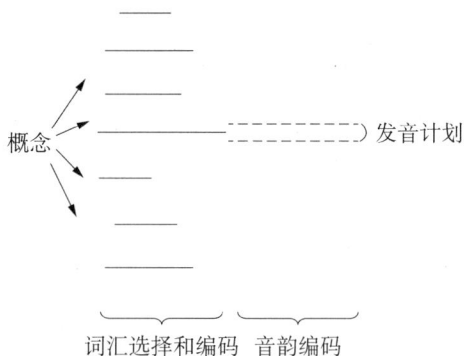

图2.4 言语产生中词汇通达的独立两阶段理论
(Levelt 等,1999)

注：直线表示语义激活,短直线表示音韵激活。

原因在词汇产生的许多模型中是一个有争议的问题。

Garrett(1975,1976)的言语错误数据为证明独立两阶段模型提供了依据。他区分了两类错误：单词交换和声音交换。单词交换发生在短语之间,涉及相同句法范畴的单词,例如"This spring has a seat in it"。声音交换涉及来自同一短语但属于不同句法范畴的单词,比如"heft lemisphere"。单词交换不受音韵因素的影响,而声音交换不受相应的词条的影响,这两种错误的来源是独立的。因此,Garrett 认为词汇选择和音韵编码两阶段是分离的。

Fay 和 Cutler(1977)观察到两类完全不同的单词替换错误：语义替换和音韵替换。他们认为这两类替换错误表明单词的产生和理解运用的是同一心理词典,但是产生过程和理解过程的方向是相反的。心理词典中的条目以语音方式安排,发音相同的单词排列在一起。产生过程中词汇的通达通过语义网络或决策树来完成。当决策树中出现障碍时就会发生语义错误,在最后选择单词的音韵形式时则可能出现音韵错误。他们预测这两类错误的出现是独立的,从而支持了独立两阶段理论的观点。

另外一些早期的实验证据来自于 Kempen 和 Huijbers(1983)简单的场景描述实验,研究者要求被试描述呈现的事件或场景,并记录发音的反应时。他们分析了人们在开始描述之前的时间,认为人们只有在内容得到充分的确认后才会开始表达。复杂句子中一些词条的选择可以同时进行。在通达所有的词条后才可能开始句子中第一个单词的发音表达,不同种类的句法形式的潜伏期可以通过严格的序列模型来解释。

Brown 和 McNeill(1966)以及 Levelt(1989)研究了 TOT,比如被试知道单词,但不能通达其音韵形式。TOT 表明单词的选择和单词的音韵形式编码是独立的。Jones 和 Langford(1987)认为在第二阶段呈现与目标项有音韵相关性的单词,会减小或加大对音韵形式提取的阻碍。但是,语义干扰项则不会起作用。他们推断这可能是由于词汇选择和音韵编码两个阶段是独立的。Van Turennout、Hagoort 和 Brown (1998)在电生理实验中发现句法特点在音韵形式之前 40 ms 通达,支持了词汇选择和音韵编码序列进行的观点。

支持独立两阶段理论的反应时证据来自下面两个研究。Schriefers、Meyer 和 Levelt(1990)运用图画—词汇干扰实验范式,用听觉方式呈现干扰单词,并分析命名反应时。结果发现,当干扰刺激和图画同时呈现时,存在语义激活,无音韵激活;当干扰刺激在图画出现之后 150 ms 呈现时,存在音韵激活,无语义激活。Schriefers 等人认为上述结果支持了语义激活和音韵激活严格按序列独立进行的观点。Levelt 等人(1991)采取的实验方法与 Schriefers 等人(1990)的不同。在 Levelt 等人的实验中,被试主要的实验任务是图画命名。研究者依次呈现图画,有时在图画呈现之后出现一个听觉探测刺激,听觉探测刺激出现在命名反应出现之前。听觉探测刺激是词或非词,要求被试对听觉探测刺激作出词汇判断(词或非词)。在关键的测试次中,听觉探测刺激与目标图画的名称之间有语义或音韵上的关联。例如,若目标项是 sheep,听觉探测刺激可以是 wool(语义相关)或 sheet(音韵相关)。虽然研究的是目标图画的命名过程,但实验测量的因变量是词汇判断的潜伏期。假定目标项的语义激活将影响与目标项有语义相关的词汇判断潜伏期,音韵激活将影响与目标项有音韵相关的词汇判断潜伏期。Levelt 等人(1991)认为分析词汇判断的潜伏期将可以探测到命名过程中当前的激活状态。通过变化图画呈现与探测词汇出现的时间间隔,即 SOA,能够追踪语义激活和音韵激活的时间过程。结果发现,在图画呈现 73 ms 之后呈现听觉干扰项时,与图画名称有语义相关的词汇判断潜伏期长于无关条件下的词汇判断潜伏期。没有发现音韵相关词汇判断潜伏期延长的现象。上述结果表明,词汇判断对命名反应中的语义和音韵信息的激活是敏感的,与交互激活模型的预测是矛盾的。

Levelt 等人提出的 WEAVER 模型的典型特征

第一,网络结构。Levelt 等人(1999)提出的口语产生模型为前馈激活扩散网络模型(feed-forward activation-spreading network)。Levelt 等人提出的有关单词形式编码的模型被称为 WEAVER 模型,包含了词汇选择过程的模型被称为 WEAVER + + 模型。该模型整合了激活扩散网络和客体平行产生系统(Collins & Loftus, 1975)两类观点。有关口语产生的网络模型包括三层:第一层为概念层,包括了概念节点和标记概念的联结,概念的子集包含词汇概念,它们与下一层的词条(lemma)节点存在联结。每一个词汇概念由独立的节点所表征,概念是由与其发生联结的其他各个概念所表征,比如"猫"这个概念与其上级概念"动物"之间存在联结,同时"猫"也与其他一些下级概念如"波斯猫"存在联结,所有这些联结整合起来确定了"猫"这个概念。

第二层为词条层,包括词汇的句法特征节点。心理词典中的每个单词,无论是简单的还是复杂的,是内容词还是功能词,都是由词条节点进行表征的。单词的句法是由词条的句法节点表征的。词条节点具备可区分性特征,包括一些参数,如人称、数量、情态或者时态等,这些参数在语法编码的过程中会有确定的值。词条层与语法编码的一套程序存在联结。第三层为形式层,包括词素节点和音段节点。每个词素与相关的音段节点有联结。词素与音段的联结是有次序的,从左至右进行。音段和音节的程序节点引发了音节化(syllabification)过程。词素节点能指定相对应的韵律信息,以及整体音节的重音模式。与形式层相关的是一套产生音韵词音节化的程序,每个音节都有特定的发音程序。

第二,网络模型中只存在竞争而没有抑制。研究者假定激活扩散模型在层级内或者层级间都只存在竞争性联结,不存在抑制性联结。这并不意味着节点的选择只是层级内的竞争,层级间也可能存在竞争关系。在词条和音节两个水平上,非目标项的激活状态确实会影响目标节点选择的潜伏期。

第三,捆绑机制。任何一个词汇通达的理论都要面临捆绑问题(binding problem)。例如,要求产生一个句子:男孩追小狗。我们会从心理词典中提取词条"男孩"和"小狗"。如何防止说出"小狗追男孩"这个句子? 在某种程度上,选择机制应该将词条和相应的概念绑定在一起。在口语产生的单词形式编码阶段,对音段信息/nan2hai2/和/xiao3gou3/进行编码,如何防止说出/han2nai2/和/qiao3gou3/? 口语产生系统必须知道/n/属于/nan2/,/h/属于/hai2/,/x/属于/xiao3/。在已有的口语产生理论中,捆绑问题是通过"时间对齐"(timing)的方式解决的。词汇网络结构假设在关键时刻激活最高的项目即为目标项(Dell, 1988; Dell, Juliano, & Govindjee, 1993)。Roelofs(1992a, 1993, 1996b, 1996c)则采用了不同的解决办法。根据 Bobrow 和 Winograd(1977)提出的程序节点,词汇网络结构中的每个节点与一个程序节点联结在一起,该程序会对激活的音节节点比如/han2/、/nai2/、/qiao3/进行检查,发现这些激活的节点与单词形式节点不匹配,因此不会选择这些激活的音节节点。在语音编码阶段,/nan2hai2/和/xiao3gou3/会被选择,因为在词汇网络结构中,发音及其对应的音段与音韵编码过程中产生的音节位置一一对应,因此捆绑机制确保了我们会产生正确的词汇发音。这一捆绑机制是通过检查捆绑(binding-by-checking),而不是通过时间的对齐来捆绑(binding-by-timing)的。支持检查捆绑机制的证据来自口语产生的研究。在图画命名任务中,同时呈现的干扰刺激几乎不能使得口语产生过程产生错误的发音。这一结果能通过检查捆绑机制解释,而通过时间对齐的捆绑机制则难于解释。

第四,口语产生与知觉网络的关系。尽管干扰刺激不能引发言语错误,但是它们有效地影响了口语产生过程。自从 Schriefers 等人（1990）采用图画—词汇干扰实验范式，发现了语义抑制效应和音韵促进效应后，这一研究任务已经成为口语产生研究领域的经典实验范式。单词启动项的效应意味着：图画—词汇干扰实验范式中存在着知觉单词和产生目标项之间的相互影响。知觉过程和产生过程之间的关系一直是言语加工研究领域的重要主题之一（Liberman，1996）。单词的知觉和产生是相同的机制还是不同的机制？如果机制不同，那么它们之间是如何产生联系的？前馈激活扩散假设知觉和产生不可能由相同的网络完成，因为这需要网络结构有双向联结（前馈和后馈同时存在）。Dell、Schwartz、Martin、Saffran 和 Gagnon（1997）提出的口语产生模型中假设单词形式编码层面的激活可以反馈回词汇选择层，同时他们认为知觉和产生的网络结构是不同的。Levelt 等人（1999）对于干扰词如何影响产生系统提出了三点假设：第一，无论是视觉干扰词还是听觉干扰词，都会对相应的词素节点产生影响。McQueen、Cutler、Briscoe 和 Norris（1995）发现口语单词的再认过程中包括了音韵激活。视觉单词加工过程包括了视觉通路和语音通路（见 Coltheart，Curtis，Atkins，& Haller，1993；Seidenberg & McClelland，1989）。关键问题是视觉单词的再认中是否包括音韵激活，这直接影响了口语产生网络中音韵相关的词素节点的激活状态。第二，在知觉网络中激活的音段能够直接影响口语产生词典中对应的音段节点。音韵启动效应为此提供了支持证据。第三，视觉或听觉干扰词能够在词条水平上影响相应的节点，这是因为单词再认过程中会激活其相应的句法和语义信息。Levelt 等人的模型假设所有产生的词条都是知觉水平上的，知觉网络和口语产生网络从词条水平上开始产生相互影响。尽管如此，词条水平的激活不会受到来自单词形式编码层面激活的影响，即仅有词条层到形式层的激活扩散，不存在从形式层至词条层的激活反馈。

这些假设的推论之一是：在图画—词汇干扰实验范式中表现为同伴效应，在不同层级有不同表现。例如，图画名称为"狗"，干扰词为"蛇"时，干扰词会激活知觉和产生的联合词条，将激活扩散至相应的词汇概念。反过来，概念层将会激活语义相关的概念节点，比如同为动物的"猫"、"虎"等。同样地，在形式层也会产生同伴效应。例如，对于目标项"猫"（/mao1/），干扰词"茂"（/mao4/）会对其命名产生促进作用。这是因为在知觉网络中，干扰词"茂"（/mao4/）激活的音韵群中包括了目标项的单词形式；相对于无关干扰词，干扰词"茂"（/mao4/）对目标图画的命名产生了促进效应。

Meyer 和 Schriefers（1991）在实验中利用图画—词汇干扰实验范式，发现干扰词"summer"缩短了目标词"hammer"的命名潜伏期，因为干扰词和目标词之间存在末尾音节的重叠。根据之前对音韵促进效应的解释，干扰词"summer"激活的音韵群中不可能包括目标词"hammer",但是它会加速所有包括"mer"音节的词汇在口语产生网络中音段的提取。

第五,奥卡姆剃刀(Occam's Razor)原则。Levelt 等人提出的理论和计算模型遵循了奥卡姆剃刀原则。模型基于最少假设;加工阶段是严格序列进行的,不存在平行加工,也不存在从词汇选择到形式编码阶段的激活反馈;模型中无层叠式的激活,无抑制性的联结;模型中所假设的一些参数在整个过程中都保持恒定。不过,Levelt 等人提出的理论观点需要考虑如何解释图画—词汇干扰实验范式中所发现的语义和音韵之间的交互作用(Starreveld & La Heij, 1995, 1996a, 1996b; Damian & Martin, 1999),以及言语错误中所出现的语义和音韵的混合错误。

2.4.2 两步交互激活理论

以言语错误分析为基础建立的词汇通达的网络模型中,Dell 的理论模型影响最为深远。Dell(1986)的词汇通达理论被称为"两步交互激活理论"(two-step interactive activation theory,如图 2.5 所示)。最上面的一层表征了语义特征;中间层表征单词或词条;最底层表征音位,包括首音(onset)、核心元音(nucleus)和尾音(coda)。所有的联结都是双向的,联结所产生的效应是促进性的,不会产生抑制性效应。激活在整个网络中的扩散不受约束,通常是激活程度最高的词条被选择。何时进行选择是由外部因素决定的,受到发音的句法结构的影响。一旦所选择的阶段被激活,其相应的音位层阶段也会产生激活。

该网络模型之所以被称为"两步",是因为从语义到音韵经历了两个阶段:词汇选择和音韵编码。在词汇选择阶段,目标项的语义特征节点及其有关的语义节点都会产生激活,接着激活扩散到相应的单词节点,然后再扩散至音素(phoneme)节点。即在词汇选择阶段同时存在语义激活和音韵激活,两个水平的激活在时间上存在重叠。在音韵编码阶段,不仅目标项得到音韵上的激活,其他语义相关项也存在音韵激活。只有发音是针对目标项而产生的。模型的第二个特点是激活方式是交互的。Dell 假定信息之间的联结是双向的,激活将沿两个方向进行扩散。"交互性"是这类模型共同拥有的一个特征。

Dell 提出的两步交互激活模型中各个水平之间及其交互作用是完全层叠式(full cascading)的。当语义特征对应于一个刺激在语义水平上被激活时,每一个语义特征反过来激活与其相连的词条节点。例如,在图 2.5 中,词汇水平包括的词条为"CAT"、"DOG"、"RAT"、"MAT"和"FOG"。在词汇语义水平,"CAT"、"DOG"和"RAT"共享一些特征,比如都是哺乳动物、有生命的等。因此,当对应于"CAT"的语义特征被激活时,"CAT"在词汇水平被激活,"DOG"和"RAT"也会有一定程度的激

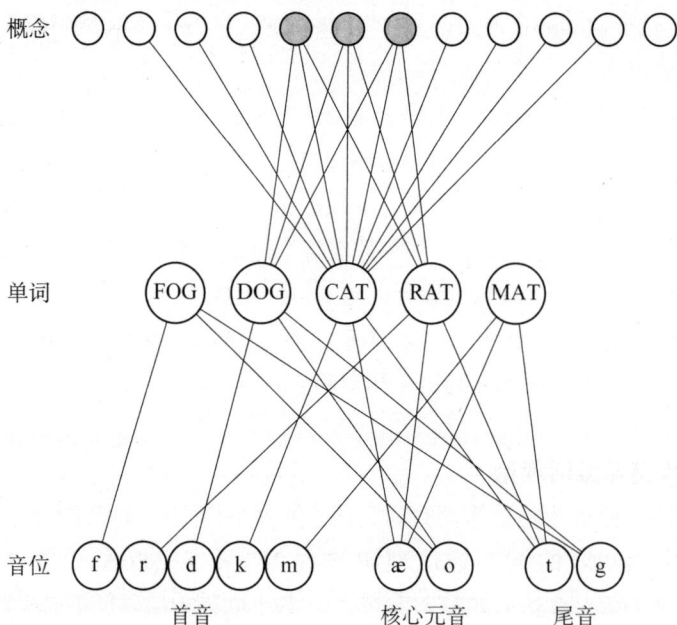

图 2.5 Dell 所提出的两步交互激活理论(Dell, 1986)

活,但激活少于"CAT"。下一步,词汇水平上激活的节点将激活与其相连的所有节点,这包括向前到达音素的联结,也包括向后到达语义特征节点的联结,即激活具有交互性。因此,"CAT"将"刷新"它的语义特征激活(激活将随时间延长而衰减),同时"RAT"和"DOG"也激活与它们相连的语义特征节点。"CAT"在词素水平上激活 /k/、/æ/、/t/,"DOG"和"RAT"分别激活/d/、/ɑ/、/g/和/r/、/æ/、/t/,但是其激活程度要低一些。接着,每一激活节点再次将激活送至与其相连的节点。因此,音素将反馈部分激活至与目标项有音韵联系的"MAT",以及与目标项无关的但是与目标项的语义关联项有音韵联系的"FOG"。经过一系列的步骤后,在词汇水平上激活最高的节点被选择。被选择的一般都是目标项。在整个过程中,因为各个水平之间激活的扩散和反馈,许多与目标项亦有语义和音韵关联的非目标项将被激活。

Dell 的理论涵盖了大多数激活扩散理论的观点,但是其中的一些模型,比如 Humphreys、Riddoch 和 Quinlan(1988)提出的层叠式模型认为存在多重音韵激活,但信息的激活方向是单向的,仅仅向前扩散,不存在从音韵到语义水平的向后扩散。支持两步交互激活模型的证据有:

第一,混合错误。混合错误与单纯的语义错误或音韵错误不同,这类错误词与目标词既有语义上的联系,也有音韵上的联系。例如,假若目标词是"cat",但是说出的是"rat"。"rat"与"cat"既有语义上的联系,也有音韵上的联系,这就是一个混合错误。Dell认为混合错误的产生过程如下：词条节点"cat"通过特征的激活被激活；然后，"cat"词条节点的激活扩散至音素节点/k/、/æ/、/t/。"cat"的语义特征的一部分，比如"有生命的"和"哺乳动物"，可以联合激活"rat"的词条节点，而且相同的词条节点"rat"受到激活的音素/æ/和/t/反馈的进一步激活。比起只有语义联系的"dog"或只有音韵联系的"mat"来说，语义联系和音韵联系共同的影响使得"rat"有更高的激活，比"dog"和"mat"更可能代替目标词"cat"。两步交互激活理论能预测言语错误的出现，并提供合理的解释，而独立两阶段理论只能作出事后的解释。

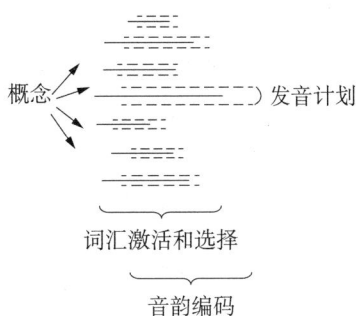

图2.6 言语产生中词汇通达的激活扩散模型(Dell, 1986)

注：直线表示语义激活，短直线表示音韵激活。

两步交互激活模型中的双向联结有什么作用？有人认为产生过程中的网络模型可以同时服务于单词产生和单词知觉，因此自然需要两个方向的联结。但是Dell等人反对这种解释，因为许多失语症病人表现出良好的听觉单词再认，但产生过程中的音韵编码却存在障碍。双向联结的功能在于支持词条选择的流畅性。一个单词形式，尤其是那些频率较低的单词，比起其他单词来说更少能被通达，选择其音韵形式容易找到的词条具有更大的优势。

第二，词汇偏差效应(lexical bias effect)。在产生的错误中真词的概率要高于非词，这种现象被称为词汇偏差效应。例如，把"darn bore"错误地说成"barn door"的概率，比把另外一些词语如"deal back"说成"beal dack"的概率高3倍，就是因为前者所产生的词语是真正的词语。Dell、Burger和Svec(1997)认为词汇偏差效应是音素和词汇水平交互作用的自然结果。当与真词对应的模式被激活时，在词汇水平上与这些节点相对应的模式将从词汇水平得到更多的支持，也就是说，与词汇一致的音素比不一致的音素的激活程度高。例如，当词汇节点"darn"将其激活扩散至音素节点/d/、/a/、/r/和/n/时，音素节点中的最后3个不仅将它们的激活传至词汇节点"darn"，而且传至"barn"、"yarn"等。这些单词在口误中出现的概率比较高。因为不存在类似"beal"或"dack"的非词节点，这些非词在口误中出现的概率较低。

激活从音韵节点向语义节点的逆向扩散不仅能用来解释词汇偏差效应，而且能解释其他一些语言现象，比如重复音素效应(repeated phoneme effect)。当两个词汇相邻的音素相同时，这两个音素更有可能互换，比如错误"kit to fill"（正确形式为"fit to kill"）比"kit to fall"（正确形式为"fit to call"）发生的概率更高。前者中的"fit"激活了它的元音/ɪ/，反过来通过逆向扩散激活了"kill"。"kill"的激活增加，扩散至其音素节点

/k/,然后就产生了错误的"kit"。这个顺行—逆向—再顺行(forward-backward-forward)的激活联结链条在"fit to call"中不会发生,因为"fit"和"call"中没有共同的音素。

第三,影响词汇选择和音韵编码的因素不同。如果词汇选择和音韵编码处于不同的阶段,那么它们应当受不同因素的影响。Jescheniak 和 Levelt(1994)、Griffin 和 Bock(1998)的实验都发现,词条的选择受到语义变量如单词的可表象度的影响,而音韵的编码受到词长和频率等因素的影响。这些结果一方面为词汇通达的两阶段观点提供了证据,另一方面 Griffin 和 Bock(1998)利用这些变量来评估词汇选择和音韵编码之间的加工关系。在两个实验中,检验了句子中命名图画的潜伏期。句子的约束性是变化的,而图画名称的频率也发生变化。结果发现,受到约束的句子减弱了词频效应。当目标遵循不一致句子的框架时,词频效应重新出现。这为词汇产生的两步交互激活理论提供了证据。

第四,反应时研究方面的证据。Dell 和 O'Seaghdha(1991)认为 Levelt 等人(1991)的研究结果并不能排除两步交互激活理论,因为该理论预测间接的相关干扰单字引起的启动效应太微弱,运用反应时分析方法可能不能探测到。Harley(1993)运用两步交互激活理论的观点可以模拟出 Levelt 等人(1991)的实验结果。因此,Levelt 等人(1991)的实验数据不能完全支持独立两阶段理论,Levelt(1999)本人也认同了上述看法。

Starreveld 和 La Heij(1995)采取图画—词汇干扰实验范式研究语义激活和音韵激活之间的交互作用,采用视觉方式呈现干扰单词,其中一类干扰单词与图画名称同时有语义和音韵上的联系(比如 cat 和 rat)。根据独立两阶段理论,干扰项的语义特点只影响词汇节点的选择,音韵特点只影响音韵节点的编码,词汇节点的选择和音韵节点的编码是独立的。因此,如果独立两阶段理论正确,那么不会发现语义和音韵之间的交互作用,即与图画名称有语义和音韵联系的干扰项产生的干扰效应是叠加的,而不是互相修正的。结果与上述预期相反,出现了语义和音韵之间的交互作用。针对 Starreveld 和 La Heij(1995)的研究,Roelofs 等人(1996b)指出语义和音韵相关项之间的交互作用依赖于对以视觉方式呈现的干扰项产生的音韵效应的解释,有可能视觉呈现的干扰项通过词汇节点经字形激活扩散至音韵节点产生激活。

2.5 词汇通达的时间进程

根据两类主要的言语产生理论,言语产生的时间过程是不同的。在详细介绍关于词汇通达的时间进程之前,我们应明确两点:1. 激活流的方向。比如有的理论只允许激活单向扩散,比如从前向后的反馈激活(feed-forward activation);而有的理论允许激活有两个方向的扩散,比如交互式激活(interactive activation)。
2. 激活流的持续性。即允许激活从一个加工水平"流"至另一个水平,或者要求某一加工水平必须在下一个水平之前产生。激活流的持续是层叠式的(cascaded)还是非层叠式的(non-cascaded),是严格分离的(strictly discontinuous)还是系列式的(serial)?两类词汇通达理论在激活流的方向和持续性上都存在显著的不同。

2.5.1 独立两阶段模型

Levelt 等人(1999)认为言语产生是严格序列进行的,不存在交互的或层叠式的激活。在他们建立的言语产生模型中,激活是前反馈的(feed-forward),一个激活的词汇语义节点将激活其相应的词条节点。词汇语义节点也部分地激活所有语义相关的节点,这些相关的节点也激活它们的词条节点。在音韵水平上选择在词条水平上激活最高的节点,仅对所选择的词条才产生音韵上的激活,相关的项目不会产生音韵上的激活(如图

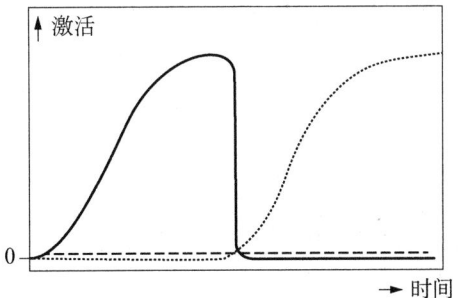

图 2.7 独立两阶段模型中语义激活(实线)、音韵激活(点线)和语义相关项的音韵激活(短直线)的时间进程示意图(Levelt 等,1999)

2.7 所示)。图 2.7 表示了两个阶段中的三种激活:语义激活和两类音韵激活。在语义激活的第一阶段,目标项的激活增加直到选择时刻。在此之后,激活降低到静息水平,在第二阶段也一直维持静息水平的激活。在第一阶段,目标项不产生音韵激活,被选择之后其音韵激活开始增加。在第二阶段,因为不存在激活的交互作用,与目标项语义相关的项目不产生音韵激活。

2.5.2 两步交互激活模型

两步交互激活理论属于激活扩散模型,图 2.8 表示的是激活扩散模型中语义和音韵激活的时间过程。当激活从概念扩散到词汇水平时,目标项的语义激活增加到关键性的水平。在多数激活扩散理论中,假定目标项的激活在被选择之后降低到静息水平,在此之后可能发生各种情况。

激活扩散理论中的一些模型,比如 Humphreys、Riddoch 和 Quinlan(1988)提出的层叠式模型,仅仅假定激活顺行向前扩散。但大部分模型允许激活逆行向后扩散,尤其是从音韵水平到词汇水平的扩散。在 Dell 的两步交互激活理论中,就提出了逆

向扩散的观点。因此,激活扩散模型预测的时间进程有两种。

最简单的就是只有激活的顺行反馈,如图 2.8a 所示,语义激活将持续在静息水平。目标项的音韵激活发生在语义激活之后,两者在时间上发生重叠。音韵激活从语义激活开始后就存在,激活缓慢增加直到音韵编码开始。特别要注意的是语义相关项的音韵激活。它并不是像在独立两阶段模型中的一条平直线条那样发展的,而是目标项和语义相关项同时将激活扩散至音韵水平。在选择目标项后,目标项的音韵激活增加,而其语义相关项的音韵激活衰退。

另外一种情况是存在逆向的激活扩散,如图 2.8b 所示。因为存在音韵激活的逆向扩散,可能将激活传递到目标项,引起目标项晚期的语义激活,所以在音韵编码阶段,可能还会存在目标项的语义激活。在产生过程的后期,表现出语义激活的反弹增加。其他激活的时间进程与图 2.8a 所示相同。

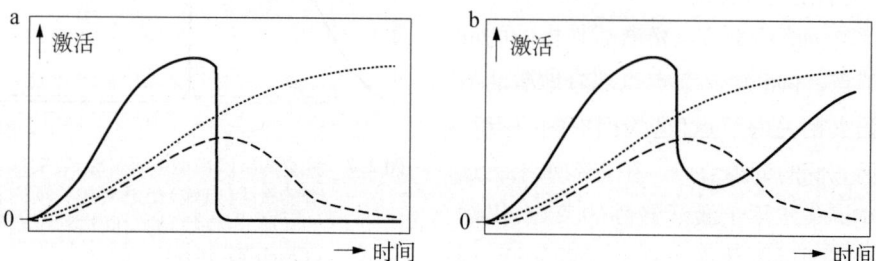

图 2.8 激活扩散模型中语义激活(实线)、音韵激活(点线)和语义相关项的音韵激活(短直线)的时间进程示意图(Dell, 1986)

总之,两类词汇通达理论中关于各个加工水平节点激活的时间进程是完全不同的。Levelt 等人(1999)的严格序列模型预测只有在词条选择后才有音韵激活,只有被选择的项目才有音韵激活。而 Dell(1986)的两步交互激活模型则预测产生过程的词汇选择阶段就存在目标项和语义相关项两者的音韵激活(语义激活产生后,立刻会将激活传递到音韵水平),而且两者存在交互作用,语义激活将得到从音韵水平反馈回来的激活。

2.6 通达单词形式的机制:是否存在非目标项的多重音韵激活

目前,口语产生中最主要的两大模型是独立两阶段模型和两步交互激活模型,它们在口语词汇产生中是否存在非目标项的多重音韵激活这一问题上存在争论。独立两阶段模型认为只有目标项的词汇选择完成之后,相应的音韵节点才能被激活,而两步交互激活模型认为语义与音韵信息的激活在时间上有重叠,不仅目标项而且非目标项的音韵节点也可以激活。两步交互激活模型与层叠式模型都属于激活扩散模型,在存在多重音韵激活的观点上一致,但区别是前者认为存在一个由后向前的反馈,信息流动是双向的,而后者认为信息流动是单向的。有很多针对印欧语系语言的研究探索是否存在多重的音韵激活。研究者采取了多种实验任务,包括词汇判断—图画干扰任务、图画—图画干扰任务、图画—词汇干扰任务、单词翻译任务等,对此进行了深入考察。

Levelt 等人(1991)提出"只有被选择的词条才会产生音韵水平的激活"。通过采用图画命名和词汇判断结合的任务,Levelt 等人对此问题进行了考察。实验中要求被试命名一系列图片,在其中三分之一的试次中,在图片呈现 73 ms 后呈现一个听觉探测刺激(包括词或非词),被试的任务是判断探测刺激是词还是非词,并按键反应。实验中所操纵的自变量是探测刺激与图片之间的关系,包括 4 个水平:与目标图片名称相同、语义相关、音韵相关,或者无关。例如,如果图片名称为"sheep",前三个水平的探测刺激分别为:"sheep"、"goat"、"goal"。研究目的是考察与目标词存在语义相关的词"goat"是否会产生音韵上的激活,因此音韵相关词为"goal";无关词与目标词之间无任何语义或者音韵上的联系。结果如图 2.9 所示,名称相同条件和语义相关条件都显著延长了词汇判断的时间,而音韵相同条件下的潜伏期与无关条件下的潜伏期之间无显著差异,这表明与目标图片名称存在语义相关的词汇没有产生音韵激活。在词条选择之后才开始音韵编码过程,结果支持了独立两阶段理论的观点。

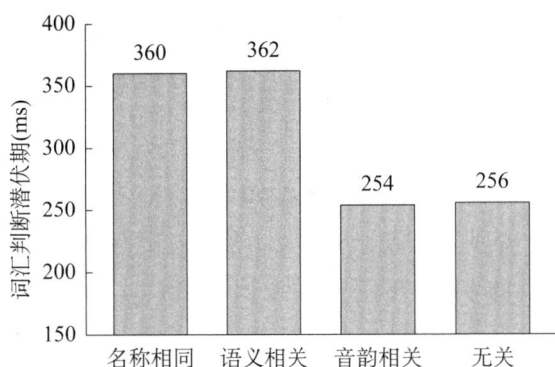

图 2.9 词汇判断任务在四种条件下的潜伏期(Levelt 等,1991)

Peterson 和 Savoy(1998)的单词命名实验的结果与 Levelt 等人(1991)的研究矛盾,对独立两阶段理论的观点提出了挑战。这一研究考察了与目标词语义非常接近的词,比如同义词,是否会产生音韵激活。研究采用了图画命名和单词命名结合的任务,实验中要求被试命名一系列逐个呈现的图画,其中一半的试次在图画呈现短暂时间后视觉呈现一个单词,被试的任务是大声读出单词。单词与图画名称之间存在语义相关、音韵相关、语义中介的音韵相关,例如,图画名称为"couch",其同义词为"sofa",则语义中介的音韵相关词为"soda"。实验中同时变化了图画和单词之间的时间间隔(SOA),其变化范围为 0 ms—600 ms,每隔 100 ms 设置一个 SOA。当 SOA 为 0 ms 时,图画和词汇同时呈现;当 SOA 为 100 ms,图画先呈现,100 ms 后单词再呈现。研究者关注并比较音韵相关和语义中介的音韵相关两种条件下的潜伏期,将这两类条件下的潜伏期与无关条件下的潜伏期相比。结果发现,当 SOA 为 100 ms 到400 ms 之间时,这两类条件下的潜伏期相当,与无关条件相比显著缩短了单词命名的潜伏期;当 SOA 为 600 ms 时,语义中介的音韵相关条件下的启动效应消失了。这清晰地表明目标词及其同义词都产生了音韵上的激活,支持了两步交互激活模型的观点,但与 Levelt 等人(1991)的观点矛盾。

有研究者采用经典的图画—词汇干扰任务对此问题进行考察,该范式中主要有两类经典的效应:语义干扰效应与音韵促进效应。多重音韵激活可通过探测有没有语义中介的音韵干扰效应来考察(如目标图名称为"dog",语义中介的非目标项为"cat",语义中介的音韵相关项为"can")。如果非目标项的音韵信息被激活("cat"的音韵节点),那么"cat"会受到两方面信息激活的启动:一是目标图名称"dog"的语义特征在语义网络中的扩散激活;一是非目标项"cat"本身的音韵信息激活及语义中介的音韵相关词"can"共享的音素节点的启动作用。因此,非目标项会成为目标项的有力竞争者,从而延迟目标图的命名,该效应就是语义中介的音韵干扰效应,可以反映与目标图具有语义相关的非目标项的音韵激活情况。Jescheniak 与 Schriefers(1998)采用图画—词汇干扰实验范式,考察是否存在多重音韵激活。实验中被试命名图画(例如"couch"),同时呈现语义中介的音韵相关词(例如,语义中介词为"sofa",音韵相关词为"soda")。实验结果发现,与无关条件相比,语义中介的音韵相关词缩短了图画命名的时间,与 Peterson 和 Savoy(1998)的研究结果一致。然而,Levelt(1991)发现在目标图与语义中介项目之间存在语义类别相关时并没有该效应。Jescheniak、Meyer 和 Levelt(2003)采用更为敏感的 ERP 技术,结合延迟命名的图词干扰范式,也没有发现该效应,未探测到语义中介的音韵激活。这种语义中介项目是语义类别相关的情况,相比语义中介项目与目标图是同义词的情况,语义联系相对较弱。Jescheniak、Hahne、Hoffmann 和 Wagner(2006)仅在被试是 7 岁左右的儿童群体上发现了语义中介的音韵效应,因此一些研究者认为多重音韵激活是存在的,但是有可能这种激活相对较弱,只能通过较为敏感的范式才能探测到(Dell & O'Seaghdha,1991,1992;O'Seaghdha & Marin, 1997)。

也有研究者采用图画—图画干扰任务(picture-picture interference task,简称 PPI 任务),直接探测与目标项有语义相关的非目标项是否会存在音韵激活(Kuipers & La Heij, 2009;Meyer & Damian, 2007;Morsella & Miozzo, 2002;Navarrete & Costa, 2005)。在图画—图画干扰任务中,屏幕上呈现两幅线条颜色不同的图片,要求被试忽略干扰图,尽可能正确而迅速地说出目标图的名称。一般情况下,目标图是绿色线条,而干扰图是红色线条。实验中操控目标图与干扰图的音韵关系,分为音韵相关条件和音韵无关条件。例如,目标图"bed",音韵相关条件"bell",音韵无关条件"hat"。研究者发现与音韵无关条件相比,音韵相关条件下的反应时显著缩短。但是在另外一种语言中采用相同的材料,而这些材料之间没有音韵相关关系时,该效应消失(Morsella & Miozzo, 2002)。Meyer 与 Damian(2007)采用图图干扰范式,设置目标图与干扰图之间不同程度的音韵相关(同音词、首音相关、尾音相关与无关条件),发现了稳定的音韵促进效应。该效应在其他范式中也得到了重复,如颜色命名任务。该任务中,屏幕上呈现一幅具有颜色的图片,要求被试命名图片或者图片颜色。在Navarrete 与 Costa(2005)以及 Kuipers 与 La Heij(2009)的研究中,要求被试命名颜色,相比颜色名称与图片名称音韵无关条件,当颜色名称与图片名称之间音韵相关时,命名反应时缩短。这些研究表明非目标项的音韵节点也被激活,支持了两步交互激活模型的观点:只要概念/语义激活,那么相应的音韵节点就可以被激活。

为了探测相对较弱的多重音韵激活,有研究者采用了图词干扰范式的两种变式,最大程度地增加干扰词与目标图的音韵联系或者语义联系(Abdel Rahman & Melinger, 2008;Jescheniak & Schriefers, 1998;Oppermann, Jescheniak, & Schriefers, 2008;Oppermann, Jescheniak, Schriefers, & Görges, 2010;Peterson & Savoy, 1998)。第一种变式是通过采用双干扰词范式来增强干扰词与目标图的音韵联系。屏幕上呈现两个干扰词:一个与目标项的语义类别相关项存在首音语音相关,一个与目标项的语义类别相关项存在尾音音韵相关。相较于音韵无关条件(两个音韵无关干扰词),研究者发现了显著的语义中介的音韵效应,表明不仅目标项的音韵信息被激活,而且作为语义中介的非目标项的音韵信息也被激活,支持两步交互激活模型。第二种变式是通过增加非目标项的语义激活程度来增强非目标项的音韵激活程度,从而发现相应的语义中介的音韵效应。该变式通过将图图干扰范式与图词干扰范式相结合,屏幕上同时呈现两幅不同颜色的图片,并同时呈现一个听觉干扰词,被试需要忽略干扰词,对目标图进行命名。设置的条件包括:图片之间语义相关及无关条件,干扰词与目标图音韵相关及无关条件,干扰词与干扰图音韵相关及无关条件。Oppermann 等人(2010)发现当目标图与非目标图之间语义相关增强时,非目标图的语义激活程度随之增强,进而增强了相应的非目标图的音韵激活程度,发现了语义中介的音韵效应。

还有研究者采用多种其他实验方法,包括词汇联想任务和单词翻译任务,对此问题进行了研究。Humphreys、Boyd 和 Watter(2010)采用词汇联想任务,通过线索词来诱发产生目标词。在屏幕上同时呈现一个线索词和一幅图片,要求被试忽略图片,并且尽可能快地说出看到线索词之后出现在脑海中的第一个反应词。实验中设置三种条件:一种是目标词与图片名称之间音韵相关,如目标词是"spider",图片名称是"spoon",线索词是"cobweb",用来提示目标词"spider";一种是目标词与图片名称之间没有音韵相关,即无关条件,图片名称是"harp",与目标词"spider"无语音关系;还有一种是灰色空白图片。结果发现,在目标词与图片名称之间音韵相关的条件下,产生了显著的音韵促进作用,表明非目标图的音韵信息也是被激活的。研究者认为该实验中发现的 36 ms 的音韵促进效应,不仅与图图干扰范式和颜色命名任务中发现的效应大小一致,更重要的是,研究者认为与传统的图词干扰范式相比,词汇联想任务的结果反映了语言产生系统中的多重激活可能是相对较强的,而不是特别弱的,已有研究中发现的不同激活程度很可能与所选取任务的敏感程度有关。由于在该范式中,是通过线索词经语义联想来提示目标词,同时也只呈现了一幅非目标图,因此极大地减少了图图干扰范式中涉及的对非目标图的过度注意问题。而且,该范式也不同于图词干扰范式,不涉及干扰词的词汇识别过程,因此与图词干扰范式相比,该范式可更自然地探讨语言产生的机制。

Costa、Caramazza 和 Sebastian-Galles(2000)认为采用双语任务来考察非目标项的音韵激活更具有优势。例如,第一语言与第二语言可以共享语义特征,从而可以使得非目标项的语义信息的激活程度最大。Costa 等人(2000)分别考察了卡特兰语(母语)—西班牙语(第二语言)(Catalan-Spanish)双语者和西班牙语单语者,让他们对名称为同源词(不同语言中语义相同、字形与音韵相似的词对)条件和非同源词条件的图片进行目标语言为西班牙语的命名,发现双语者在同源词条件(图片"cat",gato-Spanish;gat-Catalan)下的反应时显著小于非同源词条件(图片"table",mesa-Spanish;taula-Catalan)下的反应时,单语者在同源词与非同源词两种条件下无差异。研究者认为该结果可以用非目标项的音韵激活来解释:在同源词条件下,如命名目标项为"gato",其非目标语言卡特兰语中的"gat"也同时激活相应的音韵信息,从而对目标项的音韵信息(/g/、/a/、/t/)的提取产生促进作用;而在非同源词条件下,非目标语言的非目标项(如"taula")没有与目标项(如"mesa")共享的音素,从而没有启动作用。该研究表明双语者可以对非目标项的音韵信息进行加工。

然而,有研究者在单词翻译任务中发现了不同的结果(Bloem & La Heij, 2003; Bloem, van den Boogaard, & La Heij, 2004; Navarrete & Costa, 2009)。实验中呈

现一幅图画和一个词语,要求被试忽略作为干扰的图画(干扰图),对作为线索的词语(线索词)进行翻译,尽可能正确而迅速地翻译出线索词所对应的目标词。实验中对目标词与干扰图设置了两种条件:音韵相关条件与音韵无关条件。如果非目标项的音韵信息激活,那么在音韵相关条件下,目标项与非目标项共享的音韵节点会对目标词的提取有促进作用,从而发现多重音韵激活效应;如果非目标项的音韵信息不会被加工,那么就没有多重音韵激活效应。现有的研究仅有荷兰语—英语(Dutch-English)与西班牙语—卡特兰语(Spanish-Catalan)两种不同的双语语境研究,研究者没有发现干扰图的音韵促进效应(Bloem & La Heij, 2003; Navarrete & Costa, 2009),与Levelt等人的观点一致。

综上,研究者采取了多种实验任务,包括图图干扰范式、图词干扰范式等,考察口语词汇产生中是否存在非目标项的音韵激活。在针对印欧语系语言,包括英语、荷兰语、德语、法语和西班牙语的研究中,多数研究发现存在非目标项的音韵激活,支持了两步交互激活模型的观点。值得注意的是,也有少数研究未发现存在多重音韵激活。不同语境不同任务中发现的不同结果需要进一步考察,以确认是哪些因素造成的差异。

2.7　是否存在单词形式层到词条层的反馈

根据混合错误现象(将目标词"cat"说成"rat"),Dell(1986,1988)认为在口语词汇产生过程中存在从单词形式层到词条层的激活反馈。Martin、Gagnon、Schwartz、Dell和Saffran(1996)的研究对此现象作了进一步考察,研究中比较了正常人和失语症患者在图画命名任务中所产生的语义错误,分析语义错误是否与目标词之间存在音韵相似性(phonological similarity)。在两组被试中,语义错误与目标词具有音韵相似性,其概率高于随机水平。这与言语错误语料库分析(Dell & Reich, 1981)和错误诱发研究(Martin, Weisberg, & Saffran, 1989)的结果一致,支持了Dell的观点。

Dell等人(1997)提出的失语症模型(aphasia model)承认词汇选择和音韵编码两个阶段之间存在差异。该模型进一步认为,在词汇选择阶段未完成之前,音韵编码阶段已经开始加工,且音韵编码阶段能够影响词汇选择阶段。该模型基于对失语症和非失语症错误模式的分析所建立。在研究中,23名失语症病人和60名正常人完成客体图画命名的任务,所产生的错误可以分为5类:语义相关错误、形式相关错误、混合错误、无关词错误以及非词错误。对于失语症病人,Dell等人提出两点,第一,他们认为病人的错误模式位于两个极端模式之间:非失语症病人所产生的模式和随机模式。60 名正常被试的图画命名中有 97％的正确命名,1％的语义错误,1％的混合错误;随机模式中包括的非词错误最多(80％)。第二,失语症病人所产生的错误模式的认知机制是什么? Dell 等人将所建立的模型进行损伤化处理,模拟失语症病人的错误模式,在损伤模型时限制了模型中传递激活的能力以及维持激活的能力。结果发现损伤越严重,其错误模式越接近随机模式。传递激活和维持激活是两种不同的能力,对其分别进行损伤会产生两种不同的错误模式。损伤维持激活能力的参数会产生更多语义错误、形式错误以及混合错误,而损伤传递激活能力的参数则会产生非词错误和无关词错误。

Starreveld 和 La Heij(1995)通过图画—词汇干扰实验范式,观察到图画命名任务中的语义抑制效应在干扰词与图画名称同时存在语义和音韵相关时减弱了。例如,图画名称为"cat",音韵相关词为"cap",语义和音韵都相关的干扰词为"calf",语义相关的干扰词为"horse",语义抑制效应在"calf"条件下要小于"horse"条件下。根据 Starreveld 和 La Heij 的观点,这一交互作用表明存在单词形式层到词条层的激活反馈。也就是说,存在从单词"calf"和"cap"的正字法或音韵的激活到词条"cat"的反馈(Starreveld & La Heij, 1995,1996a, 1996b),支持了两步交互激活模型的观点。然而,Levelt 等人(1999)认为 Starreveld 和 La Heij 忽视了一点:视觉呈现的干扰词会激活其相应的词条节点和单词形式节点,这会直接影响词条的提取。WEAVER 模型中明确地提到了这一点,因此 Levelt 等人认为不需要反馈机制也可以解释上述研究发现。

本章总结

本章主要介绍了以下内容:第一,口语词汇产生的研究传统和研究历史;第二,言语产生过程中包括的各个阶段,以及每个阶段关注的研究问题;第三,早期的言语产生理论;第四,口语词汇产生中的词汇通达理论,包括独立两阶段理论和两步交互激活理论,重点介绍了两类理论的基本观点以及所争论的重要问题;第五,阐述了两类理论在词汇通达的时间进程、通达单词形式的机制,以及是否存在从单词形式层到词条层的反馈这三个方面的争论及研究。本章内容是口语产生研究的重点,通过本章内容的阐述,希望读者对口语词汇产生过程的研究有全面深入的了解。

参考文献

Abdel Rahman, R. , & Melinger, A. (2008). Enhanced phonological facilitation and traces of concurrent word form activation in speech production: An object-naming study with multiple distractors. *The Quarterly Journal of Experimental Psychology*, 61(9),1410‒1440.

Baars, B. J. , Motley, M. T. , & MacKay, D. (1975). Output editing for lexical status from artificially elicited slips of the tongue. *Journal of Verbal Learning and Verbal Behavior*, 14,382‒391.

Badecker, W. , Miozzo, M. , & Zanuttini, R. (1995). The two-stage model of lexical retrieval: Evidence from a case of anomia with selective preservation of grammatical gender. *Cognition*, 57,193‒216.

Berg, T. (1998). *Linguistic Structure and Change*. Clarendon Press.

Bloem, I. , & La Heij, W. (2003). Semantic facilitation and semantic interference in word translation: Implications for models of lexical access in language production. *Journal of Memory and Language*, 48,468‒488.

Bloem, I. , van den Boogaard, S. , & La Heij, W. (2004). Semantic facilitation and semantic interference in language production: Further evidence for the conceptual selection model of lexical access. *Journal of Memory and Language*, 51,307‒323.

Bobrow, D. G. , & Winograd, T. (1977). An overview of KRL, a knowledge representation language. *Cognitive Science*, 1 ,3‒46.

Bock, K. (1996). Language production: Methods and methodologies. *Psychonomic Bulletin & Review*, 3(4),395‒421.

Brown, R. , & McNeill, D. (1966). The 'tip of the tongue' phenomenon. *Journal of Verbal Learning and Verbal Behavior*, 5,325‒337.

Cattell, J. M. (1885). Über die Zeit der Erkennung und Benennung von Schriftzeichen. *Bildern und Farben Philosophische Studien*, 2,635‒650.

Cohen, A. (1966). Errors of speech and their implications for understanding the strategy of language users. *Zeitschrift für Phonetik*, 21,177‒181.

Collins, A. M. , & Loftus, E. F. (1975). A spreading-activation theory of semantic processing. *Psychological Review*, 82, 407‒428.

Coltheart, M. , Curtis, B. , Atkins, P. , & Haller, M. (1993). Models of reading aloud: Dual-route and parallel-distributed processing approaches. *Psychological Review*, 100,589‒608.

Costa, A. , Caramazza, A. , & Sebastian-Galles, N. (2000). The cognate facilitation effect: Implications for models of lexical access. *Journal of Experimental Psychology: Learning, Memory, and Cognition*, 26,1283‒1296.

Cutler, A. (1982). *Speech Errors: A Classified Bibliography*. Indiana Linguistics Club.

Damian, M. F. , & Bowers, J. S. (2010). Accessing the role of orthography in speech perception and production: Evidence from picture-word interference tasks. *European Journal of Cognitive Psychology*, 22,1‒11.

Damian, M. F. , & Martin, R. C. (1999). Semantic and phonological codes interact in single word production. *Journal of Experimental Psychology: Learning, Memory, and Cognition*, 25,345‒361.

Dell, G. S. (1986). A spreading-activation theory of retrieval in sentence production. *Psychological Review*, 93,283‒321.

Dell, G. S. (1988). The retrieval of phonological forms in production: Tests of predictions from a connectionist model. *Journal of Memory and Language*, 27,124‒142.

Dell, G. S. (1990). Effects of frequency and vocabulary type on phonological speech errors. *Language and Cognitive Processes*, 5,313‒349.

Dell, G. S. , Burger, L. K. , & Svec, W. R. (1997). Language production and serial order: A functional analysis and a model. *Psychological Review*, 104,123‒144.

Dell, G. S. , Juliano, C. , & Govindjee, A. (1993). Structure and content in language production: A theory of frame constraints in phonological speech errors. *Cognitive Science*, 17,149‒195.

Dell, G. S. , & O'Seaghdha, P. G. (1991). Mediated and convergent lexical priming in language production: A comment on Levelt et al. (1991). *Psychological Review*, 98,604‒614.

Dell, G. S. , & O'Seaghdha, P. G. (1992). Stages of lexical access in language production. *Cognition*, 42,287‒314.

Dell, G. S. , & Reich, P. A. (1981). Stages in sentence production: An analysis of speech error data. *Journal of Verbal Learning and Verbal Behavior*, 20,611‒629.

Dell, G. S. , Schwartz, M. F. , Martin, N. , & Saffran, E. M. , & Gagnon, D. A. (1997). Lexical access in aphasic and nonaphasic speakers. *Psychological Review*, 104,801‒838.

Fay, D. , & Cutler, A. (1977). Malapropisms and the structure of the mental lexicon. *Linguistic Inquiry*, 8,505‒520.

Fraisse, P. (1967). Latency of different verbal responses to the same stimulus. *Quarterly Journal of Experimental Psychology*, 19,353‒355.

Fromkin, V. A. (1971). The non-anomalous nature of anomalous utterances. *Language*, 47,27‒52.

Fromkin, V. A. (1973). *Speech errors as linguistic evidence*. The Hague: Mouton.

García-Albea, J. E. , del Viso, S. , & Igoa, J. M. (1989). Movement errors and levels of processing in sentence production. *Journal of Psycholinguistic Research*, 18,145‒161.

Garrett, M. F. (1975). The analysis of sentence production. In G. Bower (Ed.), *Psychology of Learning and Motivation* (pp. 133‒177). Amsterdam: North-Holland Academic Press.

Garrett, M. F. (1976). Syntactic processing in sentence production. In E. Walker & R. Wales (Eds.), *New approaches to language mechanisms* (pp. 231‒256). Amsterdam: North-Holland.

Garrett, M. F. (1980). Levels of processing in sentence production. In B. Butterworth (Ed.), *Language Production*, *Vol*. 1: *Speech and Talk* (pp. 177 - 220). London: Academic Press.

Garrett, M. F. (1988). Processes in language production. In F. J. Newmeyer (Ed.), *Linguistics*: *The Cambridge Survey*, *Vol*. *III*: *Language*: *Psychological and biological aspects* (pp. 69 - 96). Cambridge, U. K.: Cambridge University Press.

Glaser, M. O., & Düngelhoff, F.-J. (1984). The time course of picture-word interference. *Journal of Experimental Psychology*: *Human Perception and Performance*, 7, 1247 - 1257.

Griffin, Z. M., & Bock, K. (1998). Constraint, word frequency, and the relationship between lexical processing levels in spoken word production. *Journal of Memory and Language*, 38, 313 - 338.

Harley, T. A. (1993). Connectionist approaches to language disorders. *Aphasiology*, 7, 221 - 249.

Humphreys, G. W., Riddoch, M. J., & Quinlan, P. T. (1988). Cascade processes in picture identification. *Cognitive Neuropsychology*, 5, 67 - 103.

Humphreys, K. R., Boyd, C. H., & Watter, S. (2010). Phonological facilitation from pictures in a word association task: Evidence for routine cascaded processing in spoken word production. *The Quarterly Journal of Experimental Psychology*, 63(12), 2289 - 2296.

Jescheniak, J. D., Hahne, A., Hoffmann, S., & Wagner, V. (2006). Phonological activation of category coordinates during speech planning is observable in children but not in adults: Evidence for cascaded processing. *Journal of Experimental Psychology*: *Learning*, *Memory*, *and Cognition*, 32(2), 373 - 386.

Jescheniak, J. D., & Levelt, W. J. M. (1994). Word frequency effects in speech production: Retrieval of syntactic information and of phonological form. *Journal of Experimental Psychology*: *Language*, *Memory*, *and Cognition*, 20, 824 - 843.

Jescheniak, J. D., Meyer, A. S., & Levelt, W. J. M. (2003). Specific word frequency is not all that counts in speech production: Comments on Caramazza, Costa et al. (2001) and new experimental data. *Journal of Experimental Psychology*: *Learning*, *Memory*, *and Cognition*, 29, 432 - 438.

Jescheniak, J. D., & Schriefers, H. (1998). Discrete serial versus cascaded processing in lexical access in speech production: Further evidence from the coactivation of near-synonyms. *Journal of Experimental Psychology*: *Learning*, *Memory*, *and Cognition*, 24, 1256 - 1274.

Jones, G. V., & Langford, S. (1987). Phonological blocking in the tip of the tongue state. *Cognition*, 26(2), 115 - 122.

Kempen, G., & Huijbers, P. (1983). The lexicalization process in sentence production and naming: Indirect election of words. *Cognition*, 14, 185 - 209.

Kuipers, J., & La Heij, W. (2009). The limitations of cascading in the speech production system. *Language and Cognitive Processes*, 24, 120 - 135.

La Heij, W., Puerta-Melguizo, C., van Oostrum, M., & Starreveld, P. A. (1999). Picture naming: Identical priming and word frequency effect. *Acta Psychologica*, 102, 77 - 95.

Levelt, W. J. M. (1989). *Speaking*: *From intention to articulation*. MIT Press.

Levelt, W. J. M. (1999). Language production: A blueprint of the speaker. In C. Brown & P. Hagoort (Eds.), *Neurocognition of Language* (pp. 83 - 122). Oxford: Oxford University Press.

Levelt, W. J. M., & Kelter, S. (1982). Surface form and memory in question answering. *Cognitive Psychology*, 14, 78 - 106.

Levelt, W. J. M., Roelofs, A., & Meyer, A. S. (1999). A theory of lexical access in speech production. *Behavioral and Brain Sciences*, 22, 1 - 75.

Levelt, W. J. M., Schreuder, R., & Hoenkamp, E. (1978). Structure and use of verbs of motion. In R. N. Campbell & P. T. Smith (Eds.), *Recent advances in the psychology of language*. Plenum.

Levelt, W. J. M., Schriefers, H., Vorberg, D., Meyer, A. S., Pechmann, T., & Havinga, J. (1991). The time course of lexical access in speech production: A study of picture naming. *Psychological Review*, 98, 122 - 142.

Liberman, A. (1996). *Speech*: *A special code*. MIT Press.

Lupker, S. J. (1979). The semantic nature of response competition in the picture-word interference task. *Memory & Cognition*, 7, 485 - 495.

Lupker, S. J. (1982). The role of phonetic and orthographic similarity in picture-word interference. *Canadian Journal of Psychology*, 36, 349 - 367.

Martin, N., Gagnon, D. A., Schwartz, M. F., Dell, G. S., & Saffran, E. M. (1996). Phonological facilitation of semantic errors in normal and aphasic speakers. *Language and Cognitive Processes*, 11(3), 257 - 282.

Martin, N., Weisberg, R. W., & Saffran, E. M. (1989). Variables influencing the occurrence of naming errors: Implications for models of lexical retrieval. *Journal of Memory and Language*, 28, 462 - 485.

McQueen, J. M., Cutler, A., Briscoe, T., & Norris, D. (1995). Models of continuous speech recognition and the contents of the vocabulary. *Language and Cognitive Processes*, 10, 309 - 331.

Meringer, R., & Mayer, K. (1895). *Versprechen und Verlesen*. Goschenscher-Verlag (Reprinted 1978, with introductory essay by A. Cutler and D. A. Fay, Benjamins).

Meyer, A. S., & Damian, M. F. (2007). Activation of distractor names in the picture-picture interference paradigm.

Memory & Cognition, *35*(3),494 - 503.

Meyer, A. S. & Schriefers, H. (1991). Phonological facilitation in picture-word interference experiments: Effects of stimulus onset asynchrony and types of interfering stimuli. *Journal of Experimental Psychology: Language, Memory, and Cognition*, *17*,1146 - 1160.

Morsella, E., & Miozzo, M. (2002). Evidence for a cascade model of lexical access in speech production. *Journal of Experimental Psychology: Learning, Memory, and Cognition*, *28*,555 - 563.

Navarrete, E., & Costa, A. (2005). Phonological activation of ignored pictures: Further evidence for a cascade model of lexical access. *Journal of Memory and Language*, *53*,359 - 377.

Navarrete, E., & Costa, A. (2009). The distractor picture paradox in speech production: Evidence from the word translation task. *Journal of Psycholinguistic Research*, *38*(6),527 - 547.

Oldfield R. C., & Wingfield, A. (1965). Response latencies in naming objects. *The Quarterly Journal of Experimental Psychology*, *17*,273 - 281.

Oppermann, F., Jescheniak, J., & Schriefers, H. (2008). Conceptual coherence affects phonological activation of context objects during object naming. *Journal of Experimental Psychology: Learning, Memory, and Cognition*, *34*, 587 - 601.

Oppermann, F., Jescheniak, J. D., Schriefers, H., & Görges, F. (2010). Semantic relatedness among objects promotes the activation of multiple phonological codes during object naming. *The Quarterly Journal of Experimental Psychology*, *63*,356 - 370.

O'seaghdha, P. G., & Marin, J. W. (1997). Mediated semantic-phonological priming: Calling distant relatives. *Journal of Memory and Language*, *36*(2),226 - 252.

Peterson, R. R., & Savoy, P. (1998). Lexical selection and phonological encoding during language production: Evidence for cascaded processing. *Journal of Experimental Psychology: Learning, Memory, and Cognition*, *24*,539 - 557.

Potter, M. C., So, K. - f., von Eckardt, B., & Feldman, L. B. (1984). Lexical and conceptual representation in beginning and proficient bilinguals. *Journal of Verbal Learning and Verbal Behavior*, *23*,23 - 38.

Roelofs, A. (1992a). A spreading-activation theory of lemma retrieval in speaking. *Cognition*, *42*,107 - 142.

Roelofs, A. (1992b). *Lemma retrieval in speaking: A theory, computer simulations, and empirical data*. Doctoral dissertation, NICI Technical Report 92 - 08, University of Nijmegen.

Roelofs, A. (1993). Testing a non-decompositional theory of lemma retrieval in speaking: Retrieval of verbs. *Cognition*, *47*,59 - 87.

Roelofs, A. (1994). On-line versus off-line priming of word-form encoding in spoken word production. In A. Ram & K. Eiselt (Eds.), *Proceedings of the Sixteenth Annual Conference of the Cognitive Science Society*. Erlbaum.

Roelofs, A. (1996a). Computational models of lemma retrieval. In T. Dijkstra & K. De Smedt (Eds.), *Computational psycholinguistics: AI and connectionist models of human language processing*. Taylor and Francis.

Roelofs, A. (1996b). Serial order in planning the production of successive morphemes of a word. *Journal of Memory and Language*, *35*,854 - 876.

Roelofs, A. (1996c). Morpheme frequency in speech production: Testing weaver. In G. E. Booij & J. van Marle (Eds.), *Yearbook of morphology*. Kluwer Academic Press.

Roelofs A. (1997). The WEAVER model of word-form encoding in speech production. *Cognition*, *65*,249 - 284.

Rosch, E., Mervis, C. B., Gray, W. D., Johnson, D. M., & Boyes-Braem, P. (1976). Basic objects in natural categories. *Cognitive Psychology*, *8*,382 - 439.

Rosinski, R. R., Golinkoff, R. M., & Kukish, K. S. (1975). Automatic semantic processing in a picture-word interference task. *Child Development*, *46*,247 - 253.

Rossi, M., & Peter-Defare, É. (1998) *Les Lapsus: Ou Comment Notre Fourche a Langué*. Presse Universitaire France.

Schriefers, H., Meyer, A. S., & Levelt, W. J. M. (1990) Exploring the time course of lexical access in speech production: Picture-word interference studies. *Journal of Memory and Language*, *29*,86 - 102.

Seidenberg, M. S., & McClelland, J. L. (1989). A distributed, developmental model of word recognition and naming. *Psychological Review*, *96*,523 - 568.

Shattuck-Hufnagel, S. (1979). Speech errors as evidence for a serial ordering mechanism in sentence production. In W. W. Cooper & E. C. T. Walker (Eds.), *Sentence Processing: Psycholinguistic Studies Dedicated to Merrill Garrett* (pp. 295 - 342). Erlbaum.

Shattuck-Hufnagel, S. (1983). Sublexical units and suprasegmental structure in speech production planning. In P. F. MacNeilage (Ed.), *The production of speech* (pp. 109 - 136). New York: Springer-Verlag.

Shattuck-Hufnagel, S. (1987). The role of word onset consonants in speech production planning: New evidence from speech error patterns. In E. Keller & M. Gopnik (Eds.), *Motor and sensory processing in language*. Hillsdale, NJ: Lawrence Erlbaum.

Starreveld, P. A., & La Heij, W. (1995). Semantic interference, orthographic facilitation, and their interaction in naming tasks. *Journal of Experimental Psychology: Learning, Memory, and Cognition*, *21*(3),686 - 698.

Starreveld, P. A., & La Heij, W. (1996a). Time-course analysis of semantic and orthographic context effects in picture naming. *Journal of Experimental Psychology: Learning, Memory, and Cognition*, *22*(4),896 - 918.

Starreveld, P. A., & La Heij, W. (1996b). The locus of orthographic-phonological facilitation: A reply to Roelofs,

Meyer, and Levelt. *Journal of Experimental Psychology: Language, Memory and Cognition, 22*, 252 – 255.

Stemberger, J. P. (1985). An interactive activation model of language production. In A. W. Ellis (Ed.), *Progress in the Psychology of Language* (Vol. 1, pp. 143 – 186). Erlbaum.

Stemberger, J. P., & MacWhitney, B. (1986). Form-oriented inflectional errors in language processing. *Cognitive Psychology, 18*, 329 – 354.

Stroop, J. R. (1935). Studies of interference in serial verbal interactions. *Journal of Experimental Psychology, 18*, 643 – 662.

Van Turennout, M., Hagoort, P., & Brown, C. M. (1998). Brain activity during speaking: From syntax to phonology in 40 milliseconds. *Science, 280*, 572 – 574.

Vigliocco, G., Antonini, T., & Garrett, M. F. (1997). Grammatical gender is on the tip of Italian tongues. *Psychological Science, 8*, 314 – 317.

3 汉语口语词汇产生过程：词汇选择与音韵编码之间的关系

　　言语产生的研究绝大多数针对的是印欧语系语言,比如英语和荷兰语,而且研究主要集中于言语产生中的词汇通达过程。如前所述,词汇通达过程主要包括两个阶段:词汇选择和音韵编码。词汇选择是词条的激活和选择,包含单词的意义和语法特征。音韵编码是将词汇转化为以声音为组织的顺序,包括提取单词的词素和成分,并将音韵编码的结果与词汇形式结构联系起来。对于词汇通达过程,两步交互激活模型和独立两阶段模型的观点也存在着很大的分歧。两步交互激活模型认为激活在各个表征水平之间的扩散是双向的,既可以从词汇层到音韵层,也可以将音韵层激活再反馈回语义层。因此,两步交互激活模型预测在词汇选择未完成之前,音韵编码阶段已经开始加工,且音韵编码阶段能影响词汇选择阶段(Dell, 1986,1988)。同时该模型预测存在目标项的语义激活和音韵激活,而且非目标项(与目标项有语义相关)也会产生音韵激活。也有少数模型,如层叠式模型也假设词汇选择和音韵编码两个阶段之间存在交互作用,同时存在目标项和非目标项的音韵激活,但信息激活后传递的方向是单向的,不存在从音韵层向语义层的激活反馈(Peterson & Savoy, 1998)。独立两阶段模型认为词汇层和音韵层是分离的、独立的。信息的激活在这两个层之间的传递是单向的,只能从词汇层传递到音韵层,即不存在从音韵层到语义层的反馈。因此,独立两阶段模型预测在言语产生的词汇选择阶段只有语义的激活,在音韵编码阶段只有音韵的激活(Levelt, Roelofs, & Meyer, 1999);且在音韵编码阶段,只有目标项才能产生音韵激活。以上两类理论都建立在对印欧语系语言研究的基础上。

综上,两类理论之间的分歧点主要表现在:第一,是否存在从音韵层到语义层的反馈,即语义激活是否会受到音韵激活的影响;第二,语义激活与音韵激活的时间进程模式不同;第三,是否存在多重音韵激活,即非目标项是否会产生音韵激活。这一章主要阐述基于行为反应时分析的实验结果,有关脑成像的研究结果将在第六章"言语产生的认知神经机制"中进行阐述。

心理学中有关口语产生的研究,以亚洲语言为对象的相关研究几乎是凤毛麟角。而且各种语言都有自己的特色,用少数类似的语言为对象的研究成果,不见得能帮助我们了解不同语言的产生过程。因此,为了深入了解口语产生的过程,必须使用差异较大的语言为对象来进行研究(Chen & Yip, 2001)。汉语是世界上唯一的表意文字,它与印欧语系语言迥然不同。在拼音语言中,形态学指的是字母如何构成单词。在英语或荷兰语中,字形和音韵无法避免地混淆在一起。在汉语中,形态学指的是汉字的笔画及偏旁部首如何构成汉字。汉字的字形和音韵能够独立分离,存在读音相同而字形不同的字,也存在字形相似而音韵不同的字(Weekes, Davies, & Chen, 2002)。针对两类理论的争论焦点,利用汉语的这一特点,采用恰当的实验范式,能够独立地探测口语产生中的语义、音韵和正字法激活以及这些不同激活之间的关系。图画命名法是言语产生研究中所采用的经典实验范式。因为图画命名是一个自然过程,而且命名包含了从概念准备到发声的整个口语产生过程。

考察口语产生中信息激活传递模式的经典方法是图画—词汇干扰实验范式。在该范式中,给被试呈现一幅图画和一个单词,要求被试忽略单词,大声地说出图画的名称。实验中会变化图画和单词之间的关系,包括语义相关、音韵相关和无关等条件。例如,图画名称为"cat",语义相关词汇为"dog",音韵相关词汇为"key",无关条件为"table"。研究结果发现与无关条件相比,语义相关条件下图画命名的潜伏期延长,出现了语义抑制效应;而音韵相关条件下图画命名的潜伏期缩短,出现了音韵促进效应(Glaser & Düngelhoff, 1984; Schriefers, Meyer, & Levelt, 1990; Starreveld & La Heij, 1995)。这两个经典效应的发现对于口语词汇产生理论的构建作出了重要贡献。例如,著名的编织者模型(WEAVER模型)假设语义抑制效应出现在词汇语义提取阶段,该阶段的各类激活之间会产生竞争,因而出现了抑制效应;与之相比,音韵促进效应出现在音段提取水平,与目标名称存在音段相关的单词激活了相应的音段,增强了目标名称的音段激活,因而产生了音韵促进效应。

图画—词汇干扰实验范式中所操纵的第二个自变量是：图画和干扰词呈现的时间间隔(SOA)，干扰词先于目标图画呈现的为负 SOA，干扰词晚于目标图画呈现的为正 SOA。实验任务为忽略干扰词，对图画进行命名，图画命名为目标过程，对词汇的加工为探测过程，词汇加工过程是自动化的。通过变化 SOA 条件，能够探测到图画命名过程中不同的阶段(如图 3.1 所示)。若干扰词呈现得早，则探测的是图画命名过程的早期阶段；若干扰词晚于图画呈现，则探测的是图画命名过程的晚期阶段。

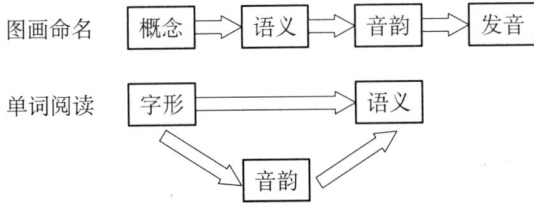

图 3.1 图画—词汇干扰实验范式的逻辑示意图

研究者利用汉语的独特性，采用经典的图画—词汇干扰实验范式，对汉语口语产生过程进行了系统的探索。在这一范式中，研究者所操纵的干扰词和图画名称之间的关系包括了语义相关、音韵相关和正字法相关等条件。根据不同时间下不同的影响结果可以推断词汇产生的时间进程，并检验两步交互激活模型和独立两阶段模型对词汇产生中语义激活和音韵激活时间进程的预测。

下面分别从两类理论争论的三个焦点对汉语口语词汇产生过程进行阐述。

3.1 是否存在音韵层到语义层的反馈

在印欧语系语言的研究中，有些研究结果对严格的序列分离观点提出了挑战，支持了口语产生中两步交互激活理论的观点。例如，在图画—图画干扰任务中，呈现两幅不同线条颜色的图画，要求被试对特定线条颜色的图画进行出声命名，研究者发现与无关条件相比，当两幅图画的名称之间存在音韵相关时，图画命名的潜伏期缩短，产生了音韵相关的促进效应(Meyer & Damian，2007；Morsella & Miozzo，2002；不同结果见 Jescheniak 等，2009)。类似地，当两幅图画的名称在形式上存在相关时，也出现了启动效应(Kuipers & Heij，2009；Navarrete & Costa，2005)。注意，下文中使用"形式"(form)这一词汇特指图画名称在发音或者拼写上的相关。已有研究发现，除了目标项之外，与其存在语义相关关系的词汇也产生了音韵上的激活，这与严格序列分离的核心观点是矛盾的。与此同时，又有研究表明激活在时间上的层叠模式不是普遍适用的,并不是所有激活的单元都会将其激活传递至下一加工水平。例如,研究发现目标词汇的身份特征如客体名称的激活会传递至形式水平,但其他特征如客体的大小或者颜色的激活则不会传递至形式水平,因此 Kuipers 和 La Heij (2009)提出了"有限层叠"的观点(同样的观点见 Dumay & Damian, 2011)。信息之间传递的层叠模式受到其他因素比如注意和任务要求的影响(Mädebach, Jescheniak, Oppermann, & Schriefers, 2011)。多数印欧语系语言的研究结果表明,在口语产生过程中存在多个节点的语义激活,所有节点的激活会传递到音韵水平,不支持序列分离观点。

Starreveld 和 La Heij(1995)在探索词汇产生中语义和字形(或音韵)之间的交互作用时发现,当干扰项与目标图对应的名称之间同时存在语义和字形(或音韵)相关时,语义干扰效应被削弱了,这表明语义关系受到了字形(或音韵)相关的影响,这两者之间存在交互作用,结果支持了两步交互激活理论(同样的结果见 Damian & Martin, 1999; Taylor & Burke, 2002)。Roelofs、Meyer 和 Levelt (1996)认为 Starreveld 等人(1995)的研究对独立两阶段理论的理解是不正确的。Roelofs 等人(1996)认为字形或音韵相关不仅能影响音韵编码阶段,而且会影响词汇选择阶段;而 Starreveld 等人(1995)却认为字形或音韵相关只在音韵编码阶段起作用,这是对独立两阶段理论的误解。

通过设置 PWI 任务中图画和词汇之间的关系,包括语义相关、音韵相关、语义和音韵都相关及无关,我们能够考察语义和音韵提取过程之间的交互作用。实验设计中包括了语义相关性(相关和无关)和音韵相关性(相关和无关),这样使得研究者能够考察两个自变量之间的交互作用。根据"叠加因素逻辑"(additive factors logic) (Sternberg, 1969),如果实验中的两个自变量在统计上无交互作用,则两个自变量影响了不同的分离的两个加工阶段,其加工遵循序列模式。如果两个自变量之间有显著的交互作用,则两个自变量可能影响了同一个加工过程,或者影响了两个加工过程但两个过程之间存在紧密联系,例如激活的双向联结和反馈。研究证据清晰地表明在西方语言中,语义效应和音韵效应在 PWI 任务下存在交互作用(Damian & Martin, 1999; Starreveld & La Heij, 1995,1996; Taylor & Burke, 2002)。

在印欧语系语言中,单词的字形和发音之间的联结比较紧密,研究者通常是将正字法信息和音韵信息的激活混淆在一起的。例如,Starreveld 和 La Heij(1995)的研究中采用视觉方式呈现干扰词,考察的是正字法信息编码过程,而 Damian 和 Martin (1999)的研究中采用听觉方式呈现干扰词,考察的是音韵信息编码过程,两个研究中都发现了正字法促进效应或者音韵促进效应。事实上,这些研究都将正字法编码过程和音韵编码过程混淆在一起了。由于印欧语系语言的特点,分离正字法信息和音韵信息是十分困难的。

　　在口语词汇产生的研究中,研究者也曾试图分离这两类信息。Lupker(1982)在PWI任务中视觉呈现干扰词,与目标词正字法相关,而音韵无关。例如,目标词为"foot"(/fʊt/),干扰词为"boot"(/buːt/),组成两个单词的字母大部分相同但发音不同。与无关条件相比,正字法相关条件下产生了56 ms的促进效应,表明仅在正字法相关的情况下也能产生促进效应。在干扰词与目标词同时存在正字法相关和音韵相关的条件下,例如目标词为"train"(/treɪn/),干扰词为"brain"(/breɪn/),产生了55 ms的促进效应;与此同时,在干扰词与目标词只有音韵相关的条件下,例如干扰词为"cane"(/keɪn/),产生了23 ms的促进效应。这表明在英语口语词汇产生中,正字法和音韵两个因素联合起来产生了PWI任务中的形式启动。

　　Underwood和Briggs(1984)采用PWI任务重复了Lupker(1982)的实验结果。研究中给被试呈现了三类干扰词:仅有正字法相关(nose-lose),仅有音韵相关(nose-goes),或者无关(nose-shut)。与无关条件相比,正字法相关条件产生了32 ms的促进效应,音韵相关条件产生了6 ms的促进效应。这一发现证实了Lupker(1982)的结果,表明仅有正字法相关即能产生启动效应,音韵因素在口语产生中的作用并非所认为得那么重要。正字法信息和音韵信息在形式启动效应中都起了作用。

　　也有一些研究表明,正字法信息可能影响了口语产生的概念加工过程。例如,Wheeldon和Monsell(1992)在研究中给被试呈现一个定义的描述,然后要求被试命名图画。与无关条件相比,当描述的定义所对应的单词与图画名称之间存在正字法和音韵相关时,产生了显著的启动效应;而当定义与目标图画的名称之间仅有音韵相关时,未产生显著的启动效应。因此,这种持续时间较长的启动效应依赖于启动项与目标项之间的正字法联系。Gaskell等人(2003)采用了"定冠词+目标词"的方式进行图画命名,定冠词"the"在目标词以元音开头时发音为/thee/,以其他音素开头时发音为/thuh/。研究者发现,对于定冠词"the"发音的选择不仅与目标词的发音有关,而且与其拼读即正字法信息有关。例如,目标词"union"和"yellow"的第一个音素都为元音,与"yellow"之前的定冠词发音方式相比,被试在"union"之前的发音出现了更多的/thee/(Gaskell, Cox, Foley, Grieve, & O'Brien, 2003)。Damian和Bowers(2003)采用内隐启动范式考察了正字法在音韵编码过程中的作用。当反应词之间存在正字法和音韵上的联系时,出现了显著的启动效应;当反应词之间发音相似而字形不同时(例如camel-kidney,c,k两个字母有相同的发音,但字形不同),启动效应消失,表明有正字法相关时才能产生启动效应。Damian和Bowers(2009)在研究中采用了PWI任务,分别用视觉和听觉方式呈现两类干扰词(音韵和正字法同时相关、仅有音韵相关),发现在视觉方式下存在正字法启动效应和音韵启动效应,但是在听觉方式呈现干扰词的条件下,正字法效应消失了。荷兰语(Roelofs, 2006)和法语(Alario, Perre, Castel, & Ziegler, 2007)的研究都未重复出正字法效应,研究者指出可能是正字法和音韵之间的匹配关系在不同语言上的差异导致的。

汉语的正字法和音韵之间的关系与印欧语系语言完全不同。从上述研究中可以看出,印欧语系语言中的正字法信息和音韵信息是混淆在一起的,无法做到纯粹的分离。研究者在一定程度上将正字法激活和音韵激活混为一谈,即认为正字法信息的激活是发生在音韵编码阶段的。在汉语研究中利用恰当的实验操纵,可以将正字法信息和音韵信息分离,从而可以考察口语产生中独立的正字法激活和音韵激活,并进一步考察正字法信息的编码发生在口语产生的哪个阶段。根据第二章介绍的内容,我们可以看到在印欧语系语言产生研究中,研究者关注的是语义选择和音韵编码之间是否存在交互作用。在汉语中,由于正字法信息和音韵信息的特性,这一研究问题可以分解为三方面: (1)语义和音韵之间的交互作用;(2)语义和正字法之间的交互作用;(3)正字法和音韵之间的交互作用。

语义和音韵之间的交互作用

Zhu、Damian和Zhang(2015)的研究采用PWI任务,并使用了与Starreveld和La Heij相同的实验逻辑。在PWI任务中,每幅图片与四类词汇进行匹配:语义干扰词与目标图片名称(即目标词)属于同一语义范畴,无音韵和字形上的联系,例如目标词为"毛衣"(/mao2yi1/),语义干扰词为"衬衫"(/chen4shan1/);音韵干扰词与目标词之间共享第一个字的音节,例如"茂盛"(/mao4sheng4/);语义和音韵同时相关的干扰词与目标词属于同一语义范畴,共享第一个字的音节,例如"帽子"(/mao4zi/);无关干扰词与目标词之间无任何语义、音韵和正字法上的联系,例如"座位"(/zuo4wei4/)。其中关键的是,音韵相关词选择的是与目标词音节相同而声调不同的词汇。此外,在音韵相关词的选择中,我们完全避免了与目标词存在正字法关联的词汇,而在印欧语系语言中,干扰词与目标词之间的正字法联系难以剔除干净。

研究中包括了音韵相关性和语义相关性两个自变量,有两类音韵相关条件(音韵相关和音韵无关)、两类语义相关条件(语义相关和语义无关)。因为已有研究指出语义相关程度越高,语义抑制效应越强(Vigliocco, Vinson, Lewis, & Garrett, 2004),或者越弱(Mahon, Costa, Peterson, Vargas, & Caramazza, 2007),或者相同(Hutson & Damian, 2014),所以实验之前进行了语义相关程度的评定测试,结果发现两类语义相关条件下的语义相关程度都很高,表明两类语义相关条件与目标词之间的语义相关程度得到了匹配。

这一研究发现了经典的语义抑制效应和音韵促进效应,且语义相关性和音韵相关性之间的交互作用不显著,这是一个阴性结果。在传统的虚无假设检验方法中,很难基于阴性结果得到结论。贝叶斯分析为阴性结果提供了可靠性的检测(例如,Rouder, Morey, Speckman, & Province, 2012)。行为数据的贝叶斯分析表明,仅仅包括两个自变量主效应的模型优于全模型(包括两个自变量的主效应以及交互作用),其值为23.3。当贝叶斯分析的值大于3时,被认为提供了"一些支持证据";大于10时提供了"强证据";大于30时提供了"非常强"的证据(Jeffreys, 1961)。因此我们的研究对于无交互作用提供了"强证据",这进一步表明语义相关性和音韵相关性之间是独立的,无交互作用。也就是说,在汉语口语词汇产生过程中,语义相关性和音韵相关性之间表现出"叠加"模式,与印欧语系语言中"两类变量之间存在交互作用"的模式截然不同。这表明汉语口语词汇产生过程中,词汇选择和音韵编码两个阶段之间的关系是独立的,音韵层面的激活未反馈至语义层,对语义效应产生影响。

Zhu、Zhang 和 Damian(2016)采用 PWI 任务,实施了一系列实验,考察了汉语口语产生过程中词汇选择和音韵编码之间是否存在交互作用,即音韵编码阶段的音韵激活是否会影响词汇选择阶段的语义激活。实验 1 在 Zhu、Damian 和 Zhang(2015)的基础上,增加了一个自变量 SOA,即干扰词与图画呈现点之间的时间间隔。SOA 包含 3 个水平,分别为 -150 ms(干扰词先于图画 150 ms 呈现)、0 ms(干扰词和图画同时呈现)和 +150 ms(干扰词晚于图画 150 ms 呈现,"+"可省略)。

实验 1 的主要目的是考察语义相关性与音韵相关性之间的交互作用,结果如图 3.2 所示。从图 3.2 可以看出,当 SOA 为 -150 ms 时,仅发现了语义抑制效应;当 SOA 为 0 ms 时,同时出现了语义抑制效应(27 ms)和音韵促进效应(18 ms),在语义和音韵同时相关的条件下其效应仅为 2 ms,与无关条件相比,未达到显著水平;当 SOA 为 150 ms 时,无任何显著的语义抑制效应和音韵促进效应。语义相关性与音韵相关性之间在任一 SOA 水平上都不存在显著的交互作用。这一发现不仅重复出了 Zhu 等人(2015)的研究发现,而且将其研究结果扩展到多个 SOA 水平,证实了汉语口语词汇产生过程中词汇选择和音韵编码之间不存在交互作用。

尽管 Starreveld 和 La Heij(1995)指出在研究中匹配了各类条件下干扰项的词频和笔画数,但一些可能的变量仍会影响图画命名过程。Lupker(1979)认为干扰词的可表象度会影响图画命名的潜伏期,而且研究中的干扰词来自不同的语法范畴,有的干扰词为名词,有的为动词。研究者认为当目标词和干扰词属于不同的语法类别时,其干扰效应会减少(Mahon 等,2007;Melinger & Koenig, 2007;Pechmann, Garrett, & Zerbst, 2004)。基于上述考虑,实验 2 中采取了不同的实验设计,使用了 3 种不同的实验条件,即每幅图片与干扰词的关系包括:语义相关条件;音韵相关条件;语义和音韵同时相关条件;在实验中将每类条件下的干扰词打乱后与其他图片进行匹配,形成每类条件下的无关条件。效应量的计算则为各类相关条件下的反应时

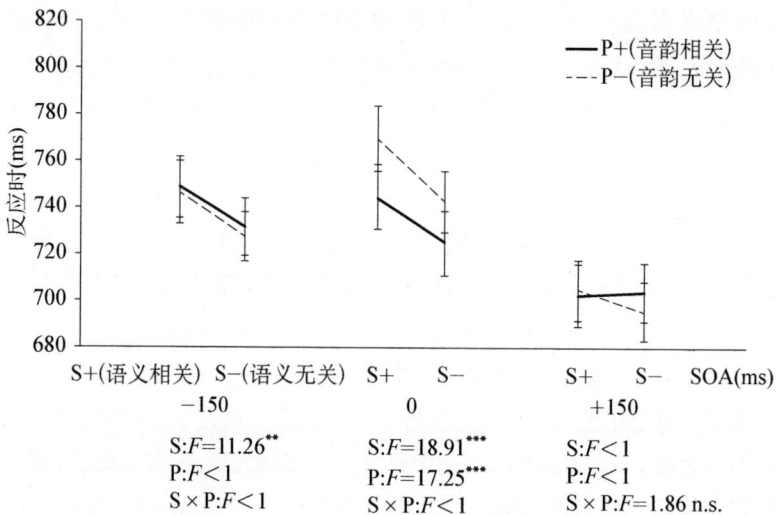

图 3.2　实验 1 中语义相关性与音韵相关性之间的交互作用(Zhu, Zhang, & Damian, 2016)

减去各类无关条件下的反应时。相关条件与无关条件下的干扰词是完全相同的,只是与不同的图画匹配,这样有效地避免了不同类型的干扰词对命名潜伏期的影响。实验结果如表 3.1 所示。

表 3.1　实验 2 中各类条件下(相关—无关)反应时的效应量和错误率(Zhu 等, 2016)

| 相关性 | 干扰词类型 | | | | | | | | |
| | S | | | P | | | SP | | |
	RT	SE	Err	RT	SE	Err	RT	SE	Err
相关	704	15	0.56	665	15	0.0	689	15	1.67
无关	681	15	0.28	696	13	1.11	699	16	0.83
Effect	23**			−31**			−10		

(注: **表明 $p<0.01$。S=语义相关(semantically related), P=音韵相关(phonologically related), SP=语义和音韵都相关(semantically and phonologically related)。RT 表示图画命名的反应时,SE 表示标准误,Err 表示错误率。Effect 表示反应时的差值:相关－无关。)

　　实验 2 中我们得到了语义和音韵同时相关效应(SP)、语义相关效应(S)及音韵相关效应(P)。如果语义相关性与音韵相关性这两个自变量之间不存在交互作用,则我们会得到如下等式:

$$SP\text{效应量}＝S\text{效应量}＋P\text{效应量} \tag{1}$$

如果这两个自变量之间存在交互作用,即音韵激活反馈至语义层对语义激活产生了影响,则

$$SP 效应量 \neq S 效应量 + P 效应量 \tag{2}$$

在数据统计中表现为:如果 SP 的效应量与 S 效应量和 P 效应量之和无显著差异,则(1)成立,表明语义相关性与音韵相关性之间无交互作用;反之,则(2)成立,表明这两个变量之间存在交互作用。实验 2 的结果支持了(1),采用不同的实验设计重复出了实验 1 以及 Zhu 等人(2015)的研究结果。

语义和正字法之间的交互作用

汉语研究中采用 PWI 任务可以将正字法信息的激活与音韵信息的激活分离开,这也为考察语义和正字法之间的交互作用及确定口语产生中正字法信息的作用提供了可能。Zhu 等人(2016)的实验 3 中即考察了这一问题,研究设计与实验 1 相同,每幅图片与四类词汇进行匹配:语义干扰词与目标图片名称属于同一语义范畴,无音韵和字形上的联系,例如目标图片名称为"豹子"(/bao4zi/),语义干扰词为"大象"(/da4xiang4/);正字法干扰词与目标词的一个部首相同,例如"约会"(/yue1hui4/);语义和正字法同时相关的干扰词与目标词属于同一语义范畴,且其中一个偏旁部首相同,例如"豺狼"(/chai2lang2/);无关干扰词与目标词之间无任何语义、音韵和正字法上的联系,例如"枕头"(/zhen3tou/)。在语义相关程度上,通过 5 点量表进行测量,得出语义干扰词为 4.44,语义和正字法同时相关的干扰词为 4.34;在正字法相关程度上,通过 5 点量表进行测量,得出正字法干扰词为 4,语义和正字法同时相关的干扰词为 3.6。实验设计中包括了 3 个自变量:语义相关性(相关和无关)、正字法相关性(相关和无关)以及 SOA(−150 ms、0 ms 和 150 ms)。

实验结果如图 3.3 所示,当 SOA 为 0 ms 时出现了语义抑制效应和正字法促进效应,当 SOA 为 150 ms 时出现了正字法促进效应;在 3 个 SOA 水平上,语义相关性和正字法相关性两个自变量之间都未出现显著的交互作用。这些发现表明词汇选择和正字法编码之间的关系是独立的,不存在从正字法编码到语义层的激活反馈。这一假设基于正字法促进效应与音韵促进效应类似,都发生在音韵编码阶段。

正字法和音韵之间的交互作用

在印欧语系语言的研究中,正字法信息和音韵信息无法做到完全分离,而在汉语研究中采用 PWI 任务可以将两者完全分离开来。那么,这两类信息的加工机制在口语产生中是相同的,还是不同的?

Weekes、Davies 和 Chen(2002)采用 PWI 任务考察了正字法相关性和音韵相关性是否独立的问题。研究中选择的干扰词与目标词音韵相关或者正字法相关,结果

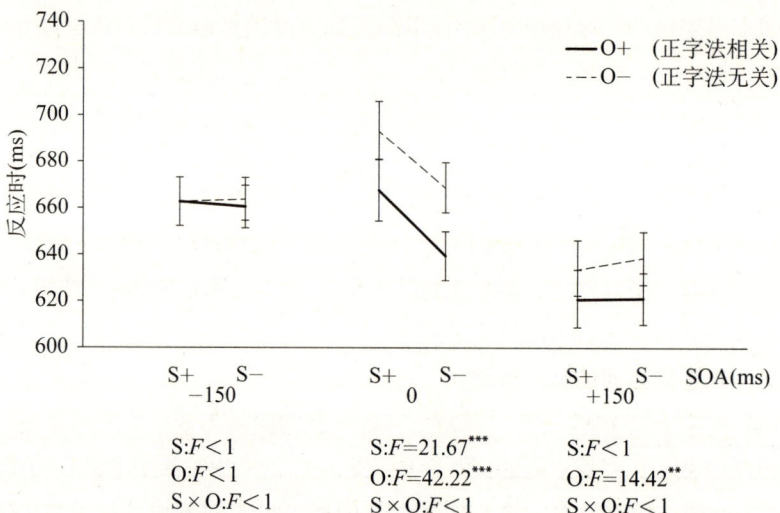

图3.3 实验3中语义相关性与正字法相关性之间的交互作用(Zhu, Zhang, & Damian, 2016)

发现当 SOA 为 0 ms 时,两个自变量之间无交互作用。因此,Weekes 等人认为正字法促进效应是由于正字法表征的自动激活向前反馈到目标词,与无关干扰词条件相比,正字法相关条件下,目标词的激活程度更高,因此产生了正字法促进效应。同时,他们认为独立的音韵效应来自于正字法和音韵之间联结的直接通道。这一研究未考虑到正字法相关性和音韵相关性之间是否存在交互作用,即两者是否来自口语产生中的同一加工阶段或关系紧密的两个加工阶段。

Zhang、Chen、Weekes 和 Yang(2009)考察了正字法相关性和音韵相关性之间是否存在交互作用的问题。实验中每幅图片与五类词汇进行匹配:语义干扰词与目标图片名称属于同一语义范畴,无音韵和字形上的联系,例如目标图片名称为"床"(/chuang2/),语义干扰词为"枕"(/zhen3/);正字法干扰词与目标词的一个部首相同,如"庆"(/qing4/);音韵干扰词与目标词的音节相同,如"创"(/chuang4/);正字法和音韵同时相关的干扰词与目标词之间共享一个部首,而且音节相同,如"疮"(/chuang1/);无关干扰词与目标词之间无任何语义、音韵和正字法上的联系,如"麦"(/mai4/)。五组干扰词在词频和笔画数上都作了严格匹配,在两个指标上都无显著差异。

在 3 个 SOA 水平(−150 ms、0 ms 和 150 ms)上,Zhang 等人(2009)分析了正字法相关性和音韵相关性之间是否存在交互作用。实验结果如图 3.4 所示,在 SOA 为 −150 ms 和 0 ms 时,这两个自变量之间不存在交互作用;当 SOA 为 150 ms 时,两个自变量之间存在交互作用。这表明在口语产生的早期阶段,正字法相关性和音韵相关性这两个自变量独立地影响了口语命名过程;而在晚期阶段,这两个自变量之间产生了相互影响。这一研究发现正字法激活完全不同于音韵激活,两者的加工过程是独立的,早期的正字法激活来自语义激活。音韵激活则可能有两个来源:第一,来自语义激活的传递;第二,来自早期正字法激活的传递。

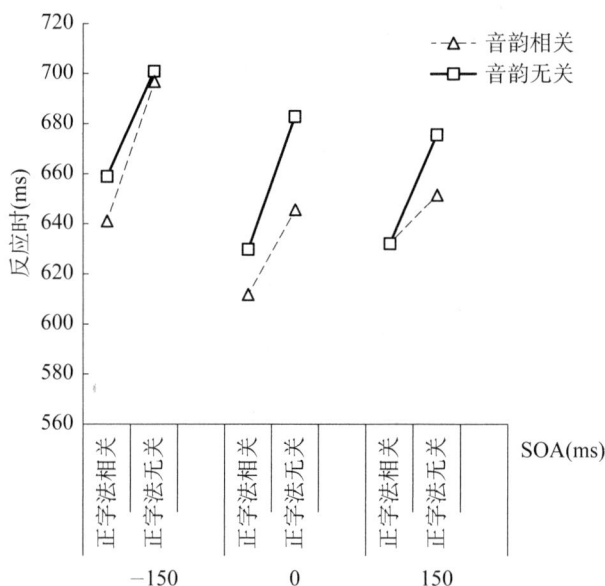

图3.4 正字法相关性和音韵相关性在三个 SOA 水平上的交互作用(Zhang, Chen, Weekes, & Yang, 2009)

关于正字法激活在口语产生中的发生阶段,研究者(Bi, Xu, & Caramazza, 2009;Zhang 等,2009;Zhang & Weekes, 2009)提出了如下模型:第一,音韵干扰词的促进效应来自音韵编码阶段。第二,正字法促进效应的产生可能有两个来源。具体而言,在正字法干扰词的视觉再认过程中,例如"庆"的正字法表征产生激活,其中包括了目标词"床"的正字法表征,正字法表征的激活可能会通过下面两种方式促进图画命名过程:一种是其激活反馈至语义层,在概念水平上增加了目标词的激活,因而促进了目标词的概念化过程,产生了促进效应;还有一种是正字法表征直接激活了其相应的音韵表征,因而产生了促进效应。已有的研究结果对这一模型提供了支持证据(Zhang 等,2009;Zhang & Weekes, 2009)。

Zhao、La Heij 和 Schiller(2012)进一步采用 PWI 任务考察了正字法促进效应和音韵促进效应的认知机制。实验1中设置了正字法相关和无关条件、音韵相关和无关条件,以及 3 个 SOA 水平(－150 ms、0 ms 和 150 ms),比较了这两类效应的时间进程。结果发现仅在 SOA 为 0 ms 时,同时出现了正字法促进效应和音韵促进效应,而在其余两个 SOA 水平上未出现任何效应。这一结果与之前的"正字法效应先于音韵效应出现"的结果不一致(Zhang 等,2009；Zhang & Weekes, 2009)。为了更进一步确认这两类效应的时间进程是否相同,实验 2 中进一步细化了 SOA 之间的间隔,采用了 5 个 SOA 水平(−150 ms、−75 ms、0 ms、75 ms 和 150 ms)。结果表明仅在 SOA 为 0 ms 时出现了两类效应,其余 SOA 水平上均未出现任何效应,重复验证了实验 1 的结果。两类效应的出现时间完全相同,这表明正字法促进效应可能是与音韵促进效应同时出现在音韵编码阶段的。

根据图 3.5 所示,正字法促进效应可能会来源于概念水平。Zhao 等人(2012)的实验 3 中分别采用概念语义范畴判断任务与 PWI 任务,通过两种任务的比较考察了正字法促进效应的发生阶段。实验中包括了两个自变量：任务(图画命名和图画分类),正字法相关性(相关和无关)。在概念语义范畴判断任务中,呈现的刺激与 PWI 任务相同,要求被试判断图画所表示的客体是否是有生命的。这是一个提取概念水平的信息即可完成的任务。如果正字法促进效应发生在概念加工阶段,那么与无关条件相比,正字法相关条件应该会对图画命名过程产生影响。实验结果仅在 PWI 任务中发现了正字法促进效应,Zhao 等人认为这排除了正字法促进效应发生在概念加工阶段的可能性,支持了正字法促进效应发生于音韵编码阶段的观点。

尽管如此,但是 Zhang 等人(2009)的研究采用了不同的实验材料、不同的被试以及不同的实验设计,都发现正字法激活先于音韵激活。Zhao 等人(2012)所采用的概

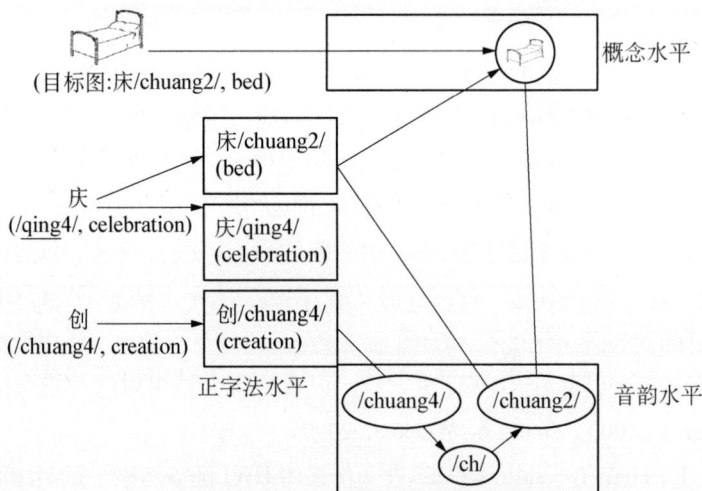

图 3.5 PWI 任务中正字法促进效应和音韵促进效应的机制(Zhao, La Heij, & Schiller, 2012)

念语义范畴判断任务中没有出现正字法效应,这可能是由于图画的概念激活非常之快(大约为 150 ms 左右),而干扰字的正字法激活传递至概念水平需要一定时间,其激活传递速度慢于图画的概念激活速度。因此,这一任务仍然不能排除早期的正字法效应发生在概念水平的可能。

Zhang 和 Wang(2015)进一步考察了 PWI 任务中正字法信息与音韵信息的交互作用。研究中的干扰类型包括正字法相关、音韵相关及两者同时相关,相关性分为相关和无关两个水平,并采用了 3 个 SOA 水平——−100 ms、0 ms 和 100 ms。数据分析发现:当 SOA 为−100 ms 时,正字法相关效应与音韵相关效应之和与两者同时相关时的效应之间无显著差异,表明这两者的效应是独立的;当 SOA 为 0 ms 和 100 ms 时,正字法相关效应与音韵相关效应之和与两者同时相关时的效应之间存在显著差异,表明正字法相关与音韵相关之间产生了交互作用。贝叶斯因素指标发现:当 SOA 为−100 ms 时,贝叶斯指标为 3.09, pBIC(H0|D)=0.76, pBIC(H1|D)=0.24,为正字法效应和音韵效应的独立性提供了较强的证据;当 SOA 为 0 ms 时,贝叶斯指标为 0.55, pBIC(H0|D)=0.35, pBIC(H1|D)=0.65,当 SOA 为 100 ms 时,贝叶斯指标为 0.95, pBIC(H0|D)=0.49, pBIC(H1|D)=0.51,为正字法相关和音韵相关之间的交互作用提供了较弱的证据。这一结果重复出了 Zhang 和 Weekes(2009)所发现的模式:早期的正字法效应独立于音韵效应,而晚期的正字法相关与音韵相关之间存在交互作用。

综上,通过对语义、正字法和音韵之间交互作用的考察,以及印欧语系语言研究与汉语研究的对比(如图 3.6 所示),可以看到在印欧语系语言的口语词汇产生过程

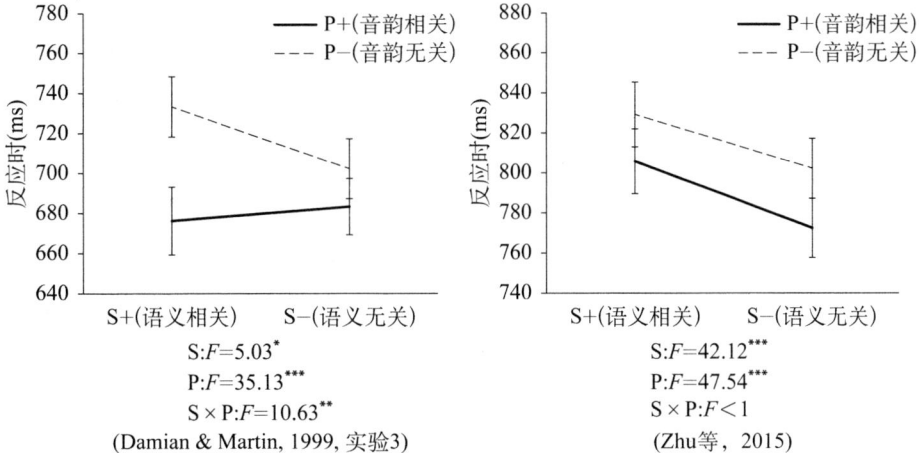

图 3.6 英语和汉语中语义相关性与音韵相关性交互作用的比较

中,语义与音韵之间存在交互作用。与此形成鲜明对比的是,在汉语口语词汇产生过程中,语义与音韵之间无交互作用,两者所产生的效应是独立的;语义与正字法之间也未产生交互作用;而正字法与音韵之间早期无交互作用,晚期存在交互作用,这为正字法效应发生在早期的概念阶段及晚期的音韵编码阶段提供了证据。

3.2　词汇选择和音韵编码信息激活的时间进程

在印欧语系语言研究中,研究者考察的是语义和音韵激活的时间进程;而在汉语口语词汇产生中,存在独立的正字法激活和音韵激活,因此研究者考察的是语义、正字法和音韵激活的时间进程。

张清芳和杨玉芳(2004)研究了汉语单音节词汇产生中语义、音韵和正字法激活的时间进程,共包括两个实验。实验1中的第一个被试内因素为SOA,有7个水平,分别为 − 300 ms、 − 200 ms、 − 100 ms、0 ms、 + 100 ms、 + 200 ms、 + 300 ms,“ − ”表示干扰词在图画呈现300 ms、200 ms或100 ms之前出现;“ + ”表示干扰词在图画呈现100 ms、200 ms或300 ms之后出现。采用7个SOA水平的目的是尽可能细致地描绘词汇产生的时间进程。第二个被试内因素为干扰词的类型,有4个水平,分别为语义相关、音韵相关、正字法相关和无关干扰。语义相关字选择与图画名称有语义关联的单字词,比如图画名称是“狗”,语义相关字为“猫”;音韵相关字与图画名称的声母相同,而声调和韵母都不同,比如“狗(gou3)—竿(gan1)”;正字法相关字与图画名称在字形上有关,比如“狗—拘”;无关字与图画名称既无语义关系,也没有音韵和字形上的关联,比如“狗—按”,无关字组为控制组。

图3.7所显示的是语义相关、正字法相关和音韵相关条件下命名反应时减去无关干扰条件下命名反应时后的差值:当差值为正时为抑制效应,差值为负时为促进效应。实验1发现,当SOA = − 300 ms或 − 200 ms时,正字法相关条件和语义相关条件与无关干扰条件相比有显著的差异,前两种条件下的图画命名时间显著地快于无关干扰条件下的。这说明在图画命名的早期存在语义的激活,语义的激活是词汇语义水平,而不是概念水平的激活。而且,语义相关条件对图画命名起了促进作用,加快了图画的命名过程。这与英语、荷兰语图画命名研究的结果不一致。在其他研究中都发现了语义相关条件对图画命名的抑制效应,即语义相关条件延长了图画命名时间,产生了抑制效应。因为干扰项与图画名称之间存在语义上的竞争,因而延长了图画的命名时间。但是,该实验中却发现了语义相关条件对图画命名的促进作用,这是为什么?仔细分析实验中所选择的语义相关干扰项与图画名称之间的关系后,发现其中包含三类语义关系:第一类是语义相关字与图画名称属于同一语义范畴,

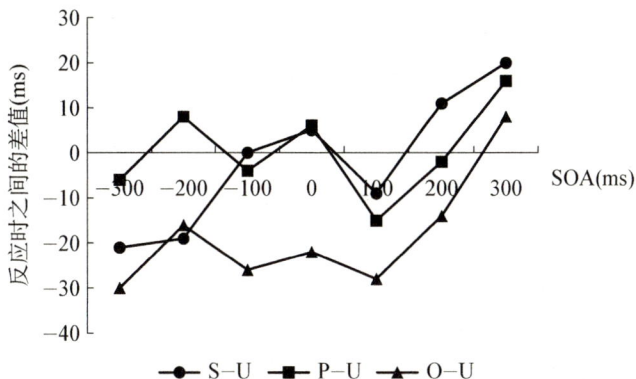

图 3.7 语义相关(S)、正字法相关(O)和音韵相关(P)与无关干扰条件(U)下图画命名反应时之间的差值(张清芳,杨玉芳,2004)

但不会联合起来组成双字词,例如图画名称是"梨",语义相关字是"桃"。第二类是语义相关字与图画名称属于同一语义范畴,而且联合起来会组成双字词,例如图画名称是"弓",语义相关字是"箭","弓"和"箭"联合起来组成双字词"弓箭"。第三类是语义相关字与图画名称有非常密切的语义关系,联合起来组成双字词,但两者不属于同一语义范畴,例如图画名称是"伞",语义相关字是"雨","雨"和"伞"联合起来组成双字词"雨伞"。能组成双字词的情况使得被试很容易记住图画所对应的语义干扰项,存在语义关系和双字词的混淆。当被试在图画呈现之前看到"箭"或"雨"时,可能立刻激活了"弓"或"伞",出现了语义促进效应。庄捷和周晓林(2001)在汉语词汇产生研究中所使用的实验材料也存在上述问题。关于语义干扰条件产生的促进作用会在第四章进行详细阐述。

当 SOA 在 − 300 ms—100 ms 之间时,正字法相关条件下的图画命名时间显著地短于无关干扰条件,产生了正字法相关的促进效应。正字法相关条件对图画命名的影响持续时间相当长,而且正字法相关条件同样对图画命名产生促进作用,加快了图画的命名过程。由于汉字中能够区分正字法和音韵信息,因此在汉语口语产生过程中可以探测到"纯"的正字法效应。干扰项字形上的激活促进了图画命名的产生。

当 SOA 在 − 300 ms—300 ms 之间时,未发现显著的音韵促进效应。这可能与所选择的音韵相关字有关。实验中所选择的音韵相关字与图画名称的声母相同,但声调和韵母都不同。音韵相关字与图画名称相同的部分可能太少,以至于不能探测到显著的音韵促进效应。与图画名称具有相同音节的干扰项比只有声母相同条件下的音韵重叠部分多,相应地对图画命名过程的影响就大,因此在干扰项为音节相同的条件下发现了显著的音节促进效应。

实验 2 采用新的实验材料考察了词汇产生中音韵激活的时间进程,避免了实验 1 材料存在的问题。其设计与实验 1 不同,为了避免被试多次重复看到同一图片,将 SOA 设置为组间自变量,干扰类型仍为组内自变量。图 3.8 所显示的是语义相关、正字法相关和音韵相关条件下命名反应时减去无关干扰条件下命名反应时后的差值。实验 2 发现,当 SOA 从 -300 ms 到 0 ms 时,语义相关条件下的图片命名时间显著地慢于无关干扰条件,出现了语义抑制效应。当 SOA 等于 -100 ms 或 0 ms 或 100 ms 时,正字法相关条件下的图片命名时间显著地短于无关干扰条件,出现了正字法促进效应。当 SOA 为 100 ms 时,音韵相关条件与无关干扰条件的图片命名时间有显著差异,前者显著地快于后者,出现了音韵促进效应。其他条件与无关干扰条件的比较未达到显著水平。

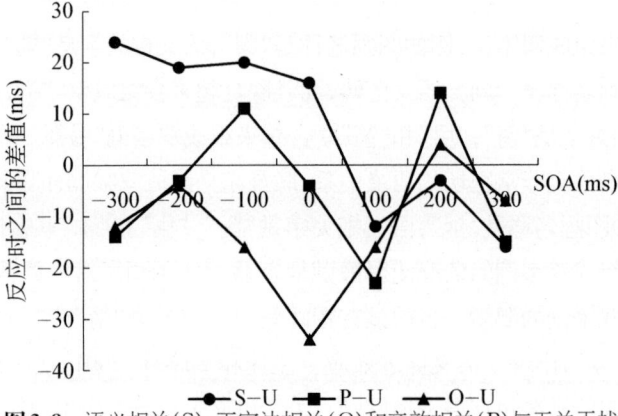

图3.8　语义相关(S)、正字法相关(O)和音韵相关(P)与无关干扰条件(U)下图片命名反应时之间的差值(张清芳,杨玉芳,2004)

　　通过这一研究,发现了汉语词汇产生中三种不同的干扰效应。语义抑制效应发生在词汇产生的早期(SOA 为 -300 ms 至 0 ms 的范围之内),它是由于干扰字与目标字属于同一语义范畴引起的。在汉语词汇产生研究中,一定要注意干扰字和目标字虽属于同一语义范畴,但不能联合组成一个有意义的双字词。如果能组合成双字词,可能会产生语义促进效应,因为可能有记忆等其他因素的混淆。音韵促进效应发生在 SOA 为 100 ms 时,这是由于干扰字与目标字之间的音节完全相同引起的。正字法促进效应发生在 SOA 为 -100 ms 到 100 ms 的范围内,是由干扰字与目标字之间仅有字形和偏旁部首的联系引起的。正字法促进效应非常强烈,其最大效应量(34 ms)大于音韵促进效应的最大效应量(23 ms)。在汉语词汇产生中,正字法信息可能起着非常重要的作用。Starreveld 和 La Heij(1995,1996)发现,当 SOA 从

−200 ms 到 200 ms 时,图画名称的字形—音韵相似词对图画命名产生了显著的促进效应。但由于荷兰语特点的限制,他们未能区分正字法效应和音韵效应。利用汉语的特点,张清芳和杨玉芳(2004)的研究成功地分离了这两个效应。

在 SOA 为 −100 ms 和 0 ms 时,同时存在语义信息的激活和正字法信息的激活,因此实验 2 的结果与两步交互激活理论和层叠式理论的预测是一致的。Damian 和 Martin(1999)在视觉呈现干扰刺激的条件下,发现语义和音韵两种效应同时存在于 SOA 为 0 ms 和 100 ms 时,支持了词汇选择和音韵编码在产生时间上存在重叠的观点。张清芳和杨玉芳(2004)的研究结果与英语和荷兰语的一些研究结果不一致,例如,Schriefers、Meyer 和 Levelt(1990)发现语义抑制效应和字形—音韵相关效应在时间上不存在重叠,其结果支持了独立两阶段理论。

张清芳和杨玉芳(2004)研究的另一个重要发现是语义、正字法和音韵三种信息被激活的先后次序。语义、正字法和音韵效应的最大值的出现时间点分别是 SOA 为 −300 ms、0 ms 和 100 ms。庄捷等人(2003)也研究了汉语词汇产生中音、形、义三种信息的激活,实验中只采取了两种 SOA 条件——0 ms 和 150 ms,发现了词条选择(语义激活)和音位编码(音韵提取)在激活时间上的重叠现象。因为采取的 SOA 值较少,所以他们的研究未能发现语义、正字法和音韵三种信息通达的时间次序。由于印欧语系语言中正字法和音韵信息无法独立分离,因此总是将正字法效应和音韵效应混淆在一起与语义效应出现的时间进程进行比较。根据张清芳和杨玉芳(2004)的研究结果,正字法信息可能在汉语词汇产生过程中起了重要作用。在图画命名过程中其实根本不需要字形的通达,因为实验只要求被试大声说出图画的名称,被试可以直接从语义进入音韵编码阶段。但是,在实验中却发现了强烈的正字法促进效应,而且其效应量大于音韵促进效应量,持续时间也比音韵激活的时间长。关于正字法信息在词汇产生过程中的作用需要进一步探索。

研究通常采取视觉呈现单词的方式来探测图画命名过程中各种信息加工的时间进程,该任务中同时包含了两个过程:单词命名和单词识别,因此可以从图画命名中发现的各种信息激活的时间进程来探测单词识别过程。关于单词识别过程形成了两大理论:音韵中介假设认为正字法信息输入首先激活其音韵,然后通过音韵激活语义;而直接通达假设认为直接从正字法通达语义,不需要经过音韵信息的激活。实验结果表明:在视觉单词识别过程中,不仅存在正字法的激活,而且正字法激活紧跟着语义激活产生,这说明语义激活与正字法激活之间的关系可能比语义激活与音韵激活之间的关系更为密切。也就是说,在视觉单词识别过程中可能不经过音韵激活就能从正字法激活直接通达至语义层,支持了单词阅读中的直接通达假设。

3.3　音韵编码阶段是否存在多个项目的音韵激活

3.3.1　多重音韵激活：图画—词汇干扰实验范式

如第二章所述,多数研究发现印欧语系语言(如英语、德语、西班牙语与荷兰语等)中存在多重音韵激活,即在口语产生过程中存在多个节点的语义激活,所有节点的激活会传递到音韵编码水平,不支持序列分离观点。相比而言,很少有研究考察非字母语言中的多重音韵激活问题。另一方面,已有研究表明,不同语言中音韵编码的单元不同:英语等字母语言中的主要语音单元是音素,而汉语等非字母语言中的主要语音单元是音节。在汉语中,音节启动效应不仅在内隐启动范式中发现(Chen, Chen & Dell, 2002; O'Seaghdha, Chen, & Chen, 2010),而且在掩蔽启动范式中也有发现(Chen, Lin, & Ferrand, 2003; You, Zhang, & Verdonschot, 2012),而采用相同的范式,在字母语言中仅发现了音素启动效应,没有音节启动效应。Chen 等人(2002)与 O'Seaghdha 等人(2010)指出,不同于字母语言如荷兰语与英语,汉语具有独特的语音特点:汉语中有相对较少的音节数量(不计算声调在内,大约 400 个;计算声调在内,大约 1 200 个);音节类型相对简单,包括 CV、CVC、CVN 与 CVG(C 代表辅音,V 代表元音,N 代表鼻音,G 代表滑音)等;每个汉字对应单独的音节,没有类似字母语言中的 GPC(grapheme-phoneme conversion)通路;音节边界清晰,没有重新音节化现象。在汉语中,音节可能是从心理词典中以整体的音素组块的方式直接提取的。多重音韵激活不可避免地涉及语音加工方式,那么在字母语言与非字母语言中,不同的语音加工方式会不会影响多重音韵激活?来自跨语言的对比研究可以给出直观的答案。

张清芳和杨玉芳(2006)利用图画—词汇干扰实验范式,结合汉语的特点将字形激活与音韵激活在汉语中独立区分开来,研究语义、字形和音韵三个层面之间的交互作用,考察在汉语词汇产生中是否存在多重的音韵激活或多重的字形激活,以及是否存在从音韵编码阶段至词汇选择阶段的激活反馈。实验 1 探索在汉语词汇产生中是否存在目标字语义关联项的音韵激活。例如,如果目标图片名称是"蛇",语义相关字是"虎",那么非目标项"虎"是否会产生音韵上的激活? 为了探测其音韵激活情况,选择的干扰单字是与"虎"声母和韵母相同,而声调不同的"胡"。实验 1 采用了双因素实验设计,包括两个自变量:SOA 和干扰类型,都是组内自变量。SOA 有 3 个水平,分别是:-100 ms(干扰单字先于图片呈现)、0 ms(干扰单字和图片同时呈现)和 100 ms(干扰单字后于图片呈现)。干扰类型包括两个水平,分别是:与图片名称的语义相关字有音韵关联的单字组和无关单字组。结果发现 SOA 的主效应和干扰类型的主效应都达到了显著水平,说明在任何一个 SOA 水平上,语义中介的音韵相关条件下的图片命名时间长于无关条件,这表明图画名称的语义相关字的音韵相关字产生的激活抑制了图片命名的过程,非目标语义项产生了音韵上的激活。也就是说,并不只有目标项(即图画名称)才会产生音韵上的激活。实验结果支持了两步交互激活理论或层叠式理论的观点。庄捷和周晓林(2003)采用图片命名法和干扰字命名法,探讨了汉语词汇产生中语义激活和音韵激活之间的交互作用。研究采用了 SOA = 0 ms 的条件,干扰类型分别是图画名称的语义相关字、以语义为中介的音韵相关字及无关字。他们的实验结果显示,目标图片(例如"牛")的语义相关字("羊")的音韵信息得到了激活,说明汉语词汇产生中存在多重音韵激活,音韵编码在词条选择完成之前已开始。根据两步交互激活理论,在词汇选择阶段,目标图片名称"蛇"和语义相关字"虎"的词条都产生了语义上的激活,"蛇"和"虎"的语义激活会扩散传递至相应的音韵激活。因此,当呈现干扰单字"胡"时,会增强音韵编码阶段已有的 /hu3/ 的激活程度,从而与目标项 /she2/ 形成竞争,延长了对目标图画名称"蛇"的命名时间,产生了语义中介的音韵相关条件的抑制效应。

实验 2 探测在汉语词汇产生过程中是否存在多重的字形激活,即非目标语义项是否能产生字形上的激活。首先选择与图片名称有语义相关的单字,然后在此基础上选择与语义相关字有字形联系的单字。例如目标图片名称是"蛇",语义相关字是"虎",为了探测其字形激活,选择的干扰单字是与"虎"的字形结构和一个偏旁部首相同,而音节结构完全不同的"虑"。实验 2 的设计与实验 1 相似,SOA 的 3 个水平与实验 1 完全相同。干扰类型包括两个水平,分别是:与图片名称的语义相关字有字形关联的单字组和无关单字组。结果未发现干扰类型效应,这表明非目标语义项不能产生字形上的激活。张清芳和杨玉芳(2004)的研究表明,在词汇产生中字形的激活是非常强烈的,延续时间长于音韵激活;而且各种信息的通达有先后的顺序,首先是语义激活,接着是字形激活,然后是音韵激活。根据上述结果,我们猜测在汉语词汇产生的词汇通达过程中,非目标语义项的字形激活也应该先于音韵激活产生。如果目标项和其语义相关项的语义激活能扩散至音韵水平,那么也应该能探测到相应的字形激活。

在实验 1 的 3 个 SOA 水平上,两个干扰类型之间的图片命名时间都有显著的差异,而且图片所设置的干扰类型只有两种,被试有可能会猜测或意识到语义中介的音韵相关字与图片之间的关系,从而影响图片的命名过程。庄捷和周晓林(2003)的研究观察到了多重的音韵激活,实验中设置的两种干扰类型是语义相关和语义中介的音韵相关,这两种条件与图片名称之间都是通过语义与目标项产生联系,被试也可能意识到了图片的干扰类型与图片之间的关系,因而产生了显著的语义抑制效应。另外,实验 1 的结果表明语义关联项能够产生音韵激活,而实验 2 的结果表明语义关联项不能产生字形激活。如果汉语词汇的产生确实是依据语义、字形和音韵这个次序进行的,那么当图画名称的语义关联项不能产生字形激活时,也不应该产生音韵上的激活。即实验 1 和实验 2 的结果产生了矛盾。针对上述问题,在实验 3 中增加了另外两组实验条件,分别是字形中介的音韵关联字和音韵中介的字形关联字。因此,实验 3 是在改进实验 1 和 2 的基础上,重复考察语义关联项能否产生字形激活和音韵激活,同时探测汉语词汇产生中字形和音韵之间是否存在双向的激活联系。

实验 3 中设置了更多的实验条件,增加了其他干扰条件,使被试不能猜测或意识到干扰类型与图片之间的关系,这样能真正地探测到目标字的语义相关字能否产生音韵上的激活。同时,重新选择了语义关联项的字形关联字,使得字形关联字和非目标语义项之间的字形关联度比实验 2 中的条件要高。为了探测字形和音韵之间双向的激活,所选择的干扰单字分别与目标图画名称的字形关联字有音韵联系,与目标图画名称的音韵关联字有字形联系。例如,目标图画名称是"糖",与目标图画名称有语义联系的字为"酒",所选择的语义中介的音韵相关字为"究",语义中介的字形相关字为"洒";与目标图画名称有字形联系的字为"粹",字形中介的音韵相关字为"崔";与目标图画名称有音韵联系的字为"躺",音韵中介的字形相关字为"躲"。实验 3 中包括了两个自变量: SOA 和干扰类型,都是组内自变量。SOA 的 3 个水平与实验 1 相同。干扰类型包括 5 个水平,分别是语义中介的音韵相关字(SP)、语义中介的字形相关字(SO)、字形中介的音韵相关字(OP)、音韵中介的字形相关字(PO)和无关单字。

实验结果发现,当 SOA 为 -100 ms 时,第一,与无关条件相比,语义中介的音韵相关字对图画命名时间没有产生显著的影响,表明非目标语义项不能产生音韵上的激活。这与实验 1 的结果不同。第二,虽然增加了与图画名称有语义关联的字与其字形相关字的字形关联度之后,但与无关条件相比,语义中介的字形相关字对图画命名时间仍然没有产生显著的影响。重复验证了实验 2 的结果。第三,与无关条件相比,音韵中介的字形相关字对图画命名时间没有产生影响,表明音韵关联字不能产生字形激活。第四,与无关条件相比,字形中介的音韵相关字缩短了图画命名时间,表明目标字的字形关联字产生了音韵激活。

根据两步交互激活理论的观点,词汇选择和音韵编码两个阶段之间存在交互作用,存在语义相关项的字形—音韵激活。而根据独立两阶段理论的观点,只有目标项才产生字形—音韵激活。张清芳和杨玉芳(2006)的研究未探测到语义相关项的音韵激活和字形激活,但探测到了字形相关项的音韵激活。实验结果到底支持哪一种理论? 关键在于字形激活位于词汇产生中的哪一个阶段。如果字形激活位于词汇选择阶段,那么上述结果表明非目标项在词汇选择阶段的激活能传递到音韵编码阶段,实验结果支持两步交互激活理论。如果字形激活位于音韵编码阶段,那么上述结果表明非目标项在词汇选择阶段的激活不能传递至音韵编码阶段,实验结果支持独立两阶段理论。

实验 3 中未观察到音韵中介字的字形激活。张清芳和杨玉芳(2004)对汉语词汇产生时间进程的研究表明在词汇通达过程中,首先是语义激活,接着是字形激活,最后才是音韵激活。所以该结果表明音韵水平的激活不能反馈至字形水平。一般而言,词汇通达理论认为音韵激活位于音韵编码阶段。因此,"目标字的音韵相关字不能产生字形激活"的结果说明,音韵编码阶段的激活不能反馈至词汇选择阶段,这支持了独立两阶段理论的观点。庄捷和周晓林(2003)采用语义范畴判断法,考察音韵信息的激活是否会反馈至词条和语义层次,结果发现目标图片名称("羊")的同音字("阳")不会促进对语义的判断。庄捷等人认为这表明音韵激活不能反馈至词条水平,但语义范畴判断任务不是词汇产生任务,而是词汇理解任务。因此,庄捷等人得到的结果可能只反映了词汇理解加工过程,而非词汇产生过程。而图画—词汇干扰实验范式是典型的词汇产生任务,反映了词汇产生过程。

如前所述,独立两阶段理论和两步交互激活理论争论的焦点是:词汇选择和音韵编码之间是否存在交互作用。研究者从以下两个方面对此问题进行了探索:第一,是否存在多重音韵激活;第二,是否存在从音韵编码阶段至词汇选择阶段的激活反馈。这两个问题之间是否存在一定的关联? 张清芳和杨玉芳(2006)的实验结果表明,这两个问题是可以分割进行研究的。庄捷和周晓林(2003)依据其研究结果也指出,"多重音韵激活及音韵激活向词条和语义层次反馈是两个独立的、可以分割的问题",以后的研究应对上述两个方面进行区分。

3.3.2 多重音韵激活:语义组块命名任务与图画—词汇干扰实验范式的结合

研究者试图采用多种方式,比如增加目标项语义相关项的语义激活,期望能够探测到微弱的多重音韵激活。第一,研究者认为图画—图画干扰范式和图画—词汇干扰实验范式中发现的音韵激活相对较弱,需要选择对音韵激活更为敏感的范式进行探索(Abdel Rahman & Melinger, 2008; Dell & O'Seaghdha, 1991, 1992; Jescheniak & Schriefers, 1998; O'Seaghdha & Marin, 1997; Oppermann, Jescheniak, & Schriefers, 2008; Oppermann, Jescheniak, Schriefers, & Görges, 2010; Peterson & Savoy, 1998)。第二,在图图干扰范式中可能涉及注意分配的问题,任务中目标图与干扰图相互叠加在一起,被试命名目标图时通过颜色线条区分目标项和干扰项,对非目标图的注意加工可能会在一定程度上激活其语义信息,从而增强了发现音韵激活的可能性(Morsella & Miozzo, 2002; Oppermann 等, 2008; Oppermann 等, 2010)。

Oppermann 等人(2008，2010)指出，只有当非目标项的语义激活足够强时才有可能发现多重音韵激活。Roelofs(2008)提出，对非目标项的注意程度足够强就可发现多重音韵激活。

为了增加探测到多重音韵激活的概率，Zhang、Zhu 和 Damian(2018)将语义组块命名任务(blocked naming)和图画—词汇干扰实验范式相结合，这样能够避免已有研究范式的一些问题。在语义组块命名任务中，屏幕上将依次呈现一系列图片，要求被试说出每幅图片的名称。一种条件下所呈现的图片来自相同语义范畴，例如虎、牛、猫、象，称之为语义同源组；另一种条件下所呈现的图片分别来自不同的语义范畴，例如花、牛、笔、桥，称之为语义异源组。与语义异源组相比，语义同源组因为图片间的语义联系而使得该语义范畴下的项目均高度激活，从而在命名目标图时由于项目间的彼此竞争而产生语义抑制效应，延长了目标图的命名反应时。研究发现，语义同源组条件下的图片命名时间显著长于语义异源组，这一效应即是语义组块命名任务下的语义抑制效应，又被称为语义组块效应(Aristei, Melinger, & Abdel Rahman, 2011；Belke, Meyer, & Damian, 2005；Damian, Vigliocco, & Levelt, 2001；Kroll & Stewart, 1994)。相比而言，语义同源组内各幅图片的语义激活程度高于语义异源组图片的，而且任务中一次呈现一幅图片，避免了因为两幅图片同时呈现而导致的注意问题。

在图画—词汇干扰实验范式中，每幅图片均匹配三种不同的音韵干扰词(音韵相关、语义中介的音韵相关、无关)，要求被试忽略干扰词，尽可能正确而迅速地命名目标图片。将语义组块范式与图词干扰范式结合后，语义组块范式中的语义同源组和异源组均会形成这三种相关条件。与 Oppermann 等人(2010)的实验逻辑相似，在语义相关条件下，如果非目标项的音韵可以被激活，那么相比无关条件，在语义中介的音韵相关条件下会出现干扰效应。语义同源组中非目标项的语义激活会增强，从而使得语义激活向音韵阶段的激活传递增强，进而增加了发现多重音韵激活的可能性；语义异源组中非目标项的语义激活程度不会得到增强。在音韵相关条件下，音韵促进效应是独立于语义范畴的，无论是语义同源组还是语义异源组，都会出现音韵促进效应。

Zhang 等人(2018)的研究中采用上述任务，比较了英语和汉语口语词汇产生中是否存在多重音韵激活。在英语的实验中，目标图为 16 幅黑白线条图，包括 4 个语义范畴(交通工具、工具、身体器官与家具)，每个范畴下选取 4 幅图片，名称均为单音节词。这些图片属于相同语义范畴，可以组合成语义同源组；通过每个范畴下各选取一幅图片重新组合，组成语义异源组。每幅图片均匹配三种类型的音韵干扰词。音韵相关词的选取标准为：该词与目标图片名称共享 1 到 2 个音素(如目标图名称

"train",音韵干扰词"trial")。语义中介的音韵相关词的选取标准为:作为语义中介的项目是语义同源组中的另外一幅语义相关的非目标项图片,语义中介的音韵相关词是与该非目标项音韵相关的词(如语义中介项目"bus",语义中介的音韵相关词"bulb")。无关词的选取标准为:与目标图无任何联系(如无关词"goose")。

英语实验的主要发现如下:第一,语义同源组图画命名的反应时显著长于语义异源组,发现了典型的语义抑制效应(Aristei 等,2011;Belke 等,2005;Damian 等,2001;Kroll & Stewart,1994),表明在语义同源组下各项目间的语义联系得到增强,来自上位范畴语义特征的激活与各项目之间的语义概念扩散激活一起使得各项目的语义激活程度强于语义异源组。第二,发现了音韵促进效应(Damian & Martin,1999;Schriefers 等,1990;Starreveld & La Heij,1995)。第三,更重要的是,发现了干扰词类型与语义线索之间的交互作用,在语义同源组条件下发现了语义中介的音韵抑制效应,这表明在英语中存在多重音韵激活。这是目前第一个采用单个物体命名实验得到多重音韵激活的实验研究,其他研究均是采用多幅图片或者多个干扰词方式得到多重音韵激活的(Abdel Rahman & Melinger,2008;Mädebach 等,2011;Meyer & Damian,2007;Morsella & Miozzo,2002)。该结果表明在考察多重音韵激活这一问题上,语义组块范式与图词干扰范式相结合是敏感且有效的。

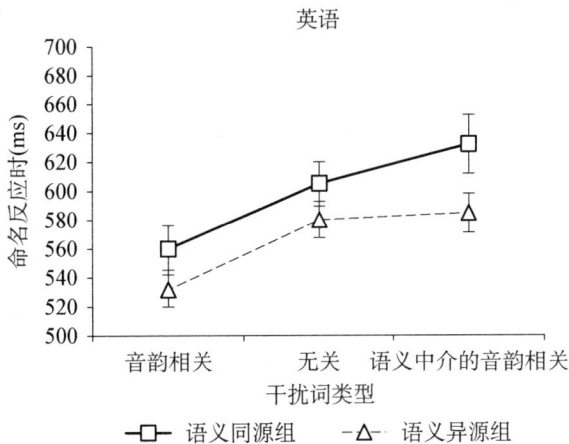

图 3.9 英语中不同干扰词类型和语义背景条件下的平均反应时和标准误(Zhang 等,2018)

在此基础上,我们采用相同任务考察了汉语口语词汇产生中是否存在多重音韵激活。研究中使用 25 幅图片,包括 5 个语义范畴(动物、工具、水果、身体器官与衣服),从每个范畴中选取 5 幅图片,其名称均为双字词。这些图片属于相同语义范畴,可以组合成语义同源组;通过从每个范畴中各选取一幅图片重新组合,组成语义异源组。每幅图片均匹配三种类型的音韵干扰词。音韵相关词选取标准为:该词与目标图名称共享音节但声调不同(如目标图名称为"袋鼠",音韵干扰为"歹徒")。语义中介的音韵相关词的选取标准为:作为语义中介的项目是语义同源组中的另外一幅语义相关的非目标项图片,语义中介的音韵相关词是与该非目标项音韵相关的词(如语义中介项目为"犀牛",语义中介的音韵相关词为"席子")。无关词的选取标准为:与目标图无任何联系(如无关词为"枕头")。为了控制无关词成为潜在的语义中介的音韵相关条件,在选取无关词时,尽可能地避免无关词与同属于目标图语义范畴的其他项目有任何音韵联系。

  与英语的实验结果类似,在汉语中发现了经典的语义干扰效应和音韵促进效应,但未发现语义中介的音韵相关条件下的效应。这表明在汉语中,语义同源组条件下也能增加非目标项的语义激活,且语义抑制效应比英语中的效应要大,但是并未导致语义中介的音韵相关条件下效应的增强,即汉语中不存在多重音韵激活。这一结果表明汉语与英语的口语产生过程存在根本的差异,即英语口语产生过程为交互激活模式,而汉语口语产生过程为系列模式。该汉语研究中所发现的结果与已有研究一致(Zhu 等,2015,2016),为独立两阶段理论提供了证据。

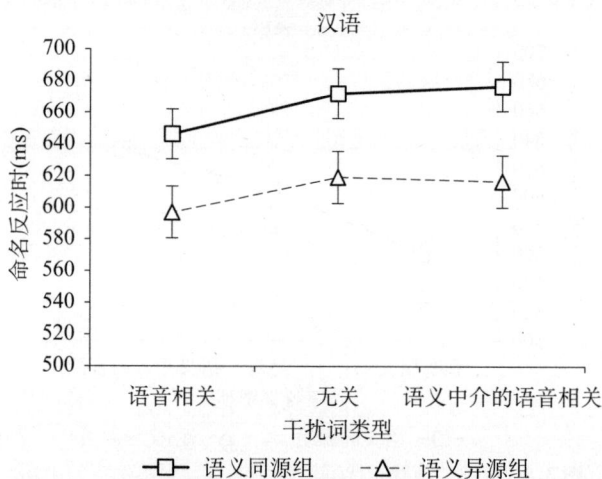

图 3.10 汉语中不同干扰词类型和语义背景条件下的平均反应时和标准误(Zhang 等,2018)

3.3.3 多重音韵激活:单词翻译任务和词汇联想任务

  在采用单词翻译任务和词汇联想任务的大多数研究中,双语者的语言均为字母语言。如果双语者的两种语言分别为字母语言和非字母语言,其加工过程会如何?Zhang 和 Zhu(2016)采取单词翻译任务和词汇联想任务,考察了汉语—英语双语者的汉语口语词汇产生中是否存在多重音韵激活。实验 1 中采用了单词翻译任务,要求被试将一个英语单词翻译成对应的汉语词汇,在英语单词呈现时会同时呈现一幅图片,图片名称与对应的汉语词汇之间存在语义相关或无关、音韵相关或无关。例如,所呈现的英语单词为"orange",对应的汉语词汇为"桔子",语义相关图片为"香蕉";英语单词为"camera",对应的汉语词汇为"相机",音韵相关图片也是"香蕉"。英语单词翻译所对应的汉语词汇为目标词,通过重新匹配目标词与图片之间的关系组成语义无关和音韵无关条件。实验结果发现了语义促进效应,语义相关条件下的单词翻译反应时间显著少于语义无关条件下的,但音韵相关条件与音韵无关条件之间无显著差异。为了进一步增加被试对音韵相关条件的敏感程度,实验 2 中将音韵相关条件的比例增加到了 50%,仍然未发现音韵效应。

实验 3 采用了更为敏感的词汇联想任务。实验中呈现一个探测词,要求被试看到探测词后说出他们想到的第一个词(目标词),探测词与目标词之间存在语义联系,比如探测词为"老师",看到这个词多数人联想到的第一个词为"学生"。在呈现探测词时会同时出现一幅线索图,线索图的名称与目标词之间存在音韵相关或音韵无关,例如线索图的名称为"雪人","雪人"与"学生"两个词之间的第一个字的音节相同,但声调不同。结果发现音韵相关和无关条件下的反应时之间无显著差异。通过 3 个实验,采用单词翻译任务和词汇联想任务,我们都未探测到汉语口语词汇产生中的多重音韵激活。

本章总结

本章从理论争论最为激烈的三个方面总结了汉语口语词汇产生中词汇选择和音韵编码之间的关系: (1)是否存在音韵层到语义层的反馈;(2)词汇选择和音韵编码信息激活的时间进程;(3)是否存在多重音韵激活。已有研究结果表明,汉语的口语词汇产生的认知机制与字母语言不同,总体呈现出独立两阶段模式的特点:词汇选择与音韵编码阶段的信息激活的时间进程是分离的,而且非目标项不会产生音韵激活。

参考文献

张清芳,杨玉芳.(2004).汉语词汇产生中语义、字形和语音激活的时间进程.心理学报,36(1),1—8.
张清芳,杨玉芳.(2006).汉语词汇产生中词汇选择和音韵编码之间的交互作用.心理学报,38(4),480—488.
周晓林,庄捷,吴佳音,杨大赫.(2003).汉语词汇产生中音、形、义三种信息的激活.心理学报,35(6),712—718.

庄捷,周晓林.(2003).汉语词汇产生中语义、语音层次之间的交互作用.心理学报,35(3),300—308.

Abdel Rahman, R. , & Melinger, A. (2008). Enhanced phonological facilitation and traces of concurrent word form activation in speech production: An object-naming study with multiple distractors. *The Quarterly Journal of Experimental Psychology*, 61(9),1410 – 1440.

Alario, F. X. , Perre, L. , Castel, C. , & Ziegler, J. C. (2007). The role of orthography in speech production revisited. *Cognition*, 102,464 – 475.

Aristei, S. , Melinger, A. , & Abdel Rahman, R. (2011). Electrophysiological chronometry of semantic context effects in language production. *Journal of Cognitive Neuroscience*, 23(7),1567 – 1586.

Belke, E. , Meyer, A. S. , & Damian, M. F. (2005). Refractory effects in picture naming as assessed in a semantic blocking paradigm. *The Quarterly Journal of Experimental Psychology*, 58(4),667 – 692.

Bi, Y-C. Xu, Y-D. , & Caramazza, A. (2009). Orthographic and phonological effects in the picture word interference paradigm: Evidence from a logographic language. *Applied Psycholinguistics*, 30(4),637 – 658.

Bloem, I. , & La Heij, W. (2003). Semantic facilitation and semantic interference in word translation: Implications for models of lexical access in language production. *Journal of Memory and Language*, 48(3),468 – 488.

Bloem, I. , van den Boogaard, S. , & La Heij, W. (2004). Semantic facilitation and semantic interference in language production: Further evidence for the conceptual selection model of lexical access. *Journal of Memory and Language*, 51(2),307 – 323.

Chen, H.-C. , & Yip, M. C. W. (2001). Processing syllabic and sub-syllabic information in Cantonese. *Journal of Psychology in Chinese Societies*, 2(2),211 – 237.

Chen, J.-Y. , Chen, T.-M. , & Dell, G. S. (2002). Word-form encoding in Mandarin Chinese as assessed by the implicit priming task. *Journal of Memory and Language*, 46(4),751 – 781.

Chen, J.-Y. , Lin, W.-C. , & Ferrand, L. (2003). Masked priming of the syllable in Mandarin Chinese speech production. *Chinese Journal of Psychology*, 45(1),107 – 120.

Costa, A. , Caramazza, A. , & Sebastián-Gallés, N. (2000). The cognate facilitation effect: Implications for models of lexical access. *Journal of Experimental Psychology: Learning, Memory, and Cognition*, 26(5),1283 – 1296.

Damian, M. F. , & Bowers, J. S. (2003). Effects of orthography on speech production in a form preparation paradigm. *Journal of Memory and Language*, 49,119 – 132.

Damian, M. F. , & Bowers, J. S. (2009). Assessing the role of orthography in speech perception and production: Evidence from picture-word interference tasks. *European Journal of Cognitive Psychology*, 21(4),581 – 598.

Damian, M. F. , & Martin, R. C. (1999). Semantic and phonological codes interact in single word production. *Journal of Experimental Psychology: Learning, Memory, and Cognition*, 25,345 – 361.

Damian, M. F. , Vigliocco, G. , & Levelt, W. J. (2001). Effects of semantic context in the naming of pictures and words. *Cognition*, 81(3), B77 – B86.

Dell, G. S. (1986). A spreading-activation theory of retrieval in sentence production. *Psychological Review*, 93(3), 283 – 321.

Dell, G. S. (1988). The retrieval of phonological forms in production: Tests of predictions from a connectionist model. *Journal of Memory and Language*, 27, 124 – 142.

Dell, G. S. , & O'Seaghdha, P. G. (1991). Mediated and convergent lexical priming in language production: A comment on Levelt et al (1991). *Psychological Review*, 98,604 – 614.

Dell, G. S. , & O'Seaghdha, P. G. (1992). Stages of lexical access in language production. *Cognition*, 42(1),287 – 314.

Dumay, N. , & Damian, M. F. (2011). A word-order constraint in single-word production? Failure to replicate Janssen, Alario, and Caramazza (2008). *Psychological Science*, 22,559 – 561.

Gaskell, M. G. , Cox, H. , Foley, K. , Grieve, H. , & O'Brien, R. (2003). Constraints on definite article alternation: To "thee" or not to "thee"? *Memory and Cognition*, 31,715 – 727.

Glaser, W. R. , & Düngelhoff, F. J. (1984). The time course of picture-word interference. *Journal of Experimental Psychology: Human Perception and Performance*, 10,640 – 654.

Humphreys, K. R. , Boyd, C. H. , & Watter, S. (2010). Phonological facilitation from pictures in a word association task: Evidence for routine cascaded processing in spoken word production. *The Quarterly Journal of Experimental Psychology*, 63(12),2289 – 2296.

Hutson, J. , & Damian, M. F. (2014). Semantic gradients in picture-word interference tasks: Is the size of interference effects affected by the degree of semantic overlap? *Frontiers in Psychology*, 5,872.

Jeffreys, H. (1961). *Theory of probability* (3rd ed.). Oxford: Oxford University Press.

Jescheniak, J. D. , Hahne, A. , Hoffmann, S. , & Wagner, V. (2006). Phonological activation of category coordinates during speech production is observable in children but not in adults: Evidence for cascaded processing. *Journal of Experimental Psychology: Learning, Memory, and Cognition*, 32(2),373 – 386.

Jescheniak, J. D. , Hahne, A. , & Schriefers, H. (2003). Information flow in the mental lexicon during speech planning: Evidence from event-related brain potentials. *Cognitive Brain Research*, 15(3),261 – 276.

Jescheniak, J. D. , Oppermann, F. , Hantsch, A. , Wagner, V. , Mädebach, A. , & Schriefers, H. (2009). Do perceived context pictures automatically activate their phonological code? *Experimental Psychology*, 56,56 – 65.

Jescheniak, J. D. , & Schriefers, H. (1998). Discrete serial versus cascaded processing in lexical access in speech production: Further evidence from the coactivation of near-synonyms. *Journal of Experimental Psychology: Learning, Memory, and Cognition*, 24(5),1256 - 1274.

Kroll, J. F., & Stewart, E. (1994). Category interference in translation and picture naming: Evidence for asymmetric connections between bilingual memory representations. *Journal of Memory and Language*, 33(2),149 - 174.

Kuipers, J.-R., & Heij, W. L. (2009). The limitations of cascading in the speech production system. *Language and Cognitive Processes*, 24(1),120 - 135.

Levelt, W.J.M., Roelofs, A., & Meyer, A.S. (1999). A theory of lexical access in speech production. *Behavioral and Brain Sciences*, 22,1 - 75.

Levelt, W.J., Schriefers, H., Vorberg, D., Meyer, A.S., Pechmann, T., & Havinga, J. (1991). The time course of lexical access in speech production: A study of picture naming. *Psychological Review*, 98(1),122 - 142.

Lupker, S.J. (1979). The semantic nature of response competition in the picture-word interference task. *Memory & Cognition*, 7,485 - 495.

Lupker, S.J. (1982). The role of phonetic and orthographic similarity in picture-word interference. *Canadian Journal of Psychology*, 36,349 - 376.

Mädebach, A., Jescheniak, J. D., Oppermann, F., & Schriefers, H. (2011). Ease of processing constrains the activation flow in the conceptual-lexical system during speech planning. *Journal of Experimental Psychology: Learning, Memory, and Cognition*, 37,649 - 660.

Mahon, B. Z., Costa, A., Peterson, R., Vargas, K. A., & Caramazza, A. (2007). Lexical selection is not by competition: A reinterpretation of semantic interference and facilitation effects in the picture-word interference paradigm. *Journal of Experimental Psychology: Learning, Memory, and Cognition*, 33,503 - 535.

Melinger, A., & Koenig, J.-P. (2007). Part-of-speech persistence: The influence of part-of-speech information on lexical processes. *Journal of Memory and Language*, 56,472 - 489.

Meyer, A. S., & Damian, M. F. (2007). Activation of distractor names in the picture-picture interference paradigm. *Memory and Cognition*, 35,494 - 503.

Morsella, E., & Miozzo, M. (2002). Evidence for a cascade model of lexical access in speech production. *Journal of Experimental Psychology: Learning, Memory, and Cognition*, 28,555 - 563.

Navarrete, E., & Costa, A. (2005). Phonological activation of ignored pictures: Further evidence for a cascade model of lexical access. *Journal of Memory and Language*, 53,359 - 377.

Navarrete, E., & Costa, A. (2009). The distractor picture paradox in speech production: Evidence from the word translation task. *Journal of Psycholinguistic Research*, 38(6),527 - 547.

Oppermann, F., Jescheniak, J., & Schriefers, H. (2008). Conceptual coherence affects phonological activation of context objects during object naming. *Journal of Experimental Psychology: Learning, Memory, and Cognition*, 34, 587 - 601.

Oppermann, F., Jescheniak, J. D., Schriefers, H., & Görges, F. (2010). Semantic relatedness among objects promotes the activation of multiple phonological codes during object naming. *The Quarterly Journal of Experimental Psychology*, 63(2),356 - 370.

Oppermann, F., Jörg D, J., & Schriefers, H. (2008). Conceptual coherence affects phonological activation of context objects during object naming. *Journal of Experimental Psychology: Learning, Memory, and Cognition*, 34(3),587 - 601.

O'Seaghdha, P.G., Chen, J.-Y., & Chen, T.-M. (2010). Proximate units in word production: Phonological encoding begins with syllables in Mandarin Chinese but with segments in English. *Cognition*, 115,282 - 302.

O'Seaghdha, P.G., & Marin, J.W. (1997). Mediated semantic-phonological priming: Calling distant relatives. *Journal of Memory and Language*, 36(2),226 - 252.

Pechmann, T., Garrett, M., & Zerbst, D. (2004). The time course of recovery for grammatical category information during lexical processing for syntactic construction. *Journal of Experimental Psychology: Learning, Memory, and Cognition*, 30,723 - 728.

Peterson, R. R., & Savoy, P. (1998). Lemma selection and phonological encoding during language production: Evidence for cascaded processing. *Journal of Experimental Psychology: Learning, Memory, and Cognition*, 24(3),539 - 557.

Roelofs, A. (1992). A spreading-activation theory of lemma retrieval in speaking. *Cognition*, 42,107 - 142.

Roelofs A. (1997). The WEAVER model of word-form encoding in speech production. *Cognition*, 65,249 - 284.

Roelofs, A. (2006). The influence of spelling on phonological encoding in word reading, object naming, and word generation. *Psychonomic Bulletin and Review*, 13,33 - 37.

Roelofs, A. (2008). Tracing attention and the activation flow in spoken word planning using eye movements. *Journal of Experimental Psychology: Learning, Memory, and Cognition*, 34(2),353 - 368.

Roelofs, A., Meyer, A. S., & Levelt, W. J. M. (1996). Interaction between semantic and orthographic factors in conceptually driven naming: Comment on Starreveld and La Heij (1995). *Journal of Experimental Psychology: Learning, Memory, and Cognition*, 22,246 - 251.

Rouder, J.N., Morey, R.D., Speckman, P.L., & Province, J.M. (2012). Default Bayes factors for ANOVA designs. *Journal of Mathematical Psychology*, 56,356 - 374.

Schriefers, H., Meyer, A. S., & Levelt, W. J. M. (1990). Exploring the time course of lexical access in language production: Picture-word interference studies. *Journal of Memory and Language*, *29*, 86 - 102.

Starreveld, P. A., & La Heij, W. (1995). Semantic interference, orthographic facilitation, and their interaction in naming tasks. *Journal of Experimental Psychology: Learning, Memory, and Cognition*, *21*(3), 686 - 698.

Starreveld, P. A., & La Heij, W. (1996). The locus of orthographic-phonological facilitation: A reply to Roelofs, Meyer, and Levelt (1996). *Journal of Experimental Psychology: Language, Memory and Cognition*, *22*, 252 - 255.

Sternberg, S. (1969). The discovery of processing stages: Extensions of Donders' method. *Acta Psychologica*, *30*, 276 - 315.

Taylor, J. K., & Burke, D. M. (2002). Asymmetric aging effects on semantic and phonological processes: Naming in the picture-word interference task. *Psychology and Aging*, *17*, 662 - 676.

Underwood, G., & Briggs, P. (1984). The development of word recognition processes. *British Journal of Psychology*, *75*, 243 - 255.

Vigliocco, G., Vinson, D. P., Lewis, W., & Garrett, M. F. (2004). Representing the meanings of object and action words: The featural and unitary semantic space hypothesis. *Cognitive Psychology*, *48*, 422 - 488.

Weekes, B., Davies, R., & Chen, M. J. (2002). Picture-word interference effects on naming in Chinese. In H. S. R. Kao, C. K. Leong, & D.-G. Gao (Eds.), *Cognitive Neuroscience Studies of the Chinese Language* (pp. 101 - 127). Hong Kong: Hong Kong University Press.

Wheeldon, L., & Monsell, S. (1992). The locus of repetition priming of spoken word production. *Quarterly Journal of Experimental Psychology*, *44A*, 723 - 761.

You, W., Zhang, Q., & Verdonschot, R. G. (2012). Masked syllable priming effects in word and picture naming in Chinese. *PLoS ONE*, *7*(10): e46595.

Zhang, Q., Chen, H.-C., Weekes, B., & Yang, Y. (2009). Independent effects of orthographic and phonological facilitation on spoken word production in Mandarin. *Language and Speech*, *52*, 113 - 126.

Zhang, Q., & Wang, C. (2015). Phonology is not accessed earlier than orthography in Chinese written production: Evidence for the orthography autonomy hypothesis. *Frontiers in Psychology*, *6*, 448.

Zhang, Q., & Weekes, B. S. (2009). Orthographic facilitation effects on spoken word production: Evidence from Chinese. *Language and Cognitive Processes*, *24*(7/8), 1082 - 1096.

Zhang, Q., & Zhu, X. (2016). It is not necessary to retrieve the phonological nodes of context objects for Chinese speakers. *Frontiers in Psychology*, *7*, 1161.

Zhang, Q., Zhu, X., & Damian, M. F. (2018). Phonological activation of category coordinates in spoken word production: Evidence for cascaded processing in English but not in Mandarin. *Applied Psycholinguisitics*, Doi: 10.1017/S0142716418000024.

Zhao, H., La Heij, W., & Schiller, N. O. (2012). Orthographic and phonological facilitation in speech production: New evidence from picture naming in Chinese. *Acta Psychologica*, *139*, 272 - 280.

Zhu, X., Damian, F., & Zhang, Q. (2015). Seriality of semantic and phonological processes during overt speech in Mandarin as revealed by event-related brain potentials. *Brain and Language*, *144*, 16 - 25.

Zhu, X., Zhang, Q., & Damian, M. F. (2016). Additivity of semantic and phonological effects: Evidence from speech production in Mandarin. *Quarterly Journal of Experimental Psychology*, *69*, 2285 - 2304.

4　口语词汇产生：概念激活和词汇选择

　　口语词汇产生中核心的词汇通达过程包括词汇选择和音韵编码两个阶段,词汇选择中涉及对词汇语义和句法的选择。这一章主要描述有关词汇选择中语义效应的认知机制及其争论。

4.1　口语词汇产生中语义效应的认知机制

　　图画命名包括概念准备、词汇选择、音韵编码、语音编码和发音等阶段,涵盖了语言产生中的所有认知加工过程,是该研究领域内运用最多的方法之一。通过采用 Stroop 任务、图画—词汇干扰实验范式和语义组块命名任务,研究者发现了语义抑制效应和语义促进效应。下面分述通过采用这些任务所发现的语义抑制效应和语义促进效应及其争论。

4.1.1　研究范式及主要发现

Stroop 任务

通过 Stroop 任务研究,研究者发现被试在命名用红色呈现的"绿"字时,其命名潜伏期长于命名一串字符"XXXX"的潜伏期,出现了 Stroop 抑制效应(Stroop,1935);也有研究者发现对用红色呈现的"火"字的命名速度快于对用红色呈现的"草"字的命名速度(Dalrymple-Alford, 1972),出现了 Stroop 促进效应。在口语产生中有很多研究者都采用 Stroop 任务对词汇产生过程进行考察,在下文中会对此现象进行讨论。

图画一词汇干扰实验范式

图画一词汇干扰实验范式(即 PWI 任务)是由 Stroop 任务发展而来的(MacLeod,1991),现有研究一般通过该范式来探索口语产生的过程(Damian & Bowers, 2003;Glaser & Glaser, 1989; Jescheniak, Hahne, & Schriefers, 2003; Melinger & Rahman,2004; Oppermann, Jescheniak, & Schriefers, 2008; Rahman & Melinger, 2008;Starreveld & La Heij, 1996; Zhang, Chen, Weekes, & Yang, 2009; Zhang & Weekes,2009;张清芳,杨玉芳,2006;周晓林,庄捷,舒华,2001)。也有研究者比较了视觉和听觉呈现干扰词对图画命名过程的影响(Damian & Martin, 1999; Hantsch, Jescheniak, &Schriefers, 2009)。图词干扰范式中所用的图片可以来自不同概念水平,如基本概念水平的"花",上位概念水平的"植物",或者是下位概念水平的"玫瑰"。研究中亦可操纵不同概念水平的命名任务,要求被试用基本概念水平的名称,或者是上位概念水平的名称,或者是下位概念水平的名称来命名图片(Costa, Mahon, Savova, & Caramazza,2003; Hantsch, Jescheniak, & Schriefers, 2005; Kuipers, La Heij, & Costa, 2006;Starreveld & La Heij, 1996)。例如,目标图名称是"花",在上位概念水平命名中,被试需要说出"植物";在下位概念水平命名中,被试要说出"玫瑰"。

在 PWI 任务中,一般要求被试完成基本概念水平的命名任务,所设置的语义干扰词与目标图名称属于同一语义范畴。结果发现,与无关干扰条件相比,相同范畴的语义干扰词显著地延长了图片命名的时间,这一效应被称为语义抑制效应(Levelt,Roelofs, & Meyer, 1999; Lupker, 1979; Roelofs, 1992; Sailor, Brooks, Bruening,Seiger-Gardner, & Guterman, 2009; Starreveld & La Heij, 1996)。在上位概念水平或者下位概念水平命名中,也观察到了语义抑制效应(Costa 等,2003; Hantsch 等,2005)。

另一方面,研究者发现在干扰词与目标图名称有语义联系的情况下,与无关干扰条件相比,图片命名的时间显著缩短,这一发现被称为语义促进效应(Costa, Alario, &Caramazza, 2005; Mahon, Costa, Peterson, Vargas, & Caramazza, 2007; Rahman &Melinger, 2007; Sailor, Brooks, Bruening, Seiger-Gardener, Guterman, 2009; Vitkovitch& Tyrrell, 1999)。语义联系主要包括语义联想联系(如"蜜蜂一奶酪")、语义功能联系(如"床一躺")和部分整体联系(如"汽车一引擎")。值得注意的是,当目标图与干扰词来自同一范畴时,设置不同要求的图画命名任务会产生不同的语义效应:当命名任务为基本概念水平的命名时,出现典型的语义抑制效应,但是当命名任务为上位概念水平的命名(例如"交通工具")时,则会出现语义促进效应(Costa 等,2003)。已有研究发现在实验材料和实验设计完全相同的情况下,将干扰词的呈现方式由视觉呈现改为听觉呈现时,原来的语义抑制效应可以转化为语义促进效应(Hantsch 等,2009)。

语义组块命名任务

Kroll 和 Stewart(1994)首次运用这一范式来考察图画命名过程。在语义组块命名任务中,屏幕上依次呈现一系列图片,要求被试说出每幅图片的名称。在语义同质条件中,各幅图片之间存在语义上的联系,而在语义异质条件中,图片之间无任何联系。与语义异质条件相比,语义同质条件下的图片命名时间显著增长。这一效应即是语义组块范式下的语义抑制效应,又被称为语义组块抑制效应。由于在特定的语义范畴中,彼此间存在语义相关关系的图片具有很高的视觉相似性,因此语义抑制效应可能是由视觉相似性引起的,与语义概念的激活无关。为了排除这一可能性,Damian、Vigliocco 和 Levelt(2001)在每一类相同范畴中均选取 4—5 幅相似程度较低的图片,并以多次循环的随机方式呈现。结果同样也发现了语义抑制效应,因此排除了该效应是由视觉相似性引起的可能性。这一改进的语义组块范式被称为循环语义组块范式。

另外一类语义抑制效应与上面描述的不同。在语义组块命名任务中,屏幕上依次呈现一系列图片,其中一些图片来自同一语义范畴,例如狗、老鼠、马、猫等,属于同一语义范畴的图片呈现之间隔了 2—8 幅其他图片,被试的任务是口语命名图片。实验发现,对于属于同一语义范畴的图片,后呈现图片的命名时间长于先呈现图片的命名时间。这一效应被称为语义累积抑制效应(cumulative semantic interference, CSI)(Howard, Nickels, Coltheart, & Cole-Virtue, 2006)。

4.2 对语义抑制效应与语义促进效应的理论解释

语义抑制效应与语义促进效应的认知机制对于构建言语产生理论是十分关键的(Levelt 等,1999)。目前,有关其认知机制的理论主要分成两大类:竞争说和非竞争说。竞争说包括词汇选择竞争说、动态词汇网络说、反应一致性假说和语义选择说;非竞争说则以反应排除假设为代表。

4.2.1 竞争说

词汇选择竞争说(lexical selection competition account)

词汇选择竞争说认为,在图画命名过程中,激活会沿着概念水平扩散至词汇水平,目标图(如"狗")的语义概念不仅激活其本身对应的词汇节点(词条,lemma),而且可以通过语义概念网络扩散并激活一系列语义相关的词汇节点(如"猫"、"鱼"),然后选择激活程度最高的词作为目标词进行发音。目标词的选择不仅依赖于自身的激活水平,也会受到其他语义相关词汇激活程度的影响。如果其他词汇节点的激活程度高,那么目标词的选择时间会延长(Roelofs, 1992)。关于词汇选择竞争说中词汇节点的动态激活与即时选择的可能性,Levelt等人(1999)认为,在选择条件满足的情况下,一个词汇节点被选择的概率等于其自身的激活程度在所有词汇节点激活程度中的比率。

词汇选择竞争说预期随着干扰词激活程度的增加,对应目标图的命名潜伏期延长(Roelofs, 1992; Starreveld & La Heij, 1996)。也就是说,词汇选择竞争说认为非目标词的激活状态影响了目标词的选择过程。研究者通过设置PWI任务中不同的干扰词类型,发现了语义相关条件下的命名潜伏期长于无关条件下的(如图画名称为"狗",语义相关干扰词为"鱼",无关词为"杯")。这是由于语义相关干扰词所对应的概念节点不仅有来自词语本身的激活,还有来自目标图所激活的语义相关概念节点所产生的激活,从而高于无关条件下只有词语本身所产生的激活。因此,语义相关词"鱼"的激活会高于无关词"杯"的激活,相应地,语义相关条件下目标图的命名潜伏期会延长(Lupker, 1979; Roelofs, 1992; Miozzo & Caramazza, 2003; Starreveld & La Heij, 1996)。Cutting和Ferreira(1999)认为非目标词是通过心理词典中各个词汇之间的抑制性联结影响目标选择的,即所有激活的词汇之间会互相抑制,激活最强的词汇节点对其他词汇产生的抑制最强。当某个词汇的激活达到了阈限值,这一词汇被选择为目标。Roelofs(1992)指出图画(例如苹果)的概念表征会将激活扩散至其上位范畴词(例如水果),然后上位概念水平的激活扩散至相关的下位范畴词(例如梨、樱桃等,其中包括了干扰词)。干扰词的词汇表征被激活,经过词条和概念之间的双向联结扩散至其概念表征、上位范畴词和相关的语义节点(其中包括了目标词)。信息的激活扩散路径从目标词到干扰词的激活扩散路径(例如,苹果——水果(概念)——樱桃)比从干扰词到目标词的激活扩散路径(例如,樱桃——樱桃(概念)——苹果(概念)——苹果)要短得多。目标词对干扰词的影响要强于干扰词对目标词的影响,与无关条件相比,在语义相关条件下,目标词和干扰词之间的竞争更强,因而产生了语义抑制效应。

Damian等人(2001)的研究证实语义抑制效应发生在词汇选择阶段。研究中设置产生单个词语和产生名词短语(限定词 + 名词)两种任务,目标语言为德语。在德语中名词短语的命名需要选择相应的语法词性,相应地,该任务必然涉及词条的选择。根据词汇选择竞争说,目标词的激活会相应地扩散到相关词语的概念节点和词条节点,从而引起词条之间的竞争。而在单个词语命名中,音韵节点可以通过音韵—字形节点通达,不需要通过词条节点的提取。结果发现在名词短语命名中出现语义抑制效应,而在单个词语命名中没有,这表明语义抑制效应是由于词条之间的竞争而导致的,而语义抑制效应发生在词汇选择阶段,支持了词汇选择竞争说的观点。

词汇选择竞争说也能解释语义组块范式下发现的语义抑制效应。Kroll 和 Stewart(1994)在实验 1 中设置语义相关组块与语义无关组块,要求被试命名图片,同时采用了字词命名任务(所用字词即为图片命名任务中的图片名称),结果发现图片命名中存在语义效应,而字词命名中没有。实验 2 采用了图片命名与字词命名交替呈现的方式,其目的是保证在语义相关组块中,可以维持词汇水平的激活程度不变,减少概念层的激活程度,进而探测这一改变是否会对语义效应产生影响。结果未发现语义效应,表明语义效应发生在词汇—语义水平(lexical-semantic level),支持了语义效应的词汇选择竞争说。

词汇选择竞争说起初是针对语义抑制效应提出来的,但是该理论难以解释干扰词的低频效应以及语义促进效应。例如,Miozzo 和 Caramazza(2003)设置高低频词来考察其对应的词汇节点的激活程度对目标图命名潜伏期的影响。由于高频词的激活程度要高于低频词的,预期目标图在高频干扰词条件下的命名潜伏期应该长于低频干扰词条件下的,结果却发现在低频干扰词条件下,目标图的命名潜伏期要更长。

有研究者将词汇选择竞争说进一步发展,提出了动态词汇网络说(Rahman & Melinger, 2009a, 2009b)。

动态词汇网络说(swinging lexical network account)

动态词汇网络说(Rahman & Melinger, 2009a)以词汇选择竞争说为基础,并进一步发展,其主要理论观点包括:(1)有语义相关关系的词汇组成一个语义群,组成语义群的各个词汇之间彼此竞争。语义群的激活程度会影响各词汇间的竞争强度,从而影响语义抑制效应的产生。(2)语义信息可能在两个加工水平上影响图画命名过程:概念水平和词汇水平。概念水平上的加工会导致语义促进效应,而词汇水平上的加工会导致语义抑制效应。由概念启动引起的促进与词条竞争引起的抑制之间的权衡决定了所出现的语义效应的方向:促进效应大于抑制效应产生语义促进效应,反之则产生语义抑制效应。(3)语义概念的动态激活程度会影响词汇节点的选择、语义群的大小以及词汇内部相关联的程度。相关词条之间产生竞争,竞争词条数量越多,彼此间相互激活程度越高,会导致更强的竞争,从而形成动态的词汇网络(Rahman & Melinger, 2009a)。

图 4.1 为动态词汇网络说的示意图。当图词干扰范式的目标项和干扰项或者语义组块命名任务中的目标项属于同一范畴,并且共享的语义节点较多时,会形成大的

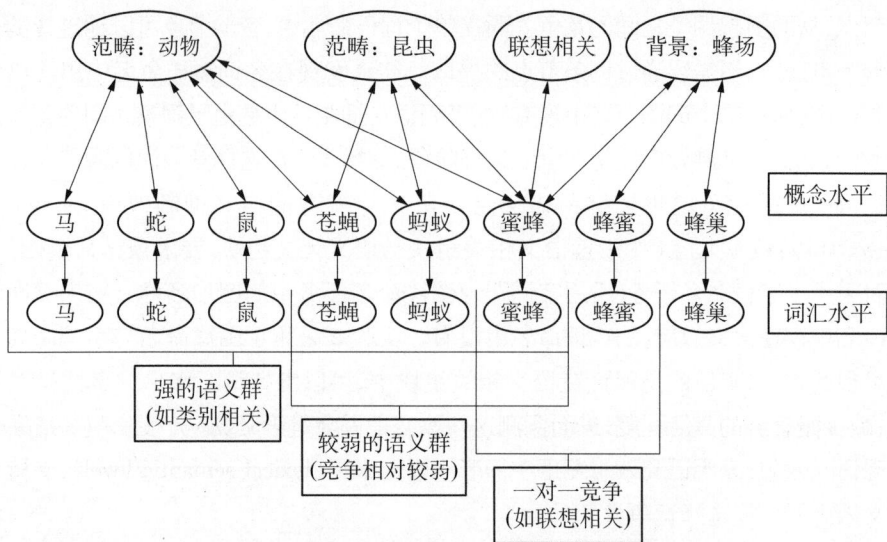

图 4.1 动态词汇网络说的语义群(Rahman & Melinger, 2009a)

注：箭头代表该网络模型中不同层面之间的激活扩散。

语义群,群内各项目之间竞争激烈,形成"一对多"的语义群网络,词条间的竞争大于各项目间的概念启动,导致语义抑制效应。当各项目属于不同范畴,彼此之间共享的语义节点较少时,会形成联系较弱的语义群,甚至会出现只有一个竞争项目的情况,形成"一对一"的语义群网络,各项目之间的概念启动会超过词条之间的竞争,导致语义促进效应(Rahman & Melinger, 2007,2009a)。

语义联想相关条件在 PWI 任务中会产生语义促进效应,但在语义组块范式中产生的却是语义抑制效应(Aristei, Melinger, & Rahman, 2010; Rahman & Melinger, 2007)。这是由于在不同任务中形成了大小不同的语义群而导致的。在 PWI 任务中,目标图名称"蜜蜂"与干扰词"蜂蜜",分属于不同的范畴,共享的语义节点较少,形成较小的语义群。在语义组块范式中,"蜜蜂"与"蜂蜜"同属于"养蜂场"这一语义背景。当语义背景激活时,形成较大的语义群,词汇群内部相关联的程度增强,导致语义抑制效应。这一比较说明,相同的语义关系会在特定条件下形成大小不同的语义群,导致不同效应的产生。语义群的大小是动态形成的、可变化的。

动态词汇网络说利用语义群的概念,可以对语义抑制效应和语义促进效应作出解释。(1)同范畴条件下的语义抑制效应:当干扰词与目标图的命名属于同一语义范畴(如目标图名称为"羊",干扰词为"兔")时,其上位范畴概念节点"动物"下的各个项目被激活,形成"一对多"语义群,群内各词条间彼此竞争,从而产生了语义抑制效应。(2)语义联想相关条件下的语义促进效应:当干扰词为具有联想关系的词语,并且与目标图名称不属于同一范畴(如"蜜蜂"与"蜂蜜")时,干扰词与目标词之间未共享上位范畴的概念节点,形成一对一竞争的语义群。语义群内各词汇之间竞争较弱,但是彼此间的语义概念启动较强,从而产生语义促进效应(Rahman & Melinger, 2007)。这一解释同样适用于"部分—整体"的从属语义相关(引擎—轿车)与"物体—动作"的语义功能相关(床—睡)等条件下发现的语义促进效应。(3)语义相关距离效应:相较于干扰词与目标词的语义距离较远条件,语义距离紧密条件下的命名潜伏期更短(Mahon 等,2007)。当语义距离紧密(如"鲤鱼"与"鲶鱼")时,目标图名称与干扰词的概念激活会扩散到相对小的语义群(如其他鱼类,这是因为都共享一部分语义特征:"有鳃"、"生活在水里"等),从而形成较弱的竞争关系。相比来说,当语义距离较远(如"鱼"与"羊")时,会形成大的语义群(如激活"狗"、"猫"、"鸟"等),从而形成相对较强的竞争关系,导致语义距离较远条件下的干扰作用较大(Rahman & Melinger, 2009a)。

动态词汇网络说同样能够解释语义组块范式下的语义抑制效应。在语义组块命名任务中,语义类别的上位范畴概念节点会得到多次重复激活。由于概念节点与词汇节点存在双向扩散激活,共享的语义特征节点与共有的类别概念节点会相互激活。在语义类别概念节点的高度激活下,属于这一语义类别的词彼此竞争,从而产生语义抑制效应。因此在语义类别相关的语义组块范式中,其上位范畴概念节点的高度激活是产生语义组块抑制效应的先决条件,而且,上位范畴概念节点的高度激活是在语义组块命名任务中动态形成的。例如,Belke、Meyer 和 Damian(2005)采用循环语义组块范式(8 次循环)来考察语义效应,结果发现在语义组块首次呈现中未出现语义抑制效应,而在随后的 7 次呈现中稳定地出现了语义抑制效应。这是因为在第一个循环中语义类别概念节点未得到高度的激活,而在第 1 次语义组块呈现之后被试激活了关于所有刺激的语义类别概念节点,接着在第 2 至第 8 次重复呈现中,语义类别概念节点产生了高度激活。这表明语义抑制效应的产生需要语义类别概念节点的激活。同时这一研究发现,语义效应不仅可以在特定项目的重复下出现,也可以扩展到属于同一语义类别的新项目中。

Rahman 和 Melinger(2007)的研究则证实了在语义联想相关的语义组块范式中,上位范畴概念节点的高度激活是语义抑制效应产生的先决条件。在 PWI 任务中,当图画与词语存在语义联想相关时会缩短图片命名潜伏期,产生语义促进效应,但是在语义组块范式中,当语义联想相关图片属于同一概念节点并且该节点高度激活时,会产生语义抑制效应(例如,"蜜蜂"、"蜂蜜"、"养蜂人",同属于"养蜂场"这一概念节点)。这表明在语义组块范式中,如果共享的语义背景概念节点被激活,那么语义联想相关条件下就可能产生语义抑制效应。此时共享的语义背景概念节点的作用类似于语义类别相关条件下的上位范畴概念节点,节点的高度激活会影响该范畴内项目的概念层与词条层,从而使得词条之间的竞争足够强而导致语义抑制效应。

有研究者也对动态词汇网络说提出了一些质疑和评价。Mahon 和 Caramazza (2009)认为在从属语义相关与语义功能相关条件下,以"床—睡"为例,动词"睡"应该会激活"枕头"、"梦"、"床垫"等相关概念,竞争词条增多应该产生语义抑制效应,但 Mahon 等人(2007)的研究却发现了语义促进效应。另一方面,Rahman 和 Melinger (2009a)认为在动态词汇网络中,语义促进效应是由语义概念启动的促进超过了竞争引起的抑制而导致的,但这两者间的权衡究竟是不是存在,目前尚未有研究证实。Rahman 和 Melinger(2009b)则认为 Mahon 等人(2009)的研究中未考虑语义群因素及概念促进与竞争干扰之间的权衡:语义群决定了语义促进与竞争干扰之间的权衡。如图 4.1 所示,在"一对一竞争"中目标图名称与干扰词不属于同一范畴,彼此间共享的语义节点非常少,语义功能相关会形成非常小的语义群,从而引起较小的竞争干扰,这样概念启动作用超过竞争干扰作用,最终产生语义促进效应(Mahon & Caramazza, 2009; Rahman & Melinger, 2009a, 2009b)。

综上,与传统的竞争说相比,动态词汇网络说强调语义词汇竞争群的概念,提出了语义概念促进与词汇竞争干扰的权衡,并指出口语词汇的产生是在一个动态的词汇网络中进行的。动态词汇网络说不仅可以解释语义抑制效应,而且可以解释语义促进效应。

反应一致性假说(response congruency account)

反应一致性假说是 Kuipers、La Heij 和 Costa(2006)提出的,主要目的是解释范畴命名任务中所出现的语义抑制效应和语义促进效应。与词汇选择竞争说完全不同的是,反应一致性假说从"目标图和干扰词是否引发了不同的反应"这一角度,对图画命名过程中的语义抑制效应和语义促进效应进行解释。该假说认为:在 PWI 任务中,要求被试对目标图进行命名,如果被试同时将该要求应用到干扰词上,那么当目标图和干扰词对任务的反应一致时会引发促进作用,最终产生语义促进效应。目标图和干扰词一致的反应被称为反应一致性,发生在前言语信息(preverbal message)水平。例如,当目标图名称是"轿车",干扰词是"火车",被试的任务是说出目标图的上位范畴词语"交通工具"。由于目标图与干扰词的概念表征"轿车"与"火车"的上位范畴概念表征均为"交通工具",两者对应的反应是一致的,因此会产生发生在概念水平的语义促进效应。同样地,在动作命名任务(语义功能相关)中,由于语义概念表征"轿车"与"飞机"会聚合到动词概念表征"开"上,因此会出现反应一致条件下的语义促进效应。

在目标图与干扰词所对应的反应不一致条件下,则会出现语义抑制效应

(Kuipers & La Heij, 2008)。例如,Kuipers 等人(2006)利用上位概念水平干扰词对基本概念水平目标图的影响来考察语义效应。实验中设置基本概念水平的目标图("狗");任务为基本概念水平的命名("狗");干扰词设置为上位概念水平相关与无关("动物"与"家具"),以及基本概念水平相关与无关("猫"与"苹果")。在这一任务中,目标图的反应("狗")与上位概念水平干扰词的反应("动物")不一致,因而产生了语义抑制效应,支持了反应一致性假说的观点。Hanstch 等人(2005)的研究也为反应一致性假说提供了证据。研究中采用 PWI 任务,考察了基本概念水平与下位概念水平的干扰词对图画命名过程的影响。实验通过设置处于不同概念水平的目标图与干扰词,如当目标图为基本概念水平("鱼")时,干扰词则是下位概念水平("鲤鱼")。结果发现无论目标图处于基本概念水平还是下位概念水平,只要目标图与干扰词处于不同概念水平,均会导致语义抑制效应。这是因为在对任务要求作出反应时,目标图和干扰词的反应不一致,从而产生了语义抑制效应。

语义选择说(semantic selection account)

Costa 等人(2003)提出的语义选择说从"目标项与干扰词的概念水平是否相同"这一角度来解释语义效应。该理论假设认知系统会区分目标项与干扰词的语义概念表征,进而选择需要进一步加工的语义概念进行词汇化。目标项和干扰词的概念水平及其之间的相对关系决定了语义效应的方向,语义认知系统对目标项和干扰词的概念水平进行分离,仅选择目标项的概念进行词汇化过程。在选择概念进行词汇化的过程中,当目标项与干扰词分属于不同概念水平时,两者的激活概念易于区分,则会产生促进效应;当目标项与干扰词属于同一概念水平时,两者的激活概念不易区分,则产生干扰效应。语义效应发生在语义概念激活阶段。例如,当目标图名称为"狗",干扰词为"动物",任务是命名目标图的基本概念水平"狗",或者目标图名称是"狗",干扰词是"猫",任务是命名上位概念水平"动物"时,目标项"狗"或"动物"在两种任务条件下都处于不同的概念水平,因此在这两种任务中出现的都是语义促进效应。当目标图名称为"狗",干扰词为"猫"时,"狗"和"猫"对应的概念水平是相同的,因此所产生的是语义抑制效应。可以看到,语义选择说的核心假设是:仅选择目标项的语义概念进行词汇化过程,这一理论的核心是对语义概念的选择,因此被称为语义选择说(Kuipers 等,2006)。

Costa 等人(2003)考察了目标项和干扰词的相对概念水平对语义效应方向的影响。研究发现,在目标项和干扰词都处于基本概念水平的条件下,命名任务为上位概念水平命名时,出现了语义促进效应,而当命名任务为基本概念水平命名时,出现的则是语义抑制效应。当目标图名称属于基本概念水平,干扰词分别为基本概念水平和上位概念水平的词语,命名任务分别为基本概念水平命名和上位概念水平命名时,发现在上位概念水平的命名任务中,处于上位概念水平的干扰词对图画命名过程的影响大于处于基本概念水平的干扰词;与此相比,在基本概念水平的命名任务中,处于基本概念水平的干扰词对图画命名过程的影响要大于处于上位范畴概念水平的干扰词,验证了语义选择说的基本观点。但是,上文中提到的 Hanstch 等人(2005)的研究支持了反应一致性假说,而未支持语义选择说。

4.2.2　非竞争说

在语言产生领域中,与"竞争说"相对立的另一类理论是词汇选择的非竞争说,其主要观点是:激活程度最高的词汇被选择为目标词,其选择与其他同时被激活的词汇无关。这一理论中目前得到最多关注的是反应排除假设(response exclusion hypothesis)。反应排除假设认为目标项和干扰项之间的冲突发生在反应输出缓冲器(response buffer)中,即冲突发生在后词汇水平(post-lexical),而不是在词汇选择阶段。这一理论并不认为目标词汇的选择与其他词汇的激活水平有关,因此属于"非竞争说"。而且,反应排除假设认为各个词汇的激活之间会产生促进作用,而不是抑制作用(Mahon, Costa, Peterson, Vargas, & Caramazza, 2007)。根据 Mahon 等人的理论,反应输出缓冲器中一次只能容纳一个反应输出。在 PWI 任务中,干扰词会优先进入反应输出缓冲器,而且在目标词发音之前需要先从缓冲器中清空干扰词。这一过程与干扰词的"反应相关性"(response relevance)有着密切联系,它决定了清空缓冲器中干扰词所需的时间。与无关条件相比,语义相关干扰词的反应相关性更高,需要花费较长的时间从缓冲器中排除出去,因而出现了语义抑制效应。可以看出,反应排除假设认为采用 PWI 任务发现的语义抑制效应发生在反应输出缓冲器中的后词汇决策阶段。

之前所叙述的几种理论认为语义效应可能发生在口语产生中的词汇通达阶段、语义概念激活阶段或者前言语信息水平,而这里所提到的反应排除假设则认为语义抑制效应发生在后词汇水平(Finkbeiner & Caramazza, 2006a, 2006b; Janssen, Schirm, Mahon, & Caramazza, 2008; Mahon 等,2007)。在 PWI 任务中,干扰词的音韵比目标图的音韵更容易提取(Mahon & Caramazza, 2009)。因此,在图画命名时必须首先排除干扰词的发音信息。与无关干扰词的排除过程相比,排除语义相关干扰词需要耗费更多的时间(Dhooge & Hartsuiker, 2010; Mahon & Caramazza, 2009; Mahon 等,2007),因而出现了语义抑制效应。Janssen 等人(2008)采用延迟命名任务考察了语义抑制效应是否发生在后词汇水平。实验中比较了即时命名和延迟命名两种任务中的潜伏期。在即时命名任务中,目标图与干扰词同时呈现,要求被试命名目标图。在延迟命名任务中,干扰词迟于目标图 1 000 ms 出现,要求被试在干扰词出现后再命名图片。延迟命名不会对词汇选择阶段产生影响,仅仅对词汇后期的语音输出阶段产生影响。结果仅在延迟命名任务中发现了语义抑制效应,这表明晚于图画所出现的干扰词并未对词汇选择阶段产生影响,语义抑制效应可能发生在语音输出阶段,支持了反应排除假设。

词汇选择的竞争说在语言产生领域占据统治地位大约十几年之久,在此期间语言产生领域发现了一些新的实验现象,包括了PWI任务中的语义促进效应、掩蔽干扰词下的语义促进效应、干扰词的词频效应、语义距离效应和延迟命名任务中的语义干扰效应等。竞争说无法给予合理的解释,而反应排除假设则可以。这些效应中的前三类已在多个实验中被重复出来,表明了效应的可靠性,而后两类效应却不能被研究者一致地重复出来。在这里只简要叙述一下前三类较为稳定的实验现象。

第一,PWI任务中的语义促进效应。当干扰词(如"奶酪")与目标词(如"蜜蜂")之间存在语义联系(Alario, Segui, & Ferrand, 2000),或者干扰词(如"水果")是目标词(如"苹果")的上位范畴词(Kuipers & La Heij, 2008),或者干扰词(如"发动机")与目标词(如"汽车")之间存在"部分—整体"的联系(Costa, Alario, & Caramazza, 2005),或者干扰词(如"踢")与目标词(如"球")之间存在动宾联系(Mahon, Costa, Peterson, Vargas, & Caramazza, 2007)时,与无关条件相比,这些条件下的图片命名时间显著缩短,出现了语义促进效应(朱雪冰,张清芳,2011)。竞争说认为语义效应的出现基于从心理词典中对目标词的提取,目标词和干扰词在概念水平上交换激活,干扰词从目标词中得到的激活多于目标词从干扰词中得到的激活,因而产生了语义抑制效应。但是,这无法解释为什么只有基本概念水平的干扰词对目标词产生了抑制效应,而其他上述各种联系却在概念水平上产生了促进效应。而反应排除假设的核心原则是"反应相关性",在上述条件下,语义相关的干扰词与反应无关,因此与无关干扰词一样,会被迅速地排除出反应输出缓冲器。同时,反应排除假设认为语义促进效应发生在词汇或概念水平,干扰词与目标词之间的语义联系将启动反应,因而产生了语义促进效应。

第二,掩蔽干扰词与非掩蔽干扰词分别产生了语义促进效应和语义抑制效应。利用PWI任务,采用基本概念水平的干扰词和目标词,在干扰词清晰可见的条件下,发现了经典的语义抑制效应;当干扰词呈现时间非常短暂,且前后都有掩蔽刺激时,采用相同的实验材料却发现了语义促进效应(Dhooge & Hartsuiker, 2010; Finkbeiner & Caramazza, 2006b)。完全相同的实验材料在不同呈现条件下产生了不同方向的语义效应,竞争说无法对此作出解释。而反应排除假设则认为在干扰词被掩蔽的情况下,干扰词的刺激太微弱以致不能参与反应选择过程,但是其呈现仍然可以启动目标词的语义表征,在概念水平上发生语义促进效应。

第三,干扰词的词频效应。Miozzo 和 Caramazza(2003)报告了一个反转的干扰词词频效应,他们发现在 PWI 任务中,低频无关干扰词条件下的目标词的命名时间长于高频无关干扰词条件下的命名时间。根据竞争说,高频干扰词应该比低频干扰词对目标词产生的竞争更为强烈,或者是无关词的词频不会对目标词的命名产生影响,因此竞争说无法解释这一结果。根据反应排除假设,高频干扰词和低频干扰词在反应输出缓冲器中的加工时间是相同的,因为两者与目标词的反应相关性程度相同,由于高频词的再认和加工速度快于低频词的,到达反应输出缓冲器的时间早于低频词,被排除出缓冲器的时间早于低频词,因此,高频词对目标词产生的干扰比低频词的少。根据反应排除假设,反转的干扰词词频效应发生在后词汇水平。Dhooge 和 Hartsuiker(2010)重复发现了干扰词的词频效应,但是 Roelofs、Piai 和 Schriefers (2011)利用竞争说的观点,增加了注意调节机制后,模拟出了干扰词的词频效应,这又对反应排除假设的观点提出了严重挑战。

词汇选择竞争说同样可以解释语义组块命名任务中的语义累积抑制效应。Costa 等人发现这一效应出现在图画呈现后 175—250 ms 之间,这为语义累积抑制效应发生在词汇选择水平提供了强有力的证据(Costa, Strijkers, Martin, & Thierry, 2009)。但是,Navarrete 等人的研究中却未观察到语义累积抑制效应,这又在一定程度上反对了词汇选择竞争说的观点(Navarrete, Mahon, & Caramazza, 2010)。

Oppenheim、Dell 和 Schwartz(2010)报告了计算模型模拟语义累积抑制效应的结果,认为竞争选择对于语义累积抑制效应不是必需的。相反,干扰效应可能是学习的结果:当加强目标词之间的联系,弱化目标词之间的竞争时,出现了语义累积抑制效应。因此,Oppenheim 等人认为在计算模型中需要存在一个"竞争性"的成分,但是在词汇竞争水平上,这一成分是不必要的。关于语义累积抑制效应的机制,目前仍然没有一致的结论。

反应排除假设能够解释干扰词词频效应(Miozzo & Caramazza, 2003)和语义距离效应(Mahon 等,2007)。在干扰词词频效应中,干扰词与目标图没有反应关联,无论词频高低,在排除干扰词的发音信息的程度上是一致的。但是由于低频词的激活程度比高频的小,因此相较于高频词,低频的反应速度要慢,最终导致低频词的干扰程度大于高频词(Dhooge & Hartsuiker, 2010; Mahon 等,2007; Miozzo & Caramazza, 2003)。同样,在语义距离效应中,干扰词与目标图具有一致的反应相关性(例如,目标图名称是"海豚",语义距离远的干扰词是"马",语义距离近的干扰词是"鲸鱼",这三者都是动物),在排除干扰词的发音信息的程度上是一致的,但由于语义距离较近的干扰词同目标图有更为紧密的语义联系,对目标图的启动作用强于语义距离远的条件,因而使得语义距离近条件下的命名潜伏期更短。反应排除假设同样可以对语义相关中的抑制效应与语义功能相关下所产生的语义促进效应作出类似的解释(Mahon 等,2007)。

词汇选择竞争说和反应排除假设都能解释 Stroop 抑制效应,但是对于 Stroop 促进效应,Mahon、Garcea 和 Navarrete(2012)认为该现象为反应排除假设提供了支持证据。根据词汇选择竞争说,"火焰"对于可能发生错误的名称"红色"的竞争要强于"草地",应该引起单词命名潜伏期的延长。而根据反应排除假设,Stroop 抑制效应和促进效应发生在反应输出缓冲器加工阶段。

综上,词汇选择竞争说、动态词汇网络说、反应一致性假说、语义选择说和反应排除假设对图画命名过程中的语义效应从不同的角度给出了不同的解释,对于语义效应的产生机制和产生阶段存在分歧。第一,语义效应的产生机制。词汇选择竞争说认为语义效应是由词条之间的竞争或者是概念启动与词条竞争的权衡导致的;反应一致性假说则认为在认知系统中,目标图和干扰词的相对反应导致了各类语义效应;语义选择说则认为认知系统需要区分目标图和干扰词的概念水平,并选择目标图的概念进行词汇化;反应排除假设认为语义效应是基于对发音前音韵干扰信息的排除。第二,语义效应的产生阶段。词汇选择竞争说认为语义效应发生在词条选择阶段,动态词汇网络说认为语义效应涉及概念水平激活阶段与词条选择阶段,反应一致性假说认为发生在前言语信息水平,语义选择说认为发生在概念水平阶段,反应排除假设则认为语义效应发生在后词汇水平。第三,解释范围。词汇选择竞争说能对语义抑制效应作出很好的解释,但难以解释语义促进效应。动态词汇网络说和反应排除假设都能解释语义抑制与促进效应,但前者不能解释延迟命名中的语义抑制效应。反应一致性假说和语义选择说主要用来解释范畴命名任务的结果,这两种假说都未能对语义组块范式下的语义效应作出解释。

4.3 PWI 任务和 Stroop 任务是否涉及相同的认知机制

在口语词汇产生研究领域,研究者对于 PWI 任务和 Stroop 任务之间是否涉及相同的认知机制进行了系列研究。研究者首先比较了两种任务中所包含的加工过程。PWI 任务是语义相关条件与无关条件的对比,而 Stroop 任务是颜色和字词所传达的意义一致条件与不一致条件之间的对比,两种任务中所包含的要素不同。

PWI 任务中包括四个关键成分:(1)干扰项是否为某个目标项的名称(response-set membership,反应相关性因素);(2)干扰项与目标项存在语义相关或无关关系(语义相关性因素);(3)干扰项是否是目标项所在语义范畴的成员(任务相关性因素);(4)干扰项是否是有意义的单词(词汇性因素)。

Stroop任务中也包含四个关键成分。第一个要素是干扰项是否为目标词的名称。在典型的Stroop任务中,目标词的颜色不仅与任务相关或与语义相关,而且是其他目标词的名称,在实验中反复作为反应。许多研究证实,当Stroop任务中单词的颜色是某一个反应时,相比于不作为反应的情况,引发了更大的干扰(Fox, Shor, & Steinman, 1971;Klein, 1964;Lamers, Roelofs, & Rabeling-Keus, 2010;Proctor, 1978)。还有研究发现,随着目标词的数量增加,反应相关性因素引起的效应下降。La Heij和Vermeij(1987)的研究中变化了目标项的数量,发现在目标项为2、4和8个反应时,其效应分别为17 ms、9 ms和-3 ms。因此经典的Stroop任务中包含的干扰词与目标词之间的反应关系在PWI任务中引起的效应很小,或者根本就没有。因为一般的PWI任务中都包括20幅左右的目标图片,而且PWI任务中的干扰项一般都不是可以利用的反应。La Heij(1988)的研究发现,如果干扰项同时是目标之一时,其引发的效应量占总效应的20%。Proctor(1978)的研究发现这一因素可以解释Stroop总效应量的27%。

Stroop任务中的第二个要素是任务要求下干扰词反应的语义相关性。在Stroop色词命名任务中,"红"、"绿"、"蓝"是目标颜色,干扰颜色比如"黄"和"棕",尽管不是目标反应中的颜色,但是它们之间存在很强的语义相关,而干扰词比如"马"或者"衣服"则不是。Neumann(1986)重复出了反应相关性效应。在Stroop任务中,所有的刺激都来自同一语义范畴(颜色),反应相关性这一因素与目标项和干扰项之间的语义相似程度混淆在一起了。为了确定反应相关性是否会引起效应,Neumann(1986)采用了颜色命名和数点结合的Stroop任务。La Heij(1988)比较了三类条件:反应相关和语义相关,只有反应相关,以及两者都无关,发现反应相关引起的效应占总效应的29%。反应相关性效应随着目标词所属语义领域数目的增加而减少。Stroop任务中这一效应最大,而在多幅图片分别来自不同语义范畴的PWI任务中这一效应很小或者会消失。

Stroop任务中的第三个要素是干扰项与目标词之间的语义联系,这一效应通过传统的Stroop任务很难测量,因为语义相关性和反应相关性是混淆在一起的。La Heij(1988)发现语义相关性引起的效应占总效应的14%。在传统的Stroop任务中,能发现语义相关性和反应相关性的联合效应,例如比较"brown"和"bottle",前者是语义相关,反应也相关,而后者是语义无关,反应也无关。Proctor(1978)的研究发现语义效应的联合解释了总Stroop效应的46%。而在PWI任务中,这一因素所占百分比为43%。

Stroop任务的第四个因素为词汇效应,这是由与目标项既无语义相关也无反应相关,不属于反应词的无关干扰词引起的。例如,目标词为一串无意义的符号(例如

XXX),干扰词为 bottle,与中性干扰项 XXXX 相比所产生的效应。Proctor(1978)发现 Stroop 任务中词汇性因素所引起的效应占总效应的 27%。La Heij(1988)发现在 PWI 任务中,词汇性因素所引起的效应占总效应的 37%。

综上,这两类任务共同包含的要素是:(1)目标项所涉及的语义范畴的数目;(2)不同目标刺激的数目;(3)图画名称是否为干扰项。Stroop 任务和 PWI 任务分别位于这些维度连续体的两端。

基于词汇选择竞争说和反应排除假设之间的争论,最近有研究者对 PWI 任务和 Stroop 任务的效应进行了系列研究。研究者认为 PWI 任务和 Stroop 任务的认知机制是相似的(MacLeod,1991;Van Maanen,Van Rijn,& Borst,2009)。Glaser 和 Düngelhoff(1984)指出:"Stroop 任务中命名刺激颜色可以认为是采用图画命名任务来考察口语产生过程的一个特例。"Stroop 任务与 PWI 任务获得了相似的研究结果,命名颜色和命名图画涉及相同的认知机制。语言产生两类任务中所得到的结果是可以等同的(Mulatti & Coltheart,2014;Roelofs,2003;Roelofs & Piai,2013)。

有研究者采用心理不应期范式(psychological refractory period,PRP),得到了不同的研究结果。PRP 范式可以用来确定某一效应发生在哪一个认知加工阶段,比如是在刺激知觉阶段还是之后的阶段(Sternberg,1969)。在 PRP 范式中,被试按顺序完成两个任务,两个任务的刺激呈现间隔不同。基于这一范式,标准的结果是:如果刺激间隔越短,那么对于第二个任务的反应时就越长,而第一个任务的反应时则保持恒定。这表明在完成任务 1 之后且完成任务 2 之前的阶段存在一个加工瓶颈。已有的研究结果表明,当刺激的呈现在时间上非常接近时,在知觉阶段可能存在平行的加工,但是反应的选择和执行过程则是序列进行的,即对于任务 2 的反应选择被延迟到任务 1 执行完毕之后(Pashler,1989;Meyer & Kieras,1997)。采用这一实验任务,Fagot 和 Pashler(1992)发现 Stroop 效应发生在反应选择阶段。实验中的第一个任务是要求被试听并确认两个声调中的某一个声调,第二个任务是 Stroop 任务。他们发现在所有的 SOA 水平上,Stroop 效应的大小相似,表明这一效应发生在反应选择或者执行阶段。

Dell'Acqua、Job、Peressotti 和 Pascali(2007)的研究却发现 PWI 任务中的语义抑制效应发生在知觉阶段。其主要发现是:在 SOA 为 100 ms 时,语义抑制效应消失;而当 SOA 为 1 000 ms 时,语义抑制效应出现。这一效应在 Ayora 等人(2011)的研究中得到重复,对已有的研究结论提出了挑战。已有研究认为 Stroop 效应和 PWI 效应发生在反应选择或者之后的阶段。如果 Dell'Acqua 等人(2007)的结论正确,对于已有的词汇选择竞争说和反应排除假设都提出了严重挑战。也就是说,PWI 效应是发生在知觉水平的效应,而 Stroop 效应是发生在后知觉水平的效应,两种效应的来源是不同的。

Schnur 和 Martin(2012)试图验证这一研究结果,研究中使用了 PRP 范式的变式:任务 1 是从 3 个声调中确认一个,同时变化 SOA;任务 2 则是 PWI 任务。如果语义抑制效应发生在知觉或者概念提取的水平,那么应该会发现 SOA 和语义抑制效应之间的交互作用,随着 SOA 的增大,语义抑制效应会越强。如果语义抑制效应发生在反应选择或者之后的阶段,那么语义抑制效应在各个 SOA 水平上的大小是相似的。实验 1 使用了与 Dell'Acqua 等人(2007)完全相同的实验材料和实验设计,将所使用的荷兰语材料翻译成英语。任务 1 使用的声调为 50 ms 的高、中、低声调,分别为 1 200 Hz、600 Hz 和 200 Hz。被试听到声音后分别按 L(低音)、M(中音)和 H(高音)三个按钮中的一个。任务 1 和任务 2 中刺激呈现的间隔分别为 100 ms、350 ms 和 1 000 ms。要求被试先完成任务 1,再完成任务 2。研究发现:在短 SOA 和长 SOA 水平上都观察到了语义抑制效应,且效应量相似,与已有的 Stroop 任务的发现一致。这一结果模式表明语义的竞争发生在反应选择阶段。

为什么不能重复出 Dell'Acqua 等人(2007)的实验结果? 不可能是源于方法上的原因,也不可能是被试对于声调任务和图画任务的反应进行了分组(de Jong, 1993)。根据 Huestegge 和 Koch(2009)的观点,Schnur 和 Martin(2012)测试了被试是否会等待对声调的反应,通过检测反应 1 和反应 2 之间的时间间隔是否随着 SOA 的变化而变化,这是独立于反应 1 的潜伏期的。在两个实验和所有 SOA 水平上,反应之间的 SOA 随着 SOA 变化而发生的变化是显著的,这不可能是由于被试采取了对反应进行分类的策略导致的,也不可能是由于刺激材料或者测试次是否随机导致的。

两个研究之间的差异可能是源于声调探测和语言任务结合所引发的注意要求。Dell'Acqua 等人(2007)承认在短 SOA 水平上 PWI 任务效应的消失可能不是因为该效应位于知觉水平导致的。Meyer 和 Kieras(1997)、Byrne 和 Anderson(2001)、Schumacher 等人(1999)指出:当任务 1 的反应执行阶段比较困难或者需要很长时间才能开始完成任务 2 时,为了保证 PRP 范式下任务完成的正确顺序,被试可能采取策略预先锁定任务 2 的反应,直到任务 1 的反应执行阶段开始。因此,在等待任务 1 的执行开始时,对于任务 2 的反应选择或者冲突的解决已经发生,即抑制效应在等待执行任务 2 的过程中消失了。

Schnur 和 Martin(2012)的研究结果表明 Stroop 任务和 PWI 任务中的语义抑制效应来源于相似的加工过程。行为研究的结果和计算机模拟模型都验证了这一点(Cohen, Dunbar, & McClelland, 1990; Roelofs, 2003)。最近的一个模拟模型(Van Maanen, Van Rijn, & Borst, 2009)解释了 PWI 效应和 Stroop 效应的不同。Van Maanen 等人(2009)认为线条图命名任务比色词命名任务更难,与图片知觉相联结的概念的确认更慢。这使得干扰词有时间激活其相应概念,所激活的概念之间产生竞争选择,引发了PWI效应。对于Stroop任务而言,因为颜色更容易辨认,颜色的概念迅速被激活,与概念相关的单词与干扰词产生竞争,这是一个词汇效应。

Van Maanen等人(2009)的模型难以整合Stroop任务和PWI任务的结果。第一,PWI任务中的语义抑制效应发生在中央计划过程或者反应选择阶段之前,这一点是存疑的。因为在双重任务情境中,干扰效应的大小是变化的。第二,对于双重任务情境中无干扰效应的解释仍然存在争论。第三,并没有证据表明概念水平会产生竞争性的激活。如果词汇选择竞争说认为抑制效应发生在概念水平,那么这一模型如何解释PWI任务中所发现的语义促进效应和语义抑制效应,以及不要求命名时干扰效应就消失的现象?词汇产生中的行为结果与语义抑制效应位于概念水平的解释是不一致的。因此,Schnur和Martin(2012)的发现有两个重要的意义:第一,语义抑制效应在双重任务情境中是变化的、动态的,这可能是由于反应次序引起的;第二,PRP范式中的PWI效应与Stroop效应相似,表明至少在双重任务情境中,PWI效应与Stroop效应是类似的,位于后知觉水平。

Starreveld和La Heij(2017)进一步深入考察了PWI任务和Stroop任务是否涉及相同的认知机制。为了比较这两类任务,必须严格匹配其中的各个方面。Dell'Acqua等人(2007)指出在Stroop任务中使用的是颜色和颜色名称,而PWI任务中使用的是图画和图画名称,他们认为在Stroop任务中语义激活受到颜色单词的中介作用,在PWI任务中语义激活受到真实世界概念的中介作用。Starreveld和La Heij(2017)的研究中匹配了颜色范畴个数和语义范畴个数,设置了语义相关和语义无关条件,采用的SOA为-200 ms、-100 ms、0 ms、100 ms和200 ms。结果发现,在Stroop任务和PWI任务中都观察到了语义抑制效应,其效应大小随着SOA的变化而变化。更重要的是,两类任务在反应时上的差异,无论在哪一个自变量水平上,均未达到显著。这表明,PWI任务和Stroop任务的认知机制是类似的,并无本质差别。

4.4 语义效应的 ERP 与 fMRI 研究

由于口语产生需要被试说出图画的名称,如果采用事件相关电位(event-related potential, ERP)或功能性核磁共振成像(functional magnetic resonance imaging, fMRI)技术,说话这一动作可能会对其结果产生较大影响(Brooker & Donald, 1980; Grözinger, Komhuber, & Kriebel, 1975; Wohlert, 1993; Price, 2010),因此在口语产生的ERP和fMRI研究中,多数采用了内隐判断任务或延迟命名任务(Jescheniak,

Hahne, & Schriefers, 2003；Zhang & Damian, 2009a, 2009b；Zhang, Damian, & Yang, 2007)。近来,研究者开始采用自然的命名任务对语义效应发生的时间进程及其神经基础进行深入探索,为前文所争论的一些问题提供了脑成像方面的证据。但是,一方面,针对理论争论所进行的脑成像研究远未形成完整体系,仅有一些研究支持了某一种理论假说;另一方面,采用 ERP 和 fMRI 技术所进行的研究中采用的实验任务并没有严格地与前文所提到的行为实验任务对应起来。因此,本文将 ERP 和 fMRI 的研究结果单独进行了总结。

4.4.1 ERP 研究

利用 ERP 技术,采用自然的命名任务能探索语义效应发生的时间进程及其认知机制。图画命名中的语义效应发生在大约图画呈现后的 250 ms(Indefrey & Levelt, 2000,2004),此时所发生的语义效应不会受到之后出声命名(图画出现后大约600 ms)的影响(Aristei, Melinger, & Rahman, 2010；Costa, Strijkers, Martin, & Thierry, 2009；Hirschfeld, Jansma, Bölte, & Zwitserlood, 2008；Koester & Schiller, 2008；Levelt, Praamstra, Meyer, Helenius, & Salmelin, 1998)。Hirschfeld 等人(2008)结合 ERP 技术,采用图词干扰范式,设置不同类型的干扰词(从属语义相关、范畴类别相关、无关条件、字符串)探测语义效应出现的时间点。结果发现与无关条件相比,从属语义相关条件在早期时间窗口(120—220 ms)有明显的负波,未发现范畴类别相关条件下的语义抑制效应。Costa、Strijkers、Martin 和 Thierry(2009)采用图图干扰任务,发现同范畴下项目的呈现顺序与图画呈现后所引发的成分波(P2、N2、P3)波幅呈正相关,这表明同一范畴下随着项目增加,命名时来自同一范畴的干扰变多,提取难度增加。图片命名中的语义抑制效应出现在图片呈现后 208—288 ms 之间,与 Indefrey 和 Levelt(2004)元分析中得到的结果相当一致。这正处于词条选择的时间窗口之内,支持语义抑制效应发生在词条选择阶段的观点。

Aristei 等人(2010)采用了图词干扰范式与语义组块范式相结合的方式,考察语义抑制效应与促进效应发生的时间进程与发生阶段是否不同。研究中设置了三种语义相关组块(同范畴类别的语义组块、联想相关的语义组块、语义无关组块),三种干扰词类型(同范畴类别的语义相关、联想相关的语义相关、无关);干扰词为听觉呈现,先于图片 150 ms 呈现。在不同的语义组块条件下均发现了语义抑制效应;不同的干扰词类型则出现了不同的效应:同范畴类别的语义相关条件下出现了语义抑制效应,联想相关的语义相关条件下则出现了语义促进效应。PWI 任务下干扰词的效应在图片呈现后大约 200 ms(200—550 ms)出现,而语义组块范式中的语义效应在图片呈现后大约 250 ms(250—400 ms)出现,这表明不同范式下的语义效应都发生在词条选择阶段的时间窗口。进一步的 ERP 分析发现,语义范畴相关与联想相关不同,范畴相关更可能激活大的语义群,竞争较强;而联想相关更可能激活一对一的语义群,竞争较弱。

4.4.2　fMRI 研究

相比 ERP 的高时间分辨率,fMRI 具有高空间分辨率,因此研究者多采用 fMRI 技术探索语义效应的神经基础。一系列研究表明语义抑制效应发生在颞中回和左额下回 (Abel 等, 2009 ; de Zubicaray, McMahon, Eastburn, & Wilson, 2002 ; de Zubicaray, Wilson, McMahon, & Muthiah, 2001 ; Schnur, Schwartz, Kimberg, Hirshorn, Coslett, & Thompson-Schill, 2009 ; Spalek & Thompson-Schill, 2008), 这两个脑区被认为与言语产生中的词汇通达过程有关 (Hickok & Poeppel, 2007 ; Indefrey & Levelt, 2004 ; Lau, Phillips, & Poeppel, 2008)。

最近,Price(2010)元分析中认为词汇提取的加工激活了左侧中部额叶皮层,而 Vigneau 等人(2006)认为概念水平的加工激活了角回与额下回眶部等脑区。相应地,众多研究认为语义抑制效应正是发生在词汇提取中的词条选择阶段,语义促进效应发生在概念水平(Costa 等,2005;Hantsch 等,2009;Jescheniak 等,2003;Kuipers 等,2006;Levelt 等,1999;Lupker, 1979)。Abel 等人(2009)采用自然发音的 PWI 任务,比较了语义类别相关与语义联想相关条件下激活脑区的不同。结果发现语义类别相关和语义联想相关分别引发了语义抑制效应和语义促进效应。语义抑制效应激活了左侧额下回眶部与颞极上部,而语义促进效应则激活了颞中回中部,与以往研究结果不一致 (Hocking, McMahon, & de Zubicaray, 2010 ; Price, 2010 ; Vigneau 等,2006)。该结果至少证实了,在一定程度上语义抑制效应与语义促进效应所激活的脑区是可分离的,可能涉及词汇产生中不同的加工阶段。de Zubicaray、Wilson、McMahon 和 Muthiah(2001)的研究采用 PWI 任务,分别设置了语义类别相关条件与无关条件,要求被试自然地出声命名图片。结果发现了左侧颞中回中部的激活及左侧颞上回后部的激活,这是与音韵编码有关的脑区 (Indefrey & Levelt, 2000)。因此,de Zubicaray 等人认为在言语产生中,语义效应可能发生在语义表征与音韵表征的匹配阶段。

本章总结

在图画命名过程中,使用语义组块范式发现了语义抑制效应,使用图词干扰范式则发现了语义抑制与语义促进这两种方向完全相反的效应。在不同的实验条件下会产生这两种不同的语义效应：语义相关的种类不同、命名任务的不同(基本概念水平命名、上位概念水平命名及下位概念水平命名)、不同刺激材料的呈现方式(视觉与听觉)等。具体来说,相同语义范畴的语义相关(图—词—任务：猫—狗—猫)会产生语义抑制;部分与整体的从属语义相关(图—词—任务：车—引擎—车)、物体与动作的语义功能相关(图—词—任务：床—躺—床)、语义联想相关(图—词—任务：奶酪—老鼠—奶酪),范畴命名任务(图—词—任务：狗—猫—动物)会产生语义促进效应;图与词分属于不同概念水平的语义相关(图—词—任务：花—玫瑰—花或者狗—动物—狗)时,或者在刺激呈现方式不同(视、听觉)时会有语义抑制或者促进效应的产生。竞争说和非竞争说对图画命名过程中的语义效应从不同的角度给出了不同的解释。各个理论的侧重点不同,竞争说仍是占主导地位的理论之一。动态词汇网络说的基础仍然是竞争说的观点;反应一致性假说的假设并未排除竞争说,而是认为在口语命名过程中激活竞争和反应一致两种机制并存;语义选择说和反应排除假设则放弃了词条竞争的观点。对于动态词汇网络说,其关键之处在于：语义群大小和语义促进与词汇抑制之间的权衡,如何确定语义群的大小以及各个词汇之间联系的强弱,是这一假说亟待明确的核心问题。

在各种理论中,动态词汇网络说和反应排除假设试图在一个理论框架中考察和解释所有的语义效应现象,其余的理论只能对一部分语义效应现象作出解释。尽管如此,仍然存在这两大理论无法解释的语义效应。因此,如何发展出一个统一的理论来涵盖各种情况下所发现的语义抑制效应和语义促进效应,是这一领域的研究者必须要面对和思考的问题。研究者需要关注以下重要问题：第一,图画命名过程中概念水平和词汇水平之间的权衡机制,这是词汇选择竞争说、动态词汇网络说、语义选择说等理论中都提及但未明确阐述的一点。第二,探讨上位概念的激活在语义效应中的作用。在图词干扰范式中,上位概念的激活一般是通过命名任务来操纵的,即上位范畴命名任务。在语义组块范式中,上位概念的激活是自动的,其作用更大。例如,动态词汇网络说中的语义群大小的形成与上位概念的激活是密切相关的,语义选择说也是从图词的相对概念范畴提出的,而反应排除假设没有对这方面给予过多关注。可以看到,各个理论并没有明确指出上位概念的作用,如上位概念节点的激活水平与激活时间。第三,探索语义效应的行为和神经机制。口语产生中语义效应及其认知机制主要来自行为实验研究,近年来研究者尝试采用脑成像技术,并利用自然的发音任务来探讨语义效应发生的时间进程及其神经机制。这些研究也遇到了一些困难和挑战,比如未发现有效的反映同范畴类别下语义抑制效应的 ERP 成分波(Hirschfeld,等 2008);Aristei 等人(2010)的 ERP 研究不能区分 PWI 任务中出现的语义抑制效应和语义促进效应,表明了 ERP 成分在一定程度上对这两类效应没有研究者想象的敏感。这提示研究者需要采取其他更为敏感的实验任务和实验技术来探索这一问题。可以看到,目前脑成像技术的研究仅仅提供了神经活动方面的证据,对于区分上述各类理论以及探索语义效应机制的贡献并未超越行为实验的结果。在进一步研究中,应该考虑如何结合行为实验、ERP 和 fMRI 技术,深入探索语义效应的行为和神经机制。

参考文献

张清芳,杨玉芳.(2006).汉语词汇产生中词汇选择和音韵编码之间的交互作用.心理学报,38(4),480—488.

周晓林,庄捷,舒华.(2001).言语产生研究的理论框架.心理科学,24,262—265.

朱雪冰,张清芳.(2011).图画口语命名中的语义效应.心理科学进展,19(9),1281—1292.

Abel, S., Dressel, K., Bitzer, R., Kümmerer, D., Mader, I., Weiller, C., & Huber, W. (2009). The separation of processing stages in a lexical interference fMRI-paradigm. *NeuroImage*, 44,1113‐1124.

Alario, F.-X., Segui, J., & Ferrand, L. (2000). Semantic and associative priming in picture naming. *The Quarterly Journal of Experimental Psychology*, *Section A*, 53,741‐764.

Aristei, S., Melinger, A., & Rahman, R. (2010). Electrophysiological chronometry of semantic context effects in language production. *Journal of Cognitive Neuroscience*, 23,1567‐1586.

Ayora, P., Peressotti, F., Alario, F.-X., Mulatti, C., Pluchino, P., Job, R., & Dell'Acqua, R. (2011). What phonological facilitation tells about semantic interference: A dual-task study. *Frontiers in Psychology*, 2,57.

Belke, E., Meyer, A., & Damian, M.F. (2005). Refractory effects in picture naming as assessed in a semantic blocking paradigm. *The Quarterly Journal of Experimental Psychology*, 58,667‐692.

Brooker, B.H., & Donald, M.W. (1980). Contribution of speech musculature to apparent EEG asymmetries prior to vocalization. *Brain and Language*, 9,226‐245.

Byrne, M.D., & Anderson, J.R. (2001). Serial modules in parallel: The psychological refractory period and perfect time-sharing. *Psychological Review*, 108,847‐869.

Cohen, J.D., Dunbar, K., & McClelland, J.L. (1990). On the control of automatic processes: A parallel distributed processing account of the Stroop effect. *Psychological Review*, 97,332‐361.

Costa, A., Alario, F., & Caramazza, A. (2005). On the categorical nature of the semantic interference effect in the picture-word interference paradigm. *Psychonomic Bulletin & Review*, 12,125‐131.

Costa, A., Mahon, B., Savova, V., & Caramazza, A. (2003). Level of categorisation effect: A novel effect in the picture-word interference paradigm. *Language and Cognitive Processes*, 18,205‐234.

Costa, A., Strijkers, K., Martin, C., & Thierry, G. (2009). The time course of word retrieval revealed by event-related brain potentials during overt speech. *Proceedings of the National Academy of Sciences*, 106,21442‐21446.

Cutting, J.C., & Ferreira, V.S. (1999). Semantic and phonological information flow in the production lexicon. *Journal of Experimental Psychology: Learning, Memory, and Cognition*, 25(2),318‐344.

Dalrymple-Alford, E.C. (1972). Associative facilitation and interference in the Stroop color-word task. *Perception and Psychophysics*, 11(4),274‐276.

Damian, M.F., & Bowers, J. (2003). Locus of semantic interference in picture-word interference tasks. *Psychonomic Bulletin & Review*, 10,111‐117.

Damian, M.F., & Martin, R.C. (1999). Semantic and phonological codes interact in single word production. *Journal of Experimental Psychology: Learning, Memory, and Cognition*, 25(2),345‐361.

Damian, M.F., Vigliocco, G., & Levelt, W. (2001). Effects of semantic context in the naming of pictures and words. *Cognition*, 81,B77-B86.

de Jong, R. (1993). Multiple bottlenecks in overlapping task performance. *Journal of Experimental Psychology: Human Perception and Performance*, 19,965‐980.

de Zubicaray, G.I., McMahon, K.L., Eastburn, M.M., & Wilson, S.J. (2002). Orthographic/phonological facilitation of naming responses in the picture-word task: An event-related fMRI study using overt vocal responding. *NeuroImage*, 16,1084‐1093.

de Zubicaray, G.I., Wilson, S.J., McMahon, K.L., & Muthiah, S. (2001). The semantic interference effect in the picture-word paradigm: An event-related fMRI study employing overt responses. *Human Brain Mapping*, 14,218‐227.

Dell'Acqua, R., Job, R., Peressotti, F., & Pascali, A. (2007). The picture-word interference effect is not a Stroop effect. *Psychonomic Bulletin & Review*, 14,717‐722.

Dhooge, E., & Hartsuiker, R. (2010). The distractor frequency effect in picture-word interference: Evidence for Response Exclusion. *Journal of Experimental Psychology: Learning, Memory, and Cognition*, 36,878‐891.

Fagot, C., & Pashler, H. (1992). Making two responses to a single object: Implications for the central attentional bottleneck. *Journal of Experimental Psychology: Human Perception and Performance*, 18, 1058 – 1079.

Finkbeiner, M., & Caramazza, A. (2006a). Now you see it, now you don't: On turning semantic interference into facilitation in a Stroop-like task. *Cortex*, 42, 790 – 796.

Finkbeiner, M., & Caramazza, A. (2006b). Lexical selection is not a competitive process: A reply to La Heij et al. (2006). *Cortex*, 42, 1032 – 1036.

Fox, L. A., Shor, R. E., & Steinman, R. J. (1971). Semantic gradients and interference in naming color, spatial direction, and numerosity. *Journal of Experimental Psychology: Human Perception & Performance*, 91, 59 – 65.

Glaser, W. R., & Düngelhoff, F.-J. (1984). The time course of picture-word interference. *Journal of Experimental Psychology: Human Perception & Performance*, 10, 640 – 654.

Glaser, W. R., & Glaser, M. O. (1989). Context effects in Stroop-like word and picture processing. *Journal of Experimental Psychology: General*, 118, 13 – 42.

Grözinger, B., Kornhuber, H. H., & Kriebel, J. (1975). Methodological problems in the investigation of cerebral potentials preceding speech: Determining the onset and suppressing artefacts caused by speech. *Neuropsychologia*, 13, 263 – 270.

Hantsch, A., Jescheniak, J., & Schriefers, H. (2005). Semantic competition between hierarchically related words during speech planning. *Memory and Cognition*, 33, 984 – 1000.

Hantsch, A., Jescheniak, J., & Schriefers, H. (2009). Distractor modality can turn semantic interference into semantic facilitation in the picture-word interference task: Implications for theories of lexical access in speech production. *Journal of Experimental Psychology: Learning, Memory, and Cognition*, 35, 1443 – 1453.

Hickok, G., & Poeppel, D. (2007). The cortical organization of speech processing. *Nature Reviews Neuroscience*, 8, 393 – 402.

Hirschfeld, G., Jansma, B., Bölte, J., & Zwitserlood, P. (2008). Interference and facilitation in overt speech production investigated with event-related potentials. *NeuroReport*, 19, 1227 – 1230.

Hocking, J., McMahon, K., & de Zubicaray, G. I. (2010). Semantic interference in object naming: An fMRI study of the postcue naming paradigm. *NeuroImage*, 50, 796 – 801.

Howard, D., Nickels, L., Coltheart, M., & Cole-Virtue, J. (2006). Cumulative semantic inhibition in picture naming: Experimental and computational studies. *Cognition*, 100(3), 464 – 482.

Huestegge, L., & Koch, I. (2009). Dual-task crosstalk between saccades and manual responses. *Journal of Experimental Psychology: Human Perception and Performance*, 35(2), 352 – 362.

Indefrey, P., & Levelt, W. (2000). The neural correlates of language production. In M. S. Gazzaniga (Ed.), *The new cognitive neurosciences* (pp. 845 – 865). Cambridge: MIT Press.

Indefrey, P., & Levelt, W. (2004). The spatial and temporal signatures of word production components. *Cognition*, 92, 101 – 144.

Janssen, N., Schirm, W., Mahon, B., & Caramazza, A. (2008). Semantic interference in a delayed naming task: Evidence for the response exclusion hypothesis. *Journal of Experimental Psychology: Learning, Memory, and Cognition*, 34, 249 – 256.

Jescheniak, J., Hahne, A., & Schriefers, H. (2003). Information flow in the mental lexicon during speech planning: Evidence from event-related brain potentials. *Cognitive Brain Research*, 15, 261 – 276.

Klein, G. S. (1964). Semantic power measured through the interference of words with color-naming. *American Journal of Psychology*, 77, 576 – 588.

Koester, D., & Schiller, N. (2008). Morphological priming in overt language production: Electrophysiological evidence from Dutch. *NeuroImage*, 42, 1622 – 1630.

Kroll, J., & Stewart, E. (1994). Category interference in translation and picture naming: Evidence for asymmetric connections between bilingual memory representations. *Journal of Memory and Language*, 33, 149 – 149.

Kuipers, J., & La Heij, W. (2008). Semantic facilitation in category and action naming: Testing the message-congruency account. *Journal of Memory and Language*, 58, 123 – 139.

Kuipers, J., La Heij, W., & Costa, A. (2006). A further look at semantic context effects in language production: The role of response congruency. *Language and Cognitive Processes*, 21, 892 – 919.

La Heij, W. (1988). Components of Stroop like interference in picture naming. *Memory & Cognition*, 16, 400 – 410.

La Heij, W., & Vermeij, M. (1987). Reading versus naming: The effect of target set size on contextual interference and facilitation. *Perception & Psychophysics*, 41, 355 – 366.

Lamers, M. J. M., Roelofs, A., & Rabeling-Keus, I. M. (2010). Selective attention and response set in the Stroop task. *Memory & Cognition*, 38, 893 – 904.

Lau, E. F., Phillips, C., & Poeppel, D. (2008). A cortical network for semantics: (de) Constructing the N400. *Neuroscience*, 9, 920 – 933.

Levelt, W., Praamstra, P., Meyer, A. S., Helenius, P., & Salmelin, R. (1998). An MEG study of picture naming. *Journal of Cognitive Neuroscience*, 10, 553 – 567.

Levelt, W., Roelofs, A., & Meyer, A. (1999). A theory of lexical access in speech production. *Behavioral and Brain Sciences*, 22, 1 – 75.

Lupker, S. J. (1979). The semantic nature of response competition in the picture-word interference task. *Memory & Cognition*, 7, 485 – 495.

MacLeod, C. (1991). Half a century of research on the Stroop effect: An integrative review. *Psychological Bulletin*, 109, 163 – 203.

Mahon, B., & Caramazza, A. (2009). Why does lexical selection have to be so hard? Comment on Abdel Rahman and Melinger's swinging lexical network proposal. *Language and Cognitive Processes*, 24, 735 – 748.

Mahon, B., Costa, A., Peterson, R., Vargas, K., & Caramazza, A. (2007). Lexical selection is not by competition: A reinterpretation of semantic interference and facilitation effects in the picture-word interference paradigm. *Journal of Experimental Psychology: Learning, Memory, and Cognition*, 33, 503 – 535.

Mahon, B. Z., Garcea, F. E., & Navarrete, E. (2012). Picture-word interference and the response-exclusion hypothesis: A response to Mulatti and Coltheart. *Cortex*, 48(3), 373 – 377.

Melinger, A., & Rahman, R. (2004). Investigating the interplay between semantic and phonological distractor effects in picture naming. *Brain and Language*, 90, 213 – 220.

Meyer, D. E., & Kieras, D. E. (1997). A computational theory of executive cognitive processes and multiple-task performance: Accounts of psychological refractory-period phenomena. *Psychological Review*, 104, 749 – 791.

Miozzo, M., & Caramazza, A. (2003). When more is less: A counterintuitive effect of distractor frequency in the picture-word interference paradigm. *Journal of Experimental Psychology: General*, 132, 228 – 252.

Mulatti, C., & Coltheart, M. (2014). Color naming of colored non-color words and the response-exclusion hypothesis: A comment on Mahon et al. and on Roelofs and Piai. *Cortex*, 52, 120 – 122.

Navarrete, E., Mahon, B. Z., & Caramazza, A. (2010). The cumulative semantic cost does not reflect lexical selection by competition. *Acta Psychologica*, 134(3), 279 – 289.

Neumann, O. (1986). Facilitative and inhibitory effects of "semantic relatedness". Research group on perception and action, University of Bielefeld, Germany.

Oppenheim, G. M., Dell, G. S., & Schwartz, M. F. (2010). The dark side of incremental learning: A model of cumulative semantic interference during lexical access in speech production. *Cognition*, 114(2), 227 – 252.

Oppermann, F., Jescheniak, J., & Schriefers, H. (2008). Conceptual coherence affects phonological activation of context objects during object naming. *Journal of Experimental Psychology: Learning, Memory, and Cognition*, 34, 587 – 601.

Pashler, H. (1989). Dissociations and dependencies between speed and accuracy: Evidence for a two-component theory of divided attention in simple tasks. *Cognitive Psychology*, 21, 469 – 514.

Price, C. (2010). The anatomy of language: A review of 100 fMRI studies published in 2009. *Annals of the New York Academy of Sciences*, 1191, 62 – 88.

Proctor, R. W. (1978). Sources of color-word interference in the Stroop color-naming task. Perception & Psychophysics, 23, 413 – 419.

Rahman, R., & Melinger, A. (2007). When bees hamper the production of honey: Lexical interference from associates in speech production. *Journal of Experimental Psychology: Learning, Memory, and Cognition*, 33, 604 – 614.

Rahman, R., & Melinger, A. (2008). Enhanced phonological facilitation and traces of concurrent word form activation in speech production: An object-naming study with multiple distractors. *The Quarterly Journal of Experimental Psychology*, 61, 1410 – 1440.

Rahman, R., & Melinger, A. (2009a). Semantic context effects in language production: A swinging lexical network proposal and a review. *Language and Cognitive Processes*, 24, 713 – 734.

Rahman, R., & Melinger, A. (2009b). Dismissing lexical competition does not make speaking any easier: A rejoinder to Mahon and Caramazza (2009). *Language and Cognitive Processes*, 24, 749 – 760.

Roelofs, A. (1992). A spreading-activation theory of lemma retrieval in speaking. *Cognition*, 42, 107 – 142.

Roelofs, A. (2003). Goal-referenced selection of verbal action: Modeling attentional control in the Stroop task. *Psychological Review*, 110, 88 – 125.

Roelofs, A., & Piai, V. (2013). Associative facilitation in the Stroop task: Comment on Mahon et al. (2012). *Cortex*, 49, 1767 – 1769.

Roelofs, A., & Piai, V. (2017). Distributional analysis of semantic interference in picture naming. *The Quarterly Journal of Experimental Psychology*, 70(4), 782 – 792.

Roelofs, A., Piai, V., & Schriefers, H. (2011). Selective attention and distractor frequency in naming performance: Comment on Dhooge and Hartsuiker (2010). *Journal of Experimental Psychology: Learning, Memory, and Cognition*, 37(4), 1032 – 1038.

Sailor, K., Brooks, P., Bruening, P., Seiger-Gardner, L., & Guterman, M. (2009). Exploring the time course of semantic interference and associative priming in the picture-word interference task. *The Quarterly Journal of Experimental Psychology*, 62, 789 – 801.

Schnur, T. T., & Martin, R. (2012). Semantic picture-word interference is a postperceptual effect. *Psychonomic Bulletin & Review*, 19, 301 – 308.

Schnur, T. T., Schwartz, M. F., Kimberg, D. Y., Hirshorn, E., Coslett, H. B., & Thompson-Schill, S. L. (2009). Localizing interference during naming: Convergent neuroimaging and neuropsychological evidence for the function of

Broca's area. *Proceedings of the National Academy of Sciences*, *USA*, *106*, 322 – 327.

Schumacher, E. H., Lauber, E. J., Glass, J. M., Zurbriggen, E. L., Gmeindl, L., Kieras, D. E., & Meyer, D. E. (1999). Concurrent response-selection processes in dual-task performance: Evidence for adaptive executive control of task scheduling. *Journal of Experimental Psychology: Human Perception and Performance*, *25*, 791 – 814.

Spalek, K., & Thompson-Schill, S. L. (2008). Task-dependent semantic interference in language production: An fMRI study. *Brain and Language*, *107*, 220 – 228.

Starreveld, P. A., & La Heij, W. (1996). Time-course analysis of semantic and orthographic context effects in picture naming. *Journal of Experimental Psychology: Learning, Memory, and Cognition*, *22*, 896 – 918.

Starreveld, P. A., & La Heij, W. (2017). Picture-word interference is a Stroop effect: A theoretical analysis and new empirical findings. *Psychonomic Bulletin & Review*, *24*(3), 721 – 733.

Sternberg, S. (1969). The discovery of processing stages: Extension of Donders' method. *Acta Psychologica*, *30*, 276 – 315.

Stroop, J. R. (1935). Studies of interference in serial verbal reactions. *Journal of Experimental Psychology*, *18*, 643 – 662.

Van Maanen, L., Van Rijn, H., & Borst, J. P. (2009). Stroop and picture-word interference are two sides of the same coin. *Psychonomic Bulletin & Review*, *16*, 987 – 999.

Vigneau, M., Beaucousin, V., Herve, P. Y., Duffau, H., Crivello, F., Houde, O., Mazoyer, B., & Tzourio-Mazoyer, N. (2006). Meta-analyzing left hemisphere language areas: Phonology, semantics, and sentence processing. *NeuroImage*, *30*, 1414 – 1432.

Vitkovitch, M., & Tyrrell, L. (1999). The effects of distractor words on naming pictures at the subordinate level. *Quarterly Journal of Experimental Psychology: Human Experimental Psychology*, *52*, 905 – 926.

Wohlert, A. B. (1993). Event-related brain potentials preceding speech and nonspeech oral movements of varying complexity. *Journal of Speech and Hearing Research*, *36*, 897 – 905.

Zhang, Q., Chen, H., Weekes, B., & Yang, Y. (2009). Independent effects of orthographic and phonological facilitation on spoken word production in Mandarin. *Language and Speech*, *52*, 113 – 126.

Zhang, Q., & Damian, M. F. (2009a). The time course of segment and tone encoding in Chinese spoken production: An event-related potential study. *Neuroscience*, *163*, 252 – 265.

Zhang, Q., & Damian, M. F. (2009b). The time course of semantic and orthographic encoding in Chinese word production: An event-related potential study. *Brain Research*, *1273*, 92 – 105.

Zhang, Q., Damian, M. F., & Yang, Y. (2007). Electrophysiological estimates of the time course of tonal and orthographic encoding in Chinese speech production. *Brain Research*, *1184*, 234 – 244.

Zhang, Q., & Weekes, B. (2009). Orthographic facilitation effects on spoken word production: Evidence from Chinese. *Language and Cognitive Processes*, *24*, 1082 – 1096.

5　口语词汇产生：音韵
编码和语音编码

言语产生包括概念准备、词汇选择、音韵编码和发音等阶段。在音韵编码阶段，（或称为词形编码阶段），将为语音计划作好准备，使说话者能够提取词汇的音韵形式进行发音。在选择合适的词条后，讲话者开始进行单词形式编码。Levelt 等人认为，在词汇选择阶段，是从多个相关的词汇中选择一个合适的目标词，而在准备发音动作的过程中，只有一个发音形式需要编码(Levelt, Roelofs, & Meyer, 1999)。与此不同的是，Dell(1986)认为与目标词存在语义相关的所有词都会产生音韵上的激活。在这一章中，我们将关注以下问题：第一，音韵编码过程的特点及其机制；第二，音节在音韵编码过程中的作用及其机制；第三，汉语口语词汇产生中的音韵编码和语音编码。

5.1　研究方法

在叙述研究内容之前，先简要介绍一下研究中经常用到的实验任务，包括掩蔽启动范式、重复启动范式、内隐启动范式(或者称之为形式启动范式)、图画—词汇干扰实验范式。

掩蔽启动范式(masked priming paradigm)

在掩蔽启动范式中,首先呈现前掩蔽(比如小方格组成的图形)500ms,然后呈现启动刺激(即启动项)29ms,接着是后掩蔽(一般与前掩蔽图形相同)14ms,最后呈现目标刺激(即目标项)。启动项的呈现时间非常短,一般为20ms至60ms。因为启动刺激的呈现时间非常短,降低了视觉呈现效果,研究者认为被试对启动项的加工是处于无意识水平的,因此不会使用策略。这大大降低了被试觉察到启动项和目标项之间关系的可能性。因为使用了视觉掩蔽技术,所以这种实验任务被称为掩蔽启动范式。

重复启动范式(repetition priming paradigm)

在重复启动范式中,启动刺激会连续出现,这些启动刺激在某个方面是相同的。例如,重复呈现音节结构相同但内容不同的单词。启动刺激的呈现时间比在掩蔽启动范式中长,被试对启动刺激的知觉是处于意识水平的,一般要求被试大声地读出所呈现的单词或非词。最后呈现目标刺激,目标刺激可能是一幅图画、一个单词或非词。目标刺激与启动刺激之间有一定的音韵联系或无联系,比如目标刺激与启动刺激的第一个音节相同。被试的任务是大声说出图画名称,读出目标单词或非词。

内隐启动范式(implicit priming paradigm)

这是 Meyer(1990)为研究音节的编码方式所提出来的一种实验方法。在内隐启动范式中,被试先学习几个单词对,比如"航空—飞机"、"塑身—肥胖"、"珠宝—翡翠"、"抽烟—肺癌"(例子选自 Chen, Chen, & Dell, 2002)。这四个单词对中,第二个单词的第一个字的声母和韵母是相同的,称之为同源(homogeneous)组。对照组包括的单词对中,第二个单词在音韵上毫无关联,称之为异源(heterogeneous)组。在测验时呈现单词对中的第一个词,要求被试说出对应的单词,比如呈现"航空",被试要说出"飞机"。实验中将变化同源组的条件,比如第二个单词第一个字的首音相同,或韵母相同,或声调相同,或音节相同等,测量被试说出第二个单词的潜伏期和正确率。内隐启动范式选择单词作为刺激材料,这突破了经典的词汇产生任务——图画命名中必须使用图画作为实验材料的限制,使得选材更为自由。Cholin、Schiller 和 Levelt (2004)将传统的内隐启动范式作了一些变化,在反应词中增加了一个不同于其他词的反应词,该反应词被称为奇异词。奇异词与其他词有一些不同的特征,比如音节结构不同。包含奇异词的学习词对组成的条件组称为变化组,无奇异词的条件组称为恒常组。变化组和恒常组都属于同源组。在恒常组中,反应词的两个音韵特征是相同的,一个常常是共享单词开头的音段,另一个可能是单词的音节结构。例如恒常组由"beacon"、"beadle"、"beaker"组成,这三个单词开头的 CV(C 为 consonant 缩写,即辅音;V 为 vowel 缩写,即元音)结构和开头的音节是相同的。相对于恒常组,变化组仅仅包括其中一个音韵特征,如"beacon"、"beatnik"、"beaker",这三个单词开头的 CV 结构是相同的,但开头的音节不同("bea"和"beat")。比较恒常组和变化组的命名潜伏期和正确率,能够判断在命名单词的过程中被试是否事先准备了音节或音段。

图画—词汇干扰实验范式(picture-word interference paradigm)

在图画—词汇干扰实验范式中,被试的任务是命名所呈现的图片,大声地说出图片的名称。同时,被试要尽量忽略听觉或视觉呈现的干扰词。实验范式中通常包含两个自变量:一个是图画呈现和干扰词出现之间的时间间隔(SOA)。当干扰词先于图片呈现时,SOA 为负值;当图片与干扰词同时呈现时,SOA = 0;当干扰词在图片呈现一定时间后呈现时,SOA 为正值。另一个自变量是图画和干扰词之间的关系,比如干扰词与图画名称之间的第一音节相同。实验中所使用的目标刺激为图片,因此在选材范围上不如内隐启动范式广泛和自由。

5.2 音韵编码

Levelt 等人(1999)提出的 WEAVER 模型,对拼音文字言语产生中的音韵编码过程进行了阐述,该模型是所有音韵编码模型中最详细的模型之一。音韵编码(phonological encoding)阶段又分为音段编码、节律编码和音节化等一系列过程(见图 5.1)。

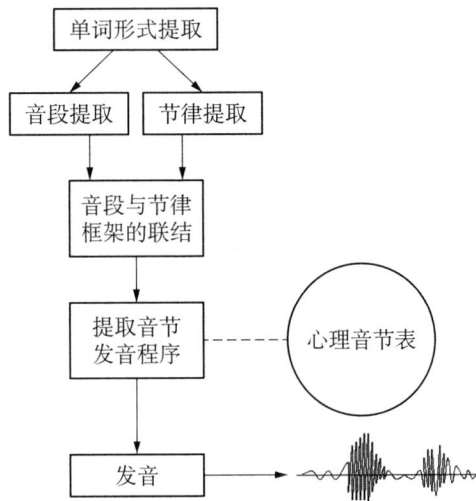

图 5.1 言语产生中的音韵编码模型(Levelt & Wheeldon, 1994)。

根据 WEAVER 模型,音韵编码开始于词汇的词形在心理词典中通达之后,如 table——/teɪb↔l/。首先,音韵编码系统提取词形对应的音段和节律框架。音段和节律框架的提取是平行进行的(Levelt 等,1999;Roelofs & Meyer,1998)。在音段提取阶段,词形的音段(音素)按从左到右的顺序被提取(如:/t/、/eɪ/、/b/、/↔/、/l/);在节律提取阶段,词汇的节律框架信息被提取,这些信息至少包括音节数、词汇的重音位置(如 table 包含两个音节,重音在首音节),以及音节结构(如 table 的首音节/teɪ/,包含一个辅音和一个元音,音节结构为 CV 结构)。然后,进行音段—节律框架的联结(segment-to-frame association)。在此阶段,之前提取的音段信息和节律框架相结合,音段以递增的方式插入节律框架,如"ta. ble"(点表示音节边界,该单词包括两个音节)按从左到右的顺序进行结合,形成音韵词(phonological word),即一个或多个音节组成的系列。音段编码阶段采取递增方式与节律框架相结合的假设得到了很多实验研究的支持(Meyer,1990;Meyer & Schriefers,1991;Van Turennout,Hagoort,& Brown,1997;Wheeldon & Levelt,1995;Wheeldon & Morgan,2002)。一个音韵词或韵律词(prosodic word)包含一个或多个心理词典中的项目,承载相应的重音信息,构成音位结构限制范围和音节划分范围。音节的划分按照一般的音节划分原则和语言特异原则进行(Roelofs,1997)。这一阶段所得到的音韵词不一定与语法词(syntactic word)相同,因为某些语法词,如代词或介词,本身并没有重音,要附着在其他词上共同形成一个音韵词,如短语"the pilot of the airline"中的介词"of"附着在 pilot 上共同形成一个重音在首音节的三音节的音韵词汇。Roelofs(1997)为该理论提供了计算机模拟的依据,理论假设在音段—节律框架开始结合时,由于缺乏完整的音段信息,采取一种暂时不确定和重新开始的机制。即音段—节律框架的结合可以在全部音段提取之前开始,直到剩余音段提取完全才完成,这样音段与节律框架的结合还可以再重新调整。这种机制使得音韵编码能够根据不同的言语背景而具有一定的灵活性。

音段—节律框架相结合后,得到的音韵音节(phonological syllable)将激活心理音节表中对应的语音音节(phonetic syllable)(Cholin, Levelt, & Schiller, 2006;Cholin, Schiller, & Levelt, 2004;Levelt & Wheeldon, 1994;Schiller, Meyer,Baayen, & Levelt, 1996;Schiller, Meyer, & Levelt, 1997)。一旦音节动作(syllabic gestural scores)被激活,将被转换成发音动作,用于控制发音运动,并最终执行发音。与 Levelt 等人(1999)的 WEAVER 模型不同,Dell(1986,1988)的音韵编码模型认为音节是存储在词形的心理词典中的独立表征,在音韵编码阶段从心理词典中直接提取词汇的音韵表征。

5.2.1 音段编码

音韵编码过程中音段编码的研究主要针对以下两个问题。

首先,在音韵编码阶段提取的是音段还是音节? 语误分析发现存在首音互换现象,如将"dear old queen"误说成"queer old dean"。该现象表明词形(word form)不是整体提取的,而是由各个提取的音段组合而成的。虽然,这种先提取音段,再由音段组合成音节,进而组合成整个词形的加工过程要比直接提取音节或整词的词形复杂,但这种机制在多个词的连续发音过程中起到很重要的作用。通常,在言语产生中,我们不会只说单独的词,而会说连续多个词。举例来说,"gave it" /geɪ. vɪt/,虽然"gave"是一个单音节 CVC 结构的词,但短语"gave it"则包含 CVC 和 CV 两个音节,在这个短语中,音节边界是跨越词的边界的。也就是说,音节化的过程不是按照词的边界进行的,因为音节划分后的语言单元不是词,而是音韵词(Booij,1995)。在不同的音韵上下文情境(phonological context)中,词汇的音节划分会发生改变,如对于短语"demand it",有"de. mand","de. man. ded","de. man. dit"。因此,按照词的边界将音节储存在心理词典中的做法是不符合经济原则的。音节的边界将在音韵词的临场形成时产生,这种机制使得不同音韵上下文情境下的言语产生系统具有最大的灵活性。

音韵编码阶段提取的是音段而不是音节的假设得到了一些实验数据的支持(Schiller, 1998, 1999, 2000; Schiller, Costa, & Colom, 2002)。这些研究采用掩蔽启动范式,让被试命名首音节为 CV 结构(如 pa. lace)和 CVC 结构(如 pal. mier)的词汇,分别采用 CV (pa)或 CVC (pal)以及中性符号串(如%%%%%)作为启动条件。结果在荷兰语和英语中都发现了音段重叠效应,即无论启动音节与目标词的首音节是否相同,CVC 音节启动条件都比 CV 音节启动条件产生更大的启动效应,反应时更快。音段重叠效应说明音韵编码阶段从词形心理词典中提取的是音段信息。启动项与目标项的音段重叠程度越大,启动效应量越大,与启动项和目标项是否共用同一个音节无关,说明音韵编码过程中提取的不是整个音节,间接地证明了音节是在音韵编码阶段由音段和节律框架结合而临场形成的。

然而有一些研究采用相同的实验范式,在汉语和法语中发现了音节启动效应(Chen, Lin, & Ferrand, 2003; Ferrand, Segui, & Grainger, 1996; Ferrand, Segui, & Humphreys, 1997),而不是音段重叠效应。这可能与语言特点有关。与荷兰语和英语相比,汉语和法语的音节边界清晰,很少或不存在根据不同音韵上下文情境重新音节化的现象,例如,汉语中"xi. an"(西安)在任何情况下都不可能说成"xian"(先)。并且,相对于荷兰语和英语中有 12000 个音节数目来说,汉语的音节数很少,在不计声调情况下约有 400 个,计声调情况下约有 1 200 个。这两个特点使得汉语口语产生中将音节存储在词形心理词典中,在音韵编码阶段从词形心理词典中直接提取音节具有可能性。有关汉语音韵编码单元的其他研究通过采用不同的实验范式,也证明了音节是汉语音韵编码的单元,如语误分析研究(Chen, 2000)、采用形式启动范式的研究(Chen, Chen, & Dell, 2002;张清芳,2008)以及采用图词干扰范式的研究(张清芳和杨玉芳,2005)。以上跨语言的研究结果说明音韵编码的单元与不同的语言特点有关,有关音韵编码的理论模型需要考虑不同的语言特点。

其次,在音段编码阶段同一个词汇中的音素是平行提取的,还是一个一个提取的?这是实验研究中存在很大争论的问题,同时也涉及音韵编码理论模型中将音韵编码单元称为音段(segment)还是音素(phoneme)的问题。在行为研究中,Meyer(1990)采用内隐启动范式对此问题进行了研究,结果发现当被试准备了目标词的音段信息时命名反应时更快,并且从词首开始,随着准备的音段越长,音段准备效应越大;而当准备的音段从词尾开始时则没有发现音段的准备效应。该结果表明音段编码以递增的方式从词首向词尾进行。另外有研究采用自我监控实验范式也发现了类似的结果(Wheeldon & Levelt, 1995)。在 Wheeldon 和 Levelt(1995)的研究中,要求荷兰语—英语双语被试在将英语词汇翻译为荷兰语词汇时监控其中是否含有某个指定的音段。结果发现在一个音节结构为 C1VC2C3VC4 的单词中,如单词 lifter(荷兰语为 hitchhiker),监控第一个辅音 C1 的时间要比监控第二个辅音 C2 的时间快 55ms,针对 C2 的监控时间要快于对 C3 的监控时间,而对 C3 的监控时间快于对 C4 的监控时间(尽管 C3 与 C4 监控时间的差异统计不显著)。该结果支持了音韵编码阶段的音段编码按照递增方式进行的假设。在他们的另一个实验中,采用同样的翻译和监控方式,但进行发音的抑制,结果仍然发现了上述监控的结果,说明被试监控的不是可发音的语音信息,而是音韵信息,上述发现的从左至右监控时间逐渐增加的结果发生在音韵编码阶段。Wheeldon 和 Morgan(2002)采用相同的实验范式在英语中得到了相同的结果。

5.2.2 节律编码

音韵编码过程中节律编码阶段的研究主要针对词汇的节律框架表征是否独立存储在心理词典中以及词汇的重音是如何提取和编码的这两个问题开展。

首先,关于节律框架表征是否独立存储在心理词典中的问题,有两种假设:一种假设认为节律框架存储在心理词典中,在节律编码阶段从心理词典中提取节律框架信息(Levelt, 1992;Levelt 等,1999,WEAVER 模型);另一种观点认为节律框架不是从心理词典中提取的,而是在音段提取的基础上临场加工而成的(Béland, Caplan, & Nespoulous, 1990)。

语误分析的研究表明,英语的语误通常发生在音节内部的对应位置。例如,两个音节的首音段互换,将"real mystery"说成"meal rystery";两个音节的核心元音互换,将"fill the pool"说成"fool the pill"。话语中的音节结构决定音节中哪些位置的音段互换的发生,而节律框架包括音节的结构和音节的数目等信息。该结果说明节律框架是从心理词典中提取的,决定了音节内部的位置信息,这就是音节内部的位置限制假设(Meyer, 1992)。该结论受到了 Shattuck-Hufnagel(1987, 1992)和 Garrett(1975,1980)研究的挑战:他们的研究发现英语中 80％以上的辅音互换错误发生在词首,而不是发生在首音节的辅音和词中的辅音之间,这说明英语中有发生词首辅音错误的倾向,不能支持上述的音节内部的位置限制假设;而元音错误发生在元音之间,而不是元音与辅音之间,这可以解释为上述音节内部的位置限制,也可以解释为音段倾向于与音韵类似(音节结构中类似结构)的音段发生互换(Shattuck-Hufnagel & Klatt, 1979)。针对 Shattuck-Hufnagel(1987, 1992)和 Garrett(1975, 1980)的结论,Levelt(1992)认为节律表征并不决定音节内部的结构,而仅仅决定音节数和主要重音的位置。如果节律表征是从心理词典中提取的,那么可以预期偶尔会发生节律表征提取错误,从而产生重音的错误,如"simiLARly"(大写字母表示重音错误地发生在第三个音节上)。重音错误的分析研究表明当重音错误发生时,通常发生在语素词的不同语素之间,因而重音错误被认为发生在语素编码阶段(Cutler, 1980),而不是节律表征提取阶段。因此,语误分析的研究对心理词典中是否存在节律框架表征的结果并不一致。

研究者采取反应时行为指标对该问题进行了探讨。Meijer(1994, 1996)的研究发现,当启动项的音节结构与目标项的音节结构相一致时,与两者音节结构不一致条件(辅音个数不同)相比,促进了目标项的命名。但是,Meijer(1994)的另一个实验中没有重复出音节结构的启动效应。并且,当音节结构不一致条件为核心元音的结构不同(V 与 VV)时,仍然没有发现音节结构的启动效应。Sevald、Dell 和 Cole(1995)采用重复命名任务考察英语中的音节结构表征问题。他们在实验中要求被试在 4s 内重复命名一个单音节假词和一个双音节假词组成的词对,结果发现当单音节假词的音节结构与双音节假词的首音节结构相同时,被试在 4s 内命名的词对更多。因此,他们认为音节框架在心理词典中有独立的表征。

虽然几乎所有的词形编码模型都假设节律框架是从心理词典中提取的,但上述研究结果仍不足以证明这一点。Roelofs 和 Meyer(1998)采用内隐启动范式进一步探讨了两个问题:(1)节律结构中的重音位置是否从心理词典中提取? (2)节律框架中是否对辅音和元音的顺序和位置进行了限定? 实验发现在含有相同首音段的情况下,只有当同源组词汇含有相同的音节数目或具有相同的重音位置时,才能获得显著的促进效应;而当同源组词汇含有相同数目的辅音字母和元音字母,或具有相同的节律框架而音段不同时,没有促进效应。Schiller、Fikkert 和 Levelt(2004)采用图词干扰范式,也没有发现重音相同条件的促进效应(stress-priming effect),结果与 Roelofs 和 Meyer(1998)的结果一致。这些研究都发现当音段信息重叠时,节律框架信息一致条件相比不一致条件促进了词汇的命名;而当音段信息不重叠时,节律框架没有促进效应。结果表明节律框架编码与音段编码是平行加工的,节律框架表征是从心理词典中提取的,支持 WEAVER 模型(Levelt 等, 1999)。

对于节律信息中重音的编码方式有两种假设:一种观点认为重音信息的编码是平行进行的;一种观点认为重音信息的编码方式与音段信息的编码方式相同,是按照从左至右递增的方式进行的。Schiller、Fikkert 和 Levelt(2004)比较了重音在第一音节和第二音节的图片命名的反应时间,发现命名重音在首音节的图片比重音在第二音节的图片要快,该结果表明重音信息可能按照递增的方式从左到右编码,与音段编码类似。Schiller、Jansma、Peters 和 Levelt(2006)的研究中让被试在进行图片命名的同时进行重音位置的判断(实验1),发现重音在第一音节时反应时更快,结果与上述研究类似。但是,这两个研究都在荷兰语中进行,而 90% 的荷兰语词汇的重音在首音节,上述结果可能是由于默认音节在首音节的策略造成的。因此,Schiller 等人(2006)在实验2和实验3中采用三音节词的图片作为实验材料,结果发现重音在第二音节的判断反应时要快于重音在第三音节的反应时。结果支持重音编码按照从左至右的递增方式进行的假设。

Schiller(2006)的研究采用事件相关电位技术进一步探讨了重音的编码方式。研究采用是否反应范式(GO/NOGO 范式),要求被试进行重音位置的判断,一半实验材料要求被试当重音位置在首音节时按键,不在首音节时不按键;另一半实验材料要求被试当重音位置在尾音节时按键,不在尾音节时不按键。这样分别得到了NOGO 条件下重音在首音节和尾音节时的反应抑制的脑电成分 N200,结果发现重音在首音节条件下的 N200 潜伏期比重音在尾音节条件下的要早。脑电的结果支持上述行为实验的结果。

5.2.3 音韵编码过程中的音节化编码

根据 Levelt 等人(1999)的 WEAVER 模型,音节是在音韵编码阶段通过音段—节律框架相结合而形成的,而不是直接从词形心理词典中提取的(见前,有关音韵编码中的音段编码部分)。音节在言语产生中的确有重要作用,WEAVER 模型假设音节通过音韵编码和语音编码之间的心理音节表起作用,心理音节表中存储了以音节为单位的动作程序(motor program)。

由于 Schiller(1998,1999,2000)、Schiller、Costa 等人(2002)以及 Schiller、Jansma 等人(2006)的研究采用掩蔽启动范式,在荷兰语、英语和西班牙语中都没有发现音节启动效应,而发现了音段重叠效应,从而认为音韵编码阶段提取的功能单元是音段,而不是音节(见前述),音节是音段—节律框架相结合临场产生的。但是,Cholin 等人(2004)的研究采用内隐启动范式发现了音节启动效应,研究者认为掩蔽启动范式考察了词形编码(word-form encoding)的早期阶段,即音韵编码阶段,而内隐启动范式则不仅可以考察早期阶段,还可以考察晚期阶段,即音韵编码之后的语音编码阶段。结合掩蔽启动范式和内隐启动范式的实验结果,Cholin 等人(2004)证明了音节是通过心理音节表起作用的。Cholin 及其同事的研究通过考察音节频率效应来证明心理音节表的存在(Cholin, Levelt, & Schiller, 2006; Cholin & Levelt, 2009)。最早是 Levelt 和 Wheeldon(1994)在研究中考察了荷兰语中的音节频率效应,但由于该实验没有控制音段的频率,使得结果不确定。Cholin 等人(Cholin 等, 2006; Cholin, Dell, & Levelt, 2011)的研究在严格控制了各种影响因素后,通过符号—词汇联想学习实验范式证明了荷兰语和英语中的音节频率效应,即高音节频率词汇的命名反应时比低音节频率词汇的命名反应时要快。同样,西班牙语的研究也证明了西班牙语中的音节频率效应(Perea & Carreiras, 1998; Carreiras & Perea, 2004)。

那么音节频率效应的来源(即心理音节表)位于音韵编码阶段还是音韵编码之后的阶段呢? Cholin 和 Levelt(2009)操纵了音节频率和音节准备与否两个变量,采用内隐启动范式的变式,让被试学习一组词汇,然后命名。这组词汇可能包括首音节相同而首音节频率为高频(即高频首音节相同)条件、首音节相同而首音节频率为低频(即低频首音节相同)条件、首音节不同而首音节频率为高频(即高频首音节不同)条件、首音节不同而首音节频率为低频(即低频首音节不同)条件。在词汇学习阶段,若这组词汇的首音节相同,被试在词汇命名阶段已经准备好首音节;而当首音节不同时,则没有准备好首音节。结果发现了两者之间的交互作用。根据反应时相加原则,说明音节频率与音节准备与否这两个变量发生在同一阶段。这一研究说明内隐启动范式发现的音节启动效应发生在音韵编码之后的阶段,因此,研究者认为音节频率效应发生在音韵编码之后的阶段,即音节通过音韵编码过程的临场加工而形成后,立即激活并提取心理音节表中对应的发音动作程序,进行语音的编码和发音。

Laganaro 和 Alario(2006)采用词汇立即命名、词汇延迟命名和词汇延迟命名伴随语音干扰三个任务,比较这三个任务中的音节频率效应,以确定音节频率效应发生在音韵编码阶段、语音编码阶段还是发音运动的执行阶段。如果在词汇立即命名任务中发现音节频率效应,那么该效应可能发生在这三个阶段中。词汇延迟命名使得被试有足够的时间进行音韵编码和语音编码,如果音节频率效应发生在这两个阶段,那么因为高低频率的音节均可完成准备,所以该任务中不会出现音节频率效应;如果出现音节频率效应,说明该效应发生在发音运动的执行阶段。而在词汇延迟命名的延迟阶段进行语音干扰,仅仅影响语音编码,不会影响音韵编码,如果音节频率效应发生在音韵编码阶段,那么在词汇延迟命名伴随语音干扰的任务中将不会出现音节频率效应(音节已经完成准备);如果出现音节频率效应,说明该效应发生在语音编码阶段或发音运动的执行阶段。该研究在词汇立即命名和词汇延迟命名伴随语音干扰任务中发现了音节频率效应,而词汇延迟命名不伴随语音干扰任务中没有发现音节频率效应,结果证明了音节频率效应发生在音韵编码之后的语音编码阶段。

5.3　音节在语言产生中的作用

由于音节在音韵编码过程中的独特性,因此这一部分单独陈述语言产生中关于音节的研究及音节的重要作用。

5.3.1　什么是音节

音节是受具体语言的语义和结构制约的最小的自然发音单位。在生理发音上它是发音器官肌肉一个张弛周期的结果,在物理音响上则表现为音强和响度从增强到减弱的过程。一般的音节都以元音为核心,辅音在元音的前面或后面,依附于元音。由元音(V)和辅音(C)构成的音节有四种基本类型:V、CV、VC和CVC。这四种类型可以扩展成各种不同的音节结构。汉语普通话的音节通常可以分为声母、韵母和声调三个部分,声母和韵母由音段音位构成,声调由超音段音位中的调位构成。从结构而言,英语的音节分为三个部分:音节首(the onset)、音节峰(the peak)或核心元音(nucleus)、音节尾(the coda)。音节首指音节峰前所有的辅音,相当于汉语音节的声母部分。音节尾指音节峰后的辅音部分,相当于汉语音节中的韵尾。音节峰是音节中最突出的部分,是音节的中心,相当于汉语音节韵母中的韵腹部分。每个音节必须有音节峰,而音节首和音节尾则不一定齐全(何善芬,1997;赫钟祥,2003)。

5.3.2　语言产生理论中的音节

有关语言产生的研究形成了两大理论体系,一类以 Levelt、Roelofs 和 Meyer (1999)提出的独立两阶段理论为代表,另一类以 Dell(1986)提出的两步交互激活理论为代表。这两类理论对音节作用的看法既有共同点,又有不同点。共同点是:这两类理论都认为音节单元在语言产生中是存在的。不同点是:Levelt 等人认为音节是在音韵编码和语音编码两个层面之间起作用的。音节不存储在心理词典中,所提取的音韵代码未经过音节化,音节化是临场加工完成的。当音段与单词的节律框架发生联系时产生音节,音节是言语发音中的基本程序单元。Dell 则假设音节的结构和框架是存储在心理词典中的。抽象的音韵表征不仅有特定的音段位置,而且有其内部的音节结构,所提取的音韵代码是经过音节化的。WEAVER 模型吸收了 Dell(1986)提出的单词形式提取是通过激活扩散进行的观点,以及 Levelt(1992)的在线音节化和通达音节表的假设。其典型特征是"音节化的临场加工",这使其有别于其他语言产生的模型。以前的语言产生模型都假设构成单词的音节是存储在心理词典中的。WEAVER 模型通过计算音节化过程代替了存储音节化的过程,这使得模型在音节编码的处理上更为灵活,并节约了能量。

5.3.3 研究问题

在语言产生领域,目前有关音节作用的研究主要是针对印欧语系语言进行的。

第一,音节是否是言语产生中的功能单元? Ferrand、Segui 和 Grainger(1996)利用掩蔽启动范式,要求法国被试用法语命名单词、非词或图画。实验结果表明,与启动刺激短于或长于目标刺激第一音节的情况相比,当启动刺激与目标刺激的第一音节匹配时,命名单词、非词或图画时的反应时要短。例如,"BA"是单词"BA. LADE"的第一音节,但是比单词"BAL. CON"的第一音节短;而"BAL"是单词"BAL. CON"的第一音节,但是比单词"BA. LADE"的第一音节长。"BA"对命名单词"BA. LADE"产生的促进效应高于"BAL"情况,而"BAL"对命名单词或图画"BAL. CON"产生的促进效应要高于"BA"情况。上述结果表明,只有启动刺激的第一音节与目标刺激的第一音节匹配时,才能产生促进效应。这种效应被称为音节启动效应(syllable priming effect),Ferrand 等人根据上述实验结果,认为在法语中音节是语言产生中的功能单元。

Ferrand、Segui、Humphreys(1997)利用相同的实验任务,在英语中发现了相似的结果:在单词命名任务中,发现具有清晰第一音节界限的单词存在显著的音节启动效应,但对于具有模糊音节界限的单词未发现音节启动效应。而且,他们还发现与中性启动项相比,当启动项是目标项的第一音节时,单词命名时间显著缩短。同时 Ferrand 等人发现对于具有模糊音节界限的目标项,两个可能的音节启动项都能促进单词的命名,而且启动效应量相当。例如,目标刺激是"BALANCE",启动刺激为"bal％％％％"或"ba％％％％％","bal"和"ba"都可以作为单词"BALANCE"的第一音节,"bal"和"ba"对"BALANCE"的命名潜伏期所产生的促进效应无显著差异。另外,采用 CV 单词(第一音节为 CV 结构)作为目标刺激,发现当启动刺激的结构为 CV 时,促进了单词的命名;而当启动刺激为 CVC 结构时,未发现启动效应。上述结果表明在英语中音节是语言产生中的功能单元。

　　针对 Ferrand 等人(1997)对英语的研究结果以及英语和荷兰语的语言特点，Schiller(1998)和 Schiller(2000)利用相同的实验范式，分别研究了荷兰语和英语中音节的作用。结果发现，当启动刺激为 CVC 结构、CV 结构和中性启动(如％％％)时，对于第一音节结构为 CV 结构的单词命名，只有 CVC 结构的启动刺激促进了目标项的命名过程，而 CV 结构的启动刺激和中性刺激未对单词命名过程产生促进作用。该结果不符合音节启动效应。另外，在图画命名和单词命名过程中，当目标刺激的第一音节结构为 CV、CVC 或 CV[C](表示模糊的音节结构，第一音节既可以为 CV，也可以为 CVC)时，研究者发现，对于上述三种类型的目标刺激，CVC 结构的启动刺激产生的促进效应量均大于 CV 结构的启动刺激。这表明当启动刺激与目标刺激之间音段的重叠程度越高，所产生的启动效应就越大，该现象被称为音段重叠效应(segmental overlap effect)。WEAVER 模型能对荷兰语和英语中发现的音段重叠效应作出合理的解释。在 WEAVER 模型中，音段不指定音节的位置，而是指定音节内部所包括的韵首、核心元音和尾音的系列位置。因此，该模型不能预测音节启动效应，而能预测音段重叠效应。当启动刺激呈现时将预先激活音段，产生音段重叠效应；而不会激活音节的位置，产生音节启动效应。与荷兰语和英语相反，法语有着简单的音节结构，音节界限清晰。如果假设法语音段是在输入性心理词典中被标记的，那么 WEAVER 模型也能解释法语中的音节启动效应，但不能解释英语中发现的音节启动效应。WEAVER 模型的一个基本假设是激活的音段能直接影响产生词典中相应的音段节点，法语中的音段信息已经包括了音节的位置信息，因此会产生音节启动效应。

　　事实上，在英语中关于"音节是否能作为独立单元"的研究结果相当不一致。例如，Jared 和 Seidenberg(1990)假设：如果单词是被分解成音节的，那么强调音节将比强调整个单词时的反应时间更短。但是他们的研究却发现：呈现单词与呈现单词的第一音节时，命名时间相当。因此 Jared 等人认为音节不是单词命名的功能单元。Tousman 和 Inhoff(1992)发现当先前呈现的启动项对应于目标项的第一音节时，例如"GLU"，比起中性启动项来说，缩短了单词"GLUCOSE"的命名潜伏期。有一些研究在探索音节作用时会直接比较单音节词和多音节词的命名潜伏期，Klapp、Anderson、Berrian(1973)报告说在单词命名任务中，双音节词的命名潜伏期长于单音节词的命名潜伏期。Forster 和 Chambers(1973)、Fredriksen 和 Kroll(1976)的研究却表明音节数在单词命名中没有产生任何效应。Jared 和 Seidenberg(1990)认为产生如此不一致结果的原因可能是：上述研究都未考察单词频率和音节数之间的交互作用，他们认为在单词命名过程中音节数只影响低频单词的命名潜伏期。在荷兰语的研究中,也存在与 Schiller(1998)研究不同的结果。Meyer 和 Schriefers(1991)利用图画—词汇干扰任务对荷兰语进行研究,发现当被试在命名双音节图画名称的同时听干扰词时,干扰词与目标词的第一或第二音节相同条件都促进了图画的命名。当共享第一音节时,在 SOA 为 −150 ms、0 ms 和 +150 ms 时都产生了促进效应;当共享第二音节时,在 SOA 为 0 ms 或 +150 ms 时产生了促进效应。这表明多音节单词是以音节为单位从左至右进行编码的。这个研究表明目标单词或目标图画的命名过程都得到了先前呈现的音节的促进。Wheeldon 和 Levelt(1995)以听觉方式呈现英语单词,要求被试默默地产生一个在荷兰语中对应的单词,并监测是否存在一个特定的音节。结果在荷兰语的语言产生中发现了音节监测效应。根据上述结果,Wheeldon 和 Levelt(1995)认为被试是在音节化的音韵表征基础上产生单词的。

综上,关于音节的作用在法语中的研究结果是比较一致的,与法语特点相符,得到了许多研究者的认同;而在英语和荷兰语中的研究结果存在很多不一致之处。虽然法语、英语和荷兰语均为重音语言,但是法语属于拉丁语系,通常被描述为音节定时语言(syllable-timed language),法语单词有着清晰的音节界限,重音通常位于单词末尾;而英语和荷兰语属于日耳曼语系,特点比较相似,都是重音定时语言(stress-timed language),存在大量模糊的音节和重新音节化现象。语言特点不同,音节在其中所起的作用可能就有重大差异。语言产生中有关音节作用的不一致结果可能与语言特点有密切关系。

第二,音节是如何起作用的? 根据语言产生的两类理论,存在两种不同观点:一种观点是音节是存储的;另一种观点是音节是临场形成的。Levelt、Roelofs 和 Meyer(1999)认为音节是临场形成的,主要理由是:(1)音节与音素、词素和单词不同,在言语错误中很少发现音节移动现象;(2)在英语和荷兰语这样的语言中,重新音节化现象非常普遍。如果音节是存储的,似乎不能达到快速有效地提取音节的目的。Dell(1986)则认为音节是存储在心理词典中的,在产生过程中音节会被激活。关于音节存储的方式又形成了两种不同的观点:第一种观点假设音节是一种组块(chunk),单词是以音节串的形式存储的,每一音节是通过指定其发音的符号进行表征的。组块观点是以单词的信息加工模型为主导思想的。Dell、Juliano 和 Govindjee(1993)提出了组块观点的一种变式,认为音节和音节成分是网络模型中的内隐组块,这能解释许多言语错误现象。第二种观点认为音节是一种图式(schema),图式指定了一个抽象的结构,其发音内容被插入到该结构中,图式与其音韵内容是独立的、无关的。举例来说,组块观点认为音节/sit/和/bed/是不同的,因为发音即音韵内容不同;而根据图式观点,这两个音节是相同的,因为这两个音节都是 CVC 结构。根据组块观点,特殊音节的表征是直接与单词的表征发生联系的;而根据图式观点,在单词层面和音素层面之间有一个抽象的结构层。当前的语言学理论都将音节描述为抽象的结构，因此在语言学理论中关于音节的观点更倾向于图式观点，而不是组块观点。语言产生过程的研究多数支持了音节的图式观点。Stemberger(1982)分析言语错误，发现音节结构决定了哪些音段会发生错误。研究发现，音节的首音容易与错误单词的首音发生交换，而整个音节本身很少发生错误，因此 Stemberger 认为音节是图式而不是组块。Meijer(1996)使用了翻译命名任务，要求被试将视觉呈现的英语单词翻译为荷兰语；同时以听觉方式呈现启动项，要求被试尽可能地忽略听觉呈现的单词。结果发现，当启动项与目标项共享抽象的音节结构时，用荷兰语产生目标项的潜伏期更短。Meijer 的发现支持了图式假设，即单词音节结构特征的存储和提取是独立于单词的音素内容的。Sevald 等人(1995)报告的结果同样支持了音节抽象表征的观点。在实验中要求被试在 4 s 内尽可能快地重复英语音韵串。当单词的第一音节与第二个单词的第一音节相同时，言语速率加快。他们证明了重复起初结构的优势效应，但是该效应的大小在内容和结构都相同时与只有结构相同时无显著差异。这表明重复的仅仅是结构，支持了音节结构独立于音素内容的观点。Costa 和 Sebastian-Galles(1998)在西班牙语中得到了同样的结果。

以上证据表明单词结构特征的存储和提取独立于单词的内容。上述研究所采用的方法或者是对特定音节串的重复，或者是对音节结构的重复，研究中混淆了两个因素：节律框架和音段特征。即在启动刺激和目标刺激之间，不仅音节结构相同，而且音段特征或音韵内容相同。Ferrand 和 Segui(1998)在研究中区分了音节结构和其内容，采取掩蔽启动范式(实验 1)和重复启动范式(实验 2)研究了法语言语产生中音节的作用，被试的任务是命名单词、非词或图画。结果在实验 1 中未发现抽象的音节结构效应，而在实验 2 中出现了音节结构重复效应，支持了音节是通过抽象的结构进行表征，与音韵内容无关的观点。上述结果表明抽象的音节结构在言语产生中确实起了重要作用，这种作用与具体的产生任务有密切关系。以前研究所得到的不同结论也与所采取的实验任务有关。

第三，音节启动效应的发生阶段。这与前两个问题密切关联，如果确实存在音节启动效应，那么音节是以何种形式存在于语言产生过程的哪个阶段？Ferrand 等人(1996)利用掩蔽启动范式，要求被试用法语命名单词、非词和图画三种实验材料，结果在三种任务中都发现了音节启动效应，而在词汇判断任务中却未发现音节启动效应。单词命名、非词命名和图画命名三个任务中都包含了语音输出过程，而词汇判断任务中包括对单词的知觉，而未包含语音输出过程，因此 Ferrand 等人认为在言语产生中音节的表征是位于语音输出水平的。Ferrand 等人(1997)利用英语进行了类似的研究，得到了与法语类似的结果。由于前两个问题仍然存在很大争议，因此关于第三个问题的研究较少。

综上,关于音节在言语产生中的作用仍然比较混乱,这与语言特点及音节结构有密切关系。不同语言得到了不同的结果,而且采取不同任务的实验支持了不同的观点。

5.4 汉语口语词汇产生中的音韵编码过程

尽管研究者都认为在法语语言产生中音节可能是功能单元,但是也有人在法语研究中未得到一致结果。例如,Mehler、Dommergues、Frauenfelder 和 Segui(1981)未观察到法语非词命名中启动刺激和目标刺激之间的交互作用。或许法语不是探测音节作用最适合的语言,毕竟在法语中也存在模糊音节和重新音节化现象。根据Levelt 等人(1999)的观点,重新音节化现象是他们认为不存在存储音节的主要原因。

国内对"音节在汉语语言产生中的作用"的研究非常少。Chen、Chen 和 Dell(2002)利用内隐启动范式发现了音节启动效应,当目标单词具有相同的起始音节而声调(声调是音节韵律框架的一部分)不同时,其命名单词的时间缩短。根据WEAVER 理论,当韵律框架不同时,音节中音段至节律框架的联系不能得到准备。因此,Chen 等人认为当只有音节相同时产生的内隐启动效应必须发生在音段与节律框架发生联系之前,音节以组块形式存储在心理词典中。音节是单词产生中的计划单元。他们认为这反映了音节是从心理词典中提取出来的,即音节是存储在心理词典中的。Chen、Lin、Ferrand(2003)用音节掩蔽任务发现了同样的结果:CV 词的命名速度在 CV 为启动项时比在 CVG(G 为 glide 简称,表示滑音)为启动项时快,而CVG 词则相反。这清楚地表明音节在汉语的言语产生中是一个被存储或被规划的音韵单位,与 WEAVER 模型的假设不一致。

与印欧语系语言相比,汉语具有显著不同的特点。汉语中大约有 400 个音节,如果将不同的声调计在内,汉语中大约有 1 200 个音节;荷兰语中则有大约 12000 个音节。另一方面,在汉语的口语产生中,不存在模糊的音节或者重新音节化的现象,而在英语或者荷兰语的连续语流中存在大量上述现象。在单词视觉阅读过程中,字母语言的加工单元是音素(phoneme),而汉语的加工单元是音节(syllable),其差异导致在字母语言(比如英语)单词视觉阅读过程中,读者需要将单词中包含的各个音素集合起来形成音节,而在汉语单词视觉阅读过程中则是整体提取音节(DeFrancis,1989;Mattingly, 1987;Leong, 1997)。这些都可能导致音节在汉语口语产生中的作用十分重要。

5.4.1 汉语口语词汇产生中的音节启动效应和音段启动效应

已有研究对于"音节是否是单词形式编码单元"的争论尤为激烈,不同语言的研究对此问题也难以达成共识。已有研究在法语(Ferrand, Segui, & Grainger, 1996)和英语(Ferrand, Segui, & Humphreys, 1997)口语词汇的产生中都发现了音节启动效应,表明音节是口语产生的功能单元。Schiller(1998, 2000)利用相同的实验范式考察了荷兰语和英语中音节和音段的作用,发现的却是音段重叠效应,表明音段是口语产生中的功能单元,得到了与 Ferrand 等人不一致的结果。根据上述结果,研究者指出口语产生中音韵编码的单元与语言特点有关,很多研究者认为在法语语言产生中,音韵编码单元更有可能是音节。尽管如此,也有研究结果与此假设相矛盾,例如,在法语非词命名中未发现音节启动效应(Mehler, Dommergues, Frauenfelder, & Segui, 1981),因此研究者认为法语或许不是探测音节作用最适合的语言。根据 Levelt 等人(1999)的观点,重新音节化现象是他们认为不存在存储音节的主要原因,而在法语中也存在一些模糊音节和重新音节化现象。汉语作为一种非字母语言,在音节结构上与法语类似,但在口语产生过程中不存在模糊音节和重新音节化现象,这对探测音节和音段的作用非常有帮助。

针对汉语口语词汇产生中单词形式编码单元是音节还是音段的争论尤为引人注目。Chen、Chen 和 Dell(2002)利用内隐启动范式探索汉语双音节词汇产生中的音韵编码阶段,发现无声调的音节在音韵水平上能作为一个独立的计划单元,声调的作用则类似于字母语言中的重音和节律结构。Chen、Lin 和 Ferrand(2003)利用掩蔽启动范式得到了同样的结果。张清芳和杨玉芳(2005)利用图画—词汇干扰实验范式探索了音韵编码过程的单元,结果仅发现了音节或音节与声调的结合是音韵编码的单元,而音素相关(首音、韵母或韵母与声调的结合)不能对图画命名产生显著的启动效应。Chen(2000)分析语误语料库发现,音节交换错误的发生率显著高于音段交换错误,表明音节在口语产生中的重要性高于音段。与此结果相对的是,有一些研究发现了粤语口语产生中音段的促进效应。Wong 和 Chen(2008, 2009)采用图画—词汇干扰实验范式,在粤语中发现当干扰词与目标词的韵母和声调相同时,图画命名速度显著快于无关条件,因此他们认为,粤语口语产生中的音韵编码单元可能是音段(多个音素结合形成的一个单元,其音素个数少于音节)。Wong、Huang 和 Chen(2012)采用内隐启动范式得到了类似的结果。Qu、Damian 和 Kazanina(2012)采用首音素重复范式,在行为结果上未发现启动效应,但是在事件相关电位的指标上发现首音素重复条件下的波幅与非重复条件下的存在显著差异。这些研究表明音段信息在汉语口语产生中似乎也起了一定作用。

为了解释已有研究结果之间的不一致,O'Seaghdha、Chen 和 Chen(2010)提出了合适单元假设(proximate unit principle)来解释汉语口语词汇产生中的单词形式编码过程(如图5.2所示)。这一假设认为音韵编码单元中最先选择的单元存在语言上的差异,印欧语系语言如英语或荷兰语中最先选择的单元是音素,而在汉语中则为音节。在印欧语系语言中,讲话者在选择音素后,结合节律信息进行音节化过程,从心理音节表中提取音节准备发音运动程序。在汉语口语产生中,讲话者则在选择音节后进一步分解为音素或音段信息(音韵编码阶段),准备发音运动程序(语音编码过程),最后进行发音输出口语产生的结果(发音阶段)。合适单元假设对于印欧语系语言的单词形式编码过程的阐述是符合 WEAVER 模型的观点的。从上述假设可以看到,在印欧语系语言中首先提取音素,再从心理音节表中提取音节,而在汉语中则是先提取音节,再分解成音段(或音素)。

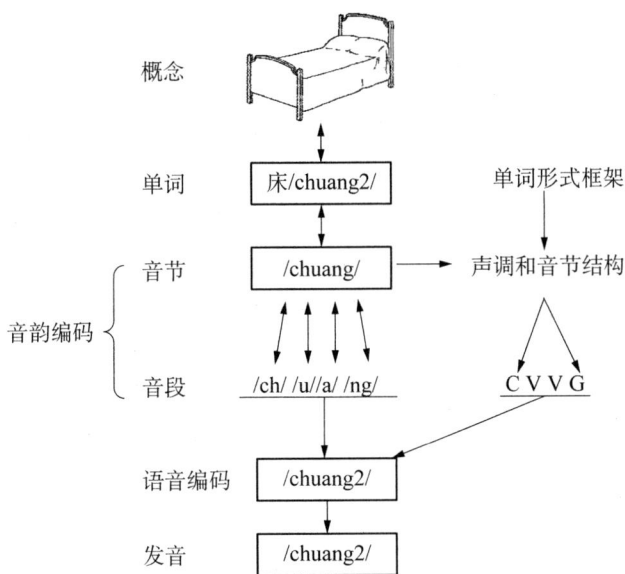

图 5.2 O'Seaghdha 等人(2010)提出的汉语单音节词汇产生的示意图

采用掩蔽启动范式的研究

印欧语系中有关"音节是否为编码单元"的争论多采用掩蔽启动范式,为了避免因研究方法不同而导致结果不同的可能情况,You、Zhang 和 Verdonschot(2012)采取在法语中获得音节启动效应的掩蔽启动范式,系统地考察了汉语口语词汇产生中的音韵编码单元。实验1采用掩蔽单词命名任务,使用了与 Chen 等人(2003)研究中不同的音节结构。实验设计包括两个自变量:(1)启动项类型,分为三个水平,即

CV、CVG 和无关(或中性);(2)目标项类型,分为两个水平,即 CV 和 CVG。启动项和目标项之间形成了三种关系,第一,音节相同条件:启动项与目标项第一个字的音节相同,例如,爸％(/ba4/, dad)—拔营(/ba2. ying2/, strike camp),败％(/bai4/, failure)—白首(/bai2. shou3/, white haired);第二,音段相同条件:启动项与目标项第一个字的部分音段相同,例如,爸％(/ba4/)—白首(/bai2. shou3/),败％(/bai4/)—拔营(/ba2. ying2/);第三,无关条件:例如,＊—拔营(/ba2. ying2/),＊—白首(/bai2. shou3/)。在掩蔽启动范式中,启动项的呈现时间为 50 ms。实验结果如表5.1 所示,发现启动类型和目标类型之间存在显著的交互作用,即与 CVN(N 为 nasal 缩写,表示鼻音)启动项相比,CV 启动项显著地缩短了目标项第一个字为 CV 结构的单词命名的时间;与 CV 启动项相比,CVN 启动项显著地缩短了目标项第一个字为 CVN 结构的单词命名的时间,表现出音节启动效应。实验 2 采用不同的音节结构,发现了类似的结果。在单词命名任务中,视觉呈现单词时存在单词再认过程。音节启动效应是否会发生在单词再认过程中(Levelt & Wheeldon, 1994)?为了验证这一可能,实验 3 中则采用经典的图画命名任务,结果同样发现了音节启动效应。通过采用不同的实验任务、不同的实验刺激材料,研究表明在汉语口语词汇产生过程中存在音节启动效应。这说明在汉语口语产生中,音节是词汇选择之后音韵编码阶段首先被提取的单元。

表 5.1 掩蔽启动任务中汉语单词命名和图画命名中的音节启动效应

启动类型	反应时(SD)		错误率(%)(SD)	
	实验 1 单词命名			
	CV 目标词	CVG 目标词	CV 目标词	CVG 目标词
CV	509(49)	512(49)	2. 92(2. 25)	3. 61(3. 96)
CVG	520(52)	506(47)	2. 92(3. 60)	2. 36(2. 50)
	实验 2 单词命名			
	CV 目标词	CVN 目标词	CV 目标词	CVN 目标词
CV	486(39)	499(37)	2. 45(2. 37)	3. 04(2. 72)
CVN	491(36)	490(38)	3. 82(1. 75)	2. 35(2. 43)
	实验 3 图画命名			
	CV 目标词	CVN 目标词	CV 目标词	CVN 目标词
CV	600(29)	610(29)	3. 33(2. 28)	3. 75(3. 97)
CVN	613(33)	600(31)	4. 58(3. 07)	3. 33(2. 51)

(来源:You, Zhang, & Verdonschot, 2012)

目前尚未有研究直接探测汉语普通话口语产生中音节或音段起作用的认知机制,汉语中认为"音段是音韵编码单元"的发现均来自对粤语口语产生过程的探索

（Wong & Chen，2008，2009；Wong 等，2012）。Wong 等人(2012)的研究认为粤语的口语产生可能与汉语普通话的存在差异，这是因为粤语的音韵体系比汉语普通话的复杂。例如，普通话中仅有两种尾音/n/和/ng/，而粤语中包含六种尾音/p/、/t/、/k/、/m/、/n/和/ng/，而且/ng/在粤语中还可以作为首音出现。粤语中包括 6 种声调，而普通话中仅包括 4 种声调。总结已有研究发现，粤语口语词汇产生中的音段启动效应是在图画—词汇干扰实验范式和内隐启动范式中发现的，而音节启动效应是在图画—词汇干扰实验范式、内隐启动范式或者掩蔽启动任务中发现的。基于上述比较，张清芳及其同事认为图画—词汇干扰实验范式对音段启动效应更为敏感，且图画命名任务是典型的口语产生任务，包括了口语产生的完整过程，因此在研究中采用这一经典范式探索音节和音段效应的认知机制。

口语产生中的单词形式编码过程中涉及语音信息的加工，包括音韵编码和语音编码。依据合适单元假设，在汉语口语产生的音韵编码过程中，讲话者提取音节后分解成音素或音段，然后在语音编码阶段准备音素或音段的运动程序，最后在发音阶段输出目标词。音节效应和音段效应可能出现在口语产生中的单词形式编码过程的哪一个阶段，目前的研究都未对此进行考察(Levelt 等，1999；O'Seaghdha 等，2010)。

采用图画—词汇干扰实验范式的研究

基于已有研究，岳源和张清芳(2015)考察了汉语普通话口语产生过程中音节效应和音段效应产生在哪个阶段。实验 1 采用了图画—词汇干扰实验范式，要求被试在看到图画和干扰字时，忽略干扰字，尽可能准确和迅速地说出图画的名称。这是一个即时命名任务，包括了口语产生的所有过程，从概念准备、词汇选择、单词形式编码（音韵编码和语音编码）到最后的发音阶段。实验 2 采取图画—词汇干扰实验范式与延迟命名结合的任务，要求被试看到图画后不能立刻进行命名，而是要作好命名的准备，在提示命名信号出现后尽快说出图画名称，此时被试已经完成了发声前的所有准备，即被试已经完成了概念准备、词汇选择、单词形式编码中的音韵编码和语音编码阶段的加工。在提示线索出现时，被试只要立即开始执行发音程序即可，反应时仅反映了发音阶段的加工。实验 3 采取了图画—词汇干扰实验范式与延迟命名和发音抑制结合的任务，即在延迟命名的同时要求被试完成一个发音抑制任务，在等待命名信号出现的过程中要求被试重复发出某个特定语音或者数数，这会影响被试短时记忆中的操作，使得被试不能进行语音编码阶段的加工(Baddeley, Lewis, & Vallar, 1984)。因此，当命名信号出现时，被试已完成了概念准备、词汇选择和单词形式编码中的音韵编码过程。这时需要进行语音编码，再进行发音，所记录的反应时中包括了语音编码和发音两个阶段。通过比较三个实验中是否出现音节效应或音段效应，可以推测这些效应是发生在口语产生中的单词形式编码（音韵编码或者语音编码）阶段,还是最后的发音输出阶段。

该研究的主要发现是：在包含音韵编码、语音编码和发音阶段的即时命名任务中,发现了音节的促进效应以及首音段和尾音段的促进效应;在仅包含发音阶段的延迟命名任务中,发现了音段的抑制效应和音节的抑制效应;在包含语音编码和发音阶段的延迟命名和发音抑制结合的任务中,发现了首音段相关和韵相关的抑制效应。综合上述结果表明:在口语词汇产生的单词形式编码过程中,音节和音段的促进效应发生在音韵编码阶段,而音节和音段的抑制效应发生在语音编码和发音阶段。效果量大小(*Cohen d*)的分析表明,音节的促进效应是可靠的强效应,而其他差异的效果量均较弱。不同的认知阶段,音节和音段起作用的方式可能是不同的。岳源和张清芳(2015)第一次在汉语普通话中发现了音段促进效应及音节和音段的抑制效应,更为重要的是,研究者确定了音节和音段的促进效应在口语产生过程中的发生阶段。下面将在 O'Seaghdha 等人(2010)提出的汉语口语产生的单词形式编码模型的框架中讨论研究的实验结果。

第一,音节的促进效应与抑制效应。根据 O'Seaghdha 等人(2010)提出的汉语口语产生的单词形式编码模型(如图 5.2 所示)的合适单元假设,在汉语的口语产生中,音节(与目标词的声调不同)是合适的单元,且音节的促进效应来自于对音韵信息的事先提取。另一方面,与目标词不同声调的干扰词在音韵编码阶段不能对发音产生促进效应。与此假设一致,在实验 1 中发现了音节的促进效应,即对干扰词的音节准备促进了目标词的产生,该效应发生在音韵编码阶段(张清芳,2008;张清芳,杨玉芳,2005;Chen 等,2002;O'Seaghdha 等,2010;Wong 等,2012)。同时,在语音编码和发音阶段发现了干扰词与目标词音节相关时的抑制效应。这些发现表明音节的促进效应确实发生在音韵编码阶段,而非语音编码或者发音阶段。

第二,音段的促进效应与抑制效应。根据 O'Seaghdha 等人(2010)提出的合适单元假设,在提取音节后分解成音段信息,包括首音、韵等,与节律信息(包括声调和音节结构等)结合进行语音编码,为发音作好准备。实验 1 发现的音段促进效应为此提供了支持证据,表明在汉语口语产生过程中干扰项和目标名称之间存在音段相关时,音段信息对目标名称产生了促进效应(Wong & Chen,2008,2009;Wong 等,2012)。同时,实验 2 和 3 发现的音段抑制效应则从相反的角度证实了:音段促进效应发生在音韵编码提取阶段,而非语音编码和发音阶段。

比较音节和音段在不同任务中的效应,我们发现:音节信息和音段信息在音韵编码、语音编码和发音阶段产生了不同方向的效应。当干扰项和目标项音节相同而声调不同时,在语音编码和发音阶段不能产生促进效应。这表明在口语产生的这两个阶段,讲话者是综合考虑音段信息和节律信息(如声调和音节结构)对发音进行准备的。在口语产生中的语音编码和发音两个阶段,提供部分信息不能产生促进效应,反而会阻碍口语产生结果的输出。另一方面,在音韵编码阶段,音节的效果量 Cohen d 值强;相比而言,在语音编码和发音阶段,音段相关的效果量 Cohen d 值强于音节相关的效果量。这表明在音韵编码阶段,音节的作用大于音段;而在语音编码和发音阶段,音段的作用大于音节。在音韵编码阶段,需要从心理词典中首先提取整体音节,之后再分解为音段,因此音节效应强于音段效应(O'Seaghdha 等,2010);而在语音编码和发音阶段,被试需要根据音段信息而非音节信息来进行发音运动程序的准备,因此音段相关的效应显著。

还有一些研究者提出了前运动过程(pre-motor)和运动执行过程分离的假设(Eichhoff, Heim, Zilles, & Amunts, 2009; Hickok & Poeppel, 2007)。该假设认为词汇表征的准备与执行过程是独立的。音韵编码过程是对词汇音韵标准的提取,属于词汇表征的准备过程,而语音编码和发音过程则属于对运动执行过程的准备。与此观点一致,岳源和张清芳(2015)发现了音节和音段信息的准备效应与随后运动执行过程中所产生的效应方向不同,支持了前运动过程与运动执行过程分离的假设。需要注意的是,实验 2 和 3 中效果量的 Cohen d 值都较小,表明无论是音节还是音段在语音编码和发音执行阶段所起的作用都较小,这有可能是由于图画—词汇干扰实验范式与延迟命名和发音抑制结合的任务在程序上相对较为复杂,对音节或音段的作用不够敏感,进一步的研究可以采用掩蔽启动范式或者是重复启动范式与发音抑制结合的任务来探测音节和音段在运动执行阶段的作用。

根据已有文献的报告数据(Wong & Chen, 2008,2009; Wong 等,2012),研究者计算了 Wong 等人研究中所得到的音节效应和音段效应的效果量 Cohen d 值。如表 5.2 所示,音节效应的 Cohen d 值均大于 0.8,效果量强,而韵促进效应的 Cohen d 值均较小,效果量很弱。岳源和张清芳(2015)的实验 1 中所发现的音节促进效应与音段促进效应的 Cohen d 值与已有研究相当。综合已有研究统计检验效果量 Cohen d 值的分析表明:音节确实在音韵编码中扮演了重要角色,而音段(首音和韵)的促进效应虽然在统计上显著,但效果量 Cohen d 值很弱,表明音段在汉语口语词汇产生中音韵编码阶段的作用可能相对较弱,或者难以探测到。已有行为研究(Wong & Chen, 2008,2009; Wong 等,2012)所得出的"音段可能是汉语口语产生中的音韵编码单元"的结论需要谨慎对待,关于音段在口语产生中的作用及其机制需要进一步探索。

表 5.2　粤语口语产生研究中的效果量 *Cohen d* 值

效应类型	SOA = − 100 ms		SOA = 0 ms		SOA = 100 ms	
	简单韵	复杂韵	简单韵	复杂韵	简单韵	复杂韵
Wong 和 Chen(2008)实验 5：图画—词汇干扰实验范式						
音节的效应	0.891	1.095	1.121	1.173	1.041	1.094
韵和声调的效应	0.529	0.248	0.540	0.047	0.336	0.527
韵的效应	0.141	0.153	0.346	0.163	0.567	0.029
Wong 和 Chen(2009)实验 1：图画—词汇干扰实验范式						
音节的效应	0.289					
首音段的效应	0.260					
韵的效应	0.221					
Wong 等(2012)：内隐启动范式						
音节的效应	0.247					
首音段的效应	0.140					

(来源：岳源,张清芳,2015)

　　综上,采用经典的图画—词汇干扰实验范式及其与延迟命名和发音抑制结合的任务,研究发现了音节和音段促进效应,这些效应发生在口语产生中的音韵编码阶段;在图画命名与延迟命名结合的任务及其与发音抑制结合的任务中发现了音节和音段抑制效应,这些抑制效应可能发生在口语产生中的语音编码或发音阶段。音节和音段在音韵编码、语音编码和发音阶段的效应方向不同,出现了分离的模式：在音韵编码阶段,音节的促进效应量强而音段的促进效应量弱,因此音节更可能是音韵编码过程加工的合适单元,为合适单元假设提供了支持证据;在语音编码和发音阶段,音段的效应量强而音节的效应量弱,这表明音段在运动执行过程中可能起了相对重要的作用,支持了口语产生中词汇表征准备阶段与运动执行阶段分离的观点。关于音段在口语产生中的作用及其机制需要进一步探索。

5.4.2　汉语口语词汇产生中的音节频率效应

　　词频效应和音节频率效应是口语产生过程中的典型效应。词频效应指的是在图画命名任务中,名称为高频词的图画命名潜伏期快于名称为低频词的条件(Oldfield & Wingfield, 1965)。通过图画命名、客体再认和延迟命名任务的比较,Jescheniak 等人(1994)发现仅在图画命名任务中存在词频效应,由于客体再认探测的是概念激活阶段,延迟命名任务探测的是语音编码和发音阶段,因此词频效应发生在词汇通达过程(包括词汇选择和形式编码阶段)。Kristof 等人(2010)采用 ERP 技术对西班牙语—加泰罗尼亚语双语被试的词汇通达过程进行研究,结果发现高低词频条件在 172 ms 时出现明显差异,表明词频效应出现在词汇选择阶段。

音节频率(syllable frequency)是指某一音节在心理词典中出现的次数。音节频率的指标分为两种：第一种是指音节相同字的个数，即同音字的个数(type frequency)；另一种指所有同音词的词汇频率之和(token frequency)。与词频效应的机制类似，如果心理音节表中存储了音节表征，那么在口语产生过程中提取音节时也会表现出音节频率效应。即在图画命名任务中，图画名称的音节频率高，对其命名的潜伏期要短于音节频率低的图画(Levelt & Wheeldon, 1994；Levelt 等, 1999)。Levelt 和 Wheeldon(1994)认为音节频率效应的结果支持了 WEAVER 模型中提到的"心理音节表"假设，表明人们事先就存在一个"心理音节表"，而不是在发音中即时形成音节的发音程序的。采用单词命名或者假词命名任务，研究者在多种语言中都发现了音节频率效应(德语：Aichert & Ziegler, 2004；荷兰语：Cholin, Levelt, & Schiller, 2006；Levelt & Wheeldon, 1994；西班牙语：Carreiras & Perea, 2004；Perea & Carreiras, 1998；法语：Laganaro & Alario, 2006；英语：Cholin, Dell, & Levelt, 2011；Macizo & Van Petten, 2007)。在口语产生中，音节频率通常产生促进效应，即高音节频率条件下的命名潜伏期短于低音节频率条件下的。Laganaro 和 Alario(2006)的研究表明音节频率影响了语音编码阶段。这一结论与 Levelt 等人(1999)提出的产生模型相吻合，证实了音节在音韵编码阶段并非独立存储的功能单元。

已有的研究结果均来自于对字母语言的研究，汉语是一种非字母语言，其语言特点与字母语言存在差异。汉语口语产生的研究表明音节是口语产生中音韵编码的单元(Chen, Chen, & Dell, 2002；Chen, Lin, & Ferrand, 2003；You, Zhang, & Verdonschot, 2012)，与字母语言中的"音素"形成鲜明对比(Schiller, 1998, 2000)。在图画—词汇干扰实验范式中，当干扰词与目标图画名称之间存在音节相关时(例如图画名称为"床"，音韵相关词为"创")，才会产生音韵促进效应(Zhang & Weekes, 2009；Zhang, Chen, Weekes, & Yang, 2009；张清芳, 2008)。根据已有的研究结果，O'Seaghdha 等人(2010)提出了合适单元假设来解释汉语口语词汇产生中的单词形式编码过程。该假设认为音韵编码阶段最先选择的单元存在语言上的差异，印欧语系语言如英语或荷兰语中最先选择的单元是音素，而汉语中则为音节。Ziegler、Tan、Perry 和 Montant(2000)在研究汉字阅读过程中发现，汉字的同音字个数越多，反应时越短。在匹配同音字个数，变化相应的音节频率之和后，音节频率越高，单词阅读的反应时越短。

Zhang 和 Wang(2014)采用图画命名任务，变化图画名称的词汇频率和音节频率，考察了汉语口语产生和书写产生中的词频效应和音节频率效应，结果发现了词频促进效应和音节频率促进效应。更为重要的是，该研究发现词频和音节频率两个因素之间没有交互作用,表明这两个因素独立地影响了口语产生过程(结果见图5.3)。

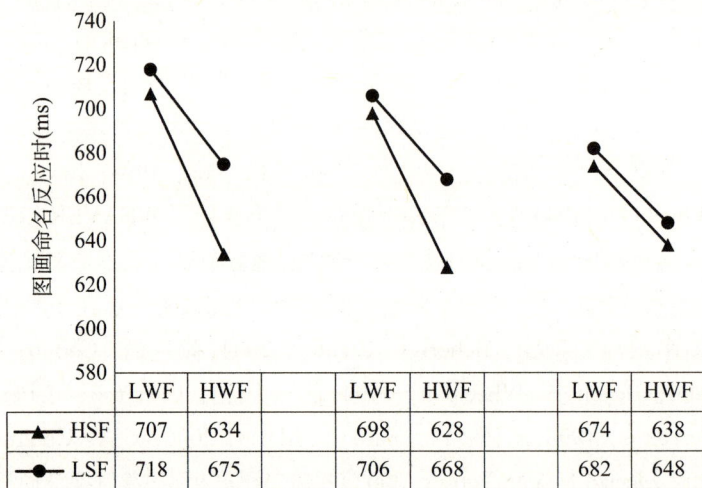

	LWF	HWF		LWF	HWF		LWF	HWF
▲ HSF	707	634		698	628		674	638
● LSF	718	675		706	668		682	648

图5.3 汉语口语产生中的词频效应和音节频率效应(Zhang & Wang, 2014)

注:HSF 表示高音节频率,LSF 表示低音节频率;HWF 表示高词频,LWF 表示低词频。

本章总结

本章针对口语产生过程中的音韵编码和语音编码过程,系统地阐述了以下几方面内容:第一,音韵编码过程的特点及其机制;第二,音节在音韵编码过程中的作用及其机制;第三,汉语口语词汇产生中的音韵编码和语音编码。研究者在印欧语系语言和汉语中发现了不同的结果。相比而言,汉语口语产生的研究仍然很少,亟需深入系统的研究。

参考文献

何善芬.(1997).英汉音节结构对比.外语研究,52(2),45—48.

赫钟祥.(2003).汉语、英语、日语音节比较.大连海事大学学报(社会科学版),2(1),71—74.

岳源,张清芳.(2015).汉语口语词汇产生中音节和音段的促进和抑制效应.心理学报,47,319—328.

张清芳.(2008).汉语单音节和双音节词汇产生中的音韵编码过程:内隐启动范式研究.心理学报,40(3),253—262.

张清芳,杨玉芳.(2005).汉语单音节词汇产生中音韵编码的单元.心理科学,28(2),374—378.

Aichert, I., & Ziegler, W. (2004). Syllable frequency and syllable structure in apraxia of speech. *Brain and Language*, 88,148‐159.

Baddeley, A. D., Lewis, V., & Vallar, G. (1984). Exploring the articulatory loop. *Quarterly Journal of Experimental Psychology*, 36 A,233‐252.

Béland, R., Caplan, D., & Nespoulous, J.-L. (1990). The role of abstract phonological representations in word production: Evidence from phonemic paraphasia. *Journal of Neurolinguistics*, 5,125‐164.

Booij, G. (1995). *The phonology of Dutch*. Oxford University Press.

Brand, M., Rey, A., & Peereman, R. (2003). Where is the syllable priming effect in visual word recognition? *Journal of Memory and Language*, 48, 435 - 443.

Carreiras, M., & Perea, M. (2004). Naming pseudowords in Spanish: Effects of syllable frequency. *Brain and Language*, 90(1 - 3), 393 - 400.

Chen, J. -Y. (2000). Syllable errors from naturalistic slips of the tongue in Mandarin Chinese. *Psychologia: An International Journal of Psychology in the Orient Special Issue: Cognitive processing of the Japanese and Chinese Languages II*, 43, 15 - 26.

Chen, J. -Y., Chen, T. -M., & Dell, G. S. (2002). Word-form encoding in Mandarin Chinese as assessed by the implicit priming task. *Journal of Memory and Language*, 46, 751 - 781.

Chen, J. -Y., Lin, W. -C., & Ferrand, L. (2003). Masked priming of the syllable in Mandarin Chinese speech production. *Chinese Journal of Psychology*, 45(1), 107 - 120.

Cholin, J., Dell, G. S., & Levelt, W. J. M. (2011). Planning and articulation in incremental word production: Syllable frequency effects in English. *Journal of Experimental Psychology: Learning, Memory, and Cognition*, 37(1), 109 - 122.

Cholin, J., & Levelt, W. J. M. (2009). Effects of syllable preparation and syllable frequency in speech production: Further evidence for syllabic units at a post-lexical level'. *Language and Cognitive Processes*, 24(5), 662 - 684.

Cholin, J., Levelt, W. J. M., & Schiller, N. O. (2006). Effects of syllable frequency in speech production. *Cognition*, 99, 205 - 235.

Cholin, J., Schiller, N. O., & Levelt, W. J. M. (2004). The preparation of syllables in speech production. *Journal of Memory and Language*, 50, 47 - 61.

Costa, A., & Sebastian-Galles, N. (1998). Abstract phonological structure in language production: Evidence from Spanish. *Journal of Experimental Psychology: Learning, Memory, and Cognition*, 24, 886 - 903.

Cutler, A. (1980). Errors of stress and intonation. In V. A. Fromkin (Ed.), *Errors in linguistic performance: Slips of the tongue, ear, pen and hand* (pp. 67 - 80). New York: Academic Press.

DeFrancis, J. (1989). *Visible speech: The diverse oneness of writing systems*. Honolulu: University of Hawaii.

Dell, G. S. (1986). A spreading-activation theory of retrieval in sentence production. *Psychological Review*, 93, 283 - 321.

Dell, G. S. (1988). The retrieval of phonological forms in production: Tests of predictions from a connectionist model. *Journal of Memory and Language*, 27, 124 - 142.

Eickhoff, S. B., Heim, S., Zilles, K., & Amunts, K. (2009). A systems perspective on the effective connectivity of overt speech production. *Philosophical Transactions of the Royal Society A: Mathematical, Physical and Engineering Sciences*, 367(1896), 2399 - 2421.

Ferrand, L., & Segui, J. (1998). The syllable's role in speech production: Are syllables chunks, schemas, or both? *Psychonomic Bulletin and Review*, 5(2), 253 - 258.

Ferrand, L., Segui, J., & Grainger, J. (1996). Masked Priming of Word and Picture Naming: The Role of Syllabic Units. *Journal of Memory and Language*, 35, 708 - 723.

Ferrand, L., Segui, J., & Humphreys, G. W. (1997). The syllable's role in word naming. *Memory and Cognition*, 25(4), 458 - 470.

Forster, K. I., & Chambers, S. M. (1973). Lexical access and naming time. *Journal of Verbal and Verbal Behavioral*, 12, 627 - 635.

Fredriksen, J. R., & Kroll, J. F. (1976). Spelling and sound: Approaches to the internal lexicon. *Journal of Experimental Psychology: Human Perception & Performance*, 2, 361 - 379.

Garrett, M. F. (1975). The analysis of sentence production. In G. H. Bower (Ed.), *The psychology of learning and motivation* (Vol. 9). Academic Press.

Garrett, M. F. (1980). Levels of processing in sentence production. In B. Butterworth (Ed.), *Language production: Vol. 1. Speech and talk*. Academic Press.

Hickok, G., & Poeppel, D. (2007). The cortical organization of speech processing. *Nature Reviews Neuroscience*, 8(5), 393 - 402.

Jared, D., & Seidenberg, M. S. (1990). Naming multisyllabic words. *Journal of Experimental Psychology: Human Perception and Performance*, 16, 92 - 105.

Jescheniak, J. D., & Levelt, W. J. M. (1994). Word frequency effects in speech production: Retrieval of syntactic in formation and of phonological form. *Journal of Experimental Psychology: Learning, Memory and Cognition*, 20, 824 - 843.

Klapp, S. T., Anderson, W. G., & Berrian, R. W. (1973). Implicit speech in reading: Reconsidered. *Journal of Experimental Psychology*, 100(2), 368 - 374.

Kristof, S., Albert, C., Guillaume, T. (2010). Tracking lexical access in speech production: Electrophysiological correlates of word frequency and cognate effects. *Cerebral cortex*, 20(4), 912 - 928.

Laganaro, M., & Alario, F. X. (2006). On the locus of the syllable frequency effect in speech production. *Journal of Memory and Language*, 55(2), 178 - 196.

Leong, C. K. (1997). Paradigmatic analysis of Chinese word reading: Research findings and classroom practices. In C. K. Leong & R. M. Joshi (Eds.), *Cross-language studies of learning to reading and spell: Phonological and orthographic processing* (pp. 379 - 417). Dordrecht: Kluwer.

Levelt, W. J. M. (1992). Accessing words in speech production: Stages, processes and representations. *Cognition, 42,* 1 - 22.

Levelt, W. J. M., Roelofs, A., & Meyer, A. S. (1999). A theory of lexical access in speech production. *Behavioral and Brain Sciences, 22,* 1 - 75.

Levelt, W. J. M., & Wheeldon, L. (1994). Do speakers have access to a mental syllabary? *Cognition, 50,* 239 - 269.

Macizo, P., & Van Petten, C. (2007). Syllable frequency in lexical decision and naming of English words. *Reading and Writing, 20,* 295 - 331.

Mattingly, I. G. (1987). Morphological structure and segmental awareness. *Cahiers de Psychologie Cognitive / Current Psychology of Cognition, 7*(5), 488 - 493.

Mehler, J., Dommergues, J., Frauenfelder, U., & Segui, J. (1981). The syllable's role in speech segmentation. *Journal of Verbal Learning and Verbal Behavior, 20,* 298 - 305.

Meijer, P. J. A. (1994). *Phonological encoding: The role of suprasegmental structures.* Thesis Nijmegen.

Meijer, P. J. A. (1996). Suprasegmental structures in phonological encoding: The CV structure. *Journal of Memory and Language, 35,* 840 - 853.

Meyer, A. S. (1990). The time course of phonological encoding in language production: The encoding of successive syllables of a word. *Journal of Memory and Language, 29,* 524 - 545.

Meyer, A. S. (1992). Investigation of phonological encoding through speech error analyses: Achievements, limitations, and alternatives. *Cognition, 42,* 181 - 211.

Meyer, A. S., & Schriefers, H. (1991). Phonological facilitation in picture-word interference experiments: Effects of stimulus onset asynchrony and types of interfering stimuli. *Journal of Experimental Psychology: Learning, Memory, and Cognition, 17,* 1146 - 1160.

O'Seaghdha, P. G., Chen, J.-Y., & Chen, T.-M. (2010). Proximate units in word production: Phonological encoding begins with syllables in Mandarin Chinese but with segments in English. *Cognition, 115,* 282 - 302.

Oldfield, R. C., & Wingfield, A. (1965). Response latencies in naming objects. *Quarterly Journal of Experimental Psychology, 17,* 273 - 281.

Perea, M., & Carreiras, M. (1998). Effects of syllable frequency and syllable neighborhood frequency in visual word recognition. *Journal of Experimental Psychology: Human Perception and Performance, 24*(1), 134 - 144.

Qu, Q., Damian, M. F., & Kazanina, N. (2012). Sound-sized segments are significant for Mandarin speakers. *Proceedings of the National Academy of Sciences, USA, 109,* 14265 - 14270.

Roelofs, A. (1997). The WEAVER model of word-form encoding in speech production. *Cognition, 65,* 249 - 284.

Roelofs, A., & Meyer, A. S. (1998). Merical structure in planning the production of spoken words. *Journal of Experimental Psychology: Learning, Memory and Cognition, 24*(4), 922 - 939.

Schiller, N. O. (1998). The Effect of Visually Masked Syllable Primes on the Naming Latencies of Words and Pictures. *Journal of Memory and Language, 39,* 484 - 507.

Schiller, N. O. (1999). Masked Syllable Priming of English Nouns. *Brain and Language, 68,* 300 - 305.

Schiller, N. O. (2000). Single Word Production in English: The Role of Subsyllabic Units During Phonological Encoding. *Journal of Experimental Psychology: Learning, Memory, and Cognition, 26*(2), 512 - 528.

Schiller, N. O. (2006). Lexical stress encoding in single word production estimated by event-related brain potentials. *Brain Research, 1112,* 201 - 212.

Schiller, N. O., Costa, A., & Colom, E. A. (2002). Phonological encoding of single words: In search of the lost syllable. In C. Gussenhoven & N. Warner (Eds.), *Papers in Laboratory Phonology 7* (pp. 35 - 59). Berlin: Mouton de Gruyter.

Schiller, N. O., Fikkert, P., & Levelt, C. C. (2004). Stress priming in picture naming: An SOA study. *Brain and Language, 90,* 231 - 240.

Schiller, N. O., Jansma, B. M., Peters, J., & Levelt, W. J. M. (2006). Monitoring metrical stress in polysyllabic words. *Language and Cognitive Processes, 21,* 112 - 140.

Schiller, N., Meyer, A. S., Baayen, R. H., & Levelt, W. J. M. (1996). A comparison of lexeme and speech syllables in Dutch. *Journal of Quantitative Linguistics, 3*(1), 8 - 28.

Schiller, N., Meyer, A. S., & Levelt, W. J. M. (1997). The syllabic structure of spoken words: Evidence from the syllabification of intervocalic consonants. *Language and Speech, 40,* 101 - 139.

Sevald, C. A., Dell, G. S., & Cole, J. S. (1995). Syllable structure in speech production: Are syllables chunks or schemas? *Journal of Memory and Language, 34,* 807 - 820.

Shattuck-Hufnagel, S. (1987). The role of word-onset consonants in speech production planning: New evidence from speech error patterns. In E. Keller & M. Gopnik (Eds.), *Memory and sensory processes of language.* Erlbaum.

Shattuck-Hufnagel, S. (1992). The role of word structure in segmental serial ordering. *Cognition, 42,* 213 - 259.

Shattuck-Hufnagel, S., & Klatt, D. H. (1979). The limited use of distinctive features and markedness in speech production: Evidence from speech error data. *Journal of Verbal Learning and Verbal Behavior, 18,* 41 - 55.

Stemberger, J. P. (1982). The nature of segments in the lexicon: Evidence from speech errors. *Lingua*, 56, 235 – 259.

Tousman, S., & Inhoff, A. (1992). Phonology in multi-syllasyllabic word-recognition. *Journal of Psycholinguitic Research*, 21, 525 – 544.

Van Turennout, M., Hagoort, P., & Brown, C. M. (1997). Electrophysiological evidence on the time course of semantic and phonological processes in speech production. *Journal of Experimental Psychology: Learning, Memory, and Cognition*, 23, 787 – 806.

Wheeldon, L. R., & Levelt, W. J. M. (1995). Monitoring the time course of phonological encoding. *Journal of Memory and Language*, 34, 311 – 334.

Wheeldon, L. R., & Morgan, J. L. (2002). Phoneme monitoring in internal and external speech. *Language and Cognitive Processes*, 17, 503 – 535.

Wong, A. W.-K., & Chen, H.-C. (2008). Processing segmental and prosodic information in Cantonese word production. *Journal of Experimental Psychology: Learning, Memory, and Cognition*, 34, 1172 – 1190.

Wong, A. W.-K., & Chen, H.-C. (2009). What are effective phonological units in Cantonese spoken word planning? *Psychonomic Bulletin & Review*, 16, 888 – 892.

Wong, A. W., Huang, J., & Chen, H.-C. (2012). Phonological units in spoken word production: Insights from Cantonese. *PloS One*, 7(11), e48776.

You, W., Zhang, Q., & Verdonschot, R. G. (2012). Masked syllable priming effects in word and picture naming in Chinese. *PLoS One*, 7(10), e46595.

Zhang, Q., Chen, H., Weekes, B., & Yang, Y. (2009). Independent effects of orthographic and phonological facilitation on spoken word production in Mandarin. *Language and Speech*, 52, 113 – 126.

Zhang, Q., & Wang, C. (2014). Syllable frequency and word frequency effects in spoken and written word production in a non-alphabetic script. *Frontiers in Psychology*, 5, 120.

Zhang, Q., & Weekes, B. (2009). Orthographic facilitation effects on spoken word production: Evidence from Chinese. *Language and Cognitive Processes*, 24, 1082 – 1096.

Ziegler, J. C., Tan, L. H., Perry, C., & Montant, M. (2000). Phonology matters: The phonological frequency effect in written Chinese. *Psychological Science*, 11(3), 234 – 238.

6 言语产生的认知神经机制

　　言语产生的神经机制有着较长的研究历史,起初研究者通过脑损伤病人的行为表现考察言语产生的神经相关物。近年来,随着认知神经科学的发展,对词汇产生的研究深入到了整体脑的水平。词汇产生的认知神经科学研究有两个目的:第一,理解口语产生过程在大脑内是如何完成的;第二,通过对口语词汇产生的脑神经网络的研究来改善人的口语产生过程(Indefrey, 2011)。从研究文献来看,主要针对两个问题:第一,词汇产生时词汇通达过程中各种信息加工的时间进程;第二,各种信息加工时大脑内激活区的动态变化。

　　本章首先阐述言语产生的神经心理学研究;第二部分重点叙述脑成像研究的结果,分为时间进程和空间定位两个方面,在内容的组织上结合了研究方法的变化,同时关注了最新的研究进展;第三部分阐述汉语口语词汇产生过程的认知神经机制研究。

6.1 言语产生的神经心理学研究

　　神经心理学(neuropsychology)是从神经科学的角度来研究心理学问题的学科。

研究者考察人脑如何反映人类的行为表现,以及心理活动与大脑的生理活动之间的关系。Geschwind 于 1965 年提出的关于语言的脑区定位的 Wernicke-Geschwind 模型认为,包含在语言加工中的各种加工过程分布于左半球大脑皮质的特定区域,右半球大脑皮质的损伤很少会损害语言功能。根据该模型,左半球的下列 7 个区域与语言的活动密切相关:初级听觉皮质(听口语词汇)、初级视觉皮质(看书面单词)、初级运动皮质(言语的运动反应)、韦尔尼克区(理解口语)、左角回(将书面单词转换成听觉代码)、布洛卡区(存储言语产生的计划,通过激活邻近的初级运动皮质产生言语)、弓状束(连接韦尔尼克区和布洛卡区,使得理解时产生的激活从韦尔尼克区传至布洛卡区)。根据 Wernicke-Geschwind 模型,当我们大声朗读时,视觉皮质接受来自初级视觉皮质的信息,然后传导至左半球角回;在角回信息转换成听觉代码并传导至韦尔尼克区加以理解;经由左弓状束和布洛卡区适当的言语计划,在初级运动皮质的驱动下产生言语(Geschwind, 1965)。

失语症(aphasia)

布洛卡失语症有两种类型:第一种是言语声律障碍,表现为说话不流利、慢、啰嗦,在不该停顿的地方出现停顿;第二种是失用症,表现为发音困难,单词的组织顺序混乱。韦尔尼克失语症表现为言语流利但无意义。病人讲出的句子形式正常,有丰富的语法成分和正常的韵律,但是不能被理解,句子中包含了许多自造的单词。布洛卡失语症和韦尔尼克失语症这两类病症并不是完全对称的病例。它们在两个维度上存在差异:一是理解能力是否完整;二是对语言中句法成分的可利用性与不可利用性。传统意义上的布洛卡失语症表现为言语不流利,但无明显的理解能力缺陷;韦尔尼克失语症表现为言语流利,但有明显的理解能力缺陷。研究者可以从言语是否流利的角度来区分失语症,也可以从病人是否有理解能力来区分病人。神经心理学中对病例的分类没有一种方法是完美的,总是有一些病例不属于任何类别或范畴。

语法缺失(agrammatism)

语法缺失包含三个成分:第一,存在构建句子的缺陷,不能产生正常顺序的词语。第二,言语的某些部分保持得比其他部分好。尤其是对句法成分存在选择性损害,如内容词保存完好,但对于功能词和单词结尾的保存则受到了损害。第三,有些语法缺失的病人不能理解复杂的句法句。语法缺失病人是同时出现下列症状——句子构建缺陷、语法成分缺失、句法理解缺陷,还是三种缺陷中单独的一种?最近单个案例的研究发现了上述症状之间的分离(Caplan, Baker, & Dehaut, 1985)。

研究者认为语法缺失可能由以下几方面原因导致:(1)病人的发音困难引起的。为了保留能量和资源,病人的发音困难导致他们丢失了功能词。但语法缺失并不仅仅是语法词素的缺失,大多数病例表现出句子构建缺陷以及句法理解缺陷。(2)其他理论试图解释引起上述三种缺陷的原因。一种观点是布洛卡区负责加工功能词和其他语法成分。在正常的言语产生中，内容词和功能词受到不同的限制和约束。例如，它们从来不会产生互换。同样有神经心理学的证据表明内容词和功能词包含了不同的加工过程，但这不能解释语法成分的缺失、其他成分的失调以及各种症状之间的分离。Stemberger(1984)认为语法缺失是正常言语问题中的一种恶化，即语法缺失是正常言语错误的一种极端情况，但这种观点不能解释语法缺失的所有特点。

(3)Garrett(1992)的模型区分了句法计划的两个重要阶段：功能水平(functional level)和位置水平(positional level)。在功能水平上，具有特定语义内容的单词被分配到句法角色(比如主语和宾语)中，对单词的顺序不进行表征。在位置水平上，单词的顺序得到表征。Garrett(1992)认为内容词和功能词在语言产生中起着不同的作用。在功能水平上选择内容词，在位置水平上选择功能词。如果从功能水平到位置水平的转移上出现了问题，那么就不能构成句子，不能提取句法成分。句子构建缺陷和句法成分缺失之间的分离表明，在Garrett的言语产生模型中不同的加工过程分别负责构建句子结构和提取句法成分。

杂乱型失语症（jargon aphasia）

杂乱型失语症是流畅性失语症的一种，表现为句法保持完整，但句子内容为胡言乱语。患者通常不能觉察自己的话是违反常规的，在别人不能理解时容易被激怒，这表明杂乱型失语症患者存在自我监测方面的问题。杂乱型失语症中的词语困难表现为替换内容词、言语失序和创造新词。言语失序包括无关的言语错乱，比如语义错乱、形式错乱和音素错乱。杂乱型失语症可能是由于言语产生过程中词汇提取的失调引起的。

命名不能症（anomia）

命名不能症表现为命名客体和图画的功能遭到损害，同时可能伴随着其他方面的失调，比如韦尔尼克失语症或布洛卡失语症。对于命名不能症，词汇通达的独立两阶段模型认为，命名过程中可能在提取语义对应的词条时出现问题，或者在通达词条后不能提取其音韵形式，因此存在两种类型的命名不能症。

第一，语义命名不能症(semantic anomia)。具体表现为不能运用语义表征选择正确的词条。比如，有一个病人JCU只能命名所给图片的3%，在命名时表现出许多语义错误。如果给她提供一些音韵线索，她的命名结果会得到大幅度的改善。研究者认为JCU的客体再认和概念表征过程是完好的，可能其语义表征受到了损害，不能区分语义相关词语与目标项之间的区别。她仅仅能通达不完整的语义信息。在命名图画时，有的病人对于某个语义范畴(比如无生命客体)的表现比其他语义范畴(比如有生命客体)的表现要好(Howard & Orchard-Lisle, 1984)。

第二,拼音性命名不能症(phonological anomia)。例如,患拼音性命名不能症的病人 IL 和 EST 知道词语的确切意义,在语义任务上表现正常,但是在提取任何关于目标的音韵信息上表现很差。即他们能很好地理解目标的意义,但不能提取目标,尽管有时他们有关于目标的部分信息,能产生语义相关的词语比如上属级词语,或进行功能性描述。这种类型的命名不能症使人联想到舌尖现象。他们的问题显然出现在音韵水平而不是语义水平(Laine & Martin, 1996)。

两种类型的命名不能症支持了言语产生中语义和音韵加工过程分离的观点。一般认为它们支持了言语产生中词汇通达的独立两阶段模型,但与一阶段模型并不矛盾。在一阶段模型中,语义命名不能症出现在语义系统失败时,而拼音性命名不能症出现在不能通达单词形式时。

其他研究

Haglund、Berger、Shamseldin、Lettich 和 Ojemann(1994)评述了 126 位癫痫病人和脑瘤病人的情况。结果发现,语言脑区大部分位于左半球的颞上回、运动区和前运动区,但语言部位同时也出现在颞中回、顶叶和前额叶。不同病人具有不同的语言脑部位地图,没有一个单一的区域总是适合于所有病人。这些发现使得图画命名的脑区激活在不同讲话者之间不可能得到统一。通过刺激来明确命名的语言脑区这一做法没有成功,其原因是对图画命名中不同阶段的干预引起的,再认客体失败或语义分类失败或提取目标单词失败或音韵编码失败,都有可能阻碍了图画的命名反应。Ojemann、Ojemann、Lettich 和 Berger(1989)评估了电刺激程序对 117 名病人的研究结果,发现额后皮质、顶下皮质和颞上皮质被激活。但是,许多病人在经典的语言脑区——韦尔尼克区和布洛卡区上却没有激活。Dronkers(1996)在 25 个中风病人中发现他们存在发音运动计划缺陷,这些病人的中央前回受到了损害。

言语产生中失语症、语法缺失、杂乱型失语症、命名不能症等病例的研究,为正常的言语产生过程的研究提供了丰富的资料。

6.2 口语产生的时间进程

在产生单词时,关于单词的知识迅速通达,我们可以在 1 秒之内产生大约 2 个词语。在如此快速的加工过程中,单词的语义、句法、语音是在何时通达的? 各个部分通达的时间关系如何? 如前面几章所述,大量的口语词汇产生研究都采用反应时作为指标。但是,潜伏期仅仅表明了加工过程的"结束点",基于层叠式加工的特点,在作出反应之前信息加工就已经启动。因此,采用反应时作为指标难以考察各类信息加工的时间进程。脑电(electroencephalography, EEG)技术具有毫秒级的时间分辨率,能够实时测量各类信息加工的启动时间。通过测量头皮的电活动,可以测量出与感觉、认知和运动加工等过程相关的时间进程。尽管语言研究的多个领域都已采用 EEG 技术,但语言产生研究相对较晚使用 EEG 技术,这是因为发音时的肌肉活动会降低信噪比(Wohlert, 1993)。研究者起初大多使用元认知任务,后来逐渐使用经典的语言产生研究范式,包括图画—词汇干扰实验范式、语义组块范式等外显的图画命名任务,结合脑电指标考察口语词汇产生的时间进程。

6.2.1 元认知任务

关于言语产生中语义和音韵的时间进程研究,电生理实验为其提供了丰富的实验证据。通常所用的电生理指标为单侧化准备电位(lateralized readiness potential, LRP)和 N200。LRP 来源于准备电位(readiness potential, RP)。Kornhuber 和 Deecke(1965)首次发现了准备电位。在按键反应任务中,RP 在反应开始之前 1s 时就已经出现,是一个缓慢增大的负波。大约在反应之前的 0.5s 时,RP 出现单侧化并且波幅增大。RP 位置在反应手的对侧半球,在反应作出后波幅达到最大值。准备电位的头皮分布在反应手对侧的运动皮质区幅度最大,开始于信号出现和作出反应之间。因此,Kutas 和 Donchin(1980)认为准备电位的单侧化可以作为特定反应准备的指标。大量的研究证实了这一点,现在已经将 LRP 作为反应准备的指标。LRP 可以通过下面的公式得到:

$$LRP = 右手平均(C3 - C4) - 左手平均(C3 - C4)$$

(注: C3 和 C4 分别表示 10—20 脑电系统中的 C3 和 C4 电极点,位于大脑左侧和右侧运动区。)

LRP 已经被用于评估人类信息加工的许多方面,尤其是被用作检测知觉和运动过程中部分信息的传输。研究表明,在外显反应未作出的情况下,LRP 可以在传输了部分信息的基础上表现出来。这表明一个刺激的部分信息能够在刺激被完全确认之前被用作选择和判断的基础,为反应作好准备。综合这些研究结果,研究者得出结论:LRP 基本上可以实时测量反应的准备情况,它可以用来监控不同种类的信息影响反应准备的时刻。LRP 的出现可以解释为: 在此时刻有可以利用的信息用作反应的准备。在言语产生中可以利用 LRP 来研究语义、音韵以及正字法激活的时间进程。

当要求被试对一类刺激作出反应(GO trial),对另一类刺激不作反应(NOGO trial)时,NOGO 测试刺激的 ERP 会出现一个大的负波 N200(1—4μv),时间大约在刺激出现后的 100—300 ms 之间,尤其是在前额叶部位。尽管这个负波的功能尚不清楚,但是它确实是在一个简单的反应受到抑制时出现在前额叶部位,时间大约是刺激出现后 200 ms。有研究者认为 N200 反映了神经活动对反应的抑制(response inhibition)。这个假设在猴子的前额叶皮质实验中得到了验证。在这个研究中,让猴子进行颜色的辨别任务,当绿颜色出现时,按键;红颜色出现时,不按键,记录 GO 和 NOGO 测试刺激所引发的 ERP。正如预期,NOGO 测试刺激的 ERP 在头皮和前额叶引发了 N200。Sasaki、Gemba、Namba 和 Matsuzaki(1993)发现能够模拟 NOGO 测试刺激的脑加工过程,而且他们通过模拟前额叶在 200 ms 时的加工过程能够抑制外显反应,得到一个 NOGO 刺激。因此,N200 的出现表示发生了反应的抑制过程,而且是在前额叶部位。在 GO/NOGO 实验范式中,N200 的引发不需要个体作出反应。因此,N200 的出现表明它可以用来决定是否给出一个反应。可以变化 GO/NOGO 判断的基础,用 N200 效应的峰值来判断何时有一些特定的信息得到了编码。

在应用 LRP 和 N200 作为反应指标的实验中,所使用的认知实验范式为双重判断是否反应范式(two-choice reaction GO/NOGO paradigm)。以判断语义和音韵编码的时间进程为例来说明该范式的特点。在言语产生研究中,研究者经常运用图画命名任务来研究其时间进程。在实验中使用的任务为图画命名,即呈现图画,要求被试尽可能准确而迅速地说出图画的名称。例如,在一半的图画命名测试中,图画呈现 150 ms(此时恰好进入了词条选择过程,语义信息的编码发生在该过程中)之后,在图画的周围出现一个框,表示在图画命名之前要完成一个其他任务,这个任务是关键的实验任务。该任务包括一个双重判断,要求被试根据语义信息和音韵信息对图画进行分类。基于语义信息的判断是:图画表示的客体有无生命,若有生命就用左手按键反应,若无生命就用右手按另一键反应。基于音韵信息的判断是:图画的名称是否以特定的音素开头,若是就作出反应,若不是就不作反应。所以,被试或者用左手反应或者用右手反应或者不作反应,作出反应的刺激为 GO 刺激,不作出反应的刺激为 NOGO 刺激。

该实验范式中关于 LRP 的逻辑是:LRP 反映的是运动的准备。假定被试在可利用信息的基础上能够作出用哪只手反应的决定时会作好准备,那么这个准备就会通过 LRP 表现出来。如果反应手取决于语义信息,而且语义信息先于音韵信息编码,那么在 GO 刺激和 NOGO 刺激所引发的 ERP 中都会出现 LRP。但是,一旦音韵信息被编码,并且决定不作出反应时,GO 刺激和 NOGO 刺激所引发的 LRP 就产生了分歧。也就是说,NOGO 刺激引发的 LRP 在放弃反应动作后立刻降低到基线。相比来说,当反应手取决于音韵信息,而且语义信息先于音韵信息编码时,被试首先依据语义信息就决定了是否反应。因此,NOGO 刺激引发的 ERP 中就不会出现 LRP。

N200 的实验逻辑与 LRP 类似。在一种条件下,用哪一只手反应取决于语义信息,是否反应取决于音韵信息。N200 效应(GO 刺激和 NOGO 刺激引发的 ERP 之间的差异)可以提供被试在音韵信息基础上作出是否反应决定的时刻上限。根据语言产生的理论模型,语义编码在音韵编码之前发生。被试依据语义信息作出是否反应决定的时刻要早于依据音韵信息作出是否反应决定的时刻。研究者预期当反应与否的决定建立在语义信息而不是音韵信息的基础上时,可以观察到早期的 N200 效应。如果语义信息和音韵信息同时编码,那么 N200 效应就不会产生。

Thorpe、Fize 和 Marlot(1996)运用 N200 的实验逻辑检查了图画视觉加工的时间进程。他们发现 N200 在图画呈现 150 ms 时达到最大值,此时已有充足的视觉信息使得被试能够决定是否作出反应。同样检查 N200 出现的潜伏期,即从图画出现到 GO 刺激和 NOGO 刺激引发的 ERP 出现差异的时间。在 GO 刺激和 NOGO 刺激开始出现差异的时刻,已经有足够的信息使得被试可以决定是否作出反应。

在口语产生研究领域,van Turennout、Hagoort 和 Brown(1997)首次以 LRP 作为测量指标,采用上述双重判断是否反应范式来探索词汇产生过程中语义和音韵信息的时间进程。研究中要求被试进行图片命名,在图片命名前先判断图片中的事物是否有生命(按键反应),但以判断图片名称的首音素(实验 3)或尾音素(实验 1)是/n/还是/s/来决定是否进行按键反应(是/n/时进行语义判断的按键反应,即是反应(GO)试次;是/s/时进行反应的抑制,即否反应(NOGO)试次),结果发现提取词汇的语义范畴信息比提取单词的尾音素信息早 120 ms,这 120 ms 可以解释为一旦语义选择项目被提取,音韵编码过程大约需要 120 ms。NOGO 条件下的单侧化准备电位的潜伏期受到音素位置的影响,判断首音素时的潜伏期比判断尾音素时的潜伏期要早约 80 ms。该结果表明音韵编码中的音段编码是按照从左到右的递增顺序进行的。该实验中所采用的图片名称的平均长度为 1.5 个音节,则单个音节中从首音编码到尾音编码的时间间隔约 55 ms(80 ms/1.5 = 55 ms),该结果与 Wheeldon 和 Levelt(1995)的研究中发现的监控首音节中第一个辅音 C1 的时间要比监控第二个辅音 C2 的时间快 55 ms 的结果一致。van Turennout、Hagoort 和 Brown(1998)运用双重判断是否反应范式,以 LRP 为指标研究了词汇产生中句法信息和音韵信息编码的时间进程,结果表明音韵信息在句法特征提取 40 ms 之后就已经开始编码了。

Schmitt、Münte 和 Kutas(2000)的研究中第一次同时以 LRP 和 N200 作为指标来研究语义编码和音韵编码的时间进程。GO 刺激和 NOGO 刺激的 LRP 在图画呈现大约 380 ms 时出现了差异,表明此刻音韵信息已经开始加工。从 380 ms 至 460 ms 这 80 ms 时间内,GO 刺激和 NOGO 刺激的 LRP 持续存在差异。Schmitt 等人检查了 N200 的两个指标:峰值潜伏期和始潜时。N200 效应的峰值潜伏期在依赖语义信息的条件下比依赖音韵信息的条件下早出现89 ms,表明语义信息在音韵信息之前通达,时间大约为80—90 ms。LRP和N200的数据结果都表明语义信息的加工早于音韵信息的加工,两个成分的结果都为言语产生的系列模型和层叠式模型提供了证据,不支持平行加工模型。Schmitt、Schiltz、Zaake、Kutas和Münte(2001)研究了图画命名中概念和句法编码的时间进程,LRP和N200的结果都表明概念加工早于句法编码80 ms,同样支持了言语产生的系列模型和层叠式模型。

Abdel Rahman等人采用双重判断是否反应范式,考察了口语产生中的音韵编码过程是否依赖于语义加工过程。研究中变化了语义加工任务,如果音韵编码过程受到语义特征提取的影响,那么将对语义加工过程的长短比较敏感。也就是说,音韵编码是否会随着语义任务的变化而变化。如果语义编码和音韵编码是独立的、平行的,那么音韵编码过程将不受到语义加工时间长短的影响。实验结果发现,音韵编码的时间进程不受到语义加工时间长短的影响,支持了两个过程平行加工的观点(Abdel Rahman, van Turennout, & Levelt, 2003;Abdel Rahman & Sommer, 2008)。

综上,元认知任务主要考察的是概念准备、词汇选择及音韵编码阶段之间相对的时间进程。

6.2.2　图画命名任务

研究者不能确定元认知任务中内隐和外显的口语产生过程是否完全相同。已有的一些研究发现内隐和外显的命名任务中脑区活动表现出不同的模式(Christoffels, Formisano, & Schiller, 2007;Pei等,2011)。由于神经科学研究中的脑电(EEG)和脑磁图(magnetoencephalography,简称MEG)具有较高的时间分辨率,因此研究者通常用这两种技术考察口语词汇产生的时间进程。根据Levelt、Roelofs和Meyer(1999)的观点,口语词汇产生包括了概念准备、词条提取、词素音位和音韵代码的提取,以及最后的发音过程。Duncan-Johnson和Kopell(1981)首次采用EEG技术考察了外显的图画命名过程,Liotti、Woldorff、Perez和Mayberg(2000)重复了上述研究。研究中使用了Stroop任务,呈现颜色词,要求被试忽略单词本身,命名单词的颜色。两个研究存在的共同问题是样本量比较小,脑电数据分析中仅仅包括了中线上的3个电极点。近年来多数研究关注的是词汇通达过程(Hirschfeld, Jansma, Bölte, & Zwitserlood, 2008;Costa, Strijkers, Martin, & Thierry, 2009;Dell'Acqua等, 2010;Strijkers, Costa, & Thierry, 2010;Aristei, Melinger, & Abdel Rahman, 2011)。

Hirschfeld等人(2008)采用图画—词汇干扰实验范式,实验中设置了四种不同的干扰类型,包括非言语干扰项(例如一串符号"XXX")、无关干扰项(例如图画名称为"DOG",干扰项为"flower"),以及两类语义相关干扰项:一类干扰项与目标名称之间有视觉特征关联,例如"fur"和"DOG";另一类干扰项与目标名称之间为语义范畴相关,例如"cat"和"DOG"。研究者发现在图画呈现后的 120—220 ms 之间,语义特征相关条件比无关条件引发了更负的波形,这表明早期的视觉特征相同引发了促进效应。在相同的时间窗口内,非语言学干扰条件与语言学干扰条件(其他三种条件)相比都有显著的差异,这可能反映了一般的冲突监测过程,表现为在词汇干扰条件下的波幅比非语言学干扰条件下的大。这一时间窗口对应的是词汇选择阶段,元分析发现其时间窗口为 150—250 ms 之间(Indefrey & Levelt, 2004; Indefrey, 2011)。Sahin、Pinker、Cash、Schomer 和 Halgren(2009)采用穿颅电生理技术(intracranial electrophysiology)刺激语言产生相关的布洛卡区,发现词汇选择发生在图画呈现后的 200 ms 左右,语法编码在 320 ms 左右,音韵编码在 450 ms 左右,这些过程的时间进程在名词和动词中是相似的。

Costa 等人(2009)的研究则采取了累积语义干扰范式,实验中逐个呈现来自不同语义范畴的图片,例如:乌龟、锤子、树、鳄鱼、公共汽车、斧头、蛇等。各个语义范畴下包含的图片属性相等。每一语义范畴中越晚呈现的图片,其命名时间越长,称之为累积语义干扰效应(cumulative semantic interference effect)。研究者操纵了图片在每一范畴中呈现的顺序位置,所有的条件下都出现了相似的 P1/N1/P2 成分。分析 P2、N2 以及 P300 成分在每一个时间点上的波幅值与反应时之间的相关,结果发现显著的相关结果出现在 208 ms,并一直持续至 388 ms;与此形成鲜明对比的是,在 N400 的时间窗口内未出现任何显著的相关,这表明词汇选择的时间持续了 180 ms 左右。Aristei 等人(2011)的研究采用 PWI 和语义组块命名结合的任务,脑电数据结果显示干扰词效应和组块效应都出现在图画呈现后的 200—250 ms 之间,表明这两个效应可能具有相似的认知机制,发生在词汇通达阶段(Indefrey & Levelt, 2004; Indefrey, 2011; Strijkers 等,2010)。

病人的研究结果也为词汇通达的时间进程提供了进一步的证据。命名障碍病人在口语产生的各个阶段存在问题,包括语义编码阶段和音韵编码阶段。Laganaro 等人(2009)通过记录病人数据发现,词汇—语义受损导致的 ERP 波形在图画呈现后的 110 ms 左右与正常人出现差异;随着语义知识深度的变化,ERP 的波形在 120 ms 左右出现变化(相似的结果见 Abdel Rahman & Sommer, 2008),表明词汇选择阶段的起始点在 120 ms 左右。

研究者也考察了口语产生中的词素音位编码阶段(morphonological encoding)。Koster 和 Schiller(2008)运用长时程延迟启动范式考察了荷兰语中词素音位编码阶段的时间进程。实验中呈现单词和图画,要求被试读出单词并命名图画。所呈现的单词都是复合词,与图画名称之间存在词素音位相关或形式相关,例如单词为"jaszak"(意思是"大衣的口袋"),图画为"JAS"(意思是"大衣"),这两个词之间共享词素音位;图画名称为"jasmijn",图画为"JAS"。脑电数据发现 N400 的波形开始于图画呈现后的 350 ms 左右,而且其波幅变化与形式相关无关,仅在词素音位相关时出现变化。语言理解的研究表明,N400 的波幅对词素音位的加工过程比较敏感(McKinnon, Allen, & Osterhout, 2003)。Sahin 等人(2009)的研究中要求被试产生名词或者动词,发现单词形式上的变化出现在目标词呈现后的 320 ms 左右,而且名词和动词所引发的神经元是不同的。这一时间窗口与词素音位编码的元分析中的时间窗口一致(Indefrey & Levelt, 2004; Indefrey, 2011)。

Eulitz、Hauk 和 Cohen(2000)考察了外显的图画命名任务中音韵编码的时间进程。实验中比较了外显的产生任务与被动观看相同图画两类任务下的 ERP 波形,发现音韵编码发生在图画呈现后的 275—400 ms 之间;与右半球的波形相比,在左半球的颞叶中部和后部区域的波形更为明显,表明韦尔尼克区可能参与了音韵编码过程。Dell'Acqua 等人(2010)采用图画—词汇干扰实验范式,同样发现音韵编码过程发生在图画呈现后的 300 ms 左右。Laganaro 等人(2009)发现失语症病人具有音韵编码的缺陷,这表明正常的电生理活动出现在图画呈现后 300 ms 之前,但不正常的模式出现在 300—450 ms 之间,这与 Sahin 等人(2009)发现的音韵加工过程大约在 450 ms 的结果大体上一致的(Indefrey & Levelt, 2004)。

综上,研究者发现在图画命名中,词汇选择和音韵编码过程大约在 200—450 ms 之间发生,支持了词汇选择竞争说的观点(Costa 等,2009)。与此相对,研究者通过一系列的 ERP 研究发现语义抑制效应可能发生在反应输出阶段(Janssen, Hérnandez-Cabrera, van der Meij, & Barber, 2014),支持了反应排除假设的观点(Mahon, Costa, Peterson, Vargas, & Caramazza, 2007)。词汇选择竞争说的观点认为语义抑制效应发生在词条提取阶段,而反应排除假设的观点认为语义抑制效应发生在反应输出阶段,这两个阶段所对应的时间进程不同,单词提取阶段发生得早,而反应输出阶段发生得晚。

关于口语产生中的竞争机制,研究者提出可以从"认知控制"的角度进行阐述(例如,Botvinick, Braver, Barch, Carter, & Cohen, 2001; Yeung, Botvinick, & Cohen, 2004; Badre, 2008; Wiecki & Frank, 2013)。Janssen 等人(2014)指出在口语产生过程中存在着"认知控制"机制,包括两个加工过程:第一是探测到竞争;第二是对竞争的探测激发了"认知控制"机制,从而使得说话能够流畅进行。采用语义组块范式,研究者考察了语义效应发生的时间进程,发现口语词汇产生中的竞争效应发生在150—400 ms 之间,这表明竞争发生在口语产生中的早期阶段(Maess, Friederici,

Damian, Meyer, & Levelt, 2002；Aristei, Melinger, & Abdel Rahman, 2011）。Janssen、Carreiras 和 Barber(2011)的研究对上述结果提出了质疑,其在语义组块范式中比较图画命名和单词命名时都发现了语义抑制效应,相应的电生理指标反映了词汇选择过程,而非反应输出阶段。Janssen 等人(2014)认为之前所发现的语义效应反映了语义加工,而不是竞争过程。已有研究并未关注口语词汇产生中反应输出阶段时间窗口内的波形。

Janssen 等人(2014)采取语义组块范式进一步考察了语义效应发生的时间进程,研究包括了两类语义条件:同源组和异源组,关注语义效应(同源组和异源组反应时之差)的方向随着重复遍数的增加所出现的行为反应时和电生理指标的变化,结果发现语义促进效应出现在图画呈现后的 250—400 ms 之间,而语义抑制效应出现在 500—750 ms 之间。

上述研究关注的都是单个词汇的产生过程,而我们日常生活中的交流更为复杂。有研究尝试考察复杂的语流中的概念计划过程(Habets, Jansma, & Münte, 2008),研究者强调了句子中所存在的线性问题,比如“在上学之前吃了早饭”或者“放学之后去看电影”。研究中被试看了两幅按顺序呈现的图片,每幅图片中所表示的客体与某个动作有很强的关联,例如“书”和“读”。被试的任务是看了图片后描述相应内容。ERP 结果显示“之后”条件比“之前”条件在 180—230 ms 之间引发了更负的波形,分布在额叶中央区域。这一时间窗口与句子理解中事件发生顺序的相关波形相似,与工作记忆在理解中的作用也有关(Münte, Schiltz, & Kutas, 1998)。在各种不同的语言产生任务中,很难去操纵不同的阶段,例如词汇选择、词素音位编码、音韵编码和口语输出阶段。ERP 技术所记录到的各个脑电成分与各种理解、产生和领域一般性的加工过程相关。

在口语产生过程中,人们会持续地检测自己所说的话以及如何表达,研究者考察了讲话过程中出现错误时的认知机制。采用事件相关电位技术的研究中主要使用了错误相关负波(error-related negativity, ERN)(Falkenstein, Hohnsbein, Hoorman, & Blanke, 1991；Gehring, Goss, Coles, Meyer, & Donchin, 1993), ERN 波分布在额中部头皮处,其峰值在错误出现后的 80 ms 左右(Bernstein, Scheffers, & Coles, 1995；Scheffers, Coles, Bernstein, Gehring, & Donchin, 1996；Holroyd & Yeung, 2003)。ERN 波的发生位置是前扣带回(anterior cingulate cortex, ACC)和(或)辅助运动区(supplementary motor area, SMA)(Dehaene, Ponser, & Tucker, 1994；Debener 等,2005)。研究表明,在元认知口语产生任务(Ganushchak & Schiller, 2006,2008a, 2009；Sebstián-Gellés, Rodríguez-Fornells, de Diego-Balaquer, & Díaz, 2006)和外显的图画命名任务(Masaki, Tanake, Takasawa, & Yamazaki, 2001；

Möller, Jansma, Rodríguez-Fornells, & Münte, 2007；Ganushchak & Schiller, 2008b；Riés, Janssen, Dufau, Alario, & Burle, 2011）中都会出现 ERN 波。

Masaki 等人（2001）首次在 Stroop 颜色词命名任务中关注了错误发生后所出现的 ERN 波，他们发现当被试说出错误的颜色单词时出现了一个类似于 ERN 的成分。这一研究使用了一种噪音技术抑制说话时所产生的相关波形（vocalization-related cortical potential, VRCP）。VRCP 与发音之前的运动和听觉相关（Gunji, Hoshiyama, & Kakigi, 2000），其时间进程与 ERN 类似，但与发音内容无关。在口语产生中掩蔽技术可能并非理想的方法，在自然的交流中人可以听到自己的声音反馈，并对自己说出的言语内容进行监测（Levelt, Roelofs, & Meyer, 1999），人为地使用噪音掩盖言语可能会干扰正常的口语产生过程（Christoffels, Formisano, & Schiller, 2007；Christoffels, van de Ven, Waldorp, Formisano, & Schiller, 2011）。

Möller 等人（2007）采用了口误（SLIP）范式诱发口语产生中的错误，要求被试阅读单词对，包括诱导词和目标词，诱导词如"ball doza"、"bash door"和"bean deck"，目标词则为"barn door"。在错误的试次上，反应线索之前或之后的波形更负。第一个波形反映了音韵编码阶段的冲突，第二个波形反映了发音运动阶段的冲突。Severens 等人（2011）发现在错误不外显表现出来时，也在反应线索之后出现了一个相似的负波（Severens, Janssens, Kühn, Brass, & Hartsuiker, 2011）。研究者指出禁忌词错误机器纠正都发生在发音之前，表明负波反映了对于冲突的解决，而不是对于冲突的探测。

Ganushchak 和 Schiller（2008b）采用语义组块范式考察口语产生中的错误监测机制，研究中同时操纵了被试的动机水平。在高动机组中，告诉被试如果出现错误要受到惩罚；在低动机组中，无任何惩罚或奖励措施。结果发现错误的试次中出现 ERN，且其波幅受到语义线索的影响，同源组中的 ERN 波幅大于异源组情况，表明语义是否相关导致了更高的冲突水平。此外，ERN 波幅在高动机组中更大，峰值出现得更晚，这表明 ERN 与自我监测的水平相关，监测越强，波幅越大。

与错误加工相关的另一波形为错误正波（error positivity, Pe），反映了对错误更为深入的评价过程（Falkenstein, Hohnsbein, Hoorman, & Blanke, 1991），分布在中央和顶叶区域，峰值出现在错误之后的 300 ms 左右。与 ERN 相反，Pe 是特异于错误没有说出来的情形（见综述 Overbeek, Nieuwenhuis, & Ridderinkhof, 2005）。对于外显的错误评价，研究者在 Pe 波上的发现不一致。例如，Masaki 等人（2011）在错误试次中发现了 Pe，而 Riés 等人（2011）在要求被试作出反应时出现错误的情况下发现了 Pe，而在未表现出错误的情况下未出现 Pe。这说明很有可能在内隐的口语产生中有一些错误没有被探测到，因而未能引发 Pe 波。

如果 ERN 反映了一般性的认知监测机制,那么应该在正确试次中观察到 ERN,但是上述研究均未观察到正确试次中的 ERN 波。相反,在非言语任务中,研究者观察到在正确试次和错误试次中都会出现 ERN 波(例如, Vidal, Hasbroucq, Grapperon, & Bonnet, 2000; Vidal, Burle, Bonnet, Grapperon, & Hasbroucq, 2003; Bartholow 等,2005)。正确试次下出现的类似于 ERN 的波幅小于错误试次的情况。在外显的言语任务中,负波可能会受到运动伪迹的影响,因而在正确试次下也出现了类似的负波。

综上,研究者利用高时间分辨率的事件相关电位技术,采取各类任务(包括元认知任务和经典的口语产生任务)考察了口语产生过程的时间进程。在研究中并未非常清楚地区分出各个加工阶段,进一步的研究需要通过任务之间的比较来分离出各个加工阶段,并系统考察其时间进程。

6.3 言语产生的空间定位

6.3.1 早期研究

早期的 Wernicke-Geschwind 模型建立在脑损伤病人的研究基础上。随着认知神经科学的兴起,研究者使用各种脑成像技术(PET、fMRI 和 MEG 等)探索口语产生过程中大脑的激活模式,所用的任务包括图画命名和单词产生(word generation)。Indefrey 和 Levelt(2000,2004)进行了单词产生的元分析,总结了口语产生中所激活的脑区(Indefrey, 2007)。他们将口语产生过程分成引入过程和核心过程,在分析中采取了简单的层级原则(heuristic principle):"对于某一个特定的加工过程,都会激活相应的脑区。如果几个任务中都包含了这一特定的过程,那么相应的脑区会被激活;如果任务中不包含这一特定过程,则相应脑区不会被激活。"(Indefrey & Levelt, 2004)

早期运用现代脑扫描技术获得的研究结果与基于病人数据建立的 Wernicke-Geschwind 模型存在不一致之处。Petersen、Fox、Posner、Mintun 和 Raichle(1988)运用 PET 来探索与言语产生相关的脑区。被试的任务是盯着空屏,或者看屏幕上出现的词语,或者大声读出屏幕上出现的词语,或者对屏幕上出现的名词说出相应的动词,比如呈现的名词是"蛋糕",被试要产生的动词是"吃"。在看单词时初级视觉皮质出现的双侧活动在看空屏时没有出现。大声读出单词引起了初级运动皮质、躯体感觉皮质、初级听觉皮质以及额中皮质的双侧活动。对与名词相关的动词的反应引起了左半球的前额侧叶皮质的活动,这个区域位于布洛卡区和额中前叶皮质的前面。Petersen 等人的结果对 Wernicke-Geschwind 模型提出了挑战。比如三种实验条件下都增加了双侧半球的活动,不仅仅是左半球的活动;三种条件中没有一种条件增加了韦尔尼克区、布洛卡区或角回的活动。相反,没有包含在 Wernicke-Geschwind 模型中的皮质区域却产生了激活。

PET 可以大致确定语言的脑区,但是由于其空间分辨率较低,不能精确定位。电刺激技术则可以做到精确定位。在一些研究中,利用微弱电刺激技术刺激有意识的病人的皮质表面,以及分析各种有脑损伤病人的数据。这样的研究有两个重要的发现:第一,语言的加工脑区不是分布在一个特定的皮质区域,而是分布在较大面积的皮质区域;第二,不同被试参与语言的脑区有很大差异。因此,缺乏空间分辨率或者建立在小组平均基础上的结果不可能为语言的脑区研究提供大量信息。只有发现不同讲话者之间具有的相同和不同的脑区激活时,对言语产生的研究才会更加深入。

在言语产生研究中,使用最为普遍的方法是图画命名:呈现图片,要求被试说出图片的名称。图画命名中的视觉输入过程和最后的输出过程所对应的脑区比较确定,但是命名中的其他过程,比如词汇通达中的词汇选择和音韵编码的脑区定位研究结果大相径庭。在客体命名和再认的 PET 研究中,Price、Moore、Humphreys、Frackowiak 和 Friston(1996)发现下列区域参与:左中枕叶的腹侧和背侧,双侧前颞叶,左小脑;大脑左前外侧裂、左前岛叶、右小脑参与了图画命名的部分过程。Martin、Wiggs、Ungerleider 和 Haxby(1996)同样在 PET 研究中发现动物的命名而不是工具的命名激活了左中颞叶,这表明可能不同的语义范畴对应于不同的脑区。Damasio、Grabowski、Tranel、Hichwa 和 Damasio(1996)发现图片命名中不同范畴的命名所涉及的脑区是不同的,支持了 Martin 等人(1996)的研究结果。

由于 ERP 和 MEG 的时间分辨率较高,有些研究将时间进程与相应的激活脑区紧密结合,探索言语产生过程中各个阶段激活的脑区。图画命名的 MEG 研究基本上有两种方法:第一,确立图画命名的时间进程;第二,通过改变变量,影响加工中的单个阶段。Salmelin、Hari、Lounasmaa 和 Sams(1994)首次成功报告了图片命名的MEG 研究。研究证明在图片命名中使用 MEG 技术是可行的,大脑皮质的激活从枕叶视觉皮质向颞叶和额叶传递,激活的动态过程与图画命名中的信息加工的时间进程密切相关。从图片的视觉分析到图片名称的执行发音,200 ms 之前的激活开始于枕叶部位,经由顶叶和颞叶区域到达额叶区域,这时的时间窗口是图画出现后的600 ms。在 200 ms 至 400 ms 之间,韦尔尼克区和角回区的激活非常明显,但并不是所有的被试都表现如此。进一步研究发现,左额叶—颞叶的激活和左右内侧额叶区域的活动是与命名相关的。Abdullaev 和 Posner(1997)利用 64 导的 ERP 研究了能很好地完成单词产生任务但是不能理解产出单词的案例,发现在语义产生单词任务的时间进程中,存在左颞叶到顶叶的激活,其中包括韦尔尼克区。这些区域在刺激出现 650 ms 之后出现激活。上述研究以及其他研究为不同大脑区域与哪些不同的加工过程相关提供了许多证据。Levelt、Praamstra、Meyer、Helenius 和 Salmelin(1998)运用 MEG 的两种方法探索了图画命名过程中脑区的动态变化过程。图画命名过程经历了一系列的认知加工,从视觉再认、激活恰当的词汇概念、选择目标词、音韵编码、语音编码到发音。研究发现,脑区的激活是从早期的枕叶激活,经过顶叶和颞叶,最后是额叶的激活。左后颞叶区域在图画呈现 200 ms 后表现出显著的激活状态,在 350 ms 之后达到最大激活。在右侧顶叶皮质发现了一致的激活,激活在图片呈现 230 ms 之后达到峰值。右侧顶叶和左后颞叶区域的活动在时间上有一定程度的重叠。从 275 ms 到 400 ms 之间,韦尔尼克区的活动是显著的。偶极子源分析表明,在图画命名中,视觉加工和词汇概念通达过程时枕叶皮质有激活;右顶叶和颞上回后部区域在词条选择时存在激活;音韵编码过程激活了颞上回和颞顶联合区;语音编码和发声过程准备激活了感觉运动皮质和顶叶—颞叶区域。上述结果除右顶叶的激活以外,其他部位的激活与前面的研究基本一致。

关于图画命名中 150 ms 到 275 ms(词条选择阶段)之间右顶叶激活的争论比较激烈。研究者认为没有很好的理由解释这一点,可能在某些任务中词条选择是基于对视觉客体的再认。在工作记忆任务中,Klingberg、Kawashima 和 Roland(1996)在 PET 研究中发现右顶下区域存在激活。Salmon 等人(1996)同样在言语记忆的 PET 研究中发现右顶叶下部区域的活动。Levelt 等人(1998)认为该区域的激活可能来自视觉注意。Fallienot、Toni、Decety、Gregoire 和 Jeannerod(1997)在 PET 研究中发现在视觉匹配任务中,位于右半球布罗德曼(Brodmann,简称 BA)边缘的 19 区和 7 区激活。他们认为这个激活是注意在客体的部分之间或客体的特性之间转移引起的结果。这与 Fink 等人(1996)的 PET 研究结果一致。在 Fink 等人的研究中,右顶叶区域,尤其是 BA19 区和 BA7 区参与了视觉注意任务。Husain、Shapiro、Martin 和 Kennard(1997)发现对右顶叶区域的损伤影响了病人转移注意的能力。在 Levelt 等人(1998)的实验中,词条的通达可能包含了视觉的主动参与,图画的整体特征是语义范畴的信息。注意从图画的脱离为下一阶段作好了准备。

在音韵编码中左颞皮质的激活表明韦尔尼克区可能是单词产生中音韵编码阶段对应的脑区,这与 Ojemann 等人(1989)和 Haglund 等人(1994)的结果是一致的。最近的研究表明 TOT 发生在音韵编码阶段。有一种失语症也是因为音韵编码阶段出现障碍引起的,韦尔尼克区是引起这些障碍的脑区。Boatman、Lesser 和 Gordon(1995)的研究结果也为左颞皮质参与听觉音韵编码提供了证据。注意,在 Price 等人(1996)的 PET 研究中没有发现韦尔尼克区的激活,这可能是由于条件之间的相减引起的:实验中控制组的任务是对图画或颜色命名说出"yes",准备"yes"回答也需要音韵编码。Abdullaev 和 Posner(1997)在动词产生任务中发现了韦尔尼克区的激活,可以将以上这些发现解释为产生单词时的音韵编码过程所引起的。Eulitz 等人(2000)用命名和看单词两种任务来探索脑电活动的位置和来源,发现 ERP 中的 N1 和 P2 成分来自相同的脑区,但在主动命名时激活的程度比被动观看时要强。Eulitz 等人认为 N1 和 P2 在两种任务上的差异主要反映了主动命名任务和被动观看任务中心理负荷的不同所引起的注意效应。从图画呈现后的 275 ms 至 400 ms,在命名任务中有颞叶中区和颞叶后区参与。被动观看和主动命名时的左半球活动都高于右半球,表现出言语产生中大脑两半球活动的不对称性;在言语产生中的音韵编码阶段,韦尔尼克区参与了编码活动。

研究者运用元分析方法分析了 58 个言语产生的脑功能成像研究的结果(Indefrey & Levelt, 2000;Levelt & Indefrey, 2001)。他们首先区分了各种言语产生任务中包含的引入过程(lead-in process)和核心过程(core process)。在词汇产生的脑功能成像研究中,有一系列的任务:动词产生、名词产生、图画命名、词汇阅读、词汇重复、产生具备特定字母开头的词汇等。每一任务各有一种进入词汇产生的机制。图画命名是从视觉客体的再认开始的,首先激活一个或两个概念,从概念的激活开始进入核心过程。在这里视觉客体命名就是引入过程。在假词阅读中,引入过程就是视觉字母再认和字形—音素的转换,然后进入产生的核心过程。大多数脑成像研究中都没有对引入过程进行研究。言语产生任务中完整的核心过程包括概念准备、词汇选择、音韵代码提取、音韵编码、语音编码和发音等阶段。有的产生任务比如图画命名包括了完整的核心过程,有的产生任务比如假词阅读只包括了从音韵编码开始及以后的几个过程。对于词汇产生的核心过程,总的来说脑区的激活呈现左侧化趋势,包括后额下回(布洛卡区)、颞上回中部、颞中回、后颞上回、后颞中回(韦尔尼克区)、左丘脑。下面针对言语产生核心过程包含阶段所对应的激活脑区进行逐一说明。

概念准备和词汇选择:颞左中回在图画命名和单词产生中激活,但在单词阅读中的激活则很少。因此该区域被认为与概念准备或词汇选择有密切关系。颞左中回被发现是"一般性语义系统"(common semantic system)的一部分。但是应该注意,词汇概念的激活是概念加工中特殊的一种。就单词产生而言,这些概念性的过程被看作是引入过程。

音韵代码提取:在图片命名、单词产生、单词阅读等任务中包括单词提取阶段,但在假词阅读任务中则没有。音韵代码的提取可能会激活颞左后上回、颞中回如韦尔尼克区、左丘脑。颞后上叶在单词理解中也被激活,因此可以推测单词形式表征的共同存储在单词产生和理解中都能通达。

音韵编码:所有的言语产生任务都包含这一过程。有两个区域与该过程可能有关,它们是左后额下回(布洛卡区)和左侧颞上回中部。Cabeza 和 Nyberg(1997)发现重复和阅读任务中唯一共同激活的区域是布洛卡区。根据任务分析,这两种任务唯一共同的加工过程是音韵编码。在内隐和外显的假词加工过程中都观察到布洛卡区的激活,但左侧颞上回中部没有激活,这表明可能在非词音韵加工中左后额下回区和左侧颞上回中部存在功能上的差异。语言理解中的音韵加工也涉及布洛卡区的激活,布洛卡区在言语产生中的激活表明该区可能是非词音韵加工区。

语音编码和发音:所有需要发声的任务减去无声的任务后发现的激活区有初级运动区和感觉区。进一步的研究发现,发声任务激活的区域有左前颞上回、右感觉运动区、左小脑和中小脑。感觉运动区可能与运动计划和想象发音有关。

从上面的论述中可以设想词汇产生的大脑激活过程:视觉和概念上的引入过程涉及枕叶、腹侧颞叶和额前区(时间进程为 0—275 ms);接着激活传至韦尔尼克区,单词的音韵代码存储在该区,这种信息传播至布洛卡区和(或)颞左中上叶,进行词汇音韵编码(时间进程为 275—400 ms);然后进行语音编码,这一过程与感觉运动区和小脑有关,激活感觉运动区以准备发音(时间进程为 400—600 ms)。

在整个单词产生过程中,从音韵编码开始始终存在着一个自我监测内部言语的机制,假设自我监测也参与言语理解系统。关于言语产生中的自我监测研究发现,听自己的声音和听别人的声音都产生相同的颞叶激活。McGuire、Silbersweig 和 Firth(1996)对被试想象听另一个人的声音与自己对自己默默说话两种情况进行比较,均发现有左后颞上回(与运动区一起)的激活,但前者的激活程度高于后者。激活的脑区包含了韦尔尼克区,说明韦尔尼克区是言语理解的基本脑区。同时,McGuire 等人发现在自我监测言语中存在右颞叶区域的活动。

6.3.2　近期研究

最近十几年,认知神经科学领域对于口语产生过程的研究发生了重要变化,并不仅仅局限于对激活脑区的考察,而是试图从脑认知层面进行理论的验证和构建。在任务的使用上也发生了重要变化,从原来使用内隐的命名任务转变为使用外显的图画命名任务。与此同时,研究者也使用重复抑制或者适应范式来考察口语产生过程。在数据的分析和处理上,研究者关注行为数据和脑电数据或者核磁数据之间的关系。在回归分析中,有的研究者将行为数据作为预测变量,脑成像数据作为因变量;有的研究者却从另一个方向使用这些数据,关注脑激活模式对行为结果的影响。在数据分析方法上,研究者开始使用结构方程模型、动态因果模型或者独立主成分分析方法考察口语产生过程中各个脑区之间的交互作用。

根据 Indefrey 和 Levelt(2004)的元分析结果,在图画命名和单词产生两类任务中,左侧额下回、左侧中央前回、辅助运动区、左侧颞上回中部和后部、颞中回、右侧颞上回中部、左侧梭状回、左侧脑岛前部、左下丘脑以及小脑(见图6.1)在核心加工过程中产生激活。这并未包括概念加工脑区(Indefrey, 2011)。Binder等人(2009)和Schwartz等人(2009)在对语言理解的元分析中提出了概念加工的相关脑区,包括顶下回后部、颞中回、扣带回后部、前额叶皮质腹侧中部(Binder, Desai, Graves, & Conant, 2009; Schwartz等, 2009)。图画命名和单词产生两类任务中包括的概念加工过程可能完全不同。

根据以往研究的结果(Ojemann, 1983; Ojemann等, 1989; Haglund等, 1994; Malow等, 1996; Hamberger, Goodman, Perrine, & Tamny, 2001; Stewart, Meyer, Frith, & Rothwell, 2001), Indefrey(2007)采用TMS(transcranial magnetic stimulation,经颅磁刺激)技术暂时地抑制各个脑区,结果发现前面所提及的所有核心脑区(除了左侧运动皮质)对于口语产生过程都是必需的,而且发现了顶下皮质的激活。研究者通过任务间的比较来确认单个加工阶段所激活的脑区。图6.1表示口语词汇产生过程的时间进程及其相应的激活脑区。

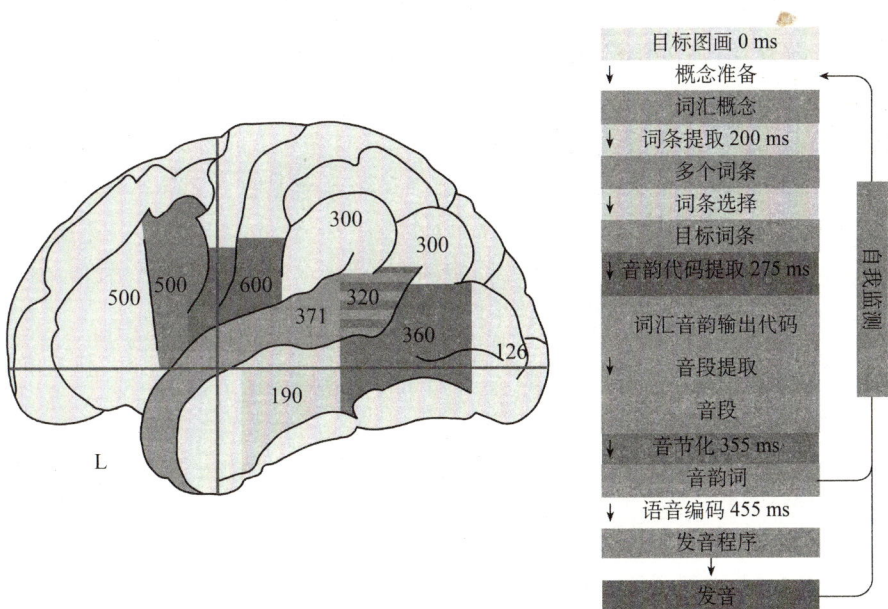

图6.1 口语词汇产生过程中各个阶段的时间基础及其神经定位(Indefrey, 2011)

词汇选择

在已有研究及其元分析的基础上,研究者利用fMRI技术进行理论验证。例如,de Zubicaray、Wilson、McMahon和Muthiah(2001)利用fMRI技术研究图画—词汇干扰实验范式中的语义干扰效应,发现产生语义干扰效应时,引起了颞中回、左侧颞上回后部、左前束状回以及双侧前额叶的激活。左侧颞中回在语义相关条件下的激活比无关条件下的更强,表明这一区域在词汇选择中起作用;同时也发现左侧颞上回后部的强烈激活,这一区域的激活与单词形式编码有密切关联。因此,研究者认为这些发现支持了两步交互激活模型关于语义干扰效应处于音韵提取水平的观点,并且证明了激活能够在概念加工和音韵提取水平直接进行扩散。这对 Levelt 等人(1999)的独立两阶段模型提出了挑战,该模型假设音韵激活发生在词汇选择之后。要注意的一点是,de Zubicaray 等人(2001)研究中的无关干扰项不是词语,而是一串符号,那么,颞上回后部的激活可能反映了单词阅读而非语义竞争。de Zubicaray 等人(2006)的研究排除了这种可能性,实验中比较了语义相关词与语义无关词条件,仍然发现了颞上回中部的激活,并且还发现了前扣带回(见 Hirschfeld 等,2008)和前额叶下回区域的激活,这表明在图画命名过程中存在自上而下的控制加工过程,颞上回的激活也有可能反映了自上而下的自我监测过程,而非音韵水平上的竞争。

MEG 技术也被用于探索口语词汇产生过程中的各个加工阶段的时间进程和空间定位。Maess 等人(2002)使用了语义组块命名任务,发现语义同源组和异源组之间的激活差异表现在左侧颞中回中部和颞上回后部,出现在两个时间窗口(150—225 ms 和 450—475 ms)内。已有研究表明 175—225 ms 之间对应的阶段为词条选择,这反映在左颞上回中部的激活上。Hocking、McMahon 和 de Zubicaray(2009)采用类似的任务,观察到海马和左颞上回中部到后部都有激活,但是在语义组块条件下未发现颞中回中部的激活(见 Heim, Eickhoff, Friderici, & Amunts, 2009)。研究者认为语义组块命名任务中同源组条件下反应时的延长是由于词汇竞争,颞上回后部的激活是由于自我监测的要求增加引起的。

已有研究对词汇竞争是否引起颞中回的激活提供了较弱的证据,相对较强的证据来自临床研究。Schwartz 等人(2009)分析了 64 个失语症病人的语言产生中的错误和受损皮质之间的联结,研究中排除非言语概念缺陷后,只有颞中回前部到中部仍然有激活,因此研究者认为左侧颞叶前部在语言产生过程中从概念加工到词汇选择中扮演了重要角色。这一研究证实颞叶前部到中部参与了词条选择过程,有一些研究曾对此提出了质疑(Wilson, Isenberg, & Hickok, 2009)。

研究者对图画命名中左侧颞中回中部激活的时间进程作了进一步研究。Vihla、Laine 和 Salmelin(2006)的研究发现,左侧颞叶皮质包括左侧颞中回中部的激活在图画呈现后的 250 ms 开始出现,在 370 ms 达到激活的峰值,这一时间窗口晚于 Maess 等人(2002)的发现。Acheson、Hamidi、Binder 和 Postle(2011)采用 TMS 技术在 100—200 ms 之间刺激左侧颞中回中部时,图画命名的反应时显著变短,其峰值出现在 190 ms 左右,稍早于词条选择的时间阶段(200—275 ms)。Sahin 等人(2009)发现 200 ms 左右布洛卡区有激活。考虑到布洛卡区的激活对于词频比较敏感,研究者认为这一区域的激活与词条选择有关(Hagoort & Levelt, 2009)。Sahin 等人的研究中,目标刺激是单词而非图片,因此 200 ms 左右的激活最有可能反映了单词阅读中的词汇通达过程,而不是单词产生中基于概念的词条通达过程。

综上,左侧颞中回中部的激活与口语产生中的词条提取有关,其激活与口语产生中较晚的加工阶段(比如音韵编码)无关。如果接受这一结论,那么这一区域激活出现的时间阶段与两步交互激活理论的观点不一致(Dell, Schwartz, Martin, Saffran, & Gagnon, 1997)。

音韵代码的提取

元分析的结果发现左侧颞上回后部可能参与音韵代码的提取,因为这一区域在包含单词形式编码的任务中有激活,而在假词阅读任务中未发现。Binder 等人的研究发现假词阅读任务中,与注视条件相比,左侧颞上回后部及其邻近的角回区域出现了去激活。四个 MEG 研究发现颞上回和颞中回后部激活的时间进程与单词形式的提取阶段相符合(Binder, Medler, Desai, Conant, & Liebenthal, 2005)。Edwards 等人(2010)在癫痫患者中运用埋藏电极技术,测量了刺激锁时和反应锁时情况下高频伽马频率范围内的皮质激活,结果发现颞上回后部(位于顶叶皮质边缘)的电极激活出现在图画呈现后大约 300 ms,持续至被试作出反应。位于颞上回中部和后部的其他电极激活出现在反应之后。研究者认为后者支持了左颞上回在自我监测中的作用,否认了这一区域在音韵代码提取中的作用。

有些研究操纵了音韵相关性和词汇频率,通过考察学习新奇单词或单词提取困难来考察音韵代码提取过程。de Zubicaray 等人(2002)采用图画—词汇干扰实验范式,比较了音韵相关条件与无关条件下的激活脑区,发现在音韵促进效应发生时,左侧颞上回区域的激活减弱。尽管如此,Abel 等人(2009)在类似的比较中发现与颞上回相邻区域缘上回的激活增加了。Bles 和 Jansma(2008)通过变化音韵相关性,发现左侧颞上回后部区域的激活减弱了。研究中比较了不同类型的任务,仅仅在判断任务中,要求被试完成音韵代码提取时才发现了左侧颞上回后部的激活。

Graves、Grabowski、Mehta 和 Gupta(2007)通过变化三个变量(词汇频率、熟悉性和词长),考察词汇音韵、语义和发音的加工过程。研究发现左侧颞上回后部仅仅对词频的变化比较敏感(同样的结果见 Wilson, Isenberg, & Hickok, 2009)。Graves、Grabowski、Mehta 和 Gupta(2008)采用假词重复任务,发现了相同区域激活的减弱。因为假词不包含任务语义信息,研究者认为左侧颞上回后部的激活与词汇的音韵加工相关。Gaskell 和 Dumay(2003)发现假词是在心理词典中得到充分整合的。Davis、DiBetta、Macdonald 和 Gaskell(2008)的 fMRI 研究发现,听觉呈现新异单词时表现出与已学过的单词类似的词汇竞争,并且激活了颞上回中部和后部的区域。这一发现解释了如果训练学习新单词经历的时期比较长时,那么新学到的单词的激活在额叶或顶下小叶区域(而非颞上回后部区域)更强这一现象。

研究者对于左侧颞上回后部是否参与单词形式的提取存在争论,结果混乱。Yagishita 等人(2008)要求被试对名人面孔进行命名,发现在提供名字中的第一个音节信息时,被试经历的舌尖现象更少。第一个音节重复导致了左侧颞上回中部和后部更强的激活,表明这两个区域参与了名字提取过程。在颞叶受损的病人中,Trebuchou-Da Fonseca 等人(2009)测量了患者左侧顶下小叶与颞上回和颞下回的后部,发现舌尖现象的状态和静息态时新陈代谢的下降有关。而 Shafto、Burke、Stamatakis、Tam 和 Tyler(2007)发现和年龄有关的单词提取困难与左侧脑岛灰质的萎缩有关,与颞叶后部无关。

临床研究中对于左侧颞叶后部在音韵代码提取中的作用提供了进一步证据。Gorno-Tempini 及其同事对进行性失语症患者(primary progressive aphasia, PPA)进行研究,发现其主要的损伤位于颞叶中部到后部的灰质上,病人主要表现为不能命名物体、命名中出现音位错乱、言语短时记忆障碍,以及回忆中音位相似效应缺失,相比而言,病人的概念知识相对保持完整(Gorno-Tempini 等,2004,2008;Henry & Gorno-Tempini, 2010;Wilson 等,2010)。

综上,图画命名中左侧颞上回和左侧颞中回后部的激活大约出现在图画呈现后的 275 ms。Edwards 等人(2010)发现在这一区域,空间上接近的神经群在时间进程上表现出不同的激活。多个研究中操纵影响单词形式提取的变量,一致地发现了左侧颞上回后部的激活,但是也有研究发现了左侧额下回和右侧颞叶前部的激活。新学会的词汇信息的整合会影响左侧颞上回后部的激活,因此研究者认为这一区域参与单词形式的存储和提取。

Hickok 和 Poeppel(2000,2004,2007)针对言语理解过程的研究指出双侧颞上回后部与单词形式的存储相关。韦尔尼克区在单词产生和知觉过程中负责共同的词汇单词形式的表征,而在言语理解中左侧颞上回后部的激活与词汇音韵效应有关(Hocking & Price, 2009)。与理解过程相比,词汇产生过程更多地表现出左侧偏侧化激活模式。

音韵编码

所有言语产生的任务都包含了从音韵编码开始一直到最后发音阶段的过程,因此任务之间的比较不能提供有关音节化过程激活的核心脑区。音节化过程表明抽象的音段表征与外显发音之间是独立的、分离的。在音节化过程之后,讲话者会进行语音编码和发音运动表征的执行加工过程。研究发现,左侧额下回后部(布洛卡区)在口语产生中有外显的出声时会有显著的激活(Murphy 等,1997;Wise Greene, Büchel, & Scott, 1999;Huang, Carr, & Cao, 2001)。Ackermann 和 Riecker(2004)直接比较了默读和出声两种任务,结果未发现布洛卡区有激活。可见,关于布洛卡区在音节化过程中的作用存在争论。第一,Binder 等人(2009)认为语义加工过程与布洛卡区有关,其激活是由于单词产生过程中的概念准备,而非后词汇水平的音韵编码过程。第二,言语加工的双重通路模型(Hickok & Poeppel, 2007)假设颞叶和顶叶相邻的区域(颞顶联合区)在口语产生过程中起着感觉运动的功能,其功能类似于感觉代码(人)和运动系统之间的翻译能力,(人)将感觉代码转换成运动编码。如果这一观点正确,那么口语产生中的输出是运动性质的,而非音韵表征引发了布洛卡区的激活,这表明布洛卡区在口语产生的音韵编码中不起任何作用。

口语产生的概念准备阶段会引起额下回的激活,这已有较强的研究证据支持。反应时研究表明概念准备阶段出现在图画呈现后的 0—200 ms 之间,而音节化的时间窗口为 355—455 ms 之间。MEG 和 TMS 研究的结果为图画命名中左侧额下回激活的时间进程提供了证据(Salmelin, Hari, Lounasmaa, & Sams, 1994;Sörös, Cornelissen, Laine, & Salmelin, 2003;Vihla, Laine, & Salmelin, 2006;Hultén, Vihla, Laine, & Salmelin, 2009;Schuhmann, Schiller, Goebel, & Sack, 2009),额下回的激活从未在 200 ms 之前出现过。MEG 研究的结果基本上显示额下回的激活在 400 ms 之后才出现,除了 Sörös 等人(2003)的研究。Schuhmann 等人(2009)发现图画呈现后 300—500 ms 之间激活了布洛卡区,研究中所得到的图画命名的潜伏期均值为 470 ms,因此音韵编码过程出现在 355—455 ms 之间也比较合理。布洛卡区的激活比较晚,其激活不可能反映概念准备过程。TMS 研究的结果表明(Schuhmann 等,2009)各个加工阶段的时间进程与图画命名的潜伏期长短有关。

Papoutsi 等人(2009)使用假词重复任务,音节化过程对于假词的长度敏感,但对音位同时出现的频率不敏感,这两个变量都会影响语音编码和发音阶段。研究结果发现左侧额下回仅对词长敏感,表明这一区域可能在音节化过程中起作用;而额下回的腹侧区域对两类变量都表现出激活,表明这一脑区可能与语音编码有关。因此,研究者认为布洛卡区不仅与音韵编码过程有关,而且与口语产生的后期加工阶段有关。Ghosh、Tourville 和 Guenther(2008)的研究证实,与单音节词的口语产生过程相比,双音节词的口语产生在左侧额下回的岛盖部产生了更强的激活。Sahin、Pinker、Cash、Schomer 和 Halgren(2009)也报告了左侧额下回的岛盖部存在词长效应。

综上,左侧额下回在音韵编码中的作用与其激活的时间进程是一致的。但直接考察音节化过程的研究仍是凤毛麟角,需要进一步的探索。

语音编码和发音

左侧中央前回、左侧下丘脑和小脑这些脑区可能参与了发音过程。Peeva 等人 (2010)采用重复音节范式发现了左侧前运动皮质腹侧的激活,表明音节化表征可能与此区域有关。辅助运动区(SMA)和左侧脑岛前部在语音编码或发音中的作用尚不清楚。Indefrey 和 Levelt(2004)的元分析中发现在不出声的口语产生过程中,SMA 和左侧脑岛前部会出现激活;而在出声的口语产生过程中,这两个区域的激活并不总是出现。关于脑岛的作用,Dronkers(1996)认为脑岛的激活与发音执行过程有关。Carreiras、Mechelli 和 Price(2006)在音节频率效应的研究中发现了左侧脑岛前部的激活。Ackermann 和 Riecker(2004)和 Riecker 等人(2000)直接比较了不出声和出声的口语命名过程,发现脑岛仅在出声过程中有激活。Riecker 等人(2005)的研究发现脑岛的激活随着音节重复速率的增加而增加,因此研究者认为在口语产生过程中,脑岛具有发音协调的功能。尽管如此,Murphy 等人(1997)没有在发音相关的任务中发现脑岛的激活。Shuster 和 Lemieux(2005)比较了多音节词和单音节词产生的出声反应过程,未发现左侧脑岛的激活。综上,关于语音编码和发音过程的认知神经机制,存在矛盾的发现,研究者需要澄清脑岛在口语产生过程中的作用。

自我监测

自我监测包括内部环路和外部环路。内部环路是输入音韵分,外部环路是输入讲话者自己声音的听觉信号。双侧颞上回可能参与了自我监测的外部环路 (McGuire 等,1996;Hirano 等,1997)。Shergill 等人(2002)的研究发现双侧颞上回可能参与了自我监测的内部环路。Tourville、Reilly 和 Guenther(2008)对第一共振峰频率的偏移作出反馈,在核磁数据中使用结构方程模型分析,发现了听觉皮质对左侧额叶区域的影响,这可能与运动校正有关。Christoffels 等人(2007)发现自我监测的神经网络包括了扣带回、双侧脑岛、SMA、双侧运动区域、小脑、下丘脑以及基底神经节。SMA 和(或)前扣带回可能参与了内部言语的监测过程。

关于图画命名过程的时间进程及其相对应的神经网络得到了较为深入的研究,研究趋势从仅仅考察神经网络转变为在认知神经层面上验证和修正理论。研究者在研究方法、实验设计以及数据分析方法上都作了大量的探索。

6.4 汉语口语产生过程的认知神经机制

6.4.1 元认知任务

国内学者对于汉语口语词汇产生过程的时间进程的研究采取了简单的是否反应范式和双重判断是否反应范式(Zhang, Weekes, & Yang, 2007；Zhang, Damian & Yang, 2007；Zhang & Yang, 2007；Zhang & Damian, 2009a, 2009b；Zhang & Zhu, 2011；郭桃梅,彭聃龄,卢春明,刘宏艳,2005)。

基于第三章行为实验的研究结果,研究者认为汉语口语词汇产生过程中存在着独立的正字法激活和音韵激活(Zhang, Chen, Weekes, & Yang, 2009；Zhang & Weekes, 2009)。采用高时间分辨率的事件相关电位技术,张清芳课题组对汉语词汇产生中语义、正字法和音韵信息提取的相对时间进程进行了系统的考察。Zhang 和 Yang(2007)考察了汉语词汇产生中语义编码和节律编码的时间进程。实验中呈现图片,图片名称均为单字,要求被试判断图片中所呈现的客体有无生命(语义的元认知判断),或者是判断图片名称对应的单字声调,声调归为两类(1、2 声和 3、4 声)(节律信息的元认知判断)。如果是否判断依据的是语义信息,平均反应时为 1 215 ms；如果是否判断依据的是节律信息,平均反应时为 1 302 ms。研究中进一步分析了 N200 的峰值潜伏期和 LRP 的始潜伏期,结果发现当讲话者完成语义元认知判断任务

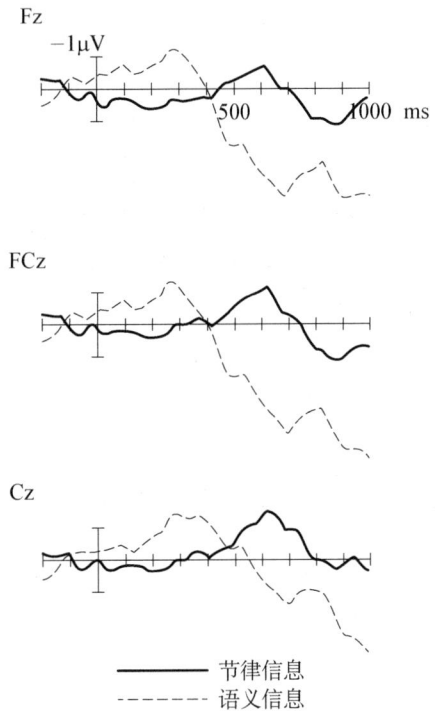

图 6.2 语义元认知判断和节律信息元认知判断的 N200 波形图(Zhang & Yang, 2007)

时,N200 的峰值潜伏期大约为 351 ms；完成节律信息的元认知判断任务时,N200 的峰值潜伏期大约为 532 ms。图 6.2 展示了是否反应依赖于语义信息和节律信息的 N200 波形图。

LRP 始潜伏期的分析发现,当左右手的按键反应根据的是语义信息时,在"否反应"(NOGO)试次中,与基线相比,LRP 在图画呈现之后的 612 ms 开始出现一直持续

到 862 ms,这表明"否反应"试次下的 LRP 持续了 250 ms。更为重要的是,"是反应"
(GO)试次与"否反应"试次的 LRP 在 760 ms 后出现分离,表明节律信息在图画呈现
之后的 760 ms 时被提取并加以利用。"是反应"和"否反应"试次中的始潜伏期间隔
为 152 ms,表明从语义编码到节律编码大约经历了 152 ms。当左右手判断根据的是
节律信息时,"是反应"试次下 LRP 的始潜伏期为 754 ms,这非常接近左右手判断根
据语义信息时"是反应"和"否反应"试次下的 LRP 开始出现分离的时间点,因此在两
类判断条件中 LRP 的结果一致表明节律信息在双重判断任务中被提取的时间点为
760 ms 左右。在左右手判断根据语义信息时,"否反应"试次下从 612 ms 到 760 ms
之间未受到节律信息加工的影响,表明此时节律信息尚未被提取。在左右手判断根
据节律信息时,"否反应"试次中并未出现 LRP,这表明节律信息在这种情况下并未
影响反应的准备。当是否反应的判断根据的是语义信息时,节律信息的作用仅仅表
现在"是反应"试次中。

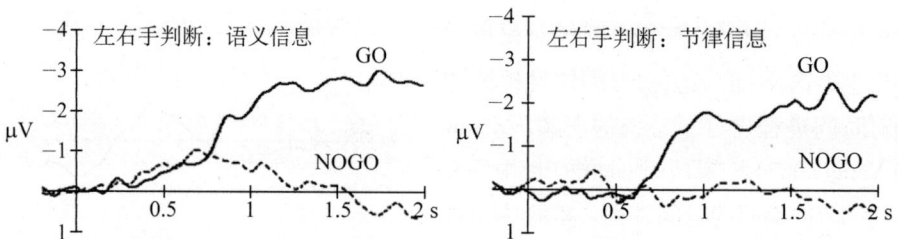

图 6.3 双重是否反应任务中的 LRP 波形图(左:左右手按键判断根据语义信息;右:左右手
按键判断根据节律信息)(Zhang & Yang, 2007)

Zhang 和 Yang(2007)的研究中采用 N200 和 LRP 指标,发现汉语口语产生中从
语义编码到节律编码的时间间隔大约为 152—181 ms。在重音语言(比如荷兰语)的
口语产生中,语义编码和音韵编码的首音提取之间的时间间隔为 40 ms,语义编码和
音韵编码的尾音提取之间的时间间隔为 120 ms(van Turennout, Hagoort, &
Brown, 1997)。Zhang 和 Yang(2007)的研究中所使用的语义任务是相似的,但是所
用的音韵判断任务不同。这表明可能音段信息提取先于节律信息(声调)提取,或者
音段和节律信息的提取是同时的,但是提取节律信息需要经历更长的时间。已有的
研究为第二种可能性提供了支持证据。郭桃梅等人(2005)在研究中发现的 N200 波
形表明音韵编码中首音素的提取在图画呈现后的 447 ms,而 Zhang 和 Yang(2007)发
现声调信息提取的时间点为 532 ms,两个研究之间的比较支持了声调编码比音段编
码需要更长时间这一假设。汉字的声调是节律信息的一部分(Chen, Chen, & Dell,
2002),一般来说声调附着在音节中的元音上,元音位于音节的中间。研究表明音段

编码和节律编码从首音开始,然后是元音和尾音部分(Wheeldon & Levelt, 1995; Wheeldon & Morgan, 2002; Schiller, 2006; Schiller, Janams, Peters, & Levelt, 2006; van Turennout 等,1997),因此,位于中间部分的声调编码晚于首音编码。基于已有研究结果,Zhang 和 Yang(2007)认为声调信息在节律编码过程中的提取时间晚于首音提取时间,因此所得到的语义编码和节律编码的时间间隔长于语义编码和音段首音编码的时间间隔。

Zhang 和 Damian(2009a)采用类似的实验范式和脑电指标考察了语义编码和正字法编码的时间进程,研究中所使用的图片名称是单字,正字法判断任务是判断图画名称的单字是否为左右结构,语义判断任务与 Zhang 和 Yang(2007)所用任务相同。N200 的峰值潜伏期在语义判断任务中为 362 ms,在正字法判断任务中为 538 ms。LRP 的始潜伏期分析显示:当左右手判断根据的是语义信息时,"否反应"试次下的LRP 在 514—622 ms 之间比较明显,时间间隔大约为 108 ms,"是反应"试次下的LRP 在 716 ms 时与"否反应"试次下的 LRP 出现分离,514 ms 至 716 ms 之间间隔202 ms,我们认为这表明在此间隔时间内,讲话者根据语义信息准备进行按键反应,且未受到正字法信息的影响。同时,当左右手判断根据的是正字法信息时,在"否反应"试次中未观察到明显的 LRP 波形,这表明正字法信息并未影响"否反应"试次的加工过程。也就是说,当是否反应根据的是语义信息时,在"是反应"试次中,正字法信息是在是否反应判断作出后才会被提取。研究结果表明,在汉语口语词汇产生过程中,语义编码先于正字法编码大约 176—202 ms。

Zhang、Damian 和 Yang(2007)采用双重判断是否反应范式考察了节律编码和正字法编码的时间进程,节律判断任务与 Zhang 和 Yang(2007)研究中所使用的任务相同,正字法判断任务与 Zhang 和 Damian(2009a)研究中所使用的任务相同,实验设计和逻辑与已有的研究(Zhang & Yang, 2007; Zhang & Damian, 2009a)完全相同。N200 的波形如图 6.4 所示,当是否反应根据声调信息时,出现了两个明显的波形,第一个波形的峰值潜伏期为 301 ms,始潜伏期为 235 ms,第二个波形的峰值潜伏期为600 ms 左右;当是否反应根据正字法信息时,仅仅只有一个显著的波形,其峰值潜伏期为 571 ms,始潜伏期为 460 ms。LRP 的始潜伏期分析显示:当左右手判断根据节律信息时,"是反应"试次下的 LRP 的始潜伏期为 766 ms,"否反应"试次下未出现LRP;当左右手判断根据正字法信息时,"是反应"试次下的 LRP 的始潜伏期为1 314 ms,"否反应"试次下未出现 LRP。

根据元认知分析所得到的时间窗口,我们认为声调判断中所得到的第一个波形反映了声调信息的提取,峰值潜伏期的分析表明声调信息的提取时间早于正字法信息大约 270 ms,始潜伏期之间的间隔大约为 225 ms。两类分析都表明:在双重是否

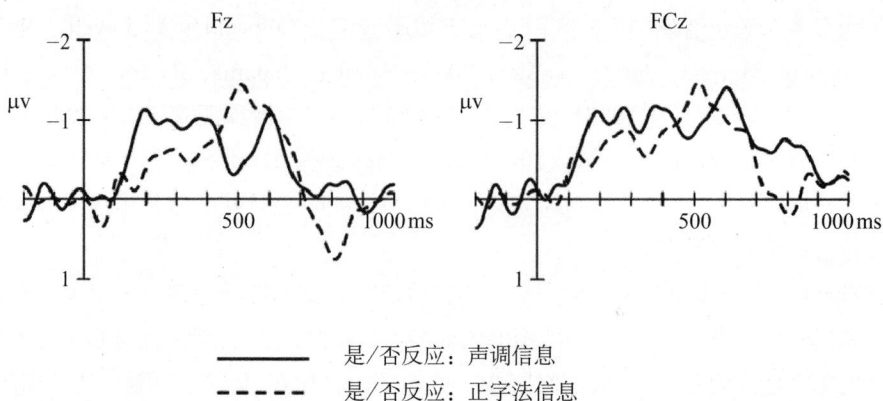

图 6.4 双重是否反应任务中声调判断和正字法判断的 N200 波形 (Zhang, Damian, & Yang, 2007)

反应任务中,声调信息先于正字法信息被提取。在是否反应依据声调信息时,"是反应"和"否反应"试次下的波形在 235—440 ms 之间存在显著差异,这一时间窗口恰好处于音韵编码过程(275—400 ms)(Indefrey & Levelt, 2004)。在是否反应依据正字法信息时,"是反应"和"否反应"试次下的波形在 460—600 ms 之间存在显著差异,这一时间窗口处于音韵编码之后。这表明正字法信息的提取时间迟于声调信息的提取时间,不可能在词汇通达过程中起作用。差异波(见图 6.4)的第二个波形可能反映了自我监测过程。在口语产生过程中,对于声调信息的监测是必须的,因此当是否反应依据声调信息时,出现了第二个波形,而当是否反应依据正字法信息时,未出现第二个波形。这一比较也表明在口语产生过程中,正字法信息的提取不是必要的。尽管如此,Damian 和 Bowers(2003)的研究认为在音韵编码过程中必须提取正字法表征(见 Gaskell, Cox, Foley, Grieve, & O'Brien, 2003),而我们的研究并未支持这一观点。在元认知任务中,基于任务的要求被试提取了正字法信息。根据此研究结果(Zhang, Damian, & Yang, 2007),我们认为正字法信息的提取是选择性的,依赖于任务要求。

在 Zhang、Damian 等人(2007)的研究中,在左右手判断依据声调或正字法信息时,在"否反应"情况下都未出现 LRP。我们猜测可能的原因是 N200 的峰值潜伏期(或始潜伏期)出现在"是反应"的 LRP 开始之前,这可能造成了对"否反应"的阻碍。Rodriguez-Fornells、Schmitt、Kutas 和 Münte(2002)采用类似任务,研究中也未发现不作出反应情况下的 LRP。尽管 LRP 的模式并不清晰,但是 Zhang、Damian 等人(2007)研究中 N200 的结果表明声调信息先于正字法信息被提取。

在汉语口语词汇产生过程中,正字法信息的提取是必须的吗?因为在口语词汇

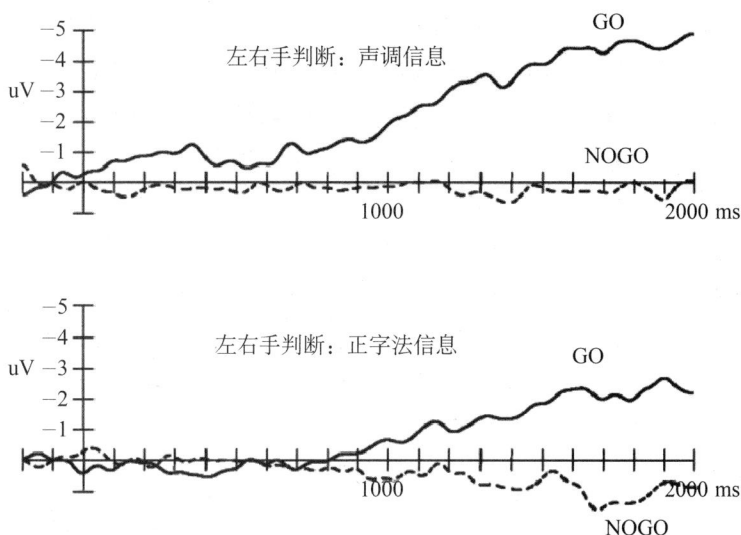

图 6.5　双重是否反应任务中左右手判断根据声调信息和正字法信息的 LRP 波形(Zhang, Damian, & Yang, 2007)

产生过程中最后输出的信息是声音,并未要求提取正字法信息。在元认知任务的研究中所发现的结果与行为结果的模式并不相同。在第三章,我们详细地阐述了采用图画—词汇干扰实验范式视觉呈现干扰词时语义、正字法和音韵信息激活的时间进程,正字法效应的出现早于音韵效应,且其持续的时间要长于后者。造成这一差异的原因可能来源于不同任务的要求。在图画—词汇干扰实验范式中,视觉呈现干扰单字必然使得正字法效应先于音韵效应。Damian 和 Bowers(2009)在研究中以听觉方式呈现干扰单字时,并未发现正字法信息的激活,这表明口语词汇产生中正字法信息的提取并不是必要的。在双重是否反应任务中,当明确要求被试提取正字法信息进行判断时,即讲话者在完成口语产生过程中,额外附加了一个正字法信息提取的过程来完成元认知任务,结果与 Zhang 等人(2007)研究中发现的正字法信息的提取迟于声调信息的模式是一致的。

　　张清芳课题组采用元认知任务对口语词汇产生过程中音韵编码的时间进程进行了系统考察,关于音韵编码过程的争论我们在第五章已作了详细阐述。音韵编码过程包括音段编码和节律编码,其中音段信息包括声母和韵母,节律信息包括音节数、重音位置等超音段(suprasegmental)的信息,汉语中的声调类似于字母语言中的重音,也属于超音段信息。Zhang 和 Damian(2009b)采用了简单是否反应任务,利用 N200 指标考察了口语词汇产生中声母编码和声调编码的时间进程。实验中使用了 109 幅图片作为刺激材料,在声母判断任务中使用了其中的 100 幅图片,在声调判断任务中使用了其中的 84 幅图片,两类任务中有 75 幅图片是相同的。在声母判断任务中,使用了 10 个不同的声母/y/、/zh/、/x/、/sh/、/q/、/ch/、/b/、/g/、/h/和/j/,对应于 10 组,每个组中一半的图片名称对应于一个特定的声母(比如/y/)(是反应),另一半不是(否反应)。在声母判断任务中,"是反应"和"否反应"下的图片是不同的。在声调判断任务中,使用了 4 个不同的声调(1 声、2 声、3 声和 4 声),对应于 4 组。每组包括 42 幅图片,其中 21 幅图片的名称对应于一个特定的声调(比如 1 声)(是反应),另 21 幅不是(否反应)。在声调判断任务中,"是反应"下的图片会再次呈现,作为"否反应"下的图片。声母判断任务和声调判断任务的峰值潜伏期分别为 592 ms 和 599 ms,始潜伏期分别为 283—293 ms 和 483—493 ms(见图 6.6)。N200 的始潜伏期表明声母信息先于声调信息大约 200 ms 通达。在声母判断和声调判断两类任务下,N200 的头皮分布模式完全不同(见图 6.7),甚至表现出相反的模式,这表明在汉语口语词汇产生中音段编码和节律编码是两个相对独立的过程。这一结果从汉语(非字母语言)的角度为基于字母语言所建立的音韵编码模型的观点提供了证据,符合 Levelt 等人(1999)提出的音段编码和节律编码独立进行的假设。

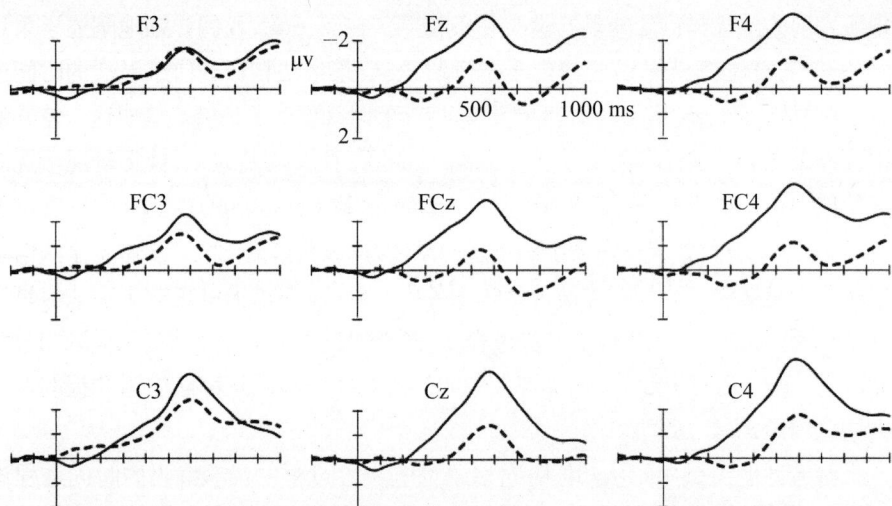

图 6.6 简单是否反应任务中声母判断(黑色直线)和声调判断(黑色短线)的差异波形图(Zhang & Damian, 2009b)

上述研究所发现的声母编码和声调编码之间的时间间隔为 200 ms,汉字的声调是由音节中的元音所携带的。已有研究发现,音段和超音段编码过程是增长式地从左至右进行的(Schiller, 2006;Schiller, Jansma, Peters, & Levelt, 2006;Wheeldon

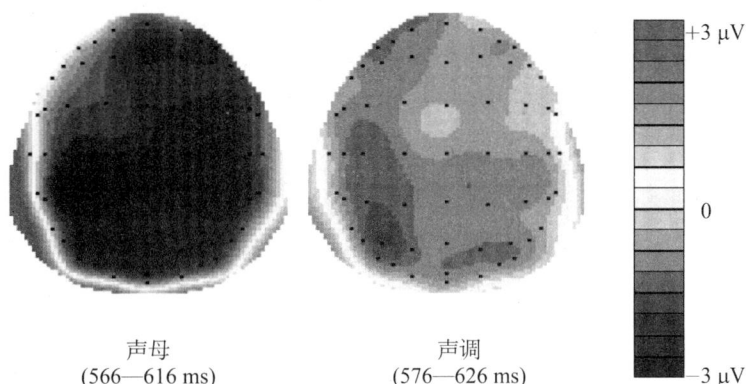

声母　　　　　　　　　声调
(566—616 ms)　　　　(576—626 ms)

图 6.7　声母判断和声调判断任务下 N200 的头皮分布图(Zhang & Damian, 2009b)

& Levelt, 1995; Wheeldon & Morgan, 2002; van Turennout 等,1997)。这一间隔与 Wheeldon 和 Levelt(1995)发现的首音和尾音之间的时间间隔 55 ms, 以及 van Turennount 等人(1997)发现的 80 ms 相比太长。这有可能是由于判断任务的难度不同导致的。第一,Zhang 和 Damian(2009b)研究中所用的声母判断任务包含的声母多于 4 个,而声调判断任务只包括 4 个声调。声调判断的错误率为 2.2%,而声母判断的错误率为 3.1%。第二,声母判断任务和声调判断任务所使用的图片不完全相同,仅有 75% 的重叠。第三,每幅图片在声母判断任务中呈现一次,而每幅图片在声调判断任务中呈现两次。Luck(2005)指出 ERP 波形对于目标数量以及目标呈现的次数都比较敏感。

　　基于上述问题,Zhang 和 Zhu(2011)采用完全匹配的是否反应任务。实验 1 考察了声母编码和声调编码的时间进程,实验 2 考察了元音编码和声调编码的时间进程。通过比较音段判断任务和节律判断任务下的 N200 波形的峰值潜伏期,并且采用源定位软件 sLORETA (standardized low resolution brain electromagnetic tomography) (Pascual-Marqui, 2002),确定了声母、元音和声调提取的空间定位。实验 1 结果显示,声母判断任务的反应时为 922 ms,声调判断任务的反应时为 1 010 ms,声母判断比声调判断快 88 ms;实验 2 结果显示,声调判断任务的反应时为 1 020 ms,元音判断任务的反应时为 1 176 ms。Schiller(2006)发现在节律判断中,如果重音位于最后一个音节,那么其错误率高于重音位于第一个音节的情况,因此研究者指出监测位于最后一个音节的重音可能导致产生系统有更多的噪音。在 Zhang 和 Zhu(2011)的研究中,声母、声调和元音判断的错误率分别为 3.36%、5.84% 和 14.85%,这表明元音判断的任务更难,口语产生系统中的噪音更大。这是由于汉语的一个音节中可能包含两个元音,例如/hua1/包括了两个元音/u/和/a/。核心元音判断包括两个加工过程:首先提取所有的元音,然后判断哪一个是核心元音。因此,对核心元音的监测比对声母的监测更难,反应时更长。

N200 的峰值潜伏期和始潜伏期分析发现,声母判断早于声调判断大约 20—80 ms,声调判断和元音判断的时间点相同,这表明在汉语口语产生过程中,音韵信息的提取是从左至右进行的,与针对印欧语系语言的研究的结果一致(Wheeldon & Levelt,1995;van Turennout 等,1997)。三种判断任务下的头皮分布模式不同,声母判断的始潜伏期在右中区域最短,在左前区域最长;声调判断的始潜伏期则在右侧区域最短,在右前区域最长;元音判断的始潜伏期在右中区域最短,在额部区域最长。不同的始潜伏期头皮分布模式表明,声母、声调和元音的提取是相对独立的。sLORETA 源分析的结果如图 6.8 所示,三种判断任务都发现了左侧化激活模式,这与已有脑成像结果一致(Gandour 等,2000;Gandour 等,2002;Gandour 等,2003;Hsieh, Gandour, Wong, & Hutchins, 2001;Liu 等,2006)。具体而言,声母判断激活了左侧额下回,声调判断激活了左侧额中回和左侧额上回,元音判断激活了左侧颞上回和左侧前扣带回,不同的判断任务激活了不同的脑区,表明对声母、声调和元音的监测在神经相关物上是分离的,为独立分离的音段编码和超音段编码的观点提供了支持证据(Roelofs,1997;Levelt 等,1999)。

(a)

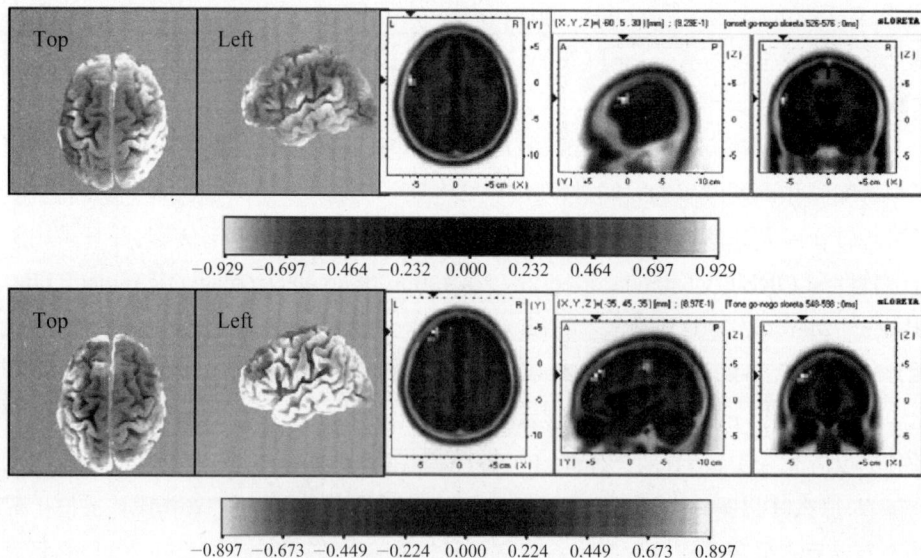

(b)

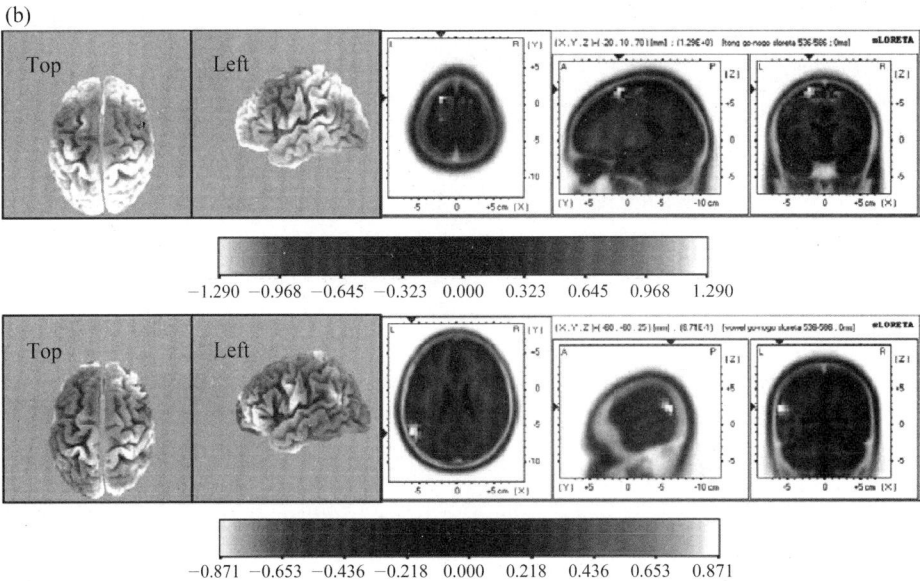

图 6.8 sLORETA 源分析的三维结果图(Zhang & Zhu, 2011)

注:(a)实验 1 中声母判断(526—576 ms)和声调判断(548—598 ms)的结果;(b)实验 2 中声调判断(536—586 ms)和元音判断(536—586 ms)的结果。图中标尺蓝色表示负,红色表示正。

Indefrey 和 Levelt(2000,2004)关于口语产生脑成像研究的元分析发现,左侧额中回和左侧额下回在音韵编码阶段被激活。口语知觉的研究发现,音韵加工激活左侧额中回和左侧额下回区域(BA 6/44 区)(Burton, 2001; Gandour 等, 2003; McDermott, Petersen, Watson, & Ojemann, 2003; Poldrack 等, 1999; Siok, Jin, Fletcher, & Tan, 2003)。Siok 等人(2003)考察了视觉呈现汉字时的音素和音节加工过程,发现左侧额中皮质在音节加工中被激活,左侧前额下回在音素加工中被激活。

与声母和声调相比,在元音的监测任务中激活了左侧颞上回,这一区域在很多研究中都被发现与元音加工过程有关。Uppenkamp 等人比较了元音和非元音的知觉过程,发现颞上回和颞上沟在元音知觉中激活更强(Uppenkamp, Johnsrude, Norris, Marslen-Wilson, & Patterson, 2006)。Liu 等人(2006)也发现左侧颞中回在汉语元音产生中出现了激活,因此他们认为这一区域在元音产生中起了重要作用(Britton, Blumstein, Myers, & Grindrod, 2009; Zevin, Yang, Skipper, & McCandliss, 2010)。

左侧前扣带回在元音监测任务中的激活可能与注意有关(Ponser & Peterson, 1990),反应时和错误率的结果表明元音监测任务比声母判断和声调判断任务需要更多的注意资源(Tong, Francis, & Gandour, 2008)。中央前回在三类任务中都有激活,已有研究表明中央前回与口语产生中的发音阶段有关(Dronkers, 1996; Hillis等,2004; Pulvermüller 等,2006)。关于元认知任务中是否会涉及外显的发音过程仍存在争论(Christoffels, Formisano, & Schiller, 2007; Palmer 等,2001), Zhang 和 Zhu(2011)的研究结果表明在元认知任务中包括内隐的发音过程。

这一部分总结了采用元认知任务考察汉语口语词汇产生过程的时间进程的研究结果,为以后采用外显图画命名的认知任务奠定了比较基础。

6.4.2 图画命名任务

先前的口语产生研究多数采用了内隐的按键反应任务,近年来,研究者认为外显发音导致的脑电测量中信噪比降低的问题是可以解决的,因此一些研究在口语产生任务中利用了脑电(EEG)(例如, Blackford, Holcomb, Grainger, & Kuperberg, 2012; Ganushchak, Christoffels, & Schiller, 2011; Indefrey, 2011; Strijkers & Costa, 2011)和脑磁(MEG)技术(Levelt, Praamstra, Meyer, Helenius, & Salmelin, 1998; Maess, Friederici, Damian, Meyer, & Levelt, 2002; Salmelin, Schnitzler, Schmitz, & Freund, 2000)。研究者在采用 EEG 测量的研究中发现了典型的 ERP 成分,例如,Kutas 和 Hillyard(1980)所报告的 N400 成分反映了语义的违反,与语言理解过程中词汇的语义加工(见 Lau, Phillips, & Poeppel, 2008)和音韵加工(如 Chen, Lee, Kuo, Hung, & Cheng, 2010; Valdes-Sosa 等,1993)有关。更为重要的是,N400 与口语产生中的音韵提取相关(Blackford 等,2012; Dell'Acqua 等,2010),在 PWI 任务中反映的是音韵促进效应。Dell'Acqua 等人(2010)采用了 PWI 任务,利用相减技术考察了语义和音韵表征激活的时间进程。语义相关条件与无关条件相减、音韵相关条件与无关条件相减后分别得到了不同的差异波,而且两个差异波都位于图画呈现后的 250—450 ms 的时间窗口。语义效应和音韵效应的峰值潜伏期几乎完全相同(320 ms 与 321 ms)。上述发现难以在系列模型的理论框架中得到解释。采用 EEG 技术考察口语产生过程的研究仍然非常少,研究中重点关注的是实验条件与基线条件的对比,而不是要确定某一个特定的成分,如 N400 与特定的心理加工的关系。

绝大多数有关口语产生的研究结果来自于对印欧语系语言的研究,比如英语、德语、西班牙语和荷兰语等。很少有研究关注口语产生的理论构建,尤其是音韵编码机制在不同的语言中是否是不同的。WEAVER 模型假设在印欧语系语言的形式网络结构中包括三种水平: (1)激活目标词素;(2)选择与目标对应的音段以及音段的序列,同时选择节律框架以传递有关目标词汇的重音模式和音节数;(3)融合音段和节律框架,形成音节运动程序。尽管如此,上述理论框架可能并不适用于其他语言。研究发现不同语言产生过程中,音韵编码阶段的"合适单元"(proximate unit)是不同的(O'Seaghdha, Chen, & Chen, 2010)。音韵编码过程发生在单词选择之后,合适加工单元指的是音韵编码过程中的计划单元。一方面,在汉语中,音节具有重要地位,因为汉语普通话中音节的结构简单、数量少,音节之间的界限非常清晰。另一方面,汉语口语中不存在英语或荷兰语中的重新音节化现象。汉语正字法系统是非字母语言体系的,一个汉字对应一个音节,但汉字不能外显地表示出其发音。

考虑到音韵编码过程在不同语言中不同的特点,前文提到过,针对英语和荷兰语的研究中用到了"叠加因素逻辑"(Damian & Martin, 1999; Starreveld & La Heij, 1995,1996b; Taylor & Burke, 2002),采用语义相关性和音韵相关性因素交叉设计。已有的 PWI 任务研究在印欧语系语言中发现了两个因素之间存在交互作用。

Zhu、Damian 和 Zhang(2015)利用 PWI 任务和脑电指标的结合,考察汉语口语产生中是否存在类似的交互作用模式。如果在非字母语言比如汉语的口语产生过程中,存在与印欧语系语言同样的交互作用模式,那么我们预测:(1)在反应时分析中会发现语义相关性和音韵相关性的交互作用;(2)在 ERP 结果中会发现语义信息和音韵信息的激活在时间上存在重叠。如果汉语音韵编码过程的单元与印欧语系语言的不同,而且信息加工遵循序列分离模式(Roelofs, 2015),那么汉语口语产生中的发现将与印欧语系语言的研究结果截然不同。在序列分离的理论框架中,我们预测会发现:(1)在反应时分析中发现语义相关性和音韵相关性之间无交互作用;(2)在 ERP 数据中发现早期的语义效应和晚期的音韵效应,呈现出信息加工的序列分离模式。

利用 PWI 任务考察语义相关性和音韵相关性之间的交互作用,非常重要的一点是要保证所发现的启动发生在音韵编码阶段,因此,研究中音韵相关干扰词选择的是与目标词具有相同音节、不同声调的词汇。在音韵相关词的选择中,完全能够避免与目标词存在正字法关联的可能性,而在印欧语系语言中,干扰词与目标词之间的正字法联系难以剔除干净。行为结果发现了经典的语义抑制效应和音韵促进效应,更为关键的是,我们获得了语义相关性和音韵相关性之间的序列分离模式,与印欧语系语言中"两类变量之间存在交互作用"的模式截然不同。

为了更进一步确认行为结果中所获得的模式,Zhu 等人(2015)测量了完成 PWI 任务时的脑电活动,结果如图 6.9 所示。在 0—250 ms 的时间窗口内,所有条件都表现出了内源性的 P1、N1 和 P2 成分,但是所操纵的自变量在这一早期时间窗口内未出现任何显著的效应和交互作用。在随后两个连续的时间窗口(250—450 ms, 450—600 ms)内,研究者测量了语义加工和音韵加工的平均波幅和始潜伏期。与行

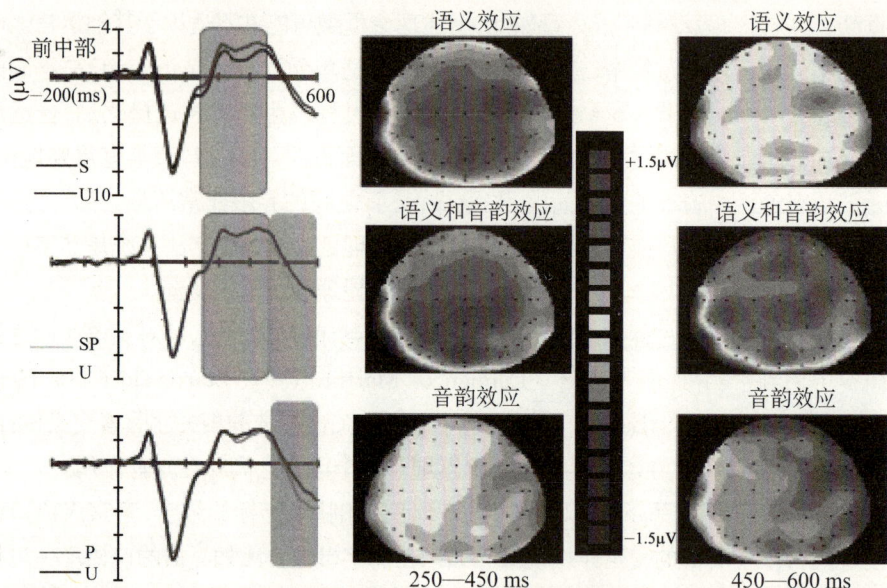

图 6.9 图画—词汇干扰实验范式中的总平均波形及效应(相关条件减无关条件)的头皮分布图(Zhu, Damian, & Zhang, 2015)

注:蓝色阴影表示语义效应,绿色阴影表示音韵效应。

为结果一致,ERP 数据表明两者加工在时间上不存在重叠。250—450 ms 时间窗口内的波幅差异与语义效应相关,而 450—600 ms 时间窗口内的波幅差异与音韵效应相关。在两个时间窗口内,语义—音韵同时相关的条件无交互作用:在 250—450 ms 窗口内,其波幅差异是由语义相关引起的,始潜伏期为 236 ms,与语义效应的 224 ms 的始潜伏期时间点非常接近;在 450—600 ms 窗口内,其波幅差异是由音韵相关引起的,始潜伏期为 494 ms,与音韵效应的 506 ms 的始潜伏期时间点非常接近。综上,ERP 结果表明语义效应和音韵效应呈现出序列分离模式,两个自变量之间无交互作用,两类加工过程在时间上不存在重叠。

研究所发现的 250—450 ms 时间窗口内的语义效应与已有字母语言研究的结果一致。口语词汇产生的研究表明,词汇选择开始于刺激呈现后的 200—250 ms 时间窗口内(Indefrey, 2011; Indefrey & Levelt, 2004; Levelt 等,1998; Maess 等,2002)。例如,Costa 等人(2009)发现累积的语义干扰效应(发生在词汇选择过程)开始于图画呈现后 208 ms,其过程持续了 180 ms。Piai、Roelofs 和 van der Meij(2012)基于其研究结果指出 250 ms 是词汇选择的起始点。Dell'Acqua 等人(2010)的研究中采用了 PWI 任务,发现语义变量在 250—450 ms 的时间窗口内引发了 N400。脑磁研究发现在图画呈现的 150—225 ms 的时间窗口内,左侧颞叶区域有激活,这与词汇提取有关

(Maess 等,2002)。Zhu 等人(2015)的研究以及已有结果表明,口语产生中有关语义效应的加工及其机制存在跨语言的相似性。

更有意义的是,研究发现在 450—600 ms 时间窗口内出现了音韵效应。这与已有关于字母语言研究中所发现的音韵编码的时间窗口显著不同。在字母语言中,元分析的结果显示,音韵编码发生在刺激呈现之后的 275—445 ms (Indefrey & Levelt,2004);音韵效应也表现为 N400 (Dell'Acqua 等,2010; Jescheniak, Hahne, & Schriefers, 2003; Jescheniak, Schriefers, Garrett, & Friederici, 2002)。在字母语言研究中,音韵相关条件都位于音段相同的水平,而 Zhu 等人(2015)研究中的音韵相关条件处于音节相同的水平。结果表明,在 450—600 ms 的时间窗口内,音韵无关条件减去音韵相关条件得到的是负波,峰值出现在 500 ms 左右。采用 PWI 任务,Dell'Acqua 等人(2010)发现了相似的语义加工和音韵加工的波形,两类加工都引发了 N400;在 250—450 ms 的时间窗口内,语义效应和音韵效应的始潜伏期分别为 320 ms 和 321 ms。与此不同,我们的研究发现语义效应出现在 250—450 ms,音韵效应出现在 450—600 ms,因此,ERP 的结果表明语义加工阶段和音韵加工阶段是分离的,两者之间无交互作用。总之,行为结果和脑电数据一致证明了语义变量和音韵变量之间无交互作用,其加工在时间上是序列进行的。这与已有字母语言的结果形成了鲜明对比。

这一结果对于音韵编码过程的机制研究有何启示? 一种启示可能是研究的结果反映了跨语言间的差异。正如前文中所提到的,口语产生中音韵编码的"合适单元"在印欧语系语言和非印欧语系语言如汉语中是不同的(O'Seaghdha 等,2010),例如英语、德语、荷兰语中的"合适单元"为音素或音段,而汉语中则为音节。Roelofs (2015)比较了英语和汉语(以及日语)口语产生中音韵编码过程的计算模拟模型,其重要的发现是:在印欧语系语言中,选择词素后直接激活其相对应的音段信息,而在汉语中直接激活的是音节,之后再激活音段。在此我们提出两种可能性来解释汉语口语产生中的序列分离模式。

第一种解释是 PWI 任务中的音韵效应反映了音段水平上的促进(如 Roelofs, 1997)。干扰词激活了相应的音段,因而会预先激活目标词的部分音段,导致音韵相关条件快于无关条件。在这一假设中,汉语音韵效应的出现明显晚于印欧语系语言的相关研究结果,因为汉语的音韵编码过程首先要激活音节,随后再激活音段。反应时上的叠加模式可以通过"整体模块化但局部之间存在交互作用"这一逻辑加以解释(Dell & O'Seaghdha, 1991):相邻的加工阶段存在交互作用,但产生系统整体呈现出模块化系列特征。因此,印欧语系语言中的交互作用是由于相邻的词素和音段两个水平的加工过程之间存在交互作用引起的。而在汉语中,音节水平是词素和音段两个水平之间的中介,词素和音段两个水平之间无交互作用,两者的效应是叠加的。

第二种解释是音韵效应发生在音节水平。Zhu 等人(2015)研究中的音韵相关条件是干扰词和目标词之间共享音节,但声调不同。如果汉语中音韵编码的整合发生在音节水平(Roelofs, 2015),那么干扰词可能预先激活了目标词的音节表征,引起了促进效应。由于汉语中的音节数量比较少,音节的作用相对比较凸显,因此这一假设并非没有道理。在第二种解释中,信息的传递从词素水平到音节水平是严格序列进行的。

目前很难证实哪一种可能性是正确的,需要进一步验证。已有的实验设计很难将每一个加工过程分离出来。例如,在 PWI 任务中,虽然可以操纵干扰词与目标词重叠的部分不同,比如音素相同、音节相同或者声调相同,但是这些不同条件之间是不独立的,比如音节相同时音段也是相同的。用于口语产生的任务和范式的缺乏,需要设计出新的方法来考察这一问题。我们认为 Zhu 等人(2015)的发现证实了语义和音韵变量之间的独立分离性,其实验结果本身具有重要的理论意义,不同效应的时间进程存在跨语言的差异。

Zhu 等人(2015)的研究结果与已有印欧语系语言研究结果的差异可能并非来自音韵编码过程的差异,而是来自正字法上的不同。在字母语言中,音韵和正字法混淆在一起,很难区分开来,因此,PWI 任务中的音韵相关时正字法也是相关的。PWI 任务中的音韵促进效应是来自于音韵相关还是正字法相关,或者同时包含了两者? 对于这一问题,字母语言的相关研究难以回答(有些研究试图分离出正字法相关条件和音韵相关条件,见 Lupker, 1982; Posnansky & Rayner, 1978; Underwood & Briggs, 1984)。近年来,越来越多的研究利用非字母语言的特点,采用 PWI 任务,变化干扰词和目标词之间的关系,分离出了口语产生中的正字法相关条件和音韵相关条件(Bi, Xu, & Caramazza, 2009; Zhang, Chen, Weekes, & Yang, 2009; Zhang & Weekes, 2009; Zhao, La Heij, & Schiller, 2012)。实验结果比较复杂,但是研究者认为音韵相关和正字法相关能够各自独立引发形式促进效应。

Zhang、Chen 等人(2009)提出音韵效应和正字法效应在汉语口语产生中可能出现在不同的加工水平,音韵相关条件在音韵输出阶段引发启动效应(Roelofs, 1997),而正字法相关条件在词汇语义加工阶段产生促进效应。在正字法相关条件下,与目标词存在正字法联系的词汇能够产生促进效应,是由于视觉呈现的词汇激活了一组正字法相似的词汇,目标词也包括在其中,因此目标词的语义提取得到促进,产生了正字法促进效应。如果启动效应来自于正字法相关,那么发现语义相关性和正字法相关性之间的交互作用就一点也不奇怪,因为这两个效应都发生在词汇选择阶段(Damian & Martin, 1999; Starreveld & La Heij, 1995, 1996b; Taylor & Burke,

2002)。相比而言,Zhu 等人(2015)在选择音韵干扰词时排除了正字法联系,目的是考察"纯粹的"音韵效应。音韵效应发生在音韵编码阶段,因此信息在语义编码和音韵编码之间的传递是序列的,已有的研究发现在排除了正字法相关关系后,语义效应和音韵效应之间未产生交互作用。

在汉语口语产生过程中,根据音韵效应和正字法效应具有相同的时间进程,Zhao、La Heij 和 Schiller(2012)提出 PWI 任务中的音韵效应和正字法效应可能发生在同一加工阶段。另外,输入启动(input priming)不能解释为什么当英语研究中以听觉形式呈现干扰词时,同样发现了语义效应和音韵效应之间的交互作用(Damian & Martin, 1999),而在听觉呈现干扰词时,正字法是否相关不会影响命名潜伏期。最后,信息传递的序列分离模式与前文中提到的"层叠式的"模式不同。尽管如此,Zhu 等人(2015)研究的目的是考察 PWI 任务中语义和音韵加工过程之间的交互作用,剔除潜在的可能与音韵相关条件存在混淆的正字法相关是非常关键的,这样可以探索"纯粹的"音韵激活,而在字母语言中完全排除正字法的影响是非常困难的。

从所采取的方法来看,该结果不仅证实了在外显的口语命名任务中可以使用ERP技术,而且将行为与 ERP 指标联系了起来(见 Qu, Damian, & Kazanina, 2012)。行为结果中的交互作用不显著,有些研究者指出可能是任务不够敏感导致的。通过采取更为敏感的脑电技术,研究中所得到的 ERP 数据呈现出类似的模式:语义效应和音韵效应是分离的,而且语义—音韵同时相关条件下首先引发了早期的语义效应,接着是晚期的音韵效应,这一结果为汉语口语产生中表现出的序列分离模式提供了强有力的证据。综上,外显的图画命名任务与 ERP 技术的结合能够用于考察口语产生中的认知神经机制。

与印欧语系语言的相关研究结果相比,可以得出结论:口语产生存在跨语言的差异。结合已有的研究发现,我们认为印欧语系语言中语义水平和音韵水平加工中信息传递的模式是层叠式的或交互作用的,而汉语中两个加工过程是序列的、分离的。下一步研究需要确定更为精细的时间进程,考察口语产生中各类信息是如何整合的。

本章总结

本章阐述了口语词汇产生过程的认知神经机制,主要包括:第一,言语产生的神经心理学研究;第二,脑成像研究的结果,分为时间进程和空间定位两个方面,以及这两个方面最新的研究进展;第三,汉语口语词汇产生过程的认知神经机制研究。通过比较印欧语系语言和汉语口语词汇产生过程的认知神经机制的相关研究,我们发现了两类语言存在较多截然不同的特点,这与第二章(印欧语系语言)和第三章(汉语)所呈现的行为研究的结果是一致的。

参考文献

郭桃梅,彭聃龄,卢春明,刘宏艳.(2005).汉语词汇产生中的义、音信息提取时间进程的 ERP 研究.心理学报,37(5),569—574.

Abdel Rahman, R., & Sommer, W.(2003). Does phonological encoding in speech production always follow the retrieval of semantic knowledge? Electrophysiological evidence for parallel processing. *Cognitive Brain Research*, *16*(3),372 - 382.

Abdel Rahman, R., & Sommer, W.(2008). Seeing what we know and understand: How knowledge shapes perception. *Psychonomic Bulletin & Review*, *15*,1055 - 1063.

Abdel Rahman, R., van Turennout, M., & Levelt, J. W. M. (2003). Phonological encoding is not contingent on semantic feature retrieval: An electrophysiological study on object naming. *Journal of Experimental Psychology: Learning, Memory, and Cognition*, *29*,850 - 860.

Abdullaev, Y. G., & Posner, M. I. (1997). Time course of activating brain areas in generating verbal association. *Psychological Science*, *8*,56 - 59.

Abel, S., Dressel, K., Bitzer, R., Kum-merer, D., Mader, I., Weiller, C., & Huber, W.(2009). The separation of processing stages inalexicalinterference fMRI-paradigm. *NeuroImage*, *44*,1113 - 1124.

Acheson, D. J., Hamidi, M., Binder, J., & Postle, B. R. (2011). A common neural substrate for language production and verbal working memory. *Journal of Cognitive Neuroscience*, *23*,1358 - 1367.

Ackermann, H., & Riecker, A.(2004). The contribution of the insula to motor aspects of speech production: A review and a hypothesis. *Brain and Language*, *89*,320 - 328.

Aristei, S., Melinger, A., & Abdel Rahman, R.(2011). Electrophysiological chronometry of semantic context effects in language production. *Journal of cognitive Neuroscience*, *23*,1567 - 1586.

Badre, D. (2008). Cognitive control, hierarchy, and the rostro-caudal organization of the frontal lobes. *Trends in Cognitive Science*, *12*(5),193 - 200.

Bartholow, B. D., Pearson, M. A., Dickter, C. L., Sher, K. J., Fabiani, M., & Gratton, G.(2005). Strategic control and medial frontal negativity: Beyond errors and response conflict. *Psychophysiology*, *42*,33 - 42.

Bernstein, P. S., Scheffers, M. K., & Coles, M. G. H.(1995). "Where did I go wrong?" A psychophysiological analysis of error detection. *Journal of Experimental Psychology: Human Perception and Performance*, *21*,1312 - 1322.

Bi, Y. C., Xu, Y. D., & Caramazza, A.(2009). Orthographic and phonological effects in the picture-word interference paradigm: Evidence from a logographic language. *Applied Psycholinguistics*, *30*,637 - 658.

Binder, J. R., Desai, R. H., Graves, W. W., & Conant, L. L.(2009). Where is the semantic system? A critical review and meta-analysis of 120 functional neuroimaging studies. *Cerebral Cortex*, *19*,2767 - 2796.

Binder, J. R., Medler, D. A., Desai, R., Conant, L. L., & Liebenthal, E.(2005). Some neurophysiological constraints on models of word naming. *NeuroImage*, *27*,677 - 693.

Blackford, T., Holcomb, P. J., Grainger, J., & Kuperberg, G. R. (2012). A funny thing happened on the way to articulation: N400 attenuation despite behavioral interference in picture naming. *Cognition*, *123*,84 - 99.

Bles, M., & Jansma, B. M.(2008). Phonological processing of ignored distractor pictures, an fMRI investigation. *BMC Neuroscience*, *9*,20.

Boatman, D., Lesser, R. P., & Gordon, B.(1995). Auditory speech processing in the left temporal lobe: An electrical interference study. *Brain and Language*, *51*,269 - 290.

Botvinick, M., Braver, T., Barch, D., Carter, C., & Cohen, J.(2001). Conflict monitoring and cognitive control. *Psychological Review*, *108*(3),624 - 652.

Britton, B., Blumstein, S. E., Myers, E. B., & Grindrod, C.(2009). The role of spectral and durational properties on hemispheric asymmetries in vowel perception. *Neuropsychologia*, *47*,1096 - 1106.

Burton, M.(2001). The role of the inferior frontal cortex in phonological processing. *Cognitive Science*, *25*,695 - 709.

Cabeza, R., & Nyberg, L.(1997). Imaging cognition: An empirical review of PET studies with normal subject. *Journal of Cognitive Neuroscience*, *9*,1 - 26.

Caplan, D., Baker, C., & Dehaut, F. (1985). Syntactic determinants of sentence comprehension in aphasiz. *Cognition*, *21*,117 - 175.

Carreiras, M., Mechelli, A., & Price, C. J.(2006). Effect of word and syllable frequency on activation during lexical decision and reading aloud. *Human Brain Mapping*, *27*,963 - 972.

Chen, J. Y., Chen, T. M., & Dell, G. S.(2002). Word-form encoding in Mandarin as assessed by the implicit priming task. *Journal of Memory and Language*, *46*,751 - 781.

Chen, Y., Lee, J., Kuo, W., Hung, D. L., & Cheng, S.(2010). An ERP study of Chinese speakers' rhyme judgments to Chinese and English words. *NeuroReport*, *21*,636 - 640.

Christoffels, I. K. , Formisano, E. , & Schiller, N. O. (2007). Neural correlates of verbal feedback processing: An fMRI study employing overt speech. *Human Brain Mapping*, 28, 868 - 879.

Christoffels, I. K. , van de Ven, V. , Waldorp, L. J. , Formisano, E. , & Schiller, N. O. (2011). The sensory consequences of speaking: Parametric neural cancellation during speech in auditory cortex. *PLoS One*, 6, e18307.

Costa, A. , Strijkers, K. , Martin, C. , & Thierry, G. (2009). The time course of word retrieval revealed by event-related brain potentials during overt speech. *Proceedings of the National Academy of Sciences*, *USA*, 106, 21442 - 21446.

Damasio, H. , Grabowski, T. J. , Tranel, D. , Hichwa, R. D. , & Damasio, A. R. (1996). A neural basis for lexical retrieval. *Nature*, 380(6574), 499 - 505.

Damian, M. F. , & Bowers, J. S. (2009). Accessing the role of orthography in speech perception and production: Evidence from picture-word interference tasks. *European Journal of Cognitive Psychology*, 22, 1 - 11.

Damian, M. F. , & Martin, R. C. (1999). Semantic and phonological codes interact in single word production. *Journal of Experimental Psychology: Learning*, *Memory*, *and Cognition*, 25, 345 - 361.

Damian, M. F. , & Bowers, J. S. (2003). Effects of orthography on speech production in a form-preparation paradigm. *Journal of Memory and Language*, 49, 119 - 132.

Davis, M. H. , DiBetta, A. M. , Macdonald, M. J. E. , & Gaskell, M. G. (2008). Learning and consolidation of novel spoken words. *Journal of Cognitive Neuroscience*, 21, 803 - 820.

de Zubicaray, G. , McMahon, K. , Eastburn, M. , Pringle, A. , & Lorenz, L. (2006). Classic identity negative priming involves accessing semantic representations in the left anterior temporal cortex. *NeuroImage*, 33(1), 383 - 390.

de Zubicaray, G. I. , McMahon, K. L. , Eastburn, M. M. , & Wilson, S. J. (2002). Orthographic/phonological facilitation of naming responses in the picture-word task: An event-related fMRI study using overt vocal responding. *NeuroImage*, 16, 1084 - 1093.

de Zubicaray, G. I. , Wilson, S. J. , McMahon, K. L. , & Muthiah, S. (2001). The semantic interference effect in the picture-word paradigm: An event-related fMRI study employing overt responses. *Human Brain Mapping*, 14, 218 - 227.

Debener, S. , Ullsperger, M. , Siegel, M. , Fiehler, K. , VonCramon, Y. , & Engel, A. K. (2005). Trial-by-trial coupling of concurrent EEG and fMRI identifies the dynamics of performance monitoring. *Journal of Neuroscience*, 25, 11730 - 11737.

Dehaene, S. , Posner, M. I. , & Tucker, D. M. (1994). Localization of a neural system for error detection and compensation. *Psychological Science*, 5, 3 - 23.

Dell, G. S. , & O'Seaghdha, P. G. (1991). Mediated and convergent lexical priming in language production: A comment on Levelt et al. (1991). *Psychological Review*, 98, 604 - 614.

Dell, G. S. , Schwartz, M. F. , Martin, N. , Saffran, E. M. , & Gagnon, D. A. (1997). Lexical access in aphasic and nonaphasic speakers. *Psychological Review*, 104, 801 - 838.

Dell'Acqua, R. , Sessa, P. , Peressotti, F. , Mulatti, C. , Navarrete, E. , & Grainger, J. (2010). ERP evidence for ultra-fast semantic processing in the picture-word interference paradigm. *Frontiers in Psychology*, 1, 177.

Dronkers, M. F. (1996). A new brain region for coordinating speech articulation. *Nature*, 384, 159 - 161.

Duncan-Johnson, C. C. , & Kopell, B. S. (1981). The Stroop effect: Brain potentials localize the source of interference. *Science*, 214, 938 - 940.

Edwards, E. , Nagarajan, S. S. , Dalal, S. S. , Canolty, R. T. , Kirsch, H. E. , Barbaro, N. M. , & Knight, R. T. (2010). Spatiotemporal imaging of cortical activation during verb generation and picture naming. *NeuroImage*, 50, 291 - 301.

Eulitz, C. , Hauk, O. , & Cohen, R. (2000). Electroencephalographic activity over temporal brain areas during phonological encoding in picture naming. *Clinical Neurophysiology*, 111, 2088 - 2097.

Faillenot, I. , Toni, I. , Decety, J. , Gregoire, M. -C. , & Jeannerod, M. (1997). Visual pathways for object-oriented action and object recognition: Functional anatomy with PET. *Cerebral Cortex*, 7, 77 - 85.

Falkenstein, M. , Hohnsbein, J. , Hoorman, J. , & Blanke, L. (1991). Effects of cross modal divided attention on late ERP components. II. Error processing in choice reaction tasks. *Electroencephalogr Clinical Neurophysiology*, 78, 447 - 455.

Fink, G. R. , Halligan, P. W. , Marshall, J. C. , Firth, C. D. , Frackowiak, R. S. J. , & Dolan, R. J. (1996). Where in the brain does visual attention select the forest and the trees? *Nature*, 382, 626 - 628.

Gandour, J. , Wong, D. , Hsieh, L. , Weinzapfel, B. , van Lancker, D. , & Hutchins, G. (2000). A crosslinguistic PET study of tone perception. *Journal of Cognitive Neuroscience*, 12, 207 - 222.

Gandour, J. , Wong, D. , Lowe, M. , Dzemidzic, M. , Satthamnuwong, N. , Tong, Y. , et al. (2002). A cross-linguistic fMRI study of spectral and temporal cues underlying phonological processing. *Journal of Cognitive Neuroscience*, 14, 1076 - 1087.

Gandour, J. , Xu, Y. , Wong, D. , Dzemidzic, M. , Lowe, M. , Li, X. , et al. (2003). Neural correlates of segmental and tonal information in speech perception. *Human Brain Mapping*, 20, 185 - 200.

Ganushchak, L. Y. , & Schiller, N. O. (2006). Effects of time pressure on verbal self-monitoring. *Brain Research*, 1125, 104 - 115.

Ganushchak, L. Y., & Schiller, N. O. (2008a). Effects of auditory distractors on verbal self-monitoring. *Journal of Cognitive Neuroscience*, *20*, 927 – 940.

Ganushchak, L. Y., & Schiller, N. O. (2008b). Motivation and semantic context affect brain error-monitoring activity: An event-related brain potentials study. *NeuroImage*, *39*, 385 – 405.

Ganushchak, L. Y., & Schiller, N. O. (2009). Speaking one's second language under time pressure: An ERP study on verbal self-monitoring in German-Dutch bilinguals. *Psychophysiology*, *46*, 410 – 419.

Ganushchak, L. Y., Christoffels, I. K., & Schiller, N. O. (2011). The use of electroencephalography in language production research: A review. *Frontiers in Psychology*, *2*, 208.

Garrett, M. F. (1992). Disorders of lexical selection. *Cognition*, *42*, 143 – 180.

Gaskell, M. G., Cox, H., Foley, K., Grieve, H., & O'Brien, R. (2003). Constraints on definite article alternation in speech production: To "thee" or not to "thee"? *Memory and Cognition*, *31*, 715 – 727.

Gaskell, M. G., & Dumay, N. (2003). Lexical competition and the acquisition of novel words. *Cognition*, *89*, 105 – 132.

Gehring, W. J., Goss, B., Coles, M. G. H., Meyer, D. E., & Donchin, E. (1993). A neural system for error detection and compensation. *Psychological Science*, *4*, 385 – 390.

Geschwind, N. (1965). Disconnexion syndromes in animals and man. *Brain*, *88*, 237.

Ghosh, S. S., Tourville, J. A., & Guenther, F. H. (2008). A neuroimaging study of premotor lateralization and cerebellar involvement in the production of phonemes and syllables. *Journal of Speech, Language, and Hearing Research*, *51*, 1183 – 1202.

Gorno-Tempini, M. L., Brambati, S. M., Ginex, V., Ogar, J., Dronkers, N. F., Marcone, A., Perani, D., Garibotto, V., Cappa, S. F., & Miller, B. L. (2008). The logopenic/phonological variant of primary progressive aphasia. *Neurology*, *71*, 1227 – 1234.

Gorno-Tempini, M. L., Dronkers, N. F., Rankin, K. P., Ogar, J. M., Phengrasamy, L., Rosen, H. J., Johnson, J. K., Weiner, M. W., & Miller, B. L. (2004). Cognition and anatomy in three variants of primary progressive aphasia. *Annuals of Neurology*, *55*, 335 – 346.

Graves, W. W., Grabowski, T. J., Mehta, S., & Gordon, J. K. (2007). A neural signature of phonological access: Distinguishing the effects of word frequency from familiarity and length in overt picture naming. *Journal of Cognitive Neuroscience*, *19*, 617 – 631.

Graves, W. W., Grabowski, T. J., Mehta, S., & Gupta, P. (2008). The left posterior superior temporal gyrus participates specifically in accessing lexical phonology. *Journal of Cognitive Neuroscience*, *20*, 1698 – 1710.

Gunji, A., Hoshiyama, M., & Kakigi, R. (2000). Identification of auditory evoked potential of one's own voice. *Clinical Neurophysiology*, *111*, 214 – 219.

Guo, T., Peng, D., Lu, C., & Liu, H. (2005). The temporal course of semantic and phonological activation in Chinese word production: An ERP study (in Chinese). *Acta Psychologica Sinica*, *37*, 569 – 574.

Habets, B., Jansma, B. M., & Münte. T. E. (2008). Neurophysiological correlates of linearization in language production. *BMC Neuroscience*, *9*, 77.

Haglund, M. M., Berger, M. S., Shamseldin, M., Lettich, E., & Ojemann, G. A. (1994). Cortical localization of temporal lobe language sites in patients with gliomas. *Neurosurgery*, *34*, 567 – 576.

Hagoort, P., & Levelt, W. J. M. (2009). The speaking brain. *Science*, *326*, 372 – 373.

Hamberger, M. J., Goodman, R. R., Perrine, K., & Tamny, T. (2001). Anatomic dissociation of auditory and visual naming in the lateral temporal cortex. *Neurology*, *56*(1), 56 – 61.

Heim, S., Eickhoff, S. B., Friederici, A. D., & Amunts, K. (2009). Left cytoarchitectonic area 44 supports selection in the mental lexicon during language production. *Brain Structure and Function*, *213*, 441 – 456.

Henry, M. L., & Gorno-Tempini, M. L. (2010). The logopenic variant of primary progressive aphasia. *Current Opinion of Neurology*, *23*, 633 – 637.

Hickok, G., & Poeppel, D. (2000). Towards a functional neuroanatomy of speech perception. *Trends in Cognitive Science*, *4*, 131 – 138.

Hickok, G., & Poeppel, D. (2004). Dorsal andventral streams: A framework for understanding aspects of the functional anatomy of language. *Cognition*, *92*, 67 – 99.

Hickok, G., & Poeppel, D. (2007). Opinion the cortical organization of speech processing. *Nature Reviews Neuroscience*, *8*, 393 – 402.

Hillis, A. E., Work, M., Barker, P. B., Jacobs, M. A., Breese, E. L., & Maurer, K. (2004). Reexamining the brain regions crucial for orchestrating speech articulation. *Brain*, *127*, 1479 – 1487.

Hirano, S., Kojima, H., Naito, Y., Honjo, I., Kamoto, Y., Okazawa, H., Ishizu, K., Yonekura, Y., Nagahama, Y., Fukuyama, H., & Konishi, J. (1997). Cortical processing mechanism for vocalization with auditory verbal feedback. *NeuroReport*, *8*, 2379 – 2382.

Hirschfeld, G., Jansma, B., Bölte, J., & Zwitserlood, P. (2008). Interference and facilitation in overt speech production investigated with event-related potentials. *Neuroreport*, *19*, 1227 – 1230.

Hocking, J., McMahon, K. L., & de Zubicaray, G. I. (2009). Semantic context and visual feature effects in object naming: An fMRI study using arterial spin labeling. *Journal of Cognitive Neuroscience*, *21*, 1571 – 1583.

Hocking, J., & Price, C. J. (2009). Dissociating verbal and nonverbal audio visual object processing. *Brain and*

Language, *108*, 89‐96.

Holroyd, C. B., & Yeung, N. (2003). Alcohol and error processing. *Trends in Cognitive Neuroscience*, *26*, 402‐404.

Howard, D., & Orchard-Lisle, V. (1984). On the origin of semantic errors in naming: Evidence from the case of a global aphasic. *Cognitive Neuropsychology*, *1*, 163‐190.

Hsieh, L., Gandour, J., Wong, D., & Hutchins, G. (2001). Functional heterogeneity of inferior frontal gyrus is shaped by linguistic experience. *Brain and Language*, *76*, 227‐252.

Huang, J., Carr, T. H., & Cao, Y. (2001). Comparing cortical activations for silent and overt speech using event-related fMRI. *Human Brain Mapping*, *15*, 39‐53.

Hultén, A., Vihla, M., Laine, M., & Salmelin, R. (2009). Accessing newly learned names and meanings in the native language. *Human Brain Mapping*, *30*, 976‐989.

Husain, M., Shapiro, K., Martin, J., & Kennard, C. (1997). Abnormal temporal dynamics of visual attention in spatial neglect patients. *Nature*, *385*, 154‐156.

Indefrey, P. (2007). Brain—imaging studies of language production. In G. Gaskell (Ed.), *Oxford Handbook of Psycholinguistics* (pp. 547—564). Oxford: Oxford University Press.

Indefrey, P. (2011). The spatial and temporal signatures of word production components: A critical update. *Frontiers in Psychology*, *2*, 255.

Indefrey, P., & Levelt, W. J. M. (2000). The neural correlates of language production. In M. S. Gazzaniga(Ed.), *The New Cognitive Neurosciences* (pp. 845‐865). Cambridge, MA: MIT Press.

Indefrey, P., & Levelt, W. J. M. (2004). The spatial and temporal signatures of word production components. *Cognition*, *92*, 101‐144.

Janssen, N., Carreiras, M., & Barber, H. (2011). Electrophysiological effects of semantic context in picture and word naming. *NeuroImage*, *57*, 1243‐1250.

Janssen, N., Hérnandez-Cabrera, J. A., van der Meij, M., & Barber, H. A. (2014). Tracking the time course of competition during word production: Evidence for a post-retrieval mechanism of conflict resolution. *Cerebral Cortex*, *25*(9), 2960‐2969.

Jescheniak, J. D., Hahne, A., & Schriefers, H. (2003). Information flow in the mental lexicon during speech planning: Evidence from event-related brain potentials. *Cognitive Brain Research*, *15*, 261‐276.

Jescheniak, J. D., Schriefers, H., Garrett, M. F., & Friederici, A. D. (2002). Exploring the activation of semantic and phonological codes during speech planning with event-related brain potentials. *Journal of Cognitive Neuroscience*, *14*, 951‐964.

Klingberg, T., Kawashima, R., & Roland, P. E. (1996). Activation of multi-modal cortical areas underlies short-term memory. *European Journal of Neuroscience*, *8*, 1965‐1971.

Koester, D., & Schiller, N. O. (2008). Morphological priming in overt language production: Electrophysiological evidence from Dutch. *Neuroimage*, *42*, 1622‐1630.

Kornhuber, H. H., & Deecke, L. (1965). Ilirnpotential∼nderungen bei Willkarbewegungen und passiven Bewegungen des Mensehen: Bereitschaftspotential und reafferente Potentiale. *Pflfigers Arehiv*, *284*, 1‐17.

Kutas, M., & Donchin, E. (1980). Preparation to respond as manifested by movement-related brain potentials. *Brain Research*, *202*, 95‐115.

Kutas, M., & Hillyard, S. A. (1980). Reading senseless sentences: Brain potentials reflect semantic incongruity. *Science*, *207*, 203‐205.

Laganaro, M., Morand, S., Schwitter, V., Zimmermann, C., Camen, C., & Schnider, A. (2009). Electrophysiological correlates of different anomic patterns in comparison with normal word production. *Cortex*, *45*, 697‐707.

Laine, M., & Martin, N. (1996). Lexical retrieval deficit in picture naming: Implications for word production models. *Brain and Language*, *53*, 283‐314.

Lau, E. F., Phillips, C., & Poeppel, D. (2008). A cortical network for semantics: (de) Constructing the N400. *Nature Reviews Neuroscience*, *9*, 920‐933.

Levelt, W. J. M., & Indefrey, P. (2001). The speaking mind/brain: Where do spoken words come from? In *Image, Language, Brain* (pp. 77‐93). Cambridge, Massachusetts: The MIT Press.

Levelt, W. J. M., Praamstra, P., Meyer, A. S., Helenius, P., & Salmelin, R. (1998). A MEG study of picture naming. *Journal of Cognitive Neuroscience*, *10*(5), 553‐567.

Levelt, W. J. M., Roelofs, A., & Meyer, A. S. (1999). A theory of lexical access in speech production. *Behavioral Brain Science*, *22*, 1‐75.

Liotti, M., Woldorff, M. G., Perez, R. III, & Mayberg, H. S. (2000). An ERP study of the temporal course of the Stroop color-word interference effect. *Neuropsychologia*, *38*, 701‐711.

Liu, L., Peng, D., Ding, G., Jin, Z., Zhang, L., Li, K., et al. (2006). Dissociation in the neural basis underlying Chinese tone and vowel production. *NeuroImage*, *29*, 515‐523.

Luck, S. J. (2005). *An introduction to the event-related potential technique*. Cambridge, MA: MIT Press.

Lupker, S. J. (1982). The role of phonetic and orthographic similarity in picture-word interference. *Canadian Journal of Psychology*, *36*, 349‐367.

Maess, B. , Friederici, A. D. , Damian, M. , Meyer, A. S. , & Levelt, W. J. (2002). Semantic category interference in overt picture naming: Sharpening current density localization by PCA. *Journal of Cognitive Neuroscience*, *14*(3),455 - 462.

Mahon, B. , Costa, A. , Peterson, R. , Vargas, K. , & Caramazza, A. (2007). Lexical selection is not by competition: A reinterpretation of semantic interference and facilitation effects in the picture-word interference paradigm. *Journal of Experimental Psychology: Learning, Memory, and Cognition*, *33*,503 - 535.

Malow, B. A. , Blaxton, T. A. , Sato, S. , Bookheimer, S. Y. , Kufta, C. V. , & Figlozzi, C. M. , et al. (1996). Cortical stimulation elicits regional distinctions in auditory and visual naming. *Epilepsia*, *37*(3), 245 - 252.

Martin, A. , Wiggs, C. L. , Ungerleider, L. G. , & Haxby, J. V. (1996). Neural correlates of category-specific knowledge. *Nature*, *1996*,649 - 652.

Masaki, H. , Tanaka, H. , Takasawa, N. , & Yamazaki, K. (2001). Error related brain potentials elicited by vocal errors. *NeuroReport*, *12*,1851 - 1855.

McDermott, K. B. , Petersen, S. E. , Watson, J. M. , & Ojemann, J. G. (2003). A procedure for identifying regions preferentially activated by attention to semantic and phonological relations using functional magnetic resonance imaging. *Neuropsychologia*, *41*,293 - 303.

McGuire, P. K. , Silbersweig, D. A. , & Firth, C. D. (1996). Functional neuroanatomy of verbal self-monitoring. *Brain*, *119*,907 - 917.

McKinnon, R. , Allen, M. , & Osterhout, L. (2003). Morphological decomposition involving non-productive morphemes: ERP evidence. *Neuroreport*, *14*,883 - 886.

Möller, J. , Jansma, B. M. , Rodríguez-Fornells, A. , & Münte, T. F. (2007). What the brain does before the tongue slips. *Cerebral Cortex*, *17*,1173 - 1178.

Münte, T. F. , Schiltz, K. , & Kutas, M. (1998). When temporal terms belie conceptual order. *Nature*, *395*,71 - 73.

Murphy, K. , Corfield, D. R. , Guz, A. , Fink, G. R. , Wise, R. J. , Harrison, J. , & Adams, L. (1997). Cerebral areas associated with motor control of speech in humans. *Journal of Applied Physiology*, *83*,1438 - 1447.

O'Seaghdha, P. G. , Chen, J. -Y. , & Chen, T. -M. (2010). Proximate units in word production: Phonological encoding begins with syllables in Mandarin Chinese but with segments in English. *Cognition*, *115*,282 - 302.

Ojemann, G. A. (1983). Brain organization for language from the perspective of electrical-stimulation mapping. *Behavioral and Brain Sciences*, *6*,189 - 206.

Ojemann, G. A. , Ojemann, J. , Lettich, E. , & Berger, M. (1989). Cortical language localization in left, dominant hemisphere: An electrical stimulation mapping investigation in 117 patients. *Journal of Neurosurgery*, *71*,316 - 326.

Overbeek, T. J. M. , Nieuwenhuis, S. , & Ridderinkhof, K. R. (2005). Dissociable components of error processing: On the functional signifi-cance of the Pevis-à-vis the ERN/Ne. *Journal of Psychophysiology*, *19*,319 - 329.

Palmer, E. D. , Rosen, H. J. , Ojemann, J. G. , Buckner, R. L. , Kelley, W. M. , & Petersen, S. E. (2001). An event-related fMRI study of overt and covert word stem completion. *NeuroImage*, *14*,182 - 193.

Papoutsi, M. , de Zwart, J. A. , Jansma, J. M. , Pickering, M. J. , Bednar, J. A. , & Horwitz, B. (2009). From phonemes to articulatory codes: An fMRI study of the role of Broca's area in speech production. *Cerebral Cortex*, *19*, 2156 - 2165.

Pascual-Marqui, R. D. (2002). Standardized low-resolution brain electromagnetic tomography (sLORETA): Technical details. *Methods and Findings in Experimental and Clinical Pharmacology*, *24D*,5 - 12.

Peeva, M. G. , Guenther, F. H. , Tourville, J. A. , Nieto-Castanon, A. , Anton, J. L. , Nazarian, B. , & Alario, F. X. (2010). Distinct representations of phonemes, syllables, and suprasyllabic sequences in the speech production network. *NeuroImage*, *50*,626 - 638.

Pei, X. , Leuthardt, E. C. , Gaona, C. M. , Brunner, P. , Wolpaw, J. R. , & Schalk, G. (2011). Spatiotemporal dynamics of electrocortico graphic high gamma activity during overt and covert word repetition. *NeuroImage*, *54*, 2960 - 2972.

Petersen, S. E. , Fox, P. T. , Posner, M. I. , Mintun, M. , & Raichle, M. E. (1988). Positron emission tomographic studies of the cortical anatomy of single word production. *Nature*, *331*(6157),585 - 589.

Piai, V. , Roelofs, A. , & van der Meij, R. (2012). Event-related potentials and oscillatory brain responses associated with semantic and Stroop-like interference effects in overt naming. *Brain Research*, *1450*,87 - 101.

Poldrack, R. A. , Wagner, A. D. , Prull, M. W. , Desmond, J. E. , Glover, G. H. , & Gabrieli, J. D. (1999). Functional specialization for semantic and phonological processing in the left inferior prefrontal cortex. *NeuroImage*, *10*,15 - 35.

Posnansky, C. J. , & Rayner, K. (1978). Visual vs. phonemic contributions to importance of initial letter in word identification. *Bulletin of the Psychonomic Society*, *11*,188 - 190.

Posner, M. , & Petersen, S. (1990). The attention system of human brain. *Annual Review of Neuroscience*, *13*,25 - 42.

Price, C. J. , Moore, C. J. , Humphreys, G. W. , Frackowiak, R. S. J. , & Friston, K. J. (1996). The neural regions sustaining object recognition and naming. *Proceedings of the Royal Society London*, *263*,1501 - 1507.

Pulvermüller, F. , Huss, M. , Kherif, F. , del Prado Martin, F. M. , Hauk, O. , & Shtyrov, Y. (2006). Motor cortex maps articulatory features of speech sounds. *Proceedings of the National Academy of Sciences of the United States of America*, *103*,7865 - 7870.

Qu, Q. , Damian, M. F. , & Kazanina, N. (2012). Sound-sized segments are significant for Mandarin speakers.

Proceedings of the National Academy of Sciences, USA, *109*, 14265 - 14270.

Riecker, A. , Ackermann, H. , Wildgruber, D. , Meyer, J. , Dogil, G. , Haider, H. , & Grodd, W. (2000). Articulatory/phonetic sequencing at the level of the anterior perisylvian cortex: A functional magnetic resonance imaging (fMRI) study. *Brain and Language*, *75*, 259 - 276.

Riecker, A. , Mathiak, K. , Wildgruber, D. , Erb, M. , Hertrich, I. , Grodd, W. , & Ackermann, H. (2005). fMRI reveals two distinct cerebral networks subserving speech motor control. *Neurology*, *64*, 700 - 706.

Riés, S. , Janssen, N. , Dufau, S. , Alario, F.-X. , & Burle, B. (2011). General purpose monitoring during speech production. *Journal of Cognitive Neuroscience*, *23*, 1419 - 1436.

Rodriguez-Fornells, A. , Schmitt, B. M. , Kutas, M. , & Münte, T. F. (2002). Electrophysiological estimates of the time course of semantic and phonological encoding during listening and naming. *Neuropsychologia*, *40*, 778 - 787.

Roelofs, A. (1997). The WEAVER model of word-form encoding in speech production. *Cognition*, *64*, 249 - 284.

Roelofs, A. (2015). Modeling of phonological encoding in spoken word production: From Germanic languages to Mandarin Chinese and Japanese. *Japanese Psychological Research*, *57*, 22 - 37.

Sahin, N. T. , Pinker, S. , Cash, S. S. , Schomer, D. , & Halgren, E. (2009). Sequential processing of lexical, grammatical, and phonological information within Broca's area. *Science*, *326*, 445 - 449.

Salmelin, R. , Hari, R. , Lounasmaa, O. V. , & Sams, M. (1994). Dynamics of brain activity during picture naming. *Nature*, *368*, 463 - 465.

Salmelin, R. , Schnitzler, A. , Schmitz, F. , & Freund, H. (2000). Single word reading in developmental stutterers and fluent speakers. *Brain*, *123*, 1184 - 1202.

Salmon, E. , Van der Linden, M. , Collette, E. , Delfiore, G. , Maquet, P. , Degueldre, C. , Luxen, A. , & Franck, G. (1996). Regional brain activity during working memory tasks. *Brain*, *119*, 1617 - 1625.

Sasaki, K. , Gemba, H. , Nambu, A. , & Matsuzaki, R. (1993). No-go activity in the frontal association cortex of human subjects. *Neuroscience Research*, *18*(3), 249 - 252.

Scheffers, M. K. , Coles, M. G. H. , Bernstein, P. S. , Gehring, W. J. , & Donchin, E. (1996). Event-related brain potential and error-related processing: An analysis of incorrect responses to go and nogo stimuli. *Psychophysiology*, *33*, 42 - 53.

Schiller, N. O. (2006). Lexical stress encoding in single word production estimated by event-related brain potentials. *Brain Research*, *1112*, 201 - 212.

Schiller, N. O. , Jansma, B. M. , Peters, J. , & Levelt, W. J. M. (2006). Monitoring metrical stress in polysyllabic words. *Language and Cognitive Processes*, *21*, 112 - 140.

Schmitt, B. M. , Münte, T. F. , & Kutas, M. (2000). Electrophysiological estimates of the time course of semantic and phonological encoding during implicit picture naming. *Psychophysiology*, *37*, 473 - 484.

Schmitt, B. M. , Schiltz, K. , Zaake, W. , Kutas, M. , & Münte, T. F. (2001). An electrophysiological analysis of the time course of conceptual and syntactic encoding during tacitpicture naming. *Journal of Cognitive Neuroscience*, *13*, 510 - 522.

Schuhmann, T. , Schiller, N. O. , Goebel, R. , & Sack, A. T. (2009). The temporal characteristics of functional activation in Broca's area during overt picture naming. *Cortex*, *45*, 1111 - 1116.

Schwartz, M. F. , Kimberg, D. Y. , Walker, G. M. , Faseyitan, O. , Brecher, A. , Dell, G. S. , & Coslett, H. B. (2009). Anterior temporal involvement in semantic word retrieval: Voxel-based lesion symptom mapping evidence from aphasia. *Brain*, *132*, 3411 - 3427.

Schwartz, M. F. , Linrgarger, M. , & Saffran, E. (1987). Syntactic transparency and sentence interpretation in aphasia. *Language and Cognitive Processes*, *2*, 85 - 113.

Sebastián-Gallés, N. , Rodríguez-Fornells, A. , de Diego-Balaquer, R. , & Díaz, B. (2006). First-and second-language phonological representation in the mental lexicon. *Journal of Cognitive Neuroscience*, *18*, 1277 - 1291.

Severens, E. , Janssens, I. , Kühn, S. , Brass, M. , & Hartsuiker, R. J. (2011). When the brain tames the tongue: Covert editing of inappropriate language. *Psychophysiology*, *48*, 1252 - 1257.

Shafto, M. A. , Burke, D. M. , Stamatakis, E. A. , Tam, P. P. , & Tyler, L. K. (2007). On the tip-of-the-tongue: Neural correlates of increased word-finding failures in normal aging. *Journal of Cognitive Neuroscience*, *19*, 2060 - 2070.

Shergill, S. S. , Brammer, M. J. , Fukuda, R. , Bullmore, E. , Amaro, E. Jr. , Murray, R. M. , & McGuire, P. K. (2002). Modulation of activity in temporal cortex during generation of inner speech. *Human Brain Mapping*, *16*, 219 - 227.

Shuster, L. I. , & Lemieux, S. K. (2005). An fMRI investigation of covertly and overtly produced mono-and multisyllabic words. *Brain and Language*, *93*, 20 - 31.

Siok, W. T. , Jin, Z. , Fletcher, P. , & Tan, L. H. (2003). Distinct brain regions associated with syllable and phoneme. *Human Brain Mapping*, *18*, 201 - 207.

Sörös, P. , Cornelissen, K. , Laine, M. , & Salmelin, R. (2003). Naming actions and objects: Cortical dynamics in healthy adults and in an anomic patient with a dissociation in action/object naming. *NeuroImage*, *19*, 1787 - 1801.

Starreveld, P. A. , & La Heij, W. (1995). Semantic interference, orthographic facilitation, and their interaction in naming tasks. *Journal of Experimental Psychology: Learning, Memory, and Cognition*, *21*, 686 - 698.

Starreveld, P. A. , & La Heij, W. (1996a). The locus of orthographic-phonological facilitation: Reply to Roelofs,

Meyer, and Levelt (1996). *Journal of Experimental Psychology: Learning, Memory, and Cognition*, *22*,252 – 255.

Starreveld, P. A., & La Heij, W. (1996b). Time-course analysis of semantic and orthographic context effects in picture naming. *Journal of Experimental Psychology: Learning, Memory, and Cognition*, *22*,896 – 918.

Stemberger, J. P. (1984). Structural errors in normal and agramatic speech. *Cognitive Neuropsychology*, *1*,281 – 313.

Stewart, L., Meyer, B. U., Frith, U., & Rothwell, J. (2001). Left posterior BA37 is involved in object recognition: A TMS study. *Neuropsychologia*, *39*(1), 1 – 6.

Strijkers, K., & Costa, A. (2011). Riding the lexical speedway: A critical review on the time course of lexical selection in speech production. *Frontiers in psychology*, *2*,356.

Strijkers, K., Costa, A., & Thierry, G. (2010). Tracking lexical access in speech production: Electrophysiological correlates of word frequency and cognate effects. *Cerebal Cortex*, *20*,913 – 928.

Taylor, J. K., & Burke, D. M. (2002). Asymmetric aging effects on semantic and phonological processes: Naming in the picture-word interference task. *Psychology and Aging*, *17*,662 – 676.

Thorpe, S., Fize, D., & Marlot, C. (1996). Speed of processing human visual system. *Nature (Lond)*, *381*,520 – 522.

Tong, Y., Francis, A. L., & Gandour, J. T. (2008). Processing dependencies between segmental and suprasegmental features in Mandarin Chinese. *Language and Cognitive Processes*, *23*,698 – 708.

Tourville, J. A., Reilly, K. J., & Guenther, F. H. (2008). Neural mechanisms underlying auditory feedback control of speech. *NeuroImage*, *39*,1429 – 1443.

Trebuchon-Da Fonseca, A., Guedj, E., Alario, F. X., Laguitton, V., Mundler, O., Chauvel, P., & Liegeois-Chauvel, C. (2009). Brain regions underlying word finding difficulties in temporal lobe epilepsy. *Brain*, *132*, 2772 – 2784.

Underwood, G., & Briggs, P. (1984). The development of word recognition processes. *British Journal of Psychology*, *75*,243 – 255.

Uppenkamp, S., Johnsrude, I. S., Norris, D., Marslen-Wilson, W., & Patterson, R. D. (2006). Locating the initial stages of speech-sound processing in human temporal cortex. *NeuroImage*, *31*,1284 – 1296.

Valdes-Sosa, M., Gonzales, A., Xiang, L., Xiao-Lei, Z., Yi, H., & Bobes, M. A. (1993). Brain potentials in a phonological matching task using Chinese characters. *Neuropsychologia*, *31*,853 – 864.

van Turennout, M., Hagoort, P., & Brown, C. M. (1997). Electro physiological evidence on the time course of semantic and phonological processes in speech production. *Journal of Experimental Psychology: Learning, Memory, and Cognition*, *23*,787 – 806.

van Turennout, M., Hagoort, P., & Brown, C. M. (1998). Brain activity during speaking: From syntax to phonology in 40 milliseconds. *Science*, *280*,572 – 574.

Vidal, F., Burle, B., Bonnet, M., Grapperon, J., & Hasbroucq, T. (2003). Error negativity on correct trials: a reexamination of available data. *Biological Psychology*, *64*,265 – 282.

Vidal, F., Hasbroucq, T., Grapperon, J., & Bonnet, M. (2000). Is the "error negativity" specific to errors? *Biological Psychology*, *51*,109 – 128.

Vihla, M., Laine, M., & Salmelin, R. (2006). Cortical dynamics of visual/semantic vs. phonological analysis in picture confrontation. *NeuroImage*, *33*,732 – 738.

Wheeldon, L., & Levelt, W. J. M. (1995). Monitoring the time course of phonological encoding. *Journal of Memory and Language*, *34*,311 – 334.

Wheeldon, L., & Morgan, J. L. (2002). Phoneme monitoring in internal and external speech. *Language and Cognitive Processes*, *17*,503 – 535.

Wiecki, T. V., & Frank, M. J. (2013). A computational model of inhibitory control in frontal cortex and basal ganglia. *Psychological Review*, *120*(2),329 – 355.

Wilson, S. M., Henry, M. L., Besbris, M., Ogar, J. M., Dronkers, N. F., Jarrold, W., Miller, B. L., & Gorno-Tempini, M. L. (2010). Connected speech production in three variants of primary progressive aphasia. *Brain*, *133*, 2069 – 2088.

Wilson, S. M., Isenberg, A. L., & Hickok, G. (2009). Neural correlates of word production stages delineated by parametric modulation of psycholinguistic variables. *Human Brain Mapping*, *30*,3596 – 3608.

Wise, R. J. S., Greene, J., Büchel, C., & Scott, S. K. (1999). Brain regions involved in articulation. *Lancet*, *353*, 1057 – 1061.

Wohlert, A. B. (1993). Event-related brain potentials preceding speech and nonspeech oral movements of varying complexity. *Journal of Speech, Language and Hearing Research*, *36*,897 – 905.

Yagishita, S., Watanabe, T., Asari, T., Ito, H., Kato, M., & Ikehira, H., et al. (2008). Role of left superior temporal gyrus during name recall process: An event-related fmri study. *NeuroImage*, *41*(3), 1142 – 1153.

Yeung, N., Botvinick, M. M., & Cohen, J. D. (2004). The neural basis of error detection: Conflict monitoring and the error-related negativity. *Psychological Review*, *111*(4),931 – 959.

Zevin, J. D., Yang, J., Skipper, J. J., & McCandliss, B. D. (2010). Domain general change detection accounts for "dishabituation" effects in temporal-parietal region in functional magnetic resonance imaging studies in speech perception. *The Journal of Neuroscience*, *30*,1110 – 1117.

Zhang, Q., Chen, H.-C., Weekes, B., & Yang, Y. (2009). Independent effects of orthographic and phonological facilitation on spoken word production in Mandarin. *Language and Speech*, *52*,113 – 126.

Zhang, Q. , & Damian, M. F. （2009a）. The time course of semantic and orthographic encoding in chinese word production: An event-related potential study. *Brain Research* , *1273* , 92 - 105.

Zhang, Q. , & Damian, M. F. (2009b). The time course of segment and tone encoding in Chinese spoken production: An event-related potential study. *Neuroscience* , *163* , 252 - 265.

Zhang, Q. , Damian, M. F. , & Yang, Y. （2007）. Electrophysiological estimates of the time course of tonal and orthographic encoding in Chinese speech production. *Brain Research* , *1184* , 234 - 244.

Zhang, Q. , & Weekes, B. S. （2009）. Orthographic facilitation effects on spoken word production: Evidence from Chinese. *Language and Cognitive Processes* , *24* (7/8) , 1082 - 1096.

Zhang, Q. , Weekes, B. S. , & Yang, Y. (2007). Electrophysiological estimates of the time course of orthographic and metrical encoding in Chinese speech production. *Brain and Language* , *103* , 124 - 125.

Zhang, Q. , & Yang, Y. (2007). Electrophysiological estimates of the time course of semantic and metrical encoding in Chinese speech production. *Neuroscience* , *147* , 986 - 995.

Zhang, Q. , & Zhu, X. （2011）. The temporal and spatial features of segmental and suprasegmental encoding during implicit picture naming: An event-related potential study. *Neuropsychologia* , *49* , 4813 - 4825.

Zhao, H. , La Heij, W. , & Schiller, N. O. (2012). Orthographic and phonological facilitation in speech production: New evidence from picture naming in Chinese. *Acta Psychologica* , *139* , 272 - 280.

Zhu, X. , Damian, F. , & Zhang, Q. (2015). Seriality of semantic and phonological processes during overt speech in Mandarin as revealed by event-related brain potentials. *Brain and Language* , *144* , 16 - 25.

7 口语句子产生

    口语产生的研究主要集中于词汇水平,对于更大的产生单元,比如句子和语篇的口语产生过程,研究相对较少。句子产生相比词汇产生更加复杂,包括了句子结构和节奏韵律计划及其编码加工等信息,这些信息在词汇产生水平上是不可能具备的。同时,句子是篇章的基础,也是语言结构研究的重点,因此对于语言交流过程(尤其是句子产生)的研究具有重要的科学意义。此外,人类的社会交流在很大程度上依赖于个体对句法结构、韵律声调的知觉和理解,个体产生相应的句法结构和韵律信息来表达自己思想的能力,以及个体的语言交流能力与社会交往能力(如能否正确地感知到讲话者所传达的句法、韵律和情绪信息等)密切相关。

    Bock 和 Levelt(1994)认为口语产生过程包括三个主要的加工阶段:信息加工、语法加工和韵律加工(Dell, 1986; Garrett, 1980a, 1982, 1988)。信息加工指的是与发音存在相关的语义加工,处于前言语水平(prelinguistic level),语言产生过程从讲话者将表达意图转化为概念信息开始。第二个加工阶段为语法加工,包括功能编码和位置编码两个阶段:在功能编码中选择语义信息及其相应单词的句法特征

(Levelt，1989)，并分配单词的角色(如主语或宾语)；在位置编码中提取对应于词条的单词形式，将各个单词安排在恰当的位置上形成句子。最后进行发音计划编码并执行发音，以口语形式产生相应的句子。在信息构建和表达的过程中，人们对句子产生过程进行监控和自我纠正。

句子产生的语法加工过程包括两个主要阶段这一观点得到了大量的实验证据支持。第一类证据是，言语产生中存在着两种错误：一种为单词交换错误，另一种为音韵交换错误。例如，

单词交换错误

正确目标句：Give the banana to the baby.

错误产出句：Give the baby to the banana.

音韵交换错误

正确目标句：Get my hair cut.

错误产出句：Get my care hut.

单词交换错误中发生交换的单词属于同一语法类别，是从句中的不同短语；音韵交换错误中发生交换的单词并不属于同一语法类别，通常是句法结构中的邻近项。这表明口语产生是以单词为加工单元的，而且加工单元同时具备句法特征，单词交换错误发生在功能编码阶段，而音韵交换错误发生在单词顺序已经构建之后，即发生在音韵编码阶段。第二类证据来自口语产生中的舌尖现象，表现为人们能够提取所表达目标的语义，但不能说出目标词。

语言产生模型必须能够解释正常口语交流中所表现出的重要特征：第一，发音形式与交流目的之间是如何达到协调一致的。第二，人们如何在各种表达方式中进行选择。例如，对于句子"她递给小红一朵鲜花"，也可以表达为"她递一朵鲜花给小红"，两个句子表达了完全相同的意义。人们最后的选择反映了交流的目的以及语言产生系统中各种要素的加工状态。第三，虽然在正常的言语中会发生停顿、重复以及修正(Clark & Wasow，1998)等情况，但是人们的交流语言一般是流畅的。口语产生过程经历了多个加工阶段，Garrett(1976)指出，对于整个句子而言，说话人不必在某一个编码阶段完成之后再进入下一阶段。

句子产生研究所关注的主要问题包括：第一，句子产生中的语法编码过程是如何完成的？句法编码的计划范围是什么？句子产生过程中的句法启动效应及其认知神经机制是什么？第二，句子产生中的音韵编码和韵律编码过程是如何进行的？音韵编码的计划单元是什么？韵律和句法之间的关系是什么？第三，句子产生中各个词汇之间的相互影响是怎么样的？本章针对上述问题逐一阐述。

7.1　口语句子产生中的语法编码

口语产生中的核心问题之一是概念化的信息如何转化成有句法结构的发音,其中语法编码的计划范围(planning scope)对口语的计划和执行具有极其重要的作用。语法编码的计划单元与语法结构有密切联系,其范围可能为从句、短语,或者单个词。语义替换错误(如把"男孩"说成"女孩")和单词交换错误(如主语和宾语交换)都符合语法同类交换原则,即名词和名词交换,动词和动词交换,这表明语法上的分类(名词、动词等)及其在句中的功能角色(主语、宾语等)应该在同一个水平上进行加工。同时也存在两种性质不同的语误:音韵相近词替换错误和语序错误。在语序错误中,虽然两个词的位置交换了,但是它们相应的后缀却保留在原来的位置上。例如把"I went to get my truck parked"说成了"I went to get my park trucked"。这样的语误表明口语产生过程中存在着一个确定词序的阶段,而且在这个阶段,附加成分作为短语的固有部分被加工,不会因后期音韵的提取错误而发生变化。关于语法编码过程,研究者提出了增长式递进语法编码模型(incremental procedure grammar model)。

7.1.1　增长式递进语法编码模型

Kempen 和 Hoenkamp(1987)提出了增长式递进语法编码模型,构建了口语产生中的语法编码过程,其目的是要整合心理的和语言的加工过程(见图7.1)。口语产生过程包括概念化阶段、形式化阶段以及发音阶段,与人们的工作记忆能力和其他心理能力密切相关。该模型最主要的思想是"程序和堆栈"的概念,在口语产生中不是通过一个核心的概念来构建句子,而是通过一组句法程序模块的平行加工来构建句

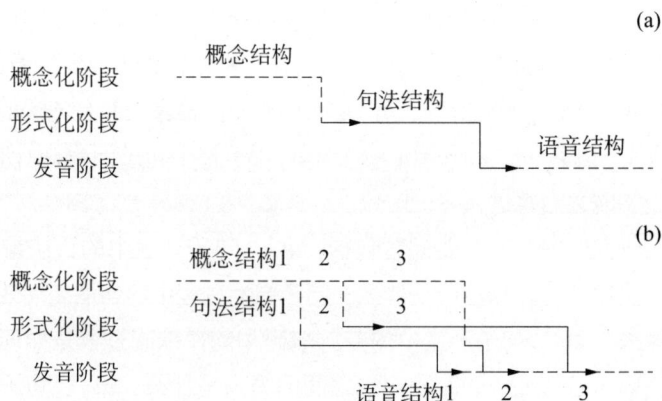

图7.1　增长式递进语法编码模型示意图(Kempen & Hoenkamp, 1987)

子的。把一个句子划分成若干个单元,对于单元 x,当然要通达之后才能开始发音;但是在表达单元 x 的时候,可以同时计划单元 x + 1,以保证表达的流畅性。那么,这个单元 x 到底是什么呢? 这个问题存在于编码的各个阶段,语法编码的计划单元为词汇通达在语法编码阶段的时间进程和关联性提供了重要的研究基础。

图 7.1a 描述了句子产生过程的序列模型,讲话者在完成概念化阶段后才会进入句法编码阶段,完成句法编码阶段后才进行音韵结构的编码;图 7.1b 则描述了各个编码阶段之间在时间上存在重叠的句子产生模型,句子的产生过程在各个阶段上被分为各个子成分,包括概念结构子成分、句法结构子成分以及音韵结构子成分,概念结构的第二个子成分的加工可能与句法结构的第一个子成分的加工是同时进行的。这一模型仅提出了口语句子产生中语法编码的计划范围的概念,但并未对其认知机制作详细阐述。

7.1.2　语法编码的计划范围

口语产生的各个加工阶段在不同的计划水平上可以独立平行地加工各类信息,即概念化阶段、形式化阶段和发音阶段可以平行进行,在时间上存在重叠。在口语产生的过程中,各个单元在计划阶段和执行阶段是如何协作完成流畅的言语产出过程的?

Lindsley(1975,1976)考察了句子产生中的计划单元,实验中要求被试按照不同的要求描述动作图片,结果发现人们在描述仅包括主语的语音产出目标(例如"the man")时的反应时快于描述包括了"主语 + 谓语"的目标句(例如"the man greets"),但是"主语 + 谓语 + 宾语"目标句的产出时间与"主语 + 谓语"目标句的反应时没有显著差异。这一发现表明在用语音表达之前,讲话者计划了主语相关的部分,而对于宾语相关的部分则未进行任何计划。

Kempen 和 Huijbers(1983)考察了荷兰语的口语产生中,人们在说话之前是否对未说出的部分进行任何有关词汇或概念上的加工。实验中被试首先描述一幅图片,采用"主语 + 谓语"结构或者"谓语 + 宾语"结构,有时用疑问句句式,有时用以状语开头的从句结构。在实验的第二部分,要求被试用一个新的动词来命名动作,这会影响词汇选择过程,但不会影响图片的视觉加工过程。动词的改变使得发音的潜伏期延长。潜伏期的延长效应在"谓语 + 宾语"结构的表达中比在"主语 + 谓语"结构的表达中更强,这表明对于"主语 + 谓语"结构,动词的提取在发音之前已经完成了。研究者认为说话者在开口说出句子之前,动词已经被提取,但其相应的音韵信息尚未被提取。

Levelt 和 Maassen(1981)发现了与此一致的结果,实验中要求被试用简单的或复杂的名称描述移动的客体。客体的复杂名称是在前期命名测试时确定的,简单或复杂的区分通过反应时的长短来确定。实验中当两个图形的运动方向相同时,被试更多采用名词短语来命名,例如"The triangle and the circle go up"(三角形和圆形向上运动),而不是采用句子的联合,例如"The triangle goes up and the circle goes up"(三角形向上运动,圆形向上运动)。而且,用名词短语联合命名时的发音的潜伏期长于用句子联合命名时的。研究者认为反应时的差异是由于在名词短语联合作主语的句子中,被试需要选择两个名词的词条,而在简单句联合的命名中,被试只需要选择一个名词的词条。这一研究表明句子中语法编码的计划单元是作为主语的名词短语。不考虑句法结构的话,第一个名词命名的难易程度影响了开口说话之前的潜伏期。研究者认为命名难易的效应发生在单词形式编码阶段,在说话之前第一个名词的形式信息已经被提取了,但未提取第二个名词的相关信息。

Schriefers(1992,1993)采用图画—词汇干扰实验范式考察了短语产生中的语法编码过程。研究要求荷兰语被试命名有颜色的图片,例如"groen huis"(意为"绿色的房子"),同时图片上会呈现一个视觉干扰词。当干扰词与目标名词属于相同语义范畴时,目标短语的命名反应时长于无关范畴条件。颜色相关和颜色无关条件下的反应时无显著差异,但是当干扰词为目标颜色本身时,目标项的反应时显著短于其他条件。研究者认为在多数情况下被试在开口发音前已经提取了形容词和名词,名词提取的过程决定了潜伏期的长短;在有的试次中,被试在提取了形容词之后就开始发音了。这表明人们在口语产生的计划阶段有一定的灵活性,能够改变计划单元的大小。

Ferreira(1991)采用句子重复任务考察了句子产生中的计划单元。实验中要求被试先阅读一个句子,然后句子消失,呈现一个刺激作为反应线索,要求被试重复刚才呈现的句子。实验中变化了主语和宾语的句法复杂度,结果发现仅有主语的复杂度影响了潜伏期的长短。Ferreira认为被试在工作记忆中保留了句子的语义—句法的记忆表征,在重复线索出现后需要提取相应的音韵表征,句法复杂的句子显然需要更长的时间来提取相应的音韵表征。因此,研究者认为完整的主语(名词短语)在说话之前已经完成了音韵编码。这里所发现的计划单元的范围比之前的研究(Kempen & Huijbers, 1983; Levelt & Maassen, 1981)都要大。Ferreira(1991)的研究事先假设被试已经构建了语义—句法表征,而 Potter 和 Lombardi(1990)发现,在即时的句子回忆任务中,被试并未保留刚呈现句子的语义—句法表征,而是通过概念信息重新构建句子结构。因此不能确定语义—句法表征反映的是句法编码还是音韵编码,或者同时与两个过程有关。

Dell 和 O'Seaghdha(1992)的研究中给被试呈现句子的介词表征,例如被动句结构"REMOVE (BY BOXER, COAT)"或者主动句结构"REMOVE (BOXER,

COAT)",要求被试说出相应的句子。正确的句子应该为"The coat was removed by the boxer"和"The boxer removed the coat"。在多数试次中,呈现一个刺激,要求被试尽快说出准备好的句子;其余的试次中则呈现一个探测词(例如"shirt"或"coal"),要求被试尽快地读出探测词。探测词与目标词(例句中的目标词为"coat")存在语义或音韵上的联系或者无任何联系,出现在句子准备之前或之后。结果发现,探测词的阅读潜伏期在语义相关条件与无关条件之间无显著差异;而当音韵相关探测词出现在句子准备的早期时,被试读出探测词的时间显著短于无关条件,当其出现在句子准备的晚期时,被试读出探测词的时间显著长于无关条件。这些发现表明所有单词意义和形式的提取在人们开口说话之前已经开始了,但是在句子开头的形式激活强度高于句子末尾信息的。

从上述研究可以看出,言语错误和言语不流畅的特点分析发现从句是句法编码的重要计划单元,Levelt 和 Maassen(1981)的研究与此结论一致。相比而言,Lindsley(1975,1976)发现讲话者采用比从句更小的单元(subclausal,子从句)进行计划。如果 Ferreira(1991)研究中的句法复杂度效应发生在句法编码过程,那么该研究结果同样支持了子从句是计划单元的观点。Schriefers(1992)指出计划单元的大小依赖于实验任务的要求,即人们可以灵活地改变句子产生中计划单元的范围大小。

Meyer(1996)采用图词干扰范式的变式,考察了短语和句子产生中的计划单元。实验中要求被试用并列名词短语以从左至右的顺序命名同时呈现的两幅图片,呈现图片的同时以听觉方式呈现一个干扰词,听觉干扰词可能与其中一个名词语义相关,或形式相关,或无关。语义相关特指类别相关,即目标词和干扰词属于同一个语义类别,如都是动物。或者和第二个名词语义相关,抑或与两个名词没有明显的语义关联,结果在两个名词上都发现了语义干扰效应。在另一实验中,所呈现的刺激材料相同,要求被试用诸如"The baby is next to the dog"(小孩在狗的旁边)这样的句子来命名图片,结果在两个名词上都发现了语义干扰效应。根据词汇选择的竞争理论对语义干扰效应的解释,该效应发生在词汇选择阶段,也就意味着发生于语法编码阶段。而 Meyer 在句末名词(例如句子"The baby is next to the dog"中的"dog")上发现了语义干扰效应,表明句末名词在句子开始发音前已被选择。由此,Meyer 认为语法编码的计划单元是整个句子。

Smith 和 Wheeldon(1999)采用与 Levelt 和 Maassen(1981)相似的范式,在变化主语短语长度的同时控制了句子长度。实验中屏幕上呈现三幅图片,要求被试分别使用下列句式命名图片。

句式 1:"The dog and the foot move above the kite."(狗和脚在风筝上面移动。)

句式 2:"The dog moves above the foot and the kite."(狗在脚和风筝上面移动。)

结果发现使用前一种句子命名图片时，其延迟时间显著长于后一种的。由于句式、句子中包含的名词个数以及句子的长度都是一致的，他们认为计划单元是第一个名词短语，两种句子命名延迟上的差异是由于语法编码的计划单元长度不同导致的，前者的计划单元包括"狗和脚"，而后者只包括"狗"。由于在这一研究中第一个名词短语同时也是句子的主语，即主语短语，因此上述结果也支持了语法编码计划单元为主语短语的假设。

Allum 和 Wheeldon(2007)对主语短语假设进行了更详细的考察，他们指出在 Smith 和 Wheeldon(1999)的研究中，主语短语只包含了中心语，因此无法判断语法编码的计划单元是主语短语还是主语短语的中心语。他们比较了两类句子的命名潜伏期。

句子 1：The dog above the flower is red. (花上面的狗是红色的。)

句子 2：The dog and the flower are red. (狗和花都是红色的。)

前一个句子中，"狗"和"花"都包含在主语短语"花上面的狗"中，但仅有"狗"是主语短语的中心词，因此考察该句子的语法编码计划单元就可以解决主语短语和主语短语中心语之间的差异。研究发现前者的命名延迟时间显著小于后者的。由此得出结论，即语法编码的计划单元并不是第一个名词短语的全部。研究者进一步利用日语的中心词位于末尾的特点，考察语法编码的计划单元是否是主语短语的中心语。日语句子中的中心词位于末尾，汉语中有相似的情形，例如在"花上面的狗是红色的"句子中，中心词"狗"在修饰词"花上面的"之后出现；英语中的中心词在开头出现，例如"The dog above the flower is red"。采用日语句子，研究者发现句子 1 的命名潜伏期显著短于句子 2 的，对于句子 1 首先提取的应该是首个名词，而在日语材料中这个名词是主语中的修饰部分，而不是中心语。由此他们提出语法编码的计划单元不是主语的中心语，而是第一个功能短语的假设。他们对功能短语的定义是：在一个表达中能够作为一个独立的主题表征，而不需要作为一个完整的论元。根据 Allum 和 Wheeldon(2007)的定义，在"花上面的狗"这个短语中包含了两个功能短语，前面的修饰短语（"花上面的"）和后面的中心语（"狗"）；而"狗和花"是作为一个功能短语的中心语。这里值得注意的是，在图片命名实验中通过比较不同句式的命名延迟得出关于语法编码计划单元的结论，是建立在音韵编码的计划单元不超过第一个韵律词的假设基础上的(这个问题我们会在音韵编码计划单元部分详细阐述)。因此在保证两种句式的第一个韵律词相同的情况下，上述研究将命名延迟上的差异归因于语法编码的计划单元。

其他一些研究的结果则表明语法编码的计划单元可以更小。Griffin(2001)要求被试用句式"钟表和电视在针的上面"来描述同时呈现在屏幕上的三幅图片。她通过操作三个名词的命名一致性来检验命名延迟的变化。Lachman(1973)采用图画命名的实验方法,发现命名一致性(codability)是影响命名反应潜伏期的重要因素。例如,看到苹果,大部分人都会说"苹果",这种情况我们称之为命名一致性高;当看到一个电脑,有的人可能说"计算机",有的人可能说"PC"(personal computer),这相对于苹果而言,命名一致性就要低。已有研究发现,命名一致性高的物体,命名反应的潜伏期也较短;而对于命名一致性低的物体,不同的名称在语义和句法信息上相似程度很高,提取时会产生竞争,增加了提取难度,导致命名反应的潜伏期较长。据此,Griffin通过命名一致性效应来探讨语法编码的计划单元。结果发现只有第一个名词有命名一致性效应,即当第一个名词的命名一致性较高时,整个句子的命名延迟时间较短。但是对于第二个名词和第三个名词则没有发现类似的效应。由此得出结论,认为语法编码的计划单元只包括第一个名词。这个结果支持了"严格递进假设",即句子的编码是逐词递进进行的。一些眼动研究也支持了该假设(Meyer, Sleiderink, & Levelt, 1998; Meyer & van der Meulen, 2000)。

在一些学者探求"语法编码的计划单元"的大小问题时,另有一些学者认为计划单元本身就不是固定不变的。Foss和Hakes(1978)指出这是一个不可确定的问题。计划单元可能是从句(clause)、短语(phrase)、单词(word)、音节(syllable),甚至是音位(phoneme),它往往随着句子产生的难度变化而变化。后续的一些研究也证明了它的不确定性。Ferreira和Swets(2002)发现,当要求被试必须在一定的时间窗口内反应,否则记为错误时,被试倾向于采用较小的计划单元;而在没有时间压力的情况下,面对相同的刺激材料和表达,被试倾向于采用较大的计划单元。Wagner、Jescheniak和Schriefers(2010)利用图词干扰范式中的语义干扰效应检验语法编码计划单元的可变性。实验1重复出了Meyer(1996)的结果。在产生单一句式'The frog is next to the mug"时两个名词上都发现了语义干扰效应。然而在实验2中,当被试需要根据一个概念判断任务选择不同的句式时,只在第一个名词上发现了语义干扰效应。尽管Wagner等人并没有明确区分实验2中词汇选择计划单元的缩小是由句式变换还是概念判断任务造成的,但为语法编码计划单元的可变性提供了直接证据。于是研究者得出了与Foss和Hakes(1978)的观点相一致的结论:语法编码的计划单元是可变的,它会随着句子加工的难度变化而变化。

关于汉语口语句子产生中的语法编码计划单元,赵黎明和杨玉芳(2013)采用图画一词汇干扰实验范式中所发现的语义抑制效应进行考察。由于汉语具有中心语位于末尾的特点,研究者采用与Allum和Wheeldon(2007)相同的句子类型。实验中要求被试用介词短语作主语的句子或者用并列名词短语作主语的句子来命名两个竖直排列的图片,并视觉呈现干扰词。结果表明,对于两个句式而言,在第二个名词上都没有潜伏期上的语义干扰效应,只有错误率上的语义干扰效应,而且这个结果并没有随着 SOA 的改变(0 ms、150 ms 或 300 ms)而改变。这表明两个句式中的第二个名词在被试开口说话前都没有被选择,而错误率的结果则表明与第二个名词相关的错误是发生在发音之后的,由此研究者推断口语句子产生中的词汇选择只包含了第一个名词,支持了语法编码计划单元的严格递进假设。当干扰词与图片同时呈现(SOA=0 ms)时,在并列名词短语作主语的句子中,第二个名词上出现了潜伏期上的语义促进效应。这表明并列名词短语中的第二个名词得到了更多的概念水平上的激活,因而产生了语义促进效应,而非语义抑制效应(关于语义抑制效应和语义促进效应的争论见本书第四章)。可以看出,在概念水平的激活上,其计划单元更可能是功能短语;而在词汇选择阶段,其计划单元则更可能为单个名词。

Zhao、Alario 和 Yang(2014)进一步考察了汉语句子产生过程中语法编码的计划单元。在实验 1 中要求被试根据图片的颜色产生相应的句子:如果两个图片的颜色都是红色的,被试要说出比如"书本和柜子都是红色的"这样的句子(联合名词短语(conjoined noun phrase)作为主语的句子,简称 CNP 句);如果仅有一个图片的颜色是红色的,被试要说出比如"柜子下面的书本是红色的"这样的句子(介词短语(prepositional phrase)作为主语的句子,简称 PP 句)。分析句子产生的潜伏期,发现 PP 句子的潜伏期显著短于 CNP 句子(见表 7.1)。这与 Allum 和 Wheeldon(2007)的发现一致,表明功能短语是语法编码的计划单元。另一种可能的解释则是 CNP 句子和 PP 句子的句法加工过程难度上的不同,而不是来自于对两类句子不同的功能短语加工的差异。

实验 2 采用预视命名任务考察了这种可能性,有研究者已使用过这种研究任务(Allum & Wheeldon, 2007; Smith & Wheeldon, 2001)。实验中先呈现两幅图片,被试会预先提取出相应的名称,随后图片颜色发生改变,被试按要求说出相应的句子。对图片名称的预先准备可以保证探测到纯粹的句法计划过程,有无预视条件下潜伏期的差异反映了词条提取所需的时间(Smith & Wheeldon, 2001)。结果发现 CNP 和 PP 两类句子的潜伏期无显著差异(见表 7.1),但实验 2 中的句子产生潜伏期显著短于实验 1 中的,其结果证明了实验 1 中所发现的潜伏期差异不是来自于句法加工过程。实验 2 发现 CNP 句子的预视效应大于 PP 句子的,暗示着功能短语可能是句子的计划单元;第二,实验 1 中所发现的 CNP 和 PP 两类句子潜伏期的差异可能源于词汇通达过程。根据视觉组块假设(visual grouping hypothesis),CNP 句子和 PP 句子产生潜伏期的差异可能来自于对图片的知觉过程。实验 3 中只呈现两幅图片,其颜色设置与实验 1 中的 CNP 句子或者 PP 句子相同,要求被试说出图画名称,结果未发现 CNP 和 PP 两类句子的图片命名潜伏期之间存在显著差异(见表 7.1)。一系列实验的结果支持了以下观点：汉语口语句子产生过程中的语法编码的计划单元可能是功能短语。

表7.1 Zhao、Alario 和 Yang(2014)研究中各个实验潜伏期的平均值、标准差和错误率

实验	句子类型	潜伏期(ms)		错误率(%)
		平均值	标准差	
1				
	CNP	1 221	191	10.9
	PP	1 145	197	7.9
	差异值	76		3.0
2				
	CNP	758	160	7.2
	PP	742	162	4.6
	差异值	15		2.6
3				
	CNP	1 158	181	4.8
	PP	1 129	190	6.1
	差异值	29		− 1.3

目前,关于汉语句子产生过程中各个阶段计划单元的研究很少,国内研究者应该重视这一研究问题,在句子水平上开展更多的研究。

7.2 口语句子产生中的句法启动效应

基于 Levelt 等人提出的语言产生模型,句法信息是在形式化阶段(formulation,也称之为言语组织)的语法编码过程(grammatical encoding)中提取的(Levelt, Roelofs, & Meyer, 1999)。当产生句子时,个体必然要选择一种句法结构来表达思想。研究者在句子产生过程中,发现个体应用近期加工过的句法结构的比例提高和句子产生潜伏期缩短等现象,称之为句法启动(syntactic priming)(Bock, 1986a; Segaert, Wheeldon, & Hagoort, 2016;杨洁,张亚旭,2007)。句子产生中的句法启动又被称为句法持续(syntactic persistence)或结构启动(structural priming)(杨洁,张亚旭,2007)。三者虽然存在共通之处,但分别强调了句法启动效应不同的特点:句法启动包含了词汇(特别是动词)会影响句法启动的观点,代表现象是词汇增强效应(Pickering & Ferreira, 2008);句法持续包含句法启动可以持续较长时间的观点(Ivanova, Wardlow, Warker, & Ferreira, 2017),但有研究发现了相反的证据

(Bernolet, Collina, & Hartsuiker, 2016);结构启动所含范围并不仅限于句法启动,也包含信息结构的启动(van Beijsterveldt & van Hell, 2009)。这一部分首先介绍句法启动的研究范式及其影响因素,再阐述不同理论的争论焦点及实验证据。

7.2.1 句法启动效应的研究范式

句法启动效应的研究方法主要包括语料库研究(Gries, 2005; Gries & Kootstra, 2017)和实验研究。Gries 和 Kootstra(2017)将广义线性混合模型纳入语料库研究方法,引入积累性等句法启动的相关变量,并将语料范围拓宽至儿童,关注单一语言内和跨语言的句法启动。自 Bock(1986a)首次采用图片描述范式发现句法启动效应以来,实验研究大都采用四类经典范式,主要包括:图片描述范式(picture-description paradigm)(Bernolet, Collina, & Hartsuiker, 2016)、同盟者脚本技术(confederate-scripting technique)(Hartsuiker, Pickering, & Veltkamp, 2004)、句子补全范式(sentence completion paradigm)(Pickering & Branigan, 1998),以及句子回忆范式(sentence recall paradigm)(Shin & Christianson, 2009)等。

在图片描述范式中(Bock, 1986a),首先给被试呈现一个启动句,如介词短语或双宾语(见如下材料句),然后让被试描述一幅图片(如一个服务生在给客人送酒),结果发现在描述这幅图片时存在句法结构的启动效应。当启动句是介词短语时(1a),被试更倾向于用介词短语形式(2a)来描述图片;而当启动句是双宾语时(1b),被试更倾向于用双宾语形式(2b)来描述图片。也有研究者发现,如果说话人产生或者只是听到某一个结构形式,他/她在随后的表达中也倾向于选用这个结构(Levelt & Kelter, 1982)。

(1a) A rock star sold some cocaine to an undercover agent.
   (一个摇滚明星把一些可卡因卖给一个卧底警察。)

(1b) A rock star sold an undercover agent some cocaine.
   (一个摇滚明星卖给一个卧底警察一些可卡因。)

(2a) The waitress offers the drinks to the party-goers.
   (服务生把酒递给聚会上的人。)

(2b) The waitress offers the party-goers the drinks.
   (服务生为聚会上的人递酒。)

实验材料包括两部分:启动句和目标图片,启动句一般包括不同的句法结构,主要为表达类似意义但表面结构不同的成对句法结构,例如:主动句和被动句(Segaert, Wheeldon, & Hagoort, 2016)、双宾句(double objects, DO)和介宾句(prepositional object, PO)(Huang, Pickering, Yang, Wang, & Branigan, 2016)、不同名词短语结构(Melinger & Cleland, 2011)等。目标图片可以用启动句中的两类句法结构来加以描述,在目标产生任务中,被试可以自由地从中选择一种句法结构来表达信息。因变量主要包括句子产生的句法结构频率(或比例)和句子产生的潜伏期等。启动效应具体表现为选用启动句句法结构比例的增加和潜伏期的缩短。目前,针对句子产生潜伏期的研究都使用了图片描述范式(Segaert, Weber, Claddermicus, & Hagoort, 2014; Segaert, Weber, Petersson, & Hagoort, 2012; Segaert 等, 2016)。

同盟者脚本技术将沟通因素引入图片描述范式(Hartsuiker, Pickering, & Veltkamp, 2004)。实验前告知被试实验任务为双方(一人为实验助手,一人为被试)轮流描述图片,实验助手和被试相对而坐,不能看到对方的屏幕。通过抽签等"伪"随机方式决定,实验助手的任务是朗读启动句,被试判断所听到的句子是否与屏幕上呈现的图片一致;接着被试的任务是描述图片,由实验助手判断该描述是否与自己看到的屏幕上呈现的图片一致。这一范式将对句法启动内在认知机制的探究,扩展到对沟通情景等外部影响因素的关注。研究者所关注的外部因素包括操纵句子输出通道,比如双方是口头产生句子,还是通过聊天软件书写产生(键盘输入)句子;所描述图片是通过屏幕独立呈现给双方,还是双方面对面地轮流描述纸质图片等。由于同盟者脚本技术不需阅读文字,特别适用于信息加工能力有限、难以独立执行图片描述范式的个体,例如儿童、特殊人群、应用二语时的双语者等。同盟者脚本技术中的沟通情境使图片描述任务更为自然,但同时对被试产生了即时的交际压力,需要被试调动相关认知、情感、意志等因素,积极参与互动(Lantolf, 2006;王启,2012)。而图片描述范式中的被试无此压力,投入程度较前者低,因此研究者在同盟者脚本技术任务中所发现的句法启动量大于图片描述范式中所发现的(Bernolet, Hartsuiker, & Pickering, 2009)。

在句子补全范式中,启动任务为补全只能使用单一句法结构的句子片段,目标任务为补全只包含主语和动词且可选用任一句法结构的句子片段。早期在 Pickering 和 Branigan(1998)的研究中(以实验 1 为例),要求被试在 30 分钟内完成一张由 32 个目标试次(目标项紧随启动项)和 80 个填充试次(与目标试次模式一致,语义句法均不相关)组成的试卷。这是一项纸笔测验,研究者无法测量每个句子补全的潜伏期;更重要的是,所有目标项和启动项同时呈现,难以控制被试的答题顺序,无法分离出启动项对相应目标项的独立启动效应。采用计算机呈现即可获得相应的潜伏期指标。

在句子回忆范式中,要求被试先听目标句,再听启动句,目标任务为回忆目标句(Shin & Christianson, 2009)。该范式与上述范式中启动项和目标项的顺序不同,特别适用于研究记忆对句法启动效应的影响,因为记忆存在倒摄抑制,个体会根据后期信息重构对先前信息的记忆。该范式的研究结果可能反映的是启动句的句法结构对目标句的记忆重构。

7.2.2 句法启动的影响因素

研究发现影响句法启动的因素包括:句子中的词汇语义是否重复、记忆容量和记忆类型、句子产生的输出通道及沟通目的等。

句子中的词汇语义是否重复

句子的主要成分一般包含主语、谓语和宾语,谓语一般由动词充当,主语和宾语由名词构成。因此,作为句子重要组成部分的名词,其语义重复是否影响句法启动这一问题备受关注。研究者开展了一系列实验,得到了两类不同的结论。大多数研究发现,启动句和目标句的名词语义重复与否不影响句法启动效应量。Bernolet 等人(2009)采用跨语言启动中常用的同盟者脚本技术,以名词语义中的生命性成分(生命性可解释语言理解中总变异的 77%(Huang 等,2016))为指标,对荷兰语和英语的研究发现,句法启动效应独立于语义重复。在印欧语系中,可以直接通过词序和词汇具体形态获取句法信息。而汉语中的词汇没有词性标记,并且句子也没有严格的词序,句法加工在很大程度上依赖于语义信息。因此,汉语中语义重复是否独立于句法启动仍需实验验证。研究者采用图片描述范式,同样以生命性为指标进行了五个实验,发现句法启动效应量不受词汇语义重复的影响(Huang 等,2016)。因此,一系列研究发现句法启动独立于语义重复,可在单纯的句法结构上发生。

已有研究探索分离动词的语义成分,选用可操纵语义相似性的实验材料(例如,启动项动词为"attacking"(袭击)/"watching"(看着);目标项动词为"shooting"(打)),采用图片描述范式,发现动词语义重复显著增强了句法启动效应(Konopka & Kuchinsky, 2015)。与此相对,即使启动句和目标句包含了同一动词的不同语义,也未出现词汇增强效应(Bernolet, Colleman, & Hartsuiker, 2014)。也有研究发现了语义重复影响了句法启动。研究者采用句子补全范式的变式,以便于操纵重复名词的数量,目标任务是用随机排列的四个名词(三个红色,一个绿色)组成一个正确的句子,其中绿色作主语。结果发现仅有一个名词重复就显著增强了句法启动效应,重复名词数量越多,句法启动效应越强(Scheepers, Raffray, & Myachykov, 2017)。词汇驱动理论(lexically driven model)认为,句法编码是从词汇的激活开始的,词条概念水平的激活会启动一系列句法加工。

记忆容量和记忆类型

影响句法启动的记忆因素,主要包括工作记忆容量和不同的记忆类型。工作记忆容量主要影响了不偏好句法结构(平常不会选择的句法结构)的启动量。采用同盟者脚本技术,研究者发现言语损伤儿童和正常儿童在"形容词＋名词"(例如,红色的小船)的短语结构和关系从句中均出现了句法启动,但不同的儿童与句法结构的偏好程度存在交互作用。进一步研究发现,工作记忆容量与不偏好句法结构的启动量高相关。言语损伤儿童在关系从句(不偏好句法结构)中启动量较小的原因可能是自身工作记忆容量小,难以记忆不偏好的句法结构(Foltz, Thiele, Kahsnitz, & Stenneken, 2015)。

不同记忆类型主要影响句法启动的持续时间,短期句法启动的机制是外显记忆,而句法启动的长期持续则有赖于内隐记忆(Bock & Griffin, 2000)。研究者采用相同的程序和材料,通过不同的任务分离内隐和外显记忆对句法启动的影响。内隐记忆研究采用经典的图片描述范式;外显记忆研究中要求被试记住启动句结构,目标任务为用启动句结构描述目标图。研究者选用荷兰语中多类句法结构(包括主动句和被动句,介宾句和双宾句等),都发现外显记忆增强了短期句法启动效应量,但难以解释句法启动长期持续的研究结果(Bernolet 等,2016)。为了更彻底地分离两类记忆,比较外显记忆缺失的遗忘症患者与正常被试的研究发现,尽管前者句法启动效应量低于正常被试,但效应量并未随着目标项和启动句之间无关干扰句数量的增加而降低(Ferreira, Bock, Wilson, & Cohen, 2008)。为排除遗忘症类型对研究的混淆,仅选用科萨科夫综合征(遗忘综合征)患者的研究也发现了同样结果(Heyselaar, Segaert, Walvoort, Kessels, & Hagoort, 2017)。这表明句法启动的机制是内隐记忆,而非外显记忆,然而正常被试也有可能依赖于外显记忆进行句法编码过程。正常被试和遗忘症患者之间结果的不一致需要进一步考察。

句子产生的输出通道

影响句法启动的情境因素主要包括句子产生的输出通道(书写产生还是口语产生)。句子产生的输出通道是否影响句法启动持续时间的研究结果并不一致。采用书写句子补全范式,研究发现句法启动效应快速衰退,即使启动项和目标项之间只插入1个无关干扰句,启动量显著降低。当在启动句与目标句之间插入4个无关干扰句时,启动效应就消失了(Branigan, Pickering, & Cleland, 1999)。但是,研究者采用图片描述范式探究口语句子产生,发现无论启动项和目标项之间插入几个无关干扰句(分别为0个、2个、6个),启动量并未显著下降(Bernolet 等,2016)。采用同盟者脚本技术发现了不同的结果,研究者将目标任务类型设为被试内变量(两类任务间隔一周),发现书写产生和口语产生在句法启动持续时间上无差异(Hartsuiker, Bernolet, Schoonbaert, Speybroeck, & Vanderelst, 2008)。不一致的结果也有可能来自所采用任务的不同,同盟者脚本技术中的交流情境、交流目的与书写句子补全范式和图片描述范式不同。为区分究竟是范式还是句子产生的输出通道影响了句法启动效应,需要采用相同的实验范式和实验材料,直接比较书写产生和口语产生对句法启动效应的影响,从而进一步探究书写产生和口语产生究竟是共用句法表征还是独立表征。

沟通目的

沟通目的会影响句法启动的效应量。语料库研究发现,与自发对话相比,任务导向对话中的句法启动效应量更大(Reitter, Moore, & Keller, 2006),这表明沟通目的影响了句法编码过程,句法启动效应量在一定程度上反映了对于沟通情境的觉察(Heyselaar, Hagoort, & Segaert, 2017)。但 Schoot、Menenti、Hagoort 和 Segaert(2014)采用同盟者脚本技术的变式,实验中两个被试轮流描述图片,发现是否处于有目的的沟通并不影响句法启动效应量。

7.2.3　句法启动效应的认知机制

研究者针对句子产生中的句法启动效应提出了各类理论,包括剩余激活理论、内隐学习理论、计算模型、预期适应模型、ACT-R 模型和两阶段竞争理论。

剩余激活理论(residual activation theory)

Pickering 和 Branigan(1998)采用书写句子补全范式,发现当启动句和目标句之间动词重复时,会显著增强句法启动效应,并且不受动词时态等具体特征重复与否的影响。基于此,Pickering 和 Branigan(1998)在 Roelofs(1992,1993)词汇表征网络模型的基础上提出了剩余激活理论。该理论把词条层分解为互相联结的词条节点(lemma node)、类别节点(category node)(编码词性,例如名词、动词等)、特征节点(feature node)(包含数、人称、时态等)和组合节点(combinatorial node)(编码句法结构)(见图 7.2)。剩余激活理论用基于短时记忆的剩余激活解释句法启动和词汇增强效应,句法是由词汇启动的,概念上激活了的词条会启动一系列句法程序,以建立合适的句法环境,这些程序会建立短语、从句和句子的模式,以满足对语法功能的表达需求。

支持剩余激活理论的证据主要来自句法启动中的词汇增强效应。词汇增强效应指的是,当启动句和目标句的主要动词重复时启动量增加的现象(Bernolet 等,2016;Hartsuiker 等,2008)。采用同盟者脚本技术,对荷兰语书写产生中介宾(PO)句和双宾(DO)句的研究发现,相比于动词不同条件,动词重复条件下启动量显著增加,句子选择比率由 28% 提高到了 45%(Hartsuiker 等,2008),这种现象称为词汇增强效应(lexical boost effect)。元分析也验证了动词重复是最大的句法启动效应影响因素(Hartsuiker, Beerts, Loncke, Desmet, & Bemolet, 2016)。根据剩余激活理论的观

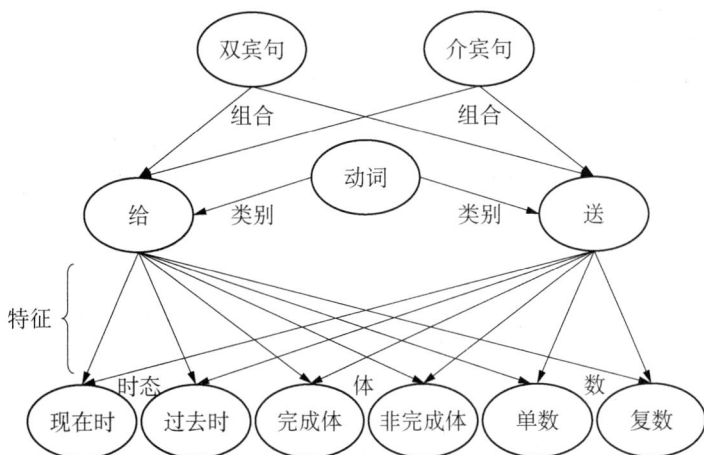

图 7.2　与动词相关的句法信息表征的部分模型(Pickering & Branigan, 1998)

注：图中组合指组合节点，类别指类别节点，特征指特征节点。

点,加工特定句法结构后,相应组合节点的激活水平暂时升高。当启动句和目标句的动词相同时,在组合节点激活水平升高的基础上,更进一步激活了与词条节点相联系的特征节点、类别节点,激活水平越高,启动效应量越大,即表现出词汇增强效应,但激活会快速衰退至基线水平(Branigan 等,1999)。综上,该理论预期词汇会影响句法选择,以及句法启动效应会迅速消退。

　　Bock(1986b)的研究中给被试呈现包含及物动作和两个名词的图片,要求被试对图片做即时描述,如"The rock broke the window"(石头打碎了窗户);在图片呈现的同时还会呈现一个启动词,该启动词可能与目标词语义相关,如"boulder"(大石头)或者"door"(门)。结果发现,当某个目标词与启动词语义相关时,它更倾向于作主语;而当它与启动词语义不相关时,它更倾向于作宾语。如上述"The rock broke the window",当启动词为"door"时,被试更倾向于说"The window was broken by the rock"。实验同时发现,启动词与目标词音韵相关时没有类似的影响。该研究表明句式的选择(主动句/被动句)可以由词条启动,而音韵的提取在句式选择之后,为词汇影响句法选择的观点提供了支持证据。

　　Branigan、Pickering 和 Cleland(2000)的研究采用图片描述范式,发现与启动句和目标句的动词不同条件相比,当启动句中包含目标句中的动词时,句法启动效应更大。剩余激活理论的解释是:当加工启动句的时候会激活词汇(如动词)与句法之间的联结(lexical-syntactic node),致使该联结的激活水平比平时的状态更高,从而产生了句法启动效应。当启动句与目标句的动词相同时,这个动词会通过它与该句法之间的联结进一步激活该句法,从而产生更大的句法启动效应(Pickering & Branigan,

1998）。

　　Bernolet 等人(2016)采用图片描述范式,对荷兰语中的主动句和被动句、PO 句和 DO 句以及定语从句中助词—分词词序和分词—助词词序等三类结构进行研究,发现动词重复条件下启动量明显增加。元分析也验证了这一结果（Mahowald, James, Futrell, & Gibson, 2016）。对于句法启动持续时间,研究者采用书写句子补全范式,发现间隔 4 个无关干扰句后,句法启动效应消失(Branigan 等,1999)。

　　随着研究的深入,剩余激活理论难以解释的研究证据不断涌现,特别是关于句法启动可以长期持续的结果。采用图片描述范式,研究者发现主动句/被动句和 DO 句/PO 句等句法结构在不同延时条件下均出现了等量的启动效应,即使间隔 10 个无关干扰句,启动效应依然存在(Bock & Griffin, 2000),而剩余激活理论难以解释这一现象。

　　内隐学习理论（implicit learning theory）

　　基于剩余激活理论的大量反对证据,研究者提出了内隐学习理论,认为句法启动的内在机制是内隐学习,其核心观点是句法启动与词汇无关,句法启动效应保持相对持久。对启动句的加工促使个体习得了应用这一句法结构表达信息的方式,增强了信息与该结构之间的联结(Chang, Dell, & Bock, 2006),进而提高了在随后句子产生中使用这一结构的可能性,并且多次加工的效应累加(Bernolet 等,2016)。相对于经常使用的句法结构,启动不经常使用的句法结构带来的学习量更大,引起句法表征系统更大的调整。

　　内隐学习理论的支持性证据主要包括：句法启动长期持续,存在句法偏好效应和积累性效应(Chang, Baumann, Pappert, & Fitz, 2015; Chang 等,2006; Chang, Dell, Bock, & Griffin, 2000; Hartsuiker, Bernolet, Schoonbaert, Speybroeck, & Vanderelst, 2008)等。研究者采用图片描述范式,发现即使启动句和目标图之间间隔 3 个无关填充启动句—目标图对,句法启动效应仍然存在(Bock & Kroch, 1989; Bernolet 等, 2016)。句法偏好对句法启动的影响具体表现为逆偏好效应,对人们不经常使用的句法结构(不偏好句法结构,如被动句)的启动量大于经常使用的句法结构(偏好句法结构,如主动句)的启动量(Bernolet & Hartsuiker, 2010; Ferreira & Bock, 2006)。积累性效应是指启动量随启动项中启动句数量的增加而增加的现象。启动项包含 3 个连续启动句时的启动量大于只包含 1 个启动句时的启动量(Segaert 等,2016)。积累性效应可持续大约一周(Kaschak, Kutta, & Coyle, 2014)。句法偏好效应和积累性效应密切相关,每次对特定句法结构的加工均会发生内隐学习,持续加工某一句法结构会提高对该句法的偏好程度(Kaschak, Kutta, & Schatschneider, 2011)。长期积累启动可以改变句法偏好。

内隐学习理论的主要不足是：难以解释词汇增强效应和句法启动迅速衰退现象，也难以全面描述句法启动的特点。剩余激活理论认为句法启动是对启动句结构记忆表征的短期激活，因此句法启动迅速衰退；内隐学习理论认为句法启动是对句法结构的适应现象（adaption），句法启动可长期持续。综合两大经典句法启动理论可以发现，两个理论均有可取之处，但都难以完全解释句法启动效应的研究结果，相互矛盾的证据主要表现在句法启动的持续时间上。

基于此现状，研究者还提出以下几类句法启动新理论，重点在于解释句法启动的适应现象和短期激活。

计算模型（computational model）

Malhotra、Pickering、Branigan 和 Bednar（2008）分别重复了两个支持句法启动快速衰退的研究（Bock, 1986a; Pickering & Branigan, 1998）和两个支持句法启动长期持续的研究（Hartsuiker 等，2008; Kaschak & Borreggine, 2008）。基于实验数据，他们拟合出数学模型，称之为计算模型。与剩余激活理论一致，该模型基于短时记忆整合句法启动持续时间的不同结果，并且借鉴了剩余激活理论中网络、层级、节点等概念。计算模型包含彼此交互的词汇节点层、句法节点层和联系节点层，每层均为独立的认知模块；联系节点层位于句法节点层和词汇节点层之间。根据计算模型的观点，所有节点同时激活导致了句法启动的短期词汇增强。而且，每次对激活单元的加工均会留下记忆痕迹，因此句法启动效应可以在较长时间内持续存在。计算模型不同于剩余激活理论的是增加了"记忆痕迹"。

预期适应模型（expectation adaptation model）

与内隐学习理论一致，预期适应模型认为句法启动效应的发生是基于内隐学习，认为无论句法启动是短期的还是长期持续的，其内在机制均为理性或近乎理性的预期适应；个体对后期选择句法结构的预期非常敏感，在后期句子产生过程中重复启动句句法结构是预期错误最小化的结果。句法启动量是先前和即时语言加工经验共同作用的结果。预期适应模型引入了"预期"和"适应"两个方面，加入了人类已有的经验对句法编码过程的影响。这一模型可以解释句法启动效应快速衰退的现象：因为在日常对话中双方经常转换谈话主题，人们对于词汇信息仅会短暂保留；对于句法结构的长期持续保留则是对环境长期适应的结果，符合理性预期。Jaeger 和 Snider（2013）重新分析了 Bernolet、Hartsuiker 和 Pickering（2007）语料库的数据，并对三个实验进行元分析（Kaschak, 2007; Kaschak & Borreggine, 2008），结果支持了预期适应模型的观点。

ACT-R 模型

Reitter、Moore 和 Keller（2011）基于词汇化句法理论（lexicalized syntactic

theory)，在 Reitter(2008)模型的基础上，修订和扩展成 ACT-R 模型。ACT-R 模型包括交互作用的两大机制：基线水平的学习(长期适应)和扩散激活(短期学习)。长期句法启动是基线水平的学习；短期高强度句法启动是两大机制共同作用的结果。该模型通过整合两类建立在一般认知原则基础上的学习机制来解释句法启动效应。研究者采用计算机模拟的四组数据和一个语料库数据来验证 ACT-R 模型的拟合度，发现 ACT-R 模型能解释词汇增强效应、积累性效应，以及句法启动的长期持续和句法启动的快速衰退等现象。

两阶段竞争理论(two-stage competition model)

两阶段竞争理论(Segaert 等，2011；Segaert, Weber, Claddermicus, & Hagoort, 2014；Segaert 等，2016)认为句子产生包含选择阶段和计划阶段。在选择阶段，个体选择某一句法结构用以表达信息。句法用节点表征，句法选择是相互竞争节点的激活水平差异达到选择阈限的结果。节点的基线激活水平通过内隐学习机制建立。加工某一句法结构会即时提高相应节点的激活水平。竞争节点之间的激活水平差异越大，选择用时越短。计划阶段的任务是构建将要产生的句子，启动会减少计划用时。句法选择在选择阶段完成，句子产生潜伏期为选择用时与计划用时之和。

句子产生潜伏期的研究均采用图片描述范式，以主动句和被动句为实验材料，同样发现了句法偏好效应、积累性效应等。句法偏好效应表现为正偏好效应：启动偏好句法结构对句子产生潜伏期的缩短量更大(Segaert 等，2011)。荷兰语中主动句的启动量大于被动句(Segaert 等，2011)，德语中 DO 句(偏好的句法结构)的启动量大于 PO 句(不偏好的句法结构)(Segaert 等，2014)。积累性效应表现为随着启动句数量的增加，句子产生潜伏期发生改变的现象(Segaert 等，2014)。如果启动偏好句法结构，则积累启动进一步缩短选择用时；如果启动不偏好句法结构，则会增强不偏好句法结构的激活水平，减小相互竞争节点之间激活水平的差异，增加选择用时(Segaert 等，2016)。基于两阶段竞争理论，句法启动对句子产生潜伏期的影响均通过改变竞争节点之间激活水平的差异，进而影响选择用时；而启动会一致性地缩短计划用时。

两阶段竞争理论在整合句法选择和句子产生潜伏期的效应方面作出了探索，但仅采用了单一的图片描述范式及单一的主动句和被动句结构，仅研究了印欧语系语言的口语产生。该理论能否迁移到汉语等其他语种、DO 句和 PO 句等其他句法结构、书写等其他句子产生的输出通道，仍需进一步研究。

综上，句法启动效应理论争论的焦点主要集中于句法启动的持续时间。剩余激活理论和内隐学习理论分别从对启动句结构记忆表征的短期激活和内隐习得信息到句法结构映射的角度解释句法启动现象，前者认为句法启动快速衰退，后者认为句法启动长期持续,两种观点均有大量研究证据支持。内隐记忆和外显记忆的区别在于是否有意识参与,剩余激活理论对句法启动机制的解释更倾向于涉及外显的有意识参与的记忆成分。基于两个理论对句法启动机制的解释,研究者尝试从外显记忆和内隐记忆的角度探索句法启动快速衰退和长期持续的不同机制,以解决句法启动的时间特性。Bock(1986a)认为句法启动是由于被试内隐地记住了启动句句法结构,在目标句产生时应用了先前的语言加工经验。大量句法启动效应长期持续的研究支持句法启动的内在机制是内隐记忆这一观点(Bock & Griffin, 2000)。内隐学习和内隐记忆在持久性、不受加工水平影响、均存在内隐和外显的分离等方面具有相似特征,二者已出现整合趋势(李林,2006),因此句法启动效应的研究中并未明确区分"内隐学习"和"内隐记忆"。如果句法启动的长期持续是由于内隐记忆,那么句法启动效应快速衰退的机制是否是外显记忆? 为解决这一问题,需要分离内隐记忆和外显记忆对句法启动的影响。

研究者采用相同的程序和材料,从任务上分离内隐记忆和外显记忆。内隐记忆研究采用图片描述范式;外显记忆研究中的启动任务是要求被试记住启动句结构,目标任务为用启动句结构描述目标图。选用荷兰语中多类句法结构(包括主动句和被动句,PO 句和 DO 句等),发现外显记忆增强了短期句法启动,但难以解释句法启动长期持续的研究结果(Bernolet 等,2016)。因此记忆类型影响句法启动的持续时间,句法启动长期持续的机制主要是内隐记忆,而外显记忆对句法启动量的短期提高会迅速衰退。

语言具有社会属性,是人与人交流感情和传输信息的中介,沟通是最基本的语言应用形式,因此不能忽视沟通情景中的语言。"自然对话"一直是实验难以研究的课题,实验范式的发展为应对这一挑战提供了工具。不同理论对沟通情景因素是否影响句法启动的解释不同。内隐学习理论认为,句法加工的核心过程不受说话者是否处于沟通情景这类具体特征的影响(Chang 等,2006)。语料库研究发现与自发对话相比,任务导向对话中的句法启动量更大(Reitter, Moore, & Keller, 2006),有目的的沟通会增加句法启动量(Gries, 2005),这支持了句法启动是社会适应性技能,社会因素影响句法启动的观点(Heyselaar, Hagoort, & Segaert, 2017)。实验研究发现,说话者不仅重复对方的句法结构(Bock, Dell, Chang, & Onishi, 2007),而且预期并希望对方重复自己的句法结构(Ferraria & Quaresima, 2012)。

句法启动机制与学习和记忆高度相关,语言获得与发展也是学习的过程。句法启动中的学习与语言获得中的学习的关系是什么? 是否句法启动效应的机制与语言获得中的学习机制相同或类似? 剩余激活理论认为句法启动快速衰退,不会产生长期效应,内隐学习理论和预期适应模型等句法启动理论认为个体通过内隐学习建立关于句法表征的基线信息,句法启动是语言获得机制的延续。采用对语言阅读和信息加工能力要求较低的"面对面"同盟者脚本技术,研究者发现在语言习得的早期,3—4 岁儿童已出现句法启动(Rowland, Chang, Ambridge, Pine, & Lieven, 2012)。启动效应并不限于主动句和被动句,也存在于相对复杂的句法结构(如 DO 句和 PO 句)中(Peter, Chang, Pine, Blything, & Rowland, 2015)。儿童的句法启动具有跨语言稳定性,存在于荷兰语(van Beijsterveldt & van Hell, 2009)、汉语(Hsu, 2014)等语言中。总之,儿童的句法启动长期持续和词汇增强效应的模式与成年人一致(Branigan & Mclean, 2016),表明从儿童到成年人,语言产生中的句法加工机制具有稳定的延续性。值得注意的是,儿童的积累性效应和逆偏好效应总体上强于成人(Branigan & Messenger, 2016),更易受加工经验的影响。

存在语言产生障碍的特殊人群的句法加工机制与正常成年人一致吗? 研究者采用句法启动任务探究特殊人群语言产生困难的原因。结果发现,间隔无关干扰句的数量并未与被试类别出现交互作用(Cho-Reyes, Mack, & Thompson, 2016),自闭症患者虽然存在社交困难,但其在结构化的社交情境中出现了句法启动(Slocombe 等,2012)。这可能是因为特殊人群仍然保留了句法表征和内隐学习能力。

7.2.4 口语句子产生中句法启动的神经机制

认知神经科学技术的发展为直接探究句法启动的生理机制提供了途径。目前,该领域相关研究较少,但仍有一些有价值的发现。fMRI 研究发现了重复抑制效应(repetition suppression effect),表现为当启动句和目标句的句法结构重复时,左侧额下回等语言加工相关脑区的激活程度降低(Segaert, Weber, de Lange, Petersson, & Hagoort, 2013; Shetreet & Friedmann, 2014)。采用图片描述范式,研究者发现与无启动条件相比,句法启动减弱了左侧额下回、左侧颞中回和双侧辅助运动区等脑区的激活(Segaert 等,2012),词汇重复进一步降低了以上脑区的激活程度(Segaert, Kempen, Petersson, & Hagoort, 2013)。采用人工语言的研究也验证了上述结果(Weber, Christiansen, Petersson, Indefrey, & Hagoort, 2016)。重复抑制效应是刺激特点重复(启动)的神经机制,独立于其他心理或生理变量(Segaert 等, 2013)。句法重复降低了对认知资源的需求,重复后产生的抑制效应实际上反映的是现有加工过程的易化或已有神经表征的敏锐化(Weber 等,2016)。句法启动量越大,重复抑制效应越强,在句法重复基础上的词汇重复会进一步增强重复抑制效应。

研究发现句法启动特异性地减弱了左侧额下回、左侧中央前回和左侧顶下小叶的激活。句法加工存在典型左半球优势效应,左半球存在一个广泛分布的参与语言产生中句法编码的脑网络(Menenti, Segaert, & Hagoort, 2012)。左侧颞中回负责提取语义句法信息;左侧额下回负责将语义句法信息整合成句子(Snijders 等,2009);中央前回和双侧辅助运动区为运动相关脑区,对即将执行的动作作出计划(Alario, Chainay, Lehericy, & Cohen, 2006; Goldberg, 1985)。

语料库研究发现有目的的沟通会增加句法启动量(Gries, 2005)。基于重复抑制效应的机制,句法启动量增加,句法重复程度提高,会进一步增强重复抑制效应。为了探究是否如此,Schoot 等人(2014)采用同盟者脚本技术,比较个体是否处于沟通情景时的左侧额下回、左侧颞中回、左侧中央前回、双侧辅助运动区等脑区的激活程度,结果并未发现差异。值得注意的是,对话双方的启动效应呈正相关,这启示我们不应忽视沟通等外部因素对句法启动量的影响。

目前尚未有研究采用具有高时间分辨率的事件相关电位技术考察句子产生中的句法启动效应发生的时间进程,有一些研究主要关注了理解任务中的句法启动现象。Ledoux 等人采用快速移动窗口范式呈现启动句子,要求被试默读句子,间隔 1 000 ms 后呈现与先前启动句内容相关的问题,被试按键回答后进入目标项。目标项与启动项模式相同,操纵目标句与启动句之间句法结构是否相同,要求被试默读目标句并回答相关的问题。结果发现当启动句和目标句句法结构相同时,出现了 P600 波幅的降低(Ledoux, Traxler, & Swaab, 2007)。P600 是出现在关键词后 500—800 ms,主要分布在中央顶区的正成分(Osterhout & Holcomb, 1992),属于句法加工相关指标(Silva, Folia, Hagoort, & Petersson, 2017)。P600 波幅的降低反映了句法分析需求的降低。国内学者陈庆荣采用同样的范式,考察了汉语句子理解过程中词汇(动词)重复对句法启动的影响,结果发现与近义动词相比,只有词汇重复条件下出现了 P600 波幅的降低。这支持了剩余激活理论,表明词汇是句法结构的记忆线索,动词相同促进句法启动(Chen, Xu, Tan, Zhang, & Zhong, 2013)。

综上,目前对句子产生中句法启动机制的研究尚不充分。从理论发展看,主要以剩余激活理论和内隐学习理论为主,两大理论尝试从不同角度解释句法启动,但难以解释其全部特点。新理论虽尝试全面解释启动效应,但仍需更多的实证研究支持。从研究方法看,主要通过行为指标推测句法启动内部机制,认知神经科学的研究虽发现了重复抑制效应等成果,但仍有很多问题需要解决。句法启动是研究句法表征、句子产生机制(Feng, Chen, Feng, & Feng, 2014; Segaert 等,2011)和句法发展模式的有效指标(Peter, Chang, Pine, Blything, & Rowland, 2015),研究者可以利用这一指标考察句子产生的认知神经机制。

未来亟待研究的问题集中在以下三个方面。第一,研究者使用了包括 fMRI 和 ERP 等多种脑成像方法探究句法启动的神经机制,但研究仍相对缺乏。有关神经机制的考察要重点关注左侧额下回和左侧颞中回等脑区;关注沟通情景中的句法启动;

借助同盟者脚本技术,明确沟通情景中对话双方句法启动特点的交互作用;研究沟通目的等因素对句法启动相关脑区的影响。引入生态效度较高的脑成像测量方法,比如近红外成像技术,考察自然交流情境中句法启动效应产生的神经机制。第二,当前句法启动效应的研究集中于印欧语系语言,世界上特别是我国具有丰富的语言和方言,在句法结构、词汇特征上各具特色(汪新筱,严秀英,张积家,董方虹,2017)。国内学者可以利用汉语的独特句法特点,开展有关句法启动效应的相关研究。第三,在研究中纳入更多具有独特性的人群,包括儿童、老人、遗忘症患者等,比较其句法启动效应的发生机制的异同。

7.3 口语句子产生中的音韵编码

7.3.1 音韵编码的计划单元

与语法编码阶段相似,音韵编码阶段也存在计划单元的问题。例如 Meyer(1996)在探讨语法编码的计划单元时,也对音韵编码的计划单元作了检验。实验中有三种条件:干扰词与第一个名词音韵相关,干扰词与第二个名词音韵相关,或者干扰词与两个名词的音韵都无关。其中音韵相关词是与目标词的前两个或三个音素相同的词。研究结果显示,无论是表达短语"小孩和狗"还是表达句子"小孩在狗的旁边",都只在第一个名词上发现了音韵促进效应,而第二个名词上未发现音韵促进效应,这表明在说话发音之前,两个目标词条和第一个目标词的音韵形式已经被选择了。那么音韵编码的计划单元是不是就是第一个韵律词呢?

Schriefers(1999)也采用图画—词汇干扰实验范式,给被试呈现由颜色线条构成的图画,要求被试产生德语的无定冠词名词短语,如"roter Tisch"(red table)。干扰词有四种:1. 与短语第一个词的第一个音节音韵相同;2. 与短语第一个词的第二个音节音韵相同;3. 与短语第二个词的第一个音节音韵相同;4. 与短语第一个词和第二个词音韵无关。其中条件 4 作为控制组。干扰词以听觉方式呈现,SOA 有四个水平:0 ms、+150 ms、+300 ms 和 +400 ms。结果发现,干扰类型 1 有显著的音韵促进效应,干扰类型 2 只有微弱的音韵促进效应,干扰类型 3 没有音韵促进效应。进一步的分析结果显示,可以将被试分成两组,一组会将音韵促进效应延续到第一个词的第二个音节,而另一组只在干扰类型 1 下有音韵促进效应。这样的结果不仅表明音韵编码的计划单元可能是音节,而且表明说话人根据条件的不同调整了计划单元的大小。

Jescheniak、Schriefers 和 Hantsch(2003)采用图画—词汇干扰实验范式,设置了四种干扰条件:语义相关、语义无关、音韵相关和音韵无关。其中音韵相关是指干扰词与目标词在起始的辅音—元音音段上相同但是没有语义关联。干扰词以听觉方式呈现。SOA 有三个水平：0 ms、150 ms 和 300 ms。每幅图画都准备了两种尺寸：大(123×123 mm)和小(70×70 mm)，图画以红色或者蓝色呈现。每幅图画的指导语所要求的句式有三种可能：单个名词、简单名词短语(限定词+单个名词)、复杂名词短语(限定词+大小形容词+颜色形容词+单个名词)。在这里我们主要关注音韵条件下的结果(见表 7.2)。

表 7.2　不同的 SOA、句式和干扰类型下的平均反应时和错误率

| 干扰类型 | SOA | | | | | |
| | 0 ms | | 150 ms | | 300 ms | |
	反应时(ms)	错误率(%)	反应时(ms)	错误率(%)	反应时(ms)	错误率(%)
	单个名词					
音韵相关	592	3.6	554	1.5	541	2.4
音韵无关	642	3.4	607	3.5	555	2.4
差异	−50***	+0.2	−53***	−2.0**	−14**	0.0
	简单名词短语					
音韵相关	583	4.3	534	2.7	522	2.0
音韵无关	603	4.7	555	3.8	517	3.0
差异	−20**	−0.4	−21***	−1.1+	+5	−1.0
	复杂名词短语					
音韵相关	855	10.4	824	7.6	781	7.0
音韵无关	827	7.6	820	6.0	773	7.2
差异	+28**	+2.8+	+4	+1.7	+8	−0.2

(注：+ $p < 0.10$，* $p < 0.05$，** $p < 0.01$，*** $p < 0.001$。来源：Jescheniak, Schriefers, & Hantsch, 2003)

实验结果显示：在单个名词产生中，当 SOA 为 0 ms 和 150 ms 时，音韵促进效应最大；而在同样的 SOA 下，简单名词短语产生的音韵促进效应大约降低一半；在 SOA 为 150 ms 和 300 ms 时，复杂名词短语的产生没有出现音韵促进效应；在 SOA 为 0 ms 时，甚至出现了抑制效应。为解释这些发现，Jescheniak 等人提出了层级激活说(graded activation account)，认为在多词话语开始发音之前，话语中各个词的音韵编码都得到了一定程度的激活。激活水平随着词在话语中的位置不同而改变，位置越靠后，激活程度越低。Schriefers(1999)发现的干扰词与第一个词的第二个音节音韵相关时微弱的音韵促进效应，也在一定程度上支持了该假设。总之，图词干扰实验表明，音韵编码的计划单元不超过第一个韵律词，只不过在第一个韵律词内，不同词或者音节的音韵提取程度可能存在差异。在汉语口语产生中，周晓林、庄捷和于淼

(2002)采用同音判断和音节监控方法,考察言语产生中双词素词音韵激活的特点。实验结果不支持音位编码从左到右、序列进行的观点。

计划单元是口语句子产生中的热点问题之一,目前较为一致的研究结果是,音韵编码的计划单元不超过第一个韵律词。但对于音韵编码计划单元的具体大小,目前仍存在争议。事实上,一个韵律词也可以包含多个词汇,那么包含在计划单元中的多个词是序列加工还是平行加工的呢? 很少有研究对此进行直接检验,因为句子产生是一个动态的复杂过程,说话人在发音表达的时候可以同时计划后续的表达,因此至少就行为学方法而言,精确该过程中各个加工阶段的时间进程是很难的。

7.3.2　韵律编码

人类的口语交流最终输出的是一串语音流信息,包括音段信息和韵律信息。韵律指的是发音中的声学—语音学(acoustic-phonetic)特征,与所表达的词汇内容无关。韵律是人类自然口语交流中的典型特征,具有跨语言的共同特点。例如,音高下倾、重读、停顿等特点普遍存在于不同的语言交流中。韵律特征主要包括重音、语调和韵律结构(韵律成分的边界结构);韵律信息一般覆盖两个或两个以上音段,所以又被称为超音段特征。

韵律在语言交流中所起的作用分为两类: 语言功能和情绪功能。韵律的语言功能在不同的语言中存在差异,在声调语言比如汉语或泰语中,声调能够标示单词的意义,词汇判断任务中可以利用声调信息。在非声调语言比如英语或德语中,词汇判断不能基于单词的韵律模式来完成,口语所传递的韵律模式主要在短语或句子水平上起作用(Cutler, Dahan, & van Donselaar, 1997)。韵律的情绪功能表达的是说话者的情感,包括情绪、态度等。因此,语言中的韵律信息是社会交流的重要工具。

重音是韵律特征之一,指的是韵律结构中的某一个音节、词或短语相对突出,主要通过音长、音高、音强等的变化来实现。采用眼动测量方法,Dahan、Tanenhaus 和 Chambers(2002)发现当新信息重读而已知信息不重读时,能够促进对话语的理解。李晓庆和杨玉芳(2005)考察了语言理解过程中韵律信息与新旧信息之间的关系,结果发现信息重读会影响 N400 成分,是否重读与新旧信息之间存在交互作用。在口语理解过程中,听者能够迅速地将重读信息提取并与当前的语境进行整合。Salverda 等人(2007)的研究发现韵律线索影响了词汇水平上的加工。

不同的韵律层级在语言理解中起的作用不同。采用事件相关电位方法,Li 和 Yang(2009)考察了不同的韵律层级在语言理解中的作用,发现语调短语和音系短语都诱发了 CPS (closure positive shift)波,语调短语的潜伏期短于音系短语的,表明被试能更快地觉察到语调短语;语调短语的波幅大于音系短语的,表明语调短语诱发了较强的脑区活动。进一步的研究发现,句子产生中的无声段信息虽然不是诱发 CPS 的决定因素,但是会影响 CPS 的潜伏期和波幅,表明人在说话过程中的停顿时间影响了语言理解过程。

目前,关于韵律在语言加工中的作用的研究多数关注语言理解,对语言产生过程的研究很少。单词的韵律生成可以提取词的固有韵律结构;句子的韵律产生要复杂得多,同一个词在句子韵律结构中的地位不同,就会导致该词的重音、时长和停顿等韵律特征完全不同。Ferreira(1993)指出句子的韵律计划过程贯穿了言语产生信息加工的所有过程,直到语句说出才最终完成,即韵律的产生发生在言语产生的计划和执行阶段。短语或者句子的焦点是在信息水平决定的,语调的决定以语义为基础,而韵律中的时间特征与语义关系不大。

研究者认为口语句子中的韵律产生是由句法结构决定的。Garrett(1975,1976)指出,短语的重音部位并没有随着单词交换错误的发生而转移,这表明短语的重音是独立于短语内的具体单词的。Ferreira(1993)指出句子的口语表达是分阶段完成的,需要在各个阶段构建多个不同的表征,首先要将复杂的命题结构转化为句法结构表征,在此基础上进一步转化为韵律结构表征,再转化成简单的线性的音韵结构。Miyamoto 和 Johnson(2002)的研究结果表明,重音短语(accentual phrase)的形成不依赖于句法,而依赖于单词包含的重音结构。尽管如此,研究发现句子中功能词一般占用的时间较短,而且后面很少有停顿,句子长度会影响句子的停顿模式,这些表现与句法结构无关。因此,研究者指出应该从句子的韵律结构而不是句法结构来预测句子的停顿模式(Gee & Grosjean, 1983)。

言语错误的证据表明,多词话语中音韵计划的单位不超过两个词。Ferreira(1991)发现,音韵计划的单位可能包括整个复杂短语。研究者指出,说话者所使用的计划单元,取决于说话的情景。说话者所使用的计划策略不同,其计划单元也会发生变化。在句子发音之前,句子的不同部分能以不同方式得到不同程度的音韵准备。

Wheeldon 和 Lahiri(1997)使用 Sternberg 等人(Sternberg, Monsell, Knoll, & Wright, 1978; Sternberg, Wright, Knoll, & Monsell, 1980)提出的"准备好的言语产生范式"(prepared speech production paradigm)的一种变式,考察句子产生后期的节奏韵律的产生。研究中首先给被试视觉呈现一个词或词组(如"fresh water");间隔一定时间后,再用听觉方式呈现一个问题,比如"你在找什么",并告诉被试用 4s 的时间准备好一个句子来回答这个问题,要求这个答句准备得尽可能充分;然后在反应信号(蜂鸣声)出现之后,尽快说出准备好的句子,记录句子产生的潜伏期。结果发现,在句法结构、句子包含的词数和音节数量都不变时,句子产生的潜伏期取决于句子包含的韵律词数量。用语调模式和短语结构不同的句子材料,也得到了相同的结果。另一实验发现,实时言语产生(on-line speech production)的潜伏期取决于第一个韵律词的复杂程度,更证明了韵律词是发音的最佳单位(preferred unit)。这些发现支持了这一假设:韵律词是音韵编码中的加工单位。Snedeker 和 Trueswell(2003)采用自然的游戏合作任务,要求讲话者产生韵律线索,听话者利用韵律线索来判断句法歧义短语的意义。实验中记录了听话者的眼动指标,发现讲话者产生的韵律线索在歧义短语出现前就已经开始影响听话者对话语的理解。这表明韵律线索不仅影响了最初的口语分析,而且可以预期讲话者未说出的话语。

韵律加工的认知神经机制

早期的争论主要是左右半球在韵律加工中的作用,主要有三种观点:(1)右半球假说。韵律加工主要发生在大脑右半球,左半球主要负责音段信息,左右半球通过胼胝体传递信息并进行整合(Klouda, Robin, Graff-Radford, & Cooper, 1988)。(2)功能单侧化假说。言语韵律与语言加工主要发生在左半球,右半球负责的是韵律所传递的情感信息的加工。(3)声学线索假说(the acoustic cues hypothesis)。声音信号特有的物理特征决定了会激活哪一侧脑区,即不论韵律的心理功能是语言功能还是情感功能,所有的韵律感知均发生在右半球(Poeppel, 2003)。

认知发展神经科学的研究发现,婴儿对于音调变化的反应更多地表现出右侧化趋势(Homae, Watanabe, Nakano, Asakawa, & Taga, 2006)。针对成人言语知觉的研究对于右半球负责加工韵律单元的假设提供了更多的支持证据。Wong(2002)认为韵律刺激的心理功能决定了脑区的单侧化趋势,词汇音调的加工激活左半球,而语调的加工激活右半球。Gandour 等人(2002)发现左右半球分别对语言的不同因素敏感,左半球在加工母语的词汇音调时会出现激活,表明左半球的激活与低水平的声学特征无关。Gandour 等人(2003)的研究发现母语为汉语的被试在加工词汇音调时激活左半球,而加工语调时激活右半球。目前关于左右半球的争论仍无确定结论。

后期的研究则更为精细地确定了韵律加工的脑激活网络。Hickok 和 Poeppel(2007)指出言语加工的脑区主要包括背侧通路和腹侧通路,腹侧通路负责言语理解,而背侧通路负责言语产生,将听觉信号与额叶的发音网络进行匹配。腹侧通路大部分是双侧化的,在左右两个半球都存在这一通路,而背侧通路呈现左侧化趋势(Rauschecker & Scott, 2009; Saur 等, 2008)。韵律的加工中是否也存在同样的通路,对此仍然存在争论和很多不确定之处。例如,人类大脑的左半球主要负责核心的语言加工能力,包括音韵、句法和语义(Friederici, 2011; Hickok & Poeppel, 2007; Rauschecker & Scott, 2009)。韵律信息的知觉在右半球是否存在同样的两条通路,对此也仍然存在争论(Ross & Monnot, 2008; Witteman, van Ijzendoorn, van de Velde, van Heuven, & Schiller, 2011)。

有关韵律加工的功能联结分析表明确实存在这两条通路,但是研究者的分歧点是:信息是否确实经由背侧通路和腹侧通路进行传递? Sammler、Grosbras、Anwader、Bestelmeyer 和 Belin(2015)的研究中采用了言语刺激分类任务,发现韵律加工激活了经由颞上回的听觉腹侧通路,以及联结颞叶后部和额下回/前运动皮质区域的听觉—运动背侧通路。同时,研究发现在对右半球前运动皮质的激活进行抑制时,被试对于韵律分类任务的成绩下降。前运动皮质区是背侧通路的一部分,这表明右半球在一定程度上参与了韵律加工。研究表明在右半球确实存在两条通路加工韵律信息。

韵律与句法之间的关系

言语信号在时间上逐步展开,具有一维性。通过语言学成分之间的时间关系,即韵律结构,表达语句句法结构这样的二维层级结构(杨玉芳,黄贤军,高路,2006)。语言学领域的传统观点认为句法过程原则上不受音韵的制约(Zwicky, 1969)。Kager和 Zonneveld(1999)进一步指出句法不受音韵制约,句法中不包含音韵信息。Feng(1991,1995)在考察古今汉语的韵律句法现象的基础上,提出了"韵律制约句法"的理论观点,韵律不仅影响形态(morphology),而且会影响句法。冯胜利(2011)发现韵律信息可能使得合法的句法结构变得非法,同时会激活潜在的句法加工过程,只有同时符合韵律和句法规则时,句法加工才是合法的,因此,冯胜利指出"句法不受音韵制约"的假设是不正确的。在对字母语言的研究中,Zec 和 Sharon(1990)也曾提出过"韵律约束句法"的观点。也有研究表明韵律和句法之间的关系是独立的。Miyamoto 等人(2002)的研究发现,重音短语的形成不依赖于句法,而是依赖于单词所包含的重音的结构。也有研究者认为句法结构决定了韵律信息的构建,例如单词发音时间的延长以及停顿等。研究者考察了语言理解中韵律信息和句法信息之间的关系。Salverda、Dahan 和 McQueen(2003)在荷兰语的研究中发现韵律线索影响了最初的句法建构过程。Millotte、René、Wales 和 Christophe(2008)的法语研究中发现如果韵律边界线索强,更有助于被试理解语法结构存在歧义的句子。上述研究表明在语言理解过程中,韵律信息影响了句法分析。

已有韵律编码的研究成果是从对英语、荷兰语和德语的研究中得到的,针对汉语的研究成果主要来自于语言学领域,对声调、语调、韵律结构、韵律和句法的关系等问题都有不少论述,如王洪君(1999)将纯韵律的单位与层级从大到小分为:语调段、调群段、音步、音节和摩拉,并指出只分析纯韵律的标记、单位及其层级,而不考虑词汇句法的条件,是无法生成合乎语感的音流的。在综合考虑韵律和语法二者关系的基础上,将汉语的句法韵律单位层级从小到大定为:摩拉、音系字(音节)、粘合字组(音步)、缩附字组、结合字组(音系短语)、语调短语和话语,并提出音系字是汉语中最小的句法韵律自由单位。汉语语言学研究者们也提出了一些韵律模型,如曹建芬等人提出的汉语韵律模型,为韵律产生的内部心理过程提供了理论支持(曹建芬,吕士楠,杨玉芳,2000)。相比而言,从心理语言学的视角探索韵律产生过程的研究非常少,国内的研究学者应该关注这一领域并开展相应研究。

7.4 口语句子产生中词汇之间的相互影响

在词汇作为目标单元的语言产生过程中,研究者关注的是词汇选择和音韵编码之间的关系,由此提出了独立两阶段理论和两步交互激活理论(详见本书第二章)。在短语或句子产生过程中,研究者则关注多个词汇信息激活之间的关系。已有研究采用眼动技术发现多个词汇的信息激活之间存在时间上的重叠(Meyer, Sleiderink, & Levelt, 1998; Meyer & van der Meulen, 2000),句子完成实验的结果发现词汇的通达会受到句子内其他单词的影响(Rapp & Samuel, 2002)。口语句子产生过程中包括了两个信息激活扩散的方向:纵向(vertical)和横向(horizontal)(Smith & Wheeldon, 2004)。纵向的信息激活扩散指的是句子产生过程中某一阶段的激活扩散到另一个阶段。一个词汇的产生需要经历若干阶段,其中提取的信息也包含多个方面,如语义、音韵、语法等,这些信息之间的关系或者说可能存在的相互影响,被称为信息的纵向流动。在句子产生中,对于每一个词都存在这样的信息纵向流动问题。信息的横向流动则是短语或句子产生中特有的问题。与计划单元相似,这种横向流动的信息有语法信息(包括语义、语法特征等),也有音韵信息(包括音素、重音等)。横向的信息激活扩散指的是句子中各个词汇激活之间的相互影响。在纵向的信息激活扩散中,各个阶段之间的关系可以是独立的,而横向的信息激活扩散之间则存在交互作用。如果计划单元只局限于第一个词(如严格递进假设),那么在句子的产生过程中,不同的词之间是完全序列加工的,也就不存在词汇间的关联性问题,即词汇通达时的相互影响。根据前面的介绍,大多数的研究结果还是支持语法编码的计划单元为某个短语的假设,那么包含在计划单元中的多个词是否会相互影响呢?

句子产生中的词汇之间的影响是系列的(或序列的)(serial)还是平行的(parallel)?对于这一问题,研究者一般采用潜伏期作为指标来考察句子产生过程。Smith和Wheeldon(1999)发现,句子中的第一个短语在开口说话之前已经完成了词汇通达过程,但其研究结果不能表明词汇之间的关系是系列的还是平行的。Meyer、Sleiderink和Levelt(1998)的研究中要求被试描述两幅分开呈现的图片,用"书本和管子"这样的名词联合短语来描述图片。结果发现,与高词频条件相比,被试在低词频条件下对左边图片的注视时间更长,这表明被试并未注意到第二幅图片,其语法编码过程在第一幅图片的音韵编码过程未完成之前并未开始。Meyer 和 van der Meulen(2000)的研究重复出了这一结果。综上,这些发现表明在名词短语中各个词汇的语法编码和音韵编码过程之间是分离的,而不是存在时间上的重叠,为词汇之间的影响是序列加工的观点提供了证据。Levelt 和 Meyer(2000)认为序列加工是为了保证加工负担均匀地分布在整个说话过程中,但这同时会导致单词通达过程的延迟,引起言语产生过程的不流畅。Meyer 等人(1998)所发现的序列加工过程可能是由于图画的一些加工过程在注视发生之前已经开始导致的。Alario 等人探讨了形容词和名词的词频对"形容词 + 名词"的短语(形—名短语,如"the blue kite")命名延迟的影响。研究发现不仅单独改变形容词或名词的词频会对命名延迟产生影响(词频高时命名延迟更短),而且这两个词的词频效应是可以叠加的,该结果符合序列加工理论的预期。根据完全平行加工理论的预测,形容词和名词的词频效应依赖于两者中通达时间较长的那个,而不会发生叠加效应。由此可见,即使计划单元包含多个词,这些词加工的时间进程也可能存在序列性(Alario, Costa, & Caramazza, 2002)。Meyer 和 Dobel(2003)开展了一系列眼动实验,发现客体图画的概念启动先于对该客体的注视。因此,即使有研究为序列加工的观点提供了证据,但目前仍然不能排除平行加工的可能性。

关于各类信息的激活是否存在时间上的重叠并不能为序列和平行加工提供证据,同时也不能为语言加工的模块化(modular)或者交互作用(interactive)提供证据。而言语错误的分析能够为各类词汇之间的关系提供证据,例如声音交互错误(Garrett, 1980b):

目标句:We have a lot of pots and pans to wash.

错误句:We have a lot of pons and pats to wash.

在这个错误中,辅音"n"向左移动被插入到之前的单词中,替换了"t"。这一错误不仅说明两个产生交换的词汇的信息激活在时间上存在重叠,而且表明两类词汇的音素提取产生了相互影响,即存在交互作用,为句子产生中各个词汇之间的交互作用提供了支持证据。

Schriefers(1993)是最早对短语产生中词汇间的相互影响进行实验研究的。采用经典的图词干扰范式,研究者要求被试用荷兰语产生"形容词 + 名词"的短语(adjective-noun phrase)。在荷兰语以及一些欧洲语言中(例如意大利语)都存在性别(gender)的语法特征,也有其对应的语法标记。例如在荷兰语中有两种语法性别,分别标以不同的定冠词。如果产生"红色的椅子"这样没有定冠词的短语,就需要根据名词的语法性别在形容词上加上性别标记。也就是说,在用荷兰语产生"红色的椅子"时,形容词上的性别标记需要依赖于紧接名词的语法性别。据此,研究者让被试用不带定冠词的形—名短语命名图片,图片上是有颜色的物体。干扰词的设置有两种条件:与目标名词的语法性别相同,与目标名词的语法性别不同。结果发现,前者的命名延迟显著长于后者的。从而得出结论,短语中的两个词之间产生了相互影响。

Sprenger、Levelt 和 Kempen(1999)对习语(idiomatic expression)中的词汇关联性进行了研究。被试首先学习一系列词与短语的配对,例如"RISK—to skate on thin ice"(冒险—如履薄冰)和"WINTER—to skate on smooth ice"(冬季—冰上滑行),其中前者包含的短语为习语,而后者不是。然后给被试呈现"词—短语"配对中的词(如"RISK"),要求被试说出对应的短语(如"to skate on thin ice")。如果习语内的词汇之间具有特殊的关联性,那么在产生之前给被试呈现启动词(如"skate")将会对习语具有更大的启动效应,因为习语中的"skate"会通过词汇间的关联性而启动习语中的其他词汇。实验结果证实了该预期,表明习语中的词汇间具有特殊的关联性。不过上述两项研究采用的语料都具有语法的特殊性,其结论难以推广到一般的短语和句子产生上。

Rapp 和 Samuel(2002)的研究中要求被试根据句子所提供的线索,选择合适的单词进行填空,以完成句子。例如,在音韵启动条件下,所提供的句子如下:

The man walked into the bank and slipped on some ice. He'd gone to deposit his *check* and nearly broke his _____.

句子中的单词"check"为后面可能会填入的单词"neck"提供了音韵线索。在无启动条件下,句子中出现的词不能为填空词提供线索,例如用"payment"代替单词"check"。研究者发现在音韵启动条件下,被试发现目标词的时间显著短于无启动条件下的情况,这表明词汇通达过程受到从音韵编码反馈至语法编码的信息的影响,而且也表明句子中不同单词之间存在着横向信息之间的相互影响。

与上述具有语法特殊性的材料相比,并列名词短语(如"小孩和狗")具有独特的优势,因而在句子产生研究领域被广为应用。在该短语中,两个名词的地位相对并列,语法关系也相对独立,这两个词之间的关系会为关联性问题提供更为客观的证据。Smith 和 Wheeldon(2004)考察了句子中并列名词之间的相互影响,他们要求被试根据屏幕上图片的运动情况来命名一幅图(它的名称对应于表达中的第一个名词)和一个名词(表达中的第二个名词),这两个名词可能在同一个短语内,例如:

The saw and the axe move down. (锯和斧子向下移动。)

也可能在不同的短语内,例如:

The saw moves towards the axe. (锯向斧子移动。)

上面的两个例子都是两个名词语义相关的情况,两者还可能音韵相关(首音节或末音节相同),或者没有语义和音韵上的关联。结果发现,当两个名词位于同一短语内时,语义相关延长命名延迟,音韵相关缩短命名延迟;当两个名词不在同一短语,但在同一句子内时,只有语义干扰效应,没有音韵促进效应。由此得出结论,语义和音韵信息的激活都存在水平方向上的流动,不过两者流动的范围不同——语义信息的激活可以跨短语,而音韵信息的激活只在短语内流动。Smith 和 Wheeldon(2004)的方法突破了传统的图画—词汇干扰实验范式的限制,对句子产生过程中不同词之间的相互影响展开了直接的研究。然而,尽管该研究采用了图片和词的命名,但在观察到句子中的词汇之间存在信息的横向流动时,依然无法判断是第一个名词(N1)影响了第二个名词(N2),还是 N2 影响了 N1,或是二者互相影响。

由于呈现客体的运动可能诱发其他混淆因素,Yang 和 Yang(2008)对该研究进行改进,考察了汉语口语句子产生过程。首先,他们让被试描述静止的刺激,从而避免了运动可能带来的干扰。将句子包含的名词增加到 3 个,如"孔雀(N1)和玉米(N2)在凤凰(N3)的右边"。通过操作第三个名词(N3)和第一、二个名词(N1、N2)的语义或音韵关系,研究信息的横向流动。结果在 N1 和 N3 之间观察到语义干扰效应,而 N2 和 N3 之间没有。这说明在开口说话以前,来自 N3 的语义信息干扰了 N1 的词条选择,但没有对 N2 的词条选择产生影响。进而推论出语义信息水平流动的方向:在 N1 和 N2 之间的语义信息水平流动使 N2 的语义信息干扰了 N1 的词条选择,而非 N1 对 N2 的影响。

综上,关于口语句子产生中词汇间的相互影响问题,目前较为一致的结果是,语义信息的激活流动范围可以跨越语法短语,这一点与计划单元的研究结果相呼应。但是关于词汇间相互影响的问题,研究成果并不是很丰富,需要进一步探索。

本章总结

本章阐述了口语句子产生过程的研究问题及其现状,主要包括对句子产生中语法编码、音韵编码以及句子产生中词汇间信息提取方式的研究,并在每一部分强调了国内学者对汉语句子产生过程的研究成果。相对而言,由于句子产生过程的研究难度较大,其研究成果寥寥无几。汉语句子在语法和韵律方面与印欧语系语言有较大差异,对汉语句子产生过程的研究具有独特价值,其与印欧语系语言的对比将为句子产生理论模型的建立作出重要贡献。

参考文献

曹建芬,吕士楠,杨玉芳.(2000). Chinese prosody and a proposed phonetic model.中国社会科学院语言研究所语音学报告(pp.27—32).

冯胜利.(2002).韵律构词与韵律句法之间的交互作用.中国语文,291(6),515—524.

冯胜利.(2011).句法真的不受语音制约吗? 汉语学习,6,13—23.

李林.(2006).内隐记忆和内隐学习的整合研究趋向.心理科学进展,14(6),810—816.

李晓庆,杨玉芳.(2005).不一致性重读对口语语篇加工中信息激活水平的影响.心理学报,37,285—290.

汪新筱,严秀英,张积家,董方虹.(2017).平辈亲属词义加工中长幼概念的空间隐喻和重量隐喻———来自中国朝鲜族和汉族的证据.心理学报,49(2),174—185.

王洪君.(1999).汉语非线性音系学.北京:北京大学出版社.

王启.(2012).二语交互中的隐性正面证据———一项探讨交互促学机理的实证研究.现代外语,35(1),62—69.

杨洁,张亚旭.(2007).句子产生中的句法启动.心理科学进展,15(2),288—294.

杨玉芳.(2015).心理语言学.北京:科学出版社.

杨玉芳,黄贤军,高路.(2006).韵律特征研究.心理科学进展,14(4),546—550.

赵黎明,杨玉芳.(2013).汉语口语句子产生的语法编码计划单元.心理学报,45(6),599—613.

周晓林,庄捷,于淼.(2002).言语产生中双词素词的语音编码.心理学报,34(3),242—247.

Alario, F.-X., Chainay, H., Lehericy, S., & Cohen, L.(2006). The role of the supplementary motor area (SMA) in word production. *Brain Research*, *1076*(1),129‑143.

Alario, F.X., Costa, A., & Caramazza, A.(2002). Frequency effects in noun phrase production: Implications for models of lexical access. *Language and Cognitive Processes*, *17*,299‑319.

Allum, P.H., & Wheeldon, L.R.(2007). Planning scope in spoken sentence production: The role of grammatical units. *Journal of Experimental Psychology: Learning, Memory, and Cognition*, *33*,791‑810.

Bernolet, S., Colleman, T., & Hartsuiker, R.J.(2014). The "sense boost" to dative priming: Evidence for sense-specific verb-structure links. *Journal of Memory and Language*, *76*,113‑126.

Bernolet, S., Collina, S., & Hartsuiker, R.J.(2016). The persistence of syntactic priming revisited. *Journal of Memory and Language*, *91*,99‑116.

Bernolet, S., & Hartsuiker, R.J.(2010). Does verb bias modulate syntactic priming? *Cognition*, *114*(3),455.

Bernolet, S., Hartsuiker, R.J., & Pickering, M.J.(2007). Shared syntactic representations in bilinguals: Evidence for the role of word-order repetition. *Journal of Experimental Psychology: Learning, Memory, and Cognition*, *33*(5), 931‑949.

Bernolet, S., Hartsuiker, R.J., & Pickering, M.J.(2009). Persistence of emphasis in language production: A cross-linguistic approach. *Cognition*, *112*(2),300‑317.

Bock, J.K., & Kroch, A.S.(1989). The isolability of syntactic processing. In G.N. Carlson & M.K. Tanenhaus (Eds.), *Linguistic structure in language processing* (pp.157‑196). Dordrecht, The Netherlands: Kluwer.

Bock, J.K., & Levelt, W.J.M.(1994). Language production: Grammatical encoding. In M. Gernsbacher (Ed.), *Handbook of psycholinguistics*(pp.945‑984). San Diego: Academic Press.

Bock, K.(1986a). Syntactic persistence in language production. *Cognitive Psychology*, *18*(3),355‑387.

Bock, K.(1986b). Meaning, sound, and syntax: Lexical priming in sentence production. *Journal of Experimental Psychology: Learning, Memory, and Cognition*, *12*(4),575‑586.

Bock, K., Dell, G.S., Chang, F., & Onishi, K.H.(2007). Persistent structural priming from language comprehension to language production. *Cognition*, *104*(3),437‑458.

Bock, K., & Griffin, Z.M.(2000). The persistence of structural priming: Transient activation or implicit learning? *Journal of Experimental Psychology-General*, *129*(2),177‑192.

Branigan, H. P., & McLean, J. F..(2016). What children learn from adults' utterances: An ephemeral lexical boost and persistent syntactic priming in adult-child dialogue. *Journal of Memory and Language*, *91*,141‑157.

Branigan, H. P., & Messenger, K.(2016). Consistent and cumulative effects of syntactic experience in children's sentence production: Evidence for error-based implicit learning. *Cognition*, *157*,250.

Branigan, H.P., Pickering, M.J., & Cleland, A.A.(1999). Syntactic priming in written production: Evidence for rapid decay. *Psychonomic Bulletin & Review*, *6*(4),635‑640.

Branigan, H.P., Pickering, M.J., & Cleland, A.A.(2000). Syntactic co-ordination in dialogue. *Cognition*, *75*,B13‑B25.

Chang, F., Baumann, M., Pappert, S., & Fitz, H.(2015). Do Lemmas Speak German? A Verb Position Effect in German Structural Priming. *Cognitive Science*, *39*(5),1113‑1130.

Chang, F., Dell, G.S., & Bock, K.(2006). Becoming syntactic. *Psychological Review*, *113*(2),234‑272.

Chang, F., Dell, G.S., Bock, K., & Griffin, Z.M.(2000). Structural Priming as Implicit Learning: A Comparison of Models of Sentence Production. *Journal of Psycholinguistic Research*, *29*(2),217‑229.

Chen, Q., Xu, X., Tan, D., Zhang, J., & Zhong, Y.(2013). Syntactic priming in Chinese sentence comprehension: Evidence from event-related potentials. *Brain and Cognition*, *83*(1),142‑152.

Cho-Reyes, S., Mack, J.E., & Thompson, C.K.(2016). Grammatical encoding and learning in agrammatic aphasia:

Evidence from structural priming. *Journal of Memory & Language*, *91*,202 – 218.

Clark, H. H. , & Wasow, T. (1998). Repeating words in spontaneous speech. *Cognitive Psychology*, *37*,201 – 242.

Cutler, A. , Dahan, D. , & van Donselaar, W. (1997). Prosody in the comprehension of spoken language: A literature review. *Language and Speech*, *40*(2),141 – 201.

Dahan, D. , Tanenhaus, M. K. , & Chambers, C. G. (2002). Accent and reference resolution in spoken-language Comprehension. *Journal of Memory and Language*, *47*,292 – 314.

Dell, G. S. (1986). A spreading-activation theory of retrieval in sentence production. *Psychological Review*, *93*,283 – 321.

Dell, G. S. , & O'Seaghdha, P. G. (1992). Stages of lexical access in language production. *Cognition*, *42*,287 – 314.

Feng, H. , Chen, L. , Feng, L. , & Feng, L. (2014). A Review of the Syntactic Priming—A Research Method in Sentence Production. *Open Journal of Modern Linguistics*, *4*(5),641 – 650.

Feng, S. (1991). Prosodic structure and word order change in Chinese. *The PENN Review of Linguistics*, 15.

Feng, S. (1995). *Prosodic Structure and Prosodically Constrained Syntax in Chinese*. Ph. D. dissertation, University of Pennsylvania.

Ferraria, M. , & Quaresima, V. (2012). A brief review on the history of human functional near-infrared spectroscopy (fNIRS) development and fields of application. *NeuroImage*, *63*(2),921 – 935.

Ferreira, F. (1991). Effects of length and syntactic complexity on initiation times for prepared utterances. *Journal of Memory and Language*, *30*,210 – 233.

Ferreira, F. (1993). Creation of prosody during sentence production. *Psychological Review*, *100*(2),233 – 253.

Ferreira, F. (2002). Prosody. *Encyclopedia of cognitive science*. London, UK: Macmillan Reference Ltd.

Ferreira, F. , & Swets, B. (2002). How incremental is language production? Evidence from the production of utterances requiring the computation of arithmetic sums. *Journal of Memory and Language*, *46*(1),57 – 84.

Ferreira, V. S. , & Bock, K. (2006). The functions of structural priming. *Language*, *Cognition and Neuroscience*, *21*(7 – 8),1011.

Ferreira, V. S. , Bock, K. , Wilson, M. P. , & Cohen, N. J. (2008). Memory for syntax despite amnesia. *Psychological Science*, *19*(9),940 – 946.

Foltz, A. , Thiele, K. , Kahsnitz, D. , & Stenneken, P. (2015). Children's syntactic-priming magnitude: Lexical factors and participant characteristics. *Journal of Child Language*, *42*(04),932 – 945.

Foss, D. J. , & Hakes, D. T. (1978). *Psycholinguistic: An introduction to the psychology of language*. Englewood Cliffs, NJ: Prentice Hall.

Friederici, A. D. (2011). The brain basis of language processing: from structure to function. *Physiology Review*, *91*, 1357 – 1392.

Gandour, J. , Dzemidzic, M. , Wong, D. , Lowe, M. , Tong, Y. , Hsieh, L. , et al. (2003). Temporal integration of speech prosody is shaped by language experience: An fMRI study. *Brain and Language*, *84*,318 – 336.

Gandour, J. , Wong, D. , Lowe, M. , Dzemidzic, M. , Satthamnuwong, N. , Tong, Y. , & Li, X. (2002). A cross-linguistic fMRI study of spectral and temporal cues underlying phonological processing. *Journal of Cognitive Neuroscience*, *14*,1076 – 1087.

Garrett, M. F. (1975). The analysis of sentence production. In G. Bower, *Psychology of learning and motivation* (pp. 505 – 529). New York: Academic Press.

Garrett, M. F. (1976). Syntactic processes in sentence production. In R. Wales & E. Walker (Eds.), *New approaches to language mechanisms* (pp. 231 – 255). Amsterdam: North-Holland.

Garrett, M. F. (1980a). Levels of processing in sentence production. In B. Butterworth (Ed.), *Language Production*, *Vol. 1. Speech and Talk* (pp. 177 – 230). New York: Academic Press.

Garrett, M. F. (1980b). The limits of accommodation: Arguments for independent processing levels in sentence production. In V. A. Fromkin (Ed.), *Errors in linguistic performance: Slips of the tongue, ear, pen and hand* (pp. 263 – 272). New York: Academic Press.

Garrett, M. F. (1982). Production of speech: Observations from normal and pathological language use. In A. Ellis (Ed.), *Normality and pathology in cognitive functions* (pp. 19 – 76). London: Academic Press.

Garrett, M. F. (1988). Processes in language production. In F. J. Newmeyer (Ed.), *Linguistics: The cambridge survey: III. Language: Psychological and biological aspects* (pp. 69 – 96). Cambridge: Cambridge University Press.

Gee, J. P. , & Grosjean, F. (1983). Performance structures: A psycholinguistic and linguistic appraisal. *Cognitive Psychology*, *15*,411 – 458.

Goldberg, G. (1985). Supplementary motor area structure and function: Review and hypotheses. *Behavioral and Brain Sciences*, *8*(4),567 – 588.

Gries, S. T. (2005). Syntactic priming: A corpus-based approach. *Journal of Psycholinguistic Research*, *34*(4),365 – 399.

Gries, S. T. , & Kootstra, G. J. (2017). Structural priming within and across languages: A corpus-based perspective. *Bilingualism: Language and Cognition*, *20*(2),235 – 250.

Griffin, Z. M. (2001). Gaze durations during speech reflect word selection and phonological encoding. *Cognition*, *82*, B1 – B14.

Hartsuiker, R. J. , Beerts, S. , Loncke, M. , Desmet, T. , & Bernolet, S. (2016). Cross-linguistic structural priming in multilinguals: Further evidence for shared syntax. *Journal of Memory and Language*, *90*,14 - 30.

Hartsuiker, R.J. , & Bernolet, S.(2017). The development of shared syntax in second language learning. *Bilingualism: Language and Cognition*, *20*(2),219 - 234.

Hartsuiker, R.J. , Bernolet, S. , Schoonbaert, S. , Speybroeck, S. , & Vanderelst, D.(2008). Syntactic priming persists while the lexical boost decays: Evidence from written and spoken dialogue. *Journal of Memory and Language*, *58*(2), 214 - 238.

Hartsuiker, R.J. , Pickering, M.J. , & Veltkamp, E.(2004). Is Syntax Separate or Shared between Languages? Cross-Linguistic Syntactic Priming in Spanish-English Bilinguals. *Psychological Science*, *15*(6),409 - 414.

Heyselaar, E. , Hagoort, P. , & Segaert, K.(2017). How social opinion influences syntactic processing—An investigation using virtual reality. *Plos One*, *12*(4), e0174405.

Heyselaar, E. , Segaert, K. , Walvoort, S.J.W. , Kessels, R.P.C. , & Hagoort, P.(2017). The role of nondeclarative memory in the skill for language: Evidence from yntactic priming in patients with amnesia. *Neuropsychologia*, *101*, 97 - 105.

Hickok, G. , & Poeppel, D.(2007). The cortical organization of speech processing. *Nature Review Neuroscience*, *8*,393 - 402.

Homae, F. , Watanabe, H. , Nakano, T. , Asakawa, K. , & Taga, G.(2006). The right hemisphere of sleeping infant perceives sentential prosody. *Neuroscience Research*, *54*,276 - 280.

Hsu, D.-B. (2014). Structural Priming as Learning: Evidence from Mandarin-Learning 5-Year-Olds. *Language Acquisition*, *21*(2),156 - 172.

Huang, J. , Pickering, M.J. , Yang, J. , Wang, S. , & Branigan, H.P.(2016). The independence of syntactic processing in Mandarin: Evidence from structural priming. *Journal of Memory and Language*, *91*,81 - 98.

Ivanova, I. , Wardlow, L. , Warker, J. , & Ferreira, V. S. (2017). The effect of anomalous utterances on language production. *Memory & Cognition*, *45*(2),308 - 319.

Jaeger, T.F. , & Snider, N.(2013). Alignment as a consequence of expectation adaptation: Syntactic priming is affected by the prime's prediction error given both prior and recent experience. *Cognition*, *127*(1),57 - 83.

Jescheniak, J.D. , Schriefers, H. , & Hantsch, A.(2003). Utterance format affects phonological priming in the picture-word task: Implications for models of phonological encoding in speech production. *Journal of Experimental Psychology: Human Perception and Performance*, *29*(2),441 - 454.

Kager, R. , & Zonneveld, W.(1999). *Phrasal Phonology*. Nijmegen: Nijmegen University Press.

Kaschak, M. P. (2007). Long-term structural priming affects subsequent patterns of language production. *Memory & Cognition*, *35*(5),925 - 937.

Kaschak, M.P. , & Borreggine, K. L. (2008). Is long-term structural priming affected by patterns of experience with individual verbs? *Journal of Memory and Language*, *58*(3),862 - 878.

Kaschak, M.P. , Kutta, T. J. , & Coyle, J. M. (2014). Long and Short Term Cumulative Structural Priming Effects. *Language, Cognition and Neuroscience*, *29*(6),728.

Kaschak, M.P. , Kutta, T.J. , & Schatschneider, C.(2011). Long-term cumulative structural priming persists for (at least) one week. *Memory & Cognition*, *39*(3),381 - 388.

Kempen, G. , & Hoenkamp, E. (1987). An incremental procedural grammar for sentence formulation. *Cognitive Science*, *11*,201 - 258.

Kempen, G. , & Huijbers, P.(1983). The lexicalization process in sentence production and naming: Indirect election of words. *Cognition*, *14*,185 - 209.

Klouda, G.V. , Robin, D.A. , Graff-Radford, N. R. , & Cooper, W. E. (1988). The role of callosal connections in speech prosody. *Brain and Language*, *35*,154 - 171.

Konopka, A.E. , & Kuchinsky, S. E. (2015). How message similarity shapes the time course of sentence formulation. *Journal of Memory and Language*, *84*,1 - 23.

Kootstra, G.J. , & Muysken, P.(2017). Cross-linguistic priming in bilinguals: Multidisciplinary perspectives on language processing, acquisition, and change. *Bilingualism: Language and Cognition*, *20*(2),215 - 218.

Lachman, R. (1973). Uncertainty effects on time to access the internal lexicon. *Journal of Experimental Psychology*, *99*,199 - 208.

Lantolf, J. P. (2006). Sociocultural theory and L2: State of the art. *Studies in second language acquisition*, *28*(1),67 - 109.

Ledoux, K. , Traxler, M.J. , & Swaab, T. Y. (2007). Syntactic priming in comprehension: Evidence from event-related potentials. *Psychological Science*, *18*(2),135 - 143.

Levelt, W.J. M. (1989). *Speaking: From intention to articulation*. Cambridge, MA: MIT Press.

Levelt, W.J. M. , & Kelter, S.(1982). Surface form and memory in question answering. *Cognitive Psychology*, *14*,78 - 106.

Levelt, W. J. M. , & Maassen, B.(1981). Lexical search and order of mention in sentence production. In W. Klein and W. Levelt (Eds.), *Crossing the boundaries in linguistics* (pp. 221 - 252). Dordrecht: Reidel.

Levelt, W.J. M. , & Meyer, A. S. (2000). Word for word: Multiple lexical access in speech production. *European*

Journal of Cognitive Psychology, 12,433 - 452.

Levelt, W. J. M. , Roelofs, A. , & Meyer, A. S. (1999). A theory of lexical access in speech production. *Behavioral and Brain Sciences*, 22(1),1 - 75.

Li, W. J. , & Yang, Y. F. (2009). Perception of prosodic Hierarchical Boundaries in Mandarin Chinese Sentences. *Neuroscience*, 158,1416 - 1425.

Lindsley, J. R. (1975). Producing simple utterance: How far ahead do we plan? *Cognitive Psychology*, 7,1 - 19.

Lindsley, J. R. (1976). Producing simple utterance: Details of the planning process. *Journal of Psycholinguisitic Research*, 5,331 - 354.

Mahowald, K. , James, A. , Futrell, R. , & Gibson, E. (2016). A meta-analysis of syntactic priming in language production. *Journal of Memory and Language*, 91,5 - 27.

Malhotra, G. , Pickering, M. , Branigan, H. , & Bednar, J. A. (2008). *On the persistence of structural priming: Mechanisms of decay and influence of word-forms*. Paper presented at the Proceedings of the Cognitive Science Society, Austin.

Melinger, A. , & Cleland, A. A. (2011). The influence of sentential position on noun phrase structure priming. *Quarterly Journal of Experimental Psychology*, 64(11),2211 - 2235.

Menenti, L. , Segaert, K. , & Hagoort, P. (2012). The neuronal infrastructure of speaking. *Brain & Language*, 122(2), 71 - 80.

Meyer, A. S. (1996). Lexical access in phrase and sentence production. *Journal of Memory and Language*, 35,477 - 496.

Meyer, A. S. , & Dobel, C. (2003). Application of eyetracking in speech production research. In J. Hyona, R. Radach, & H. Deubel (Eds.), *The mind's eye: Cognitive and applied aspects of eye movement research* (pp. 239 - 251). Amsterdam: Elsevier.

Meyer, A. S. , Sleiderink, A. M. , & Levelt, W. J. M. (1998). Viewing and naming objects: Eye movements during noun phrase production. *Cognition*, 66,B25 - B33.

Meyer, A. S. , & van der Meulen, F. F. (2000). Phonological priming effects on speech onset latencies and viewing times in object naming. *Psychological Bulletin and Review*, 7,314 - 319.

Millotte, S. , René, A. , Wales, R. , & Christophe, A. (2008). Phonological Phrase Boundaries Constrain the Online Syntactic Analysis of Spoken Sentences. *Journal of Experimental Psychology: Learning, Memory, and Cognition*, 34, 874 - 885.

Miyamoto, T. , & Johnson, C. (2002). Accentual phrasing in Japanese: The significance of underlying accents. *Speech Prosody*, 519 - 522.

Osterhout, L. , & Holcomb, P. J. (1992). Event-related brain potentials elicited by syntactic anomaly. *Journal of Memory and Language*, 31(6),785 - 806.

Peter, M. , Chang, F. , Pine, J. M. , Blything, R. , & Rowland, C. F. (2015). When and how do children develop knowledge of verb argument structure? Evidence from verb bias effects in a structural priming task. *Journal of Memory & Language*, 81(1),1 - 15.

Pickering, M. J. , & Branigan, H. P. (1998). The representation of verbs: Evidence from syntactic priming in language production. *Journal of Memory and Language*, 39(4),633 - 651.

Pickering, M. J. , & Ferreira, V. S. (2008). Structural Priming: A Critical Review. *Psychological Bulletin*, 134(3),427 - 459.

Poeppel, D. (2003). The analysis of speech in different temporal integration windows: Cerebral lateralization as 'asymmetric sampling in time'. Speech Communication. 41,245 - 255.

Potter, M. C. , & Lombardi, L. (1990). Regeneration in the short-term recall of sentences. *Journal of Memory and Language*, 29,633 - 654.

Rapp, D. N. , & Samuel, A. G. (2002). A reason to rhyme: Phonological and semantic influences on lexical access. *Journal of Experimental Psychology: Learning, Memory, and Cognition*, 28,564 - 571.

Rauschecker, J. P. , & Scott, S. K. (2009). Maps and streams in the auditory cortex: Nonhuman primates illuminate human speech processing. *Nature Neuroscience*, 12,718 - 724.

Reitter, D. (2008). *Context effects in language production: Models of syntactic priming in dialogue corpora*. (Unpublished doctoral dissertation), University of Edinburgh.

Reitter, D. , Moore, J. D. , & Keller, F. (2006). *Priming of syntactic rules in task-oriented dialogue and spontaneous conversation*. Paper presented at the 28th Annual Conference of the Cognitive Science Society, Vancouver.

Reitter, D. , Moore, J. D. , & Keller, F. (2011). A Computational Cognitive Model of Syntactic Priming. *Cognitive Science*, 35(4),587 - 637.

Roelofs, A. (1992). A spreading-activation theory of lemma retrieval in speaking. *Cognition*, 42(1 - 3),107 - 142.

Roelofs, A. (1993). Testing a non-decompositional theory of lemma retrieval in speaking: Retrieval of verbs. *Cognition*, 47(1),59 - 87.

Ross, E. D. , & Monnot, M. (2008). Neurology of affective prosody and its functional-anatomic organization in right hemisphere. *Brain and Language*, 104,51 - 74.

Rowland, C. F. , Chang, F. , Ambridge, B. , Pine, J. M. , & Lieven, E. V. (2012). The Development of Abstract Syntax: Evidence from Structural Priming and the Lexical Boost. *Cognition*, 125(1),49 - 63.

Salverda, P. A. , Dahan, D. , & McQueen. M. J. (2003). The role of prosodic boundaries in the resolution of lexical embedding in speech comprehension. *Cognition*, *90*, 51 – 89.

Salverda, P. A. , Dahan, D. , Tanenhaus, K. M. , Crosswhite, K. , Masharov, M. , & McDonough, J. (2007). Effects of prosodically modulated sub-phonetic variation on lexical competition. *Cognition*, *105*, 466 – 476.

Sammler, D. , Grosbras, M-H. , Anwader, A. , Bestelmeyer, P. E. G. , & Belin, P. (2015). Dorsal and ventral pathways for prosody. *Current Biology*, *25*, 1 – 7.

Saur, D. , Kreher, B. W. , Schnell, S. , Kummerer, D. , Kellmeyer, P. , Vry, M. S. , et al. (2008). Ventral and dorsal pathways for language. *Proceedings of National Academy of Sciences, USA.*, *105*, 18035 – 18040.

Scheepers, C. , Raffray, C. N. , & Myachykov, A. (2017). The lexical boost effect is not diagnostic of lexically-specific syntactic representations. *Journal of Memory and Language*, *95*, 102 – 115.

Schoot, L. , Menenti, L. , Hagoort, P. , & Segaert, K. (2014). A little more conversation-The influence of communicative context on syntactic priming in brain and behavior. *Frontiers in Psychology*, *5*, 208.

Schriefers, H. (1992). Lexical access in the production of noun phrases. *Cognition*, *45*, 33 – 54.

Schriefers, H. (1993). Syntactic processes in the production of noun phrases. *Journal of Experimental Psychology: Learning, Memory, and Cognition*, *19*, 841 – 850.

Schriefers, H. (1999). Phonological facilitation in the production of two-word utterances. *European Journal of Cognitive Psychology*, *11*(1), 17 – 50.

Segaert, K. , Kempen, G. , Petersson, K. M. , & Hagoort, P. (2013). Syntactic priming and the lexical boost effect during sentence production and sentence comprehension: An fMRI study. *Brain and Language*, *124*(2), 174 – 183.

Segaert, K. , Menenti, L. , Weber, K. , & Hagoort, P. (2011). A paradox of syntactic priming: Why response tendencies show priming for passives, and response latencies show priming for actives. *Plos One*, *6*(10), e24209.

Segaert, K. , Weber, K. , Claddermicus, M. , & Hagoort, P. (2014). The influence of verb-bound syntactic preferences on the processing of syntactic structures. *Journal of Experimental Psychology: Learning, Memory, and Cognition*, *40* (5), 1448 – 1460.

Segaert, K. , Weber, K. , de Lange, F. P. , Petersson, K. M. , & Hagoort, P. (2013). The suppression of repetition enhancement: A review of fMRI studies. *Neuropsychologia*, *51*(1), 59 – 66.

Segaert, K. , Weber, K. , Petersson, K. M. , & Hagoort, P. (2012). Shared syntax in language production and language comprehension — An FMRI study. *Cerebral Cortex*, *22*(7), 1662.

Segaert, K. , Wheeldon, L. , & Hagoort, P. (2016). Unifying structural priming effects on syntactic choices and timing of sentence generation. *Journal of Memory and Language*, *91*, 59 – 80.

Shetreet, E. , & Friedmann, N. (2014). The processing of different syntactic structures: fMRI investigation of the linguistic distinction between wh-movement and verb movement. *Journal of Neurolinguistics*, *27*(1), 1 – 17.

Shin, J.-A. , & Christianson, K. (2009). Syntactic processing in Korean-English bilingual production: Evidence from cross-linguistic structural priming. *Cognition*, *112*(1), 175 – 180.

Silva, S. , Folia, V. , Hagoort, P. , & Petersson, K. M. (2017). The P600 in implicit artificial grammar learning. *Cognitive Science*, *41*(1), 137 – 157.

Slocombe, K. E. , Alvarez, I. , Branigan, H. P. , Jellema, T. , Burnett, H. G. , Fischer, A. et al. (2012). Linguistic alignment in adults with and without Asperger's syndrome. *Journal of Autism & Developmental Disorders*, *43*(6), 1423 – 1436.

Smith, M. , & Wheeldon, L. (1999). High level processing scope in spoken sentence production. *Cognition*, *73*, 205 – 246.

Smith, M. , & Wheeldon, L. (2001). Syntactic priming in spoken sentence production: An online study. *Cognition*, *78*, 123 – 164.

Smith, M. , & Wheeldon, L. (2004). Horizontal information flow in spoken sentence production. *Journal of Experimental Psychology: Learning, Memory, and Cognition*, *30*, 675 – 686.

Snedeker, J. , & Trueswel, J. (2003). Using prosody to avoid ambiguity: Effects of speaker awareness and referential context. *Journal of Memory and Language*, *48*, 103 – 130.

Snijders, T. M. , Vosse, T. , Kempen, G. , Van Berkum, J. J. , Petersson, K. M. , & Hagoort, P. (2009). Retrieval and unification of syntactic structure in sentence comprehension: An fMRI study using word-category ambiguity. *Cerebral Cortex*, *19*(7), 1493 – 1503.

Sprenger, S. , Levelt, W. J. M. , & Kempen, G. (1999). Producing idiomatic expressions: Idiom representation and access. Poster presented at AMLaP-99, Edinburgh.

Sternberg, S. , Monsell, S. , Knoll, R. L. , & Wright, C. E. (1978). The latency and duration of rapid movement sequences: Comparisons of speech and typewriting. In G. E. Stelmach (Ed.), *Information processing in motor control and learning* (pp. 117 – 152). New York: Academic Press.

Sternberg, S. , Wright, C. E. , Knoll, R. L. , & Monsell, S. (1980). Motor programs in rapid speech: Additional evidence. In R. A. Cole (Ed.), *The perception and production of fluent speech* (pp. 507 – 534). Hillsdale, NJ: Erlbaum.

van Beijsterveldt, L. M. , & van Hell, J. G. (2009). Structural priming of adjective-noun structures in hearing and deaf children. *Journal of Experimental Child Psychology*, *104*(2), 179.

Wagner, V., Jescheniak, J. D., & Schriefers, H. (2010). On the flexibility of grammatical advance planning during sentence production: Effects of cognitive load on multiple lexical access. *Journal of Experimental Psychology: Learning, Memory, and Cognition, 36*(2), 423-440.

Weber, K., Christiansen, M. H., Petersson, K. M., Indefrey, P., & Hagoort, P. (2016). fMRI syntactic and lexical repetition effects reveal the initial stages of learning a new language. *The Journal of Neuroscience, 36* (26), 6872-6880.

Wheeldon, L., & Lahiri, A. (1997). Prosodic units in speech production. *Journal of Memory and Language, 37*(3), 356-381.

Witteman, J., van Ijzendoorn, M. H., van de Velde, D., van Heuven, V. J., & Schiller, N. O. (2011). The nature of hemispheric specialization for linguistic and emotional prosodic perception: A meta-analysis of the lesion literature. *Neuropsychologia, 49*, 3722-3738.

Wong, P. C. M. (2002). Hemispheric specialization of linguistic pitch patterns. *Brain Research Bulletin, 59*, 83-95.

Yang, J., & Yang, Y. (2008). Horizontal flow of semantic and phonological information in Chinese spoken sentence production. *Language and Speech, 51*, 267-284.

Zec, D., & Sharon, I. (1990). Prosodically Constrained Syntax. In S. Inkelas & D. Zec(Eds.), *The Phonology-Syntax Connection*. University of Chicago Press.

Zhao, L., Alario, F.-X., & Yang, Y. (2014). Grammatical planning scope in sentence production: Further evidence for the functional phrase hypothesis. *Applied Psycholinguisitics, 36*, 1059-1075.

Zwicky, A. M. (1969). Phonological constraints in syntactic descriptions. *Paper in Linguistics, 1*(3), 411-463.

Zwicky, A. M., & Pullum, G. K. (1986). The principle of phonology-free syntax: Introductory remarks. *Journal of Linguistics, 32*.

8 口语产生中的认知年老化

在口语产生研究领域,已有的实验研究和老年人的日常自我报告都表明:随着年龄增长,与青年人比较,老年人在日常生活交流中存在更多的对于熟悉单词不能成功提取的现象(Mortensen, Meyer, & Humphreys, 2006)。也就是说,个体的语言表达能力存在随着年龄增长而发生衰退的现象。认知年老化指的是,成人随着年龄的增长,其认知能力发生的一系列变化。一般认为,晶态智力(如词汇的语义知识、知识经验等)在成年后仍会随年龄增长,直到70岁以后才会出现显著的衰退;而液态智力(如记忆、注意和推理能力等)则在成年早期达到高峰后才开始缓慢地下降,进入老年阶段后衰退进程加快(李德明,陈天勇,2006)。在认知年老化机制方面,研究者重点关注的是加工速度(认知加工过程的快慢)、工作记忆(在认知加工的同时记忆信息的能力)、语义记忆、情节记忆以及执行功能在认知年老化过程中的作用(Park &

Reuter-Lorenz,2009）。根据目前认知年老化的研究现状,对于语言表达能力随着年龄增长所发生的变化及其机制的研究甚少。

第六次人口普查的结果表明,我国已经进入老龄化社会,60岁及以上人口的比重占总人口的13.26%,达1.78亿。21世纪的中国将是一个不可逆转的老龄化社会,促进老年人成功老化,提高其脑与心理的健康水平对社会的和谐发展和家庭幸福至关重要（董奇,2012）。尽管如此,我国心理学界对于成年及老年的发展问题相对忽视,迄今仍然是客观现实（韩布新,朱莉琪,2012）。语言不仅是认知领域内影响个体发展的重要因素,而且在社会交往中发挥着重要作用。老年人的理解能力与成年人相当,由于经验的积累有时甚至比成年人更好,但是老年人的语言产生能力却表现出衰退现象,主要表现为言语产生速度降低,错误率提高（Shafto 等,2014）。可见,语言的认知年老化主要表现在言语产生方面。

与记忆等认知过程类似,人类的口语产生能力同样随着年龄的增长发生衰退。语言产生的认知年老化研究主要集中于口语产生过程,具体表现为:与青年人相比,老年人存在更多的提取单词失败的现象。在语篇水平,研究者发现老年人更多地出现偏题言语（off-topic speech）（Burke,1997）。这是指老年人比青年人在交谈或叙述中更容易产生一些与主题无关的想法或话题。在词汇水平,研究者通常采用图画命名任务和定义命名任务探索口语产生中的认知年老化现象及其机制。这两类任务是典型的言语产生任务:图画命名任务中呈现一幅图片,要求被试说出图画名称;定义命名任务中呈现一段描述性话语,要求被试说出所描述的客体名称。图8.1展示了口语产生中图画命名任务和定义命名任务所包括的一系列加工过程:在看到一幅图画或者一段有关某个客体的描述定义后,人们会经历知觉激活（仅针对图画命名）、概念激活、词汇选择、音韵形式提取、语音计划提取和发音等过程。这些过程都可能随着年龄的增长而出现认知年老化现象。已有研究表明,这两类任务比语篇口语产生任务对年龄因素更为敏感（Mortensen 等,2006）。老年人的图画命名潜伏期长于青年人的（Morrison, Hirsh, Chappell, & Ellis, 2002；Poon & Fozard, 1978）,且70岁以后人们命名图画的正确率会出现显著降低（Barresi, Nicholas, Tabor Connor, Obler, & Albert, 2000）。在口语产生中,与青年人相比,老年人可能需要更多的时间再认客体和激活相应的词汇概念,或者需要更多时间进行词条选择、音韵编码、语音编码和发音。在定义命名任务中,老年人知道和产生的定义名称比青年人多,但是对于他们不知道的定义,老年人更多地报告 TOT 状态（Brown & Nix, 1996）。

认知年老化的理论争论焦点之一为:年老化衰退是发生在所有认知过程中,还是仅出现在某个特定的认知过程中,如词汇选择。Salthouse（1996,2000）提出的通用

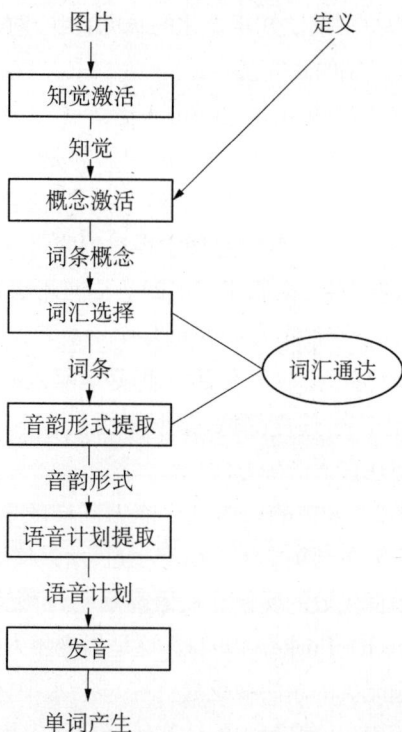

图8.1 口语产生的认知加工过程(Levelt, Roelofs, & Meyer, 1999)

衰减理论(general slowing theory)认为,无论哪一个认知加工过程,都会随着年龄的增长出现衰退。因此,他们认为图画命名任务和定义命名任务中所包括的认知加工过程都会受到影响。与此类似,针对认知年老化现象,Zacks 和 Hasher(1994)提出的抑制缺陷假说(inhibition deficit hypothesis)认为,与青年人相比,老年人抑制无关信息的能力下降,因此出现了口语产生中的年老化现象。这两类理论都认为口语产生中出现的年老化现象发生在所有认知过程中。与此相对,MacKay 和 Burke(1990)以及 Taylor 和 Burke(2002)提出的传输缺陷假说认为,与年龄相关的认知年老化出现在某个特定的认知加工过程中。

8.1 影响口语产生年老化的因素

8.1.1 年龄是否影响口语产生中的语义提取阶段

老年人命名图画的潜伏期比青年人的长,这是由于老年人和青年人对于图画名称意义的激活程度不同导致的吗?采用图画—词汇干扰实验范式,Bowles(1994)操纵与图画名称存在语义相关或无关的干扰词,发现老年人受到干扰词的影响更大,图画命名中所表现出的年老化效应反映了老年人一般性的认知加工过程的衰退或减弱。与此结论相矛盾,Taylor 和 Burke(2002)采用类似的实验设计,发现老年人的语义干扰效应大于青年人的,这表明在选择特定的语义表征时老年人存在特定的缺陷,其缺陷可能仅仅发生在语义激活的水平(Tree & Hirsh, 2003)。老年人语义干扰效应的增大表明,虽然他们的整体加工速度变慢或衰退,但其损害在口语产生的词汇选择阶段更为严重。但是,Diaz、Johnson、Burke 和 Madden(2014)的研究发现,在对图片进行语义和语音判断时,老年人与青年人在语义判断任务中无显著差异,而在语音判断任务中表现出显著差异。

8.1.2　年龄是否影响口语产生中的音韵编码阶段

舌尖效应

口语产生失败最典型的例子之一就是舌尖效应(即 TOT)。这是日常生活中每个人都经历过的一种现象,主要表现为:说话者不能说出某个单词,但是认为自己肯定知道那个单词,觉得它就在自己的舌头边上,只是说不出来(Brown & McNeill, 1966)。几乎所有年龄段的人都会经历 TOT,但老年人更多地报告他们不能说出自己熟悉的词语(Burke, MacKay, Worthley, & Wade, 1991)。当人们经历 TOT 时,虽然不能确切地说出目标词,但是能提供目标词的一些信息,比如目标词的首字母和末字母、音节的数量、单词的重音、与之发音相似的单词(Brown, 1991),以及单词的句法特征(Vigliocco, Vinson, Martin, & Garrett, 1999)。因此,TOT 的产生是由于口语产生过程中的音韵编码过程出现了问题,大量研究表明年龄因素影响了口语产生中的音韵编码阶段。

老年人和青年人在 TOT 中所出现的错误特点并不相同。MacKay 和 James(2004)分析表明,老年人比青年人出现了更多的音韵遗漏错误。例如,目标词为"ribbed",老年人会说成"rip";而青年人的错误则表现为音韵替换,会将"ribbed"说成"tipped"。老年人的音韵遗漏错误表明他们在提取音韵上存在困难,而青年人则是同时激活了多个音韵。

TOT 的产生同时受到其他因素的影响,包括词性、词的熟悉度、词频等。Burke等人(1991)发现被试所报告的 TOT 中,62％为专有名词,12％为物体名词,23％为抽象名词。这表明专有名词比其他类型的名词更容易产生 TOT,可能的原因是专有名词无其他替代词,而普通名词可以用其他单词替代。Rastle 和 Burke(1996)的研究发现专有名词的熟悉度会影响 TOT 的发生次数。Harley 和 Bown(1998)发现频率较低、邻近字较少的单词容易诱发 TOT。老年人在提取专有名词时更容易出现 TOT,而在普通名词的提取中未发现显著差异;同时,在刺激老年被试的前额叶时发现,其专有名词的提取成绩显著提高(Ross, McCoy, Coslett, Olson, & Wolk, 2011; Benke, Kuen, Schwarz, & Walser, 2013)。White、Abrams 和 Frame(2013)对最常出现 TOT 的专有名词进行研究,结果发现,在不同语义分类条件下,首音节启动会促进(边缘)TOT 问题的解决;而在相同语义分类条件下,并无此结果。这说明虽然 TOT 受语义影响较小,但语义可以对专有名词的音韵启动进行调节。同样,困扰老年人的 TOT 问题也主要与音韵的相关信息有关。

为探讨 TOT 的发生机制及其与音节频率的关系,Farrell 和 Abrams(2011)采用 TOT 的诱发范式对 TOT 进行研究,结果发现当首音节频率为低频时,老年人与青年人表现出明显的 TOT 差异。不仅是首音节频率,目标词的词频和家族大小也会影响 TOT 的产生。研究发现,低频和家族较小的词能够诱发更多的 TOT,而且家族本身的频率也会对目标词的提取产生影响,低频的家族比高频的家族能诱发更多的 TOT (Vitevitch & Sommers, 2003)。目标词的语音家族大小也可以影响其提取,并能产生两种相反的效应:对正常老化的个体有抑制作用,但对有言语产生障碍的患者则起到促进作用(Sadat, Martin, Costa, & Alario, 2014)。

被试本身具备的语言特点会影响 TOT 的产生。研究表明在年龄和教育程度相当的条件下,双语者比单语者产生了更多的 TOT (Gollan & Acenas, 2004),其原因可能是受到语言间语义或音韵水平的干扰,或者是因为双语者使用任意一种语言的熟练度都低于单语者的熟练度(Pyers, Gollan, & Emmorey, 2009)。Gollan、Ferreira、Cera 和 Flett(2014)采用翻译启动任务,在对图片进行命名之前,先呈现 3 种西班牙语的启动词(与西班牙语音韵相关或语义相关),再让被试使用英语单词命名。结果发现,无论何种任务,翻译启动能显著改善 TOT。Kreiner 和 Degani(2015)考察了长时期的语言经验和短暂的语境因素对 TOT 的影响,对俄语—希伯来语的双语被试进行研究。结果发现,习得二语时间较晚者比较早者出现更多的 TOT,习得二语较早者与希伯来语母语者未有显著差异;而在俄语电影之后(即时或短暂语境中),双语者均与母语单语者有显著差异。可见,语言经验的长短和语境因素都会对双语者的言语产生产生影响。综上所述,影响口语产生年老化现象的因素既包括目标词本身的特征,也受被试自身经验的影响。

研究者采用音韵启动任务考察了 TOT 的发生机制。如果在老年人和青年人中都存在音韵启动或音韵线索效应,而且效应大小相同,这表明老年人存在完整的音韵表征,那么老年人出现更多 TOT 可能是由于词条水平和单词形式水平之间的联结减弱导致的。与此相对,如果音韵启动或音韵线索效应随着年龄增长而减弱,可能表明老年人对单词的音韵表征受到了损害,而不是词条水平和单词形式水平联结的减弱导致的。James 和 Burke(2000)研究发现,在 TOT 发生后,呈现音韵相关单词促进了定义命名任务中 TOT 的解决,而且青年人和老年人在音韵相关条件下成功克服 TOT 的程度相当,这表明老年人单词的音韵表征是完整的,只是提取表征功能受到了损害。White 和 Abrams(2002)的研究得到了类似的结论,White 和 Abrams 的研究还发现老老年人(73—83 岁)不能产生音韵启动效应,这表明 73 岁以上的老年人有比较严重的单词形式提取缺陷,即使呈现启动项也不能使之克服所遇到的认知困难(见 Bowles & Poon, 1985)。

与此结论不同,Taylor 和 Burke(2002)认为老年人是在提取目标词的音韵表征时速度变慢,这与认知年老化领域中的"通用衰减理论"观点一致。他们采用图画—词汇干扰实验范式,设置了四种条件:音韵相关条件(例如,干扰词:frost,目标词:frog),语义中介相关条件(干扰词与目标词的另一词义存在语义相关,例如,干扰词:prom,目标词:ball),音韵和语义同时相关条件(例如,干扰词:skunk,目标词:squirrel),以及无关条件。老年人和青年人都表现出了音韵相关促进效应。更为重要的是,与无关条件相比,青年人在语义中介相关条件下表现出促进效应,老年人则无任何效应出现;在音韵和语义同时相关条件下,青年人中未发现任何效应,老年人则表现出图画命名时间的延长。这是因为老年人对于目标词的音韵表征提取较慢,而青年人相对较快:青年人对于目标词语义的激活快,较快地激活了相应的音韵,因而在语义中介相关条件下产生了促进效应;语义抑制效应和音韵促进效应互相抵消,因而在反应时上未表现出音韵和语义同时相关条件下的促进效应或抑制效应。这一解释与语义干扰效应在老年人和青年人之间无差异的结果是矛盾的。

同音词图画命名任务中的年老化效应

内在频率效应(inherited frequency effect)是同音词命名中的典型现象,具体表现为:对于低频目标词(如"sail"),如果它有一个同音词(如"sale")是高频词,那么对于该低频目标词的命名就会快于无高频同音词的目标词(其频率与低频词"sail"匹配),而且低频目标词的命名时间与其高频同音词相当。研究发现,当图画名称是低频词时,青年人表现出内在频率效应,而老年人中却没有(Osborne & Burke, 2002)。对此的假设是:同音词对应的不同单词有独立分离的音韵编码表征,低频目标词的音段信息的激活会反馈至自身的音韵形式以及高频词的音韵形式,因而提高了音段信息的激活水平。根据这一观点,在老年人中未发现内在频率效应可能是由于从音段信息到单词形式信息的反馈受损导致的。如果假设同音词共享音韵形式表征,从单词形式水平到词条水平没有激活反馈,那么其观点很难解释老年人的结果,除非认为老年人的单词形式表征受到了损害,但这与之前基于音韵启动效应所得到的结论互相矛盾。

同音词启动效应

在定义命名任务中,呈现目标词的同音词能够增加老年人成功提取名人名字的概率,但是对于青年人则不起作用(Burke, Locantore, Austin, & Chae, 2004)。研究中在定义命名失败时为被试提供启动词,结果发现同音词提高了老年人定义命名的正确率,同时降低了老年人报告"不知道"的比率。同音词启动任务同时加快了老年人和青年人的命名速度,但仅仅提高了老年人的命名正确率。与此结果相反,Burke 和 Shafto(2004)没有在老年人中发现同音词启动效应。对于这一效应,研究者在老年人和青年人中都发现了不一致的结果(Ferrand, Humphreys, & Segui, 1998;Wheeldon & Monsell, 1992),这表明同音词启动效应本身不够强,不能稳定地被发现和重复出来。

各研究之间结果的不一致也可能是所使用材料或方法的不同导致的,这些混淆因素可能与年龄因素之间产生了交互作用。例如,青年人和老年人可能对启动项和目标项之间正字法关联程度的敏感性不同。与认知衰退的抑制无关信息能力下降的假设一致,老年人可能对同音词之间产生的干扰尤为敏感。Vitevitch 和 Sommers(2003)发现老年人和青年人在邻近项个数和频率这两个因素上产生了不同效应,这与上述猜想一致。

8.1.3 年龄与影响图片命名因素之间的交互作用

研究表明,图画名称的频率、获得年龄(age of acquisition, AoA)和熟悉性等因素影响了成年人图画名称的提取时间(AoA:Morrison & Ellis, 1995;Juhasz, 2005;Navarrete, Scaltritti, Mulatti, & Peressotti, 2013;熟悉性:Connine, Mullennix, Shernoff, & Yelen, 1990;Brown & Watson, 1987)。根据 Sternberg(1969)的叠加因素逻辑,如果发现了年龄与某个变量(如 AoA)之间的交互作用,且 AoA 作为一个独立变量所产生的效应能够明确地被定位于某一特定的加工水平,那么我们就可以明确年龄所产生的效应与 AoA 的效应位于同一认知加工阶段,即老年人和青年人在该认知加工阶段存在差异。Thomas、Fozard 和 Waugh(1977)的研究中要求年龄为25—74 岁之间的被试命名图片,实验中每幅图片呈现 8 次,分成 8 组呈现。自变量包括有无启动项、启动类型(启动项与目标图片名称相同或不同)、目标名称的词频(高与低)以及重复次数。研究发现了年龄效应,老年人命名图片的潜伏期长于青年人的;在无启动项条件下,高频名称图片的命名快于低频名称图片;年龄效应随着重复次数的增加而减小;年龄与启动类型之间存在交互作用。利用启动范式和图画命名结合的任务,Thomas 等人(1977)发现了年龄效应,以及年龄与启动类型之间的交互作用显著,但年龄与词频之间无显著的交互作用。口语产生中的词频效应发生在词汇通达过程,因此 Thomas 等人认为与年龄相关的衰减不是发生在词汇通达过程,而是发生在知觉阶段和发音运动过程。Poon 和 Fozard(1978)的研究得出了相似的结论。

与此不同,也有研究发现年龄因素影响了口语产生中的词汇通达过程。Le Dorze 和 Durocher(1992)发现图画名称包含的音节数越多,其命名正确率就越低,而且老年人的命名正确率低于青年人的,这表明年龄因素会对口语产生中的词汇通达过程产生影响。但这一研究中未区分图画名称的长度与词频,而且有研究表明这两个因素之间存在正相关。Hodgson 和 Ellis(1998)采用多重回归分析方法考察了影响老年人图画命名潜伏期的因素,发现命名一致性、AoA 和图画名称长度能够预测命名的准确性以及命名的潜伏期。因此,他们认为老年人的词汇通达过程受到了损害。命名一致性影响了词汇选择阶段,而 AoA 和图画名称长度影响了单词形式提取阶段,因此,上述结果表明在老年人的口语产生过程中,其词条选择和单词形式提取均受到了损害。

Morrison 等人(2002)在匹配图画名称的频率和长度后,操纵图画名称的 AoA,发现年轻老年人(60—69 岁)和老老年人(80—93 岁)的命名潜伏期长于青年人(18—32 岁)的,但未发现 AoA 和年龄之间的交互作用。Morrison 等人认为 AoA 效应出现在音韵形式提取阶段,年龄和 AoA 两个因素之间的作用是独立的,而且 AoA 效应大小在老年人中随着年龄增加而减弱,这可能是由于词汇通达过程中与年龄有关的部分受到了损害。AoA 存在差异(获得早与获得晚)的单词在记忆系统中储存的时间不同,AoA 的效应随着老年人年龄的增加而降低,其减少量在提取较晚获得的单词时受到了年龄这一因素的影响。Lewis、Marcus、Pate 和 Dunn(2002)的研究结果与此矛盾,他们采用了面孔再认任务,操纵了年龄因素和熟悉面孔的时间,发现老年人对于熟悉时间更长的面孔,其再认时间显著短于熟悉时间短的面孔,而且老年人的熟悉效应量多于青年人的。由于上述矛盾的结果,我们很难判断 AoA 的效应是否独立于年龄因素,其认知机制需要进一步探索。

基于图画命名和定义命名以及与启动范式相结合的研究,针对口语产生中所包含的各个认知加工阶段,总结口语产生中的认知年老化研究,可得到如下结论:第一,老年人的客体再认能力基本保持完整。但 70 岁以上的老年人会产生一些视觉错误,这表明他们在再认客体方面存在困难。第二,老年人的词条选择能力基本保持完好。一系列的研究发现在图画(或定义)—词汇干扰实验范式中,老年人所产生的语义促进效应和语义干扰效应与青年人的相当。同时,老年人语义错误增多的现象表明他们可能存在词条选择方面的困难,这一般出现在老老年人(80 岁以上)中。第三,老年人的音韵表征或单词形式表征可能是完整的,这一点尚需进一步验证。老年人单词提取的失败和潜伏期的延长可能是由于词条水平到单词形式水平之间的信息传输变弱导致的。

基于研究得到了上述初步结论,尽管如此,我们要注意到口语产生的认知年老化研究中存在着大量不一致甚至互相矛盾的研究结果。年龄这一因素与影响口语产生的语言学因素(比如词频、AoA等),以及认知年老化的一些因素(比如工作记忆、注意能力等的衰退)等混淆在一起使得问题变得极为复杂,需要更进一步的研究澄清。

8.2 言语产生中认知年老化的理论

研究者提出了如下假说,对言语产生中的认知年老化现象进行解释。

8.2.1 激活不充分假说

激活不充分假说(insufficient activation hypothesis, IAH)认为目标词的激活太微弱,以至于不能被提取(Brown, 1991)。激活目标词的语义及音韵等信息时需要一定的资源和能量,而随着年龄增加,老年人的认知资源不断减少,工作记忆能力逐渐衰退,因此,对目标词的词条加工及音韵编码过程会出现激活不充分的现象。在言语产生中,当说话者成功选择词条,但不能成功选择音位时就会发生言语产生失败现象。根据该假说,老年人在出现言语产生失败现象,如 TOT 时,能够顺利通达目标词的语义表征,但音韵表征却未得到充分激活。尽管语义、句法等信息得到成功的表征,但因为音韵形式未得到有效而完整的激活,只能提供口语中部分的音韵信息或书写中部分的正字法信息,致使言语产生失败,而且语义与音韵之间的激活彼此独立,不存在交互激活过程(Gollan & Brown, 2006)。研究发现,年龄较大者和双语者均表现出更多的 TOT 现象,说明与青年人和单语者相比,老年人和双语者对目标词表征的激活不够充分,从而导致提取失败(Gollan & Acenas, 2004;James & Burke, 2000)。

8.2.2 传递不足假说

与激活不充分假说的观点一致,传递不足假说(transmission deficits hypothesis, TDH)是基于联结主义结构模型和符号表征而提出的。在整个激活网络模型中,表征单元之间的联结会因使用频率和激活水平的增加而得到强化,而且这种联结的强化会随着年龄的增加而弱化。随着符号表征之间联结的衰减,各节点之间信息的传递不充分,从而影响言语产生的流畅性与准确性(陈俊,苏玲,张积家,邢诗琪,2013;姜敏敏,李虎,2011)。如果语义表征和语音表征之间的联结被弱化,那么,在语义层面产生的激活和启动将无法有效地传递到语音层面,因此无法激活相应的音韵表征(MacKay,1987)。在使用频率上,研究发现词频和音节频率会影响口语产生的年老化,而且随着年龄增加,词频效应和音节频率效应均会增加。主要表现为:在高词频和高音节频率条件下,老年人比青年人有较长的反应时,而在低词频和低音节频率条件下,老年人的反应时间比青年人的更长(Vitevitch & Sommers,2003;Farrell & Abrams,2011)。这说明低的使用频率弱化了语义与音韵节点之间的联结,导致低词频及低音节频率的词汇的提取与产生耗费了更多的时间。另一方面,正常的年老化导致成年人在不同的使用频率上均表现出反应时增加的趋势。

老年人的言语产生失败多表现在单词形式信息水平,而不是语义水平。这是由于从目标词汇概念到语义层的联结存在多个通路,是多对一的联结,而从语义表征到音韵表征则是一对一的映射关系。因此,如果从概念到语义层之间的某一个联结通路传递不足,可以通过其他通路进行代偿,而一旦语义表征到音韵表征的一对一联结通路断裂或联结弱化,就会导致整个言语产生过程的失败(James & Burke,2000;White & Abrams,2002;Burke 等,2004)。该理论观点在对 TOT 现象的研究中得到了广泛的论证,特别是老年人口语产生的研究结果为此提供了证据。例如,Farrell 和 Abrams (2011)发现高频率首音节、相同首音节的启动均能有效地解决 TOT 现象的发生,特别是音节频率的年龄效应有助于更深入地理解音韵编码是如何随年龄而发生变化的。

激活不充分假说和传递不足假说都是从节点理论出发,将言语产生过程中的语义表征和音韵表征看作是两个独立的加工过程,如果对目标词的表征激活不充分,就可能会导致提取失败。另外,语义表征和音韵表征之间又存在着单向的联结,是从一个能量节点到另一个能量节点传递的过程,一旦能量或资源在传递过程中受损,讲话者就无法完整地提取整个词语。激活不充分假说重点强调了对单词形式编码阶段节点激活的不足,而传递不足假说强调的是从语义层到音韵层传递过程中的缺陷。

8.2.3 抑制不足假说

抑制不足假说(inhibitory deficit hypothesis, IDH)认为与目标词有相关关系的单词阻碍了目标词的产生,因而导致了 TOT 的发生。根据该假说可以推测,在有音韵干扰的条件下会发生更多的 TOT,Jones 和 Langford (1987)的研究结果支持了这一假说。这一假说表明随着年龄增加,个体抑制无关信息的能力减弱(Zacks & Hasher,1994)。研究者利用事件相关电位技术,采用 Stroop 实验范式对老年人与青年人的抑制能力进行了比较,要求被试对红、蓝、绿、黄 4 种颜色或是对颜色的名字进行相应的按键反应。结果发现,从一致条件(红色的 RED)、中性条件(蓝色的

XXXX)到不一致条件(黄色的 GREEN)，P3 波幅逐渐增大,但老年人与青年人的 P3 波幅增加量没有显著差异,这从神经生理的角度证明抑制能力的衰退是一般性的词汇水平上的抑制不足(West & Alain, 2000)。在经典的 Stroop 效应中,老年人命名颜色词的颜色比命名无关词的颜色要慢,这种减慢一般被认为是老年人比青年人更难抑制无关信息。而大量研究表明,Stroop 效应中的年龄差异是因为与年龄有关的一般性衰减(Park 等,1996；Wang, Fan, Liu, & Cai, 2016)。一般性的抑制不足并不能完全地解释特定过程中所出现的认知年老化现象。

从抑制不足假说的角度来看,在言语产生中,老年人的语言能力衰退包含了两个方面:一方面,老年人从语义记忆中提取了无关的音素及词素信息;另一方面,对于已经激活的无关信息,老年人无法进行有效的抑制和排除,使无关的音韵及词汇信息沿着提取通路得以继续激活(Hasher, Stoltzfus, Zacks, & Rypma, 1991)。目前,对言语产生年老化的研究较少,支持抑制不足假说的证据主要来自单词查找(word finding)和偏题言语两个方面的研究。在单词查找研究方面,一般采用听写任务,要求被试根据听到的单词预测句子,并写出对应的单词或句子中最后一个单词,从听觉通道考察老年人与青年人在不同语境下抑制无关信息的能力。结果发现,当听到的目标单词有较多语音相似的单词时,老年人的提取比青年人的更困难,说明老年人排除干扰的能力较差(Sommers & Danielson, 1999)。在偏题言语研究方面,Arbuckle 和 Gold (1993)通过对老年人生活事件的访谈,发现老年人在自传式话题上的偏题言语水平与抑制工作记忆中无关信息能力的相关测验成绩呈显著相关,而与其他认知能力测验的得分相关不显著。Arbuckle、Nohara-Le Clair 和 Gold (2000)的研究发现,出现偏题言语多的人在与抑制能力相关的各认知测验中表现较差;而在没有自我信息卷入的参照性沟通任务中,其表现与抑制能力的相关测验得分显著相关。陈栩茜、张积家和朱云霞(2015)采用 Stroop 任务发现,在言语产生过程中老年人的确存在抑制不足的问题,特别是在处理高水平的自动语义激活任务时,老年人表现出更大的抑制困难。

上述三类理论分别从不同的角度对口语产生中的认知年老化现象进行解释,激活不充分假说和传递不足假说主要针对的是口语产生中的目标信息,而抑制不足假说主要针对的是无关干扰信息。三类理论的支持证据也来自于不同的实验任务。基于图画命名任务和定义命名任务,研究者提出了激活不充分假说和传递不足假说两类理论;偏题言语的研究结果则更多地为抑制不足假说提供了证据。每一理论都只能部分地解释言语产生中单词提取失败的现象。例如,传递不足假说能解释单词提取中的年老化现象和双语者出现更多单词提取失败的现象,抑制不足假说能较好地解释偏题言语现象。迄今为止,没有一个理论能解释有关言语产生中单词提取失败的所有实验结果,其认知机制仍需系统深入的探索。

8.3 汉语口语词汇产生中的认知年老化

8.3.1 词频和音节频率效应、音韵促进效应的认知年老化

在口语产生领域,研究者主要关注口语词汇产生中的词汇化过程(Levelt, Roelofs, & Meyer, 1999),包括词汇选择和单词形式编码两个过程。在词汇选择过程中,根据所激活概念的水平从心理词典中选择相应词汇的语义和句法信息。口语产生中最为详细的 WEAVER 模型认为,单词形式编码过程中包括两个加工过程:首先,在心理词典中选择词汇的形式信息,包括单词的音段信息和节律信息。音段编码需要提取各个音素以及音素的顺序,节律编码至少需要提取单词所包含的音节数以及重音位置信息。在口语产生过程中,音段编码和节律编码平行独立地进行。之后,所提取的音段信息和节律信息以一个严格的顺序进行音节化编码过程,将音素按顺序插入节律信息所提供的框架。单词形式编码的这一阶段也被称为音韵编码。第二,该模型假设存在"心理音节表",心理音节表中存储了音节,在音节化过程后需要计算或是从心理音节表中提取音节,这一过程有时也被称为语音编码。心理音节表能为语音编码过程提供事先编辑好的发音程序,因此这是一个以音节大小来存储抽象音节发音程序的存储器(Levelt, Roelofs, & Meyer, 1999)。已有研究表明词频效应和音节频率效应可能会发生在词汇选择、音韵编码或者语音编码过程中(Kristof, Albert, & Guillaume, 2010;Laganaro & Alario, 2006)。

词频效应、音节频率效应和音韵促进效应是口语产生过程中的典型效应。词频效应指的是在图画命名任务中,名称为高频词的图画命名潜伏期短于名称为低频词的条件(Oldfield & Wingfield, 1965)。通过图画命名、客体再认和延迟命名任务的比较,Jescheniak 和 Levelt(1994)发现仅在图画命名任务中存在词频效应。由于客体再认探测的是概念激活阶段,延迟命名任务探测的是语音编码和发音阶段,因此词频效应发生在词汇通达过程(包括词汇选择和单词形式编码阶段)。Kristof 等人(2010)采用 ERP 技术对西班牙语—加泰罗尼亚语双语被试的词汇通达过程进行研究,结果发现高低词频条件在 172 ms 时出现明显差异。已有口语词汇产生时间进程的元分析表明,词汇选择阶段发生在图画呈现后的 150 ms 至 275 ms 之间(Indefrey & Levelt, 2004;Indefrey, 2011),因此 Kristof 等人的结果表明词频效应出现在词汇选择阶段。

与词频效应的机制类似,如果在心理音节表中存储了音节表征,那么在口语产生过程中提取音节时也会表现出音节频率效应。即在图画命名任务中,图画名称的音节频率高,对其命名的潜伏期要短于音节频率低的图画名称的(Levelt & Wheeldon,

1994;Levelt 等,1999)。Laganaro 和 Alario (2006)采用即时和延时图画命名任务,比较了有无发音抑制任务时的命名潜伏期,通过操纵音节频率的高低考察所存储的音节在语音编码过程中的提取。在即时假词命名、图画命名以及延迟命名和发音抑制相结合的任务中都发现了音节频率效应,但在单独的延迟命名任务中却未发现音节频率效应。因为发音抑制会对语音编码过程产生干扰,对音韵编码过程无影响,因此上述结果表明音节频率影响了语音编码阶段。

在图画—词汇干扰实验范式中,要求被试在看到图画和干扰词时,忽略干扰词,尽可能准确和迅速地说出图画的名称。当干扰词与图画名称之间存在音素相关时,比如图画名称为"dog",干扰词为"door",与无关干扰词相比,音韵相关干扰词显著地缩短了图画命名的时间,表现为音韵促进效应。研究表明该效应发生在音韵编码阶段(Damian & Martin, 1999)。

综上,在印欧语系语言的研究中,已有证据表明单词频率在词汇水平(词汇选择或单词形式编码)、音节频率在单词形式编码的后期(可能是语音编码阶段)、音韵相关干扰词在音韵编码阶段影响了口语产生过程。已有的研究结果均来自于对字母语言的研究,汉语是一种非字母语言,其语言特点与字母语言存在差异。例如,在字母语言的口语产生中,一般都存在模糊音节和重新音节化现象(Levelt 等,1999),而汉语在音节结构上与法语类似,但不存在上述两种现象。Zhang 和 Wang (2014)采用图画命名任务,变化图画名称的词汇频率和音节频率,考察了汉语口语产生和书写产生中的词频效应和音节频率效应,结果发现了词频促进效应和音节频率促进效应。更为重要的是,该研究发现词频和音节频率两个因素之间没有交互作用,表明这两个因素独立地影响了口语产生过程,与 Levelt 等人(1994)的研究结果一致。

汉语口语产生的研究表明,音节是口语产生中音韵编码的单元(Chen, Chen, & Dell, 2002;Chen, Lin, & Ferrand, 2003;You, Zhang, & Verdonschot, 2012),与字母语言中的"音素"形成鲜明对比(Schiller, 1998, 2000)。O'Seaghdha、Chen 和 Chen (2012)据此提出了合适单元假设,来解释汉语口语词汇产生中的单词形式编码过程。这一假设认为音韵编码过程中最先选择的单元存在语言上的差异,印欧语系语言如英语或荷兰语中最先选择的单元是音素,而在汉语中则为音节。在印欧语系语言中,讲话者在选择音素后,结合节律信息进行音节化过程,从心理音节表中提取音节并准备发音运动程序。而在汉语口语产生中,讲话者则在选择音节后进一步将其分解为音素或音段信息(音韵编码阶段),准备发音运动程序(语音编码阶段),最后进行发音输出口语产生的结果(发音阶段)。Roelofs (2014)采用计算模拟的方法对此假设提供了支持。

在图画—词汇干扰实验范式中,当干扰词与目标图画名称之间存在音节相关时(例如图画名称为"床",音韵相关词为"创"),才会产生音韵促进效应(Zhang & Weekes, 2009; Zhang, Chen, Weekes, & Yang, 2009;张清芳,2008)。岳源和张清芳(2015)的研究表明,图画—词汇干扰实验范式中的音节促进效应发生在音韵编码阶段。汉语口语产生中音节的作用及其机制完全不同于字母语言,有必要进一步加以研究。

基于汉语口语产生过程的特点,杨群和张清芳(2015)第一次考察老年人汉语口语产生中的认知年老化现象。实验中变化了图画名称的词频和音节频率,比较青年人与老年人词频与音节频率及其交互作用的变化模式;同时设置了与图画名称音韵相关或音韵无关的干扰词,比较青年人和老年人对于音韵干扰信息的敏感程度。已有研究表明这些效应发生在口语产生中的不同阶段,通过比较老年人和青年人在词频效应、音节频率效应以及音韵促进效应上的不同表现,可以考察口语产生中的认知年老化现象的认知机制。

实验自变量包括年龄(青年组与老年组)、目标词的音节频率(高与低,下文中简称为"音节频率")、目标词的词频(高与低,下文中简称为"词频"),以及干扰字与目标名称之间的音韵相关性(音韵相关与音韵无关,下文中简称为"音韵相关性")四个因素,词频、音节频率和音韵相关性均为被试内变量,年龄为被试间变量。老年组和青年组的教育程度匹配。正式实验前用蒙特利尔认知评估量表(Montreal Cognitive Assessment Scale, MoCA)中文版对老年人进行认知方面的评估,以筛选被试(见Castro & James, 2014;Sörös, Bose, Sokoloff, Graham, & Stuss, 2011)。删除MoCA测评得分小于26分的老年被试,平均得分为27.5(范围26—30),表明老年人的认知能力正常。表8.1所示为青年组与老年组在不同条件下的图片命名的平均反应时和错误率。

表8.1 青年组和老年组在不同条件下图片命名的平均反应时(ms)(标准差)和错误率(%)

| | 高词频 | | | | 低词频 | | | |
| | 音韵相关 | | 音韵无关 | | 音韵相关 | | 音韵无关 | |
	RT	ER	RT	ER	RT	ER	RT	ER
				青年组				
HSF	761(78)	0	802(84)	0.27	842(99)	0.60	867(103)	0.60
LSF	791(83)	0.27	844(95)	0.27	836(99)	0.60	927(127)	0.27
				老年组				
HSF	879(126)	1.80	920(153)	1.20	990(179)	4.20	1 007(145)	6.60
LSF	920(130)	3.03	960(144)	4.80	1 060(196)	5.40	1 098(148)	8.40

(注:RT 表示反应时,ER 表示错误率,HSF 表示高音节频率,LSF 表示低音节频率。来源:杨群,张清芳,2015)

图 8.2 分别表示的是两组被试的词频效应在音节频率和音韵相关性这两个自变量上的变化,音节频率效应在词频和音韵相关性这两个自变量上的变化,相关性效应在词频和音节频率这两个自变量上的变化,纵坐标为各个效应量的大小(ms)。

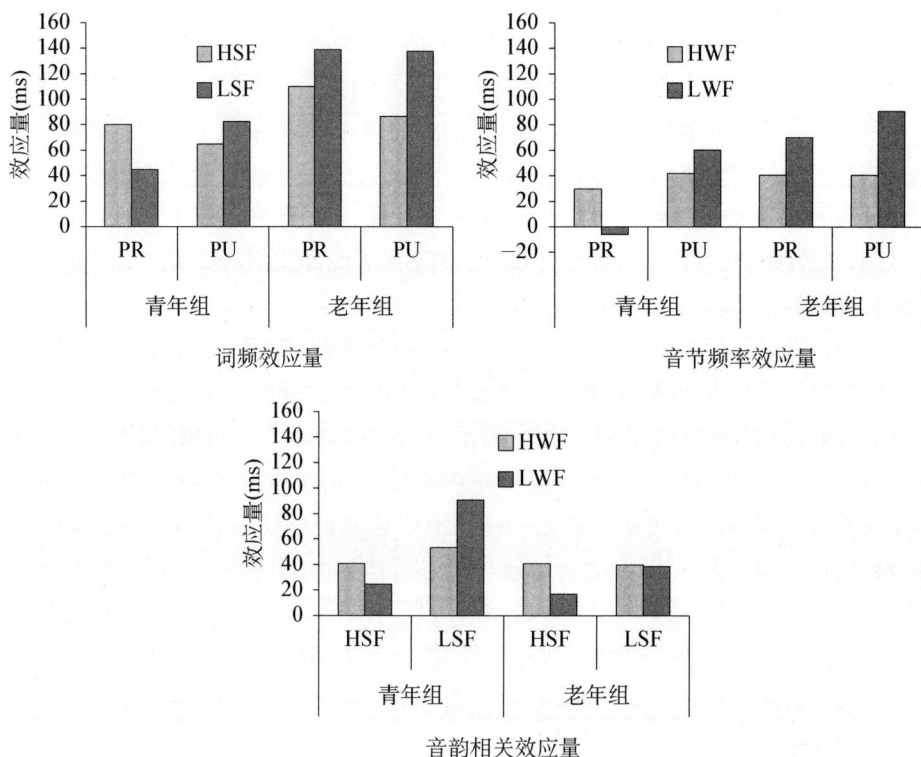

图 8.2 青年组和老年组的词频效应量、音节频率效应量和音韵相关效应量(杨群,张清芳,2015)

注: HSF 表示高音节频率,LSF 表示低音节频率;HWF 表示高词频,LWF 表示低词频;PR 表示音韵相关,PU 表示音韵无关。

研究发现,老年组的图画命名时间显著长于青年组,这一结果可能是老年组出现一般性的认知能力衰退导致的(Shafto & Tyler, 2014)。青年组与老年组都表现出了典型的词频促进效应、音节频率促进效应以及音韵相关促进效应,与已有研究结果一致(词频和音节频率效应: Cholin, Dell, & Levelt, 2011;音韵促进效应: Zhang & Weekes, 2009;Zhang, Chen, Weekes, & Yang, 2009)。更为重要的是,我们发现了词频、音节频率、音韵相关性以及各个因素之间的交互作用在青年组和老年组中产生了不同大小的效应及不同的交互作用模式,这表明老年人对词频、音节频率以及音韵相关信息的提取和加工可能与青年人不同。

具体来说,老年组的词频效应和音节频率效应高于青年组的,而音韵相关效应低于青年组的;老年人在低词频和低音节频率下需要花费更多的时间来通达和提供表征,而且对音韵相关字提供的信息不能快速充分地加以利用,这些都表明老年人心理词典中目标词的词条水平和单词形式水平的联结有所减弱,或者目标词单词本身的表征受到了损害,支持了传递不足假设或者激活不充分假设。老年组中词频和音节频率之间存在交互作用,青年组则没有,这表明随着年龄的增加,老年人心理词典中语义水平和音韵水平之间的联结强度或者联结模式可能发生了变化。对于两因素交互作用的认知年老化机制,以及目标和干扰信息对老年人口语产生的不同影响及其机制尚需进一步考察。

8.3.2 情绪对老年人口语产生过程的影响

Carstensen 及其同事的研究发现,与非情绪材料的加工相比,老年人对情绪材料的加工能力下降(Carstensen, Isaacowitz, & Charles, 1999;Carstensen & Mikels, 2005)。随着年龄的增长,个体对于负性情绪的注意会降低(Mather & Carstensen, 2003;Murphy & Isaacowitz, 2008),表现为对于负性情绪的神经反应的降低(Kisley, Wood, & Burrows, 2007)。与青年人相比,老年人记忆正性情绪材料的表现要好于记忆负性情绪材料的(Charles, Mather, & Carstensen, 2003;Mather & Knight, 2005),这可能是由于老年人有目的地调节了情绪,以使得自己的生活更幸福,与青年人相比,老年人有更强的动机要过更满意的生活。这与社会情绪选择理论(socioemotional selectivity theory, SST)的观点是一致的。SST 假设:与青年人相比,老年人由于意识到生命的短暂,他们更多地关注社会交往和情感上的满足(Carstensen, Isaacowitz, & Charles, 1999),即青年人关注目标信息本身,而老年人出现了目标转移,更多关注目标信息所传达的社会和情绪内容。Gross 等人(1997)的研究发现老年人的情绪控制能力强于青年人的,为 SST 的观点提供了支持证据。综上,随着年龄增长,情绪信息可能影响了老年人的注意和记忆等一般性的认知加工过程。

关于语言加工过程和一般认知加工过程的关系,有两类观点:一种观点认为语言加工属于特异性的加工,具有领域特异性;另一种观点认为语言加工与一般性的认知加工过程类似,具有领域一般性。情绪信息会影响一般认知加工过程,那么是否会对语言加工产生同样的影响呢? 多数研究注意到了情绪对精神分裂症患者言语错误的影响,发现精神分裂症患者在谈到消极话题时会比谈到中性或积极话题时出现更多的错误(Burbridge & Barch, 2002;Docherty & Hebert, 1997)。焦虑情境下人们所产生的言语错误,比如口误、重复和舌尖现象等均会增加(Mahl, 1956)。Burbridge

等人认为,消极效价的材料会引起焦虑和自主的应激反应,进而抑制言语产生的过程(Burbridge, Larsen, & Barch, 2005)。

一些研究比较了不同情绪对青年人和老年人语言加工过程的影响。Carstensen和Mikels (2005)的研究发现,与中性材料和积极材料相比,老年人对消极材料的加工成绩下降。Castro和James (2013)的研究比较了青年人和老年人的口语产生过程,实验中要求被试描述中性和消极情绪的材料,发现年龄和图片性质有交互作用:青年人描述消极图片和中性图片的结果相似,但老年人在描述消极图片时出现了更多不流畅的现象。José等人采用事件相关电位技术考察了不同情绪对图画命名过程的影响,实验中要求被试在图画命名的同时完成字母监测任务,结果发现在积极和消极的图片条件下,完成字母监测任务的反应时显著长于中性图片条件下的情况。与中性图片相比,在命名积极和消极的图片时,图片呈现后400 ms左右引发了更高的正向波幅。字母监测任务考察的是图画命名过程中的音韵编码阶段,积极和消极情绪信息可能阻碍了这一阶段,导致其监测反应时延长。José等人认为,个体在言语产生过程中,由于积极和消极的图片名称占用了被试一定的注意力,因此对口语产生的音韵编码过程产生了影响(José, Constantino, Luis, & Miguel, 2010)。

已有的口语产生年老化的研究主要关注口语产生的输出结果,主要分析说话的错误率和不流畅性。以往大多数关于情绪对口语产生影响的研究都是通过操作命名材料的情绪效价来进行的,很少关注到被试自身的情绪状态对口语产生的影响。根据抑制不足假设,与青年人相比,老年人对无关信息的抑制能力减弱,在口语产生过程中更多地受到无关信息的干扰。情绪信息作为一种无关信息,无论是积极情绪还是消极情绪,与中性情绪相比,对情绪信息的加工均会干扰对目标信息的加工。因此,根据抑制不足假设的观点,我们预测积极和消极情绪信息对图画命名过程的影响是相似的,即年龄和情绪类型之间无交互作用。

根据激活不充分假说,在老年人的口语产生中,语义水平和单词音韵水平的联结减弱。情绪信息可能会抑制口语产生过程(Carstensen & Mikels, 2005;Castro & James, 2013;José, Constantino, Luis, & Miguel, 2010),这一抑制效应在消极情绪条件下的老年人中表现得更为显著。当被试需要同时加工情绪和完成图画命名任务时,对于青年人来说,其语义水平和单词音韵水平的联结较强,图画命名任务的难度较小,因此有更多的认知资源来加工不同的情绪,对图画命名过程所产生的影响差异会较小;对于老年人来说,由于其语义水平和单词音韵水平的联结减弱,图画命名的难度相对较大,因此加工情绪信息的资源变少,不同的情绪加工所占用的注意资源不同,对图画命名过程所产生的影响差异可能比较大。因此,我们预测年龄和情绪类型之间存在交互作用。根据情绪年老化的研究结果,其交互作用可能表现出两种模式:

第一,根据社会情绪选择理论,老年人比青年人能更好地调控情绪,那么情绪对老年人口语产生过程的影响可能比对青年人的影响小,两组人在中性情绪上的差异可能比积极或消极情绪上的差异大;第二,与中性情绪和积极情绪相比,由于负性情绪导致老年人注意力降低,因此图画命名反应时显著延长。老年人的图画命名时间在负性情绪与中性情绪或积极情绪上的差异要大于青年人的。

黄韧、张清芳和李丛(2017)考察不同的情绪状态(消极情绪、积极情绪和中性情绪)对青年人和老年人是否产生了不同的影响。研究的实验设计为3(情绪启动:积极/中性/消极)×2(年龄:青年/老年)两因素混合实验设计,其中情绪启动为被试内因素。表8.2所示的是青年组和老年组在不同情绪启动条件下图画命名的平均反应时和错误率。

表8.2 青年组和老年组在不同情绪启动条件下图画命名的平均反应时(ms)(标准差)和错误率(%)

情绪启动类型	反应时(标准差 SD)		错误率(%)	
	青年组	老年组	青年组	老年组
积极情绪	768(114)	883(84)	3.33	1.11
中性情绪	763(107)	878(99)	2.87	1.67
消极情绪	784(103)	940(129)	3.91	4.44

(来源:黄韧,张清芳,李丛,2017)

我们进一步采用 Cohen d 值评估了两组被试在各个启动条件下平均数差异的效果量大小(黄韧,张清芳,李丛,2017)。Cohen d 值是衡量统计检验效果大小的指标之一,即效应量指标。效果量表示实验效应强度或者变量关联的强度(Snyder & Lawson, 1993),它不受样本容量大小的影响(郑昊敏,温忠麟,吴艳,2011)。0.2<Cohen d<0.5 表示效果量较弱,0.5<Cohen d<0.8 表示效果量中等,Cohen d>0.8 表示效果量强(Cohen, 1988)。青年组中消极情绪条件与中性情绪条件相比,其效应量为 21 ms,Cohen d 值为 0.20,效果量处于较弱的水平;而老年组消极情绪条件与中性情绪条件相比,其效应量为 62 ms,Cohen d 值为 0.63,效果量处于中等水平。

实验结果表明,不同的情绪效价对口语产生过程的影响不同。与中性情绪相比,消极情绪延长了口语产生过程的准备时间,而积极情绪未对口语产生过程有显著影响。更重要的是,研究发现:与中性情绪相比,消极情绪对老年组被试的影响大于对青年组的影响,而积极情绪对青年组和老年组的影响都不显著。

消极情绪对老年人口语产生过程产生了更大的抑制效应,其解释可能有两种:第一,Mackie 和 Worth (1989)提出情绪的"认知资源竞争说",认为个体的认知资源是有限的,无论是积极情绪还是消极情绪,个体都会产生与当前认知任务无关的思维活动,从而占用一定的认知资源。在消极情绪的启动条件下,老年人需要一定的资源和策略来调节这种情绪,这种调节过程干扰了口语产生的过程,特别是当老年人再次评估这种消极情绪(Urry & Gross, 2010)的时候,就会出现本研究的结果。已有研究表明,口语产生会受到与其同时进行操作任务的干扰(Kemper, Schmalzreid, Hoffman, & Herman, 2010)。Burbridge 等人认为老年人在描述消极的内容时是特别困难的,因为消极情绪会给他们带来压力,而老年人的工作记忆对压力特别敏感,工作记忆受到的损害会导致口语产生出现问题(Burbridge, Larsen, & Barch, 2005)。第二,研究者认为口语产生过程中所产生的情绪信息会占用个体一定的注意力,从而干扰正在进行的语言加工任务,特别是在消极的言语内容条件下占用的资源更多,其干扰效应更加明显,这表明消极情绪可能对老年人造成了更多的干扰。在言语理解任务中,研究发现在言语内容为消极效价情绪的条件下,言语理解的反应时慢于中性条件(Carretié 等,2008;Kuchinke 等,2005)。这两种观点分别从认知资源和注意的角度对老年人消极情绪条件下更大的抑制效应进行了解释,且都表明老年人语义激活和音韵激活之间的联结减弱了。进一步的研究需要分离语言加工过程和情绪加工过程,并探讨语言变量和情绪变量之间的交互作用如何影响口语产生过程的认知年老化。

综上可知,随着年老化,老年人口语产生的能力下降,老年人对图画命名的反应时显著长于青年人的反应时。且情绪因素对口语产生的过程也有影响,相对于中性情绪来说,消极情绪显著抑制了青年人和老年人的口语产生过程,且这种抑制效应在老年人中更强。实验结果排除了干扰假设,支持了口语产生认知年老化的激活不充分假说。

8.4　总结与展望

综上所述,目前研究者对言语产生年老化机制的研究相对较少。从研究范式来看,主要采用经典的言语产生范式,如图词干扰范式或图画命名任务等,对青年人与老年人的行为和脑机制差异进行研究。从理论发展来看,主要以激活不充分假说、传递不足假说和抑制不足假说为主,三种理论并非互相矛盾,而是从两个不同的角度对言语产生的认知年老化现象进行了阐释。迄今为止,没有一个理论能够解释言语产生中单词提取失败的所有实验结果,其认知机制和理论依据仍需进一步的探索与研究。激活不充分假说重点强调了对单词形式编码阶段节点激活的不足,而传递不足假说强调的是从语义层到音韵层传递过程中的缺陷。现有的实验结果更倾向于证明口语产生年老化发生在音韵层面,证实激活不充分假说的观点。传递不足假说则为理解言语产生的认知年老化提供了一个理论框架,并指出了一个重要的研究方向(Burke & Shafto, 2004)。我们认为可以采用认知神经科学方法中涌现出来的数据分析方法,例如,功能联结分析或者网络联结分析等,探索口语产生中认知年老化发生时所激活脑区之间的联结强度、各个脑区之间联结的性质,以及这些联结与行为结果之间的关系等,从脑机制层面验证激活不充分假说、传递不足假说或者抑制不足假说。

国外学者对口语产生中的认知年老化现象进行了有益的尝试和研究,并提出了理论解释,但这都是基于印欧语系语言研究的结果,相比而言,在非印欧语系语言中的研究则很少。基于上述研究现状,言语产生中的认知年老化受到特定的语言学因素(比如规则性、目标语言的音韵特点等)的影响,那么不同语言产生中认知年老化的表现可能会呈现出不同的特点。汉语作为一种非印欧语系语言,具备了一些独特性,尤其是在音韵编码阶段表现出独特的认知加工机制(You, Zhang, & Verdonschot, 2012),对于探索言语产生中的认知年老化现象及其机制可以作出独特贡献。

关于认知年老化的理论,比较成熟的有各种加工资源理论,以及最近引起广泛关注的额叶衰退理论。加工资源理论认为认知加工是否成功,主要取决于加工资源;老年人的加工资源减少,因而出现了认知年老化现象。加工资源理论又细分为加工速度理论、工作记忆理论和抑制理论。加工速度理论认为老年人的认知加工速度减慢是认知功能衰退的主要原因(Salthouse, 1996)。工作记忆理论则认为工作记忆是一种重要的加工资源,可以同时保持信息和进行加工操作,工作记忆的下降是导致认知功能衰退的关键因素,其功能下降主要是中央执行功能的衰退导致的(Swanson, 1999)。抑制理论认为老年人由于不能有效地抑制与当前任务无关的信息,因而导致不能完成任务,出现认知功能的衰退。额叶衰退理论则从神经机制的角度对认知年老化进行解释,认为额叶(尤其是前额叶)的皮层功能或执行功能的衰退是引起认知年老化的主要原因(West, 1996)。

TOT发生时的激活脑区包括前额叶区域,这一区域与执行功能有着密切关系。这表明提取失败时需要付出更多的努力去进行信息的提取。老年人的执行功能衰退,引起前额叶功能的衰退,进而导致单词形式提取失败。这表明言语产生中的认知年老化现象可能与其他认知功能(如执行功能)的衰退有一定关系。因此,在探索言语产生中语认知年老化的机制时,研究者必须要面对的重要问题是:口语产生中的认知年老化与其他认知能力老化之间的关系是什么?它是一种特殊的认知衰退,还是由于其他基本的认知能力(加工速度、工作记忆和执行功能)的衰退而导致的?

最近十几年,关于认知障碍的研究核心发生了重大转移,研究者从对痴呆的病理和生化机制的研究逐渐转向对其前临床期——轻度认知障碍(mild cognitive impairment,MCI)的识别及干预(Petersen 等,2009)。蒙特利尔认知评估量表是专门为筛查 MCI 编制的,用于测查综合认知功能(Nasreddine 等,2005)。国内外多项研究表明,该量表考察了视空间与执行能力、命名、注意力、语言流畅性、抽象思维、延迟记忆、定向力等 7 个项目,其中命名任务是呈现图片要求完成命名,语言流畅性任务是要求人们在 1 分钟内尽可能多地说出动物的名字,这两项任务的加工过程都是典型的言语产生任务,表明口语产生能力确实是老年人认知障碍中非常重要的方面。尽管如此,基于认知年老化的理论争论,以往的研究多集中于探索工作记忆、情景记忆、执行功能等方面的年老化机制,国内学者对言语产生认知年老化的研究几乎为零,因此亟待更多地开展。对言语产生认知年老化的研究与认知年老化和口语产生两个领域都存在密切联系,研究结果将有助于构建语言产生理论,回答认知年老化领域的科学问题,并对诊断和改善老年人的轻度认知障碍有重要意义。

本章总结

口语产生的认知年老化是语言领域新的研究主题,具有重要理论意义和实践价值。本章主要阐述了口语产生认知年老化的重要影响因素以及主要的理论假设;并简要介绍了汉语中口语产生认知年老化的研究;最后针对研究现状进行了总结,指出了口语产生认知年老化研究的新方向。

参考文献

陈俊,苏玲,张积家,邢诗琪.(2013).双言舌尖现象的产生机制:来自粤语—普通话双言者的证据.心理科学,36,26—32.
陈栩茜,张积家,朱云霞.(2015).言语产生老化中的抑制损伤:来自不同任务的证据.心理学报,47(3),329—343.
董奇.(2012).发展认知神经科学:理解和促进人类心理发展的新兴学科.中国科学院院刊,27(增刊),42—51.
韩布新,朱莉琪.(2012).人类心理毕生发展理论.中国科学院院刊,27(增刊),78—87.
黄韧,张清芳,李丛.(2017).消极情绪阻碍了老年人的口语产生过程.心理与行为研究,15(3),372—378.
姜敏敏,李虎.(2011).言语产生中的舌尖现象研究综述.沈阳大学学报,23,86—89.
李德明,陈天勇.(2006).认知年老化和老年心理健康.心理科学进展,14(4),560—564.
杨群,张清芳.(2015).口语产生中词频效应、音节频率效应和语音促进效应的认知年老化.心理科学,38(6),1303—1310.
岳源,张清芳.(2015).汉语口语产生中音节和音段的促进和抑制效应.心理学报,47,319—328.
张清芳.(2008).汉语单音节和双音节词汇产生中的音韵编码过程:内隐启动范式研究.心理学报,40(3),253—262.
郑昊敏,温忠麟,吴艳.(2011).心理学常用效应量的选用与分析.心理科学进展,19(12),1868—1878.
Arbuckle, T. Y., & Gold, D. P. (1993). Aging, inhibition, and verbosity. *Journal of Gerontology: Psychological Sciences*, 48, 225 - 232.
Arbuckle, T. Y., Nohara-Le Clair, M., & Gold, D. (2000). Effect of off-target verbosity on communication efficiency in a referential communication task. *Psychology and Aging*, 15, 65 - 77.
Barresi, B. A., Nicholas, M., Tabor Connor, L., Obler, L. K., & Albert, M. L. (2000). Semantic degradation and lexical access in age-related naming failures. *Aging, Neuropsychology, and Cognition*, 7(3), 169 - 178.
Benke, T., Kuen, E., Schwarz, M., & Walser, G. (2013). Proper name retrieval in temporal lobe epilepsy: Naming of famous faces and landmarks. *Epilepsy & Behavior*, 27(2), 371 - 377.

Bowles, N. L. (1994). Age and rate of activation in semantic memory. *Psychology and Aging*, *9*(3), 414 - 429.

Bowles, N. L., & Poon, L. W. (1985). Aging and retrieval of words in semantic memory. *Journal of Gerontology*, *40* (1), 71 - 77.

Brown, A. S. (1991). A review of the tip-of-the-tongue experience. *Psychological Bulletin*, *109*(2), 204 - 223.

Brown, A. S., & Nix, L. A. (1996). Age-related changes in the tip-of-the-tongue experience. *The American Journal of Psychology*, *109*, 79 - 91.

Brown, G. D. A., & Watson, F. L. (1987). First in, first out: Word learning age and spoken word frequency as predictors of word familiarity and word naming latency. *Memory & Cognition*, *15*(3), 208 - 216.

Brown, R., & McNeill, D. (1966). The "tip of the tongue" phenomenon. *Journal of Verbal Learning and Verbal Behavior*, *5*(4), 325 - 337.

Burbridge, J. A., & Barch, D. M. (2002). Emotional valence and reference disturbance in Schizophrenia. *Journal of Abnormal Psychology*, *111*, 186 - 191.

Burbridge, J. A., Larsen, R. J., & Barch, D. M. (2005). Affective reactivity in language: The role of psychophysiological arousal. *Emotion*, *5*, 145 - 153.

Burke, D. M. (1997). Language, aging, and inhibitory deficits: Evaluation of a theory. *Journal of Gerontology: Psychological Sciences*, *52B*, 254 - 264.

Burke, D. M., Locantore, J. K., Austin, A. A., & Chae, B. (2004). Cherry pit primes Brad Pitt: Homophone priming effects on young and older adults' production of proper names. *Psychological Science*, *15*(3), 164 - 170.

Burke, D. M., MacKay, D. G., Worthley, J. S., & Wade, E. (1991). On the tip of the tongue: What causes word finding failures in young and older adults? *Journal of Memory and Language*, *30*(5), 542 - 579.

Burke, D. M., & Shafto, M. A. (2004). Aging and language production. *Current Directions in Psychological Science*, *13* (1), 21 - 24.

Carretié, L., Hinojosa, J. A., Albert, J., López-Martín, S., de la Gándara, B. S., Igoa, J. M., et al. (2008). Modulation of ongoing cognitive processes by emotionally intense words. *Psychophysiology*, *45*, 188 - 196.

Carstensen, L. L., Isaacowitz, D. M., & Charles, S. T. (1999). Taking time seriously: A theory of socioemotional selectivity. *American Psychologist*, *54*, 165 - 181.

Carstensen, L. L., & Mikels, J. A. (2005). At the intersection of emotion and cognition: Aging and the positivity effect. *Current Directions in Psychological Science*, *14*, 117 - 121.

Castro, N., & James, L. E. (2013). Differences between young and older adults' spoken language production in descriptions of negative versus neutral pictures. *Aging, Neuropsychology, and Cognition: A Journal on Normal and Dysfunctional Development*, *21*(2), 222 - 238.

Charles, S. T., Mather, M., & Carstensen, L. L. (2003). Aging and emotional memory: The forgettable nature of negative images for older adults. *Journal of Experimental Psychology: General*, *132*, 310 - 324.

Chen, J. -Y., Chen, T. -M., & Dell, G. S. (2002). Word form encoding in Mandarin Chinese as assessed by the implicit priming task. *Journal of Memory and Language*, *46*, 751 - 781.

Chen, J. -Y., Lin, W. -C., & Ferrand, L. (2003). Masked priming of the syllable in Mandarin Chinese speech production. *Chinese Journal of Psychology*, *45*(1), 107 - 120.

Cholin, J., Dell, G. S., & Levelt, W. J. M. (2011). Planning and articulation in incremental word production: Syllable frequency effects in English. *Journal of Experimental Psychology: Learning, Memory and Cognition*, *37*, 109 - 122.

Cohen, J. (1988). *Statistical power analysis for the behavioral sciences*. Psychology Press.

Connine, C. M., Mullennix, J., Shernoff, E., & Yelen, J. (1990). Word familiarity and frequency in visual and auditory word recognition. *Journal of Experimental Psychology: Learning, Memory, and Cognition*, *16*(6), 1084 - 1096.

Damian, M. F., & Martin, R. C. (1999). Semantic and phonological codes interact in single word production. *Journal of Experimental Psychology: Learning, Memory, and Cognition*, *25*(2), 345 - 361.

Diaz, M. T., Johnson, M. A., Burke, D. M., & Madden, D. J. (2014). Age-related differences in the neural bases of phonological and semantic processes. *Journal of Cognitive Neuroscience*, *26*(12), 2798 - 2811.

Docherty, N. M., & Hebert, A. S. (1997). Comparative affective reactivity of different types of communication disturbances in schizophrenia. *Journal of Abnormal Psychology*, *106*, 325 - 330.

Farrell, M. T., & Abrams, L. (2011). Tip-of-the-tongue states reveal age differences in the syllable frequency effect. *Journal of Experimental Psychology: Learning, Memory, and Cognition*, *37*(1), 277 - 285.

Ferrand, L., Humphreys, G. W., & Segui, J. (1998). Masked repetition and phonological priming in picture naming. *Perception & Psychophysics*, *60*(2), 263 - 274.

Gollan, T. H., & Acenas, L. A. R. (2004). What is a TOT? Cognate and translation effects on tip-of-the-tongue states in Spanish-English and Tagalog-English bilinguals. *Journal of Experimental Psychology: Learning, Memory, and Cognition*, *30*(1), 246 - 269.

Gollan, T. H., & Brown, A. S. (2006). From tip-of-the-tongue (TOT) data to theoretical implications in two steps: When more TOTs means better retrieval. *Journal of Experimental Psychology: General*, *135*(3), 462 - 483.

Gollan, T. H., Ferreira, V. S., Cera, C., & Flett, S. (2014). Translation-priming effects on tip-of-the-tongue states. *Language, Cognition and Neuroscience*, *29*(3), 274 - 288.

Gross, J. J. , Carstensen, L. L. , Pasupathi, M. , Tsai, J. , Skorpen, C. G. , & Hsu, A. Y. C. (1997). Emotion and aging: Experience, expression, and control. *Psychology and Aging*, *12*,590 - 599.

Harley, T. A. , & Bown, H. E. (1998). What causes a tip-of-the-tongue state? Evidence for lexical neighbourhood effects in speech production. *British Journal of Psychology*, *89*(1),151 - 174.

Hasher, L. , Stoltzfus, E. R. , Zacks, R. T. , & Rypma, B. (1991). Age and inhibition. *Journal of Experimental Psychology: Learning, Memory, and Cognition*, *17*,163 - 169.

Hodgson, C. , & Ellis, A. W. (1998). Last in, first to go: Age of acquisition and naming in the elderly. *Brain and Language*, *64*(1),146 - 163.

Indefrey, P. (2011) The spatial and temporal signatures of word production components: A critical update. *Frontiers in Psychology*, *2*, 255. doi: 10.3389/fpsyg.2011.00255.

Indefrey, P. , & Levelt, W. J. M. (2004). The spatial and temporal signatures of word production components. *Cognition*, *92*,101 - 144.

James, L. E. , & Burke, D. M. (2000). Phonological priming effects on word retrieval and tip-of-the-tongue experiences in young and older adults. *Journal of Experimental Psychology: Learning, Memory, and Cognition*, *26*(6),1378 - 1391.

Jescheniak, J. D. , & Levelt, W. J. M. (1994). Word frequency effects in speech production: Retrieval of syntactic information and of phonological form. *Journal of Experimental Psychology: Learning, Memory, & Cognition*, *20*, 824 - 843.

Jones, G. V. , & Langford, S. (1987). Phonological blocking in the tip of the tongue state. *Cognition*, *26*(2),115 - 122.

José, A. H. , Constantino M. B. , Luis, C. , & Miguel, A. P. (2010). Emotion modulates language production during covert picture naming. *Neuropsychologia*, *48*,1725 - 1734.

Juhasz, B. J. (2005). Age-of-acquisition effects in word and picture identification. *Psychological Bulletin*, *131*(5),684 - 712.

Kemper, S. , Schmalzreid, R. , Hoffman, L. , & Herman, R. (2010). Aging and the vulnerability of speech to dual task demand. *Psychology and Aging*, *25*,949 - 962.

Kisley, M. A. , Wood, S. , & Burrows, C. L. (2007). Looking at the sunny side of life: Agerelated change in an event-related potential measure of the negativity bias. *Psychological Science*, *18*,838 - 843.

Kreiner, H. , & Degani, T. (2015). Tip-of-the-tongue in a second language: The effects of brief first-language exposure and long-term use. *Cognition*, *137*,106 - 114.

Kristof, S. , Albert, C. , Guillaume, T. (2010). Tracking lexical access in speech production: Electrophysiological correlates of word frequency and cognate effects. *Cerebral cortex*, *20*(4),912 - 928.

Kuchinke, L. , Jacobs, A. , Grubich, C. , Vo, M. L. , Conrad, M. , & Herrmann, M. (2005). Incidental effects of emotional valence in single word processing: An fMRI study. *NeuroImage*, *28*,1022 - 1032.

Laganaro, M. , & Alario, F. -X. (2006). On the locus of the syllable frequency effect in speech production. *Journal of Memory and Language*, *55*,178 - 196.

Le Dorze, G. , & Durocher, J. (1992). The effects of age, educational level, and stimulus length on naming in normal subjects. *Journal of Speech-Language Pathology and Audiology*, *16*(1),21 - 29.

Levelt, W. J. M. , Roelofs, A. , & Meyer, A. S. (1999). A theory of lexical access in speech production. *Behavioral and Brain Sciences*, *22*,1 - 75.

Levelt, W. J. M. , & Wheeldon, L. (1994). Do speakers have access to a mental syllabary? *Cognition*, *50*,239 - 269.

Lewis, B. A. , Marcus, B. H. , Pate, R. R. , & Dunn, A. L. (2002). Psychosocial mediators of physical activity behavior among adults and children. *American Journal of Preventive Medicine*, *23*(2),26 - 35.

MacKay, D. G. (1987). *The organization of perception and action: A theory for language and other cognitive skills*. New York: Springer-Verlag.

MacKay, D. G. , & Burke, D. M. (1990). Chapter five cognition and aging: A theory of new learning and the use of old connections. *Advances in Psychology*, *71*,213 - 263.

MacKay, D. G. , & James, L. E. (2004). Sequencing, speech production, and selective effects of aging on phonological and morphological speech errors. *Psychology and Aging*, *19*(1),93 - 107.

Mackie, D. M. , & Worth, L. T. (1989). Cognitive deficits and the mediation of positive affect in persuasion. *Journal of Personality and Social Psychology*, *57*,27 - 40.

Mahl, G. F. (1956). Disturbances and silences in the patient's speech in psychotherapy. *Journal of Abnormal and Social Psychology*, *53*,1 - 15.

Mather, M. , & Carstensen, L. L. (2003). Aging and attentional biases for emotional faces. *Psychological Science*, *14*, 409 - 415.

Mather, M. , & Knight, M. (2005). Goal-directed memory: The role of cognitive control in older adults' emotional memory. *Psychology and Aging*, *20*,554 - 570.

Morrison, C. M. , & Ellis, A. W. (1995). Roles of word frequency and age of acquisition in word naming and lexical decision. *Journal of Experimental Psychology: Learning, Memory, and Cognition*, *21*(1),116 - 133.

Morrison, C. M. , Hirsh, K. W. , Chappell, T. , & Ellis, A. W. (2002). Age and age of acquisition: An evaluation of the cumulative frequency hypothesis. *European Journal of Cognitive Psychology*, *14*(4),435 - 459.

Mortensen, L. , Meyer, A. S. , & Humphreys, G. W. (2006). Age-related effects on speech production: A review. *Language & Cognitive Processes*, *21*,238–290.

Murphy, N. A. , & Isaacowitz, D. M. (2008). Preferences for emotional information in older and younger adults: A meta-analysis of memory and attention tasks. *Psychology and Aging*, *23*,263–286.

Nasreddine, Z. S. , Phillips, N. A. , Bédirian, V. , Charbonneau, S. , Whitehead, V. , Collin, I. , et al. (2005). The Montreal Cognitive Assessment, MoCA: A brief screening tool for mild cognitive impairment. *Journal of the American Geriatrics Society*, *53*(4),695–699.

Navarrete, E. , Scaltritti, M. , Mulatti, C. , & Peressotti, F. (2013). Age-of-acquisition effects in delayed picture-naming tasks. *Psychonomic Bulletin & Review*, *20*(1),148–153.

O'Seaghdha, P. G. , Chen, J-Y. , & Chen, T-M. (2012). Proximate units in word production: Phonological encoding begins with syllables in Mandarin Chinese but with segments in English. *Cognition*, *115*(2),282–302.

Oldfield, R. C. , & Wingfield, A. (1965). Response latencies in naming objects. *Quarterly Journal of Experimental Psychology*, *17*,273–281.

Osborne, G. L. , & Burke, D. M. (2002). Frequency and aging effects on naming pictures of homophones. *Psychonomic Society*, *7*,97.

Park, D. C. , Smith, A. D. , Lautenschlager, G. , Earles, J. L. , Frieske, D. , Zwahr, M. , … Gaines, C. L. (1996). Mediators of long-term memory performance across the life span. *Psychology and Aging*, *11*,621–637.

Park, D. C. , & Reuter-Lorenz, P. (2009). The adaptive brain: Aging and neurocognitive scaffolding. *Annual Review of Psychology*, *60*,173–196.

Petersen, R. C. , Knopman, D. S. , Boeve, B. F. , Geda, Y. E. , Ivnik, R. J. , Smith, G. E. , et al. (2009). Mild cognitive impairment: Ten years later. *Archives of Neurology*, *66*(12),1447–1455.

Poon, L. W. , & Fozard, J. L. (1978). Speed of retrieval from long-term memory in relation to age, familiarity, and datedness of information. *Journal of Gerontology*, *33*(5),711–717.

Pyers, J. E. , Gollan, T. H. , & Emmorey, K. (2009). Bimodal bilinguals reveal the source of tip-of-the-tongue states. *Cognition*, *112*(2),323–329.

Rastle, K. G. , & Burke, D. M. (1996). Priming the tip of the tongue: Effects of prior processing on word retrieval in young and older adults. *Journal of Memory and Language*, *35*(4),586–605.

Roelofs, A. (2014). Modeling of phonological encoding in spoken word production: From Germanic languages to Mandarin Chinese and Japanese. *Japanese Psychological Research*, *57*,22–37.

Ross, L. A. , McCoy, D. , Coslett, H. B. , Olson, I. R. , & Wolk, D. A. (2011). Improved proper name recall in aging after electrical stimulation of the anterior temporal lobes. *Frontiers in Aging Neuroscience*, *3*,16.

Sadat, J. , Martin, C. D. , Costa, A. , & Alario, F. X. (2014). Reconciling phonological neighborhood effects in speech production through single trial analysis. *Cognitive Psychology*, *68*,33–58.

Salthouse, T. A. (1996). The processing-speed theory of adult age differences in cognition. *Psychological Review*, *103* (3),403–428.

Salthouse, T. A. (2000). Aging and measures of processing speed. *Biological Psychology*, *54*(1–3),35–54.

Schiller, N. O. (1998). The effect of visually masked syllable primes on the naming latencies of words and pictures. *Journal of Memory and Language*, *39*,484–507.

Schiller. N. O. (2000). Single word production in English: The role of sub syllabic units during phonological encoding. *Journal of Experimental Psychology: Learning, Memory, and Cognition*, *26*,512–528.

Shafto, M. A. , & Tyler, L. (2014). The network dynamics of cognitive decline and preservation. *Science*, *346*, 583–587.

Shafto, M. A. , Tyler, L. K. , Dixon, M. , Taylor, J. R. , Rowe, J. B. , Cusack, R. , … Matthews, F. E. (2014). The Cambridge Centre for Aging and Neuroscience (Cam-CAN) study protocol: A cross-sectional, lifespan, multidisciplinary examination of healthy cognitive aging. *BMC Neurology*, *14*(1),204.

Snyder, P. , & Lawson, S. (1993). Evaluating results using corrected and uncorrected effect size estimates. *Journal of Experimental Education*, *61*,334–349.

Sommers, M. S. , & Danielson, S. M. (1999). Inhibitory processes and spoken word recognition in young and older adults: The interaction of lexical competition and semantic context. *Psychology and Aging*, *14*(3),458–472.

Sörös, P. , Bose, A. , Sokoloff, L. G. , Graham, S. J. , & Stuss, D. T. (2011). Age-related changes in the functional neuroanatomy of overt speech production. *Neurobiology of Aging*, *32*(8),1505–1513.

Sternberg, S. (1969). The discovery of processing stages: Extensions of Donders' method. *Acta Psychologica*, *30*,276–315.

Swanson, H. L. (1999). What develops in working memory? A life span perspective. *Developmental Psychology*, *35*(4), 986–1000.

Taylor, J. K. , & Burke, D. M. (2002). Asymmetric aging effects on semantic and phonological processes: Naming in the picture-word interference task. *Psychology and Aging*, *17*(4),662–676.

Thomas, J. C. , Fozard, J. L. , & Waugh, N. C. (1977). Age-related differences in naming latency. *The American Journal of Psychology*, *90*,499–509.

Tree, J. J. , & Hirsh, K. W. (2003). Sometimes faster, sometimes slower: Associative and competitor priming in picture naming with young and elderly participants. *Journal of Neurolinguistics*, *16*(6),489 – 514.

Urry, H. L. , & Gross, J. J. (2010). Emotion regulation in older age. *Current Directions in Psychological Science*, *19*, 352 – 357.

Vigliocco, G. , Vinson, D. P. , Martin, R. C. , & Garrett, M. F. (1999). Is "count" and "mass" information available when the noun is not? An investigation of tip of the tongue states and anomia. *Journal of Memory and Language*, *40*(4),534 – 558.

Vitevitch, M. S. , & Sommers, M. S. (2003). The facilitative influence of phonological similarity and neighborhood frequency in speech production in younger and older adults. *Memory & Cognition*, *31*(4),491 – 504.

Wang, R. M. , Fan, X. Y. , Liu, C. , & Cai, Z. G. (2016). Cognitive control and word recognition speed influence the Stroop effect in bilinguals. *International Journal of Psychology*, *51*(2),93 – 101.

West, R. L. (1996). An application of prefrontal cortex function theory to cognitive aging. *Psychological Bulletin*, *120*(2),272 – 292.

West, R. , & Alain, C. (2000). Age-related decline in inhibitory control contributes to the increased Stroop effect observed in older adults. *Psychophysiology*, *37*(2),179 – 189.

Wheeldon, L. R. , & Monsell, S. (1992). The locus of repetition priming of spoken word production. *The Quarterly Journal of Experimental Psychology*, *44*(4),723 – 761.

White, K. K. , & Abrams, L. (2002). Does priming specific syllables during tip-of-the-tongue states facilitate word retrieval in older adults? *Psychology and Aging*, *17*(2),226 – 235.

White, K. K. , Abrams, L. , & Frame, E. A. (2013). Semantic category moderates phonological priming of proper name retrieval during tip-of-the-tongue states. *Language and Cognitive Processes*, *28*(4),561 – 576.

You, W. P. , Zhang, Q. F. , & Verdonschot, R. G. (2012). Masked syllable priming effects in word and picture naming in Chinese. *PLoS One*, *7*(10), e46595.

Zacks, R. T. , & Hasher, L. (1994). Directed ignoring: Inhibitory regulation of working memory. In D. Dagenbach & T. H. Carr (Eds.), *Inhibitory processes in attention, memory, and language* (pp. 241 – 264). San Diego, CA: Academic Press.

Zhang, Q. , & Wang, C. (2014). Syllable frequency and word frequency effects in spoken and written word production in a non-alphabetic script. *Frontiers in Psychology*, *5*,120.

Zhang, Q. , & Weekes, B. S. (2009). Orthographic facilitation effects on spoken word production: Evidence from Chinese. *Language and Cognitive Processes*, *24*(7/8),1082 – 1096.

Zhang, Q. , Chen, H. C. , Weekes, B. , & Yang, Y. (2009). Independent effects of orthographic and phonological facilitation on spoken word production in Mandarin. *Language and Speech*, *52*,113 – 126.

9　书写产生

大约 35 000 年以前,人类开始创造符号(Putman, 1989)。考古学家发现第一个刻下来的符号大约发生在 10 000 年前(Gelb, 1952)。文字是人类社会进化到一定阶段的产物,至少需要三个不可或缺的条件:认知技能的进化需要运用符号表达特定意义;工匠运用文字书写工具和材料;社会组织化的形成和文化的发展使得能够长久保留的交流形式成为必要。文字的使用是人类进入有历史记录的文明社会的标志。

在人类历史上，书面语言的出现晚于口头语言。从个体发展的角度来看，个体获得和使用书面语言的能力要晚于口头语言和动作技能（如行走）。书面语言的产生是指以手执笔将所要表达的思想用书面文字写下来的过程，被称为书写产生。书写是一个包括各类信息编码以及运动执行的复杂的认知加工过程，其中包括概念准备、词条选择（语义提取和句法构建）、拼写编码、运动编码和执行运动程序（van Galen, 1991）。正常个体的书写能力需要历时15年才能达到稳定状态。尽管书写产生过程十分重要，但相对于口语产生的研究，心理语言学对书写产生过程的研究很少。近年来，随着计算机技术的发展以及各项可用于记录书写产生过程的软件的开发，越来越多的研究者开始探索书写产生过程的认知机制。本章首先介绍书写产生的心理运动模型，并在此基础上阐述书写产生研究领域所关注的主要问题。

9.1 书写产生的心理运动模型

书写是一种认知与运动的复合能力，它是基于语义和词汇知识的。对西方语言而言，写作者必须处理特定的音素（phoneme）和一套字母（graphemes）之间的复杂关系。书写任务常常由于各种语音对应规则和非语音拼写方案而变得复杂化。人们不仅要学习大小写，而且需要面临多样化的写作模式。对字母和拼写的掌握被看作是阅读的必需技能。而书写需要非常精细地操纵笔杆，画出特定的形式符号，有特定的方向和特定的大小以及特定的位置等。

书写的早期研究集中于书写技能的获得和书写技能的人类工效学特征（Barbe, Lucas, & Wasylyk, 1984; Sovik, 1975）。最近几年，研究方向开始从产品导向向加工过程导向转移（Kao, van Galen, & Hoosain, 1986; Plamondon, Suen, & Simner, 1989; Thomassen, Keuss, & van Galen, 1984），将书写看作是一个认知和运动的过程。使用反应时实验和书写任务的移动时间范式，通过对书写存在困难的脑损伤病人的观察，对书写轨迹建立数学模型。在数字书写板出现之后，研究者才可能追踪书写产生的实时动态过程（Ellis, 1982, 1988; Hulstijn & van Galen, 1983; van Galen & Teulings, 1983; Stlemach & Teulings, 1983; Margolin, 1984; Teulings & Maarse, 1984; Teulings & Thomassen, 1979）。

书写运动主要以一种系列的方式产生，在个体之间存在很大差异。书写需要高度的运动平衡，同时具有动态特性，这意味着对于书写运动特点的研究没有单一的答案。书写力量、书写时间以及两者的结合是否决定了书写内容的形式和大小？ Wing (1980)发现单词内和单词间书写字体的变化存在分离。Teulings、Mullins 和 Stelmach (1986)比较了不同书写任务下的空间、时间以及力量大小等特征，发现书写中空间特征是恒定不变的，而写字时间与力量大小之间存在平衡，这是为了保证空间特征不变。

Meulenbroek 和 van Galen (1989)发现性别是影响书写的因素。在写字的速度和写字的压力方面，女性均高于男性。在左利手被试中观察到了小幅度的字母斜度和字母大小的空间变化，这显然是为了适应写字手的位置而产生的。Peters 和 McGrory (1987)发现了类似的结果。书写相关研究对书写时压力的变化关注较少。目前，仍然没有普遍接受的关于书写压力和心理任务之间关系的理论。Kao (1983)观察到，越到单词末尾，书写压力越大。Mojet (1989)发现年龄越大，书写时用力越大。但对这些发现的解释与其他一些因素混淆在一起，比如书写平面与书写工具之间的摩擦力。

大多数书写研究都采用数字书写板来记录实验数据。虽然它不能反映复杂书写过程的全貌，但仍然提供了有关书写过程的很多信息，如字体大小、斜度、平均曲率、最大和最小曲率，通常用来衡量书写笔迹的平滑度、水平连续性、垂直偏离度、线性速度、角速度和加速度。Teulings 和 Thomassen（1979）用能量频谱密度（power spectral density）进行分析，发现书写运动的频率范围在 $0.5 \sim 10\,\mathrm{Hz}$ 之间。除了 $5\,\mathrm{Hz}$ 是相对占主导地位的频率以外，频谱密度的分布很平坦。这意味着笔画的运动时间是高度变化的。这可能是由于曲率、长度、下一个笔画的特点、单词的系列位置，以及认知因素和其他生物机制的要求导致的。在更为严格的任务（比如写单个单词）中，笔画的书写时间在 $100\,\mathrm{ms}$ 和 $200\,\mathrm{ms}$ 之间变化。

书写字体的空间和时间特征不仅仅反映了书写轨迹的生物机制，书写时间、大小、流畅性和其他参数还反映了认知功能和任务要求。语篇产生（Brown, McDonald, Brown, & Carr, 1988; Brown 等, 1989）、单词长度和单词内部字母的系列位置（van Galen, Meulenbroek, & Hylkema, 1986）、笔画和字母重复（van Galen, Smyth, Meulenbroek, & Hylkema, 1989）、单词的音韵结构（van Galen, 1990）、单词之间的空间要求等方面的研究（Van der Plaats & van Galen, 1990）都得到了类似结论。

研究者试图在单一的计算模型中同时模拟书写的轨迹以及书写认知过程。但是很明显，单一的书写模型不可能同时包括其生物物理和心理认知两方面。多数模型集中于书写的某一个方面，其中多数模拟的是笔画产生的生物物理实现过程。Maarse (1987)区分了书写的微观和宏观模型。微观模型关注书写的外周和生物物理方面,宏观模型描述书写的认知过程,提供语言学分析以及书写轨迹的运动目的。以下主要介绍书写的认知模型。

在书写的认知研究中有三个基本问题:第一,书写任务的基本加工单元是什么? 第二,书写过程中利用了哪些信息? 第三,准备阶段与实时的笔画产生之间是如何联系在一起的?

9.1.1 计划单元的大小

Wing(1978)测量了书写中落笔和提笔之间的时间间隔,来探索书写笔画是否遵循了一种时间模式。如果书写的计划单元是笔画,那么连续笔画的书写时间之间会呈现负相关,正如连续敲击节拍的时间呈现负相关一样(Wing & Kristofferson, 1973)。结果仅在第一和第二笔画之间发现了负相关,其他笔画对之间则是正相关。因此,研究者认为书写单元不是笔画。

Teulings、Thomassen 和 van Galen(1983)研究是否双字母为书写的计划单元。在其研究中,字母对包括三类:两个相同的字母、两个具有相似笔画的字母,或者是不相似的字母。如果独立的笔画是计划单元,那么相似字母对中第二个字母的启动应该促进字母对的启动,其启动量应该与相同字母对中对第二个字母的启动量相同。另一方面,如果完整字母构成了一个计划单元,仅对第二个字母提供线索,那么相同的字母应该促进书写的启动。实验结果支持了第二种观点。

Teulings、Mullins 和 Stelmach(1986),以及 Hulstijn 和 van Galen(1983,1988)利用另一种方法探索了书写的计划单元,试图检验 Sternberg 等人(Sternberg, Monsell, Knoll, & Wright, 1978;Sternberg, Wright, Knoll, & Monsell, 1980)提出的书写的子程序提取模型。该模型假设输出串以预定的顺序进行准备,部分是预先准备,部分是在书写过程中准备。例如,5 个双音节单词串被表征为 5 个重音组块,在运动程序水平上形成抽象表征,这些成分的数量决定了书写开始的潜伏期。潜伏期在系统分解要说出的两个音节中的第一个时会增加,在任务的执行中会进行下一步计划。在反应开始后,连续的反应单元从运动缓冲器中提取出来。该模型预测反应时会随着重音组块数量的增加而增加,与组块的运动复杂度无关。Teulings 等人利用书写任务验证了子程序提取模型,实验中变化了笔画个数。实验结果表明,在书写中没有单一的计划单元,产生单元可能依赖于输出的形式。

Hulstijn 和 van Galen(1983)用不同类型的书写任务验证了子程序提取模型,变化字母个数来操纵书写的序列长度,同时利用笔画数变化每个字母的长度。结果表明,书写的时间随着长度的增加而增加,但增加幅度很小,一个符号大约 2 ms,与 Sternberg 等人报告的一个单元 10 ms 相差甚多。而且,增加幅度从头至尾是逐渐降低的。因此，似乎可以认为，书写时间不是由长度决定，而是由书写轨迹决定的。

可见，字母或笔画都不能一致地预测书写时间。这可能是由于书写任务执行相对比较慢，使得运动在实时执行过程中被延迟了。在随后的一个研究中，Hulstijn 和 van Galen (1988)探索了书写单元的灵活性，以及练习是否会改变书写单元。其基本假设是，书写任务的表征高度依赖于系统的经验。他们得出结论：书写单元是变化的，有时大，有时小，依赖于被试对具体任务的练习程度。Portier、van Galan 和 Meulenbroek (1990)得出了类似的结论。

到目前为止，实验研究结果与子程序提取模型的舆情并不一致。反应时随着反应输出长度的增加而增加，但是该效应受到语言学、运动状态和训练状态的影响。这些证据都表明书写产生的计划单元是可变的。更进一步地讲，每个符号的书写时间并不随着序列长度的增加而增加。但是，当词汇规则性或反应一致性发生改变时，书写的启动时间和书写分离的符号受到认知和运动因素的强烈影响。Hulstijn 和 van Galen 提出书写的准备不是一个整体统一的加工过程。相反，人们可能是以不同的独立的步骤来进行书写的。在准备早期，抽象的维度(比如词汇和音韵结构)被编码存储在一个缓冲器里。存储策略、存储单元大小、衰减和搜索特征都会影响这一水平。然后，在任务执行时，任务的空间和时间特征被确定。这与 Rosenbaum 等人 (Rosenbaum, Inhoff, & Gorden, 1984；Rosenbaum, Hindorff, & Munro, 1987)的层级树模型、Harrington 和 Haaland (1987)对姿势产生的描述是一致的。

Merton (1972)观察到个体的书写结果在表面上看来是非常相似的，即使书写时的肌肉和力量模式都发生了很大改变。这一观察结果促使人们去探索书写中形式、书写的单位和机能的独立性。Pick 和 Teulings (1983)探索了被试是否能改变书写的几何学特征。结果显示，被试能轻易地改变书写线条的方向以及书写字体的斜度，而不改变其他参数。难以独立改变的是字母内垂直和平行单元的大小。van Galen 和 Teulings (1983)指出，书写的字体大小和几何学特征可能是受不同的加工过程控制的。大小可能是将字母看作整体的一个参数，而斜度和方向是通过手腕和手指肌肉的运动执行的相对贡献来产生变化的。

书写产生的模块化结构的证据来自于神经心理学的研究。Ellis (1982，1988)以及 Ellis 和 Young (1988)分析了病人和正常人的书写错误，得到了双向分离的结果，因此认为书写过程中认知加工和运动加工过程是独立的。Margolin 和 Wing (1983)发现了脑中风患者和帕金森患者在书写上有不同的表现，这与监测形式和监测单位因素之间的不同结果是一致的。脑中风患者表现为字母形式加工障碍，而帕金森患者则出现字母整体大小障碍。Ellis (1982，1988)和 Margolin (1984)明确指出，一旦词素编码确定，那么在书写和字母串的其他输出模式之间就会出现不同。从那一点开始,针对书写的特别加工就会被启动。Ellis 把后面的操作称为外周加工,并分析了一系列所谓的外周获得性书写困难,为区分下述两个过程提供了证据。一个过程是负责提取字形的运动模式,另一个是调整字形运动模式以实现当前的生物物理条件。Caramazza、Miceli 和 Villa (1986)以及 Goodman 和 Caramazza (1986)的研究都支持了 Ellis 的假设。

已有的研究考察了书写运动的加工阶段,发现书写的准备过程不是只有单一的加工单元,书写开始之前只作了部分的准备,许多书写任务是在开始书写后进行加工的。而且,形式的提取、字体大小参数、适当的运动单元等可能是独立进行加工的。尽管如此,多数实验仍然探索的是快速书写条件的反应时间。

9.1.2 书写产生中各个加工阶段之间的关系

数字书写板的出现为书写研究中记录的时间和空间的高分辨率提供了保证,使得研究者能够分析书写产生的动态过程。van Galen (1980,1984)的研究表明,任务要求会显著改变书写的时间。van Galen 等人(1986)研究了词长、单词位置和字母长度对书写潜伏期和书写时间的影响,结果表明:每增加 1 个音节长度,单词的启动时间会增加 12 ms。长单词导致的时间延迟主要是因为空间上的距离长度的增加,长单词本身的书写速度比短单词的快,证明了层级加工策略的存在。在书写准备阶段,会建立起单词音韵编码,为后来的书写运动作准备,长单词的音韵编码长度长,从而导致启动较慢。一旦启动书写过程,音韵代码被转化成相应的词素代码,这一转化过程在长单词上会更快。尽管如此,书写单个字母的时间是独立于整体的加速效应的,表现出字母位置效应。相同的字母,在单词开始位置的书写时间长,而如果位于单词的末尾位置,则书写时间短。因此,研究者得出结论:在音韵代码提取后,在单词水平上存在一个加速过程,在字母水平上进行单个字母的选择,随后进入词汇和运动加工。书写速度在单词末尾加快,这是由于音韵缓冲器中的内容减少,导致提取的负担降低。van Galen 等人(1989)重复验证了书写中的字母位置效应:当相同字母对作为启动刺激时,书写另一个相同字母对的时间要短于不同字母对作为启动刺激的条件。他们同时发现,与不同字母构成的字母对相比,相同字母对的书写时间延长。这就出现了一种分离现象,即书写前的促进效应和书写过程中的抑制效应。这一结果证明了单词音韵结构在书写产生中的作用。van Galen (1990)联合了单词的音韵结构和分离单词的运动复杂性进行研究。运动时间分析表明,在单词水平上,书写的运动减慢,是连续音节结构相似性的函数,但该效应是独立于笔画重复结构字母水平上的局部效应的。这一发现再次支持了层级加工模型。在书写之前,音韵代码被提取进入短时记忆。由于相同的音韵结构使得短时记忆的负荷较少,书写相同字母对的时间就短。在书写过程中，音韵相似成分则构成了更为困难的条件，这就使得书写相同字母对的时间增加。这一效应在字母水平上对于笔画重复效应是叠加的，在运动执行阶段会增加书写时间。书写是各加工过程平行的任务，不同水平上的不同因素会对书写产生影响：在单词水平上包括音节结构、单词长度等因素，在字母水平上包括字母的重复、字母的长度等因素，在笔画水平上包括笔画的重复、不同笔画的书写难度等因素。

9.1.3　书写产生的心理运动模型

在描述具体的模型之前，总结已有的研究结果，有以下几方面结论：

1. 书写是不同加工模块作用的结果，每一模块具有其独有的特点；

2. 模块是层级结构的，每一阶段的输出是下一个阶段的输入；

3. 从高加工阶段到低加工阶段，层级加工单元逐渐减小；

4. 所有的模块同时进入加工系统，高级加工模块的输出在时间上早于低级加工模块；

5. 为了解决使用模块存储缓冲器之间的时间上的矛盾，允许临时的缓冲器的输出。

van Galen (1991)提出了书写产生的心理运动模型(psychomotor model)，书写产生基于以层级结构组织起来的不同模块，多个模块平行加工，每一个加工过程都有相应的加工单元。写一个单词时，我们首先要明确所要表达的意图和概念，提取其语义词条，产生符合句法规则的单词；之后是拼写(spelling)单词，即将单词的基本单位分解成字素(grapheme)[①]；最后进行字形(主要包括大小写和字体)选择，控制书写笔画的大小，以及控制手臂相关肌肉协调完成书写动作。

图 9.1 表示了书写产生的心理运动模型。图的最右栏表示的是书写中的存储缓冲器。每一阶段的输出结果短暂地保存在工作记忆中。这些临时的存储代码有两个目的：第一，调整不同模块中各个信息加工活动的时间误差；第二，处于底层的加工器能识别缓冲器中适合于该阶段的信息。这些缓冲器形成独立的结构，独立于与之相联系的加工模块。

模型的中间一栏表示每一阶段所利用信息的单元大小，这些信息都来自于上一个较高的加工阶段。应当注意到，不同加工模块的数量不应该被看成是解释已有结果的唯一方案。一般而言，从心理语言学的角度来看，语言产生包括了目的、语义结

---

① 字素是音素的字形表征，是一种音韵—正字法(phono-orthographic)单位，具体是指与某一音素对应的字母串的图像代码。比如，单词 teacher 按读音分解成基本单元[t]、[ɪː]、[tʃ]、[ə]，其对应的字素是 t、ea、ch、er。

加工模块	输出单元	缓冲器
意图	想法	情景记忆
语义提取	概念	言语词典
句法建构	短语	短时记忆
拼写	单词	正字法缓冲器
字形选择	形素	运动记忆
大小控制	字形	动作输出缓冲器
肌肉调节	笔画	
形成实时的笔尖运动轨迹		

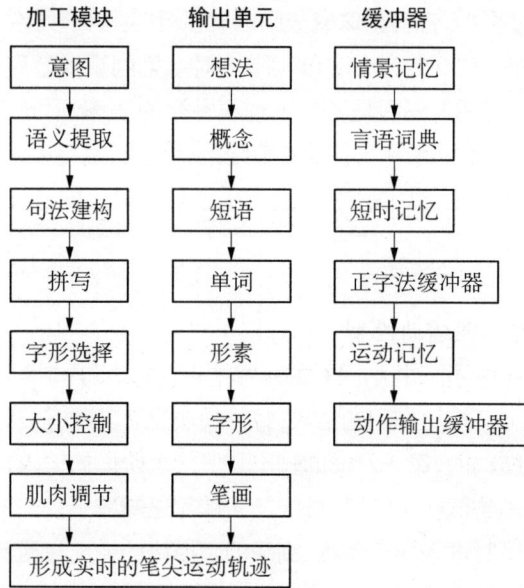

图 9.1　书写产生的心理运动模型(van Galen, 1991)

构和句法加工(Levelt, 1989)。拼写是一个将发音转化成相应词素代码的过程。在心理语言学领域,对拼写过程有着不同的理论观点:一种理论认为人们通过音素—词素转换规则进行拼写;另一种理论认为拼写中利用了心理词典中所存储的有关单词知识,进行从音到形的直接通达。依赖于哪一种通路与单词类型和具体语言的拼读规则有关。双重通路模型的证据主要来自于拼读困难(Margolin, 1984;Ellis, 1982)和阅读的研究。在阅读研究领域,两个通路之间的独立性遭到了大量质疑(Humphreys & Evett, 1985)。为了简单起见,我们在这里选择了一个单一的拼写模块。

运动过程位于拼写模块之后。从这一水平开始,模型包括了区分字体、大小,以及肌肉调节等过程。字体的选择应该被看作是运动程序或记忆痕迹,对应的是正字法缓冲器中的词素表征,指导书写模块。字体运动模式是两阶段的:第一阶段,当前的书写模块激活长时记忆中的指令系统;第二阶段,词素转换为字体。Patterson 和 Wing (1989)在一项临床研究中证明了存在不同的大写和小写字母的指令系统。Ellis(1982)区分了字体水平和图形运动模型,在这一模型中假定字母形式和字体是被存储的,在提取时被看作空间代码,引导书写运动。

对"书写大小和速度"的监测是独立于书写过程的。模型中的大小控制是在字母水平上的,不对字母的笔画进行分离。这一假设基于 Pick 和 Teulings (1983)的研究结果:书写任务中对大小的控制很难在小于字母单元的水平上进行。

最后一个阶段是执行书写,我们认为运动的平衡是书写过程最外显的特征。对书写手的简单观察表明,对肌肉的运用严重依赖于在哪个工作区域书写。反应时的研究表明,肌肉书写过程是独立加工的,手腕的运动模式和手指的运动模式是不同的。Gottlieb 等人(1989)明确指出肌肉的控制是十分复杂的。在这一水平,笔画是最有可能的加工单元。

总之,心理运动模型的两个主要特点是:第一,多模块的层级结构。书写产生包括图 9.1 最左列所示的多个加工过程,每级加工过程都接受上一级模块的输出品作为"原料",而它的加工产物又作为下一层级的"原料"(如图 9.1 中间列,每级输出单元是上一级模块的产出物,是同级模块的原料)。在层级结构中,从高级模块到低级模块,处理的信息单位依次减小。为调节相邻模块之间的冲突,超过认知负荷的加工信息被暂时存放在缓冲区(图 9.1 最右列)。前三个模块是从口语产生模型(Levelt, Roelofs, & Meyer, 1999)中借鉴过来的,后四个模块是书写产生特有的。书写产生的研究表明(van Galen, 1991),在每一个层级水平都有不同的因素影响书写的过程。在单词水平,音节结构和单词长度等因素会影响提取过程;在字母水平,大小写、字母的重复、字母的长度等因素可能会影响加工过程;在笔画水平,笔画的大小、重复以及不同笔画的书写难度等因素会影响书写的执行过程。

第二,多模块平行加工。书写过程中各个模块是平行加工、同时进行的。van Galen (1990)发现,当单词中有重复出现的音节、字母或笔画时,书写的准备反应时比没有重复时的更快,而在书写执行中书写重复部分的时间更长。这可能是由于书写时单词、音节、字母、笔画等水平的信息是同时加工的:在准备书写时,重复的部分节省了准备时间,从而造成了准备反应时的缩短;在书写过程中,由于两个相似部分同时激活又造成混淆,导致书写执行时间的延长。这两种效应说明,在我们实际输出当前字迹时,同时在计划下一个笔画、字母、字素或音节的信息。

这一模型主要针对的是正常人的书写产生过程,其主要观点与基于书写困难病人的结果分析所建立的书写模型的观点(例如,Ellis, 1988;Rapp & Caramazza, 1997b 的拼写模型)是一致的。van Galen 提出的书写产生的心理运动模型被认为是目前"最完整"的模型,但这一模型存在如下重要问题尚未解决:第一,该模型并没有包含与音韵信息有关的模块,而音韵信息在书写过程中是否得到激活,仍存在争论。第二,在拼写编码模块中,拼写过程是从左往右按字母依次进行的线性加工,还是受到更高级的语言学单位的调控? 第三,一些研究者将书写分为认知编码阶段和运动执行阶段(Ellis, 1988;Hulstijn & van Galen, 1988),前者包括 van Galen 模型的前四个模块,后者包括后三个模块,这两个阶段之间的关系如何,也是需要进一步明确的问题。

9.2 失写症的研究

根据临床上失写症病人的行为表现,研究者将失写症划分为如下亚类型:词汇失写症(lexical agraphia)、音韵失写症(phonological agraphia)、语义失写症(semantic agraphia)、深层失写症(deep agraphia)。失写症的研究关注的是书写过程中的各个加工过程是如何进行的。根据失写症的研究结果,一般认为书写过程包括两条主要通路,分别为词汇通路和亚词汇通路(如图9.2所示)。对于听觉呈现的词汇,书写熟悉的单词时会利用词汇通路:听觉语音激活存储在音韵输入词典中的相关表征,之后激活传递至语义系统以理解词语意义。语义系统中存储了词语的所有意义,其意义与刺激的呈现通道(听觉或视觉)无关。在书写产生过程中,所激活的语义表征进一步进入字形输出词典,其中存储着熟悉词语抽象的字形表征。书写是序列的动作输出过程,运动过程中其字形需要一直保持激活,字形的激活是保存在工作记忆即正字法缓冲器中。在书写不熟悉的单词时一般会用到亚词汇通路,通过音形转换规则进行音韵输入到字形输出的转换。在亚词汇通路中包括了两个加工阶段,第一是将听到的语音分解为小的语音单元,然后通过音形转换规则进行从音韵到字形的转换。例如,对于"apple",人们自动化地将语音刺激分解为/æ/、/p/、/l/,每一个音分别对

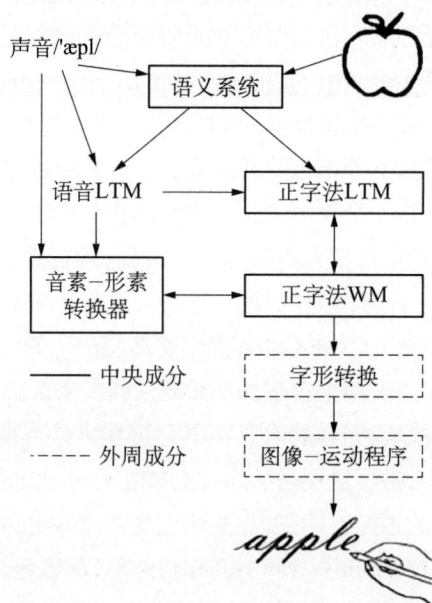

图9.2 书写产生的认知模型(Rapp & Dufor, 2011)
注:LTM 表示长时记忆;WM 表示工作记忆。

应着 a、p、l 或 le,组合起来就能写出相应的单词了。除此之外,也有研究者认为在音韵输入词典和字形输出词典之间可能存在一条直接的不经过语义系统的通路,被称为"非语义通路"(Patterson, 1986;Roeltgen, Rothi, & Heilman, 1986),但也有研究者不同意这一观点(Hillis & Caramazza, 1991)。

9.2.1 词汇通路和亚词汇通路

　　针对失写症病人的研究中一般会比较熟悉词和不熟悉词的表现,结果证明存在词汇通路和亚词汇通路,但是也有研究认为真词和假词的加工利用的是同一通路,因为真词的熟悉度高于假词,这与熟悉词和不熟悉词使用不同通路的结论不一致。那么如何证实存在两条通路?如果拼写真词和假词中的其中一个功能受到损害,表现为真词书写产生正常,而假词书写产生受损,或者相反的模式,那么就可以证实真词和假词的书写产生使用了不同的通路。Beauvois 和 Derouesne (1981)发现病人 RG 拼写真词困难(正确率 66%),而拼写假词正常(正确率 99%),Shallice (1981)发现病人 PR 拼写真词正常(正确率 94%),而拼写假词困难(正确率 18%),出现了真词和假词加工的分离现象。研究者进一步的分析发现:RG 在复述任务和听觉理解任务中表现正常,但自发书写存在困难,这表明其损伤不是发生在音韵输入词典中,并且语义系统未受损;RG 的书写输出没有出现词长效应,表明字形输出缓冲器完好;RG 的书面拼写和口头拼写都表现出困难,表明其损伤与输出通道无关,不是发生在后词汇水平的字母形式转换阶段。通过上述比较可以推断出 RG 的损伤发生在正字法输出词典中,且属于词汇通路。相比而言,PR 在拼写假词结束后立即复述时的正确率高达 77%,说明假词的拼写困难不是由于记忆方面的问题,而且在书面拼写和口语拼写中会出现相同的错误,这表明 PR 的损伤出现在亚词汇通路。通过这两个病人的症状比较,证实了书写产生过程中确实存在词汇通路和亚词汇通路。

　　图 9.2 所示的书写产生过程中有一条非语义直接通路,联结了音韵输入词典和字形输出词典。字母语言的研究发现,在不理解语义的情况下,病人可以拼写出不规则词语,为这条通路的存在提供了证据。那么,汉语的书写中是否存在这条通路?Law 和 Or (2001)研究发现,病人 CML 在所有语义测验(词图匹配任务、图片分类任务)中的正确率为 80%,表现出轻微的损伤,其听写成绩(正确率 44.8%)好于书写命名成绩(正确率 22.4%),这表明存在一条不经过语义表征的通路来完成听写任务。书写中的同音错误也证实存在这条通路,其错误类型表现为与目标词同音或者与目标词声调不同,这类错误占所有错误的 50% 以上。在正常成人的听写任务中,语音刺激的激活进入音韵输入词典,再通过非语义直接通路激活正字法词典中所有与音韵相关的正字法表征,同时会通过语义通路激活所有与语义相关的表征,两个词典中

若有相同的词语,其正字法表征和语义表征同时产生激活而被选择。但是在语义系统受损时无法提取相应的语义表征,因而产生了大量的同音错误,CML 的行为表现表明了非语义直接通路的存在。

9.2.2　词汇通路和亚词汇通路之间可能存在交互作用

Rapp 和 Caramazza (2002)比较了病人 LAT 的真词和假词听写症状,发现主要表现为:第一,复述无困难,听写假词的正确率(90%—98%)与正常人无差异,表明后词汇水平未受损;第二,定义未出现问题,表明语义系统和音韵输入词典未受损;第三,真词的听写存在困难,并且表现出词频效应和音形转换一致性效应,主要的错误类型为音韵合理性错误(phonological plausible error, PPE),拼写出来的单词符合音形转换规则。综合分析表明,其损伤出现在字形输出词典中。LAT 的拼写错误在音形转换一致性高低两种情况下相当。根据传统的有关音形转换系统的观点,当音形转换一致性低的时候会出现更多的错误,而 LAT 的表现并非如此。为了解释这一现象,研究者提出了两种假设:"音形转换系统特异性假说"认为所有的 PPE 都是由该系统产生的,音形转换一致性低的单词在语言系统中的表征更强,难以受到损伤。"音形转换整合假说"则认为 PPE 是由于词汇和亚词汇系统信息的整合导致的,那么在音形转换一致性低的条件下,真词和假词都会出现错误。研究中比较 LAT 的真词和假词拼写结果,发现在音形转换一致性低的条件下,真假词的正确率分别为 52% 和 36%,差异显著,支持了音形转换整合假说。

Hillis 和 Caramazza (1991)的研究发现,病人 JJ 的词汇理解正确率、口语和书写命名的正确率均为 30%—40%,命名的错误主要表现为语义相关错误,因此研究者推断其损伤主要出现在词汇通路上。但与此矛盾的是,病人在听写中却没有出现任何语义错误,这可能是由于听写任务中亚词汇通路的信息帮助 JJ 选择了正确目标,在命名中由于没有来自亚词汇通路的音韵输入信息,所以病人出现了语义相关错误。

Hillis、Rapp 和 Caramazza (1999)的研究发现,病人 RCM 对于视觉和听觉呈现的语言的理解是正常的,其口语命名和单词阅读能力正常,但出现了轻微的单词提取困难,词汇的流畅性比患病前低,拼写能力受损,并出现很多语义错误(56%),假词的拼写都是错误的,但不会出现 PPE 之类的错误。拼写假词中最小的音韵单元的错误率为 58%,据此推断 RCM 的亚词汇通路和字形输出词典受到了损伤。研究者在两周后再次对 RCM 进行了测试,发现其拼写中的语义错误率降低至 10%,拼写假词中有 3% 是正确的,最小音韵单元的错误率降低至 33%,出现了 PPE,表明病人的亚词汇通路得到了部分恢复。对 RCM 的研究结果表明,在语言产生过程中词汇通路和亚词汇通路之间确实存在交互作用。

9.2.3 字形输出缓冲器

如图 9.2 所示,研究者认为字形输出缓冲器处于后词汇水平,不会受到词汇或语义因素(词频、词类等)的影响,也不受任务输入通道(视觉或听觉)或任务输出通道(书面拼写、口头拼写或打字)的影响。在书写产生中,字形表征被激活之后进入字形输出缓冲器中等待书写的执行,词越长,在书写缓冲器中要保存的表征越多,越容易出现错误。在拼音文字中,字形输出缓冲器中的表征与字母特性、字母顺序以及字母组合都有关。Caramazza 和 Miceli (1990)分析失写症病人的拼写错误,发现字母文字的字形表征具有层次结构,包括了字母位置、字母数量,以及单词中字母元音辅音的信息。病人 LB 在拼写意大利语的真词和假词时表现出词长效应,真假词的书写损伤模式在不同通道和不同任务中的表现都是一致的,其损伤出现在字形输出缓冲器中。LB 的错误类型包括字母置换、字母插入、字母删除以及字母调换等。在字母置换的错误中,99.3%的表现为将同类型的字母进行置换,比如元音与元音、辅音与辅音发生置换。因此,研究者进一步假设在字形输出缓冲器中存在着元音和辅音的表征以及字母身份的表征,而且对于元音和辅音的表征是独立的。LB 的错误中也发现存在叠字置换错误,例如将"sorella"(意大利语)错误地书写成"sorela",将"marrone"错写成"mazzone"等,这表明在字形输出缓冲器中也存在着有关叠字的表征(McCloskey 等,1994)。

失写症病人的研究为书写产生过程模型的建立奠定了坚实基础,图 9.2 所示的理论模型得到了广泛认可,与此同时也有矛盾的不一致的发现。而且用受损认知机制的研究来推测正常的书写产生过程是不够的,研究者还需要关注正常人书写的心理过程以及神经解剖上的定位,从多个角度出发建立书写产生过程的理论模型,为病人的诊断和治疗提供依据。

9.3 书写产生过程的认知机制

书写的早期研究集中于书写技能的获得和书写过程的人类工效学特征(van Galen, 1991)。最近,由于记录书写产生过程的软件(如 Eye and Pen 软件,Alamargot, Chesnet, Dansac, & Ros, 2006;DUCTUS 软件,Guinet & Kandel, 2010)的开发,研究者开始关注正常人书写产生过程中动态的认知机制,书写产生的研究从对书写结果的静态分析转移到对书写产生过程的动态分析上,比如分析书写过程的准备时间以及执行过程中书写轨迹的模式。同时记录技术的发展促使研究者开始探索正常人的书写产生过程。相关研究主要关注以下三个具体的问题:第一,书写产生过程中是否存在音韵中介? 第二,书写产生中拼写编码的加工单元是什么？第三，书写产生中的认知编码阶段和运动执行阶段之间的关系是怎样的？

9.3.1 书写产生过程中是否存在音韵中介

这一问题的本质是要回答人们在书写时是如何通达正字法代码的、在通达正字法代码时是否需要音韵信息的参与等疑问。

早期的观点认为书写完全依赖于先前音韵代码的提取（Geschwind，1969；Luria，1970），这一观点被称为音韵中介假设（phonological mediation hypothesis）。根据音韵中介假设，在提取词汇的正字法信息之前必须提取词汇的音韵信息。人类的口语发展早于书面语，个体的口语获得也早于书面语，这一现象从系统和个体发展的角度为音韵中介假设提供了依据。拼写错误分析发现很多错误表现出音韵特征错误，例如在书写时，会将"there"写成"their"（同音替换错误），将"dirth"写成"dearth"（准同音替换错误），这表明在书写过程中音韵产生了激活，否则不会出现这类错误（Aitchison & Todd，1982）。神经心理学研究发现，许多表现出书写障碍的病人表现出同等程度的口语和书写产生损害（Basso, Taborelli, & Vignolo, 1978；Hécaen & Angelergues, 1965；Luria, 1966）。

研究者更进一步地考察了书写产生中音韵中介的认知机制。根据正字法与音韵之间的对应水平，书写过程中可能存在两类音韵中介的通路（如图9.3所示）：第一是词汇通路，基于正字法与音韵之间的词汇联系通路，语义系统首先激活目标单词的音韵形式，接着激活词汇相应的正字法信息写出单词。例如，单词"desk"的提取是从语义信息到音韵单词形式[desk]，再联系到正字法单词形式desk。第二是亚词汇通路，基于正字法与音韵之间的亚词汇联系通路，首先对单词中的音素及音素的顺序进行提取，然后根据音形对应关系激活正字法信息写出单词。例如"desk"的提取是从语义信息到组成音韵形式的各个音素[d-e-s-k]，再从音素一一对应到字母d、e、s、k。亚词汇通路可能更适合于浅层正字法语言，比如荷兰语、西班牙语等（Bonin, Peereman, & Fayol, 2001）。

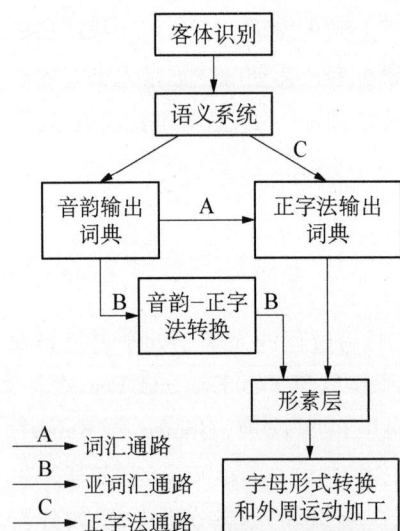

图9.3 书写产生过程中的音韵中介示意图（Bonin, Peereman, & Fayol, 2001）

音韵中介假设受到了来自神经心理学研究的严峻挑战。一系列神经心理学研究证明口语产生和书写产生是两个分离的过程。例如,一名获得性脑损伤病人能够说出图画名称,但不能写出同一幅图画的名称;与此同时,存在另一类病人表现出相反的症状,口语产生与书写产生之间出现了双重分离(Rapp, Benzing, & Caramazza, 1997)。Miceli、Benvegnù、Capasso 和 Caramazza (1997)发现病人对同一幅图画,在口语命名和书写命名中产生了不同的错误。例如,对图画"pliers",要求病人说出图画名称时,他说出的是"pincers",但要求他写出图画名称时,写的却是"saw"。而且,失写症病人的大量拼写错误没有表现出音韵上的联系,这表明了正字法的独立性。Caramazza 和 Hillis (1990)的研究发现病人 RGB 在定义、语义匹配等任务中的正确率为 100%,这表明其语义系统未受损;而在口语产生中出现了 68% 的语义错误,表明 RGB 的音韵输出词典可能存在问题,但是 RGB 在拼写任务中的正确率达到了94%,表明其正字法输出词典完好,说明在书写中存在一个不经过音韵中介的通路。音韵中介假设很难解释上述现象,因此研究者提出了书写产生的正字法自主假设(orthographic autonomy hypothesis),认为在书写过程中正字法信息是直接从词汇的语义表征中得到激活的,不需要音韵表征作为中介(Rapp & Caramazza, 1997b)。

虽然有大量神经心理学的研究结果支持了正字法自主假设,但这并不能排除在正常书写过程中音韵信息对正字法代码选择的影响。Bonin、Peereman 和 Fayol (2001)的研究采用书写图画名称任务(实验 1—3),在词汇水平和亚词汇水平上操纵了图画名称的正字法—音韵之间的一致性程度。当正字法与音韵对应的一致性发生在词汇水平时,例如,图画名称分别是"deer"和"desk",前者有一个词频更高的同音词"dear"对它造成竞争,是不一致条件;后者没有同音词竞争,是一致条件,结果发现两种条件下的反应时无显著差异。当正字法与音韵对应的一致性发生在亚词汇水平时,例如,"crime"[kraim]和"christ"[kraist],对于音素[k]所分别对应的字母"c"和"ch",前者发生的频率更高,是一致条件;后者发生频率很低,是不一致条件,结果发现词首的不一致造成了反应时的显著增加,这就支持了亚词汇通路的音韵中介假设。另外,他们采用听写任务(实验 4—5)发现单词中间或末尾的正字法与音韵对应的不一致性也会影响听写任务的反应时,表明音韵代码确实影响了书写的正字法提取。Zhang 和 Damian (2010)采用图画—词汇干扰实验范式来探索英语书写产生过程,要求被试忽略干扰词写出图画名称,干扰词有三种条件:正字法且音韵相关(OP)、仅正字法相关(O)和不相关(U),结果在图画和干扰词同时呈现时发现,OP 条件和 O条件都比控制组反应时更短,且 OP 的促进效应比 O 的促进效应更大,表明在书写产生的早期阶段音韵信息被激活。总的来说,这些研究表明音韵信息在正常人的书写产生过程中起了一定的作用。

尽管如此,正常人书写过程的一些结果则对音韵中介假设提出了挑战。拼音文字中有不发音的字母(如"take"中的"e")、字母重复(如"letter"中的两个连续的"t"只发一个音[t])和同音词(homophone)等现象,这些情况下仅靠音韵信息是不能完整描述正字法信息的,但是事实上人们能够很好地写出这些词,与音韵中介假设的预期不符(Largy, Fayol, & Lemaire, 1996)。行为反应时的研究结果也证明了这一点,Bonin、Fayol 和 Peereman (1998)采用掩蔽启动范式发现,与无关启动条件(U)相比,音韵和正字法同时相关(OP)启动条件、正字法相关(O)启动条件下的书写反应时均显著缩短,但后两个条件下的反应时不存在显著差异,这表明在 OP 启动条件下,其反应时的缩短主要是由正字法相关引起的。实验结果不支持音韵中介假设。

9.3.2 书写产生过程中拼写编码的加工单元

根据 van Galen 模型(1991),拼写过程就是把存储在正字法词典中的抽象字母表征(字素)按顺序转换成相应字母的具体字形。那么,拼写编码过程是如何进行的?早期的研究存在线性次序和非线性次序的争论。所谓线性次序是指从左往右一个一个地依次将字母写出,转换的单位是字母本身,不涉及更高的语言学单位。非线性次序则指书写产生并非以字母为单位,而是受到更高级的语言学因素的调控,如以音节或词素等为单位。

最初,研究者通过分析书写过程中的时间模式来探索书写过程中加工单元的大小。Wing (1978)的研究发现书写的单元不是笔画,而 Teulings 等人(1983)的研究则发现字母可能是书写过程的计划单元之一。一系列的研究表明在书写中没有单一的计划单元,计划单元的大小是变化的,依赖于书写输出的形式(Hulstijn & van Galen, 1983,1988; Teulings, Thomassen, & van Galen, 1986),而且书写单元的变化依赖于被试对具体任务的练习程度(Portier, van Galen, & Meulenbroek, 1990)。Hulstijn 和 van Galen (1988)提出书写过程可分为书写的认知编码阶段和运动执行阶段,前者受存储策略、存储单元大小、衰减和搜索等认知加工特征的影响;后者受书写任务的空间和时间特征的影响。因此,书写过程受到语言学特点、认知和运动因素的显著影响。

早期的神经心理学研究认为书写产生是以字母为单元的线性加工。Caramazza、Miceli、Villa 和 Romani (1987)发现失语症患者 LB 的书写障碍表现为字母的缺失、替代、添加、移置或以上错误的组合,这些错误都仅是字母水平的,没有表现出其他水平因素的影响,因此研究者认为拼写编码过程可能是线性的。然而,Caramazza 和 Miceli (1990)对 LB 书写错误的进一步分析发现,其书写错误受 C-V 组合(C: 辅音字母;V: 元音字母)因素的影响:字母缺失错误出现在 CC 或 VV 字母串中,而在 CVC

或 VCV 组合中未出现缺失 V 或 C 的现象。在替换错误中都是用 C 代替 C，V 代替 V，无相互替代错误。因此，Caramazza 及其同事认为拼写编码过程中的正字法表征是多维度的：第一层是字母，第二层是字母的 C-V 组合信息，第三层是字母组成的音节结构，第四层则是关于重复字母的。

目前，大量研究结果表明拼写编码过程并非简单的线性次序，而是受更多的高层语言学单元的调控。例如，研究者发现 C-V 组合影响书写错误（Caramazza & Miceli, 1990）；复杂字素比简单字素①更可能出现书写错误（Tainturier & Rapp, 2004）；高频的三字母组（trigram）的反应时更短（Zesiger, Mounoud, & Hauert, 1993）；音节和字素边界处的书写时间更长，更不流畅（Álvarez, Cottrell, & Afonso, 2009；Kandel, Álvarez, & Vallée, 2006；Kandel, Hérault, Grosjacques, Lambert, & Fayol, 2009；Kandel, Soler, Valdois, & Gros, 2006；Kandel & Valdois, 2006；Lambert, Kandel, Fayol, & Espéret, 2008）；词素结构（morphological structure）对书写产生有调节作用，例如单词"vers"在法语中有两种意思，但只有一个读音 [vɛʀ]，当它为单词素时，意为"toward"，当它为双词素时，是单词"ver"的复数形式，意为"worms"，研究发现当它为双词素词时，书写需要的反应时和持续时间更长（Orliaguet & Boë, 1993），这一结果清楚地表明词素的多少对拼写编码过程产生了显著影响。

近年来，Kandel 等人的一系列研究探索了儿童书写过程中拼写编码过程的加工单元（Kandel 等，2006；Kandel 等，2009；Kandel & Valdois, 2006），结果表明音节可能是儿童拼写编码过程中的加工单元。Kandel 和 Valdois（2006）运用抄写任务，从知觉和动作的角度研究儿童拼写过程，要求不同年级的学生在数字书写板上抄写单词和假字。结果发现，一、二年级学生首先抄写第一音节，然后再去注视单字获得第二音节的信息，对单词的注视时间少于假词；三、四、五年级学生则抄写整词，不需要在书写执行过程中再去注视单词。这表明所有的学生在开始抄写前都已产生了第一个音节，低年级儿童运用音节去进行视觉解析和建立运动程序；高年级儿童运用整体的视觉单元，在书写时根据音节结构来组织书写过程。因此，音节可能是拼写获得中视觉解析和运动阶段的功能单元。Kandel 及其同事的一系列研究在英语、法语和西班牙语中都得到了类似的结论，其研究结果也得到了来自神经心理学（Caramazza & Miceli, 1990）和其他研究者对正常人书写产生研究结果（Álvarez 等，2009）的支持。

---

① 复杂字素指多个字母对应一个音素的字素，简单字素是一个字母对应一个音素的字素。如"sick"中的"ck"，其对应音素为[k]，是复杂字素；"s"和"i"的音素分别是[s]和[i]，是简单字素。

9.3.3 书写产生中认知编码阶段与运动执行阶段之间的关系

根据 van Galen (1991)的观点,书写产生中的模块都是独立的,每一模块的输出为下一模块产生要输入的信息。书写产生的"模块独立"观点建立在神经心理学研究的基础上。研究者在病人的结果中发现了双重分离,提出书写过程中认知加工和运动加工是独立进行的观点(Ellis, 1982,1988; Ellis & Young, 1988)。各个加工模块之间独立并不表示加工过程是序列的,研究者提出了各个加工模块平行加工的观点。Brown 及其同事(1988)证明了书写认知编码过程和运动过程尽管是分离加工的,但这些过程是平行进行的,使用了共同的加工资源。根据这一观点,书写产生是各加工模块平行进行的过程,即各个加工模块可以同时加工信息。

研究者将书写过程区分为认知编码阶段(或中央加工阶段,central processing)和运动执行阶段(或外周执行阶段,peripheral processing)。中央加工阶段指的是经由正字法词典或音素—字素转换通路机制对抽象的正字法单词形式进行提取,其结果临时存储在工作记忆(字素缓冲器)中,中央加工阶段中涉及正字法长时记忆、亚词汇水平上音素到字素的转换通路、正字法工作记忆等。书写的外周执行阶段主要包括将字素转换成抽象的字形、字形转换成图像运动程序、经由手部的肌肉运动执行书写等过程。

有关中央加工过程和外周执行过程之间的关系存在两类观点:一类观点认为两个加工过程是分离的,这主要来自于神经心理学和认知神经机制的研究(第10章将对此进行详细阐述);另一类观点则认为两个加工过程是层叠式的(cascaded)。支持第二类观点的研究采取了两种研究思路,第一种思路是考察影响外周执行过程的因素是否同时对中央加工过程产生影响(Delattre, Bonin, & Barry, 2006; Kandel, Peereman, & Ghimenton, 2013; Roux, McKeeff, Grosjacques, Afonso, & Kandel, 2013; Zesiger, Mounoud, & Hauert, 1993)。Delattre 等人(2006)考察了听写任务中词频和正字法规则性对书写过程的影响,结果发现这两个因素都影响了中央加工过程,但仅有正字法规则性这一因素影响了外周执行过程。Kandel 等人(2013)操纵了单词对中的双字母,两个单词的开头字母相同,但处于相同位置的一个双字母对不同,例如"DISSIPATE"和"DISGRACE",结果发现包括两个相同字母单词的书写潜伏期和书写持续时间都较短,表明双字母对同时影响了中央加工过程和外周执行过程。Roux等人(2013)考察了法语书写过程,实验中要求被试书写规则词、不规则词和假词,发现假词的书写潜伏期长于规则词的,书写字母的持续时间在不规则词条件下长于规则词条件。Zesiger 等人(1993)发现词频和单词中三字母的频率影响了中央加工过程,但未对外周执行过程产生影响。这表明影响中央加工过程的因素(包括词频、正字法规则性、字母组成等)同时对外周执行过程产生了影响。因此,研究者认为一些语言学变量同时影响了中央加工过程和外周执行过程(Bonin, Méot, Millotte, & Barry, 2013；Roux 等，2013)，支持了这两个过程之间的关系为层叠式模式的观点。

第二种思路是考察书写产生过程中语义、音韵和正字法编码之间的关系(Roux & Bonin, 2011；Qu & Damian, 2015)。Roux 和 Bonin (2011)采用图画—图画启动范式，考察了书写产生的中央加工过程中词汇系统之间的信息(语义和正字法)是如何交互的。实验中呈现两幅图片，图片的名称存在音韵相关、正字法相关或无关，被试的任务是写出某一指定的图片名称。研究者发现当图片名称之间存在正字法相关时，其潜伏期短于无关条件，但音韵相关条件与无关条件相比无显著差异。Roux 和 Bonin 的研究中也比较了各类条件在客体再认任务和语义分类任务中的反应时，未发现任何显著的差异。这些任务之间的比较说明，正字法效应不是发生在客体再认的知觉阶段以及通达概念的阶段，而是更可能发生在书写产生中的词汇提取阶段。第二种思路的已有研究虽然并未直接考察中央加工过程与外周执行过程之间的关系，但研究表明书写产生的子过程之间具有交互作用，据此可以猜测，在书写过程中，当从中央加工过程转入外周执行过程时，各个子过程之间也存在交互作用。可能书写过程是连续的，而中央加工过程与外周执行过程之间的区别是研究者人为划分的。

目前，关于书写产生中中央加工和外周执行过程之间关系的研究并不多，主要的研究集中在字母语言上。

9.4　书写产生与其他语言加工过程的关系

9.4.1　书写产生与口语产生之间的关系

语言产生包括口语产生和书写产生两个方面。长久以来，认知神经心理学家认为书写是言语的副产品(Rapp 等，1997)。根据这种观点，书写产生和口语产生涉及相同的信息表征和相似的加工过程。基于神经心理学的研究结果(Caramazza & Miceli, 1990；Ellis, 1982；Margolin, 1984)，书写产生过程在一定程度上类似于口语产生过程，研究者认为书写图画名称也包括了语义水平和音素水平两个阶段(Bonin, Fayol, & Gombert, 1998)。尽管如此，行为反应时的结果并不支持上述观点。Bonin 及其同事探索了正常人书写产生过程中各类信息激活的时间进程以及它们之间的关系(Bonin, Fayol, & Gombert, 1997, 1998)，并将其与口语产生的结果进行比较，发现书写产生表现出与口语产生不同的特点。例如，Bonin、Fayol 和 Gombert (1998)的研究发现，书写命名的反应时显著长于口语命名的反应时，并且在即时任务和延迟任务中都发现了这种差异，说明这种不同不是由前期的概念层、语义层导致的，而是可能出现在书写产生中的拼写编码阶段，其原因可能在于拼写编码阶段要提取正字法信息。神经心理学的研究结果也发现了口语产生和书写产生过程的分离。Rapp 和 Caramazza (1997b, 2002)发现一名语言产生障碍患者在口语产生名词时比口语产生动词时困难,但是在书写动词时却表现得比书写名词时好,出现了双重分离,这表明书写产生过程存在与口语产生不同的特点。

在探索书写产生和口语产生的关系时,研究者所关注的另一个问题是:这两个过程是否共享词条和句法节点? 语言学家发现,书写比口语更多地运用被动语态,使用更复杂的句式结构(Drieman, 1962),这可能反映了书写产生和口语产生在句法表征上的差异。Caramazza 和 Hillis (1991)发现一位病人书写动词困难,但口语产生动词正常;另一位病人则表现为口语产生动词困难,但书写动词正常。这两位患者表现出书写产生和口语产生在句法上的双重分离现象。因此,Caramazza 等人认为语法信息在口语产生和书写产生中是分离表征的,而且词条节点具备通道特异性。Miceli 等人(1997)发现有些脑损伤患者对同一图片的口语命名和书写命名出现不同的语义错误。例如,当看到"pepper"的图片时,患者 WMA 的口语反应是"artichoke",书写反应却是"tomato"。根据上述结果,Caramazza (1997)认为在语言产生过程的概念水平和单词形式水平之间存在着一个词条节点,贮存语义和句法信息,并且该词条节点对于口语产生和书写产生的表征是独立分离存储的。

利用句法启动(syntactic priming)效应对正常人的研究却得出了不同的结论(Cleland & Pickering, 2006)。句法启动效应是指,在语言产生中当事人有重复刚刚使用过的句法结构的倾向(Bock, 1986)。Cleland 和 Pickering (2006)提出,连接着词条节点的句法节点受到激活后并不是马上回到静息状态,而是保留一些激活残余,在接下来的任务中比其他竞争者更容易得到选择,从而引发句法启动效应。如果书写产生和口语产生共享句法表征节点,则会出现跨越书写任务和口语任务的句法启动效应;如果两者的句法表征不同,则不会出现。在他们的研究中发现了书写任务和口语任务之间的句法启动效应,其效应量与任务内的效应量没有差异,表明书写产生和口语产生的句法表征是相同的;并且,当启动项和目标项所使用的动词相同时,与采用不同动词的条件相比,书写任务和口语任务之间的句法启动效应的效应量更大,说明词条节点在书写和口语中也是共享的。

9.4.2 书写产生与阅读之间的关系

书写产生是从概念准备(语义)到输出正字法表征的过程,视觉词汇阅读是从通达字词的正字法表征到通达意义的过程。那么,书写产生与阅读是否具有共同的正字法表征? 认知神经心理学的研究结果分别支持了两类观点:一类观点是拼写和阅读具有共同的正字法表征,通常称为共同表征假设。研究者发现拼写能力与阅读能力存在高相关（Behrmann & Bub, 1992; Coltheart & Funnell, 1987; Friedman & Hadley, 1992），对出现阅读障碍的脑损伤病人进行阅读训练，其拼写能力也会提高（Hillis, 1993）。另一类观点是拼写和阅读分别具有不同的正字法表征，称为分离表征假设。有的脑损伤患者表现出阅读能力完好，但拼写能力受损的现象（Hanley & Kay, 1992; Patterson, 1986）；有的脑损伤患者在阅读训练后阅读能力提高，但拼写能力仍然很差（Weekes & Coltheart, 1996）。但这两种假设都能解释上述发现：对于阅读能力和拼写能力同时受损的情况，分离表征假设可解释为不同脑区的同时受损；对于两者不同时受损的情况，共同表征假设可解释为通达表征的通路受损，而不是正字法表征的损害（Hillis & Rapp, 2004; Tainturier & Rapp, 2001）。

近年来，研究者对正常人书写产生过程和阅读中的正字法表征是否相同进行了初步探索，所采用方法的基本逻辑是：探测拼写表征的任务（例如听写任务）与探测阅读中正字法表征的任务（例如词汇判断任务）是否在行为表现上一致。例如，Holmes 和 Carruthers (1998)及 Holmes 和 Babauta (2005)让被试判断他们自己拼写的词是否正确，发现他们对于写错的词没有分辨力；Holmes 和 Davis (2002)用正确拼写和被试自己的错误拼写作为单词阅读的两种启动条件，发现后者对阅读的促进效应更大；Burt 和 Tate (2002)让被试先听写单词，再判断他们所写出的词是否正确，结果显示写错词汇的判断反应时比写对词汇的判断反应时更长。这些研究表明，拼写中不正确的正字法表征在阅读中也是不准确的，即拼写和阅读的正字法表征的精确程度是一致的，所以两者更可能是来自同一个词典。

Rapp 和 Lipka (2011)利用 fMRI 技术，在同一组被试中比较了负责拼写正字法和阅读正字法的脑区，发现两者激活的脑区有很大的重叠，都激活了左侧梭状回中部（mid-fusiform gyrus）和左侧额下回（inferior frontal gyrus），而且这两个区域的最大激活点十分接近。这一结果为共同表征假设提供了直接的证据。

Pammer、Connell 和 Kevan (2010)利用视觉背侧通路来探讨书写和阅读的正字法之间的关系，得到了不同的结论。以往研究发现，背侧通路在阅读中起着很重要的作用，而需要执行背侧通路功能的任务如空间频率加倍错觉（visual frequency-doubling illusion）的成绩对阅读能力有很高的预测力（Pammer & Kevan, 2007）。如果拼写与阅读有共享的正字法表征，那么空间频率加倍错觉的成绩也与拼写高度相关。然而实验结果表明这一指标只能预测阅读能力，而与拼写无关，支持分离表征假设。

9.5 汉语书写产生过程

已有的少量针对正常人书写产生的研究都是基于印欧语系语言(比如英语、西班牙语和法语)的特点进行的。语言加工过程受到语言学特点的影响,用少数类似的语言为对象的研究成果,不见得能帮助我们了解不同语言的认知加工,更不能用来建立通用的理论。利用不同语言的不同特点,能够为建立通用的书写产生理论提供不同的视角。汉语作为一种使用广泛、独具特色的语言引起了研究者的兴趣,这些特点不仅对于研究汉语书写产生非常重要,而且能为建立书写产生理论作出独特的贡献。

首先,汉字既是一种表意文字,又是一种平面型文字。它的结构单元和结构方式都与拼音文字明显不同。胡裕树(1987)指出,笔画是现代汉字成形的最小单位。部件由笔画组合而成,是合体字的结构单位。但是傅永和(1991)指出,汉字分独体字和合体字两类,独体字的结构成分是笔画,合体字的结构成分是部件。语言学家认为除了偏旁之外,汉语结构中还包括笔画、部件这两个成分。语言学家一般认为汉字的结构可以分为一级部件(radical)、二级部件(logographeme)[①]和笔画(stroke)三个水平(国家语言文字工作委员会,1998)。根据汉字结构的特点,研究者探讨了汉字组成的哪一个水平与英语中的字母是对应的(Han, Zhang, Shu, & Bi, 2007;Law & Leung, 2000)。正是由于汉语的这种特殊性,它会给研究书写的心理过程带来新的契机(刘洁,毕彦超,韩在柱,2008)。

第二,汉语中正字法和音韵之间的对应关系不透明。在汉语中存在字形不同而发音完全相同的字,也存在发音不同而字形完全相同的字。在印欧语系语言中这种情况极少,英语或荷兰语中存在形音对应规则,因此在实验中字形和音韵一般很难独立分离。在汉语中则能够独立地探索"纯净的"音韵效应和正字法效应,这一特点对于探索书写产生中争论激烈的问题之一(音韵是否在书写产生中起作用)具有重要意义。

第三,尽管汉字没有明确的形音对应规则,但是统计表明80%的汉字是形声字,包括声旁和义旁两部分,如"清",声旁为青,义旁为"氵"(傅永和,1991)。一般将声旁读音与整体读音相同的形声字叫作规则字(如"清"或"簧"),而将声旁读音与整字读音不相同的形声字叫作不规则字(如"怡")。而且,在汉语中对于某一个特定的偏旁,比如"青"或"黄",其规则字和不规则字数量的多少会对汉字认知过程产生影响(Hue, 1992)。利用汉字的这一特点,我们能够考察汉字书写产生过程的独有特点。

第四,汉字字形记录的语音单位是音节,一个汉字对应一个音节。汉语有着相对较少的音节数量,若不计算声调,大约有400个音节;若包含声调,大约有1 200个音节。相对来说,印欧语系语言中所包含的音节数量非常多,比如荷兰语中大约有

---

① 一级部件是初步划分汉字的单位,例如形声字的声旁和义旁。二级部件是介于部件和笔画之间的结构,是汉字在空间上可分离的最小单位。例如,汉字"想",按一级部件可分为"相"和"心",按二级部件则可分为"木"、"目"和"心"。

12000 个音节。音节数量的显著不同可能会对不同语言的书写产生过程产生不同的影响(Chen, Chen, & Dell, 2002)。此外,音韵信息在汉语中的重要性远不如其在印欧语系语言中的重要性(Perfetti, Liu, & Tan, 2005),单个汉字的书写可能对音韵的依赖更低,因此,音韵中介假设和正字法自主假设的争论可能在汉语书写产生研究中获得不同于字母语言研究的答案。

尽管汉语具有如此独特的特点,能为书写产生的研究作出贡献,但对汉语书写产生的研究却很少。对汉语书写机制的研究主要集中在以下几个方面。

9.5.1 汉语失写症研究

对汉语失写症的研究都是基于已有的字母语言的研究结果,结合汉字本身的特点来探索汉字书写的认知加工特点。字母语言的失写症研究结果表明书写产生有三种通路。第一种是由识别的物体产生的概念或者听到的语音激活语义系统,继而激活字形,然后字形的视觉/运动信息被激活,最后书写或者拼写出来;第二种是由音韵经由音形转换系统直接产生字形的视觉/运动信息;第三种是不经过转换,也不经过语义系统,由音韵词典直接激活字形输出词典再激活字形的信息。汉字没有字母语言中的音形对应关系,不存在由音转换为形的规则,所以第二条通路对汉语书写而言是不存在的。

如果不存在非语义中介的通路,那么无论视觉呈现还是听觉呈现刺激,都要经过语义系统。也就是说,对于听觉呈现的刺激,音韵系统出现损伤的病人,书写的表现也会有所异常,其听写成绩不会好于其他书写任务上的表现。Law 和 Or (2001)对一名叫 CML 的患者进行了书写和阅读的研究。CML 的表现是无法正确地对物体进行口语和书写的命名,但是可以较好地完成听说和听写物体名字的任务。CML 在所有涉及语义的任务上都有错误,所以可以推论其语义系统有轻微的损伤。由于这种损伤,CML 无法完成命名任务。但是当听觉呈现物体的名称时,CML 可以通过非语义的通路,将音韵信息转换为正字法信息,从而完成听写任务,也可以将字形信息转换为音韵信息。可以预测,由于没有了语义通路的限制,对于有很多相近发音的汉字系统来说,CML 的听写任务会产生较多的同音词或音近词的错误,阅读任务会产生较多的音调错误。测验结果显示,CML 在听写任务上,一半以上的错误都是同音词或音近词的错误;在阅读任务上,约有 75% 的音调错误。因此,CML 的表现说明在汉字产生中,存在着一个非语义的中介通路,即音韵和正字法的连接。

Law (2004)对患者 CK 做了类似的研究,CK 有中度的阅读和书写障碍。Law 对他进行了一系列的语义、词图匹配、命名、听说和听写的测验。在语义任务、词图匹配任务上,CK 表现得都很不错,说明其语义系统保存得还很完整。在阅读和口语命名中出现音韵相似错误和语义错误,表明音韵输出词典有损伤。书写错误多为音韵可行性的错误,即同音词或音韵相似的词,表明在音韵和正字法之间存在着非语义中介通路。Reich、Chou 和 Patterson (2003)对患者 TUA 的研究也发现了类似的结果,为汉字书写中非语义中介通路的存在提供了更多的证据。

汉字书写产生的基本单元

Han 等人(2007)发现病人 WLZ 存在延迟抄写困难,所出现的书写障碍不受语义、词类的影响,也没有表现出声旁规则性效应。同时,WLZ 表现出明显的词长效应,汉字的部件数越多,延迟抄写的正确率越低。因此,Han 等人推断 WLZ 受损的部位可能在字形输出缓冲器;WLZ 的错误大部分发生在部件水平,这表明汉字的基本书写单元之一为部件。语误分析发现很多错误发生在一级部件水平上,表现为声旁或义旁的替换、缺失或添加,这表明汉字字形表征的最基本单元可能是一级部件(Law, 2004;Law, Yeung, Wong, & Chiu, 2005)。与此同时,书写困难患者的抄写错误发生在二级部件水平上,这表明字形表征的基本单元也有可能是二级部件(Law & Leung, 2000)。Han 等人(2007)指出 Law 等人的语误分析混淆了一级部件和二级部件,因此在研究中区分了一级部件错误和二级部件错误,结果发现书写错误绝大部分发生在二级部件水平上,表明二级部件可能是书写的基本单元。在所有语言中,正字法输出的单元都要比正在书写的单元大,因此,一个缓存单元的存在是必要的。缓存单元里保存了将要书写的信息。这个缓存单元应该普遍存在于所有语言。但是,不同语言的不同特性又会使缓存单元里表征的信息和结构有所不同。

Han 等人(2007)研究的关注点就是在正字法输出缓存单元。WLZ 的视觉、运动能力都保存完好,能区分语音,复述多音节词。但是他的词汇识别和理解能力中度受损,口语和书写产生受损严重,不能完成阅读、口语命名、听写、书写命名等任务。虽然他可以很好地抄写汉字,但在延迟抄写任务中,他的书写表现正确率大大降低,大部分错误出现在二级部件这个水平上。

对正字法输出缓存单元的研究遵循的思路是,因为该缓存单元是一个后词汇水平的单元,因此其损伤导致的表现应该不会受到词汇—语义水平的影响,也不会受到输出通道的影响。因此,词频、词的具象度、语法类别和真词假词的效应都不会出现。然而,鉴于缓存单元的容量限制,词长效应应该会出现。在对 WLZ 的研究中,词长的定义是笔画数目和形素数目。实验通过一个延迟抄写任务,控制不同水平的因素来探究损伤出现的位置。结果表明,词汇—语义因素、真假词因素的效应都没有出现;词长效应上,笔画数目的效应不显著,形素数目的效应显著。对错误反应的类型进行分析,表明大多数的错误是形素的替换。进一步的回归分析得出了汉字频率的效应和形素位置的效应,但是形素位置的效应是时间性的,即一个汉字中,先写的形素,其出现错误的可能性小。该研究表明,WLZ语言产生的受损出现在正字法缓存器中,该缓存器是以形素为单元进行存储和加工的。

书写产生中字形表征的内容

Law (2004)对CK的研究表明,CK有中度的阅读和书写障碍,在CK的书写错误中,有17.8%为非字反应。那么在这些非字反应中,经形素替换后,目标字的结构是否有变动? 统计分析显示,非字反应的结构基本上与目标字的结构是一致的,即左右一左右、上下一上下等。说明正字法的表征不仅存储了形素的外形,也存储了各形素的结构关系。对WLZ的研究表明,形素替换的错误多是用同一类的形素进行替换,即单笔画形素替换单笔画形素,交叉笔画结构的形素替换交叉笔画结构的形素。说明形素的表征还包括了形素的视觉运动特征。

Han和Bi (2009)报告了一个案例MZG,其在书写汉字能力严重受损的情况下,却可以用汉字组成成分的名称来拼写出这个字。听写任务正确率为75%,口头拼写正确率为97%。在他错误拼写的25个汉字中,有7个是形素删除或替换的真字,有17个为形素替换的非字。这个案例说明,在汉字产生中也存在着两种功能独立的输出通道:口头拼写和书面拼写,而且形素的表征也包括形素的名称这种音韵信息。

9.5.2 汉语书写产生过程中的音韵激活

近年来,研究者开始关注正常人的汉字书写产生过程的认知机制。Qu、Damian、Zhang和Zhu (2011)采用图画—词汇干扰实验范式探索了音韵在汉字书写产生过程中的作用,结果发现在汉字书写产生过程中存在早期的音韵激活。这一结果支持了音韵中介假设,与神经心理学的研究结果不一致。Law、Wong和Kong (2006)报告了一位说汉语的脑损伤患者LKY,患者不能辨认视觉呈现词之间的同音关系,也不能判断听觉呈现词之间的语义关联,口头命名和听写任务也完成得较差,这表明其语音功能受到了损害;然而LKY对图片的书写命名完成得相对更好,这说明其书写功能不依赖于音韵信息的通达。

Zhang和Wang (2015)基于Qu等人(2011)的研究结果,指出他们的研究中存在两个问题:第一,Qu等人的研究中仅使用了音韵相关、正字法和音韵同时相关两种条件,正字法的激活是通过比较音韵相关的效应与正字法和音韵同时相关的效应得到的;第二,在所使用的20幅图片中,其中有15个正字法和音韵同时相关词和1个音韵相关词,首字的声旁能够指示整字的发音,这会引起音韵促进效应的增加(Zhao, La Heij, & Schiller, 2012)。因此,Zhang和Wang (2015)的研究中采用了正字法和音韵同时相关条件、正字法相关条件以及音韵相关条件,并采用了-100 ms、0 ms和100 ms这3个SOA条件。这样的实验设计能够分析正字法相关因素与音韵相关因素之间的交互作用,同时将之前研究中的 SOA 条件扩展到负 SOA 水平。研究发现了早期的正字法促进效应,表明汉语词汇书写产生过程中存在一个快速的直接从语义表征到正字法激活的通路;同时发现了晚期的正字法激活和音韵激活,表明存在一个经由音韵通路连接语义表征和正字法表征的间接通路。重要的是,这一研究中没有发现正字法相关和音韵相关之间的交互作用,表明上述两个通路之间是独立作用的(见表 9.1)。这一研究虽然发现了书写产生中的音韵激活,但正字法激活也可以不经由音韵表征而产生,这一结果支持了正字法自主假设,与已有的脑损伤病人的研究结果一致。同时,这一研究也发现了经由音韵—正字法之间的转换通路(词汇水平)。

表 9.1　各条件下的反应时平均值(RT, ms)和错误率(PE, %)

干扰条件	SOA					
	−100		0		+100	
	RT	PE	RT	PE	RT	PE
OP-R	957	0.60	913	0.60	923	1.19
OP-U	1 007	1.79	961	1.19	967	0.90
效应	+50***		+48***		+44***	
O-R	960	0.89	900	1.19	936	1.19
O-U	1 001	0.60	933	0.89	971	1.49
效应	+41*		+33*		+35*	
P-R	977	1.49	943	0.89	946	1.19
P-U	988	1.19	961	1.19	927	0.30
效应	11		18		+26*	

(注: ***: $p < 0.001$,**: $p < 0.01$,*: $p < 0.05$。OP-R: 正字法且语音相关;OP-U: 正字法且音韵无关;O-R: 仅正字法相关;O-U: 正字法无关;P-R: 仅音韵相关;P-U: 音韵无关。来源: Zhang & Wang, 2015)

Bonin 等人(2001)的研究采用书写图画名称任务,在词汇水平和亚词汇水平上操纵了图画名称的正字法—音韵之间的一致性程度。当正字法与音韵对应的一致性发生在词汇水平时,例如,图画名称分别是"deer"和"desk",前者有一个词频更高的同音词"dear"对它造成竞争,为不一致条件,后者没有同音词竞争,则为一致条件,结果发现两种条件下的反应时无显著差异。当正字法与音韵对应的一致性发生在亚词汇水平时,例如,"nose"[nəuz]和"knife"[naɪf],对于音素[n]所分别对应的字母"n"和"kn",前者发生的频率更高,是一致条件,而后者发生频率很低,是不一致条件,结果发现词首的不一致造成了反应时的显著增加,这就支持了亚词汇水平的音韵中介假设。另外,他们采用听写任务发现单词中间或末尾的音形对应不一致也会影响听写任务的反应时,表明音韵代码在词汇水平和亚词汇水平上都影响了书写的正字法提取。

目标刺激是否有同音字/词,音素—字素对应发生频率的高低,实质上分别是语言学研究中经常考察的同音字/词个数(homophone density, HD)和规则性(regularity)。这两个指标常被用来分别考察词汇水平和亚词汇水平的音韵加工过程。一组读音相同的字/词中的多少,即是同音字或同音词的个数。汉字是单音节词,同音字的音节也必然相同,所以 HD 也可以被看作是一种音节频率(syllable frequency)。音节频率是指某一音节在心理词典中出现的次数。音节频率的指标分为两种,一种是音节频率的个数(type frequency),是指包括某一音节的单词(称为音节邻近项,汉语中音节邻近项为同音字)的个数;另一种是累积频率(token frequency),是指所有音节邻近项的频率之和。Bonin 等人(2001)的实验 1 通过操纵 HD 来考察书写产生中是否存在词汇水平的音韵中介作用,但没有发现 HD 效应,因此,不支持词汇水平的音韵中介假设,其原因可能是两个实验条件之间的 HD 对比太小。

Wang 和 Zhang (2015)的研究考察了汉语书写产生过程中词汇水平和亚词汇水平上的音韵激活。实验 1 中所使用的刺激材料为图画,图画名称为目标刺激,要求被试在看到图画后在书写板上书写图画名称。实验在亚词汇水平上操纵了目标汉字声旁的语音规则性和词频两个自变量,语音规则性(phonetic regularity)指的是汉字声旁是否能够指示整字的发音。汉语中的合体字形旁可以在一定程度上指示整字的意义,声旁指示整字的发音,如汉字"妈"。根据书写产生的双通路模型,在词汇通路中,语音规则字和不规则字经历类似的加工过程,其差异出现在亚词汇通路。如果在汉语口语产生过程中涉及亚词汇通路的加工,那么我们预期在语音规则字和不规则字的潜伏期上将出现差异;如果不涉及亚词汇通路的加工,两者的潜伏期无显著差异。实验 1 的结果发现词频和语音规则性之间存在交互作用,在低频目标字中,语音规则字的书写潜伏期长于语音不规则字的,而在高频目标字中,语音规则字与不规则字的书写潜伏期无显著差异。实验 2 则采用了符号—单词联系任务,其实验程序类似于内隐启动范式。实验中让被试先学习由"符号—单词"组成的刺激对,然后随机呈现符号,要求被试尽快说出与符号对应的单词。实验 2 在词汇水平上操纵了对应于目标字的音异个数和目标字的词频,目的是考察音韵词典在书写产生过程中是否会被通达。汉语中一个汉字对应一个音节,汉语中同音字广泛存在,75%的汉字有同音字,其 HD 的个数变化范围从 2 至 48,因此在汉语中我们可以操纵更大的 HD 对比,可能会发现 HD 效应。结果发现了显著的 HD 效应,表现为 HD 个数多的目标字写得比 HD 个数少的慢,但 HD 和词频两个自变量之间无交互作用,这表明词频和 HD 可能影响了书写产生过程的不同阶段。实验中匹配了目标字的音节频率。

实验 1 中发现的声旁规则性效应在低频目标字条件下表现为语音规则字的书写潜伏期长于语音不规则字的,这与单词阅读任务和书写任务中发现的声旁规则性的促进效应相反。在书写的双重通路模型中,Delattre 等人认为书写产生中的词汇通路和亚词汇通路是平行地通达正字法代码的,词汇通路是从正字法长时记忆中提取有关单词的知识,亚词汇通路则利用了音素到字素的转换系统。对于声旁不规则单词,亚词汇通路产生音韵合理性错误,这与词汇通路的代码不一致,而对于声旁规则单词,词汇通路和亚词汇通路所通达的正字法代码一致,因此声旁规则单词的阅读和书写要快于声旁不规则单词的(Delattre, Bonin, & Barry, 2006)。但是,Snowling 等人报告了一个发展性阅读障碍的病人 JM,表现为亚词汇音韵编码的严重缺陷,不能命名非词,不能完成韵律探测,不能重复词和非词,但能再认视觉呈现的单词。研究者发现在低频词中,与阅读不规则词相比,JM 需要更长的时间来阅读规则词,这可能是由于亚词汇通路的损害导致的,也就是说亚词汇通路在阅读规则词中起作用。如果亚词汇通路遭受损害或者不能被充分利用,那么其在声旁规则词阅读中的加工过程的延迟比在声旁不规则词阅读中的程度大(Snowling, Hulme, & Goulandris, 1994)。

针对 Wang 和 Zhang (2015)实验 1 的发现,我们认为低频汉字的特点可能使得在书写中亚词汇通路不能得到充分的利用。声旁规则字的声旁与整字发音相似,对于同音字对应的音节,一个反应可能与多个声旁有联系,例如汉字"沥"、"莉"、"粒"的声旁分别为"历"、"利"和"立",它们所对应的声旁发音完全相同。在书写汉字"沥"时,亚词汇通路依据声旁"历"的发音激活信息,与此同时,同音的其他声旁"利"和"立"也会被激活,与目标声旁"历"产生竞争。我们认为这种"一对多"的"声旁与正字法"之间的匹配关系,使得亚词汇通路的效率变低,使得目标声旁的提取延迟。对于声旁不规则字,其提取是通过词汇通路,不必经过亚词汇通路。因此,书写产生中声旁规则字和不规则字分别采用了不同的通路通达正字法信息,造成实验 1 中低频字条件下声旁规则字的书写潜伏期长于声旁不规则字的。

实验 2 发现了 HD 个数多少的抑制效应,表明目标字的音韵信息通过词汇通路约束了正字法信息的提取。口语产生和书写产生共享概念准备和词汇选择过程,二者的不同在于口语产生中一定包括音韵编码过程,书写产生中一定包括正字法编码过程。如果书写产生依赖于口语产生,那么 HD 作为汉语词汇的音韵特点,将对书写产生过程产生影响。实验 2 观察到的 HD 抑制效应表明书写产生受到了目标字音韵信息的约束,HD 效应可能发生在音韵编码水平。第二种可能性是 HD 效应发生在正字法编码阶段。在 Bonin 等人(2001)提出的书写产生模型中,语义系统同时与音韵和正字法输出词典有联系,而且两个词典之间存在双向联系,这说明正字法信息的提取受到音韵信息的影响。在 HD 个数多的情况下,同音字的信息激活竞争强于 HD 个数少的情况。因此,书写产生过程中 HD 的抑制效应表明词汇通路受到了来自音韵激活的中介作用,支持了书写产生的音韵中介假设。综上,Wang 和 Zhang (2015)的研究第一次发现,词汇水平和亚词汇水平的音韵信息影响了汉语书写产生过程。

9.5.3 汉语书写产生中的词频效应和音节频率效应

书写产生的研究沿袭了口语产生的实验范式来考察书写产生的特点,以及音韵在书写产生中的作用。在考察口语产生过程时,图画—词汇干扰实验范式和图画命名范式(变化图画的特征,如视觉复杂度等;或者变化图画名称的语言学变量,如词频或音节频率)是两类经典的研究方法。在图画命名中,研究者观察到了词汇频率(词频)效应和音节频率效应。

词汇频率效应指在图画口语命名中,当图画名称为高频率词汇时,其潜伏期快于低频率图画名称的命名(Oldfield & Wingfield, 1965;Wingfield, 1968)。Jescheniak 和 Levelt (1994)在物体识别和延迟词汇产生任务中均未发现词汇频率效应,物体识别任务中仅包含言语产生中的概念激活过程,延迟命名任务中仅包含言语产生中的发音过程,这排除了词汇频率效应出现在早期概念激活(前词汇加工水平)和晚期发音过程(后词汇加工水平)的可能性。表明词汇频率效应出现在词汇水平,包括口语产生中的词汇选择和单词形式编码两个阶段。Kandel、Álvarez 和 Vallée (2006)的研究表明口语产生中的词汇频率效应发生在词汇产生中的单词形式编码阶段。有研究利用同音词的产生证实了词频效应发生在口语产生中的音韵编码阶段(Dell, 1990;Jescheniak, Meyer, & Levelt, 2003;La Heij, Puerta-Melguizo, van Oostrum, & Starreveld, 1999;Stemberger & MacWhitney, 1986),但是也有研究未发现同音词产生过程中的词频效应(Bonin & Fayol, 2002;Caramazza, Costa, Miozzo, & Bi, 2001;Shatzman & Schiller, 2004;Cuetos, Bonin, Alameda, & Caramazza, 2010)。Bonin 和 Fayol (2002)考察了书写产生中的词汇频率效应,发现图画名称为高词频同音异形异义词时,其命名潜伏期短于图画名称为低词频词汇的,而在图画语义分类任务中未发现词汇频率效应,因此他们认为书写产生中的词汇频率效应是词汇水平的。

音节频率效应表现为当图画名称为高音节频率词汇时,其命名潜伏期短于命名图画名称为低音节频率的词汇(Levelt & Wheeldon, 1994)。研究者认为关于音节的发音运动程序存储在"心理音节表"中,音节频率效应是因为高频音节能够更快地通达发声的语音音节程序(Levelt, Roelofs, & Meyer, 1999)。音节频率效应在字母语言中得到了重复验证(德语:Aichert & Ziegler, 2004;荷兰语:Cholin, Levelt, & Schiller, 2006;Levelt & Wheeldon, 1994;西班牙语:Carreiras & Perea, 2004;Perea & Carreiras, 1998;法语:Laganaro & Alario, 2006;英语:Cholin, Dell, & Levelt, 2011;Macizo & Van Petten, 2007)。Laganaro 和 Alario (2006)采用即时和延迟图片命名、假词命名任务,比较有无发音抑制时的命名潜伏期,发现在即时假词命名、图片命名和伴有发音抑制的延迟命名任务中存在音节频率效应,但在无发音抑制的延迟命名任务中则未出现音节频率效应。前三类任务所测量的潜伏期都包含了语音编码过程,而无发音抑制的延迟命名任务则未包含,任务之间的比较表明音节频率影响了语音编码阶段。

关于书写产生中音节频率效应的研究很少,研究者通过其他方式考察了音节在书写产生中的作用。研究发现法国一至五年级的小学生(Kandel, Soler, Valdois, & Gros, 2006)和成人(Kandel, Álvarez, & Vallée, 2006;Lambert, Kandel, Fayol, & Espéret, 2008)都以音节为单位书写词汇。Kandel 等人考察了法语的书写产生过程,实验中要求法国三年级、四年级和五年级学生书写单词,单词包括两类:一类在音韵信息上为单音节,但在正字法信息上为双音节,例如法语单词"barque",其发音为[baʀō],在正字法上可以划分为两个音节"bar. que";另一类单词为在音韵信息和正字法信息上均为双音节,例如法语单词"balcon",其发音为[bal. kō],在正字法上可以划分为两个音节"bal. con"。Kandel 等人的研究发现小学生在书写单词的过程中,写字母笔画所花的时间和流畅性都是在正字法的音节界限上达到峰值,而不是出现在音韵音节界限上,这表明正字法音节信息可能是书写产生过程的单元(Kandel, Hérault, Grosjacques, Lambert, & Fayol, 2009)。

有关汉语中音节的作用在第五章已经进行了详细阐述,音节在汉语口语产生中具有十分重要的不同于字母语言的作用。Zhang 和 Wang (2014)第一次考察了汉语口语产生和书写产生过程中的词频效应和音节频率效应。研究采用图画命名任务,变化图画名称的词汇频率(高和低)、音节频率(高和低)和图画的重复次数(1 次、2 次和 3 次),比较这些因素及其交互作用对口语产生和书写产生过程的影响。在口语产生任务中发现了显著的词频效应,表现为图画名称为高频词的口语命名潜伏期短于低频词的命名潜伏期,词频效应不会随着重复次数增加而发生显著的大小变化,在第三次重复中仍然是显著的,这与字母语言中有关词频效应的发现是一致的(Bartram, 1973;Griffin & Bock, 1998;Monsell, Matthews. & Miller, 1992;Wheeldon & Monsell, 1992)。口语产生中的音节频率效应也是显著的,表现为高音节频率词的命名快于低音节频率词的命名(Levelt & Wheeldon, 1994),其效应大小在第一次和第二次重复中是显著的,但在第三次重复中消失了。根据 WEAVER 模型,字母语言中的音节频率效应来自于心理音节表中音节运动程序的提取。音节频率效应的消失表明它是一个近因效应(recency effect)。在词性性别判断任务中,Jescheniak 和 Levelt (1994)发现了类似的模式。这说明在两次重复后,高低音节频率新近性上变得相似。在书写产生过程中出现了显著的词频效应,其效应远大于口语产生中的词频效应,在三次重复后词频效应也是显著的;而音节频率效应在第二次重复中是显著的。词频和音节频率之间的交互作用在口语产生和书写产生中都不显著,表明两个效应的发生是独立的。何洁莹和张清芳(2017)考察了 60 岁以上老年人的汉语词汇书写产生过程中的词频效应和音节频率效应,其行为结果的模式与青年人相似。这表明音韵信息确实在书写产生过程中产生了激活,并对正字法的输出产生了影响。

在口语产生和书写产生中都发现了可靠的词频效应,这一效应可能发生在两个过程所包括的共同阶段:概念准备、词汇选择、音韵编码和(或)正字法编码。而且书写产生中的词频效应多于口语产生中的,说明书写产生中的词频效应有部分来自于书写产生中特有的正字法编码过程。音节频率效应的模式在口语产生和书写产生过程中不同,口语产生中的音节频率效应为近因效应,而书写产生中则未发现。有研究发现,书写产生任务中不一定必须要通达目标词的音韵信息(Zhang & Damian,2010;Shen, Damian, & Stadthagen-Gonzalez, 2013),但是在口语产生中则必须要通达单词的音韵信息。尽管如此,需要注意的是在 Zhang 和 Wang (2014)的研究中,口语产生中的音节频率效应大小为 25 ms(显著),书写产生中的音节频率效应为 27 ms(不显著),这是由于书写产生的潜伏期标准差比较大而导致的,研究者认为这表明音节信息在书写产生过程中也被提取。

9.5.4 汉语书写产生过程中计划过程和执行过程之间的关系

如 9.3.3 所述,关于书写产生中中央加工过程和外周执行过程之间关系的行为研究遵循了两个研究思路:第一,中央加工和外周执行两个过程是否受到相同因素的影响(Zhang & Feng, 2017,2018);第二,考察书写产生过程中语义、正字法和音韵编码之间的关系(Qu & Damian, 2015)。汉语书写产生中有关该问题的研究也遵循了上述研究思路。

Zhang 和 Feng (2017)采用第一种研究思路考察了汉语书写产生过程中中央加工过程和外周执行过程之间的关系。字母语言的研究发现,儿童和成人在书写单词时以正字法音节为加工单元(Kandel & Valdois, 2006;Kandel 等,2006;Lambert 等,2008),汉字的构成与字母语言完全不同,其可能的加工单元包括笔画、字素和部件。例如,汉字"枝"可以被分解成两个部件:形旁"木"和声旁"支";其声旁可以进一步被分解成两个字素(logographeme):"十"和"又"。研究表明,形旁和声旁这样的部件影响了单字的理解(Law, 2004; Law, Yeung, Wong, & Chiu, 2005; Bi, Han, Weekes, & Shu, 2007)。

汉字再认的研究表明,部件是正字法表征的单元(Ding, Peng, & Taft, 2004; Feldman & Siok, 1999; Hsiao, Shillcock, & Lavidor, 2006, 2007; Su, Mak, Cheung, & Law, 2012; Tsang & Chen, 2009)。Tsang 和 Chen (2009)的研究中给被试呈现一个汉字作为启动项,例如"秋"或者"吐",然后呈现一个目标字"和",目标字与启动字"秋"或者"吐"分别共享一个部件"禾"或者"口",被试的任务是判断目标字是否与启动字相同。结果发现与无关条件相比,在共享部件的情况下被试出现了更多的错误。Fledman 和 Siok (1999)发现在汉字判断任务中,当共享部件时,被试的反应时会延长。

汉字书写产生的研究也表明部件是书写的加工单元。在神经心理学的研究中,Han 等人(2007)发现失写症的病人出现了大量的部件替换或部件删除错误,Shi 等人发现二年级小学生发生了类似的部件替换错误(Shi, Li, Zhang, & Shu, 2011)。Chen 和 Cherng (2013)考察了成人的书写产生过程,所采用的是口语产生研究中的经典任务之一——内隐启动范式。被试的任务是书写与线索词配对的目标词,连续书写的目标词之间形成了五种条件,包括:第一个笔画相同、第一笔和第二笔相同、第一个字素相同、第一个部件相同,以及无关。结果发现与无关条件相比,共享字素和共享部件都显著地促进了目标词的书写潜伏期。

因为部件在单字理解和单字产生中的重要作用,Zhang 和 Feng (2017)在研究中操纵了字的真假(真字和假字)和部件的复杂度(简单和复杂),要求被试连续书写同一真字或假字 3 次。研究中所采取的反映中央加工过程的指标为反应潜伏期和连续书写 3 次字的转移速率。人们在第一次写完后会再次计划书写第二次,对下一个字的计划会增加认知负荷,导致转移速率发生变化。其计算公式为:

$$转移速率 = 运动的长度 / 转移的时间$$

对于外周执行过程,研究者考察了是否存在部件边界效应,为此选择了 4 个笔画(如图 9.4 所示),其中 S1 和 S4 为部件内笔画,S2 和 S3 是位于部件边界处的笔画,命名为部件间笔画。反映外周执行过程的指标为笔画书写的速率,其计算公式为:

$$书写速率 = 书写笔画的长度 / 书写笔画的时间$$

根据已有研究的结果,当书写速率变慢时,表示其认知负荷增大。如果在部件边界处的两个笔画书写速率变慢,则认为出现了部件边界效应。

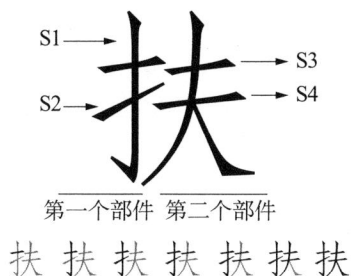

图9.4 单字"扶"部件边界处的 4 个笔画及其笔画顺序 (Zhang & Feng, 2017)

实验 1 的结果显示笔画的书写速率在部件边界处显著降低,这表明汉字书写过程中人们一般在部件边界处计划下一个部件的书写过程,认知负荷增加导致笔画的书写速率下降。无论部件的复杂度高低,其书写的潜伏期都相当,表明部件复杂度未影响书写产生的中央加工过程,这可能是由所操纵的复杂度差异较小引起的。实验 2 增加了真假字这一变量,并增加部件复杂度之间的差异,结果发现书写的潜伏期受到了部件复杂度的影响,字与字之间的转移速率受到了真假字和部件复杂度两个因素的共同影响。当部件比较复杂时,笔画的书写速率在 S2、S3 和 S4 上快于部件比较简单的条件。而且真字和假字的笔画书写速率模式不同,当目标字为真字时,S1 的书写速率与 S3 相当,但假字中 S1 的书写速率快于 S3,表明真假字和部件复杂度都对外周执行过程产生了影响。在书写运动过程中出现了部件边界效应,表现为人们在书写第二个部件的第一笔(S3)时最慢,而书写第一个部件的最后一笔(S2)时最快。部件边界效应的出现位置比较灵活,可能在第一个部件的最后一笔,也有可能在第二个部件的第一笔,其出现位置受到真假字和部件复杂度的调节。这是首次对成人书写过程中中央加工过程和外周执行过程之间关系的研究,支持了两个过程之间存在相互影响的观点。

Zhang 和 Feng (2018)采用经典的图画—词汇干扰实验范式,考察了小学儿童书写过程中正字法和音韵在中央加工过程和外周执行过程中的作用。实验中操纵了图画和单字之间的相关为正字法相关、音韵相关或无关,要求儿童在看到图画后忽略干扰字,书写图画名称。被试为小学二年级(7—8 岁)和四年级(9—10 岁)的小学生。研究测量了儿童书写图画名称的潜伏期、书写的时间,计算了笔画的书写速率,结果发现在两组儿童中,与无关条件相比,仅有正字法相关条件缩短了书写的潜伏期,音韵相关未产生效应,这表明小学儿童是利用正字法信息进行书写的计划过程,与成人的结果一致(Zhang & Wang, 2015)。实验中还测量了儿童的音韵意识、正字法意识、视觉工作记忆和词汇量大小,用这些指标作为预测变量,对其书写的潜伏期和书写时间进行回归分析,结果显示正字法意识对于书写产生过程具有重要的预测作用。这一研究从发展的角度验证了正字法在书写产生中的重要作用,支持了正字法自主假设的观点。

Qu 和 Damian (2015)则采取了第二种研究思路,考察汉语书写产生过程中是否存在非目标字的正字法激活,即多重的正字法激活。在口语产生过程中,存在类似的问题:是否存在多重的音韵激活(参考阅读本书第二章和第三章相应内容)。研究使用了 Stroop 颜色任务,呈现有颜色的线条画,要求被试忽略客体,写出客体的线条颜色。例如,目标图画"枕头",枕头的线条为橙色,被试看到用橙色线条呈现的枕头时,需要书写线条颜色名称"橙","橙"与目标词"枕头"的第一个字之间存在正字法相关。与无关条件相比,在正字法相关条件下发现了显著的促进效应,这说明非目标词汇的节点信息激活了其相应的正字法信息,增强了目标词正字法信息的激活程度,表明在书写产生中存在多重的正字法信息激活。

本章总结

本章主要阐述了书写产生过程的研究,主要内容包括:第一,书写产生的心理运动模型,主要关注书写运动过程中的计划单元和信息加工,以及计划阶段和实时运动两个阶段之间的关系;第二,书写的神经心理学研究关注词汇通路和亚词汇通路是否存在、两个通路之间的交互作用,以及字形输出缓冲器等;第三,书写的心理语言学研究,主要关注书写产生过程中是否存在音韵中介、拼写编码的加工单元、认知编码阶段与运动执行阶段之间的关系,以及书写产生与其他语言加工过程之间的关系;第四,阐述了汉语书写产生过程的研究成果,所关注的问题与印欧语系语言的研究类似。

参考文献

傅永和.(1991).汉字的部件.语文建设,12,3—6.
国家语言文字工作委员会.(1998).现代汉语通用字笔顺规范暨信息处理用 GB13000.1 字符集汉字部件规范.北京:语言与文化出版社.
何洁莹,张清芳.(2017).汉语书写产生中词汇频率和音节频率效应的时间进程:ERP 研究.心理学报,49(12),1483—1493.
胡裕树.(1987).现代汉语(增订本).上海:上海外语教育出版社.
刘洁,毕彦超,韩在柱.(2008).语言书写机制的研究进展:来自失写症的证据.心理科学进展,16(1),26—31.
Aichert, I., & Ziegler, W.(2004). Syllable frequency and syllable structure in apraxia of speech. *Brain and Language*, 88,148-159.
Aitchison, J., & Todd, P.(1982). Slips of the mind and slips of the pen. In B. N. Chir & W. von Raffler-Engel (Eds.), *Language and cognitive styles: Patterns of neurolinguistic and psycholinguistic development* (pp.180-194). Swets and Zeitlinger B. V.-Lise.

Alamargot, D. , Chesnet, D. , Dansac, C. , & Ros, C. (2006). Eye and pen: A new device for studying reading during writing. *Behavior Research Methods*, *38*(2),287-299.

Álvarez, C. J. , Cottrell, D. , & Afonso, O. (2009). Writing dictated words and picture names: Syllabic boundaries affect execution in Spanish. *Applied Psycholinguistics*, *30*(2),205-223.

Barbe, W. B. , Lucas, V. H. , & Wasylyk, T. M. (1984). *Handwriting: Basic skills for effective communication*. Columbus. OH: Zaner-Bloser.

Bartram, D. J. (1973). Effects of familiarity and practice on naming pictures of objects. *Memory & Cognition*, *1*,101-105

Basso, A. , Taborelli, A. , & Vignolo, L. A. (1978). Dissociated disorders of speaking and writing in aphasia. *Journal of Neurology, Neurosurgery & Psychiatry*, *41*(6),556-563.

Beauvois, M. F. , & Derouesne, J. (1981). Lexical or orthographic agraphia. *Brain*, *104*,21-49.

Behrmann, M. , & Bub, D. (1992). Surface dyslexia and dysgraphia: Dual routes, single lexicon. *Cognitive Neuropsychology*, *9*(3),209-251.

Bi, Y. , Han, Z. , Weekes, B. , & Shu, H. (2007). The interaction between semantic and the nonsemantic systems in reading: Evidence from Chinese. *Neuropsychologia*. *45*(12),2660-2673.

Bock, K. (1986). Syntactic persistence in language production. *Cognitive Psychology*, *18*(3),355-387.

Bonin, P. , & Fayol, M. (2002). Frequency effects in the written and spoken production of homophonic picture names. *European Journal of Cognitive Psychology*, *14*,289-313.

Bonin, P. , Fayol, M. , & Gombert, J.-E. (1997). Role of phonological and orthographic codes in picture naming and writing: An interference paradigm study. *Current Psychology of Cognition*, *16*(3),299-324.

Bonin, P. , Fayol, M. , & Gombert, J.-E. (1998). An experimental study of lexical access in the writing and naming of isolated words. *International Journal of Psychology*, *33*(4),269-286.

Bonin, P. , Fayol, M. , & Peereman, R. (1998). Masked form priming in writing words from pictures: Evidence for direct retrieval of orthographic codes. *Acta Psychologica*, *99*(3),311-328.

Bonin, P. , Méot, A. , Millotte, S. , & Barry, C. (2013). Individual differences in adult handwritten spelling-to-dictation. *Frontiers in Psychology*, *4*,402.

Bonin, P. , Peereman, R. , & Fayol, M. (2001). Do phonological codes constrain the selection of orthographic codes in written picture naming? *Journal of Memory and Language*, *45*(4),688-720.

Brown, J. S. , Carr, T. H. , Brown, T. L. , McDonald, T. L. , Charalambous, A. , & West, E. (1989). Coordinating language generation and motor control in discourse production via handwriting. In Plamondon, R. , Suen, C. Y. , & Simner, M. L. (Eds.), *Computer recognition and human production of handwriting*. Singapore: World Scientific Publishing Co.

Brown, J. S. , McDonald, J. L. , Brown, T. L. , & Carr, T. H. (1988). Adapting to processing demands in discourse production: The case of handwriting. *Journal of Experimental Psychology: Human Perception and Performance*, *14* (1),45-59.

Burt, J. S. , & Tate, H. (2002). Does a reading lexicon provide orthographic representations for spelling? *Journal of Memory and Language*, *46*(3),518-543.

Caramazza, A. (1997). How many levels of processing are there in lexical access? *Cognitive Neuropsychology*, *14*(1), 177-208.

Caramazza, A. , Costa, A. , Miozzo, M. , & Bi, Y. (2001). The specific-word frequency effect: Implications for the representation of homophones in speech production. *Journal of Experimental Psychology: Learning, Memory, and Cognition*, *27*,1430-1450.

Caramazza, A. , & Hillis, A. (1990). Where do semantic errors come from? *Cortex*, *26*,95-122.

Caramazza, A. , & Hillis, A. E. (1991). Lexical organization of nouns and verbs in the brain. *Nature*, *349*(6312),788-790.

Caramazza, A. , & Miceli, G. (1990). The structure of graphemic representations. *Cognition*, *37*(3),243-297.

Caramazza, A. , Miceli, G. , & Villa, G. (1986). The role of the (output) phonological buffer in reading, writing, and repetition. *Cognitive Neuropsychology*, *3*,37-76.

Caramazza, A. , Miceli, G. , Villa, G. , & Romani, C. (1987). The role of the graphemic buffer in spelling: Evidence from a case of acquired dysgraphia. *Cognition*, *26*(1),59-85.

Carreiras, M. , & Perea, M. (2004). Naming pseudowords in Spanish: Effects of syllable frequency in production. *Brain and Language*, *90*,393-400.

Chen, J.-Y. , Chen, T.-M. , & Dell, G. S. (2002). Word-Form Encoding in Mandarin Chinese as Assessed by the Implicit Priming Task. *Journal of Memory and Language*, *46*(4),751-781.

Chen, J. Y. , & Cherng, R. J. (2013). The proximate unit in Chinese handwritten character production. *Frontiors in Psychology*, *4*. doi: 10.3389/fpsyg.2013.00517.

Cholin, J. , Dell, G. S. , & Levelt, W. J. M. (2011). Planning and articulation in incremental word production: Syllable frequency effects in English. *Journal of Experimental Psychology: Learning, Memory, and Cognition*, *37*(1),109-122.

Cholin, J. , Levelt, W. J. M. , & Schiller, N. O. (2006). Effects of syllable frequency in speech production. *Cognition*,

99,205 - 235.

Cleland, A. A. , & Pickering, M. J. (2006). Do writing and speaking employ the same syntactic representations? *Journal of Memory and Language*, *54*(2),185 - 198.

Coltheart, M. , & Funnell, E. (1987). Reading and writing: One lexicon or two. In A. Allport, D. G. MacKay, W. Prinz & E. Sheerer (Eds.), *Language perception and production: Shared mechanisms in listening, speaking, reading and writing*. London: Academic Press.

Cuetos, F. , Bonin, P. , Alameda, J. R. , & Caramazza, A. (2010). The specific-word frequency effect in speech production: Evidence from Spanish and French. *The Quarterly Journal of Experimental Psychology*, *63*(4),750 - 771.

Delattre, M. , Bonin, P. , & Barry, C. (2006). Written spelling to dictation: Sound-to-spelling regularity affects both writing latencies and durations. *Journal of Experimental Psychology: Learning, Memory, and Cognition*, *32*(6),1330 - 1340.

Dell, G. S. (1990). Effects of frequency and vocabulary type on phonological speech errors. *Language and Cognitive Processes*, *5*,313 - 349.

Ding, G. , Peng, D. , & Taft, M. (2004). The nature of the mental representation of radicals in Chinese: A priming study. *Journal of Experimental Psychology: Learning, Memory, and Cognition*, *30*,530 - 539.

Drieman, G. H. J. (1962). Differences between written and spoken language: An exploratory study. *Acta Psychologica*, *20*,78 - 100.

Ellis, A. W. (1979). Slips of the pen. *Visible language*, *13*,265 - 282.

Ellis, A. W. (1982). Spelling and writing (and reading and speaking). In A. W. Ellis (Ed.), *Normality and pathology in cognitive functions*. NY: Academic Press.

Ellis, A. W. (1988). Normal writing processes and peripheral acquired dysgraphias. *Language and Cognitive Processes*, *3* (2),99 - 127.

Ellis, A. W. , & Young, A. W. (1988). *Human cognitive neuropsychology*. London: Erlbaum.

Feldman, L. B. , & Siok, W. W. (1999). Semantic radicals contribute to the visual identification of Chinese characters. *Journal of Memory and Language*, *40*(4),559 - 576.

Friedman, R. B. , & Hadley, J. A. (1992). Letter-by-letter surface alexia. *Cognitive Neuropsychology*, *9*(3),185 - 208.

Gelb, A. W. (1952). *A study of writing*. Chicago, IL: University of Chicago Press.

Geschwind, N. (1969). Problems in the anatomical understanding of the aphasias. In A. L. Benton (Ed.), *Contributions to clinical neuropsychology*. Chicago: Aldine.

Goodman, R. A. , & Caramazza, A. (1986). Dissociation of spelling errors in written and oral spelling: The role of allograhic conversion in writing. *Cognitive Neuropsychology*, *3*,179 - 206.

Gottlieb, G. L. , Corcos, D. M. , Agarwal, G. C. (1989) Strategies for the control of voluntary movements with one mechanical degree of freedom. *The Behavioral and Brain Sciences*, *12*,189 - 210.

Griffin, Z. M. , & Bock, K. (1998). Constraint, word frequency, and the relationship between lexical processing levels in spoken word production. *Journal of Memory & Language*, *38*,313 - 338.

Guinet, E. , & Kandel, S. (2010). Ductus: A software package for the study of handwriting production. *Behavior Research Methods*, *42*(1),326 - 332.

Han, Z. , & Bi, Y. (2009). Oral spelling and writing in a logographic language: Insights from a Chinese dysgraphic individual. *Brain and Language*, *110*(1),23 - 28.

Han, Z. , Zhang, Y. , Shu, H. , & Bi, Y. (2007). The orthographic buffer in writing Chinese characters: Evidence from a dysgraphic patient. *Cognitive Neuropsychology*, *24*(4),431 - 450.

Hanley, J. R. , & Kay, J. (1992). Does letter-by-letter reading involve the spelling system? *Neuropsychologia*, *30*(3), 237 - 256.

Harrington, D. L. , & Haaland, K. Y. (1987). Programming sequences of hand postures. *Journal of Motor Behavior*, *19*, 77 - 95.

Hécaen, H. , & Angelergues, R. (1965). *Pathologie du language* (*Vol. 1*). Paris: Larousse.

Hillis, A. E. (1993). The role of models of language processing in rehabilitation of language impairments. *Aphasiology*, *7* (1),5 - 26.

Hillis, A. E, & Caramazza, A. (1991). Mechanisms for accessing lexical representations for output: Evidence from a category-specific semantic deficit. *Brain and Language*, *40*,106 - 144.

Hillis, A. E. , & Rapp, B. (2004). Cognitive and neural substrates of written language comprehension and production. In M. Gazzaniga (Ed.), *The new cognitive neuroscience* (3rd ed.). MIT press.

Hillis, A. E. , Rapp, B. , & Caramazza, A. (1999). When a rose is a rose in speech but a tulip in writing. *Cortex*, *35*, 337 - 356.

Holmes, V. M. , & Babauta, M. L. (2005). Single or dual representations for reading and spelling? *Reading and Writing*, *18*(3),257 - 280.

Holmes, V. M. , & Carruthers, J. (1998). The relation between reading and spelling in skilled adult readers. *Journal of Memory and Language*, *39*,264 - 289.

Holmes, V. M. , & Davis, C. W. (2002). Orthographic representation and spelling knowledge. *Language and Cognitive Processes*, *17*,345 - 370.

Hsiao, J. H. W. , Shillcock, R. , & Lavidor, M. (2006). A TMS examination of semantic radical combinability effects in Chinese character recognition. *Brain Research*, *1078*(1),159 – 167.

Hsiao, J. H. W. , Shillcock, R. , & Lavidor, M. (2007). An examination of semantic radical combinability effects with lateralized cues in Chinese character recognition. *Perception and Psychophysics*, *69*(3),338 – 344.

Hue, C. -W. (1992). Recognition processes in character naming. In H. -C. Chen & O. J. L. Tzeng (Eds.), *Language processing in Chinese* (pp. 93 – 107). Amsterdam: North-Holland.

Hulstijn, W. , & van Galen, G. P. (1983). Programming in handwriting: Reaction time and movement time as a function of sequence length. *Acta Psychologica*, *54*,23 – 49.

Hulstijn, W. , & van Galen, G. P. (1988). Levels of motor programming in writing familiar and unfamiliar symbols. In A. M. Colley & J. R. Beech (Eds.), *Cognition and action in skilled behaviour*. Amsterdam: North-Holland.

Humphreys, G. W. , & Evett, L. J. (1985). Are there independent lexical and nonlexical routes in word processing? An evaluation of the dual-route theory of reading. *Behavioral and Brain Sciences*, *8*(4),689 – 740.

Jescheniak, J. D. , & Levelt, W. J. M. (1994). Word frequency effects in speech production: Retrieval of syntactic information and of phonological form. *Journal of Experimental Psychology: Learning, Memory, & Cognition*, *20*, 824 – 843.

Jescheniak, J. D. , Meyer, A. S. , & Levelt, W. J. M. (2003). Specific word frequency is not all that counts in speech production: Comments on Caramazza, Costa et al. (2001) and new experimental data. *Journal of Experimental Psychology: Learning, Memory, and Cognition*, *29*,432 – 438.

Kandel, S. , Álvarez, C. J. , & Vallée, N. (2006). Syllables as processing units in handwriting production. *Journal of Experimental Psychology: Human Perception and Performance*, *32*(1),18 – 31.

Kandel, S. , Hérault, L. , Grosjacques, G. , Lambert, E. , & Fayol, M. (2009). Orthographic vs. phonologic syllables in handwriting production. *Cognition*, *110*(3),440 – 444.

Kandel, S. , Peereman, R. , & Ghimenton, A. (2013). Further evidence for the interaction of central and peripheral processes: The impact of double letters in writing English words. *Frontiers in Psychology*, 4. doi: 10. 3389/fpsyg. 2013. 00729.

Kandel, S. , Soler, O. , Valdois, S. , & Gros, C. (2006). Graphemes as motor units in the acquisition of writing skills. *Reading & Writing: An Interdisciplinary Journal*, *19*,313 – 337.

Kandel, S. , & Valdois, S. (2006). Syllables as functional units in a copying task. *Language and Cognitive Processes*, *21* (4),432 – 452.

Kao, H. S. R. (1983). Progrssive motion variability in handwriting tasks. *Acta Psychologica*, *54*,149 – 159.

Kao, H. S. R. , van Galen, G. P. , & Hoosain, R. (1986). *Graphonomics: Contemorary research in handwriting*. Amsterdam: North-Holland.

La Heij, W. , Puerta-Melguizo, C. , van Oostrum, M. , & Starreveld, P. A. (1999). Picture naming: Identical priming and word frequency effect. *Acta Psychologica*, *102*,77 – 95.

Laganaro, M. , & Alario, F. -X. (2006). On the locus of the syllable frequency effect in speech production. *Journal of Memory and Language*, *55*(2),178 – 196.

Lambert, E. , Kandel, S. , Fayol, M. , & Espéret, E. (2008). The effect of the number of syllables on handwriting production. *Reading and Writing*, *21*(9),859 – 883.

Largy, P. , Fayol, M. , & Lemaire, P. (1996). The homophone effect in written French: The case of verb-noun inflection errors. *Language and Cognitive Processes*, *11*(3),217 – 255.

Law, S. -P. (2004). Writing errors of a Cantonese dysgraphic patient and their theoretical implications. *Neurocase*, *10*, 132 – 140.

Law, S. -P. , & Leung, M. T. (2000). Structural representations of characters in Chinese writing: Evidence from a case of acquired dysgraphia. *Psychologia*, *43*,67 – 83.

Law, S. -P. , & Or, B. (2001). A case study of acquired dyslexia and dysgraphia in Cantonese: Evidence for nonsemantic pathways for reading and writing in Chinese. *Cognitive Neuropsychology*, *18*(8),729 – 748.

Law, S. -P. , Wong, W. , & Kong, A. (2006). Direct access from meaning to orthography in Chinese: A case study of superior written to oral naming. *Aphasiology*, *20*(6),565 – 578.

Law, S. -P. , Yeung, O. , Wong, W. , & Chiu, K. M. (2005). Processing of semantic radicals in writing Chinese characters: Data from a Chinese dysgraphic patient. *Cognitive Neuropsychology*, *22*(7),885 – 903.

Levelt, W. J. M. (1989). *Speaking: From intention to articulation*. MIT Press.

Levelt, W. J. M. , Roelofs, A. , & Meyer, A. S. (1999). A theory of lexical access in speech production. *Behavioral and Brain Sciences*, *22*,1 – 75.

Levelt, W. J. M. , & Wheeldon, L. (1994). Do speakers have access to a mental syllabary? *Cognition*, *50*,239 – 269.

Luria, A. R. (1966). *Higher cortical functions in man*. London: Tavistock.

Luria, A. R. (1970). *Traumatic aphasia*. The Hague: Mouton.

Maarse, F. J. (1987). *The study of handwriting movements: Peripheral models and signal processing techniques*. Lisse: Swets and Zeitlinger.

Macizo, P. , & Van Petten, C. (2007). Syllable frequency in lexical decision and naming of English words. *Reading and Writing*, *20*,295 – 331.

Margolin, D. I. (1984). The neuropsychology of writing and spelling: Semantic, phonological, motor, and perceptual processes. *The Quarterly Journal of Experimental Psychology A*: *Human Experimental Psychology*, *36A* (3), 459 – 489.

Margolin, D. I., & Wing, A. M. (1983). Agraphia and micrographia: Clinical manifestations of motor programming and performance disorders. *Acta Psychologica*, *54*, 263 – 283.

McCloskey, M., Badecker, W., Goodman-Shulman, R. A., &Aliminosa, D. (1994). The structure of graphemic representations in spelling: Evidence from a case of acquired dysgraphia. *Cognitive Neuropsychology*, *11*(3), 341 – 392.

Merton, P. A. (1972). How we control the contraction of our muscle. *Scientific American*, *226*, 30 – 37.

Meulenbroek, R. G. J., & van Galen, G. P. (1989). Variations in cursive handwriting preformance as a function of handness, hand posture, and gender. *Journal of Human Movement Studies*, *16*, 239 – 254.

Miceli, G., Benvegnù, B., Capasso, R., & Caramazza, A. (1997). The Independence of Phonological and Orthographic Lexical Forms: Evidence from Aphasia. *Cognitive Neuropsychology*, *14*(1), 35 – 69.

Mojet, J. W. (1989). *Characteristics of handwriting proficiency*. De Lier: Academish Boeken Centrum.

Monsell, S., Matthews, G. H., & Miller, D. C. (1992). Repetition of lexicalization across languages: A further test of the locus of priming. *Quarterly Journal Experimental Psychology Section*), *44*(4), 763 – 783.

Oldfield, R. C., & Wingfield, A. (1965). Response latencies in naming objects. *Quarterly Journal of Experimental Psychology*, *17*, 273 – 281.

Orliaguet, J.-P., & Boë, L.-J. (1993). The role of linguistics in the speed of handwriting movements: Effects of spelling uncertainty. *Acta Psychologica*, *82*(1 – 3), 103 – 113.

Pammer, K., Connell, E., & Kevan, A. (2010). Spelling and reading: Using visual sensitivity to explore shared or separate orthographic representations. *Perception*, *39*(3), 387 – 406.

Pammer, K., & Kevan, A. (2007). The contribution of visual sensitivity, phonological processing, and nonverbal IQ to children's reading. *Scientific Studies of Reading*, *11*(1), 33 – 53.

Patterson, K. (1986). Lexical but nonsemantic spelling. *Cognitive Neuropsychology*, *3*(3), 341 – 367.

Patterson, K., & Wing, A. M. (1989). Processes in handwriting: A case for case. *Cognitive Neuropsychology*, *6*, 1 – 23.

Perea, M., & Carreiras, M. (1998). Effects of syllable frequency and syllable neighborhood frequency in visual word recognition. *Journal Experimental Psychology*: *Human Perception & Performance*, *24*, 134 – 144.

Perfetti, C. A., Liu, Y., & Tan, L. H. (2005). The lexical constituency model: Some implications of research on chinese for general theories of reading. *Psychological Review*, *112*(1), 43 – 59.

Peters, M., & McGrory, J. (1987). The writing performance of inverted and noninverted rights-and lefthanders, *Canadian Journal of Psychology*, *41*, 20 – 32.

Pick, H. L., & Teulings, H. L. (1983). Geomeric transformations of handwriting. *Acta Psychologica*, *54*, 327 – 340.

Plamondon, R., Suen, C. Y., & Simner, M. L. (1989). *Computer recognition and human production of handwriting*. Singapore: World Scientific Publishing Co.

Portier, S. J., van Galen, G. P., & Meulenbroek, R. G. J. (1990). Practice and the dynamics of handwriting performance: Evidence for a shift of motor programming load. *Journal of Motor Behavior*, *22*, 474 – 492.

Putman, J. J. (1989). The search for modern humans. *National Geography*, *174*, 438 – 477.

Qu, Q., & Damian, M. F. (2015). Cascadedness in Chinese written word production. *Frontiers in Psychology*, *6*, 1271.

Qu, Q., Damian, M. F., Zhang, Q., & Zhu, X. (2011). Phonology contributes to writing: Evidence from written word production in a non-alphabetic script. *Psychological Science*, *22*(9), 1107 – 1112.

Rapp, B., Benzing, L., & Caramazza, A. (1997). The autonomy of lexical orthography. *Cognitive Neuropsychology*, *14*, 71 – 104.

Rapp, B., & Caramazza, A. (1997a). From graphemes to abstract letter shapes: Levels of representation in written spelling. *Journal of Experimental Psychology*: *Human Perception and Performance*, *23*(4), 1130 – 1152.

Rapp, B., & Caramazza, A. (1997b). The modality-specific organization of grammatical categories: Evidence from impaired spoken and written sentence production. *Brain and Language*, *56*(2), 248 – 286.

Rapp, B., & Caramazza, A. (2002). Selective difficulties with spoken nouns and written verbs: A single case study. *Journal of Neurolinguistics*, *15*(3 – 5), 373 – 402.

Rapp, B., & Dufor, O. (2011). The neurotopography of written word production: An Fmri investigation of the distribution of sensitivity to length and frequency. *Journal of Cognitive Neuroscience*, *23*(12), 4067 – 4081.

Rapp, B., Epstein, C., & Tainturier, M. J. (2002). The integration of information across lexical and sublexical processes in spelling. *Cognitive Neuropsychology*, *19*, 1 – 29.

Rapp, B., & Lipka, K. (2011). The literate brain: The relationship between spelling and reading. *Journal of Cognitive Neuroscience*, *23*(5), 1180 – 1197.

Reich, S., Chou, T.-L., & Patterson, K. (2003). Acquired dysgraphia in Chinese: Further evidence on the links between phonology and orthography. *Aphasiology*, *17*(6), 585 – 604.

Roeltgen, D. P., Rothi, L. G., & Heilman, K. M. (1986). Linguistic semantic agraphia: A dissociation of the lexical spelling system form semantics. *Brain and Language*, *27*, 257 – 280.

Rosenbaum, D. A., Hindorff, V., & Munro, E. M. (1987). Scheduling and programming of rapid finger sequences: Tests and elaborations of the hierarchical editor model. *Journal of Experimental Psychology*: *Human Perception and*

Performance, *13*,193 ‒ 203.

Rosenbaum, D. A., Inhoff, A. W., & Gorden, A. M. (1984). Choosing between movement sequences: A hierarchical editor model. *Journal of Experimental Psychology: General*, *113*,372 ‒ 393.

Roux, S., & Bonin, P. (2011). Cascaded processing in written naming: Evidence from the picture-picture interference paradigm. *Language and Cognitive Processes*, *27*(5),734 ‒ 769.

Roux, S., McKeeff, T. J., Grosjacques, G., Afonso, O., & Kandel, S. (2013). The interaction between central and peripheral processes in handwriting production. *Cognition*, *127*(2),235 ‒ 241.

Shallice, T. (1981). Phonologicial agraphia and the lexical route in writing. *Brain*, *104*,413 ‒ 429.

Shatzman, K. B., & Schiller, N. O. (2004). The word frequency effect in picture naming: Contrasting two hypotheses using homonym pictures. *Brain and Language*, *90*,160 ‒ 169.

Shen, X. R., Damian, M. F., & Stadthagen-Gonzalez, H. (2013). Abstract graphemic representations support preparation of handwritten responses. *Journal of Memory and Language*, *68*,69 ‒ 84.

Shi, B. J., Li, H., Zhang, Y. P., & Shu, H. (2011). The role of logographeme characteristics and orthographic awareness in low-grade children's writing. *Psychological Development and Education*, *27*(3),297 ‒ 303.

Snowling, M., Hulme, C., & Goulandris, N. (1994). Word recognition in developmental dyslexia: A connectionist interpretation. *The Quarterly Journal of Experimental Psychology Section A: Human Experimental Psychology*, *47*(4), 895 ‒ 916.

Sovik, N. (1975). *Development cybernetics of handwriting and graphic behavior*. OSlo: Universitetsforlaget.

Stemberger, J. P., & MacWhitney, B. (1986). Form-oriented inflectional errors in language processing. *Cognitive Psychology*, *18*,329 ‒ 354.

Sternberg, S., Monsell, S., Knoll, R. L., & Wright, C. E. (1978). The latency and duration of rapid movement sequences: comparisons of speech and typewriting. In G. E. Stelmach (Ed.), *Information processing in motor control and learning* (pp. 117 ‒ 152). New York: Academic Press.

Sternberg, S., Wright, C. E., Knoll, R. L., & Monsell, S. (1980). Motor programs in rapid speech: Additional evidence. In R. A. Cole (Ed.), *The perception and production of fluent speech* (pp. 507 ‒ 534). Hillsdale, NJ: Erlbaum.

Stlemach, G. E., & Teulings, H. L. (1983). Respose characteristics of prepared and restructured handwriting. *Acta Psychologica*, *30*,276 ‒ 315.

Su, I. F., Mak, S. C. C., Cheung, L. Y. M., & Law, S. P. (2012). Taking a radical position: Evidence for position-specific radical representations in Chinese character recognition using masked priming ERP. *Frontiers in Psychology*, *3*,333.

Tainturier, M. J., & Rapp, B. (2001). The spelling process. In B. Rapp (Ed.), *What deficits reveal about the human mind / brain: A handbook of cognitive neuropsychology*. Philadelphia: Psychology Press.

Tainturier, M. J., & Rapp, B. (2004). Complex graphemes as functional spelling units: Evidence from acquired dysgraphia. *Neurocase*, *10*(2),122 ‒ 131.

Teulings, H. L., & Maarse, F. J. (1984). Digital recording and processing of handwriting movement. *Human Movement Science*, *3*,193 ‒ 217.

Teulings, H. L., Mullins, P. A., & Stelmach, G. E. (1986). The elementary units of programming in handwriting. In H. S. R. Kao, G. P. van Galen, & R. Hoosian, (Eds.), *Graphonomics: Contemporary research in handwriting*. Amsterdam: North-Holland.

Teulings, H. L., & Thomassen, A. J. W. M. (1979). Computer-aided analysis of handwriting movement. *Visible Language*, *13*,219 ‒ 231.

Teulings, H. L., Thomassen, A. J. W. M., & van Galen, G. P. (1989). Preparation of partly precued handwriting movements: The size of movement units in handwriting. *Acta Psychologica*, *54*,165 ‒ 177.

Teulings, H. L., Thomassen, A. J. W. M., & van Galen, G. P. (1986). Invariants in handwriting: The information contained in a motor program. In H. S. R. Kao., G. P. van Galen & R. Hoosain (Eds.), *Graphonomics: Contemporary research in handwriting*. Amsterdam: Sorth-Holland.

Thomassen, A. J. W. M., Keuss, P. J. G., & van Galen, G. P. (1984). *Motor aspects of handwriting: Approaches to movement in garphic behavior*. Amsterdam: North-Holland.

Tsang, Y. K., and Chen, H. C. (2009). Do position-general radicals have a role to play in processing Chinese characters? *Language and Cognitive Processes*, *24*(7 ‒ 8),947 ‒ 966.

Van der plaats, R. E., & van Galen, G. P. (1990). Effects of spatial and motor demands in handwriting. *Journal of Motor Behavior*, *22*,361 ‒ 385.

van Galen, G. P. (1980). Handwriting and drawing: A two-stage model of complex motor behavior. In G. E. Stelmach & J. Requin (Eds.), *Tutorials in motor behavior*. Amsterdam: North-Holland.

van Galen, G. P. (1984). Structure complexity of motor patterns: A study on reaction times of handwritten letters. *Psychological Research*, *46*,49 ‒ 57.

van Galen, G. P. (1990). Phonological and motoric demands in handwriting: Evidence for discrete transmission of information. *Acta Psychologica*, *74*(2 ‒ 3),259 ‒ 275.

van Galen, G. P. (1991). Handwriting: Issues for a psychomotor theory. *Human Movement Science*, *10*(2 ‒ 3),165 ‒

191.

van Galen, G. P. , Meulenbroek, R. G. J. , & Hylkema, H. (1986). On the simultaneous processing of words, letters, and strokes in handwriting: Evidence for a mixed linear and parallel model. In H. S. R. Kao, G. P. van Galen, & R. Hoosian (Eds.), *Graphonomics: Contemporary research in handwriting*. Amsterdam: North-Holland.

van Galen, G. P. , Smyth, M. M. , Meulenbroek, R. G. J. , & Hylkema, H. (1989). The role of short-term memory and the motor buffer in handwriting under visual and non-visual guidance. In R. Plamondon, C. Y. Suen, & M. L. Simner (Eds.), *Computer recognition and human production of handwriting* (pp. 253 – 271). World Scientific.

van Galen, G. P. , & Teulings, H. L. (1983). The independent monitoring of form and scale factors in handwriting. *Acta Psychologica*, *54*, 9 – 22.

Wang, C. , & Zhang, Q. (2015). Phonological codes constrain output of orthographic codes via sublexical and lexical routes in Chinese written production. *PLoS ONE*, *10*(4), e0124470.

Weekes, B. , & Coltheart, M. (1996). Surface dyslexia and surface dysgraphia: Treatment studies and their theoretical implications. *Cognitive Neuropsychology*, *13*(2), 277 – 315.

Wheeldon, L. R. , & Monsell, S. (1992). The locus of repetition priming of spoken word production. *Quarterly Journal of Experimental Psychology*, *44A*, 723 – 761.

Wing, A. M. (1978). Response timing in handwriting. In G. E. Stelmach (Ed.), *Information processing in motor control and learning*. New York: Academic Press.

Wing, A. M. (1980). The height of handwriting. *Acta Psychologica*, *46*, 141 – 151.

Wing, A. M. , & Kristofferson, A. B. (1973). The timing of interresponse intervals. *Perception and Psychophysics*, *13*, 455 – 460.

Wingfield, A. (1968). Effects of frequency on identification and naming of objects. *American Journal of Psychology*, *81*, 226 – 234.

Zesiger, P. , Mounoud, P. , & Hauert, C. A. (1993). Effects of lexicality and trigram frequency on handwriting production in children and adults. *Acta Psychologica*, *82*(1 – 3), 353 – 365.

Zhang, Q. , & Damian, M. (2010). Impact of phonology on the generation of handwritten responses: Evidence from picture-word interference tasks. *Memory & Cognition*, *38*, 519 – 528.

Zhang, Q. , & Feng, C. (2017). The interaction between central and peripheral processing in Chinese handwritten production: Evidence from the effect of lexicality and radical complexity. *Frontiers in Psychology*, *8*, 334.

Zhang, Q. , & Feng, C. (2018). The role of orthography and phonology in Chinese children's written production: Evidence for orthographic autonomy hypothesis. *Frontiers in Psychology*, in revision.

Zhang, Q. , & Wang, C. (2014). Syllable frequency and word frequency effects in spoken and written word production in a non-alphabetic script. *Frontiers in Psychology*, *5*, 120.

Zhang, Q. , & Wang, C. (2015). Phonology is not accessed earlier than orthography in Chinese written production: Evidence for the orthography autonomy hypothesis. *Frontiers in Psychology*, *6*, 448.

Zhao, H. , La Heij, W. , & Schiller, N. O. (2012). Orthographic and phonological facilitation in speech production: New evidence from picture naming in Chinese. *Acta Psychologica*, *139*, 272 – 280.

10　书写产生过程的认知神经机制

　　进入信息时代后,随着人们受教育的范围越来越大、程度越来越高,以及电子通信和互联网的普及,人们越来越多地通过书写(例如,写电子邮件,发手机短信,在社交网络平台上发表日志和博客等)实现与他人的交流,尽管书写内容和方式可能不如以往的作文和写信那样严肃。书写的重要性毋庸置疑,如果书写困难或能力受损,将给个人的发展和生活造成巨大的影响。无论语言是哪一种正字法体系,书写过程都包括一些认知的和运动的功能模块。书写过程的认知神经机制是十分复杂的。与其他语言活动(如语言理解和口语产生)相比,对书写产生的研究相对少很多,而用脑成像技术探索书写产生的认知神经机制的研究就更少了。

　　在 21 世纪之前,人们对书写产生的认知神经机制的了解主要来自对失写症(agraphia)患者或书写困难(dysgraphia)人员的神经心理学研究,这些个体由于手术或疾病,或书写能力发展缓慢而导致书写产生方面的问题。考察他们的大脑损伤情况,以及他们书写障碍的不同行为表现,可以提示书写产生的不同认知成分所对应的脑区。研究中描述了一系列书写困难症状,从正字法书写困难,影响了词汇或音韵成分等核心加工过程,到失用性失写症,影响了字素追踪等外周加工过程。神经心理学的研究表明:与书写产生的词汇加工过程相关的脑区是角回(the angular gyrus)或者是中央前回;与音韵编码过程相关的脑区为左侧外侧裂区域;与运动过程相关的脑区是左侧枕上回或前运动区域。尽管如此,脑损伤所造成的书写困难的表现形式多样,在研究中很难描述脑损伤与行为表现之间的关系,受到神经可塑性以及功能恢复的强大影响。与其他语言能力相比,正常人书写产生过程的脑成像研究甚少,心理语言学领域的研究者忽略了对这一领域的探索。因此,很难建立正常人书写产生的神经功能模型来与失写症患者的结果进行匹配。

10.1 失写症研究

10.1.1 左右半球脑损害与失写症

1881 年,Exner 根据临床及解剖发现左半球额中回后部为书写中枢,后来的学者也证实了这一区域与书写障碍有关,如果该区域受损,表现为仅有书写过程存在障碍,一般不伴随轻度失语,无失读和失用症状。Anderson、Damasio 和 Damasio(1990)发现左侧运动前区损害后会表现出纯失读、失写症状,但数字读写表现正常,所以这一区域与读写运动和感知的精确顺序激活有关。Tokunaga 等人(1999)发现左侧运动前部的损害除了引起纯粹的书写障碍外,同时也导致病人表现出绘图障碍,所以这一区域的损害可能引起了视觉表象的提取困难。

顶叶受损会导致纯失写症状。Croisile、Laurent、Michel 和 Trillet(1990)发现患者的肢体运动能力正常,额叶和顶叶皮层深层白质传输纤维受损引起了失写症,可能是由于受损导致语言及字位系统与额叶运动程序之间的联系通道中断,使得语言信息不能传达到书写控制的中枢。Alexander、Fisher 和 Friedman(1992)报告了一个病例,发现患者的感觉运动功能、视觉反馈、字词和字母知识都表现正常,但其规则拼写有障碍,这可能是由于顶上小叶受损导致空间知觉和运动知觉对书写运动的调节出现异常。Maeshima 等人(1998)发现一位脑梗塞患者的顶上小叶区域受损害,他的自发言语、命名、言语流畅性、复述、理解和阅读都正常,仅书写能力受损,这可能是由于书写所必需的运动模式记忆丧失或不能提取出来,其损伤出现在正字法输出缓冲器中。Otsuki、Soma、Arai、Ostuka 和 Tsuji(1999)发现一位顶上小叶受损的患者表现出完好的字词特征记忆和书写笔画顺序知识,但其在书写执行阶段中有关笔画顺序的运动记忆受到了损害。角回及其皮质下受损会导致运用和空间结构能力损害(Lang, 1994),楔前叶损害可能导致双手抄写、听写能力受损(Trillet, Crosile, &

Laurent，1989）。不同部位的顶叶损害导致的失写症状可能相同或相似。

枕叶的病变主要引起视觉障碍，左侧枕区损害会导致不同形式的视觉失认或视觉忽略症，并伴随有失读症状。一般常见的报告是颞枕和顶枕联合损害与失写症有关。这一点很容易理解，由于枕叶与视觉信息加工和视觉反馈有关，其作用必然会影响书写的计划和执行过程。

颞叶的颞上回皮质区域损害会引起类似韦尔尼克失语的症候群，这类患者经常伴随有流利性口语失语和读写障碍；颞中回区损害引起书写连续行为障碍；颞后区损害可能会造成单纯的书写障碍。Soma、Sugishita、Kitamara、Maruyama 和 Imanaga（1989）在日语中发现颞叶后下回损害的病人具有词汇性失写特点，不能书写汉字，但能阅读和书写日语中的假名。Yokota、Ishiai、Furukawa 和 Tsukagoshi（1990）认为日语中的汉字和假名与印欧语系语言中的单词和音位类似，研究者报告一例汉字纯失写患者，表现为在从音素到字素转换过程中出现障碍。

在传统的观点中，研究者认为皮质下的灰质结构所造成的言语障碍是白质损害引起的附带现象或者是急性深部病变造成的。Araki 等人（1990）及 Aiba 等人（1991）的研究证实了皮质下结构的损害伴随有皮质继发性损害。基底节能够整合各种不同通道的信息，其病变可能影响了对言语的知觉编码、解码以及输出的过程。小脑位于颅后脑，通过三对小脑脚与脑干相连，对言语的执行起调控作用。Silveri、Misciagna、Leggio 和 Molinari（1997）发现小脑萎缩导致空间性失写，这可能是由于小脑具有调节外周本体感觉运动皮质的功能，在发生损害时造成书写运动难以完成。

Ardila 和 Rosselli（1993）的研究发现右侧半球损害会导致空间性失写，这与左侧忽视、结构性缺陷、空间感知障碍、有些运动失去自动化执行能力以及持续的倾向有关。中央前回损伤导致与运动有关的缺陷，而中央后回损伤则造成空间障碍，在书写过程中的损伤表现尤为明显。胼胝体位于大脑半球纵裂的底部，是连接左右大脑半球的横行纤维束，其病变会引起胼胝体综合征，导致左手的完全或部分书写障碍，右手的结构性失用。Kazui 和 Sauada（1993）提出胼胝体后部的纤维束与书写有关。

不同部分的脑损伤会导致不同表现形式的失写症，但是其关系并不是确定的（谢秋幼，孙红宇，刘晓加，2001）。Anderson、Saver、Tranel 和 Damasio（1993）认为书写过程依赖于各个脑区所形成的神经网络结构，将语言构成元素和视觉加工、运动执行过程等联结起来，共同完成复杂的书写计划和书写执行过程。

10.1.2 失用性失写症

失用性失写症（apraxic agraphia）是指患者知道该如何书写，但不能完成书写或书写出现错误，是由脑损伤所导致的书写功能障碍（De Smet，Engelborghs，Paquier，

De Deyn, & Mariën, 2011）。临床上诊断失用性失写症的标准包括：第一，书写出的字词难以辨认，但其书写障碍并不是感觉运动方面的原因；第二，练习抄写能够提高辨认程度；第三，口头拼写和打字能力正常；第四，字词笔画顺序出现错误（Sakurai等，2007）。其主要症状表现在手部输出方面，因此又被称为"手的失语症"。冉光明等人在《心理科学进展》期刊上综述了失用性失写症的脑机制（冉光明，陈旭，马建苓，潘彦谷，胡天强，2012）。

额顶叶相关脑区的连接

额叶包括中央前回、额中回、额上回等区域，顶叶包括顶下小叶、顶上小叶、角回等区域的损伤都有可能导致失用性失写。Carota 等人（2004）报告了一名男性病例，发现其不能将大写字母转化成小写字母，在书写时不能分清字母的方向，出现了失用性失写症状，其受损部分出现在左侧中央前回和左侧角回，可能与这两个区域具备的空间表征图像的能力有关。Cohen 等人（1996）发现左侧角回负责视觉图像的处理，左侧中央前回的运动加工与字词空间属性的心理转化有关，两个脑区的共同损伤使得患者不能辨认字母方向和进行大小写转换。

Hayashi 等人（2011）考察比较了轻度老年痴呆症患者与健康被试的书写加工过程，研究中包括三种书写任务：听写日本字母汉字、听写日本字母假名，或者抄写日本字母汉字。结果发现轻度老年痴呆组表现出失用性失写症的一些症状，在听写任务中所写出来的字难以辨认，不符合构词规则，但是在抄写任务中的表现正常。扫描痴呆患者的大脑，发现其书写错误与顶下小叶、额中回的低灌注状态相关，表明这两个区域与失用性失写症有关。Brownsett 和 Wise（2009）发现顶下小叶负责控制和修正字符检索信息；额中回一直被认为是书写中枢（即 Exner 区），与字素和字母间转换的过程有关。顶下小叶和额中回的共同损伤也会导致出现失用性失写症状。

顶枕叶相关脑区的连接

枕叶区域的枕上回、楔前叶等与顶上小叶、角回的共同损伤会导致失写症状。Sakurai 等人（2007）报告了一名出现书写困难以及手指运动障碍的患者，发现其顶上小叶、角回、枕上回和楔前叶部位都出现损害，表现出了失用性失写的典型症状，包括不能想象字母形状、书写速度缓慢、字素形成困难，这些损伤的区域与加工和存储字母的视觉空间属性以及字母的回忆过程有关。Pantelyat 等人（2011）发现一名双侧顶枕叶受损的病人也出现了类似的症状。

Fukui 和 Lee（2008）考察了一名脑损伤患者书写日语字母的加工过程，发现患者在自由书写中存在运动方面的障碍，具体表现为患者书写日语汉字和日语假名的时间都比健康成人的要长，对于不能书写的字母，能够理解其意义。扫描患者大脑，发现其在顶枕叶、背顶叶、后额叶以及后枕叶等脑区出现损害，表明这些区域的损害造成了失用性失写症状。Sakurai 等人(2011)报告了一名患者,其左侧中央前回、缘上回、额上回、左额中回、中央后回、枕中回等脑区出现损害,患者表现出了类似的失用性失写症状。这些研究表明额叶、顶叶、枕叶和颞叶等皮层相关脑区所形成的神经网络与失用性失写症有关。

皮层与皮层下相关脑区的连接

小脑与皮层结构之间存在一个双向的通道,是从前额叶皮层通过脑桥将信息传递到小脑,小脑又通过齿状核—丘脑将信息传递回前额叶区域。在书写过程中,前额叶皮层中部和侧部负责将书写运动计划转换成肌肉运动指令。研究发现,患者右小脑半球、前额叶皮层的中部及侧部受损导致失用性失写症状的出现(Mariën 等,2007;Rafiei & Chang,2009)。小脑和前额叶皮层通道的受损也会导致书写障碍(Baillieux 等,2010;Fournier del Castillo 等,2010)。De Smet 等人(2011)发现小脑—额叶—顶叶所构成的神经网络受损会造成失用性失写症,表现为在抄小写字母和单词时有困难,但口头拼写能力完好,其损伤部位包括右侧小脑、顶叶和左皮层运动区。顶叶损伤会影响运动记忆印迹的加工过程,额叶皮层损伤会干扰运动记忆印迹转换成运动肌肉模式,右半球小脑通过整合自身与额叶系统的活动来控制书写过程的运动执行,因此小脑的损伤通过额叶、顶叶间接地影响了书写产生过程。

Ohno 等人发现一名左丘脑和左背外侧运动前区皮质出现损伤的患者表现出书写障碍,其听力理解、命名能力以及阅读能力正常,但不能书写日语中的汉字和假名,书写错误表现为多余的字母、字母涂改以及省略字母等。通过进一步测试,发现该患者可以口头描述字母的笔画方向,但不能写出来,表明患者知道如何书写,但运动执行方面存在问题。在大脑内存在一对从丘脑背内侧核到额叶的连接,在该患者中由于丘脑梗塞造成了左背外侧运动前区皮质激活减弱,使得字素输出缓冲器与运动程序之间的图像输出程序受到损害,从而出现了失用性失写症状。研究者认为存在两种书面拼写加工方式:第一种是字素通过图像输出程序到达运动程序,第二种是字母通过字母的视觉图像到达运动程序。造成失用性失写症的原因更可能是第一种。研究也发现被试在建立字母的视觉图像后可以进行书写,这为上述两种书写加工方式的存在提供了证据(Ohno, Bando, Nagura, Ishii, & Yamanouchi, 2000)。Maeshima 等人(2011)发现丘脑和大脑皮层的连接包括以下四种投射:内侧核群的背内侧核投射到前额区,腹侧核群的腹前核投射到运动前区,侧面核群的丘脑枕核投射到顶叶,内侧膝状体投射到枕叶的主要视觉区和颞叶的主要听觉区。丘脑损伤后这些投射都会受到影响,会对形成字母和字素运动程序之间的肌肉运动程序产生影响,因而表现出失用性失写症(同见 Toyokura, Kobayashi, & Aono, 2010)。

纹状体、内囊和左侧额顶叶组成的神经网络与失用性失写症有关。Demirci

(2006)的研究发现一名左侧内囊、左尾状核和豆状核等区域受损的病人只能用左手写字,出现了右手书写障碍,尤其是辅音字母书写障碍,但其可以完成口头拼写任务,出现了失用性失写症状。内囊是投射纤维,在左右半球信息传递之间起了十分重要的作用,其受损会中断优势大脑半球(左半球)加工图像的脑区和胼胝体之间的联结,影响右手执行运动过程中的操作指令。Assmus 等人(2007)发现一名病人,能够口头拼写,但不能执行书写运动,其受损部位包括了大脑的半卵圆中心(centrums seminal)、内囊的前支(the anterior limb of the internal capsule)、左尾状核等。Croisile、Laurent、Michel 和 Trillet (1990)发现皮质—纹状体投射环路是到基底神经节的主要投射之一,负责接收来自皮层的信息;皮质运动区通过丘脑、丘脑底核的细胞群投射到基底神经节,构成皮层—皮层下回路。投射到基底神经节回路的受损会阻断字素系统与前额叶运动系统的联结,引起书写障碍。也有研究发现脑内的另一条通道负责将信息从左半球传递到右半球,其受损会阻断运动中枢与语义信息的联结,导致失用性失写 (Petreska, Adriani, Blanke, & Billard, 2007;Ramayya, Glasser, & Rilling, 2009)。Krishnan、Rao 和 Rajashekar (2009)报告一名患者的左侧后顶叶的灰白质区域、左额叶、左尾状核和豆状核、内囊前肢等密度较低,可能出现了梗塞,发现其不能完成书写任务,但可以识别字母。这些研究的结果一致表明纹状体、内囊和左侧额顶叶组成的神经网络受损会导致失用性失写。

综上,冉光明等人(2012)指出失用性失写症与多个脑区的损伤有关,这些脑区组成了复杂的神经网络系统,包括皮层与皮层相关脑区的连接(包括额顶叶连接、顶枕叶连接和额顶枕颞连接)及皮层与皮层下相关脑区的连接(包括小脑与额顶叶的连接、左丘脑与大脑皮质相关脑区的连接和纹状体—内囊—左侧额顶叶的连接)。进一步的研究要在严谨的实验设计基础上,才能明确地阐述失用性失写症的心理机制。

10.1.3　小结：大脑受损与行为表现

研究者考察了大脑损伤区域与行为表现之间的联系,发现当损伤集中在颞顶叶后部(Alexander, Hiltbrunner, & Fischer, 1989)或额叶(Rapcsak & Rubens, 1990)时,其语义系统会表现出损害;当脑损伤在梭状回后部时,其字形输出词典表现出受损(Lüders 等,1991)。刘洁、毕彦超和韩在柱(2008)的综述中指出词汇通路损伤会造成词汇失写症,其大脑皮层受损部位多集中在左侧顶枕叶连接处(Hatfield & Patterson, 1983;Roeltgen & Heilman, 1984;Vanier & Caplan, 1985)、角回(Peniello 等,1995)等区域,处于左半球侧裂外区通路中。正字法书写困难主要影响了书写过程中的词汇或者音韵过程,失用性失写症主要是字素的执行过程出现了问题(Roeltgen, 2003),书写中的词汇加工过程与角回(Roeltgen & Heilman, 1984)或中央前回的激活(Rapcsak, Arthur, & Rubens, 1988)有关。音韵失写症表现出亚词汇通路受损,其损伤部位多集中在左侧外侧裂语言区(Shallice, 1981; Bub & Kertesz, 1982; Langmore & Canter, 1983; Alexander, Fisher, & Friedman, 1992; Rapcsak 等,2009),包括韦尔尼克区、缘上回和布洛卡区,这些区域的激活可能与书写产生中的音韵加工过程有关。不同脑区的激活为词汇通路和亚词汇通路的存在提供了证据。书写产生中的运动执行过程与左侧顶上区域或前运动区域有关(Alexander 等, 1992; Anderson, Damasio, & Damasio, 1990; Auerbach & Alexander, 1981)。

10.2 脑成像研究

对于正常书写行为的脑机制研究,一般采用功能核磁共振技术(fMRI)。尽管fMRI技术在 20 世纪末就在心理学中得到广泛运用,但是直到 21 世纪,才有专门关注正常人书写产生的 fMRI 研究。神经心理学研究可以揭示脑损伤区域与认知功能的因果联系,但脑损伤的范围比较弥散且不可控,并且损伤大多与多个功能失调相联系,很难获得精确的功能定位;脑成像技术可以揭示哪些脑区在某一任务中得到激活,但不能建立脑区与任务之间的因果联系。因此,神经心理学研究和脑成像研究能优势互补。

根据所涉及的认知过程,书写过程可分为中央加工过程和外周执行过程(Beeson等, 2003; Ellis, 1988; Roeltgen & Heilman, 1984; Rapp & Caramazza, 1997; Rapcsak & Beeson, 2002; Hillis & Rapp, 2004)。中央加工过程主要是选择合适的词并提取该词的正字法信息和图像表征(graphic image);外周执行过程主要是将正字法信息转换成图像运动程序(graphic motor programs,关于字母手写运动的空间—时间模式),并实施书写动作,与运动控制有关。拼写和书写的研究为此提供了证据(Burt & Fury, 2000; Burt & Tate, 2002)。

在拼写任务中,一般给被试听觉呈现单词,或者要求被试写出一些字母或表达针对某个意义的单词,拼写任务中的中央加工过程包括正字法长时记忆(the orthographic long-term memory, O-LTM)词典、音素—字素转换(phoneme-grapheme conversion, PGC),以及正字法工作记忆(O-WM,即字素的缓冲器)。在理解听觉词汇或识别视觉图画以后,目标词的语义信息得到激活,然后将激活传递到(可能会经过音韵的中介)O-LTM 词典,这是书写产生的词汇通路(the lexical route)。O-LTM 中储存着熟悉单词的单词形式(word form),后者被进一步解析成字素(与音素对应的字母或字母组合),暂时存放在正字法工作记忆缓冲器中,为转换成输出的具体字形作准备。在缓冲器中存储的是字母的抽象表征以及其在单词中的顺序，不涉及字母的诸如大小写、形状、大小等具体性状。缓冲器中的字素也可能不经 O-LTM 词典，而从音韵表征通过音素—字素转换（亚词汇通路，the sublexical route）为书写的输出作好准备。亚词汇通路一般适用于不熟悉的单词、假词或规则词。在这些词中，由于音形对应关系是规则的，可以通过 PGC 将音素依次转换成对应的字素。如果是听写任务，声音刺激可能不经语义或音韵系统，直接被解析成音素，然后通过 PGC 转换成字素。在 O-WM 中暂存的字母或形素被依次转换成有具体物理性状的字形（allograph，包括字体、大小写、大小、是否连笔等信息），然后针对每个笔画的运动程序编码字形输出所需的图像运动计划（graphic motor planning）。最后，由手写运动相关的肌肉执行这些书写程序，并输出笔迹。书写运动的计划执行会接受来自视觉、触觉或本体感觉等多个通道的反馈信息，从而及时调整书写执行（Patterson，1986；Rapp & Kong，2002；Kan，Biran，Thompson-Schill，& Chatterjee，2006）。书写过程的不同加工模块以层叠的方式并列运行（van Galen，1991；McCloskey，Macaruso，& Rapp，2006）。字形信息的输出方式还包括口头拼写（oral spelling）和键盘打字（typing），其核心过程与上述类似。上述加工过程得到了以正常人为研究对象的行为研究结果的支持（Bonin，Peereman，& Fayol，2001；Delattre，Bonin，& Barry，2006；Roux，McKeeff，Grosjacques，Afonso，& Kandel，2013）。

　　书写的脑成像研究大多比较实验任务（书写）和控制任务（一般运动任务、初级视觉任务或语言任务）的脑区激活，以此减去书写中涉及的一般运动加工、初级视觉/听觉加工或跨通道的语言加工（语义、音韵）等的成分，从而得到特异于书写的认知成分（音素—字素转换、正字法长时记忆和工作记忆）的相关脑区。实验任务包括听写（听觉呈现单词，让被试拼写出单词）、图画命名（呈现图画，写出图画名称）、概念列举（给出一个范畴，让被试写出该范畴包括的词）等。书写输出形式主要是实际手写、打字、想象书写（imagined writing）和拼写判断（例如，先视觉呈现一个字母，再呈现目标刺激，然后让被试判断字母是否在目标词中）（Rapp & Lipka，2011）。实验任务旨在诱发被试提取目标词的正字法信息，但也包括了前期视/听觉加工、语言加工和一般运动加工。研究者一般采用控制任务来排除与非正字法加工过程有关的神经活动，排除一般运动的控制任务包括画圈任务（打字的运动控制任务一般是按键）（Roux 等，2009）、画抽象符号（Omura，Tsukamoto，Kotani，Ohgami，& Yoshikawa，2004），或写假字母（Longcamp，Anton，Roth，& Velay，2003）。第二种策略是减少感知觉运动和视觉空间加工对实验中书写任务的影响。失写症病人的症状表现与书写工具无关，因此研究者认为书写技能与所使用的工具无关。有的研究者尤其是日语书写过程的研究者一般会要求被试用手指在平板上或者在空中进行书写,这样可以不受抓握笔的约束。Katanoda 等人(2001)的研究中采用了手指运动任务作为实验条件的基线,控制了书写过程中的运动时长、运动速度和运动幅度。第三种策略是,对一般性的运动活动的控制任务也可以采用不做任何书写的方式,研究者在实验中要求被试在心里画或者写视觉呈现客体的名称(Harrington, Farias, Davis, & Buonocore, 2007)。在书写加工过程中,尽管对一般性运动的控制比较困难,但研究表明上述三种方法能够有效地排除一般运动所激活的脑区,考察书写运动特异的脑区激活。在fMRI 研究中要求被试的头部尽量保持不动,被试不能以平常的姿势写字。在书写或画圈时,被试安静躺在扫描仪中,在大腿旁边会放着一个小纸板,然后手执笔在纸上写字。在这样的姿势中,没有视觉反馈,并且写字位置会有重叠,因此主试将不能判断被试的反应是否正确。也有研究者让被试仅用食指在空中或在纸板上写。所以在正式实验之前,要有充分的练习,以保证被试对所有的刺激材料都能正确反应。

书写过程的最初阶段是从分析感觉信息开始的,研究中一般用视觉或者听觉方式呈现目标信息。在视觉或听觉呈现目标刺激时,经历了视觉或听觉分析,随后视觉信息进入正字法输入词典或者听觉信息进入音韵输入词典提取相关词汇,也有可能会通达至语义系统整合有关目标词的各类信息。研究中同样需要排除掉一般感知觉加工过程,分离出语言特异的加工。研究者一般采用外显的或内隐的口语命名任务(Sugihara, Kaminaga, & Sugishita, 2006)作为对比,在视觉呈现目标刺激时,将书写命名与内隐口语命名相比较,能够分离出正字法和字素计划过程。使用口语命名任务作为书写任务的对比条件能够有效地排除跨通道(视觉和听觉)的影响,分离出书写通道的加工(Brownsett & Wise, 2010)。口语输出相关的运动激活可以使用口语重复音节任务进行排除(Roux 等,2009)。排除初级感知觉和语言加工的任务中经常采用与实验任务相同的刺激材料。有些研究中的控制任务结合这两种任务(呈现刺激材料,让被试画圈),从而同时排除了初级视听觉、语言和一般运动加工过程(Rapp & Dufor, 2011; Segal & Petrides, 2012; Katanoda ,Yoshikawa, & Sugishita, 2001; Roux 等,2009)。有的研究为了分离出中央成分和周围成分,设计了控制周围过程的任务。例如,让被试写字母,这样与书写字母有关的周围成分便可以被减去(Beeson 等,2003);或者当实验任务是拼写判断时,控制任务是判断字母的大小写(Rapp & Lipka, 2011)。Beeson 等人(2003)采用写字母任务与画圈任务对比,分离出与周围成分有关的脑区活动。

10.2.1 中央计划过程的神经机制

书写产生的中央加工过程(中央计划过程)指的是经由正字法词典或音素—字素

转换通路机制对抽象的正字法单词形式进行提取,其结果临时存储在工作记忆(字素缓冲器)中。中央计划过程涉及正字法长时记忆、亚词汇水平上音素到字素的转换通路、正字法工作记忆等。

正字法长时记忆

在书写的脑成像研究中,比较一致的观点就是左侧颞—枕区腹侧(ventral occipitotemporal cortex)与正字法表征的提取有关,包括颞下回腹侧后部(posterior inferior temporal gyrus, pITG)、梭状回(fusiform gyrus, FG)和额下回后部(posterior inferior frontal gyrus, pIFG,即布洛卡区)(Beeson 等,2003; Booth 等,2002; Nakamura 等,2000; Purcell, Napoliello, & Eden, 2011; Rapp & Dufor, 2011; Rapp & Lipka, 2011)。Purcell 等人(2011)及 Planton 等人(2013)用激活值最大似然估计算法(activation likelihood activation, ALE)综合考察了大量脑成像研究结果,发现 pITG 和 pIFG 与书写过程中的正字法长时记忆有关,表明这两个区域在书写中的激活有着跨研究和跨任务的一致性。研究发现这两个区域的 BOLD(血氧水平依赖)信号在低频词条件中显著更高,而词频效应一般被认为体现了从正字法长时记忆中提取词汇表征的过程(Rapp & Dufor, 2011; Buchwald & Rapp, 2009)。研究者分别比较了手写、打字与阅读的脑区激活,也都发现了 pITG 和 pIFG 与手写、打字和阅读中的正字法加工有关(Rapp & Lipka, 2011; Purcell 等,2011)。

神经心理学研究发现左侧 pITG/FG 的损伤导致词汇性失写症(lexical agraphia),这类病人在拼写低频不规则词时有困难,常发生音韵可行性错误(phonologically plausible errors, PPE),而拼写假词和规则词时成绩良好(Rapcsak & Beeson, 2004; Rapp & Caramazza, 1997; Tsapkini & Rapp, 2010)。规则词和假词可以通过亚词汇通路进行拼写,而低频的不规则词只能从正字法长时记忆中提取。这些症状说明病人的正字法长时记忆受到了损伤。一系列关于阅读的病人研究和 fMRI 研究发现,FG 中部对视觉正字法加工至关重要(Cohen, Jobert, Le Bihan, & Dehaene, 2004; Cohen 等, 2002; Dehaene 等, 2001; Dehaene 等, 2010; McCandliss, Cohen, & Dehaene, 2003; Price & Devlin, 2011),并将这一区域命名为"视觉词形式区"(visual word form area, VWFA)。Rapcsak、Rubens 和 Laguna (1990)发现词汇性失写症患者能正确写出发音规则词(如"mint"),但不能写出拼写不规则词(如"choir"),表现出不依赖音韵信息提取正字法表征时的困难,患者的损伤脑区包括左侧颞下回后部(posterior inferior temporal cortex, pITC)和 FG。研究也发现 FG 区域在阅读中对词频敏感(Kronbichler 等,2004),其内部也表现出对字符串符合正字法规则程度的梯度敏感性(Vinckier 等,2007)。英语和日语汉字的书写研究也发现这一区域与正字法表征有关。Beeson 等人(2003)分别采用书写产生任务(即写出图片名称)和按字母表顺序书写字母任务,前者涉及的认知成分包括语义、正字法、运动计划和实施,后者只涉及运动计划与实施,两种任务相比较后能够分离出负责中央加工过程的脑区。结果发现,书写产生任务比字母书写任务更多地激活了前额区(prefrontal area)和颞—枕区下部(即 pITC 和 FG)。由于前额区在口语产生任务中也会被激活,所以这一脑区可能与语义表征的提取有关,而颞—枕区则可能与正字法加工有关。Nakamura 等人(2000)也发现左侧 pITC 在听写(writing to dictation)和想象书写(imagined writing,闭着眼睛想象写)日语汉字(Kanji)的任务中会被激活,而在不需要提取汉字的任务如阅读日语假名(Kana)中则未被激活,由此他们认为 pITC 与日语汉字的字形表征的提取有关。Matsuo 等人(2001)发现,相比于写假名,pITG 在写汉字时激活更强;但是 Nakamura 等人(2002)后来又发现在汉字和假名的想象书写任务中都激活了 pITG。综上所述,书写和阅读的研究一致认为,左侧 pITG/FG 在正字法长时记忆中扮演了重要角色。

左侧 IFG 的损伤也被发现会导致正字法提取失败。Hillis 等人(2002)利用磁共振扩散和灌注成像技术扫描急性中风患者的大脑,发现左侧额下回(IFG,即布洛卡区)的低灌注和梗塞与患者对不规则单词的书写命名和拼写的障碍显著相关,不少患者的书写错误是音韵合理性错误,表现出对音形转换规则的依赖。Hillis 等人发现了类似的结果(Hillis, Chang, Breese, & Heidler, 2004)。与 FG/ITG 类似,阅读的脑成像研究也发现了 pIFG 的激活(Joubert 等,2004;Price, 2000;Turkeltaub, Eden, Jones, & Zeffiro, 2002)。Brass 和 von Cramon (2002)的研究显示 IFG 负责任务控制;而 Purcell 等人(2011)的元分析结果发现,pIFG 在不同的任务对比中激活不同,显示此区域的激活可能受到任务的影响。因此,Purcell 等人(2011)认为,pIFG 可能与正字法的存储无直接联系,而是负责协调和组织不同任务情境下从更后部脑区(颞、枕区)提取正字法表征(Bitan 等,2005;Booth 等,2002)。与这一假设相一致的是,口语产生的研究发现,IFG 与词汇选择有关(Martin, Dell, Saffran, & Schwartz, 1994;Thompson-Schill, D'Esposito, Aguirre, & Farah, 1997)。也有研究者在词汇性失写症病人中发现角回(AG)的受损(Beauvois & Dérouesené, 1981;Roeltgen & Heilman, 1984),提示角回与正字法长时记忆的关联。但在对正常人的脑成像研究中,大多数没有发现 AG 在书写任务中的激活(Beeson 等,2003;Planton 等,2013;Purcell 等,2011)。

亚词汇水平上音素到字素的转换通路(PGC)

虽然 Planton 等人(2013)在元分析中发现 pIFG 的激活,但是与 Purcell 等人(2011)将 pIFG 归于正字法提取不同,Planton 等人认为 pIFG 负责亚词汇水平上的 PGC 通路。日语假名是一种音素—字素相对应的文字(Omura, Tsukamoto,

Kotani, Ohgami, & Yoshikawa, 2004),假名的听写可以藉由 PGC 通路完成。pIFG 及(或)其附近的前运动区腹侧(premotor area, PM)在一系列假名听写任务中会得到激活(Matsuo 等,2001;Nakamura 等,2000;Omura 等,2004);以印欧语系语言为对象的研究也发现 IFG 在打字听写(typing to dictation)时的激活程度比阅读时更高(Purcell, Napoliello, & Eden, 2011)。这些研究结果支持了 pIFG 负责 PGC 的假设。有一类音韵失写症(phonological agraphia)病人,在拼写假词时存在困难,而写单词的能力完好,体现了 PGC 通路的受损,这类病人的脑损伤发生在 pIFG 或其附近的外侧裂(perisylvian)(Alexander, Friedman, Loverso, & Fischer, 1992;Henry, Beeson, Stark, & Rapcsak, 2007)。

音韵失写症病人的脑损伤区域也可能会从左侧外侧裂扩散到其后侧的颞上回/沟(superior temporal gyrus/sulcus, STG/STS)、缘上回(supramarginal gyrus, SMG)(Henry 等,2007;Philipose 等,2007)。在正常人书写日语假名的任务中也发现了 SMG(Katanoda, Yoshikawa, & Sugishita, 2001;Sugihara, Kaminaga, & Sugishita, 2006)的激活。也有神经心理学研究发现音韵失写症患者的左侧 AG 有损伤(Hillis 等,2004;Hillis 等,2002)。

正字法工作记忆

词长(word length)效应一般被认为与工作记忆的容量有关(Buchwald & Rapp, 2009)。Rapp 和 Dufor(2011)在书写 fMRI 实验中操纵了目标词的词长,发现有两个区域的 BOLD 信号有词长效应:左侧额上回/沟(superior frontal gyrus/sulcus, SFG/S)和顶上区,包括顶上小叶(superior parietal lobule, SPL)和顶内沟(intraparietal sulcus, IPS),研究者因此推断这两个脑区与正字法工作记忆有关。其中,在控制了手写运动量后,SPL 的激活不再显著,提示该脑区更可能与运动执行有关,而非正字法工作记忆。Cloutman 等人(2009)在一批中风患者中发现正字法工作记忆的衰退与 SFS 附近的前运动区(premotor cortex, PMC)有关。

10.2.2 外周执行过程的神经机制

书写的外周成分主要包括:将字素转换成抽象的字形,字形转换成图像运动程序。在脑损伤研究中,外周加工大多和左侧的额顶网络有关,这一网络包括背侧前运动皮层(PMC)和顶上小叶(SPL)等区域(Exner, 1881;Ritaccio, Hickling, & Ramani, 1992;Tohgi 等,1995;Lubrano, Roux, & Demonet, 2004;Roux 等, 2009)。此外,外周书写障碍和包含一般性运动加工(不仅仅指书写产生)的神经区域的损伤有关,如运动皮层(motor cortex)、小脑(cerebellum),以及多种亚皮层结构如尾状核(caudate)、壳核(putamen)和丘脑(thalamus)(Tanridag & Kirshner, 1985;

Pramstaller & Marsden, 1996；Denes, Signorini, & Volpato, 2005；Fournier del Castillo 等,2011)。神经影像学的研究也发现书写的外周加工过程和左侧背侧前运动/顶上网络、小脑、亚皮质结构(如基底神经节)和丘脑有关(Menon & Desmond, 2001；Beeson 等,2003；Sugihara 等,2006；Roux 等,2009；Purcell 等,2011)。Purcell 等人(2011)通过元分析,从包含中央和周围成分的对比中减去仅包含中央成分的对比,从而得到与周围成分对应的脑区激活,结果发现包括左侧额上、前中央回(precentral gyrus)、顶上区、后中央回(postcentral gyrus)、SMA 和右侧小脑。Beeson 等人(2003)用写字母任务与画圈任务对比,从而分离出书写有关的外周执行成分,发现左侧顶上区、额上区(包括 SFG、Exner 区和 PMC)和初级运动皮层的激活。

1881 年,Exner 报告了一个纯失写症(pure agraphia)案例。纯失写症患者不能写字,但其他语言功能正常。在患者去世后,对其大脑解剖发现,其左侧额中回(middle frontal gyrus, MFG)的后部出现损伤。因此 Exner 假设 MFG 后部与书写的运动程序有关,MFG 后部也被命名为 Exner 区。Rapcsak 和 Beeson (2002)报告了一个失用性失写症病人,病人的口头拼写、打字和手的一般感觉运动功能都正常,但是不能正常地产生字母笔画;扫描该病人的大脑,发现其左侧顶上区、Exner 区和辅助运动区(supplementary motor area, SMA)出现损伤,说明这些脑区与字母形状加工有关。Dufor 和 Rapp (2013)采用 fMRI 适应(adaptation)范式来考察字形加工的相关脑区。实验中让被试写字母,每一个试次包括 4 个目标字母,前 3 个字母相同,最后 1 个要么与前面 3 个相同,要么与前面字母的形状或大小写不同。结果显示,字母形状与额上区、前中央回、后中央回有关,而没有脑区与字母的大小写有关。

也有研究发现字形输出过程发生在顶上区。失用性失写症也被发现与 SPL 的受损有关(Alexander 等,1992；Sakurai 等,2007)。Menon 和 Desmond (2001)的fMRI 研究在听写任务中发现左侧顶上区的激活。由于有研究发现左侧顶上区损伤者不能报告假名笔画次序,但能正确说出这些笔画(Otsuki, Soma, Arai, Otsuka, & Tsuji, 1999),因此 Menon 和 Desmond (2001)推断顶上区与书写的运动计划和执行有关。Beeson 等人(2003)比较了写字母任务(涉及字形的运动计划与实施、一般手指运动)和画圈任务(涉及一般手指运动)的脑区激活,目的是分离出负责书写运动程序的脑区,结果发现与书写运动执行有关的脑区可能包括了左侧 SPL、IPS、前运动区(包括额上回后部和 Exner 区),以及对应于手指运动的初级运动皮层。与此相比,Katanoda 等人(2001)认为左侧 SPL 和 IPS 负责的是正字法的提取,而负责运动程序的更可能是左侧前运动区。Katanoda 等人分别比较了书写命名任务(涉及概念—语义、正字法、运动程序、一般手指运动)与无声命名任务(涉及概念—语义),以及书写命名任务与敲手指任务(只涉及一般手指运动),在两个比较中都激活的脑区应该与书写的正字法提取和运动控制有关。结果发现在两个比较中都被激活的脑区包括左侧顶上小叶和顶内沟、左侧前运动区、右侧小脑。以往研究发现,左侧顶上区在不需要运动编码的想象书写任务中得到激活(Sugishita, Takayama, Shiono, Yoshikawa, & Takahashi, 1996),由此 Katanoda 等人推断左侧顶上区负责的是字母的字形图像表征,而左侧前运动区和右侧小脑负责运动控制。

在字形加工后,需要将抽象字形编译成图像运动程序,为书写运动执行输出作好准备。左侧额上区被认为与这一过程有关。一系列的书写 fMRI 研究显示,左侧额上区在书写中得到激活(Katanoda 等,2001;Rapp & Dufor, 2011;Segal & Petrides, 2012;Sugihara 等,2006)。在 Planton 等人(2013)的元分析中,控制了语言因素和运动程序后,该脑区仍得到稳定的激活。Roux 等人(2009)对进行脑肿瘤手术的病人进行皮层电刺激,发现刺激 Exner 区会损害病人的书写,但不影响手部运动和口语;并且他们对正常人的 fMRI 研究发现,Exner 区在左右手条件的联合分析(conjunction analysis)中得到激活。Sugihara 等人(2006)采用类似的实验方法,在日语中发现 Exner 区上方的 SFG 的激活。据此结果,Roux 等人(2009)推论 Exner 区的功能是负责抽象字形表征和运动控制之间的交互。在打字任务中也发现了 Exner 区的激活(Purcell 等,2011),由于打字并不涉及字形,此结果进一步支持 Roux 等人(2009)的假设。

有些研究者认为,左侧顶上区可能存储着运动程序(Purcell, Turkeltaub, Eden, & Rapp, 2011)。有关运动控制的研究发现,SPL 与复杂动作序列的学习和产生有关(Haaland, Elsinger, Mayer, Durgerian, & Rao, 2004),并且负责将自身身体与他人或自我参照框架整合起来(Neggers, Van der Lubbe, Ramsey, & Postma, 2006)。SPL 在实际手写任务中得到激活(Rapp & Dufor, 2011),但在拼写判断任务中没有激活(Rapp & Lipka, 2011),这提示 SPL 与手写运动程序有关。Segal 和 Petrides(2012)利用功能连接技术发现,SPL 在书写图画命名任务中与 STG 和 SMG 有功能联系,而在抄写任务中与 AG 有联系,表明 SPL 可能是运动程序与高级语言加工之间连接的界面。

小脑一般被认为是负责一般躯体运动的调节。但是,在利用基线条件排除了一般运动成分后,右侧小脑仍然得到激活,说明书写的手指运动比一般肢体运动更复杂,右侧小脑可能负责一些与语言学因素有关的运动程序(Planton 等,2013;Nakamura & Kouider, 2003)。

也有研究发现右脑在书写过程中的激活。如前面提到,Katanoda 等人(2001)在两个比较中发现了右侧小脑的激活,说明书写的手指运动比一般手指运动调控更复杂,其运动模式和轨迹可能受到语言学因素的调节。Petrides、Alivisatos 和 Evans

(1995)利用正电子断层扫描技术(positron emission tomography, PET)比较听写任务和口语任务后发现,除左侧的颞叶后部和感觉运动皮层外,还有右侧顶叶的激活。Matsuo 等人(2001)的研究发现,右侧 SPL 在拼字任务(视觉呈现日语汉字的单独部件,让被试在想象中或实际中写出由部件组成的字)和抄写任务中的激活比在听写任务中的更强,说明右侧 SPL 与书写的视觉空间加工有关。Matsuo 等人(2001)还发现双侧 SMA 在拼字任务中有显著激活,并认为 SMA 前部与字母和日语汉字的检索有关,而后部与书写的直接运动有关。对于右利手而言,左脑是语言优势半球。这些研究显示,即使在右利手中,右脑也承担了一定的书写功能。

综上所述,左侧额上区、顶上区、STS/G、FG/pITG 和布洛卡区是书写脑成像研究中最常见到的激活区域。关于以上区域的功能定位,除了 FG/pITG 以外,目前还有很大争议。研究者大多同意 FG/pITG 是存储正字法表征的长时记忆系统。布洛卡区可能与正字法的提取有关,也有可能与亚词汇水平的 PGC 通路有关。另一个与PGC 有关的脑区可能是 STS/G,具体可能是 SMG。额上区和顶上区主要可能与书写的周围成分有关(目前不能分辨是负责字形加工,还是图像运动程序,或者两者都有)。同时,额上区和顶上区也有可能是字形—运动程序和更上层的语言学加工之间的界面,这也是它们与正字法工作记忆有关的原因。AG 的损伤虽然出现在阅读或书写障碍的报告中,但是在对正常人的脑成像研究中很少得到激活。

目前,对于书写过程中的外周执行过程,以及计划过程中的音素到字素的转换通路和正字法工作记忆的功能定位仍然存在很大争议,需要更多的研究进一步加以探讨。而且,已有的书写脑成像研究大多探讨书写的脑区定位,对各个脑区之间的联结模式及其动态变化的探索较少。研究者应更多地探索不同脑区在书写过程中的功能连接,为我们了解书写的脑机制提供更全面的图景。

10.2.3 书写产生中词汇频率效应的神经机制

尽管大量研究从行为层面和时间层面探讨了书写产生过程中词汇频率效应的发生阶段,但很少有研究从脑区激活的角度探讨书写产生过程中各类效应的发生位置。神经心理学的研究发现,获得性失写症病人习得的单词拼写被存储在正字法长时记忆系统中。研究发现正字法长时记忆的损坏对词汇频率敏感,即频繁使用的单词较更少使用的单词不容易受到干扰,因此词汇频率可以作为在损伤情况下衡量正字法长时记忆表征稳健性的指标(Goodman & Caramazza, 1986)。关于正字法长时记忆,来自慢性中风病人的研究发现这一系统的加工与左侧角回(AG, BA39)和左侧颞叶下部,包括颞下回和梭状回(BA 37; Rapcsak & Beeson, 2002)有关。此外,来自急性中风患者的证据表明(Hillis 等, 2002),左侧额下回(BA44)和正字法长时记忆有关。在 fMRI 研究中,Rapp 和 Lipka (2011)通过识别对高频词和低频词敏感的神经区域,探讨了词汇的正字法加工,并且使用实验任务和控制任务来分离拼写过程中的中央加工成分。结果发现,词汇频率对左侧梭状回、左侧颞上回、右侧扣带回、左侧额下联合区(Derrfuss, Brass, Neumann, & von Cramon, 2005)的激活比较敏感,具体表现为低频词较高频词引发了更强的 BOLD 信号反应(Rapp & Lipka, 2011; Rapp & Dufor, 2011),而词频效应被认为是正字法长时记忆的标志,因此梭状回/颞下回在正字法长时记忆中起到了重要作用。有研究发现左侧梭状回/颞下回和额下回这些区域在阅读和拼写中均有激活,表明拼写和阅读的中央加工过程共享这些激活机制(Purcell 等, 2011; Rapp & Lipka, 2011)。从额下回后部扩展至中央前沟这一解剖区域被认为是额下联合区(IFJ)(Brass & von Cramon, 2002; Derrfuss, Brass, Neumann, & von Cramon, 2005),Rapp 和 Dufor (2011)发现这一区域对词频敏感,表现为低频词较高频词表现出了更强的 BOLD 信号反应,表明这一区域和正字法长时记忆有关。但由于额下回后部这一区域在大量研究中都有激活,因此对其在拼写中的作用解释也很复杂。

10.3　汉语书写产生过程的认知神经机制

上述有关书写产生的研究成果基本来自对印欧语系语言和日语的研究。最近,国内学者利用汉语的特点,考察了汉语书写产生过程的时间进程(Zhang & Wang, 2016; Qu, Zhang, & Damian, 2016; Wang & Zhang, 待发表; 何洁莹, 张清芳, 2017)、空间定位和脑区联结模式(He & Zhang, 待发表)。

10.3.1　汉语书写产生过程的时间进程

在印欧语系语言的研究中,Perret 和 Laganaro (2012)比较了法语口语产生和书写产生中所产生的脑电成分,发现两个过程在 260 ms 之后出现差异,口语产生和书写产生共享概念准备和词汇选择过程,这正好与口语产生中词汇选择过程的结束和音韵编码过程开始的时间点一致(Indefrey & Levelt, 2004; Indefrey, 2011)。

书写产生的 ERP 研究关注词频效应发生的时间进程。有关词频效应在第 9 章已进行了详细阐述,研究者对其在口语产生和书写产生中的发生机制存在争论(详见第 9 章相应内容),主要的观点是词频效应发生在词汇水平加工阶段,包括词汇选择和音韵编码两个阶段(Jeschniak & Levelt, 1994; Jeschniak, Meyer, & Levelt, 2003; Alario, Costa, & Caramazza, 2002; Almeida, Knobel, Finkbeiner, & Caramazza, 2007; Bonin & Fayol, 2002; Griffin & Bock, 1998)。口语产生中的词频效应发生在图画呈现之后 150—200 ms 左右（Strijkers, Baus, Runnqvist, Fitzpatrick, & Costa, 2013; Strijkers, Costa, & Thierry, 2010; Strijkers, Holcomb, & Costa, 2011）。如果词频效应出现在词汇提取的初期，根据其时间进程，词频效应应该位于目标刺激出现后的 200 ms 左右（Strijkers & Costa, 2011）。Baus 等人考察了打字输出图画命名过程中词汇加工的时间进程，研究中操纵了图画名称的词频，发现高、低频词在目标词出现后的 330—430 ms 之间出现差异（Baus, Strijkers, & Costa, 2013），这大大晚于口语产生过程中词汇提取的时间进程（175—250 ms）。这与口语产生和书写产生在词汇水平就开始出现差异的时间进程有冲突，也有可能是打字这种书写产生任务与书写图画命名任务过程不一样导致的。

关于汉语书写产生过程，研究者关注了正字法和音韵信息，以及词频、音节频率等对书写产生发生影响的时间进程。Zhang 和 Wang（2016）结合图画—词汇干扰实验范式和 ERP 技术，考察了成人书写产生过程中正字法和音韵信息激活的时间进程，其实验设计与 Zhang 和 Wang（2015）的行为研究相同。实验设计包括了干扰类型和相关性，干扰类型包括正字法和音韵都相关、正字法相关和音韵相关，相关性包括相关和无关两种。实验结果发现了典型的正字法促进效应和音韵促进效应，与已有研究结果一致（Qu, Damian, Zhang, & Zhu, 2011; Zhang & Wang, 2015）。ERP 结果清晰地显示：正字法相关性在图画呈现 370—500 ms 之间起作用，音韵相关性在 460—500 ms 之间起作用，这表明音韵信息的提取是晚于正字法信息的。关于正字法相关性和音韵相关性之间的交互作用在 ERP 数据中均不显著，表明汉语书写产生中正字法信息和音韵信息可能是独立通达的，与 Bonin 等人所提出的模型一致（Bonin, Fayol, & Peereman, 1998）。

根据上述研究结果，我们认为音韵相关所产生的促进效应可能来自于两个方面。首先，音韵信息的激活来自于语义信息的激活。语义系统同时与音韵词典和正字法词典有联系，从语义系统到正字法词典的信息传递速度快于从语义系统到音韵词典的信息传递速度，因而产生了正字法信息激活早于音韵信息的结果。在口语产生的研究中也发现了形式的激活要早于音韵的激活（Bi, Xu, & Caramazza, 2009; Zhang, Chen, Weekes, & Yang, 2009; Zhang & Weekes, 2009）。第二，音韵信息的激活也可能来自于正字法信息的激活。Damian 等人认为书写产生中的音韵词典和正字法词典之间存在双向联结，正字法信息激活可以迅速传递到音韵水平并激活音韵信息，因而出现了上述时间模式（Damian, Dorjee, & Stadthagen-Gonzalez, 2011）。正字法信息和音韵信息的激活存在时间上的重叠，这与 Qu 和 Damian（2015）发现的书写产生过程是层叠式的观点是一致的。

Qu 等人（2016）考察了汉语书写产生中词频效应的时间进程，通过变化图画名称的词频(高和低),发现高词频目标词的书写潜伏期比低词频目标词的快36 ms。高、低词频条件下波形的峰值潜伏期从168 ms开始出现显著差异,高词频条件与低词频条件在图画呈现后的150—250 ms之间和300—450 ms之间存在显著差异。在150—250 ms的时间窗口内,低词频条件下的波形比高词频条件下的更正,两种条件下差异的时间进程位于词汇选择阶段。对于300—450 ms之间的差异,研究者并未给出明确的解释,因为实验中存在词频和目标词获得年龄(AoA)之间的混淆,Qu等人将晚期时间窗口的差异归因于AoA效应。下一步的研究设计应该包括AoA和词频两个因素,考察两个效应及其可能的交互作用发生的时间进程。

何洁莹和张清芳(2017)运用事件相关电位技术,考察了老年人(60岁以上)汉语词汇书写产生过程中词汇频率效应和音节频率效应的时间进程。实验中采用图画命名范式,要求被试在看到图画之后迅速且准确地写出相应的名称。行为结果发现,老年人书写产生中存在词汇频率效应和音节频率效应,表现为命名高频词比命名低频词快41 ms,命名高音节频率词比命名低音节频率词快27 ms,表明词汇频率和音节频率影响了书写产生的计划过程;行为数据中未发现词汇频率和音节频率之间的交互作用。ERP结果发现,在图画呈现后的200—300 ms内,词汇频率和音节频率之间无交互作用;在300—600 ms内,两者之间的交互作用显著。词汇频率效应在高、低音节频率词条件下的表现不同:高音节频率词下的词频效应出现得较早,在300—600 ms内,单侧化指标(lateralization index, LI)为0.89,表现出左侧化趋势;而低音节频率词下的词频效应出现得较晚,在400—500 ms内,LI为-2.05,表现出右侧化趋势。同时,音节频率效应在高、低词频条件下的表现不同:高词频条件下的音节频率效应出现得较早,在300—600 ms内,LI为0.68,表现出左侧化趋势;而低词频条件下的音节频率效应出现得较晚,在400—500 ms内,LI为-4.07,表现出右侧化趋势。这表明在老年人的书写产生过程中,对于高、低词频以及高、低音节频率加工的神经机制是不同的。此外,始潜伏期的分析发现在老年人书写产生过程中,词汇频率效应出现在图画呈现后的212 ms,音节频率效应出现在图画呈现后的238 ms,即词频效应比音节频率效应更早出现。

老年人汉语词汇书写产生过程中的词汇频率效应和音节频率效应最早都出现在图画呈现的200 ms之后,始潜伏期的分析表明词汇频率效应的出现早于音节频率效应约26 ms。与此同时,在200—300 ms内,音节频率和词汇频率之间不存在交互作用,表明早期两类效应的来源可能是独立的:音节频率效应来源于音韵词典中对单词音节信息的提取,词频效应则来源于对正字法词典中词频信息的提取。在图画口语命名过程中,200 ms时为词汇选择阶段,300 ms左右时为音韵编码阶段(Indefrey, 2011),何洁莹和张清芳(2017)所发现的早期词频效应和音节频率效应的时间进程与口语产生中的词汇选择和音韵编码的时间进程一致。Bonin 等人(1998)在书写图画名称的任务中发现了词频效应,并通过物体识别和延迟书写命名任务的比较,表明词频效应发生在词汇加工水平。在口语产生中,同音异形字不存在词汇频率效应,因此研究者认为词频效应位于提取音韵单词形式的阶段(Jescheniak & Levelt, 1994)。Bonin 和 Fayol (2002)的研究结果不支持词频效应来源于音韵单词形式编码阶段的假设:如果词频效应来源于语音编码阶段,那么高、低词频同音词图画名称的命名潜伏期之间应该没有差异。因此我们认为书写产生中的词汇频率效应更有可能来源于提取正字法单词形式的阶段。

老年人书写产生中的音节频率效应在 238 ms 就开始存在,这一效应来源于在音韵词典中对音节频率的提取,其认知机制与青年人书写产生中音韵信息的激活来源相似(Zhang & Wang, 2016)。研究发现,在图画呈现之后 200—300 ms 之间的音节频率效应表现为:高音节频率词较低音节频率词诱发了更大的正波。更关键的是,这一时间窗口内词频和音节频率之间不存在交互作用,表明音节频率效应很有可能来源于语义激活传递到音韵词典这条通路。同样地,这一时间窗口内出现的词频效应更有可能来源于语义激活传递到正字法词典这条通路的快速激活。书写产生中的音节频率效应的时间进程与阅读过程类似。单词阅读的 ERP 研究发现,在 200 ms 左右的时间窗口中,高音节频率词比低音节频率词诱发更大的正波(P200),体现的是前词汇阶段的语音加工;而在 400 ms 左右的时间窗口中,低音节频率词诱发更大的负波(N400),体现了词汇选择阶段来自音节邻近项的竞争(Barber, Vergara, & Carreiras, 2004)。

词汇频率和音节频率之间的交互作用在图画呈现 300 ms 之后出现,这可能是由于正字法词典(词频)与音韵词典(音节频率)之间双向的联结引起的。在 300—600 ms 内,高音节频率词的词频效应比低音节频率词的词频效应早 100 ms 出现,同样地,高词频的音节频率效应比低词频的音节频率效应早 100 ms 出现。在地形分布上,高词频的音节频率效应和高音节频率的词频效应都表现出左侧化趋势(LI>0),而低词频的音节频率效应和低音节频率的词频效应表现出右侧化趋势(LI<0)。在图画书写产生的后期,语音编码与正字法编码之间存在交互作用,表明音韵信息调节了正字法编码过程。

杨群和张清芳(2015)采用图画—词汇干扰实验范式,考察了老年人口语产生过程中的词汇频率效应、音节频率效应和音韵相关性效应,反应时分析发现口语产生过程中存在词频和音节频率的交互作用。但是,老年人的书写产生反应时分析未发现词频和音节频率之间的交互作用。老年人口语产生的脑电研究发现,音节频率和词频之间的交互作用在 150 ms 即开始存在,一直持续到发音之前。而在老年人的书写产生过程中,词频效应和音节频率效应出现的时间和口语产生类似,但两者的交互作用较口语产生出现得晚,即在图片呈现后的 300 ms 才出现。上述比较发现在口语图画命名过程中,音韵信息的通达要早于书写产生过程中的情况。这可能是由于口语命名需要语音的输出,而在书写产生过程中不需要语音的输出引起的。

已经有研究表明输出通道的不同会影响语言产生过程。Perret 和 Laganaro(2012)采用 ERP 技术比较口语产生和书写产生的时间进程,发现口语产生和书写产生在图画出现 260 ms 左右出现了分离,表明二者共享概念准备和词汇选择阶段,而在词形编码阶段存在不同的认知加工过程。何洁莹和张清芳(2017)的研究所发现的书写产生中词频效应和音节频率效应的时间进程与口语产生的已有研究结果一致(Qu 等,2016)。老年人口语产生和书写产生中的词汇频率效应和音节频率效应均在图画呈现后的 250 ms 左右出现,表明二者共享概念准备和词汇选择加工过程。Qu 等人(2016)的研究发现词频效应发生在书写产生的词汇化阶段,与口语产生的时间进程相似。词频和音节频率的交互作用在书写产生和口语产生中存在差异,表明口语产生和书写产生在单词形式编码阶段具有不同的认知加工:口语产生中讲话者提取语音信息为发音作准备,而书写产生中书写者提取正字法信息为字形输出作准备。

老年人在书写产生中的 200 ms 时两类效应是独立的,其交互作用在 300 ms 时才开始呈现。这表明老年人将语义信息激活传递到正字法词典和音韵词典的速度与青年人相当,但是正字法信息和音韵信息之间的相互传递晚于青年人(王成,2015),为老年人"正字法加工水平和音韵加工水平之间的联结减弱"的观点提供了支持证据(Burke, Mackay, Worthley, & Wade, 1991)。这表明老年人概念和语义激活的速度与青年人相当,与老年人语义理解完好的结果一致(Burke & Shafto, 2008)。老年人的书写产生变慢可能与正字法编码和音韵编码过程的联结变弱有关,其认知年老化表现出语言加工的特异性。老年人的平均书写潜伏期为 999 ms,长于青年人(794 ms)(王成,2015),这与老年人一般认知能力的衰退有关(Schaie, 2000)。老年人的一般认知能力测量(蒙特利尔认知评估量表,MoCA)表明他们的认知能力处于正常范围,但这不能排除老年人的一般认知能力(工作记忆、注意、运动执行能力等)和语言加工能力(如词汇量等)的变化可能产生的影响。后续研究中需要匹配或测量这些指标,对认知年老化过程的语言特异性和一般性机制进行深入考察。

何洁莹和张清芳(2017)的研究表明在老年人的汉语书写产生过程中,词汇频率和音节频率影响了书写产生的计划阶段:在书写产生的早期阶段,词频效应与音节频率效应独立发生,早期词频效应可能来源于正字法词典中信息的提取,早期音节频率效应可能来源于音韵词典中对音节的提取,且词频效应早于音节频率效应,这为

"正字法自主假设"提供了支持证据;在书写产生的晚期阶段,词频和音节频率之间存在交互作用,这可能是由于正字法词典和音韵词典之间的双向联结、激活的双向扩散引起的。音韵信息在书写产生过程中被激活,并且在较晚的阶段影响了正字法编码过程。

10.3.2 汉语书写产生过程的认知神经网络模型

关于汉语书写产生过程的 fMRI 成像研究很少,He 和 Zhang(待发表)运用 fMRI 技术探讨汉语词汇书写产生中词汇频率效应和音节频率效应的认知神经网络模型,采用书写图画命名范式,实验任务为不出声命名并书写图画名称(书写命名),控制任务为不出声命名并持续画圈直到图画消失(命名画圈)和观看网格并持续画圈直到网格消失(网格画圈)。首先基于减法原则,通过比较不同的任务来揭示书写产生过程的激活脑区;接着在传统分析的基础上,采用动态因果模型构建书写产生的神经模型;在确定了最优模型之后,考察词汇频率和音节频率对这一模型的调节作用,进而确定最优的词汇频率和音节频率效应的认知神经网络模型。

研究结果发现,不出声命名并书写图画名称任务主要激活了以大脑左半球的中央前回(BA6)为峰值的区域,该激活簇中包含额上回、中央后回等区域,左侧额中回(BA10)和枕中回/颞下回(BA37)也在书写词汇产生任务中得到激活,此外,左侧丘脑也参与了书写任务。同时,汉字书写任务也会激活右半球的部分脑区,如颞中回、枕中回等。以网格画圈任务作为基线,可以控制书写产生过程中的视觉输入和运动输出过程,从而得到负责书写产生的中央加工过程的脑区。结果发现,以左半球辅助运动区(BA6)为最大激活点的区域和书写产生的中央加工过程有关,此外,左侧颞中回区域也参与了这一过程。同时,右半球的中央前回(BA6)、顶上小叶、枕中回、颞中回、额下回岛盖部、扣带回中部等区域也与书写产生的中央加工过程有关。与命名画圈任务相比,书写命名任务包括了正字法的加工,即正字法信息从正字法词典中被提取后且保存在正字法输出缓冲器中这一过程。两种任务的比较发现,书写产生中的正字法加工主要和左半球顶上小叶有关,也与皮层下结构如壳核有关。

词频效应和音节频率效应的激活脑区研究发现,与高频词相比,低频词更多地激活了左侧扣带回中部和右侧顶上小叶区域,而高频词较低频词更多地激活了左侧额上回、中央后回、舌回、角回、楔前叶,以及右侧额中回、楔前叶、舌回和额下回三角部等区域。低音节频率词较高音节频率词更多地激活了左侧中央后回和左侧扣带回中部。在低音节频率条件下,低频词较高频词更多地激活了左侧辅助运动区、扣带回中部和右侧颞上回;在高音节频率条件下,低频词较高频词更多地激活了右侧额下回岛盖部。在低词频条件下,低音节频率词较高音节频率词更多地激活了左侧辅助运动区、枕中回、顶下小叶、中央后回、额上回区域,同时右侧的颞中回、尾状核、中央前回、楔前叶、扣带回中部都有激活。

随着对脑结构和脑功能的深入研究,研究者已经从研究脑功能定位转向更加重视脑神经网络的并行性和不同脑区间的信息流动问题。Friston、Frith、Liddle 和 Frackowiak (1993)提出了功能整合的概念,将大脑功能整合研究分为两类:功能连接(functional connectivity)和有效连接(effective connectivity)。其中功能连接主要用于分析空间分离的脑区之间是否存在神经生理学上的联系,这种连接不能揭示脑区之间连接的方向性。有效连接被定义为一个神经活动单元直接或间接地作用于另一神经活动单元所产生的影响(Friston, 1994),它描述的是脑区之间信息流的传递,度量了脑区之间连接关系的强弱,并且能够复现记录的神经元之间的时间关系(Stephan & Friston, 2010)。通过建立有效连接的因果模型,可以研究神经单元的交互活动,阐明某种生理活动的神经交互机制。研究方法一般是基于脑区结构连接与统计学模型的结合,通过设计不同的认知任务,来记录和分析不同任务状态的特定神经元或者神经模块激活的时间序列之间的相互作用,再比较实测数据与统计模型,检验模型是否符合实际。这样可以为脑区之间的有效连接提供可信的证据。研究神经网络有效连接的方法可以归纳为如下四种:结构方程模型(structural equation modeling, SEM)、多变量自回归模型(multivariate autoregressive modeling, MAR)、格兰杰因果分析(Granger causality analysis, GCM)和动态因果模型(dynamic causal modeling, DCM)。

动态因果模型的中心思想是将大脑描述成一个具有“因果”关系的非线性动态系统:一个神经区域的激活通过区域间的连接引起其他神经区域激活水平的变化,同时通过自身连接改变自己的激活水平,并认为大脑可由输入激活而产生输出,是一个“输入—状态—输出”的动态系统。“输入”即 fMRI 实验所设计的具体的刺激,如用于视觉刺激的光点;“状态”可理解为神经元活动及其他神经生理学或生物物理学性质,如突触后电位、离子通道状态等;“输出”则是可测的 BOLD 信号。DCM 通过贝叶斯逆运算(Bayesian inversion)进行估计,可以得到三类参数:(1)驱动输入(driving input):反映的是大脑区域对外界刺激的直接反应;(2)内源性连接(intrinsic connectivity):反映的是独立于实验操纵条件的区域间的相互作用;(3)调节连接(modulatory connectivity):反映的是外界刺激引起的脑区连接的变化。DCM 的常用研究方法是将问题建模成相互竞争的假设,然后进行基于贝叶斯逆运算估计的模型比较,通过调整模拟的神经动态学和血液动力学参数,并利用此最优模型验证理论假设(Stephan & Friston, 2010)。

目前,动态因果模型已经被用于探讨多种认知加工过程的神经机制,如视觉通路中自上而下的调节机制(Cardin, Friston, & Zeki, 2010)、注意系统的腹侧和背侧通路的构建(Vossel, Weidner, Driver, Friston, & Fink, 2012)、单词认知的有效连接(Xu, Wang, Chen, Fox, & Tan, 2015)，以及阅读中腹侧和背侧通路的构建(Richardson, Seghier, Leff, Thomas, & Price, 2011)等。目前，尚未出现任何研究采用DCM探讨书写产生过程的神经机制，已有的神经心理学和神经影像学如fMRI等的研究大多关注书写产生中的语义、音韵、正字法等认知成分特异的脑区，其方法主要通过任务间的对比来实现，即设置包含有和书写产生任务共享某些认知成分的任务作为基线，用书写任务减去基线任务，即可得到负责书写产生过程中某一认知成分的脑区。然而，书写产生过程是多个认知加工阶段协同作用的动态过程，探讨某个认知模块或认知阶段的特有脑区只能从静态的角度来阐述书写产生过程，无法揭示该过程中各个认知加工阶段相互作用的模式。而动态因果模型则为阐述书写产生过程中各个认知加工阶段的脑区之间的相互作用提供了可能性。未来研究应该利用脑成像数据分析方法考察各个脑区的连接模式，以及各个自变量对脑区连接模式的调控。

本章总结

本章阐述了书写产生过程的认知神经机制，主要包括：第一，根据脑区受损部位与相应的失写行为表现之间的关系，描述了失写症的认知神经机制。第二，依据脑成像研究的结果，阐述了书写产生过程的中央计划过程和外周执行过程的认知神经机制。正常人书写产生过程与脑损伤病人的研究(第9章)形成对比，涉及的过程也类似。第三，阐述了汉语书写产生过程的研究结果。与印欧语系语言和日语等书写产生过程的研究相比，对汉语的研究还较少。

参考文献

何洁莹. (2018). 汉语书写产生中词汇频率和音节频率效应的认知神经网络模型. 硕士论文, 中国人民大学, 北京.

何洁莹, 张清芳. (2017). 汉语书写产生中词汇频率和音节频率效应的时间进程：ERP研究. 心理学报, 49(12), 1483—1493.

刘洁, 毕彦超, 韩在柱. (2008). 语言书写机制的研究进展：来自书写症的证据. 心理科学进展, 16(1), 26—31.

冉光明, 陈旭, 马建苓, 潘彦谷, 胡天强. (2012). 心理科学进展, 20(9), 1393—1400.

王成. (2015). 汉语书写产生中正字法信息提取的认知机制. 博士论文, 中国科学院大学, 北京.

谢秋幼, 孙红宇, 刘晓加. (2001). 脑不同部位损害与失写症. 中国临床心理学杂志, 9(1), 73—76.

杨群, 张清芳. (2015). 口语产生中词频效应、音节频率效应和语音促进效应的认知年老化. 心理科学, 38(6), 1303—1310.

Aiba, E., Souma, Y., Aiba, T., Kulita, I., & Kishida, K. (1991). Two cases of pure agraphia developed after thalamic hemorrhage. *No to Shinkei*, 43(3), 275‑281.

Alario, F.‑X., Costa, A., & Caramazza, A. (2002). Frequency effects in noun phrase production: Implications for models of lexical access. *Language and Cognitive Processes*, 17, 299‑319.

Alexander, M. P., Fischer, R. S., & Friedman, R. (1992). Lesion localization in apractic agraphia. *Archives of Neurology*, 49(3), 246‑251.

Alexander, M. P. , Friedman, R. B. , Loverso, F. , & Fischer, R. S. (1992). Lesion localization of phonological agraphia. *Brain and Language*, *43*(1),83 – 95.

Alexander, M. P. , Hiltbrunner, B. , & Fischer, R. S. (1989). Distributed anatomy of transcortical sensory aphasia. *Archives of Neurology*, *46*,885 – 892.

Almeida, J. , Knobel, M. , Finkbeiner, M. , & Caramazza, A. (2007). The locus of the frequency effect in picture naming: When recognizing is not enough. *Psychonomic Bulletin & Review*, *14*,1177 – 1182.

Anderson, S. W. , Damasio, A. R. , & Damasio, H. (1990). Troubled letters but not numbers: Domain specific cognitive impairments following focal damage in frontal cortex. *Brain*, *113*(3),749 – 766.

Anderson, S. W. , Saver, J. , Tranel, D. , & Damasio, H. (1993). Acquired agraphia caused by focal brain damage. *Acta Psychologica*, *82*,193 – 210.

Araki, S. , Kawamura, M. , Isono, O. , Honda, H. , Shiota, J. , & Hirayama, K. (1990). Reading and writing deficit in cases of localized infarction of the left anterior thalamus. *No To Shinkei*, *42*,65 – 72.

Ardila, A. , & Rosselli, M. (1993). Spatial agraphia. *Brain and Cognition*, *22*,137 – 147.

Assmus, A. , Buss, A. , Milkereit, E. L. , Meyer, J. , & Fink, G. R. (2007). Pure apraxic agraphia: A disconnection syndrome after left subcortical stroke. *European Journal of Neurology*, *14*,e30 – e31.

Auerbach, S. H. , & Alexander, M. P. (1981). Pure agraphia and unilateral optic ataxia associated with a left superior parietal lobule lesion. *Journal of Neurology*, *Neurosurgery*, *and Psychiatry*, *44*(5),430 – 432.

Badecher, W. , Hillis, A. , & Caramazza, A. (1990). Lexical morphology and its role in the writing process: Evidence from a case of acquired dysgraphia. *Cognition*, *35*,205 – 243.

Baillieux, H. , De Smet, H. J. , Dobbeleir, A. , Paquier, P. F. , De Deyn, P. P. , & Mariën, P. (2010). Cognitive and affective disturbances following focal cerebellar damage in adults: A neuropsychological and SPECT study. *Cortex*, *46*,869 – 879.

Barber, H. , Vergara, M. , & Carreiras, M. (2004). Syllable-frequency effects in visual word recognition: Evidence from ERPs. *Cognitive Neuroscience and Neuropsychology*: *NeuroReport*, *15*(3),545 – 548.

Baus, C. , Strijkers, K. , & Costa, A. (2013). When does word frequency influence written production? *Frontiers in Psychology*, *4*,963. doi: 10.3389/fpsyg.2013.00963.

Beauvois, M. -F. , & Dérouesené, J. (1981). Lexical or orthographic agraphia. *Brain*, *104*(1),21 – 49.

Beeson, P. , Rapcsak, S. , Plante, E. , Chargualaf, J. , Chung, A. , Johnson, S. , et al. (2003). The neural substrates of writing: A functional magnetic resonance imaging study. *Aphasiology*, *17*(6 – 7),647 – 665.

Bi, Y. , Xu, Y. , & Caramazza, A. (2009). Orthographic and phonological effects in the picture-word interference paradigm: Evidence from a logographic language. *Applied Psycholinguistics*, *30*,637 – 658.

Bitan, T. , Booth, J. R. , Choy, J. , Burman, D. D. , et al. (2005). Shifts of effective connectivity within a language network during rhyming and spelling. *The Journal of Neuroscience*, *25*(22),5397 – 5403.

Bonin, P. , & Fayol, M. (2002). Frequency effects in the written and spoken production of homophonic picture names. *European Journal of Cognitive Psychology*, *14*,289 – 313.

Bonin, P. , Fayol, M. , & Peereman, R. (1998). Masked form priming in writing words from pictures: Evidence for direct retrieval of orthographic codes. *Acta Psychologica*, *99*,311 – 328.

Bonin, P. , Peereman, R. , & Fayol, M. (2001). Do phonological codes constrain the selection of orthographic codes in written picture naming? *Journal of Memory and Language*, *45*(4),688 – 720.

Booth, J. R. , Burman, D. D. , Meyer, J. R. , Gitelman, D. R. , Parrish, T. B. , & Mesulam, M. M. (2002). Functional anatomy of intra-and cross-modal lexical tasks. *NeuroImage*, *16*(1),7 – 22.

Brass, M. , & von Cramon, D. Y. (2002). The role of the frontal cortex in task preparation. *Cerebral Cortex*, *12*(9), 908 – 914.

Brownsett, S. L. E. , & Wise, R. J. S. (2009). The contribution of the parietal lobes to speaking and writing. *Cerebral Cortex*, *20*,517 – 523.

Bub, D. , & Kertesz, A. (1982). Evidence for lexicographic processing in a patient with preserved written over oral single word naming. *Brain*, *105*,697 – 717.

Buchwald, A. , & Rapp, B. (2009). Distinctions between orthographic long-term memory and working memory. *Cognitive Neuropsychology*, *26*(8),724 – 751.

Burke, D. M. , MacKay, D. G. , Worthley, J. S. , & Wade, E. (1991). On the tip of the tongue: What causes word finding failures in young and older adults? *Journal of Memory and Language*, *30*(5),542 – 579.

Burke, D. M. , & Shafto, M. A. (2008). Language and aging. In F. I. M. Craik & T. A. Salthouse (Eds.), *The handbook of aging and cognition* (3rd ed. , pp.373 – 443). New York: Psychology Press.

Burt, J. S. , & Fury, M. B. (2000). Spelling in adults: The role of reading skills and experience. *Reading and Writing*, *13*,1 – 30.

Burt, J. S. , & Tate, H. (2002). Does a reading lexicon provide orthographic representations for spelling? *Journal of Memory and Language*, *46*,518 – 543.

Cantagallo, A. , & Bonazzi, S. (1996). Acquired dysgraphia with selective damage to the graphemic buffer: A single case report. *The Italian Journal of Neurological Sciences*, *17*,249 – 254.

Cardin, V. , Friston, K. J. , & Zeki, S. (2010). Top-down modulation in the visual form pathway revealed with dynamic causal modeling. *Cerebral Cortex*, *21*,550 - 562.

Carota, A., Di Pietro, M., Ptak, R., Poglia, D., & Schnider, A. (2004). Defective spatial imagery with pure Gerstmann's syndrome. *European Neurology*, *52*,1 - 6.

Cloutman, L., Gingis, L., Newhart, M., Davis, C., Heidler-Gary, J., Crinion, J., et al. (2009). A neural network critical for spelling. *Annals of Neurology*, *66*(2),249 - 253.

Cohen, L., Jobert, A., Le Bihan, D., & Dehaene, S. (2004). Distinct unimodal and multimodal regions for word processing in the left temporal cortex. *NeuroImage*, *23*(4),1256 - 1270.

Cohen, L., Lehéricy, S., Chochon, F., Lemer, C., Rivaud, S., & Dehaene, S. (2002). Language-specific tuning of visual cortex? Functional properties of the Visual Word Form Area. *Brain*, *125*(5),1054 - 1069.

Cohen, M.S., Kosslyn, S.M., Breiter, H.C., DiGirolamo, G.J., Thompson, W.L., Anderson, A.K., & Belliveau, J.W. (1996). Changes in cortical activity during mental rotation: A mapping study using functional MRI. *Brain*, *119*, 89 - 100.

Croisile, B., Laurent, B., Michel, D., & Trillet, M. (1990). Pure agraphia after deep left hemisphere haematoma. *Journal of Neurology*, *Neurosurgery and Psychiatry*, *53*,263 - 265.

Damian, M.F., Dorjee, D., & Stadthagen-Gonzalez, H. (2011). Long-term repetition priming in spoken and written word production: Evidence for a contribution of phonology to handwriting. *Journal of Experimental Psychology: Learning, Memory, and Cognition*, *37*,813 - 826.

De Smet, H.J., Engelborghs, S., Paquier, P.F., De Deyn, P.P., & Mariën, P. (2011). Cerebellar-induced apraxic agraphia: A review and three new cases. *Brain and Cognition*, *76*,424 - 434.

Dehaene, S., Naccache, L., Cohen, L., Bihan, D.L., Mandin, J.-F., Poline, J.-B., et al. (2001). Cerebral mechanisms of word masking and unconscious repetition priming. *Nature Neuroscience*, *4*(7),752 - 758.

Dehaene, S., Pegado, F., Braga, L.W., Ventura, P., Filho, G.N., & Jobert, A. (2010). How learning to read changes the cortical networks for vision and language. *Science*, *330*(6009),1359 - 1364.

Delattre, M., Bonin, P., & Barry, C. (2006). Written spelling to dictation: Sound-to-spelling regularity affects both writing latencies and durations. *Journal of Experimental Psychology: Learning, Memory, and Cognition*, *32*(6),1330 - 1340.

Demirci, S. (2006). A selective ideational apraxic agraphia for consonants. *Turkish Journal of Medical Sciences*, *36*, 243 - 246.

Denes, G., Signorini, M., & Volpato, C. (2005). Post graphemic impairments of writing: The case of micrographia. *Neurocase*, *11*,176 - 181.

Derrfuss, J., Brass, M., Neumann, J., & von Cramon, D.Y. (2005). Involvement of the inferior frontal junction in cognitive control: Meta-analyses of switching and Stroop studies. *Human Brain Mapping*, *25*,22 - 34.

Dufor, O., & Rapp, B. (2013). Letter representations in writing: An fMRI adaptation approach. *Frontiers in Psychology*, *4*,781.

Ellis, A.W. (1988). Normal writing processes and peripheral acquired dysgraphias. *Language and Cognitive Processes*, *3* (2),99 - 127.

Exner, S. (1881). *Untersuchungen über die Localisation der Functionen in der Grosshirnrinde des Menschen*. Wien: W. Braumuller.

Fournier del Castillo, M.C., Maldonado Belmonte, M.J., Ruiz-Falcó Rojas, M.L., López Pino, M.A., Bernabeú Verdu, J., & Suárez Rodríguez, J.M. (2010). Cerebellum atrophy and development of a peripheral dysgraphia: A paediatric case. *The Cerebellum*, *9*,530 - 536.

Friston, K.J. (1994). Functional and effective connectivity in neuroimaging: A synthesis. *Human Brain Mapping*, *2*, 56 - 78.

Friston, K.J., Frith, C.D., Liddle, P.F., & Frackowiak, R.S.J. (1993). Functional connectivity: The principal-component analysis of large (PET) data sets. *Journal of Cerebral Blood Flow and Metabolism*, *13*,5 - 14.

Fukui, T., & Lee, E. (2008). Progressive agraphia can be a harbinger of degenerative dementia. *Brain and Language*, *104*,201 - 210.

Goodman, R.A., & Caramazza, A. (1986). Aspects of the spelling process: Evidence from a case of acquired dysgraphia. *Language and Cognitive Processes*, *1*,263 - 296.

Griffin, Z.M., & Bock, K. (1998). Constraint, word frequency, and the relationship between lexical processing levels in spoken word production. *Journal of Memory and Language*, *38*,313 - 338.

Haaland, K.Y., Elsinger, C.L., Mayer, A.R., Durgerian, S., & Rao, S.M. (2004). Motor sequence complexity and performing hand produce differential patterns of hemispheric lateralization. *Journal of Cognitive Neuroscience*, *16*(4), 621 - 636.

Harrington, G.S., Farias, D., Davis, C.H., & Buonocore, M.H. (2007). Comparison of the neural basis for imagined writing and drawing. *Human Brain Mapping*, *28*(5),450 - 459.

Hatfied, F.M., & Patterson, K. (1983). Phonological spelling. *Quarterly Journal of Experimental Psychology*, *35A*, 451 - 468.

Hayashi, A., Nomura, H., Mochizuki, R., Ohnuma, A., Kimpara, T., Ootomo, K., & Mori, E. (2011). Neural substrates for writing impairments in Japanese patients with mild Alzheimer's disease: A SPECT study.

Neuropsychologia, 49,1962 - 1968.

He, J., & Zhang, Q. (in preparation). The neural substrates of word frequency effect and syllable frequency effect in Chinese written production.

Henry, M. L., Beeson, P. M., Stark, A. J., & Rapcsak, S. Z. (2007). The role of left perisylvian cortical regions in spelling. Brain and Language, 100(1),44 - 52.

Hillis, A. E., Chang, S., Breese, E., & Heidler, J. (2004). The crucial role of posterior frontal regions in modality specific components of the spelling process. Neurocase, 10(2),175 - 187.

Hillis, A. E., Kane, A., Tuffiash, E., Beauchamp, N. J., Barker, P. B., Jacobs, M. A., et al. (2002). Neural substrates of the cognitive processes underlying spelling: Evidence from MR diffusion and perfusion imaging. Aphasiology, 16(4 - 6),425 - 438.

Hillis, A. E., & Rapp, B. (2004). Cognitive and neural substrates of written language comprehension and production. The new cognitive neurosciences. Cambridge, MA: MIT Press.

Indefrey, P. (2011). The spatial and temporal signatures of word production components: A critical update. Frontiers in Psychology, 2,1 - 16.

Indefrey, P., & Levelt, W. J. M. (2004). The spatial and temporal signatures of word production components. Cognition, 92,101 - 144.

Jescheniak, J. D., & Levelt, W. J. M. (1994). Word frequency effects in speech production: Retrieval of syntactic information and of phonological form. Journal of Experimental Psychology: Learning, Memory, and Cognition, 20 (4),824 - 843.

Jescheniak, J. D., Meyer, A. S., & Levelt, W. J. M. (2003). Specific-word frequency is not all that counts in speech production: Comments on Caramazza, Costa, et al. (2001) and new experimental data. Journal of Experimental Psychology: Learning, Memory, and Cognition, 29(3),432 - 438.

Joubert, S., Beauregard, M., Walter, N., Bourgouin, P., Beaudoin, G., Lerous, J.-M., et al. (2004). Neural correlates of lexical and sublexical processes in reading. Brain and Language, 89(1),9 - 20.

Kan, I. P., Biran, I., Thompson-Schill, S. L., & Chatterjee, A. (2006). Letter selection and letter assembly in acquired dysgraphia. Cognitive Behavioral Neurology, 19,225 - 236.

Katanoda, K., Yoshikawa, K., & Sugishita, M. (2001). A functional MRI study on the neural substrates for writing. Human Brain Mapping, 13(1),34 - 42.

Kazui, S., & Sauada, T. (1993). Callosal apraxia without agraphia. Annuals of Neurology, 33,401 - 403.

Krishnan, G., Rao, S. N., & Rajashekar, B. (2009). Apraxic agraphia: An insight into the writing disturbances of posterior aphasias. Annals of Indian Academy of Neurology, 12,120 - 123.

Kronbichler, M., Hutzler, F., Wimmer, H., Mair, A., Staffen, W., & Ladurner, G. (2004). The visual word form area and the frequency with which words are encountered: Evidence from a parametric fMRI study. NeuroImage, 21 (3),946 - 953.

Laganaro, M., Valente, A., & Perret, C. (2012). Time course of word production in fast and slow speakers: A high density ERP topographic study. NeuroImage, 59,3881 - 3888.

Lang, C. (1994). Agraphia of Gerstmann syndrome-attempt at characterization. Fortschr Neurology Psychiatry, 62, 155 - 163.

Langmore, S. E., & Canter, G. J. (1983). Written spelling deficit of Broca's aphasics. Brain and Language, 18,293 - 314.

Longcamp, M., Anton, J.-L., Roth, M., & Velay, J.-L. (2003). Visual presentation of single letters activates a premotor area involved in writing. NeuroImage, 19(4),1492 - 1500.

Lubrano, V., Roux, F. E., & Demonet, J. F. (2004). Writing-specific sites in frontal areas: A cortical stimulation study. Journal of Neurosurgery, 101,787 - 798.

Lüders, H., Lesser, R. P., Hahn, J., et al. (1991). Basal temposral language area. Brain, 114,743 - 754.

Maeshima, S., Osawa, A., Ogura, J., Sugiyama, T., Kurita, H., Satoh, A., & Tanahashi, N. (2011). Functional dissociation between Kana and Kanji: Agraphia following a thalamic hemorrhage. Neurological Sciences, 33,409 - 413.

Maeshima, S., Yamaga, H., Masuo, O., Kuwata, T., Ozaki, F., & Moriwaki, H. (1998). A case of agraphia due to cerebral infarction in the left parietal lobe. No Shinkei Geka, 26,431 - 437.

Mariën, P., Verhoeven, J., Brouns, R., De Witte, L., Dobbeleir, A., & De Deyn, P. P. (2007). Apraxic agraphia following a right cerebellar hemorrhage. Neurology, 69,926 - 929.

Martin, N., Dell, G. S., Saffran, E. M., & Schwartz, M. F. (1994). Origins of paraphasias in deep dysphasia: Testing the consequences of a decay impairment to an interactive spreading activation model of lexical retrieval. Brain and Language, 47(4),609 - 660.

Matsuo, K., Kato, C., Tanaka, S., Sugio, T., Matsuzama, M., Inui, T., et al. (2001). Visual language and handwriting movement: Functional magnetic resonance imaging at 3 tesla during generation of ideographic characters. Brain Research Bulletin, 55(4),549 - 554.

McCandliss, B. D., Cohen, L., & Dehaene, S. (2003). The visual word form area: Expertise for reading in the fusiform gyrus. Trends in Cognitive Sciences, 7(7),293 - 299.

McCloskey, M. , Macaruso, P. , & Rapp, B. (2006). Grapheme-to-lexeme feedback in the spelling system: Evidence from a dysgraphic patient. *Cognitive Neuropsychology*, *23*(2),278 – 307.

Menon, V. , & Desmond, J. E. (2001). Left superior parietal cortex involvement in writing: Integrating fMRI with lesion evidence. *Cognitive Brain Research*, *12*,337 – 340.

Nakamura, K. , Honda, M. , Hirano, S. , Oga, T. , Sawamoto, N. , Hanakawa, T. , et al. (2002). Modulation of the visual word retrieval system in writing: A functional MRI study on the Japanese orthographies. *Journal of Cognitive Neuroscience*, *14*(1),104 – 115.

Nakamura, K. , Honda, M. , Okada, T. , Hanakawa, T. , Toma, K. , Fukuyama, H. , et al. (2000). Participation of the left posterior inferior temporal cortex in writing and mental recall of kanji orthography. *Brain*, *123*(5),954 – 967.

Nakamura, K. , & Kouider, S. (2003). Functional neuroanatomy of Japanese writing systems. *Aphasiology*, *17*(6/7), 667 – 683.

Neggers, S. F. W. , Van der Lubbe, R. H. J. , Ramsey, N. F. , & Postma, A. (2006). Interactions between ego-and allocentric neuronal representations of space. *NeuroImage*, *31*(1),320 – 331.

Ohno, T. , Bando, M. , Nagura, H. , Ishii, K. , & Yamanouchi, H. (2000). Apraxic agraphia due to thalamic infarction. *Neurology*, *54*,2336 – 2339.

Omura, K. , Tsukamoto, T. , Kotani, Y. , Ohgami, Y. , & Yoshikawa, K. (2004). Neural correlates of phoneme-to-grapheme conversion. *NeuroReport*, *15*(6),949 – 953.

Otsuki, M. , Soma, Y. , Arai, T. , Ostuka, A. , & Tsuji, S. (1999). Pure apraxic agraphia with abnormal writing stoke sequences: Report of a Japanese patient with a left superior parietal haemorrage. *Journal of Neurology*, *Neurosurgery and Psychiatry*, *66*(2),233 – 237.

Pantelyat, A. , Dreyfuss, M. , Moore, P. , Gross, R. , Schuck, T. , Irwin, D. , & Grossman, M. (2011). Acalculia in autopsy-proven corticobasal degeneration. *Neurology*, *76*,S61 – S63.

Patterson, K. E. (1986). Lexical but nonsemantic spelling? *Cognitive Neuropsychology*, *3*,341 – 367.

Peniello, M. J. , Lambert, J. , Eustache, F. , et al. (1995). A PET study of function neuroanatomy of writing impairment in Alzheimer's disease: The role of the left supramarginal and angular gyri. *Brain*, *118*,697 – 707.

Perret, C. , & Laganaro, M. (2012). Comparison of electrophysiological correlates of writing and speaking: A topographic ERP analysis. *Brain Topography*, *24*,64 – 72.

Petreska, B. , Adriani, M. , Blanke, O. , & Billard, A. G. (2007). Apraxia: A review. *Progress in Brain Research*, *164*, 61 – 83.

Petrides, M. , Alivisatos, B. , & Evans, A. (1995). Functional activation of the human ventrolateral frontal cortex during mnemonic retrieval of verbal information. *Proceedings of National Academy of Sciences*, *USA*, *92*,5803 – 5807.

Philipose, L. E. , Gottesman, R. F. , Newhart, M. , Kleinman, J. T. , Herskovits, E. H. , Pawlak, M. A. , et al. (2007). Neural regions essential for reading and spelling of words and pseudowords. *Annals of Neurology*, *62*(5), 481 – 492.

Planton, S. , Jucla, M. , Roux, F. -E. , & Démonet, J. -F. (2013). The "handwriting brain": A meta-analysis of neuroimaging studies of motor versus orthographic processes. *Cortex*, *49*(10),2772 – 2787.

Pramstaller, P. P. , & Marsden, C. D. (1996). The basal ganglia and apraxia. *Brain*, *119*,319 – 340.

Price, C. J. (2000). The anatomy of language: Contributions from functional neuroimaging. *Journal of Anatomy*, *197* (3),335 – 359.

Price, C. J. , & Devlin, J. T. (2011). The Interactive Account of ventral occipitotemporal contributions to reading. *Trends in Cognitive Sciences*, *15*(6),246 – 253.

Purcell, J. J. , Napoliello, E. M. , & Eden, G. F. (2011). A combined fMRI study of typed spelling and reading. *NeuroImage*, *55*(2),750 – 762.

Purcell, J. J. , Turkeltaub, P. E. , Eden, G. F. , & Rapp, B. (2011). Examining the central and peripheral processes of written word production through meta-analysis. *Frontiers in Psychology*, *2*,239.

Qu, Q. , & Damian, M. F. (2015). Cascadedness in Chinese Written Word Production. *Frontiers in Psychology*, *6*,1271.

Qu, Q. , Damian, M. F. , Zhang, Q. , & Zhu, X. (2011). Phonology contributes to writing: Evidence from written word production in a nonalphabetic script. *Psychological Science*, *22*,1107 – 1112.

Qu, Q. , Zhang, Q. , & Damian, M. F. (2016). Tracking the time course of lexical access in orthographic production: An event – related potential study of word frequency effects in written picture naming. *Brain and Language*, *159*, 118 – 126.

Rafiei, N. , & Chang, G. Y. (2009). Right sensory alien hand phenomenon from a left pontine hemorrhage. *Journal of Clinical Neurology*, *5*,46 – 48.

Ramayya, A. G. , Glasser, M. F. , & Rilling, J. K. (2009). A DTI investigation of neural substrates supporting tool use. *Cerebral Cortex*, *20*,507 – 516.

Rapcsak, S. Z. , Arthur, S. A. , & Rubens, A. B. (1988). Lexical agraphia from focal lesion of the left precentral gyrus. *Neurology*, *38*(7),1119 – 1123.

Rapcsak, S. Z. , & Beeson, P. M. (2002). Neuroanatomical correlates of spelling and writing. In A. E. Hillis (Ed.), *Handbook on adult language disorders: Integrating cognitive neuropsychology*, *neurology*, *and rehabilitation* (pp. 71 – 99). Philadelphia: Psychology Press.

Rapcsak, S. Z. , & Beeson, P. M. (2004). The role of left posterior inferior temporal cortex in spelling. *Neurology*, *62* (12), 2221 – 2229.

Rapcsak, S. Z. , Beeson, P. M. , Henry, M. L. , Leyden, A. , Kim, E. , Rising, K. , et al. (2009). Phonological dyslexia and dysgraphia: Cognitive mechanisms and neural substrates. *Cortex*, *45*(5), 575 – 591.

Rapcsak, S. Z. , & Rubens, A. B. (1990). Disruption of semantic influence on writing following a left prefrontal lesion. *Brain and language*, *38*, 334 – 344.

Rapcask, S. Z. , Rubens, A. B. , & Laguna, J. F. (1990). From letters to words: Procedures for word recognition in letter-by-letter reading. *Brain and Language*, *38*(4), 504 – 514.

Rapp, B. , & Caramazza, A. (1997). From graphemes to abstract letter shapes: Levels of representation in written spelling. *Journal of Experimental Psychology: Human Perception and Performance*, *23*(4), 1130 – 1152.

Rapp, B. , & Dufor, O. (2011). The neurotopography of written word production: An fMRI investigation of the distribution of sensitivity to length and frequency. *Journal of Cognitive Neuroscience*, *23*(12), 4067 – 4081.

Rapp, B. , & Kong, D. (2002). Revealing the component functions of the graphemic buffer. *Brain and Language*, *83*, 112 – 114.

Rapp, B. , & Lipka, K. (2011). The literate brain: The relationship between spelling and reading. *Journal of Cognitive Neuroscience*, *23*(5), 1180 – 1197.

Richardson, F. M. , Seghier, M. L. , Leff, A. P. , Thomas, M. S. C. , & Price, C. (2011). Multiple routes from occipital to temporal cortices during reading. *The Journal of Neuroscience*, *31*, 8239 – 8247.

Ritaccio, A. L. , Hickling, E. J. , & Ramani, V. (1992). The role of dominant premotor cortex and grapheme to phoneme transformation in reading epilepsy: A neuroanatomic, neurophysiologic, and neuropsychological study. *Archives of Neurology*, *49*, 933 – 939.

Roeltgen, D. P. (2003). Agraphia. In K. M. Heilman & E. Valenstein (Eds.), *Clinical Neuropsychology*. Oxford: Oxford University Press, 126 – 145.

Roeltgen, D. P. , & Heilman, K. M. (1984). Lexical agraphia: Further support for the two-system hypothesis of linguistic agraphia. *Brain*, *107* (Pt 3), 811 – 827.

Roux, F. -E. , Dufor, O. , Giussani, C. , Wamain, Y. , Draper, L. , Longcamp, M. , et al. (2009). The graphemic/ motor frontal area Exner's area revisited. *Annals of Neurology*, *66*(4), 537 – 545.

Roux, S. , McKeeff, T. J. , Grosjacques, G. , Afonso, O. , & Kandel, S. (2013). The interaction between central and peripheral processes in handwriting production. *Cognition*, *127*(2), 235 – 241.

Sakurai, Y. , Matsumura, K. , Iwatsubo, T. , & Momose, T. (1997). Frontal pure agraphia for Kanji or Kana: Dissociation between morphology and phonology. *Neurology*, *49*, 946 – 952.

Sakurai, Y. , Onuma, Y. , Nakazawa, G. , Ugawa, Y. , Momose, T. , Tsuji, S. et al. (2007). Parietal dysgraphia: Characterization of abnormal writing stroke sequences, character formation and character recall. *Behavioural Neurology*, *18*(2), 99 – 114.

Sakurai, Y. , Yoshida, Y. , Sato, K. , Sugimoto, I. , & Mannen, T. (2011). Isolated thalamic agraphia with impaired grapheme formation and micrographia. *Journal of Neurology*, *258*, 1528 – 1537.

Schaie, K. W. (2000). The impact of longitudinal studies on understanding development from young adulthood to old age. *International Journal of Behavioral Development*, *24*(3), 257 – 266.

Segal, E. , & Petrides, M. (2012). The anterior superior parietal lobule and its interactions with language and motor areas during writing. *The European Journal of Neuroscience*, *35*(2), 309 – 322.

Shallice, T. (1981). Phonologicial agraphia and the lexical route in writing. *Brain*, *104*, 413 – 429.

Silveri, M. C. , Misciagna, S. , Leggio, M. G. , & Molinari, M. (1997). Spatial dysgraphia and cerebellar: A case report. *Neurology*, *48*, 1529 – 1532.

Soma, Y. , Sugishita, M. , Kitamara, K. , Maruyama, S. , & Imanaga, H. (1989). Lexical agraphia in the Japanese language: Pure agraphia for Kanji due to left posterior-inferior temporal lesions. *Brain*, *112*, 1549 – 1561.

Stephan, K. E. , & Friston, K. J. (2010). Analyzing effective connectivity with functional magnetic resonance imaging. *Wires Cognitive Science*, *1*, 446 – 459.

Strijkers, K. , Baus, C. , Runnqvist, E. , Fitzpatrick, I. , & Costa, A. (2013). The temporal dynamics of first versus second language production. *Brain and Language*, *127*, 6 – 11.

Strijkers, K. , & Costa, A. (2011). Riding the lexical speedway: A critical review on the time course of lexical selection in speech production. *Frontiers in Psychology*, *2*, 356.

Strijkers, K. , Costa, A. , & Thierry, G. (2010). Tracking lexical access in speech production: Electrophysiological correlates of word frequency and cognate effects. *Cerebral Cortex*, *20*, 912 – 928.

Strijkers, K. , Holcomb, P. J. , & Costa, A. (2011). Conscious intention to speak proactively facilitates lexical access during overt object naming. *Journal of Memory and Language*, *65*, 345 – 362.

Sugihara, G. , Kaminaga, T. , & Sugishita, M. (2006). Interindividual uniformity and variety of the "Writing center": A functional MRI study. *NeuroImage*, *32*(4), 1837 – 1849.

Sugishita, M. , Takayama, Y. , Shiono, T. , Yoshikawa, K. , & Takahashi, Y. (1996). Functional magnetic resonance imaging (fMRI) during mental writing with phonograms. *NeuroReport*, *7*(12), 1917 – 1921.

Tanridag, O. , & Kirshner, H. S. (1985). Aphasia and agraphia in lesions of the posterior internal capsule and putamen.

Neurology, Cleveland, 35(12),1797-1801.

Thompson-Schill, S. L., D'Esposito, M., Aguirre, G. K., & Farah, M. J. (1997). Role of left inferior prefrontal cortex in retrieval of semantic knowledge: A reevaluation. *Proceedings of the National Academy of Sciences*, *USA*, 94(26), 14792-14797.

Tohgi, H., Saitoh, K., Takahashi, S., Takahashi, H., Utsugisawa, K., Yonezawa, H., Hatano, K., & Sasaki, T. (1995). Agraphia and acalculia after a left prefrontal (F1, F2) infarction. *Journal of Neurology, Neurosurgery, & Psychiatry*, 58,629-632.

Tokunaga, H., Nishikawa, T., Ikejiri, Y., Nakagawa, Y., Yasuno, F., Hashikawa, K. et al. (1999). A case of pure agraphia with a deficit of drawing. *No To Shinkei*, 51,171-176.

Toyokura, M., Kobayashi, R., & Aono, K. (2010). A case of pure agraphia due to left thalamic hemorrhage. *The Tokai Journal of Experimental and Clinical Medicine*, 35,89-94.

Trillet, M., Crosile, B., & Laurent, B. (1989). Pure agraphia. Apropos of 2 cases. *Revue Neurologique Paris*, 145, 702-704.

Tsapkini, K., & Rapp, B. (2010). The orthography-specific functions of the left fusiform gyrus: Evidence of modality and category specificity. *Cortex*, 46(2),185-205.

Turkeltaub, P. E., Eden, G. F., Jones, K. M., & Zeffiro, T. A. (2002). Meta-analysis of the functional neuroanatomy of single-word reading: Method and validation. *NeuroImage*, 16(3, Part A), 765-780.

van Galen, G. P. (1991). Handwriting: Issues for a psychomotor theory. *Human Movement Science*, 10(2-3),165-191.

Vanier, M., & Caplan, D. (1985). CT correlates of surface dyslexia. In K. E. Patterson, J. C. Marshall, M. Coltheart (Eds.), *Surface dyslexia, Neurosychological and cognitive studies of phonological reading*. London: Lawrence Erlbaum.

Vinckier, F., Dehaene, S., Jobert, A., Dubus, J. P., Sigman, M., & Cohen, L. (2007). Hierarchical coding of letter strings in the ventral stream: Dissecting the inner organization of the visual word-form system. *Neuron*, 55(1),143-156.

Vossel, S., Weinder, R., Driver, J., Friston, K. J., & Pink, G. R. (2012). Deconstructing the architecture of dorsal and ventral attention systems with dynamic causal modeling. *The Journal of Neuroscience*, 32,10637-10648.

Wang, C., & Zhang, Q. (in preparation). Theta and Gamma Oscillations and their couplings were modulated by word frequency in written picture naming.

Xu, M., Wang, T., Chen, S., Fox, P. T., & Tan, L. (2015). Effective connectivity of brain regions related to visual word recognition: An fMRI study of Chinese reading. *Human Brain Mapping*, 36,2580-2591.

Yokota, T., Ishiai, S., Furukawa, T., & Tsukagoshi, H. (1990). Pure agraphia of Kanji due to thrombosis of Labbe vein. *Journal of Neurology, Neurosurgery and Psychiatry*, 53,335-338.

Zhang, Q., Chen, H.-C., Weekes, B. S., & Yang, Y. (2009). Independent effects of orthographic and phonological facilitation on spoken word production in Mandarin. *Language and Speech*, 52,113-126.

Zhang, Q., & Wang, C. (2015). Phonology is not accessed earlier than orthography in Chinese written production: Evidence for the orthography autonomy hypothesis. *Frontiers in Psychology*, 6,448.

Zhang, Q., & Wang, C. (2016). The temporal courses of phonological and orthographic encoding in handwritten production in chinese: An ERP study. *Frontiers in Human Neuroscience*, 10,417. doi:10.3389/fnhum.2016.00417.

Zhang, Q., & Weekes, B. S. (2009). Orthographic facilitation effects on spoken word production: Evidence from Chinese. *Language and Cognitive Processes*, 24,1082-1096.

11 心理语言学的研究趋势

心理语言学是多个学科的交叉研究领域,其中心理学和语言学的研究对于心理语言学的研究方向和研究问题产生了重大影响,两个领域的研究一直在相互影响中共同发展。本章内容主要叙述心理学、语言学与认知语言学领域的研究发展和新的研究观点,及其对心理语言学研究和未来研究方向的影响。

11.1 语言理解的具身认知观点

以计算机为隐喻核心的信息加工模型和联结主义的神经元网状结构模型被统称为"第一代认知科学"。在第一代认知科学的框架中,语言理解建立在抽象规则和表征的基础上,认为人们通过对世界的抽象规则和表征的理解来完成语言理解过程,这些规则和表征是独立于大脑的。Bickhard (2009)指出,"尽管符号计算主义和联结主义在加工的结构上不同,但两者的基本假设相同,都认为心智完全是由脑的相关过程实现的,而这些过程的关键性质可以在独立于大脑神经细节的水平上进行研究"。尽管如此,这一观点不能解释"为什么一个形式符号系统的语义具有系统的内在性",抽象符号和规则的观点并不能完全解释实际的语言理解加工过程(曲方炳,殷融,钟元,叶浩生,2012)。研究者针对此问题提出了具身认知的语言观(embodied language of cognition),认为语言概念来自动作和知觉系统(Glenberg, 1997; Barsalou, 1999; Barsalou, Simmons, Barbey, & Wilson, 2003),单词的意义来自身体的知觉与运动,而不是抽象的符号系统。也就是说,语言理解与身体的感知系统和行为计划有密切关系,并与感知系统和计划系统有交互作用。李恒威和盛晓明(2006)认为具身认知观假设认知不仅仅依赖于大脑的神经细节,也依赖于人类的感知和运动系统,与周围的环境有密切关系,即认知与具体身体结构和活动图式存在关联。叶浩生(2011)提出,具身认知观指的是身体的状态直接影响认知过程的进行,大脑与身体的特殊感觉—运动通道在认知的形成中扮演着主观重要的角色。具身认知观对传统的认知科学观点提出了挑战,被称为"第二代认知科学"。

具身认知观对知觉、概念、语言加工、情绪和态度等方面的研究都产生了深远影响,涌现出了一大批相关的研究成果。研究者针对语言加工过程,提出了多个隶属于语言理解的具身认知观,包括索引假设(the indexical hypothesis)(Glenberg & Robertson, 1999)、浸入式经历者框架(the immersed experiencer frame)(Zwaan, 2004)和语言神经理论(Feldman & Narayanan, 2004)。索引假设主要针对的是句子理解,认为句子理解分为索引、提取功能承受性(affordance)和整合三个加工过程。索引是在句子理解中将句子中的词汇和短语索引到具体情境中;提取功能承受性是将具体情境中的物体与句子中的词汇在功能上联系起来,具身认知观体现在提取功能承受性阶段;整合是指在句法结构的指导下对所提取的信息进行整合,达到对句子的理解,整合阶段的句法结构会限制功能承受性的整合。

浸入式经历者框架主要针对的是语篇理解过程,当人们看到或听到句子或单词时,有关单词的经验性表征,包括感知觉、词汇、语法、发音、形态以及情绪等都会被激活,整合这些表征达到对句子或单词的理解。也就是说,理解是从语言输入开始,对所描述的事件再次经历的过程。浸入式经历者框架区分了理解过程中的三类单元,包括语言单元、表征单元和指代单元,每个单元都有三个成分,包括激活、释义和整合(见表11.1)。在语言理解过程中,首先是单词激活皮层中的功能网络,单词的指代物也可以激活相同的功能网络;其次是各个功能网络的整合,联结不同的对象和动作,达到对事件的释义;最后是对各个释义的整合,达到对整个情境的理解。三个加工过程并不是以序列的方式进行的,在时间进程上存在重合。

表11.1　浸入式经历者框架所提出的语言理解的三类单元和三个成分

成份	语言单元	表征单元	指代单元
激活	单词/形态	功能网络	对象和动作
释义	分句/语调单元	整合网络	事件
整合	语篇	整合网络次序	事件次序

(来源：Zwaan, 2004)

　　语言神经理论认为语言理解是通过想象或模仿被描述的情境而实现的,其核心语义是动作的复杂神经和肌肉的协同。例如,踢腿的动作包含了一个动作成分(如何踢腿)和不同的感知成分(人们踢腿的样子以及踢腿时的感知觉等),同时包括了大脑皮层的神经通路。单词的意义是情境依存性的,也存在个体差异。语言神经理论在神经层面上排除了传统的认为语言仅仅局限于某一特定脑区或少数几个脑区的观点,强调的是各个脑区如何协作进行语言加工。

　　镜像神经元的发现为具身认知观提供了强有力的证据。研究者最早在恒河猴中发现,当恒河猴完成与目标相关的手部或嘴部动作时,腹侧运动皮层 F5 区的神经元被激活,而且当恒河猴观察其他个体(包括猴和人)做出相似的动作时,这些神经元也被激活(Gallese, Fadiga, Fogassi, & Rizzolatti, 1996)。这表明在产生动作和知觉他人动作时都激活了相同的神经元,这与传统上对神经元功能的认识完全不同(Rizzolatti & Fogassi, 2014)。根据传统的对神经元功能的认识,大脑皮层中存在着感觉神经元和动作神经元,不同的神经元负责不同的功能,并不存在一种神经元既负责感觉又负责动作。Gallese 等人(1996)的研究却发现了一种既能感知又能运动的"感知—运动神经元",这些神经元可以在动作知觉和动作操作两者之间进行匹配。Corballis (2015)认为镜像神经元的独特之处在于,在动作知觉和动作执行两个阶段都被激活。后来,研究者在人脑左前额叶皮层的布洛卡区、腹外侧运动前皮质、顶下小叶、额下回、脑岛等区域也发现了同样的,在观察动作和执行动作中都被激活的具有镜像属性的神经元(丁峻,陈巍,2009)。

　　在语言理解加工过程中,研究者在语言学的不同层级(包括音位、词汇、句子和语篇)上,验证了语言理解来源于动作系统的具身认知观点。研究发现,语音知觉过程中动作皮层会产生激活,被试在听音位或音节时激活了运动和前运动脑区(Pulvermüller 等,2006；Fadiga, Craighero, Buccino, & Rizzolatti, 2002)。Fadiga 等人(2002)的研究要求被试听意大利语单词,发音类型包括了卷舌音、非卷舌音以及虚构的单词发音,倾听单词发音的同时用 TMS 刺激运动脑区,结果发现听到卷舌音时比听到非卷舌音时舌部的诱发电位更强。这说明听语言刺激引发了语言运动脑区的特异性激活,仅仅与动作相关的语音足以导致运动区的激活(Lamm, Fischer, & Decety, 2007)。感知动作系统也会对语音知觉产生影响。Meister 等人让被试完成语音判断任务,同时采用 TMS 技术对腹侧前运动区进行刺激,结果发现被试对闭塞辅音的判断明显受到了影响,而不使用 TMS 刺激的基线条件则未受到影响(Meister, Wilson, Deblieck, Wu, & Iacoboni, 2007)。D'Ausilio 等人(2009)的研究中要求被试对两种发音部位不同的音位进行判断,分别为唇发音(/b/和/p/)和舌发音(/d/和/t/)。在呈现刺激之前实施 TMS 双刺激激活对应于唇发音或者舌发音的特异性脑区,发现对相应部位特异性脑区的激活会促进对相应部位发音的知觉,同时会抑制不一致部位发音的知觉。这些研究结果表明,对感知运动皮层的刺激影响了对相应音位的知觉,感知运动系统和音位系统之间产生了相互影响。

词汇理解过程中有感知运动系统的参与。Glover 等人的实验中呈现不同大小的物体名称,比如"葡萄"(小物体)和"苹果"(相对较大的物体),然后要求被试去抓取一个木制方块,测量的是被试抓取过程中大拇指和食指之间的距离。结果发现,如果之前呈现的是"苹果",被试抓取木制方块时,其大拇指与食指的缝隙要比之前呈现的是"葡萄"时大得多。这表明之前所呈现的客体名称可能同时激活了相应的动作表征,从而影响了对木制方块抓取动作的准备(Glover, Rosenbaum, Graham, & Dixon, 2004)。研究者在词汇判断任务中发现了类似的结果(Rüschemeyer, Pfeiffer, & Bekkering, 2010)。脑成像研究也发现客体命名任务中激活了颞中回和左侧前运动皮层,这些脑区在动作产生任务中和被试想象自己用手抓握物体时同样会产生激活(Martin, Wiggs, Ungerleider, & Haxby, 1996)。一系列研究都发现在具身词汇的语义表征过程中以体觉的方式激活了神经动作系统(Hauk, Johnsrude, & Pulvermüeller, 2004; Hauk & Pulvermüeller, 2004; Tettamanti 等,2005; Aziz-Zadeh, Wilson, Rizzolatti, & Iacoboni, 2006; De Zubicaray, Postle, McMahon, Meredith, & Ashton, 2010)。

类似地,研究发现对运动或前运动皮层的刺激会促进对相关动作单词的加工。Pulvermüller 等人给被试呈现一些与手部、胳膊或腿部相关的动作单词,任务是判断单词的类型。实验中采用 TMS 技术刺激与手部运动、胳膊运动或腿部运动相关的脑区,发现在刺激负责胳膊运动的脑区后,与胳膊相关词的判断快于与腿部相关词的判断;反之亦然,在刺激负责腿部运动的脑区后,与腿部相关词的判断快于与胳膊相关词的判断,表明词汇加工和动作表征的加工之间产生了相互影响(Pulvermüller, Hauk, Nikulin, & Ilmoniemi, 2005)。

句子理解过程中也发现句子加工与动作系统之间存在交互作用。研究者在句子理解中发现了句子—动作相容性效应,阅读一句表示接近或远离身体动作的句子后,促进了一致性动作的执行(Glenberg & Kaschak, 2002),这一现象被称为运动共振(motor resonance)。Zwaan 和 Taylor (2006)的研究证明了运动共振在句子理解中是即时发生的,当加工动词时即会发生运动共振。模糊的具有运动学动作性质的词汇也会引发运动共振。Taylor、Lev-Ari 和 Zwaan (2008)给被试呈现文本,例如:"他看着蛋黄派然后旋转了烤箱的旋钮。烤面包的时间需要更长/更短。"旋钮旋转的方向是由最后的"更长"或"更短"决定的,结果发现运动共振发生在最后的单词上,而不是动词"旋转"上。这表明运动共振基于对句子的理解,而不是仅对动词的理解。实验发现为 Zwaan (2004)的浸入式经历者框架的观点提供了证据。

研究者也使用了 TMS 技术与句子理解任务的结合来考察语言理解系统和运动系统之间的相互影响。Buccino 等人(2005)让被试听一些表达手部和脚部动作的句子,同时采用 TMS 技术刺激被试手部和脚部运动相应的运动脑区,记录手部和脚部肌肉的运动诱发电位,结果发现,倾听与手部和脚部动作相关的句子分别显著地降低了相应部位肌肉的运动诱发电位。行为实验中要求被试听句子时做出相应动作,发现与控制条件下对抽象句子的反应相比,听手部或脚部动作的句子时相应部位的反应要慢。

语篇的加工比句子更为复杂,研究者针对语篇理解过程提出了情境模型(Zwaan, 2004;Zwaan & Rapp, 2006)。该模型假设事件和任务的意图行为是情境模型的焦点,读者在阅读理解的过程中从多个维度监控和更新当前的情境。情境模型的加工包括四个过程:第一是读者对正在阅读的句子构建当前的情境;第二是更新当前情境;第三是从长时记忆中提取相关信息;第四是在短时记忆中保持所提取的信息并进行整合。情境模型包括五个维度:空间、时间、因果、意图和人物,理解系统监控着不同维度。维度之间的转换会导致加工的消耗,表现为反应时的增加。Speer 等人考察了语篇理解的神经机制,证明不同维度的相关脑区在语篇理解过程中会产生相应的激活。例如,人们一般在句子末尾整合信息更新情境,情境变化的可能性越多,用于监控冲突解决的前扣带回的激活程度就越高(Speer, Zacks, Reynolds, & Swallow, 2005)。Whitney 等人(2009)给被试听觉呈现一段故事,fMRI 的数据分析表明不同情绪维度的转换引起了顶叶中部网状结构的激活。这些与身体感知运动相关脑区的激活表明身体感知运动系统参与了语篇理解加工过程。

身体感知运动系统无疑在语言理解过程中起了重要作用,但是基于语言理解的具身认知的研究现状,曲方炳等人(2012)提出了一系列潜在的问题。第一,上述研究中所涉及的单词一般都是包含具体动作表征的,具身语言理解是否仅局限于具体的动作语言表征,在抽象的或符号化的单词理解过程中是否也涉及具身认知加工过程?研究者认为动作控制是分等级的,即动作以不同的抽象水平进行表征。最低水平的表现为肌肉激活;处于中间水平的表征运动,比如腿部的运动轨迹;最高水平的则表征目的和结果(De C. Hamilton & Graffon, 2007)。动作控制的层级结构对应于脑区的不同结构的激活,有的脑区编码肌肉的激活水平,有的脑区编码运动轨迹,有的脑区则编码动作的目的和意图(Fogassi 等, 2005)。与此一致的是,在知觉系统中存在同样的等级系统,知觉信息的复杂程度不同,所激活的脑区也不同。因此,具身认知观不仅包括低水平的感知动作编码,而且包括表达目的和意图等复杂水平的编码。第二,具身认知的表征特点是自动的还是情境引发的? 已有研究表明具身词汇语义的表征是快速的、自动化的,单词身体动作特征的激活发生在呈现之后的 200 ms 之内(Pulvermüller, Härle, & Hummel, 2000)。语言和动作系统之间的强联系可能是由于动作和其指示物经常同时出现,使得同时激活的脑区之间的联结变得更紧密了。尽管如此,也有研究发现,包含动作语义成分的单词中未发现动作相关脑区的激活(Rüschemeyer, Brass, & Friederici, 2007; Raposso, Moss, Stamatakis, & Tyler, 2009)。Raposso 等人(2009)发现虽然单个的动作单词加工引发了运动或前运动皮层的激活,但是包含在一些习惯用语中的动词(比如"炒鱿鱼")并未引发运动区的激活,这表明单词语义特征的激活是依赖于情境的。

目前,国内对于语言理解的具身认知研究仍然开展得很少,心理语言学领域的学者应该重视这一问题,从具身认知的角度研究汉语语言理解过程。

11.2 语言产生与语言理解研究的融合

在心理语言学研究领域,研究者对语言理解与语言产生过程的研究都是独立进行的,这表明研究者认为语言理解和语言产生是两个独立的研究主题(Gaskell, 2007; Harley, 2008)。例如,研究者认为对听觉或视觉呈现句子中歧义的理解过程,与描述一幅图画中所产生的歧义过程是完全不同的。神经语言学领域中经典的利希海姆—布洛卡—韦尔尼克(Lichtheim-Broca-Wernicke)模型假设语言产生和语言理解涉及独立分离的认知神经机制,这一结论来自于有关失语症的研究(Ben Shalom & Poeppel, 2008)。但前述语言理解研究中身体感知运动系统的参与隐含了语言产生与语言理解的交互作用,近年来研究者开始关注语言产生与语言理解在交流过程中的交互作用。

11.2.1 传统观点:语言产生和语言理解是相互独立的
传统的交流模型

在交流模型(model of communication)中,语言产生和语言理解过程中的效应是分离的。图 11.1 所示为传统的交流模型(Pickering & Garrod, 2013),其中的大箭头表示语言产生包括将信息转换为形式进行选择的过程。在语言产生过程中,内部的箭头表示音韵表征到句法表征的反馈,"反馈"是语言产生的两步交互激活理论所持的观点,表明存在词汇选择和音韵编码两个加工阶段之间的交互作用。语言产生内部的连接"箭头"与语言理解内部的连接"箭头"是一致的。语言理解内部的"箭头"所起的作用与语言产生中的相同,表示从语义到句法的反馈。语言产生和语言理解之间的连接箭头有两个,讲话者发出的声音被对话者知觉后理解,经历理解过程后说出相应的话语,讲话者和对话者之间形成一个语言产生和语言理解的内部循环,经历各自的语言产生和语言理解过程,在两个人之间产生流畅的对话。

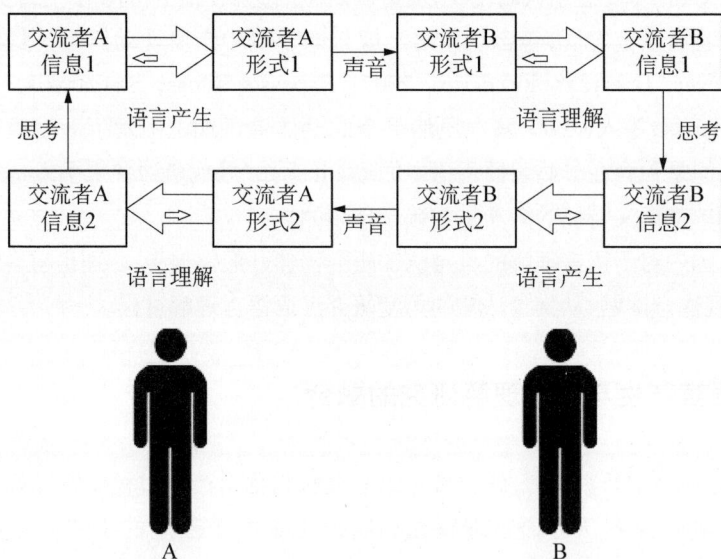

图 11.1 传统的交流模型(Pickering & Garrod, 2013)

在图 11.1 所示的模型中,两个对话者(A 和 B)是不同的独立的个体,具有不同的心理过程;同时,两个个体之间的语言产生和语言理解过程也是分离的。因此,传统的交流模型在垂直和平行两个方向上都是分离的。每个讲话者都在对方产生新信息之前将自己想说的信息转化成语音形式,因此对话是系列进行的,对话者在讲话者和倾听理解者之间互相转换角色。尽管如此,在对话中讲话者提供言语的和非言语的反馈信息,下一轮的讲话者根据反馈的信息进行语言产生的计划。对话中所提供的反馈信息会影响讲话者的语言产生(Bavelas, Coates, & Johnson, 2000)和语言理解过程(Schober & Clark, 1989)。这说明讲话者必须同时产生和理解对话者的话语,如果假设两个对话者的语言产生和语言理解过程是分离的,那么将很难解释对话者的行为。

对话者的语言加工过程不是静态的，两个对话者要产生共同的活动(joint activity)，完成一个统一的对话目的(Garrod & Pickering, 2009)，对话者需要在话语形式和表达意义上达到统一(Clark, 1996)。例如，下面的对话例子(引自Gregoromichelaki等，2011)中：

> A：我今天做饭时火开太大了，烧到了天花板！
>
> B：但你没有……
>
> A：……烧到自己啊？幸运的是没有。

在A说完第一句时，B开始问问题，但在没有说完时就被A打断并回答了B的问题，A和B在对话中共同编码了相同的信息。

图画—词汇干扰实验范式中的发现同样表明语言理解和语言产生之间存在交互作用，而不是分离的。实验中要求被试忽略干扰词对图画进行命名，当干扰词与图画名称存在音韵相关时，与无关条件相比产生了音韵促进效应，这表明被试对干扰词进行了理解加工过程，这一加工过程影响了目标名称的产生过程，表明语言理解和产生是紧密地交织在一起的。目前多数心理语言学家或者从语言理解过程或者从语言产生过程来解释所发现的实验现象。单个词的命名通常解释为语言理解过程，但事实上涉及语言产生过程(见Bock, 1996)。完成句子通常被看作是语言产生过程，但包括了语言理解过程(例如，Bock & Miller, 1991)。单词再认过程受到外部面颊运动的影响，表明语言产生过程会影响语言理解过程(Ito, Tiede, & Ostry, 2009)。

研究发现，语言产生和语言理解过程在认知神经机制上有很多相似之处(Scott & Johnsrude, 2003; Wilson, Saygin, Sereno, & Iacoboni, 2004)。例如，Paus等人发现当人们小声说话但不能听到自己的声音时，脑区的激活程度与言语知觉有联系。人们在听到言语声音时舌头和嘴唇相应的肌肉会产生活动，但听到非言语声音时则不会(Paus, Perry, Zatorre, Worsley, & Evans, 1996; Fadiga, Craighero, Bussino, & Rizzolatti, 2002; Watkins, Strafella, & Paus, 2003)，而且嘴唇部位的活动与布洛卡区的BOLD信号有联系，表明布洛卡区在言语知觉过程中调节了理解和产生系统的加工过程(Watkins & Paus, 2004)。在音韵理解和叙事结构理解过程中所激活的脑区与语言产生过程有关(Heim, Opitz, Müller, & Friederici, 2003; Mar, 2004; Scott, McGettigan, & Eisenr, 2009; Pulvermüller & Fadiga, 2010)。Menenti等人发现讲话和倾听时所激活的脑区在不同的语言学加工水平上都表现出适应性效应

(Menenti, Gierhan, Segaert, & Hagoort, 2011；同见 Segaert, Menenti, Weber, Petersson, & Hagoort, 2012)。这些发现与传统的观点不一致。

综上，心理语言学以及认知神经科学的研究发现对传统观点"语言产生和语言理解是独立分离的"提出了挑战。

模块化与"认知三明治"模型

Fodor (1983)提出语言加工是模块化的，多数心理语言学研究试图证实这一观点。图 11.1 标记为"思考"(thinking)的部分为"中央加工过程"，包括语言表征，研究者关注"思考"在何种程度上与语言产生和理解过程是分离的。模块化理论假设语言产生和语言理解过程的某些方面不依赖于中央加工过程(例如，Frazier, 1987；Levelt, Roelofs, & Meyer, 1999)。相比而言，交互理论(interactionist theory)认为"中央加工过程"直接影响了语言产生或者理解过程(例如 Dell, 1986；MacDonald, Pearmutter, & Seidenberg, 1994；Trueswell, Tanenhaus, & Garnsey, 1994)。两类理论都认为语言产生和理解过程是分离的。

Harley (2008)认为传统的认知心理学模块化的观点是为了保证动作和知觉过程的分离，称之为"认知三明治"(cognitive sandwich)模型，动作和知觉包含了分离的表征和加工过程，研究者是分割开来研究两类加工过程的。"认知三明治"中的两片"面包"分别是"动作"和"知觉"，夹在两片"面包"中间的"肉"则使得两片面包分离开了。Harley (2008)指出动作和知觉的加工过程是交织在一起的，"认知三明治"模型的观点是错误的。Pickering 和 Garrod (2013)认为语言产生是动作形式的，语言理解是知觉形式的，如果动作和知觉是交织在一起的，那么语言产生和语言理解过程不可能是分离的。

如前所述，语言产生和语言理解过程可能同时包含在一个任务中，比如图画—词汇干扰实验范式。研究者应该如何区分这两类加工过程？ Pickering 和 Garrod (2013)提出假设：(1)人们在不同的水平上表征语言信息。(2)这些水平包括语义的、句法的和音韵的。(3)各类语言水平上的加工从高到低排列，讲话者的信息与语义层面发生联系，语义与句法联系，句法与音韵联系，音韵与言语联系。因此，讲话者经历了从信息到语义、句法、音韵，最后是发音的过程。而语言理解则是一个从声音知觉开始，最后是对语言声音信息的语义理解，是一个相反方向的信息加工过程。他们将语言产生过程看成是从高水平到低水平的语言信息加工过程，而语言理解则是一个从低水平到高水平的语言信息加工过程。语言产生和语言理解在一定程度上是混合交织在一起的。

Dell (1986)所提出的语言产生的两步交互激活模型和 MacDonald 等人(1994)所提出的语言理解模型，都认为语言产生和语言理解过程中使用了来自另一过程的反馈机制：口语产生时利用了来自对词语理解的反馈，口语理解时利用了来自产生过程的反馈。这些观点表明，语言产生和理解加工的内部过程是非模块化的（nonmodular），但是都假设产生过程和理解过程是分离的。语言理解研究中很少考虑到语言产生过程对其的影响，比如词汇水平和句子水平的理解模型（Marslen-Wilson & Welsh, 1978; Swinney, 1979; Frazier, 1987; MacDonald 等, 1994）。相比而言，语言产生模型中整合了语言理解过程。例如 Levelt（1989）假设在口语产生过程中存在自我监测机制，讲话者会监测自己的口语产生结果，在此过程中运用语言理解过程将声音转换成语义。Chang 等人提出了比较复杂的语言产生和理解过程模型，利用语言理解帮助产生，或假设理解和产生使用了相同的网络，产生过程中的反馈机制与理解过程中的反馈机制相同（Chang, Dell, & Bock, 2006）。Dell（1988）提出语言产生过程中的反馈即是语言理解过程。上述有关语言产生的理论模型都未同时考虑语言产生和语言理解过程。

11.2.2　动作和动作知觉的交互

Pickering 和 Garrod（2013）从动作和知觉的角度出发，所提出的模型在各个语言学加工水平上同时考虑了语言产生和语言理解过程。下面详细介绍这一模型的背景和理论观点。

动作和知觉之间会产生相互影响。Kilner 等人发现被试所观察图画中的人如果做了一个与自己不同的动作时，其产生的变异程度大于观察到与自己动作相同的图画，这表明知觉影响了动作（Kilner, Paulignan, & Blakemore, 2003）。Miall 等人（2006）则发现产生手部动作能够促进不同手部姿势的视觉分辨，Wohlschläger（2000）发现旋转按钮影响了对运动物体的知觉，这表明动作影响了知觉。

动作和知觉之间的直接联系能达到下列目的：第一，促进模仿，但是外显的模仿在许多物种中都不存在；第二，动作表征和知觉表征能相互促进，使得另一系统形成稳定的动作或知觉表征，通过动作（比如复述）或通过知觉达到对细节的理解；第三，通过在知觉过程中计算动作表征或在动作过程中计算知觉表征预测动作或知觉（Wilson & Knoblich, 2005），这与前馈模型（forward model）的理论观点不谋而合。

前馈模型

研究者借鉴了从计算神经科学角度所提出的假设（Wolpert, 1997）来解释前馈模型。这里以移动手指到目标的加工过程介绍前馈模型的观点，行动者形成移动手指的指令，这会平行地开启两个加工过程（如图 11.2 所示）：第一，引起动作执行器实施行为，反过来引起知觉执行器构建移动手指的知觉。这一知觉过程即感觉反馈，称为自传入感觉（reafference），部分来自本体感觉；在人们能够观察自己手部动作的情况下部分自传入感觉来自于视觉。第二,移动手指的指令发送动作传出感觉指令(efference copy),引起前馈动作模型产生对移动手指的预期,对动作的预期使得前馈知觉模型能构建移动手指的知觉预期。传统的动作系统模型并不包括知觉过程,预期的知觉与事件编码理论(Hommel, Müsseler, Aschersleben, & Prinz, 2001)一致,根据预期的知觉结果进行表征。指令的传出速度快于动作的执行速度,调动肌肉执行动作是相对较慢的过程。前馈动作模型和前馈知觉模型使用的是手部位置的表征,预期的知觉通常先于实际的知觉,动作执行后会进行预期知觉和实际知觉的比较。

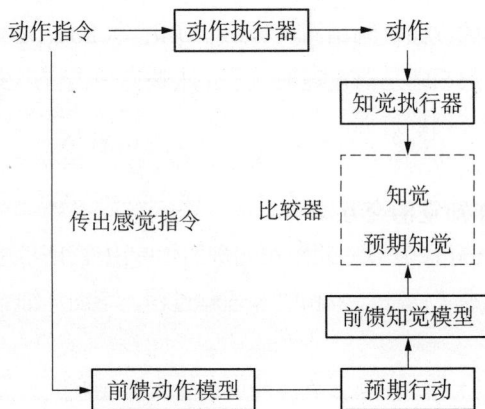

图 11.2 前馈模型(Pickering & Garrod, 2013)

前馈模型的中心是知觉预期,比如预期动作的知觉结果。同时,知觉预期也有其他的作用:第一,知觉并不是完全精确的,知觉的预期可以用于评估当前的状态。对手部动作的最佳估计需要综合知觉估计和预期知觉估计两种结果。第二,当感觉效应与预期的运动匹配时,前馈模型会使自我运动的感觉效应消失。这使得人们能够区分自己动作的知觉和反映世界变化的知觉。

综上,前馈模型使得人们能够预期即将发生的动作,与预期不一致时在一定程度上允许人们修正自己的动作;也能够促进人们对当前状态的估计,取消再内导过程,在短时记忆和长时记忆学习中起重要作用。前馈模型将动作和知觉表征紧密地联系在一起,能够解释知觉对于动作的影响。

动作知觉的前馈模型和内隐模仿

当人们知觉无生命的客体时,会提取自己对于客体的相关知觉经验。人们在看到其他人的动作时,也会提取自己在这个动作上的相关经验。人们能够使用联结通路来预期他人的动作,正如人们能够基于过去的经验预期客观物体的运动一样

（Freyd & Finke，1984）。同样地，人们能够提取自己身体的相关动作经验，这是动作知觉中的模拟通路(simulation route)。观察者内隐地模仿所知觉到的动作，但是不是简单地采用相同的机制，而是适应自己的身体动作。观察者对动作的再次产生不可能与产生的动作完全一致，是利用自身的动作执行器模拟动作，并且抑制不要输出外显的动作。模拟动作时使用了对动作产生预期的机制，并且增加了内隐模仿机制。

研究表明人们在知觉事件发生时，同样会激活相关的运动脑区(Haueisen & Knösche，2001)。动物实验中所发现的镜像神经元表明知觉预期和知觉动作能产生同样的激活(Umiltà 等，2001)，也有直接的证据表明在人类大脑中存在镜像神经元(Mukamel，Ekstrom，Kaplan，Iacoboni，& Fried，2010)。而且，人们在观看自己的运动录像和他人的运动录像时，对于自身运动轨迹的预期成绩更好(Knoblich & Flach，2001；Knoblich，Seigerschmidt，Flach，& Prinz，2002)。

联合行动(joint action)

人们是通过联合动作预期和动作知觉实现联合行动的，联合行动包括了外显的模仿、继续他人的行为，或者对他人的行为作出补充。在联合行动中，行动双方能够预期对方的行为，并比较预期与实际知觉到的行为。研究发现，人们模仿了他人的行为但本身却没有意识到。对于特定运动的模仿(Chartrand & Bargh，1999；Lakin & Chartrand，2003)或者是身体姿势的同步化表现(Shockley，Santana，& Fowler，2003)都为此提供了证据。例如，研究发现一组被试以相同的频率晃动椅子(Richardson，Marsh，Isenhower，Goodman，& Schmidt，2007)，或者是人群以统一的频率拍手(Neda，Ravasz，Brechet，Vicsek，& Barabasi，2000)。这些模仿显然是以知觉行为为基础的，而不是以干扰或有意图的目的为基础的(Dijksterhuis & Bargh，2001)。大量类似的发现证实了时间上的协调和预期(Sebanz & Knoblich，2009)。在双重判断是否反应范式(GO/NOGO 任务)中，N170 反映了反应的抑制，研究者发现在同伴作出反应时，不作出反应一方的 N170 波幅会增大，这表明不作出反应的一方抑制了自己的动作，因而出现了 N170 波形(Sebanz，Knoblich，Prinz，& Wascher，2006)。而且，人们会通过内隐模仿持续他人的行为。例如，早期的研究发现猴子在观察匹配的动作时，镜像神经元会放电；当观察到不匹配的动作时，其他的神经元会产生放电(Di Pellegrino，Fadiga，Fogassi，Gallese，& Rizzolatti，1992)。当行动的双方产生相同的预期时，会产生补充性行为。综上，联合行动在双方整合自己行动以及对对方行动预期的基础上能够顺利实施。

11.2.3 语言产生和语言理解的统一模型

如前所述，研究者认为语言产生是一种动作形式，语言理解是对动作形式的知觉。在对话交流中语言产生和语言理解是紧密地交织在一起的。

语言产生的前馈模型

语言产生中的行动指令为产生指令,行动的执行者即为语言产生的执行者,知觉的执行者即为语言理解的执行者。前馈动作模型即为前馈产生模型,前馈知觉模型即为前馈理解模型。对发音知觉和预期发音之间的比较为自我监测。产生指令包括了讲话者想要传达的信息、交流意愿、语用学线索以及非语言学情境。模型中同时假设存在结构化的语言表征,语言加工过程包括了一系列有关语义、句法和音韵信息的加工。一般来说,语义的构建先于句法,句法先于音韵,即使是在语言产生的交互模型中,都是遵循同样的加工顺序。图 11.3 将产生执行器放在单个表征之前。Indefrey 和 Levelt (2004)的元分析中指出,语义的提取(包括概念准备)大约需要175 ms,句法提取(词条通达)大约需要 75 ms,音韵提取(包括音节化过程)大约需要205 ms,语音编码和发音共需约 145 ms (Indefrey, 2011)。

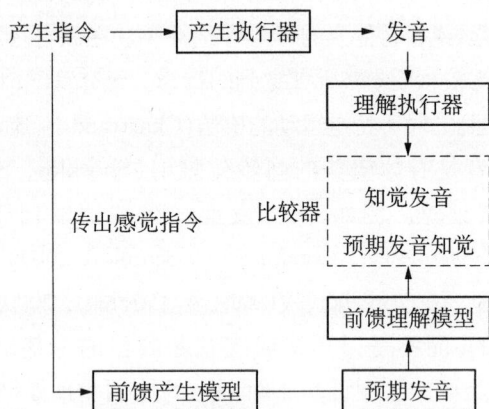

图 11.3 语言产生的前馈模型(Picking & Garrod, 2013)

讲话者使用理解执行器构建发音知觉,Pickering 和 Garrod (2013)假设这一系统根据个体自己的表征产生发音行为。重要的是,讲话者是根据语义—句法—音韵的加工顺序来构建发音的。前馈产生模型构建产生过程中的语义、句法和音韵,前馈理解模型构建理解过程中的语义、句法和音韵。最重要的是,在产生执行器和理解执行器构建这些表征之前,这些表征已经是准备好的。讲话者能利用监测机制在每个加工水平上比较实际发音的知觉与预期的知觉是否一致。因此监测过程首先在语义水平,其次在句法水平,最后在音韵水平上进行比较。产生执行器偶尔会发生错误,监测过程通过探测产生执行器的输出和前馈理解模型的输出之间的不一致发现人们说话中所出现的错误,在此基础上纠正错误。监测机制必须足够精确,使用独立于产生执行器本身的预期机制。

为什么要有一个语言产生的前馈模型,而不是使用已有的语言产生模型? 这是因为预期产生表征与执行产生表征是不同的。前馈模型不是产生过程中运动指令的一部分,语言产生指令整合了描述情境模型和交流意愿的概念表征,它不能表征音韵水平上的信息,比如单词的第一个音素或音位。而且,产生指令中不涉及知觉表征,这与理解过程的前馈模型不同。

前馈模型中表征时间。例如,讲话者要说出的句子是"The boy went outside to fly...",在这一时间点上,讲话者预期下一个单词是定冠词"the",其发音在 100 ms 之后开始,也有可能预期紧接着的单词为"kite",其发音在 300 ms 之后开始。除了时间上的加工,前馈模型是如何进行表征的? 音韵的预期指定了具体的音位及其顺序,但不指示如何产生音位。当讲话者决定产生的单词为 kite 时,会提取相应的音位,并根据具体的顺序位置与音位结合。重要的是,讲话者不必在预期/t/之前就预期/k/,人们可以仅仅只检查第一个音位即可。

句法的预期与音韵的预期类似。句法的预期仅包括句法范畴,比如单词为名词或动词,不用去预期名词是单数或复数。讲话者仅需要检索出一个名词,表达的意义是"可以飞行的物体"即可。基于此信息判断出单词是出现在特定位置上的,比如该名词之前是一个不定冠词。预期的表征计算不是序列进行的,尽管在语言产生过程中句法的提取先于音韵的提取,但是句法的预期不一定先于音韵的预期。例如,人们在讲话时可能同时预期"kite"这个概念,其第一个音位是/k/,是一个名词,或者只是预期第一个音位,对其语法范畴不作任何预期。Pickering 和 Garrod (2013)假设语言产生系统的语义提取、句法提取和音韵提取是交互完成的,其交互不会对前馈模型中的加工产生干扰。

前馈模型的证据

Heinks-Maldonado 等人采用 MEG 测量技术,发现当人们说话并同时听自己发出的声音时,与同时听被歪曲了的言语声音相比,前者的 M100 波幅较小。这是因为人们对自己的声音存在一个预期的音韵知觉,在与预期一致的情况下 M100 波幅减小,而与预期不一致的情况下 M100 的波幅增加。这一效应的发生非常迅速,表明讲话者此时没有理解他们所听到的话语内容,仅与记忆中计划的发音作了对比 (Heinks-Maldonado, Nagarajan, & Houde, 2006)。Tian 和 Poeppel (2010)的研究中要求被试产生或者想象产生一个音节,结果发现两种条件下的 MEG 反应都很快,这表明即使在想象产生语音的情况下,讲话者仍然构建了前馈模型以整合音韵信息。Tourville 等人要求被试出声阅读单音节单词,在一些试次中给被试的听觉反馈是经过变形的,提高或降低了第一共振峰。研究发现在声音反馈的 100 ms 之内,被试即在相反的方向上对自己产生的语音进行了补偿,如果反馈的声音大,被试会调整自己的声音使其变小,反之亦然(Tourville, Reily, & Guenther, 2008)。这三个研究结果为口语产生的前馈模型提供了明确的证据。

语言产生和自我监测

已有的语言产生模型中并未考虑前馈模型的作用(例如,Bock & Levelt, 1994; Dell, 1986; Garrett, 1980; Hartsuiker & Kolk, 2001; Levelt, 1989; Levelt 等, 1999),而是对产生加工过程有所争论。研究者假设在自我监测中使用了理解系统。Levelt (1989)提出人们能够监测自己的发音并修正可能出现的错误。Levelt (1983)也指出人们在完成发音之前可能会修正自己的错误,例如在发音"to the ye——to the orange node"中,可以清楚地看到开始是想说"yellow",但在发音未结束之前已经发现了错误而更正为"orange"。在禁忌词的产生中也会出现同样的情况(Motley, Camden, & Baars, 1982),因此 Levelt 认为口语产生的自我监测是以发音为基础的(sound-based),并经由内部环路输入理解系统。其他的语言产生模型假设监测的作用是非常有限的(Dell, 1986),Dell 的模型中并未否认基于理解所产生的监测机制。

仅有基于理解的监测机制不能解释上述 Heinks-Maldonado 等人(2006)和 Tourville 等人(2008)所得到的结果,也不能解释错误监测所发生的时间进程(100 ms 左右)。Indefrey 和 Levelt (2004)的元分析结果表明,讲话者一般使用 145 ms 以及发出"ye-"的时间,这么短的时间不足以达到对单词的理解。人们在讲话时利用"缓冲器"存储产生中间的表征,延迟语音编码和发音过程,但是人们在讲话速度加快时不可能使其自我监测和修复过程加快(Postma, 2000)。而且,Nozari 等人认为在交流过程中,倾听者利用内部环路,而讲话者利用内外环路理解发音中的不同部分(Nozari, Dell, & Schwartz, 2011; Vigliocco & Hartsuiker, 2002),研究发现失语症病人的理解和自我监测是分离的。

Huettig 和 Hartsuiker (2010)监测了被试完成理解任务时的眼动情况,实验中呈现四个客体,其中一个客体的名称与目标图的名称存在音韵相关。Allopena 等人发现在理解任务中,人们对音韵相关客体的注视多于对无关客体的注视(Allopena, Magnuson, & Tanenhaus, 1998)。Huettig 和 Hartsuiker 的研究发现被试在产生目标单词后会更多地注视音韵相关的客体,这表明人们在讲话中首先使用前馈模型的机制进行第一次监测,之后再进行基于理解的监测。

采用内部环路的理论解释认为对音韵错误的监测先于语义错误,而 Pickering 和 Garrod (2013)认为讲话者会构建语义预测、句法预期和音韵预期,并与相应的语义知觉、句法知觉和音韵知觉进行比较,其加工的顺序是语义先于句法,句法先于音韵,因此 Pickering 和 Garrod (2013)认为人们首先探测到语义错误,随后是句法错误,最后是音韵错误。

11.2.4 语言理解的内隐模仿和前馈模型

Pickering 和 Garrod (2013)提出了语言理解的预期模型,整合了语言产生中预期的观点,吸收了其中的动作知觉观点。语言理解的预期模型假设人们会利用对自己发音的预期来预测他人的发音。语言理解涉及各种语言学的表征,如语义、句法和音韵的表征,人们在不同的语言学水平上作出不同的预期。因为我们在交流过程中的语言具有很强的预期,所以预期是非常强大的。交流中的内容是可以被预期的,尤其是句子中的单词句法范畴的预期性很强。在有的情境中,对于即将说出的单词的音韵信息也是可以预期的。研究者认为人们在理解中会尽可能地作出预期。

我们假设人们在语言预期中会使用联结通路和模拟通路。联结通路(association route)是基于经验理解他人的语音信息,采用比较机制进行预期。模拟通路(simulation route)是基于经验产生发音。与动作知觉相似,最简单的可能性是语言理解过程中人们使用前馈模型的速度快于语言产生过程。与动作知觉相似,人们需要表征讲话者将要说出的信息,而不是自己想要说的信息。语言理解中的模仿是内隐的,与对话者的语音知觉进行对比。这里所提出的解释与 Pickering 和 Garrod (2007)的模型不同,之前的模型仅仅包括了理解者对于自己想要表达信息的预期。

根据这一语言理解的预期模型,在交流过程中人们会预期对方的交流内容和语音,而不是自己的,已有研究为此提供了支持证据。研究发现理解者对讲话者的注意更多(Hanna, Tanenhaus, & Trueswell, 2003; Metzing & Brennan, 2003)。同时,人们在理解过程中也表现出"自我偏差"(egocentric biases)(例如,Keysar, Barr, Balin, & Brauner, 2000),表现为理解者对于线索的利用不可能是完美的。应该注意的是,预期是受前馈模型驱动的,而不是语言产生系统本身。语言产生系统通常是比较慢的,因为讲话者需要知道自己想要表达的内容。使用前馈模型也会引起语言产生系统的共同激活,这会导致语言产生和语言理解之间的干扰,作为进一步外显模仿的基础。

Glenberg 和 Gallese (2012)提出了基于动作的语言获得和理解(action based language, ABL)模型,该模型的主要目的是阐述语言理解过程的内容,引起具身认知表征的激活,镜像神经元系统为此提供了支持证据。

支持语言理解中预期观点的证据

大量证据表明我们会预期他人的语言(见 Kutas, DeLong, & Smith, 2011; Pickering & Garrod, 2007),与语言理解中的概率模型(Hale, 2006; Levy, 2008)、整

合预期的复合模型（Gibson，1998）是一致的。首先，语言理解中的预期发生在不同的语言学水平上。已有研究表明对音韵信息和正字法信息都存在预期。Delong 等人的研究中要求被试阅读句子，同时记录所产生的 EEG，比如所阅读的句子为"The day was breezy so the boy went outside to fly..."，当最后一个单词为"an airplane"，其预期性低于"a kite"。结果发现在"an airplane"处出现了 N400 效应，其效应出现在"a"或"an"呈现时，这表明人们在句子理解中存在音韵形式（以辅音开头还是元音开头）的预期（DeLong，Urback，& Kutas，2005）。Vissers 等人发现当句子中一个可以高度预测到的单词拼写出现错误时，人们的语言理解过程被打断，这表明人们对于单词的正字法表征是有一个预期的表征的（Vissers，Chwila，& Kolk，2006）。

研究表明人们对句法也会产生预期。Van Berkum 等人发现当荷兰语阅读者和倾听者在句子中碰到一个形容词的语法词性与名词的词性不一致时，语言理解过程被中断，表明人们对于句子中出现单词的词性是有预期的（Van Berkum，Brown，Zwisterlood，Kooijman，& Hagoort，2005）。Staub 和 Clifton（2006）发现"or the subway"出现在句子 A"The team took either the train..."或者句子 B"The team took the train..."后时，阅读 A 句子的速度显著快于阅读 B 句子，这表明"either"的出现使得人们对于后面出现"or"的预期性更高。类似地，语言学的线索对于单词语法范畴的预期会引发早期句法违反效应（Lau，Stroud，Plesch，& Phillips，2006），影响句子的阅读时间（Yoshida，Dickey，& Sturt，2013）。

眼动研究为语言理解中的语义预期提供了明确的证据。Altmann 和 Kamide（1999）要求被试倾听句子的同时观察客体图片，当听到句子"the man ate the ..."时，被试更多地去注视显示可以食用物体的客体图片，而当听到句子"the man moved the..."时，未出现这一结果模式，这表明眼动模式不仅仅依赖于单词的语义，而且受到先前所呈现的线索特征的影响（Kaiser & Trueswell，2004；Kamide，Scheepers，& Altmann，2003），或其他语言学信息如韵律的影响（Weber，Grice，& Crocker，2006）。人们可以预期即将发生的事件和即将出现的指代物（Knoeferle & Crocker，2006）。

有些研究并未证实预期的发生在语言产生过程中是非常快的。眼动研究解释了较快的预期，但是可能仅仅是对语义的预期，而不是对具体单词的预期。尽管如此，一项 MEG 研究发现对于句法变化的敏感性在刺激出现的 100 ms 之后表现在视觉皮质的激活上（Dikker，Rabagliati，& Pylkkänen，2009；Dikker，Rabagliati，Farmer，& Pylkkänen，2010）。例如，变化即将出现名词的典型性时，M100 受到预测性的影响。假设这些结果不是由于整合信息引起的，因此单词的句法范畴不可能激活得这么快，或者不可能这么快地激活与视觉形式联系的脑区。相反，理解者必须预期单词的句法范畴和形式,然后将预期与实际呈现的单词进行匹配。句法加工不是发生在视觉皮质,这一结果反映了句法预期的视觉加工,研究者认为人们在理解时基于句子线索构建了视觉特征的前馈模型,与预期的视觉特征的对比发生在刺激呈现后的 100 ms 左右。

Dikker 和 Pylkkänen (2011)发现了基于语义的形式预期。研究中要求被试观看图片,然后呈现一个名词短语,或者与图片中特定的客体匹配/不匹配,或者与图片中的语义场(semantic field)匹配/不匹配。研究者发现视觉皮质区域所产生的 M100 效应与特定客体的匹配有关,与语义场是否匹配无关,这表明被试预期了特定单词的具体形式。

Kim 和 Lai (2012)所进行的研究与 Vissers、Chwilla 和 Kolk (2006)的研究类似,在语境线索支持的假词(如"… bake a ceke")和语境线索不支持的假词(如"… bake a tont")中,P130 效应出现在语境线索支持的假词条件下,而 N170 效应出现在语境线索不支持的假词条件下。N170 与词汇通达有关,P130 发生在词汇通达之前,可能与前馈模型的机制有关,即人们预期了单词 cake 的正字法形式,并与所出现的假词形式进行匹配时即出现了 P130。

综上,这些研究的结果都支持了前馈模型,但是不能区分是由于模仿所产生的预期(prediction-by-simulation),还是由于联结所产生的预期(prediction-by-association)。

内隐模仿的证据

研究表明理解过程中的激活与语言产生过程有关联。研究发现语言理解和语言产生共享某些脑区的激活(Pulvermüller & Fadiga, 2010)。例如,中央前回在倾听声音/p/和产生语音/p/时都会有激活,而中央前回的下回区域在倾听/t/和产生/t/时都有激活(Pulvermüller 等, 2006;Vigneau 等, 2006;Wilson, Saygin, Sereno, & Iacoboni, 2004)。舌头和嘴唇的肌肉在听言语时会产生运动,而听到其他非言语声音时则不会(Fadiga, Craighero, Buccino, & Rizzolatti, 2002;Watkins, Strafella, & Paus, 2003)。Yuen 等人(2010)发现当人们倾听与目标不一致的干扰项(以/t/开头)时,产生目标语音时会出现/k/或者/s/的音位,这些音位增加了齿槽音的接触。而且,这一效应仅仅发生在不一致的干扰项条件下,在目标与干扰一致的条件下(例如,/g/开头的干扰项与/k/开头的目标项),未出现这一效应。这些结果表明对言语的知觉会使言语发音器官有选择性地、内隐地、自动地激活。上述研究表明产生完成过程的激活,与言语理解中的前馈模型是不同的(Yuen, Davis, Brysbaert, & Rastle, 2010)。

也有证据表明存在外显的模仿。讲话者在理解他人的话语后会倾向于模仿他人的言语(Pickering & Garrod, 2004),互相重复对方话语中的单词和语义信息(Garrod & Anderson, 1987)、句法(Branigan, Pickering, & McLean, 2000)以及声音(Pardo, 2006)。这些模仿是迅速地、自动化地进行的。例如,讲话者能在对方作出简单反应后快速地模仿其音位信息(Fowler, Brown, Sabadini, & Weihing, 2003)。人们也倾向于去补充完整他人的话语,例如 Wright 和 Garrett (1984)发现人们可以在句法一致的条件下迅速地阅读一个单词,即使单词的语义与整体句法结构不一致。快速地模仿以及补充完整他人的话语与已有内隐模仿的过程是一致的。

模仿是通过预期机制促进理解过程的。之前我们已经列举了一些证据,表明在语言理解过程中存在快速的预期过程,人们能够模仿他们所听到的话语。那么,模仿和预期之间存在因果联系吗? 研究发现在联结通路中存在预期,而且语言中的内隐模仿可以促进记忆(例如复述言语),或者帮助人们理解并完成分析,但有时不能帮助人们理解歧义句,导致解歧失败(Garrett, 2000)。

研究表明内隐模仿通过预期来促进语言理解。Adank 和 Devlin (2010)采用适应范式,利用 fMRI 技术,发现加快速度呈现的言语增强了左侧前运动皮质腹侧区域的激活,这个区域与发音计划有关。这表明被试内隐地模仿了言语以促进对语言的理解。Adank 等人发现被试用不熟悉的口音,通过外显方式模仿句子发音时促进了对同样口音句子的理解。这表明产生系统可以适应不熟悉的语调,因此产生系统在理解过程中可以即时起作用。

Ito 等人(2009)要求被试倾听一个单词,单词的语音在/had/和/head/这两个发音的连续体之间变化,实验中变化了倾听者脸颊的肌肉。当面颊的皮肤被往上拉伸时,被试报告更多地听到/head/,而面颊的皮肤被向下拉伸时,被试报告更多地听到/had/。这是因为产生/had/发音时需要面颊的皮肤往上拉伸,而产生/head/时面颊的皮肤需要向下拉伸。这表明发音器官的反馈影响了理解过程。Sams 等人发现了类似的结果(Sams, Möttönen, & Sihvonen, 2005)。上述研究结果也有可能发生在被试后期的自我报告过程,而不是语言产生过程中。Möttönen 和 Watkins (2009)的研究结果则提供了更为明确的证据。研究中采用了重复性经颅磁刺激(repetitive transcranial magnetic stimulation, rTMS)技术,短暂地干扰了言语知觉中特定的发音表征。对嘴唇部位表征脑区(左侧主要运动皮质区域)的干扰损害了特定言语的范畴知觉,比如区分/ba/和/da/,但是没有损害对其他发音的范畴知觉,比如/ka/和/ga/。/ba/和/da/的发音运动包括了嘴唇部位,而/ka/和/ga/的发音运动不涉及嘴唇部位。D'Ausilio 等人(2009)在运动皮质区域控制嘴唇运动的脑区施加 TMS 刺激,不仅加快了发音运动,而且提高了利用舌头部位发音的正确率。D'Ausilio 等人的研究中要求被试重复听一个假词的发音(例如"birro"),结果发现内隐模仿在言语呈现的同时和之前均会促进言语认知(D'Ausilio, Jarmolowska, Busan, Bufalari, & Craighero, 2011)。

Stephens 等人考察了一段对话中记录的讲话者和倾听者的 BOLD 信号变化,发现大脑的多个皮质区域在不同的时间窗口有着类似的神经激活模式。有时是讲话者的神经激活先于倾听者,有时却是倾听者的激活先于讲话者。关键是,倾听者的神经活动先于讲话者出现时表现出更好的理解结果,表明内隐模仿使得倾听者对讲话者要表达的内容产生了预期,进而促进了话语理解(Stephens, Silbert, & Hasson, 2010)。

在对话中,讲话者可能使用产生系统来预测即将出现的单词和时间。采用视觉世界范式(visual world paradigm),被试会激活与目标客体名称相关的音韵信息(Huettig, Rommers, & Meyer, 2011)。例如,Huettig 和 McQueen (2007)要求被试听句子,在听到目标词之前观看图片 2—3 s 或者 200 ms。结果发现在呈现图片时间较长的情况下,被试会注视与目标词存在音韵相关的客体,这是因为被试在 2—3 s 呈现条件下有足够的时间去提取单词名称的音韵形式。

上述研究表明内隐模仿会即时地通过预期机制对语言理解过程产生影响;而且,内隐模仿和预期可以出现在不同的语言学水平上。总之,这些发现支持了通过模仿进行预期的理论观点,这与人们在预期与语言学线索无关的事件时的机制是类似的。

11.2.5 交互式语言

对话是一项复杂的联合行动或活动,需要对话者在语言产生和语言理解过程之间进行切换或转换,同时进行着这两个过程,并要计划下一步的表达和理解(Garrod & Pickering, 2004)。Pickering 和 Garrod (2013)将语言产生和语言理解过程联合起来解释对话过程。在两个对话者 A 和 B 之间,两人都能预期讲话者 B 即将说出的话(通过模仿进行预期)。A 理解 B 当前表达的话语,然后利用内隐模仿和前馈模型;B 形成产生指令,在此基础上使用前馈模型。如果 A 和 B 的对话是流畅的,他们应该对于 B 即将表达出来的话语产生类似的预期,他们能够利用预期进行协作(比如话语组织得很好)。在此过程中对话者能将他们的预期与 B 的表达进行比较,其中 A 利用了他人监测,B 则利用了自我监测。类似地,A 和 B 也能够预测 A 下一步的表达,这样一步步推进产生流畅的对话流。

这一模型能够很好地解释对话者之间的协作,例如,话轮之间的转换时间接近于 0 ms (Sacks, Schegloff, & Jefferson, 1974; Wilson & Wilson, 2005),以及对话者为什么擅长使用发音内容预期讲话者何时会结束当前的话语(De Ruiter, Mitterer, & Enfield, 2006)。而且,这与对话是一种联合协作活动的看法不谋而合,Clark (1996)

认为在联合活动中合作者之间的角色是不同的。这也同样能够解释内隐模仿的快速发生,证实其确实在对话中存在(例如,Branigan 等,2000;Fowler, Brown, Sabadini, & Weihing, 2003;Garrod & Anderson, 1987)。

对话中,对话者在不同的语言学加工水平上会产生对齐,这是互相理解的基础(Pickering & Garrod, 2004)。研究者所提出的模仿预期和联结预期能够解释对话中的"对齐"(alignment)效应,因为语言产生和语言理解过程之间的紧密联系使得理解和产生中的表征产生了紧密的联系,所以利用这些表征的过程会非常迅速。尽管如此,要注意的是,当对话中的对齐效果较好时,理解过程中的预期会产生促进作用,因为听者可以更精确地预期讲话者的表达,讲话者也更可能预期听者的反应。对话者之间产生互相交流并且共享互相理解的机制,因此语言学的联合行动比其他形式的联合行动更可能成功,协作性更好。

最近,研究者开始关注教学过程中的师生交流。北京师范大学的卢春明课题组采用基于功能性近红外光谱成像(fNIRS)的多人同时脑成像技术,在真实的教学情境下,探讨了师生间的脑活动同步在教学过程中的作用机制(Zheng 等,2018)。著名教育学家和心理学家维果茨基提出了"最近发展区"假设(Vygotsky, 1978),认为所设置的教学目标应是学生通过"适当的努力"就能够实现的。基于这一假设,Zheng 等人(2018)的研究提出了教学过程的"预测—传递"模型,即教师在教学过程中提前对学生的知识水平进行动态、实时的预测,以此形成恰当的知识表征,然后师生间再进行有效的知识传递。研究中要求老师分别采用"讲授式"、"讨论式"以及"视频"三种教学方法,以一对一的教学方式向三组学生分别讲授数字推理知识。学生在教学前后分别完成相关的知识测验。在教学过程中,采用 fNIRS 同时测量了老师和学生的脑功能信号,并计算了老师和学生的脑活动随着时间共同变化的关系,即脑活动同步。结果发现,教师的脑活动与大约 10 秒后学生的脑活动有显著的脑间同步,并且该同步出现在教师的颞顶联合区和学生的颞叶前部。颞顶联合区主要负责预测社会互动时对方的心理状态,而颞叶前部则是概念知识表征的重要脑区。因此,这些结果显示,教师可能通过脑间同步,提前预测学生的知识表征状态。以往采用类似方法的研究虽然也发现师生间存在脑间同步,但是并未对脑间同步的预测机制进行探讨。该研究进一步发现,无论采用哪种教学方法,老师—学生的脑间同步越强,教学效果就越好。而且,上述脑间同步在教学过程进行到大约一分半钟左右(总时长平均为20 分钟)时,就已经能够很好地预测最终的教学效果了;而与知识的实时传递有关的脑间同步(即教师和学生在同一时刻的脑活动同步)在教学过程进行过半后才能够显著预测最终的教学效果。可见,通过脑间同步产生的预测发生在知识传递之前,并对教学效果有显著的促进作用。卢春明课题组的这项研究为"预测—传递"模型的预测机制提供了重要的支持证据,与 Pickering 和 Garrod (2013)所提出的语言产生和语言理解以及交流过程的前馈模型的观点是一致的。

11.3 认知语言学的发展

当代语言学和语言哲学的研究领域对于"语言如何加工"、"什么是语言意义,意义是如何生成的"这些重大问题存在不同的研究思路。传统的观点关注的是语言的形式维度,把语言看作是抽象的符号系统,关注语言本身以及语言和外部世界之间的关系。一般不考虑语言使用者的特点,忽视语言的社会性和约定性等特征。与其相对的另一种观点关注的是语言的社会维度,把语言看作是一种社会现象,强调人们在使用语言的过程中对语言和意义的塑造和建构;假设语言和世界之间不是简单的对应关系,其关系取决于日常生活中使用语言的人类共同体,这决定了语言和世界之间的指称和表述关系(陈波,2014)。当代认知语言学的研究吸取了后一种观点,认为语言不是独立的系统,必须参照人对语言的认知加工过程才能描述语言,语言的各种组成成分包括语义、句法之间的加工存在相互作用,语义先于句法,句法依赖于语义。

Chomsky (2013)认为语言的首要功能是思维的工具。陈波(2014)提出与此不同的观点,认为交流是语言的首要功能。这是两种完全不同的观点,因为思维是个体的并且主要是个人的,而交流必须在社会交往中进行,其目的是为了合作,合作是社会共同体的行为。这是因为:第一,语言是因为人与人之间的交流和合作的需要而产生的;第二,语言随着交流需求的增加而繁盛,随着交流需求的减少而衰落甚至消失。可以看出,交流是语言最基本和最重要的功能,语言作为思维的工具是交流功能的派生物,在认知语言学研究领域也开始强调语言的交流功能和社会功能,陈波(2014)所提出的这种观点与心理语言学研究领域中重视语言产生与语言理解过程之间的交互的观点是类似的。

本章总结

传统的语言加工研究独立地考察语言产生和语言理解过程,而研究表明语言产生与语言理解过程是紧密地交织在一起的。因此,研究者提出了语言产生和语言理解的整合理论。本章主要阐述了以下内容:第一,语言理解过程中具身认知的观点及其研究证据。第二,基于运动和运动知觉之间的关系,阐述了语言产生与语言理解之间的关系;在语言产生和语言理解的统一模型中强调了模仿和预期在语言产生、语言理解和交流过程中的作用。讲话者利用前馈模型进行预期,听者则内隐地模仿讲话者,并使用前馈模型预期讲话者要表达的信息,这为流畅的言语交流建立了良好基础。第三,简单地叙述了认知语言学领域内语言的首要功能是什么的争论,研究者开始重视语言的交流功能和社会功能。未来的心理语言学研究借助各种脑成像技术,将不仅仅局限于探讨语言学单元本身的加工,而且会考察语言的交流和社会功能的认知神经机制。

参考文献

陈波.(2014).语言和意义的社会建构论.中国社会科学,10,121—142.

丁峻,陈巍.(2009).具身认知之根:镜像神经元到具身模仿论.华中师范大学学报(人文社会科学版),48(1),132—136.

李恒威,盛晓明.(2006).认知的具身化.科学学研究,24(2),184—190.

曲方炳,殷融,钟元,叶浩生.(2012).语言理解中的动作知觉:基于具身认知的视角.心理科学进展,20(6),834—842.

叶浩生.(2010).具身认知:认知心理学的新取向.心理科学进展,18(5),705—710.

Adank, P., & Devlin, J. T. (2010). On-line plasticity in spoken sentence comprehension: Adapting to time-compressed speech. *NeuroImage*, 49, 1124 - 1132.

Allopena, P. D., Magnuson, J. S., & Tanenhaus, M. K. (1998). Tracking the time course of spoken word recognition using eye movements: Evidence for continuous mapping models. *Journal of Memory and Language*, 38, 419 - 439.

Altmann, G. T. M., & Kamide, Y. (1999). Incremental interpretation at verbs: Restricting the domain of subsequent reference. *Cognition*, 73(3), 247 - 264.

Aziz-Zadeh, L., Wilson, S. M., Rizzolatti, G., & Iacoboni, M. (2006). Congruent embodied representations for visually presented actions and linguistic phrases describing actions. *Current Biology*, 16, 1 - 6.

Barsalou, L. W. (1999). Perceptual symbol systems. *Behavioral and Brain Sciences*, 22, 577 - 660.

Barsalou, L. W., Simmons, W. K., Barbey, A. K., & Wilson, C. D. (2003). Grounding conceptual knowledge in modality-specific systems. *Trends in Cognitive Sciences*, 7, 84 - 91.

Bavelas, J. B., Coates, L., & Johnson, T. (2000). Listeners as co-narrators. *Journal of Personality and Social Psychology*, 79, 941 - 952.

Ben Shalom, D., & Poeppel, D. (2008). Functional anatomic models of language: Assembling the pieces. *The Neuroscientist*, 14, 119 - 127.

Bickhard, M. H. (2009). The biological foundations of cognitive science. *New Ideas in Psychology*, 27, 75 - 84.

Bock, J. K. (1996). Language production: Methods and methodologies. *Psychonomic Bulletin & Review*, 3, 395 - 421.

Bock, J. K., & Levelt, W. J. M. (1994). Language production: Grammatical encoding. In M. A. Gernsbacher (Ed.), *Handbook of psycholinguistics*. Academic Press.

Bock, K., & Miller, C. A. (1991). Broken agreement. *Cognitive Psychology*, 23, 45 - 93.

Branigan, H. P., Pickering, M. J., & Cleland, A. A. (2000). Syntactic co-ordination in dialogue. *Cognition*, 75, B13 - B25.

Branigan, H. P., Pickering, M. J., & McLean, J. F. (2005). Priming prepositional phrase attachment during language comprehension. *Journal of Experimental Psychology: Learning, Memory, and Cognition*, 31, 468 - 481.

Buccino, G., Riggio, L., Melli, G., Binkofski, F., Gallese, V., & Rizzolatti, G. (2005). Listening to action-related sentences modulates the activity of the motor system: A combined TMS and behavioral study. *Cognitive Brain Research*, 24, 355 - 363.

Chang, F., Dell, G. S., & Bock, K. (2006). Becoming syntactic. *Psychological Review*, 113(2), 234 - 272.

Chartrand, T. L., & Bargh, J. A. (1999). The chameleon effect: The perception behavior link and social interaction. *Journal of Personality and Social Psychology*, 76, 893 - 910.

Chomsky, N. (2013). What is language? *The Journal of Philosophy*, 110(12), 645 - 662.

Clark, H. H. (1996). *Using language*. Cambridge University Press.

Corballis, M. C. (2015). Mirror neurons, theory of. In J. D. Wright (Ed.), *International encyclopedia of the social & behavioral sciences* (2nd ed., pp. 582 - 588). Amsterdam: Elsevier.

D'Ausilio, A., Jarmolowska, J., Busan, P., Bufalari, I., & Craighero, L. (2011). Tongue corticospinal modulation during attended verbal stimuli: Priming and coarticulation effects. *Neuropsychologia*, 49, 3670 - 3676.

D'Ausilio, A., Pulvermüller, F., Salmas, P., Bufalari, I., Begliomini, C., & Fadiga, L. (2009). The motor somatotopy of speech perception. *Current Biology*, 19(5), 381 - 385.

De C. Hamilton, A. F., & Grafton, S. T. (2007). The motor hierarchy: From kinematics to goals and intentions. In Y. Rossetti, P. Haggard, & M. Kawato (Eds.), *Sensorimotor foundations of higher cognition*, *Attention and Performance XXII*. Oxford, New York: Oxford University Press.

De Ruiter, J. P., Mitterer, H., & Enfield, N. J. (2006). Predicting the end of a speaker's turn: A cognitive cornerstone of conversation. *Language*, *82*(3),515 - 535.

De Zubicaray, G. , Postle, N. , McMahon, K. , Meredith, M. , & Ashton, R. (2010). Mirror neurons, the representation of word meaning, and the foot of the third left frontal convolution. *Brain and Language*, *112*,77 - 84.

Dell, G. S. (1986). A spreading-activation theory of retrieval in sentence production. *Psychological Review*, *93*, 283 - 321.

Dell, G. S. (1988). The retrieval of phonological forms in production: Tests of predictions from a connectionist model. *Journal of Memory and Language*, *27*,124 - 142.

DeLong, K. A. , Urbach, T. P. , & Kutas, M. (2005). Probabilistic word pre-activation during language comprehension inferred from electrical brain activity. *Nature Neuroscience*, *8*(8),1117 - 1121.

Di Pellegrino, G. , Fadiga, L. , Fogassi, L. , Gallese, V. , & Rizzolatti, G. (1992). Understanding motor events: A neurophysiological study. *Experimental Brain Research*. *91*(1),176 - 180.

Dijksterhuis, A. , & Bargh, J. A. (2001). The perception-behavior expressway: Automatic effects of social perception on social behavior. In M. P. Zanna(Ed.), *Advances in experimental social psychology* (vol. 33, pp. 1 - 40). Academic Press.

Dikker, S. , & Pylkkänen, L. (2011). Before the N400: Effects of lexical-semantic violations in visual cortex. *Brain and Language*, *118*,23 - 28.

Dikker, S. , Rabagliati, H. , Farmer, T. A. , & Pylkkänen, L. (2010). Early occipital sensitivity to syntactic category is based on form typicality. *Psychological Science*, *21*,629 - 634.

Dikker, S. , Rabagliati, H. , & Pylkkänen, L. (2009). Sensitivity to syntax in visual cortex. *Cognition*, *110*(3), 293 - 321.

Fadiga, L. , Craighero, L. , Buccino, G. , & Rizzolatti, G. (2002). Speech listening specifically modultes the excitability of tongue muscles: A TMS study. *European Journal of Neuroscience*, *15*,399 - 402.

Feldman, J. , & Narayanan, S. (2004). Embodied meaning in a neural theory of language. *Brain and Language*, *89*,385 - 392.

Fogassi, L. , Ferrari, P. F. , Gesierich, B. , Rozzi, S. , Chersi, F. , & Rizzolatti, G. (2005). Parietal lobe: From action organization to intention understanding. *Science*, *308*,662 - 666.

Fowler, C. A. , Brown, J. , Sabadini, L. , & Weihing, J. (2003). Rapid access to speech gestures in perception: Evidence from choice and simple response time tasks. *Journal of Memory and Language*, *49*,296 - 314.

Frazier, L. (1987). Sentence processing: A tutorial review. In M. Coltheart(Ed.), *Attention and performance XII*: *The psychology of reading* (pp. 559 - 586). Erlbaum.

Freyd, J. J. , & Finke, R. A. (1984). Representational momentum. *Journal of Experimental Psychology*: *Learning*, *Memory*, *and Cognition*, *10*,126 - 132.

Gallese, V. , Fadiga, L. , Fogassi, L. , & Rizzolatti, G. (1996). Action recognition in the premotor cortex. *Brain*, *119*, 593 - 609.

Garrett, M. (1980). Levels of processing in speech production. In B. Butterworth(Ed.), *Language production*, *vol. 1*: *Speech and talk*. (pp. 177 - 220). Academic Press.

Garrett, M. (2000). Remarks on the architecture of language production systems. In Y. Grodzinsky & L. P. Shapiro (Eds.), *Language and the brain*: *Representation and processing* (pp. 31 - 69). Academic Press.

Garrod, S. , & Anderson, A. (1987). Saying what you mean in dialogue: A study in conceptual and semantic co-ordination. *Cognition*, *27*,181 - 218.

Garrod, S. , & Pickering, M. J. (2004). Why is conversation so easy? *Trends in Cognitive Sciences*, *8*(1),8 - 11.

Garrod, S. , & Pickering, M. J. (2009). Joint action, interactive alignment and dialogue. *Topics in Cognitive Science*, *1*, 292 - 304.

Gaskell, G. (2007). *Oxford handbook of psycholinguistics*. Oxford University Press.

Gibson, E. (1998). Linguistic complexity: Locality of syntactic dependencies. *Cognition*, *68*,1 - 76.

Glenberg, A. M. (1997). What memory is for. *Behavior and Brain Science*, *20*,1 - 19.

Glenberg, A. M. , & Gallese, V. (2012). Action-based language: A theory of language acquisition, comprehension, and production. *Cortex*, *48*(7),905 - 922.

Glenberg, A. M. , & Kaschak, M. P. (2002). Grounding language in action. *Psychonomic Bulletin & Review*, *9*, 558 - 565.

Glenberg, A. M. , & Robertson, D. A. (1999). Indexical understanding of instructions. *Discourse Processes*, *28*(1),1 - 26.

Glover, S. , Rosenbaum, D. A. , Graham, J. , & Dixon, P. (2004). Grasping the meaning of words. *Experimental Brain Research*, *154*,103 - 108.

Gregoromichelaki, E. , Kempson, R. , Purver, M. , Mills, J. G. , Cann, R. , Meyer-Viol, W. , & Healey, P. G. T. (2011). Incrementality and intention-recognition in utterance processing. *Dialogue and Discourse*, *2*,199 - 233.

Hale, J. (2006). Uncertainty about the rest of the sentence. *Cognitive Science*, *30*,609 - 642.

Hanna, J. E. , Tanenhaus, M. K. , & Trueswell, J. C. (2003). The effects of common ground and perspective on domains of referential interpretation. *Journal of Memory and Language*, *49*,43 - 61.

Harley, T. (2008). *The psychology of language*: *From data to theory* (3rd Ed.). Psychology Press.

Hartsuiker, R. J. , & Kolk, H. H. J. (2001). Error monitoring in speech production: A computational test of the Perceptual Loop Theory. *Cognitive Psychology*, *42*,11357.

Haueisen, J. , & Knösche, T. R. (2001). Involuntary motor activity in pianists evoked by music perception. *Journal of Cognitive Neuroscience*, *13*,786 – 792.

Hauk, O. , Johnsrude, I. , & Pulvermüller, F. (2004). Somatotopic representation of action words in human motor and premotor cortex. *Neuron*, *41*,301 – 307.

Hauk, O. , & Pulvermüller, F. (2004). Neurophysiological distinction of action words in the fronto-central cortex. *Human Brain Mapping*, *21*,191 – 201.

Heim, S. , Opitz, B. , Müller, K. , & Friederici, A. D. (2003). Phonological processing during language production: fMRI evidence for a shared production-comprehension network. *Cognitive Brain Research*,*16*(2), 285 – 296.

Heinks-Maldonado, T. H. , Nagarajan, S. S. , & Houde, J. F. (2006). Magnetoencephalographic evidence for a precise forward model in speech production. *NeuroReport*, *17*(13),1375 – 1379.

Hommel, B. , Müsseler, J. , Aschersleben, G. , & Prinz, W. (2001). The theory of event coding (TEC): A framework for perception and action planning. *Behavioral and Brain Sciences*, *24*,849 – 878.

Huettig, F. , & Hartsuiker, R. J. (2010). Listening to yourself is like listening to others: External, but not internal, verbal self-monitoring is based on speech perception. *Language and Cognitive Processes*, *25*,347 – 374.

Huettig, F. , & McQueen, J. M. (2007). The tug of war between phonological, semantic and shape information in language-mediated visual search. *Journal of Memory and Language*, *57*,460 – 482.

Huettig, F. , Rommers, J. , & Meyer, A. S. (2011). Using the visual world paradigm to study language processing: A review and critical evaluation. *Acta Psychologica*, *137*,151 – 171.

Indefrey, P. (2011). The spatial and temporal signatures of word production components: a critical update. *Frontiers in Psychology*, *2*,255.

Indefrey, P. , & Levelt, W. J. M. (2004). The spatial and temporal signatures of word production components. *Cognition*, *92*,101 – 144.

Ito, T. , Tiede, M. & Ostry, D. J. (2009). Somatosensory function in speech perception. *Proceedings of the National Academy of Sciences*, *106*,1245 – 1248.

Kaiser, E. & Trueswell, J. C. (2004). The role of discourse context in the processing of a flexible word-order language. *Cognition*, *94*,113 – 147.

Kamide, Y. , Scheepers, C. , & Altmann, G. T. M. (2003). Integration of syntactic and semantic information in predictive processing: Cross-linguistic evidence from German and English. *Journal of Psycholinguistic Research*, *32* (1),37 – 55.

Keysar, B. , Barr, D. J. , Balin, J. A. , & Brauner, J. S. (2000). Taking perspective in conversation: The role of mutual knowledge in comprehension. *Psychological Science*, *11*,32 – 38.

Kilner, J. M. , Paulignan, Y. , & Blakemore, S. -J. (2003). An interference effect of observed biological movement on action. *Current Biology*, *13*,522 – 525.

Kim, A. , & Lai, V. (2012). Rapid interactions between lexical semantic and word form analysis during word recognition in context: Evidence from ERPs. *Journal of Cognitive Neuroscience*, *24*,1104 – 1112.

Knoblich, G. , & Flach, R. (2001). Predicting action effects: Interaction between perception and action. *Psychological Science*, *12*,467 – 472.

Knoblich, G. , Seigerschmidt, E. , Flach, R. , & Prinz, W. (2002). Authorship effects in the prediction of handwriting strokes: Evidence for action simulation during action perception. *Quarterly Journal of Experimental Psychology*, *55A*, 1027 – 1046.

Knoeferle, P. , & Crocker, M. W. (2006). The coordinated interplay of scene, utterance, and world knowledge: Evidence from eye tracking. *Cognitive Science*, *30*,481 – 529.

Kutas, M. , DeLong, K. A. , & Smith, N. J. (2011). A look around at what lies ahead: Prediction and predictability in language processing. In M. Bar(Ed.), *Predictions in the brain: Using our past to generate a future* (pp. 190 – 207). Oxford University Press.

Lakin, J. , & Chartrand, T. L. (2003). Using nonconscious behavioral mimicry to create affiliation and rapport. *Psychological Science*, *14*,334 – 339.

Lamm, C. , Fischer, M. H. , & Decety, J. (2007). Predicting the actions of others taps into one's own somatosensory representations: A functional MRI study. *Neuropsychologia*, *45*,2480 – 2491.

Lau, E. , Stroud, C. , Plesch, S. , & Phillips, C. (2006). The role of structural prediction in rapid syntactic analysis. *Brain and Language*, *98*,74 – 88.

Levelt, W. J. M. (1983). Monitoring and self-repair in speech. *Cognition*, *14*,41 – 104.

Levelt, W. J. M. (1989). *Speaking: From intention to articulation*. MIT Press.

Levelt, W. J. M. , Roelofs, A. , & Meyer, A. S. (1999). A theory of lexical access in speech production. *Behavioral and Brain Sciences*, *22*(1),1 – 75.

Levy, R. (2008). Expectation-based syntactic comprehension. *Cognition*, *106*(3),1126 – 1177.

MacDonald, M. C. , Pearlmutter, N. J. , & Seidenberg, M. S. (1994). The lexical nature of syntactic ambiguity resolution. *Psychological Review*, *101*, 676 – 703.

Mar, R. A. (2004). The neuropsychology of narrative: Story comprehension, story production and their interrelation. *Neuropsychologia*, *42*, 1414 - 1434.

Marslen-Wilson, W. D., & Welsh, A. (1978). Processing interactions and lexical access during word recognition in continuous speech. *Cognitive Psychology*, *10*, 29 - 63.

Martin, A., Wiggs, C. L., Ungerleider, L. G., & Haxby, J. V. (1996). Neural correlates of category-specific knowledge. *Nature*, *1996*, 649 - 652.

Meister, I. G., Wilson, S. M., Deblieck, C., Wu, A. D., & Iacoboni, M. (2007). The essential role of premotor cortex in speech perception. *Current Biology*, *17*, 1692 - 1696.

Menenti, L., Gierhan, S. M. E., Segaert, K., & Hagoort, P. (2011). Shared language: Overlap and segregation of the neuronal infrastructure for speaking and listening revealed by fMRI. *Psychological Science*, *22*, 1173 - 1182.

Metzing, C., & Brennan, S. E. (2003). When conceptual pacts are broken: Partnerspecific effects in the comprehension of referring expressions. *Journal of Memory and Language*, *49*, 201 - 213.

Miall, R. C., Stanley, J., Todhunter, S., Levick, C., Lindo, S., & Miall, J. D. (2006). Performing hand actions assists the visual discrimination of similar hand postures. *Neuropsychologia*, *44*, 966 - 976.

Motley, M. T., Camden, C. T., & Baars, B. J. (1982). Covert formulation and editing of anomalies in speech production: Evidence from experimentally elicited slips of the tongue. *Journal of Verbal Learning and Verbal Behavior*, *21*, 578 - 594.

Möttönen, R., & Watkins, K. E. (2009). Motor representations of articulators contribute to categorical perception of speech sounds. *Journal of Neuroscience*, *29*(31), 9819 - 9825.

Mukamel, R., Ekstrom, A. D., Kaplan, J., Iacoboni, M., & Fried, I. (2010). Singleneuron responses in humans during execution and observation of actions. *Current Biology*, *20*, 750 - 756.

Neda, Z., Ravasz, Y., Brechet, T., Vicsek, T., & Barabasi, A. L. (2000). The sound of many hands clapping. *Nature*, *403*, 849.

Nozari, N., Dell, G. S., & Schwartz, M. F. (2011). Is comprehension necessary for error detection? A conflict-based account of monitoring in speech production. *Cognitive Psychology*, *63*(1), 1 - 33.

Pardo, J. S. (2006). On phonetic convergence during conversational interaction. *Journal of the Acoustical Society of America*, *119*, 2382 - 2393.

Paus, T., Perry, D. W., Zatorre, R. J., Worsley, K. J., & Evans, A. C. (1996). Modulation of cerebral blood flow in the human auditory cortex during speech: Role of motor-to-sensory discharges. *European Journal of Neuroscience*, *8*, 2236 - 2246.

Pickering, M. J., & Garrod, S. (2004). Toward a mechanistic psychology of dialogue. *Behavioral and Brain Sciences*, *27*(2), 169 - 226.

Pickering, M. J., & Garrod, S. (2007). Do people use language production to make predictions during comprehension? *Trends in Cognitive Sciences*, *11*(3), 105 - 110.

Pickering, M. J., & Garrod, S. (2013). An integrated theory of language production and comprehension. *Behavioral and Brain Sciences*, *36*(4), 329 - 347.

Postma, A. (2000). Detection of errors during speech production: A review of speech monitoring models. *Cognition*, *77*(2), 97 - 132.

Pulvermüller, F., & Fadiga, L. (2010). Active perception: Sensorimotor circuits as a cortical basis for language. *Nature Reviews Neuroscience*, *11*(5), 351 - 360.

Pulvermüller, F., Härle, M., & Hummel, F. (2000). Neurophysiological distinction of verb categories. *NeuroReport*, *11*, 2789 - 2793.

Pulvermüller, F., Hauk, O., Nikulin, V. V., & Ilmoniemi, R. J. (2005). Functional links between motor and language systems. *European Journal of Neuroscience*, *21*(3), 793 - 797.

Pulvermüller, F., Huss, M., Kherif, F., del Prado Martin, F. M., Hauk, O., & Shtyrov, Y. (2006). Motor cortex maps articulatory features of speech sounds. *Proceedings of the National Academy of Sciences*, *103*(20), 7865 - 7870.

Raposo, A., Moss, H. E., Stamatakis, E. A., & Tyler, L. K. (2009). Modulation of motor and premotor cortices by actions, action words and action sentences. *Neuropsychologia*, *47*, 388 - 396.

Richardson, M. J., Marsh, K. L., Isenhower, R. W., Goodman, J. R. L., & Schmidt, R. C. (2007). Rocking together: Dynamics of intentional and unintentional interpersonal coordination. *Human Movement Science*, *26*, 867 - 891.

Rizzolatti, G., & Fogassi, L. (2014). The mirror mechanism: Recent findings and perspectives. *Philosophical Transactions of the Royal Society B: Biological Sciences*, *369*, 20130420.

Rüschemeyer, S.-A., Brass, M., & Friederici, A. D. (2007). Comprehending prehending: Neural correlates of processing verbs with motor stems. *Journal of Cognitive Neuroscience*, *19*, 855 - 865.

Rüeschemeyer, S.-A., Pfeiffer, C., & Bekkering, H. (2010). Body schematics: On the role of the body schema in embodied lexical—semantic representations. *Neuropsychologia*, *48*(3), 774 - 781.

Sacks, H., Schegloff, E. A., & Jefferson, G. (1974). A simplest systematics for the organization of turn-taking for conversation. *Language*, *50*, 696 - 735.

Sams, M., Möttönen, R., & Sihvonen, T. (2005). Seeing and hearing others and oneself talk. *Brain Research: Cognitive Brain Research*, *23*(2 - 3), 429 - 435.

Schober, M. F. , & Clark, H. H. (1989). Understanding by addressees and overhearers. *Cognitive Psychology*, 21, 211 – 232.

Scott, S. , & Johnsrude, I. S. (2003). The neuroanatomical and functional organisation of speech perception. *Trends in Neurosciences*, 26, 100 – 107.

Scott, S. , McGettigan, C. , & Eisner, F. (2009). A little more conversation, a little less action-candidate roles for the motor cortex in speech perception. *Nature Reviews Neuroscience*, 10, 295 – 302.

Sebanz, N. , & Knoblich, G. (2009). Prediction in joint action: What, when, and where. *Topics in Cognitive Science*, 1, 353 – 367.

Sebanz, N. , Knoblich, G. , Prinz, W. , & Wascher, E. (2006). Twin peaks: An ERP study of action planning and control in coacting individuals. *Journal of Cognitive Neuroscience*, 18, 859 – 870.

Segaert, K. , Menenti, L. , Weber, K. , Petersson, K. M. , & Hagoort, P. (2012). Shared syntax in language production and language comprehension—An fMRI study. *Cerebral Cortex*, 22, 1662 – 1670.

Shockley, K. , Santana, M. V. , & Fowler, C. A. (2003). Mutual interpersonal postural constraints are involved in cooperative conversation. *Journal of Experimental Psychology: Human Perception and Performance*, 29, 326 – 332.

Speer, N. K. , Zacks, J. M. , Reynolds, J. R. , & Swallow, R. M. (2005). Neural activity during reading reflects changes in the situation described by the text. Paper presented at the Society for Neuroscience Annual Meeting, Washington, DC.

Staub, A. , & Clifton, C. , Jr. (2006). Syntactic prediction in language comprehension: Evidence from either... or. *Journal of Experimental Psychology: Learning, Memory, and Cognition*, 32, 425 – 436.

Stephens, G. J. , Silbert, L. J. , & Hasson, U. (2010). Speaker-listener neural coupling underlies successful communication. *Proceedings of the National Academy of Sciences*, 107, 14425 – 14430.

Swinney, D. (1979). Lexical access during sentence comprehension: (Re) consideration of context effects. *Journal of Verbal Learning and Verbal Behavior*, 18, 645 – 659.

Taylor, L. J. , Lev-Ari, S. , & Zwaan, R. A. (2008). Inferences about action engage action systems. *Brain and Language*, 107, 62 – 67.

Tettamanti, M. , Buccino, G. , Saccuman, M. C. , Gallese, V. , Danna, M. , Scifo, P. , et al. (2005). Listening to action-related sentences activates fronto-parietal motor circuits. *Journal of Cognitive Neuroscience*, 17, 273 – 281.

Tian, X. , & Poeppel, D. (2010). Mental imagery of speech and movement implicates the dynamics of internal forward models. *Frontiers in Psychology*, 1, 166.

Tourville, J. A. , Reily, K. J. , & Guenther, F. K. (2008). Neural mechanisms underlying auditory feedback control of speech. *NeuroImage*, 39, 1429 – 1443.

Trueswell, J. C. , Tanenhaus, M. K. , & Garnsey, S. M. (1994). Semantic influences on parsing: Use of thematic role information in syntactic ambiguity resolution. *Journal of Memory and Language*, 33, 285 – 318.

Umiltà, M. A. , Kohler, E. , Gallese, V. , Fogassi, L. , Fadiga, L. , Keysers, C. , & Rizzolatti, G. (2001). I know what you are doing: A neurophysiological study. *Neuron*, 32, 91 – 101.

Van Berkum, J. J. A. , Brown, M. C. , Zwitserlood, P. , Kooijman, V. , & Hagoort, P. (2005). Anticipating upcoming words in discourse: Evidence from ERPs and reading times. *Journal of Experimental Psychology: Learning, Memory, and Cognition*, 31, 443 – 467.

Vigliocco, G. , & Hartsuiker, R. J. (2002). The interplay of meaning, sound, and syntax in sentence production. *Psychological Bulletin*, 128, 442 – 472.

Vigneau, M. , Beaucousin, V. , Hervé, P. Y. , Duffau, H. , Crivello, F. , Houdé, O. , Mazoyer, B. , & Tzourio-Mazoyer, N. (2006). Meta-analyzing left hemisphere language areas: Phonology, semantics, and sentence processing. *NeuroImage*, 30(4), 1414 – 1432.

Vissers, C. T. , Chwilla, D. J. , & Kolk, H. H. (2006). Monitoring in language perception: The effect of misspellings of words in highly constrained sentences. *Brain Research*, 1106, 150 – 163.

Vygotsky, L. S. (1978). *Mind in society*. Cambridge, MA: MIT Press.

Watkins, K. , & Paus, T. (2004). Modulation of motor excitability during speech perception: The role of Broca's area. *Journal of Cognitive Neuroscience*, 16, 978 – 987.

Watkins, K. , Strafella, A. P. , & Paus, T. (2003). Seeing and hearing speech excites the motor system involved in speech production. *Neuropsychologia*, 41, 989 – 994.

Weber, A. , Grice, M. , & Crocker, M. W. (2006). The role of prosody in the interpretation of structural ambiguities: A study of anticipatory eye movements. *Cognition*, 99, B63 – 72.

Whitney, C. , Huber, W. , Klann, J. , Weis, S. , Krach, S. , & Kircher, T. (2009). Neural correlates of narrative shifts during auditory story comprehension. *NeuroImage*, 47, 360 – 366.

Wilson, M. , & Knoblich, G. (2005). The case for motor involvement in perceiving conspecifics. *Psychological Bulletin*, 131, 460 – 473.

Wilson, M. , & Wilson, T. P. (2005). An oscillator model of the timing of turn-taking. *Psychonomic Bulletin & Review*, 12, 957 – 968.

Wilson, S. M. , Saygin, A. P. , Sereno, M. I. , & Iacoboni, M. (2004). Listening to speech activates motor areas involved in speech production. *Nature Neuroscience*, 7(7), 701 – 702.

Wohlschläger, A. (2000). Visual motion priming by invisible actions. *Vision Research*, *40*, 925‐930.

Wolpert, D. M. (1997). Computational approaches to motor control. *Trends in Cognitive Sciences*, *1*, 209‐216.

Wright, B., & Garrett, M. F. (1984). Lexical decision in sentences: Effects of syntactic structure. *Memory & Cognition*, *12*, 31‐45.

Yoshida, M., Dickey, M. W., & Sturt, P. (2013). Predictive processing of syntactic structure: Sluicing and ellipsis in real-time sentence processing. *Language and Cognitive Processes*, *28*, 272‐302.

Yuen, I., Davis, M. H., Brysbaert, M., & Rastle, K. (2010). Activation of articulatory information in speech perception. *Proceedings of the National Academy of Sciences*, *107*, 592‐597.

Zheng, L., Chen, C., Liu, W., Long, Y., Zhao, H., Bai, X., et al. (2018). Enhancement of teaching outcome through neural prediction of the students' knowledge state. *Human Brain Mapping*, *39*(7), 3046‐3057.

Zwaan, R. A. (2004). The immersed experiencer: Toward an embodied theory of language comprehension. In B. H. Ross (Ed.), *The psychology of learning and motivation* (pp. 35‐62). New York: Academic Press.

Zwaan, R. A., & Rapp, D. N. (2006). Discourse comprehension. In M. A. Gernsbacher & M. J. Traxler (Eds.), *Handbook of Psycholinguistics* (pp. 725‐764). San Diego, CA: Elsevier.

Zwaan, R. A., & Taylor, L. J. (2006). Seeing, acting, understanding: Motor resonance in language comprehension. *Journal of Experimental Psychology*, *135*, 1‐11.

索　引

中国心理学会　组织编写

"十三五"国家重点出版规划　国家出版基金项目

当代中国心理科学文库

总主编：杨玉芳

1. 郭永玉：人格研究

2. 傅小兰：情绪心理学

3. 乐国安、李安、杨群：法律心理学

4. 王瑞明、杨静、李利：第二语言学习

5. 李纾：决策心理：齐当别之道

6. 王晓田、陆静怡：进化的智慧与决策的理性

7. 蒋存梅：音乐心理学

8. 葛列众：工程心理学

当代中国心理科学文库

心理学学术前沿顶尖成果

中国心理学发展史里程碑

—原创、系统、权威、前沿—

反映中国学者在该领域的重要贡献

全系列陆续出版中

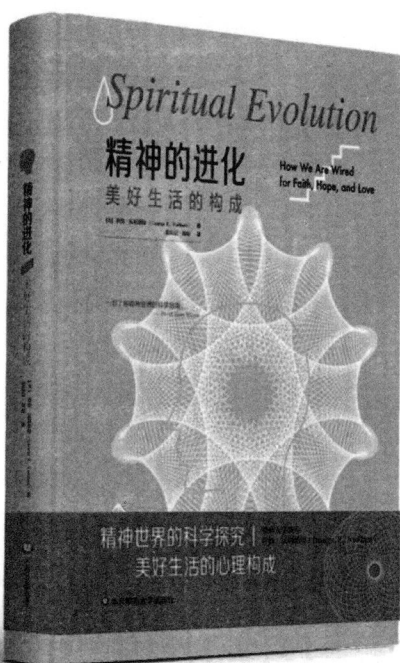

精神世界的科学探究,

美好生活的心理构成!

精神的进化:美好生活的构成

作者: [美]乔治·瓦利恩特 (George E. Vaillant)

译者: 张庆宗　周琼

定价: 62 元

班杜拉的书标志着 (心理学中)

一种炯然不同的模式走上舞台

思想和行动的社会基础: 社会认知论

作者: [美]阿尔伯特·班杜拉 (Albert Bandura)

译者: 胡谊, 庞维国等

定价: 138.00 元

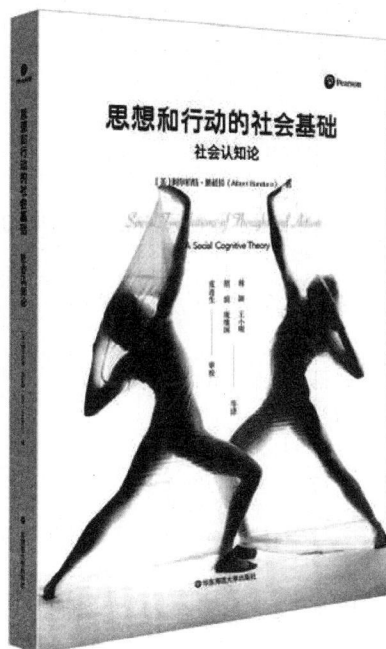

图书在版编目(CIP)数据

语言产生:心理语言学的视角/张清芳著. —上海:华东师范大学出版社,2019
(当代中国心理科学文库)
ISBN 978 - 7 - 5675 - 8797 - 7

Ⅰ.①语… Ⅱ.①张… Ⅲ.①心理语言学 Ⅳ.①H0 - 05

中国版本图书馆 CIP 数据核字(2019)第 064107 号

当代中国心理科学文库

语言产生:心理语言学的视角

著　　者　张清芳
策划编辑　彭呈军
审读编辑　白锋宇
责任校对　孙彤彤
装帧设计　倪志强　陈军荣

出版发行　**华东师范大学出版社**
社　　址　上海市中山北路 3663 号　邮编 200062
网　　址　www.ecnupress.com.cn
电　　话　021 - 60821666　行政传真 021 - 62572105
客服电话　021 - 62865537　门市(邮购) 电话 021 - 62869887
地　　址　上海市中山北路 3663 号华东师范大学校内先锋路口
网　　店　http://hdsdcbs.tmall.com

印 刷 者　上海龙腾印务有限公司
开　　本　787×1092　16 开
插　　页　2
印　　张　22.75
字　　数　497 千字
版　　次　2019 年 8 月第 1 版
印　　次　2019 年 8 月第 1 次
书　　号　ISBN 978 - 7 - 5675 - 8797 - 7/B·1167
定　　价　68.00 元

出 版 人　王 焰

(如发现本版图书有印订质量问题,请寄回本社客服中心调换或电话 021 - 62865537 联系)